南通市

通州年鉴 2023

TONGZHOU YEARBOOK

南通市通州区地方志编纂委员会办公室 编

方志出版社
Publishing House of Local Records

图书在版编目(CIP)数据

通州年鉴.2023 / 南通市通州区地方志编纂委员会办公室编.-- 北京：方志出版社，2023.11
ISBN 978-7-5144-5905-0

Ⅰ.①通… Ⅱ.①南… Ⅲ.①通州区（南通）-2023-年鉴 Ⅳ.①Z525.34

中国国家版本馆CIP数据核字（2023）第231892号

责任编辑：王娜
责任校对：张玉霞
责任印制：梅中英
出 版 者：方志出版社
地 址：北京市朝阳区潘家园东里9号（国家方志馆4层）
邮 编：100021
网 址：http://www.zgfzcb.cn
发 行：方志出版社图书营销中心（010-67110500）
印 刷：南京鸿润印刷有限公司
开 本：889毫米×1194毫米 1/16
印 张：21.25
字 数：858千字
版 次：2023年11月第1版
印 次：2023年11月第1次印刷
定 价：198.00元

主审人员名单

（排名以类目先后为序）

谢国志	张国峰	吴永淮	姜美娟	刘　亮	钱道锋
喻迎春	邱天擎	蒋　波	曹江梅	郑　州	杨　峰
易卫东	李晓东	李　锐	李焱明	侯侃佳	姚　峰
周东生	彭道新	朱向陌	姜一春	朱朝霞	秦　锋
钱晓新	曹　忠	葛红玲	蒋　超	严少标	吴益祥
季小军	张晓伟	姚晓兰	徐　飞	曹佳楠	王晓燕
王秉坤	许　君	陈泉江	钱　兵	姜卫军	邵晓明
曹　建	姜兆军	陈晓峰	张利均	杨　慧	徐　健
邱　兵	邱　楠	王端炜	章　婷	施亚兴	施向东
蔡小芳	朱红婷	张启军	瞿仪晨	俞红兵	季林清
吴　杰	张　伟	邢晓波	王　冲	曹卫康	施晓辉
严恩海	周澜涛	秦瑞作	刘　娴	施　峰	蒋晓亮
焦　龙	高亚军	倪建标	邵　军	胡佳琳	钱伟东
曹星宇	张　峰	张　莉	吴雪华	沈　峰	张卫东
刘笑峰	顾圣亮	徐琳琳	张钰艳	吴珍然	周　伟
司晓峰	张志林	王　莹	顾军峰	姜小剑	吴佳佳
汤宇杰	朱菊红	张新建	姜晓佳	陈建军	薛小玉
高宏彬	丁晓峰	任溢斌	沙　宁	黄毓毓	袁利忠
曹　玮	李　骏	顾　斌	吴志祥	徐卫国	陈小兵
丁鹏鹏	杨鹏飞	葛晓淏	季　琳	姚杜娟	徐　明
陆鑫鑫	郭振军	黄乐乐	徐美云	徐　钰	

保密专审：沈明晖

编辑说明 BIANJISHUOMING

一、《通州年鉴》是由中共南通市通州区委员会、南通市通州区人民政府主办，南通市通州区地方志编纂委员会办公室组织编纂的地方综合性、年度资料性文献。1997年首次公开出版，以年度为卷号，本卷为第27卷。

二、《通州年鉴》坚持以马克思列宁主义、毛泽东思想、邓小平理论、“三个代表”重要思想、科学发展观、习近平新时代中国特色社会主义思想为指导，坚持辩证唯物主义和历史唯物主义的立场、观点和方法，记述通州自然、政治、经济、文化社会和生态建设等方面基本面貌和发展情况，旨在充分发挥存史、教育、资政功能，为领导决策提供参考依据，为通州经济社会发展服务，为各界人士了解和研究通州提供信息。

三、《通州年鉴（2023）》记述时限原则上为2022年1月1日至12月31日。为保持内容资料的完整性和连续性，个别事物适当追溯或下延，以便读者了解其始末；为突出时效性，“附录”中“重要报告”选用2023年资料；为保证完整性，“荣誉”收录至2023年3月。

四、《通州年鉴（2023）》采用分类编辑法，按类目、分目、条目三个层次编排，部分分目设副分目，条目为主要载体。个别条目包含多方面资料，为便于阅读，对条目加以分段。全书前设卷首彩页，后有附录、索引，主体部分设特载、大事记、通州概览、中共南通市通州区委员会、南通市通州区人民代表大会、南通市通州区人民政府、政协南通市通州区委员会、纪检·监察、民主党派·工商联、群众团体、法治、军事、农业、工业、建筑业、商贸服务业、开放型经济、园区建设、金融、经济管理、城乡建设、生态环境、科学技术、教育·体育、文化、卫生健康、社会生活、街道·镇、人物·荣誉等内容。

五、《通州年鉴（2023）》文字资料由各单位（部门）、各镇（街道）提供，年鉴编辑部统筹编纂，经各部门、各单位审核定稿，并进行保密审查。图片资料由年鉴承编单位和个人供稿。统计资料由区统计局提供。

六、《通州年鉴（2023）》中计量单位一般使用法定计量单位，个别遵从习惯，一次文献中人称、数字、计量单位等用法保持原状。由于数据来源、口径等不同，数据使用时以区统计局提供的全区经济社会主要指标为准，统计部门未提供的以相关主管部门提供的为准。部分数据因四舍五入等因素，总计和分项之间存在合理范围内的误差。

2022年度通州数字

● 辖区面积	1525.74 平方千米
● 年末常住人口	126.20 万人
● 年末户籍总人口	123.77 万人
● 地区生产总值	1639.18 亿元
第一产业	70.43 亿元
第二产业	848.67 亿元
第三产业	720.09 亿元
● 农林牧渔业总产值	125.27 亿元
● 建筑业总产值	2298.53 亿元
● 全社会用电量	72.40 亿千瓦时
● 社会消费品零售总额	447.80 亿元

- 自营进出口贸易总额 46.26 亿美元
- 注册外资实际到账 1.63 亿美元
- 对外承包劳务营业额 1.86 亿美元
- 一般公共预算收入 67.52 亿元
- 金融机构本外币存款余额 2171.68 亿元
- 城镇居民人均总收入 74776 元
- 农村居民人均总收入 50577 元
- 授权专利 4931 件
- 公路总里程 266.33 千米
- 空气质量优良天数比例 80.8%

2022年通州获得的荣誉

- 国家知识产权强县建设示范县
- 全国综合实力百强区（35位）
- 全国投资潜力百强区（37位）
- 中国工业百强区（37位）
- 全国消费品工业“三品”战略示范城市
- 全国科普示范县（市、区）
- 国家“三线一单”减污降碳协同管控试点县
- 国家儿童青少年近视防控服务认证试点地区

- 江苏省知识产权保护示范区
- 江苏省知识产权创造、运用、保护、管理和服务成效明显的地方
- 江苏省生态环境领域真抓实干成效明显督查激励地方
- 全省信访工作先进县（市、区）
- 全省民族团结进步示范区
- 全省城乡公交一体化达标县（市、区）
- 江苏省第七届“万步有约”健走激励大赛精英赛新秀奖及体重大赛第一名

1月17日，南通市各县（市、区）首家设立的华文教育交流基地授牌仪式在通州区实验小学举行　　周钰纯 / 摄

2月17日，通州区举行渔业增殖放流活动。图为沪苏通大桥附近水域放流现场　　王缙江 / 摄

4月5日，南通四建驰援国家会展中心（上海）方舱医院建设，承担1号馆7642张床位的建设改造任务。图为施工现场

冯宏新 / 摄

4月19日上午9点25分，江苏宏德特种部件股份有限公司在深交所创业板成功上市 徐浩翔 / 摄

5月6日，位于南通高新区的江苏深蓝航天有限公司自主研发的“星云–M”1号试验箭公里级垂直起降飞行成功，这是国内首次液氧煤油火箭公里级垂直起降飞行试验成功。图为火箭垂直飞行场景　　江苏深蓝航天有限公司 / 提供

6月20日，南通市首个医保“一站式”照护中心在通州区江海·圆融汇揭牌，实现照护保险从受理、评定到居家服务申请和辅具服务的“一站式”服务新模式。图为通州区医保局“一站式”照护中心服务台　　区医保局 / 提供

7月4日，银法合作护航建筑业高质量发展涉诉免保签约仪式在南通四建集团有限公司举行，通州区在省内率先实行国有银行为涉诉企业提供保函机制。图为中国建设银行南通通州支行与南通四建集团有限公司签订《涉诉免保协议》现场 南通四建 / 提供

8月31日，江苏京东货运航空有限公司运行合格证颁证会议召开，江苏京东货运航空有限公司获得中国民航华东地区管理局颁发的运行合格证，标志着江苏首家本土运输航空公司正式进入运营阶段。图为颁证现场 徐浩翔 / 摄

9月，入围“第十二届中国曲艺牡丹奖”节目奖的小品《封城之前》入选“喜迎二十大 说唱新时代”全国优秀曲艺节目网络展播 区文广旅局／提供

10月16日，通州区组织收听收看党的二十大开幕会。图为全区理论宣讲骨干收听收看现场 区委宣传部／提供

11月10日，始发平潮站的南通轨道交通1号线开通运营　　卑多敏/摄

12月15—16日，第十届中国江苏人才创新创业大赛总决赛在通州区举行。图为16日颁奖仪式现场　　沈　慧/摄

1月，位于平潮镇的江苏世阳生物蝴蝶兰生产基地迎来春节前销售旺季，培育的近40个品种受到江浙沪花卉市场欢迎。图为基地工作人员为蝴蝶兰装盆　　　　卑多敏/摄

3月4日，通州区2022年一季度项目集中开工暨唐正数字纺织产业园项目开工仪式在川姜镇举行　　　　川姜镇/提供

5月，通州区获批省知识产权保护示范区创建立项，是苏中首个、南通唯一。图为中国（南通）知识产权保护中心外景
卑多敏 / 摄

6月29日，总投资50亿元的康源电子高端IC载板项目签约落户南通高新区。图为签约现场　徐浩翔 / 摄

9月17日，2022通州平台合作暨产业发展沪上对接会在上海成功举办。图为平台合作签约现场

区接轨上海工作领导小组办公室／提供

12月15日，2022通州区第十八届高端产业与高层次人才项目合作洽谈会举行，集中签约科创、人才、招商项目15个

徐浩翔/摄

11月20日，南通耀龙金属制造有限公司为卡塔尔世界杯组委会定制的157支旗杆庄严矗立在举行开幕式的海湾球场外

南通耀龙金属制造有限公司/提供

2022年，江苏华存电子科技有限公司持续深耕存储产业链高端存储芯片技术研发，自主研发出国内首颗PCIe5.0SSD存储控制芯片，填补国内高端存储主控技术空白；成功入围第四批国家级专精特新“小巨人”企业。图为研发人员工作场景　卑多敏／摄

2022年，江苏甬金金属科技有限公司坚持走技术引领的“智造”之路，通过不断自主研发和技改升级，年加工精密冷轧不锈钢产品超50万吨，生产效率提高10%，生产成本降低40%以上。图为公司全貌 卑多敏/摄

2022年，四方科技集团股份有限公司以创新驱动产品迭代，成功打造多领域品牌集群，产品热销全球100多个国家和地区。图为4月13日销往美国休斯敦的20英尺标准罐式集装箱启程

四方科技集团/提供

2022年，通州区大力推进数字化乡村建设，推动数字技术与发展乡村实体经济体系加速融合，拓展农业农村大数据应用场景。图为西亭镇电子商务公共服务中心

吴垠峰 / 摄

2022年，通州区运用“直播助农”的模式，帮助农户和农业企业扩大优质农特产品、滞销农产品的销售，带动农户增收。图为兴仁镇长林桥村村干部为大棚蔬菜种植户直播带货

牢多敏 / 摄

2022年，市级乡村振兴示范村东社镇东平村在激活产业发展引擎的同时，实施一揽子人居环境提升工程，打造田园风光相融合的美丽乡村。图为东平村空中鸟瞰

卑多敏 / 摄

2022年，通州区加大高新农业技术的示范建设，推进智慧农业快速发展。图为十总镇圆宏万嘉智慧农业基地种植场景

张松年 / 摄

2022年，通州区益民污水处理厂依托益民水处理人工湿地建设形成生态安全缓冲区，运行效果列全省十大生态安全缓冲区之首。图为生态安全缓冲区鸟瞰

卑多敏／摄

11月，位于开沙岛旅游度假区的洲际梦幻岛风光

2022年，通州区为增强江水引排能力，对五接镇小李港闸进行拆除改造，闸宽由原来的6米增加到8米，引排水能力每秒增加20立方米。图为12月新建成的小李港闸全貌 张邦发 / 摄

卑多敏 / 摄

1月20日，农家按习俗蒸馒头过大年

卑多敏 / 摄

2月14日，2022年“春风送温暖 · 就业送真情”新春招聘会在通州区人力资源市场举行，参会企业67家，现场达成就业意向1209人。图为招聘现场

卑多敏 / 摄

“五一”国际劳动节期间，城东新区万达广场西北侧太湖路百米蔷薇花墙吸引众多市民前来打卡　　卑多敏 / 摄

5月15日，通州区组织开展“助残日”系列活动。图为残疾人插花培训　　卑多敏 / 摄

6月2日，“诗意端午·书香通州，最是人间好时节”通州区2022年“我们的节日·端午”暨农家书屋主题阅读活动在石港镇睹史院村新时代文明实践站举行 卑多敏/摄

6月23日，国家级非遗南通板鹞风筝制作技艺省级代表性传承人王志清（左三）向兴仁镇中心幼儿园的孩子们传授板鹞基本制作技巧 卑多敏/摄

8月，“喜迎二十大　奋进新征程”——第二十七届“通州之夜”广场文艺晚会精彩上演。“通州之夜”广场文艺活动是通州区着力打造公共文化服务品牌活动，是“十百千万”文化惠民工程的重要内容之一。图为通州民歌民舞专场《荷花盘子舞》表演场景　卑多敏 / 摄

8月28日，第18届通州足球超级联赛在区体育中心足球场火热举行。图为比赛现场　卑多敏 / 摄

2022年，通州区深入推进移风易俗，加速培育文明乡风。图为10月28日石港镇新时代文明实践所开展“崇俭尚德倡文明·移风易俗树新风”签订承诺书现场　区委宣传部 / 提供

2022年，通州区“15分钟医保服务圈”实现区域全覆盖。图为医保服务现场　区医保局 / 提供

2022年，通州区继续以群众需求为导向，以群众满意为目标，加大“送戏下乡”文化惠民力度。图为兴仁镇群众观赏通剧《陈英卖水》演出场景

卑多敏 / 摄

2022年，通州区坚持以美育人、以文化人，推动乡村文化振兴，丰富村民业余生活。图为西亭镇草庙村群众乐队彩排节目场景

潘为公 / 摄

2022年，通州区持续加大公共文化服务体系建设力度，群众性文化活动蓬勃开展，群众崇尚健身、参与文化活动的热情高涨。图为西亭镇八总桥村群众休闲娱乐场景 潘为公/摄

2022年，通州区扎实推进全民阅读，引导市民从书中汲取信心和力量，形成爱读书、读好书、善读书的良好风气和新时代文明新风尚。图为6月16日刘桥镇徐园村农家书屋阅读场景 牢多敏 / 摄

2022年，通州区加快推进乡村风貌建设，建设宜居宜业和美家园。图为五接镇开沙村农民集中居住区鸟瞰 牢多敏 / 摄

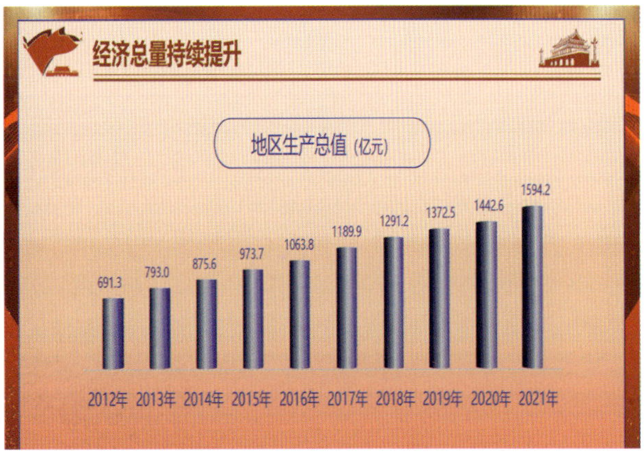
经济总量持续提升
地区生产总值（亿元）
691.3
793.0
875.6
973.7
1063.8
1189.9
1291.2
1372.5
1442.6
1594.2
2012年 2013年 2014年 2015年 2016年 2017年 2018年 2019年 2020年 2021年

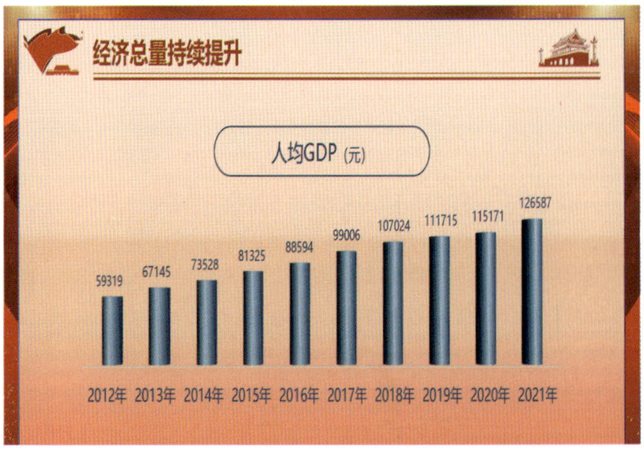
经济总量持续提升
人均GDP（元）
59319
67145
73528
81325
88594
99006
107024
111715
115171
126587
2012年 2013年 2014年 2015年 2016年 2017年 2018年 2019年 2020年 2021年

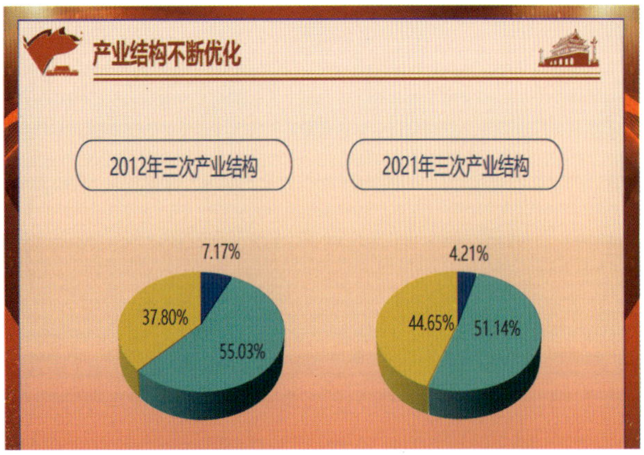
产业结构不断优化
2012年三次产业结构
2021年三次产业结构
7.17%
37.80%
55.03%
4.21%
44.65%
51.14%

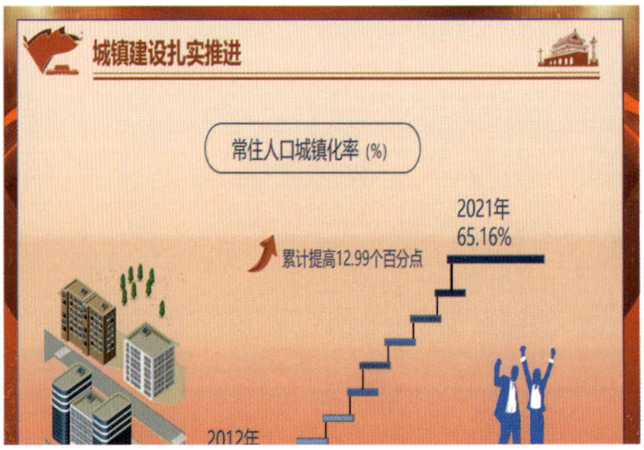
城镇建设扎实推进
常住人口城镇化率（%）
2021年
65.16%
累计提高12.99个百分点

财政实力不断增强
一般公共预算收入（亿元）
年均增长6.6%
2013年
2021年
2021年
一般公共预算收入76.7亿元
税收占比83.4%
比2012年提高1.8个百分点

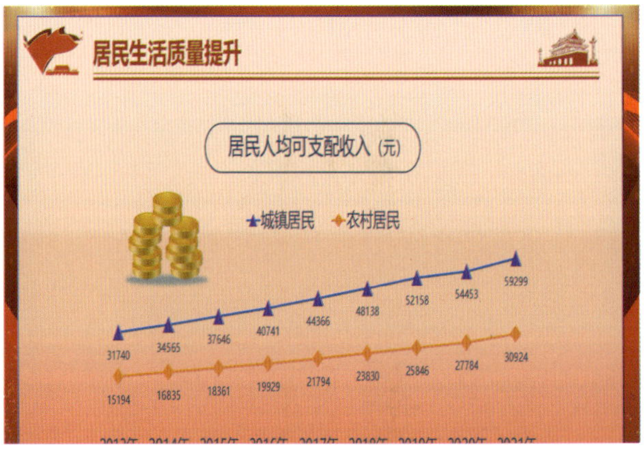
居民生活质量提升
居民人均可支配收入（元）
城镇居民
农村居民
31740
34565
37646
40741
44366
48138
52158
54453
59299
15194
16835
18361
19929
21794
23830
25846
27784
30924

金融存贷增加明显
本外币存贷款余额（亿元）
金融机构本外币存款余额
金融机构本外币贷款余额
803.4
446.3
957.2
528.8
1107.7
606.8
1251.6
678.0
1420.3
748.9
1516.9
863.9
1564.3
1011.5
1722.6
1169.5
1971.8
1470.0
2031.6
1390.8

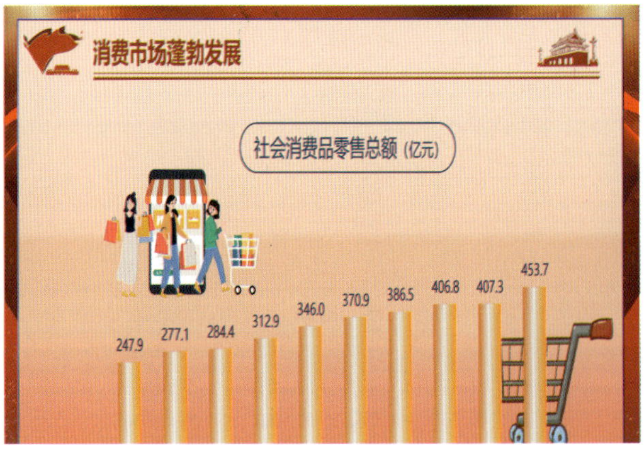
消费市场蓬勃发展
社会消费品零售总额（亿元）
247.9
277.1
284.4
312.9
346.0
370.9
386.5
406.8
407.3
453.7

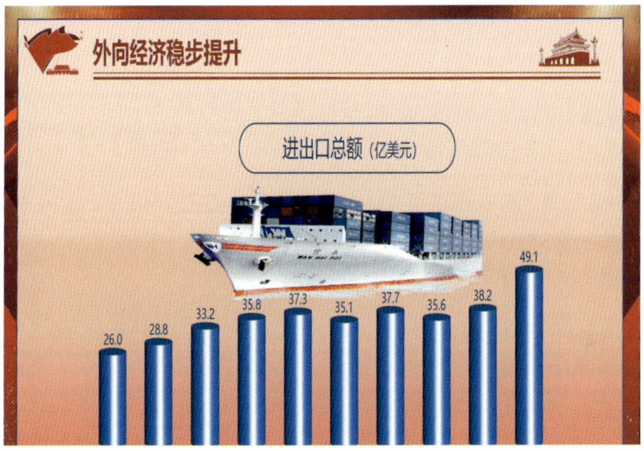
外向经济稳步提升
进出口总额（亿美元）
26.0
28.8
33.2
35.8
37.3
35.1
37.7
35.6
38.2
49.1

投资领域快速增长
固定资产投资
2013—2021年
固定资产投资年均增11.2%
2013—2021年
房地产开发投资完成额年均增长20.4%
工业投资年均增长10.0%
服务业投资年均增长13.2%
商品房销售面积
年均增长18.5%

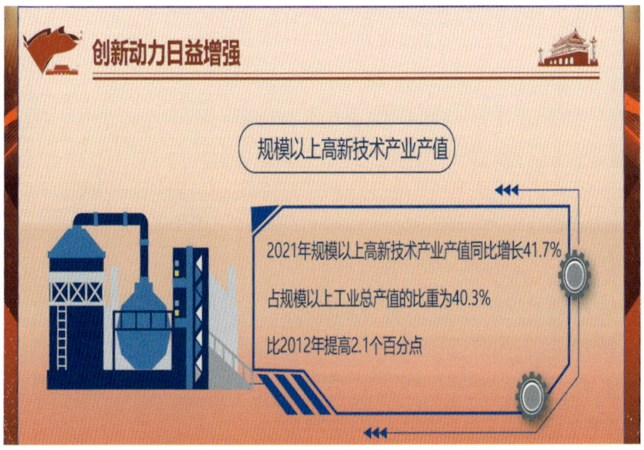
创新动力日益增强
规模以上高新技术产业产值
2021年规模以上高新技术产业产值同比增长41.7%
占规模以上工业总产值的比重为40.3%
比2012年提高2.1个百分点

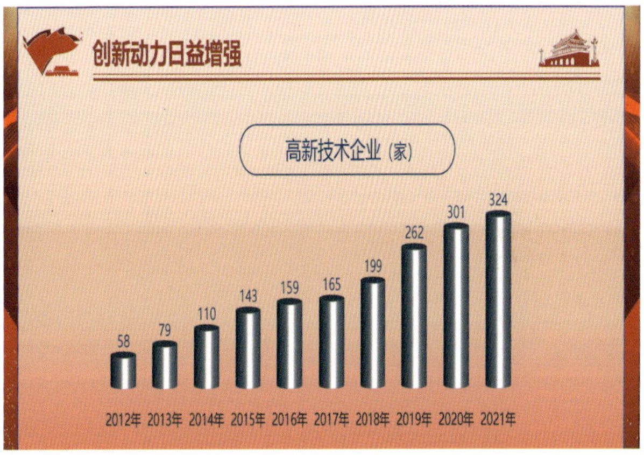
创新动力日益增强
高新技术企业（家）
58
79
110
143
159
165
199
262
301
324
2012年 2013年 2014年 2015年 2016年 2017年 2018年 2019年 2020年 2021年

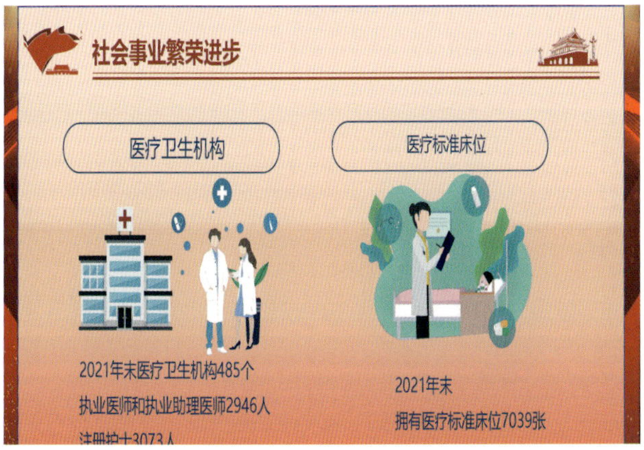
社会事业繁荣进步
医疗卫生机构
医疗标准床位
2021年末医疗卫生机构485个
执业医师和执业助理医师2946人
注册护士3073人
2021年末
拥有医疗标准床位7039张

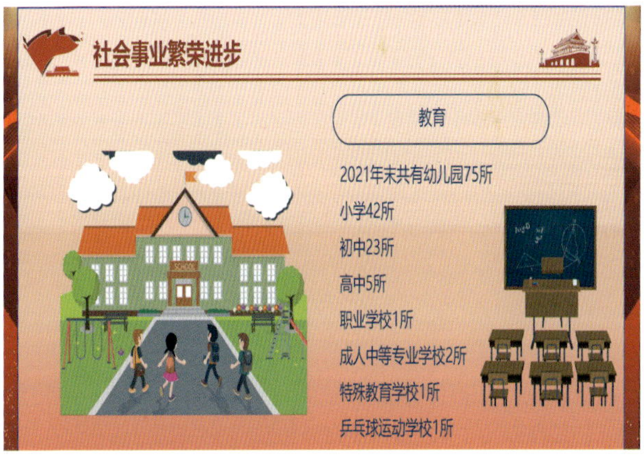
社会事业繁荣进步
教育
2021年末共有幼儿园75所
小学42所
初中23所
高中5所
职业学校1所
成人中等专业学校2所
特殊教育学校1所
乒乓球运动学校1所

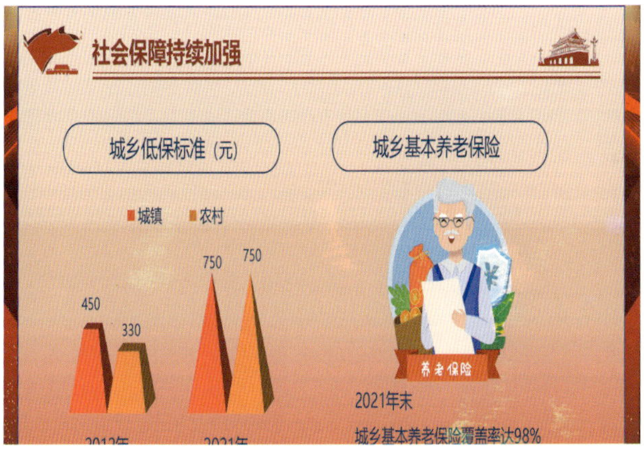
社会保障持续加强
城乡低保标准（元）
城乡基本养老保险
城镇
农村
450
330
750
750
养老保险
2021年末
城乡基本养老保险覆盖率达98%

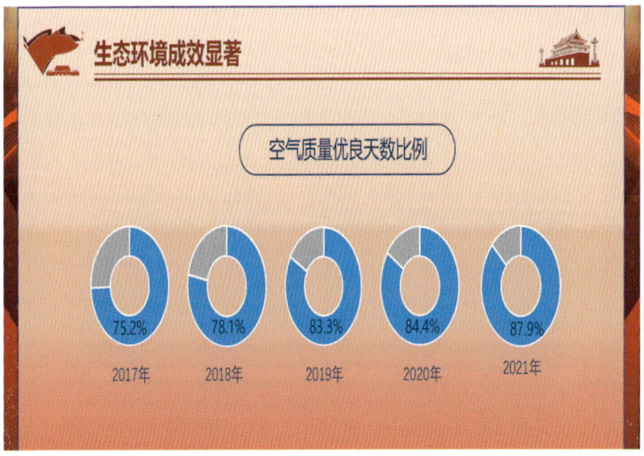
生态环境成效显著
空气质量优良天数比例
75.2%
78.1%
83.3%
84.4%
87.9%
2017年
2018年
2019年
2020年
2021年

总　目

1 特载
6 大事记
12 通州概览
21 中共南通市通州区委员会
34 南通市通州区人民代表大会
40 南通市通州区人民政府
58 政协南通市通州区委员会
62 纪检·监察
65 民主党派·工商联
71 群众团体
81 法治
90 军事
93 农业
103 工业
112 建筑业
117 商贸服务业
127 开放型经济
129 园区建设
131 金融
135 经济管理
147 城乡建设
157 生态环境
160 科学技术
166 教育·体育
176 文化
186 卫生健康
195 社会生活
203 街道·镇
229 人物·荣誉
238 附录
309 索引

目　录

特　载

非凡十年·通州答卷 ……………………………… 1
通州区获批"国家知识产权强县建设试点示范县"…… 4

大事记

1月 ……………………………… 6
2月 ……………………………… 7
3月 ……………………………… 7
4月 ……………………………… 7
5月 ……………………………… 7
6月 ……………………………… 8
7月 ……………………………… 8
8月 ……………………………… 9
9月 ……………………………… 9
10月 ……………………………… 10
11月 ……………………………… 10
12月 ……………………………… 11

通州概览

自然地理 ……………………………… 12
地理位置……………………………… 12
地质地貌……………………………… 12
水系河流……………………………… 12
气　候 ……………………………… 12
概况……………………………… 12
重要天气和主要灾情……………………………… 12
表1　2022年通州区主要气象要素一览表 ……………………………… 13
行政区划 ……………………………… 13
政区沿革……………………………… 13
现行区划……………………………… 14
表2　2022年通州区行政区划一览表 ……………………………… 15
人文风物 ……………………………… 16
概况……………………………… 16
人口……………………………… 16
风俗……………………………… 16
方言……………………………… 16
文化存遗……………………………… 16
名点名菜……………………………… 16
通州名片 ……………………………… 16
崇学之乡……………………………… 16
建筑之乡……………………………… 17
纺织之乡……………………………… 17
体育之乡……………………………… 17
曲艺之乡……………………………… 17
国民经济和社会发展 ……………………………… 17
概况……………………………… 17
农业……………………………… 17

表3　2022年主要农产品产量一览表 ……………………18
工业和建筑业……………………………………………………18
服务业……………………………………………………………18
固定资产投资……………………………………………………18
国内贸易…………………………………………………………18
对外经济…………………………………………………………18
交通运输、邮政电信和电力业 …………………………………18
表4　2022年出口贸易方式及出口地分类一览表 …………19
财政和金融………………………………………………………19
科学技术和教育…………………………………………………19
文化、卫生和体育 ………………………………………………19
城乡发展和生态环境……………………………………………20
公共安全…………………………………………………………20
人民生活和社会保障……………………………………………20

中共南通市通州区委员会

综　述 ……………………………………………………21

概况………………………………………………………………21
经济运行…………………………………………………………21
产业创新…………………………………………………………21
城乡品质提升……………………………………………………21
民生福祉建设……………………………………………………21

决策部署 …………………………………………………22

区委全委会会议…………………………………………………22
区委常委会（扩大）会议 ………………………………………22
全面从严治党……………………………………………………24
全面深化改革……………………………………………………25
全力推进项目建设………………………………………………25
全面推进乡村振兴………………………………………………25
高质量高赋能发展高峰论坛……………………………………25
创新创业大赛……………………………………………………25

区委办公室工作 …………………………………………26

概况………………………………………………………………26
调查研究…………………………………………………………26
信息报送…………………………………………………………26
督查考核…………………………………………………………26
党内规范性文件制定……………………………………………26

巡察工作 …………………………………………………26

概况………………………………………………………………26
常规巡察…………………………………………………………26
专项巡察…………………………………………………………26
巡察整改…………………………………………………………27
巡视巡察上下联动………………………………………………27
科学巡察…………………………………………………………27
协同巡察…………………………………………………………27

组织工作 …………………………………………………27

概况………………………………………………………………27
党员发展与教育…………………………………………………27
流动党员管理……………………………………………………27
干部队伍建设……………………………………………………27
“新时代通州干部精神特质”大讨论 …………………………28
高质量发展争先月月讲…………………………………………28
“党建领航、镇村夺旗”专项行动 ……………………………28
机关作风建设提升年……………………………………………28
通州高洽会………………………………………………………28
“510英才一卡通”服务升级 …………………………………28

宣传工作 …………………………………………………28

概况………………………………………………………………28
意识形态管理……………………………………………………28
思想理论武装……………………………………………………28
新闻宣传…………………………………………………………28
网信工作…………………………………………………………28
社会主义核心价值观培育………………………………………28
文化事业产业……………………………………………………29
书香通州建设……………………………………………………29
“童”声精品打造 ………………………………………………29

统战工作 …………………………………………………29

概况………………………………………………………………29
思想政治引领……………………………………………………29
基地建设…………………………………………………………29
理论研究…………………………………………………………29
政策宣讲…………………………………………………………29
经济统战…………………………………………………………30
党外代表人士和党外干部………………………………………30
海外统战…………………………………………………………30
侨务工作…………………………………………………………30
信息宣传…………………………………………………………30

机构编制管理……………………………………………30

概况………………………………………………………………30
综合行政执法改革………………………………………………30
基层体制机制改革………………………………………………31
清单管理监督……………………………………………………31
事业单位改革……………………………………………………31

重点领域机构编制保障……31
医疗卫生体系建设保障……31
教育事业保障……31
机构编制监管……31

对台事务 ……32

概况……32
刘桥镇台商服务工作站建设……32
编印服务台胞口袋书……32
“两岸一家亲、服务零距离”活动……32
服务台资企业……32

老干部工作……32

概况……32
老干部党建……32
“银发生辉 · 银龄行动”……32
老干部服务……32
“银龄生辉 · 守网相助”活动……33
区管干部荣誉退休仪式……33

党校工作……33

概况……33
教育培训……33
教研咨一体化……33
迁建项目……33

党史工作……33

概况……33
地方党史征编……33
地方党史理论研究……33
党史宣讲……33

南通市通州区人民代表大会

综　述……34

概况……34
编制五年规划……34
重大事项决定……34
创新民生实事项目监督机制……34
工作评议……34
执法检查……34

重要会议……34

区第十七届人大第一次会议……34
区第十七届人大常委会第一次至第九次会议……34
区第十七届人大常委会第一次至第十五次主任会议……36

人大监督……37

经济工作监督……37
预算审查监督……37
民生事业监督……37
生态环境工作监督……37
司法工作监督……37

人事任免……38

概况……38
人员任免……38

代表工作……39

“千人联千企、百日三带回”行动……39
代表主题月活动……39
代表建议督办……39
表5　通州区第十七届人大一次会议优秀建议一鉴……39

南通市通州区人民政府

综　述……40

概况……40
为民办实事项目……41

重要会议……42

区政府常务会议……42

重大活动……44

通州区大米行业质量合作社成立……44
省知识产权保护示范区建设……44
全国标准化生产基地创建……44
省级示范园建设……44
第四届“通州好大米”品鉴活动……44
革命历史纪念馆开馆……45
省专利（成果）拍卖季高端装备制造产业专场成功举办……45
教育发展大会……45
省深化长期护理保险制度试点工作现场推进会举行……45
宏德股份在创业板上市、帕科医疗在新三板上市……45
“律动江海”公益服务中心通州分中心成立……45
英雄大桥重建工程完工通车……45
北沿江高铁通州段开工建设……45

对口协作……45

概况……45

人才交流……45
消费协作……45
劳务协作……45
社会帮扶……45

区政府办公室工作……45

概况……45
秘书工作……45
调研工作……45
督查工作……46

人力资源管理……46

概况……46
人才载体建设……46
技能人才培养……46
职称评审……46
人事管理……46
人才招聘及补贴……46
2022年高级职称人员名录……47

行政审批与政务服务……50

概况……50
涉企服务……51
服务项目建设……51
服务效能提升……51
服务体系建设……51
公共资源交易市场环境优化……51
打造法治化营商环境……51

应急管理……51

综　述……51
概况……51
队伍建设……51
科技赋能……52
安全生产责任体系……52
安全生产隐患排查……52
重点行业专项整治……52
重大节点安全防范……52
安全生产宣传教育……53
应急救援……53
消防管理……53
概况……53
组织保障……53
灭火救援……53
消防执法监督……53
消防宣传培训……53
服务经济发展……53

退役军人事务……54

概况……54
服务保障体系……54
移交安置……54
退役军人就业创业……54
烈士褒扬……54
抚恤优待……54

区域治理……54

概况……54
网站管理……54
政策解读……55
在线服务……55
政民互动……55
政务热线……55
资源共享……55
数据应用……55
项目建设……55

信访工作……55

概况……55
化解信访积案……56
强化源头治理……56
联创区攻坚支部……56

外事工作……56

概况……56
外事服务……56
友好交往……56
海外安全……56

接待工作……56

概况……56
公务接待保障……56
会议活动保障……56
服务招才引智……56

机关事务管理……56

概况……56
资产管理……56
办公用房管理……57
公务用车管理……57

公共机构节能管理……57
机关经费管理……57
机关安全管理……57
机关后勤服务……57

政协南通市通州区委员会

综　述……58
概况……58
“书香政协”建设……58
文史编修……58
重要会议……58
区政协十四届一次会议……58
区政协常委会会议……58
区政协党组会议主席会议……59
政治协商……59
概况……59
带头协商……59
实事协商……59
务实协商……60
联动协商……60
民主监督……60
概况……60
协商议事监督……60
党派团体监督……60
民主评议监督……60
议题建议监督……60
参政议政……60
概况……60
献策“经济强”……60
谋招“百姓富”……60
督促“环境美”……61
集智“社会文明程度高”……61
委员工作……61
概况……61
委员职能履行……61
凸显界别特色优势……61
专委会基础作用发挥……61
大走访……61

纪检 · 监察

综　述……62
重大会议……62
区纪委十三届二次全体(扩大)会议……62
纪律监督检查……62
概况……62
“三重一大”事项……62
营商环境监督……63
党风廉政意见回复……63
执纪执法……63
概况……63
高压态势惩治腐败……63
强化“四种形态”……63
廉政教育……63
党风廉政建设……63
概况……63
压实“两个责任”……63
“四风”和作风纪律整治……63
体制机制改革……63
完善工作机制……64
锻造铁军……64
专项整治……64
概况……64
公办学校食堂违规违纪问题专项监督……64
酒驾醉驾专项整治……64
“四风”问题专项整治……64
幼儿园违规减免、报支问题专项整治……64

民主党派 · 工商联

综　述……65
概况……65
民主党派参政议政……65
民主党派社会服务……65
民革南通市通州支部……65
概况……65

参政议政……65
“中山博爱”品牌建设……65
台企服务……66

民主同盟南通市通州区基层委员会……66

概况……66
主题教育……66
参政议政……66
双岗建功……66
“星火助推”行动……66

民主建国会南通市通州区支部……66

概况……66
参政议政……66
重点调研……66
社情民意……67
组织建设……67
会员风采……67

民主促进会南通市通州区基层委员会……67

概况……67
组织建设……67
参政议政……67
社会服务……68

农工民主党南通市通州支部……68

概况……68
参政议政……68
课题调研……68
信息宣传……68
协商议事……68
社会服务……69

九三学社南通市通州区基层委员会……69

概况……69
宣传工作……69
课题调研……69
参政议政……69
社情民意……69
“有事好商量”……69
社会服务……69

区工商业联合会……69

概况……69
招商交流……69
“工商联+”服务……69
大走访行动……70
商会建设……70
品牌打造……70
参政议政……70
社会公益……70

群 众 团 体

区总工会……71

概况……71
职工思政……71
产改工作……71
职工技能竞赛……71
职工劳保……71
服务职工……72
关爱职工……72
法律援助……72
组织建设……72

共青团南通市通州区委员会……72

概况……72
思想引领……72
服务中心……73
服务青年……73
从严治团……73

区妇女联合会……73

概况……73
行业妇联工作……73
巾帼阵地……73
“一户一策”……73
助推家风家教……74
巾帼科技创新行动……74
妇儿权益保障……74
助力巾帼企业……74

区科学技术协会……74

概况……74
举荐典型……74
助力乡村振兴……74
科普服务……75
少年科普……75

科技竞赛……75

区文学艺术界联合会……75

概况……75
省文联专题调研……75
第十一次文代会……75
《童心唱给党来听》唱响央视……75
“通州艺苑”展示周……75
“美丽南通行”文艺创作走进通州……75
文艺家协会换届……75
“活力融通·最美瞬间”摄影大赛……75

区哲学社会科学界联合会……75

概况……75
《通州社科论坛》改版……76
社科专家话张謇……76
第十三届社会科学普及宣传周……76
第六届哲学社会科学优秀成果评奖……76

区归侨侨眷联合会……76

概况……76
文化宣扬……76
服务社会……76
服务经济……76
为侨服务……76
参政议政……76
联络联谊……76
基层组织建设……77

区残疾人联合会……77

概况……77
重点康复项目……77
残疾人文体……77
残疾人就业……77
残疾人权益维护……77
残疾人联合会第七次代表大会……77

区红十字会……77

概况……77
党建引领……77
依法治会……77
红十字服务……77
应急救援……78
人道救助……78
救护培训……78
学校红会……78
阵地建设……78
“三献”服务……78
人道筹资……78

关心下一代工作委员会……78

概况……78
主题教育……79
校外辅导站……79
心理健康教育……79
三好标兵评选……79
助力社会治理……79

区老区开发促进会……80

概况……80
弘扬老区精神……80
光伏电站建设……80
助学帮扶……80
调查研究……80
为农服务……80

区法学会……80

概况……80
法学研究……80
法治实践……80
法治宣传……80

法　治

政法委与综治……81

概况……81
服务保障发展……81
平安通州建设……81
依法治区……81
社会治理……81
巩固政法队伍教育整顿成果……81

法治政府建设……82

概况……82
法治服务……82
依法行政……82
行政复议……82
制规监管……82
行政执法监督……82
法治乡村建设……82
法治文化示范点建设……82
普法宣传……83

公　安……83

概况……83
治安管理……83
安全保卫……83
刑事案件侦查……83
经济案件侦查……83
禁毒工作……84
水上警务……84
“110”接处警……84
出入境管理……84
户口管理……84
执法规范化建设……84
智慧警务建设……84
※案例选介※……85
以鉴定古董为名团伙诈骗案……85
未成年人系列盗窃车内财物案……85
中药泡脚粉冒充治疗牙科疾病中药案……85
跨区域倾倒废物污染环境案……85

检　察……85

概况……85
维护社会稳定……85
优化营商环境……85
防范化解金融风险……85
服务区域治理……85
打击刑事犯罪……85
协同反腐倡廉……86
呵护未成年人成长……86
守护民生民利……86
刑事检察……86
民事行政检察……86
公益诉讼检察……86
检察改革……86
“固本强基”行动……87

法　院……87

概况……87
护航平安通州建设……87
优化法治营商环境……87
保持执行高压态势……87
强化民生司法保护……88
基层社会治理……88

司法行政……88

概况……88
法治宣传教育……88
公共法律服务……88
社区矫正……88
人民调解……89
法律援助……89
“法润通州”……89

仲　裁……89

劳动人事仲裁……89
农村土地承包仲裁……89

军　事

人民武装……90

概况……90
政治工作……90
战备训练……90
民兵整组……90
兵员征集……90
学生军训……91

武警通州中队……91

概况……91
军事训练……91
执勤和处置突发事件……91
军地共建……91

人民防空……91

概况……91
人防组织指挥体系建设……91
人防防护体系建设……91
人防工程安全管理……91

双拥共建……92

拥军优属……92
拥政爱民……92

农　业

综　述……93

概况……93
乡村振兴示范建设……93
农业项目建设……93

农产品品牌培育……93

种植业 ……93

概况……93
省级水稻绿色防控A级示范区建设……94
区植保站获省级先进……94
种子供应……94
农业补贴……94
表6　2022年通州区粮食、油料等作物种植面积、产量一览表……94
栽培技术……95
"二品一标一基地"认证……95

养殖业 ……95

概况……95
畜牧生产……95
畜禽标准化生态健康养殖专项行动……95
重大动物疫病防控……95
动物卫生监督……95
渔业生产……96
蚕桑生产……96

农田建设 ……96

概况……96
高标准农田建设……96
耕地质量保护……96

农业机械化 ……96

概况……96
主要农作物机械化水平……97
特色农机化水平……97
农机装备水平……97
基地服务建设……97
农机执法品牌建设……97
农机监管……97

农业科技 ……97

概况……97
新型职业农民培育……97
科技下乡……98

现代农业 ……98

概况……98
龙头企业发展……98
休闲观光农业……98
农业市场与信息化建设……98

新型农业经营主体 ……98

概况……98
表7　2022年通州区市级以上农业龙头企业一览表……98
表8　2022年通州区市级以上示范家庭农场一览表……99
表9　2022年通州区认定新型合作农场一览表……101

农业安全 ……102

概况……102
农业病虫害防治……102
养殖场安全生产专项行动……102
农产品质量安全管理……102
平安农机建设……102

工　业

综　述 ……103

概况……103
重大项目推进……103
项目审批改革……103
产业倍增三年行动计划……103
"服务企业大走访"活动……103
"万事好通·周周有到"品牌……103
高质量发展评价……104
"免申即享"激励政策……104
发展规划编制……104

汽车及零部件产业 ……104

概况……104
※企业选介※……104
雄邦压铸(南通)有限公司……104
广东鸿图南通压铸有限公司……104
富加宜电子(南通)有限公司……104
安波福连接器系统(南通)有限公司……104

新一代信息技术产业 ……105

概况……105
南通江海电容器股份有限公司……105
南通海星电子股份有限公司……105
南通深南电路有限公司……105

智能装备产业……105

概况……105
高端智能装备制造实现突破……105

※企业选介※ …… 105
四方科技集团股份有限公司 …… 105
创斯达集团有限公司 …… 105

高端纺织产业 …… 105

概况 …… 105
※企业选介※ …… 105
江苏恒科新材料有限公司 …… 105
江苏金太阳纺织科技有限公司 …… 106

民营经济 …… 106

概况 …… 106
表10　2022年通州区经济发展贡献百强企业（集团）名录 …… 106
表11　2022年通州区工业企业销售百强一览表 …… 109

建筑业

综　述 …… 112

概况 …… 112
资质建筑企业 …… 112
※建筑企业选介※ …… 112
南通通博设备安装集团有限公司 …… 112
南通承悦装饰集团有限公司 …… 112
南通金通市政工程有限公司 …… 112

行业发展 …… 112

市场拓展 …… 112
表12　2022年通州区重点建筑企业完成指标一览表 …… 113
转型升级 …… 114
名优工程 …… 114
表13　2022年通州区建筑企业部分获奖项目一览表 …… 114
※获奖工程选介※ …… 115
海安县人民医院门急诊病房综合楼项目 …… 115
XDG-2006-77号地块三期住宅及公建配套用房项目 …… 115
嘉兴凯宜医院（一期）项目安装工程 …… 115

建筑管理 …… 115

概况 …… 115
政策扶持 …… 115
工程质量监督管理 …… 115
安全监管 …… 115
建设工程消防审验 …… 116
施工图审查 …… 116
白蚁防治 …… 116
房屋安全鉴定 …… 116
城建档案管理 …… 116
法制服务 …… 116

建筑科技 …… 116

概况 …… 116
绿色建材与绿色建筑 …… 116
建筑产业现代化 …… 116

商贸服务业

综　述 …… 117

概况 …… 117
服务业企业培育 …… 117
重点业态监测 …… 117
服务业集聚区建设 …… 117
表14　2022年通州区新增规模以上服务业企业一览表 …… 117
表15　2022年通州区新增应税销售超1亿元服务业企业一览表 …… 118
表16　2022年通州区实缴税金50强服务业企业一览表 …… 119

商品批发零售 …… 120

概况 …… 120
汽车流通市场 …… 120

住宿餐饮 …… 120

住宿 …… 120
餐饮 …… 121

电子商务 …… 121

概况 …… 121
电子商务主体培育 …… 121

石油经营 …… 121

概况 …… 121
石油市场整治 …… 121

供销合作贸易 …… 121

概况 …… 121
“三会”制度建设 …… 121
业务转型升级 …… 121

推进农药零差率统一配供、废弃农药包装物和农膜统一回收处理…… 121

粮食购销储备 …… 121

概况…… 121
粮油加工销售…… 121
粮食储备…… 121

烟草专卖 …… 121

概况…… 121
卷烟营销…… 122
烟草专卖管理…… 122
履行社会责任…… 122

盐业经营 …… 122

概况…… 122
经营提质升效…… 122
淮盐品牌宣传…… 122

邮　政 …… 122

概况…… 122
经营发展提质…… 122
服务乡村振兴提能…… 123
普遍服务提效…… 123

电　信 …… 123

概况…… 123
网络建设…… 123
服务提升…… 123

移动通信 …… 123

概况…… 123
网络建设…… 123
助老服务…… 123

联合网络通信 …… 124

概况…… 124
网络建设…… 124
服务提优…… 124

旅游业 …… 124

概况…… 124
旅游项目建设…… 124
旅游品牌创建…… 124
发展扶持…… 124
旅游宣传推介…… 125
文旅消费…… 125
※景点简介※ …… 125
开沙岛…… 125
南通洲际绿博园…… 125
忠孝博物馆…… 125
途居开沙岛房车露营地…… 125
鲜花小镇…… 125
渔湾水道…… 125
南山湖 · 水街…… 125
双盟村…… 125
开沙村…… 126
南通家纺城…… 126
老裁缝家居创意园…… 126
圣果葡萄酒庄园…… 126

现代物流 …… 126

概况…… 126
主体培育…… 126
项目支撑…… 126

中介服务 …… 126

房产中介…… 126
劳务中介…… 126
公证服务…… 126
保安服务…… 126

开放型经济

综　述 …… 127

概况…… 127
通州跨境电商产业园…… 127

招商引资 …… 127

概况…… 127
政策指引…… 127
招商评比…… 127

对外及港澳台贸易 …… 127

概况…… 127
外贸新业态培育…… 128

利用外资及港澳台资 …… 128

概况…… 128
服务外资企业…… 128

外经合作 …… 128

概况 …… 128
创斯达科技集团(中国)有限责任公司收购境外项目 …… 128

服务外包 …… 128

概况 …… 128
载体建设 …… 128

园区建设

南通高新技术产业开发区 …… 129

概况 …… 129
科技创新 …… 129
项目建设 …… 129
新特产业集群建设 …… 129
青年人才培养 …… 129

中国南通家纺城 …… 130

概况 …… 130
知识产权快速维权中心 …… 130

石港科技产业园 …… 130

概况 …… 130
新三能电容器项目开工 …… 130
禾源木业项目开工 …… 130
压力阀项目开工 …… 130

金融

金融监督管理 …… 131

概况 …… 131
银行信贷 …… 131
服务实体 …… 131
企业上市挂牌 …… 131
金融监管 …… 132
风险防范和处置 …… 132

银行业 …… 132

中国人民银行通州支行 …… 132
概况 …… 132
货币政策 …… 132
金融稳定 …… 132
金融服务 …… 132
金融宣传 …… 132
外汇管理 …… 133
中国工商银行股份有限公司南通通州支行 …… 133
概况 …… 133
金融服务 …… 133
中国农业银行股份有限公司南通通州支行 …… 133
概况 …… 133
金融服务 …… 133
中国农业发展银行南通市通州支行 …… 133
概况 …… 133
中国银行股份有限公司南通通州支行 …… 133
概况 …… 133
金融服务 …… 133
中国建设银行股份有限公司南通通州支行 …… 133
概况 …… 133
江苏银行股份有限公司南通通州支行 …… 133
概况 …… 133
中国邮政储蓄银行股份有限公司南通市通州区支行 …… 134
概况 …… 134
金融服务 …… 134
江苏南通农村商业银行股份有限公司 …… 134
概况 …… 134

保险证券业 …… 134

概况 …… 134
中国人民财产保险股份有限公司通州支公司 …… 134
中国人寿保险股份有限公司通州支公司 …… 134
中国平安财产保险股份有限公司通州支公司 …… 134
申万宏源证券南通朝霞路营业部 …… 134
华泰证券南通通州新世纪大道营业部 …… 134

经济管理

宏观经济管理 …… 135

概况 …… 135
计划执行 …… 135
发展规划管理 …… 135
经济运行管理 …… 135
对接上海 …… 135
投资项目服务 …… 135
综合资源利用 …… 135

财　政 …… 135

概况…… 135
财源建设…… 136
财政收支…… 136
民生投入…… 136
债务管理…… 136
财政改革…… 136

税　务 …… 136

概况…… 136
征管改革…… 137
纳税服务…… 137

自然资源管理…… 137

概况…… 137
资源保护…… 137
发展用地保障…… 137
节约集约用地…… 138
调查测绘…… 138
自然资源领域批后监管…… 138
自然资源领域安全生产…… 138
提升营商环境…… 138

市场监督管理…… 138

概况…… 138
信息化监管…… 138
食品安全监管…… 139
药品医疗器械监管…… 139
特种设备安全监察…… 139
质量监督管理…… 140
标准化建设…… 140
计量管理…… 140
市场主体监管…… 140
广告管理…… 140
稽查执法…… 140
消费者权益保护…… 140

价格管理 …… 141

概况…… 141
价格调控…… 141
价格监测…… 141
收费监管…… 141
清费减负…… 141
价格改革…… 141
成本监审…… 141
农本调查…… 142
价格认定…… 142

统　计 …… 142

概况…… 142
高标准落实《监督意见》 …… 142
统计服务能力提升…… 142
统计改革…… 142

审　计 …… 142

概况…… 142
财政预算执行审计…… 142
重大政策跟踪审计…… 142
领导干部经济责任审计…… 143
民生资金审计…… 143
农业农村审计…… 143
投资审计…… 143

国有资产管理…… 143

概况…… 143
国企改革“三年行动”收官 …… 143
国企市场化转型…… 143
国资国企监管…… 144
市场化经营机制…… 144
履行社会责任…… 144
南通市鑫汇控股集团有限公司…… 144
概况…… 144
民生服务…… 144
金融业务运营…… 144
产业园开发建设…… 144
资产管理…… 144
南通圆宏控股集团有限公司…… 144
概况…… 145
房地产开发…… 145
市政建设…… 145
公共设施及保障房建设…… 145
投资项目建设…… 145
服务民生…… 145
南通融通控股集团有限公司…… 145
概况…… 145
项目建设…… 145
片区开发…… 146
交通产业…… 146
对外投资…… 146

公共资源交易 …… 146

概况 …… 146
智能化改革 …… 146
营商环境优化 …… 146
交易体系建设 …… 146

城乡建设

城乡规划 …… 147

概况 …… 147
国土空间规划修编 …… 147
村庄规划编制 …… 147
城市建设空间结构优化 …… 147

城市建设 …… 147

概况 …… 147
市政设施建设 …… 147
城区绿化 …… 147
表17 2022年通州区市政路桥建设情况一览表 …… 147
表18 2022年通州区绿化工程建设情况表 …… 148
城区水环境建设 …… 148
城市基础设施养护 …… 148
老旧小区改造 …… 148
表19 2022年通州区水环境治理情况一览表 …… 148

城市管理 …… 148

概况 …… 148
城市环境提升 …… 148
镇村环境治理 …… 149
城市管理执法 …… 149
污染防治攻坚 …… 149
垃圾分类 …… 149

房产开发管理 …… 149

概况 …… 149
房地产行业管理 …… 149
房地产市场 …… 149
物业管理 …… 149

镇村建设 …… 149

概况 …… 149
污水管网建设 …… 149
农村住房改善 …… 149
美丽宜居乡村建设 …… 150
特色田园乡村建设 …… 150
农村宅基地改革 …… 150
农村集体“三资”管理 …… 150
村级集体经济发展 …… 150
农村土地承包管理 …… 150
脱贫攻坚 …… 150
产权市场建设 …… 150
农村人居环境整治 …… 150

给排水 …… 151

概况 …… 151
城区供水 …… 151
排水养护与防汛排涝 …… 151

供　电 …… 151

概况 …… 151
电网建设 …… 151
电业管理 …… 151
电力服务 …… 152
用电保障 …… 152

供　气 …… 152

概况 …… 152
管网建设 …… 152
燃气管理 …… 152
燃气执法 …… 152
燃气安全 …… 152

交　通 …… 153

概况 …… 153
交通基础设施建设 …… 153
交通民生工程建设 …… 153
工程建设管理 …… 153
公路管理 …… 153
航道管理 …… 154
运输管理 …… 154
港口管理 …… 154
安全管理 …… 154
交通执法 …… 154
区邮政业发展中心成立 …… 155

水　利 …… 155

概况 …… 155
河长制工作 …… 155
农村河道疏浚 …… 155

农村生态河道建设……155
农村水利建设……155
水土保持工作……155
重点水利工程……155
防汛防旱抗台……156
水资源管理……156
依法治水管水……156

生态环境

综　述……157
概况……157
“三线一单”减污降碳协同管控试点……157
生物多样性观测……157
环境质量……157
空气质量……157
水环境质量……157
声环境质量……157
污染防治……158
水污染防治……158
大气污染防治……158
土壤污染防治……158
环境监管……158
排污许可证核发……158
环评总量平衡……158
环境信访……158
环保执法……158
环保宣传教育……158
节能减排……159
水污染减排……159
大气污染减排……159
清洁生产……159
节能降耗……159
公共机构节能管理……159

科学技术

综　述……160
概况……160
政策保障……160
表20　2022年通州区新增各级创新载体一览表……160
表21　2022年通州区省级以上立项项目一览表……160
表22　2022年通州区新增高企一览表……160
创业创新……163
概况……163
科创项目……163
创新平台建设……163
科技创业大赛……163
产学研合作……163
概况……163
重大成果转化……163
智力引进……163
知识产权管理……164
概况……164
知识产权培育……164
知识产权保护与应用……164
气　象……164
概况……164
气象预警……164
气象监管……164
气象科普……165
防震减灾……165
概况……165
地震灾害风险普查……165
地震易发区房屋设施加固工程……165
震情监视跟踪……165
地震宣传培训……165

教育·体育

综　述……166
概况……166
教育研究……166
依法治教……166
五育并举……166
教育提质……167
优化办学……167
教育生态建设……167

融合党建 …… 167
表23　2022年通州区各级各类教育事业一览表 …… 167
表24　2022年通州区各类教育督导、督查、调研、研讨活动一览表 …… 168
表25　2022年通州区各级各类教育体育荣誉一览表 …… 169
表26　2022年通州区各级各类教育活动一览表 …… 171

学前教育 …… 171

概况 …… 171
“幼小衔接”专题培训 …… 171

义务教育 …… 171

概况 …… 171
金沙小学省品格提升工程结项 …… 171
实验小学模型代表队省赛获佳绩 …… 172

普通高中教育 …… 172

概况 …… 172
全国中学中职组模拟政协优秀提案 …… 172
省高中物理青年教师教学基本功大赛一等奖 …… 172

职业教育 …… 172

中等职业教育 …… 172
高等职业教育 …… 172
省示范性虚拟仿真实训基地 …… 172
校企融合 …… 172

民办教育 …… 172

概况 …… 172
社区教育 …… 173
校外教育机构管理 …… 173

招生考试 …… 173

中考工作 …… 173
普通高考 …… 173
自学考试 …… 173
成人高考 …… 173
飞行学员输送 …… 173

师资建设 …… 173

概况 …… 173
队伍建设 …… 173
“方舟”好教师团队入选省级重点培育团队 …… 173

教育督导 …… 173

概况 …… 173
督导队伍管理 …… 173
常规督导 …… 174
专项督导 …… 174
督导案例 …… 174

全民健身工程建设 …… 174

概况 …… 174
公共体育设施建设 …… 174
健身设施信息化管理 …… 174

群众体育 …… 174

概况 …… 174
全民健身系列赛事活动 …… 174
体育社团 …… 174
科学健身指导服务 …… 174

竞技体育 …… 174

概况 …… 174
青少年体育 …… 175
竞技成绩 …… 175
教练及运动员管理 …… 175

体育产业 …… 175

概况 …… 175
体育产业扶持 …… 175
体育彩票营销及管理 …… 175
体育市场规范 …… 175
表27　2022年通州区体育事业情况一览表 …… 175

文　化

文化艺术 …… 176

概况 …… 176
文艺创作 …… 176
文艺活动 …… 176
表28　2022年通州区部分获奖优秀文艺作品一览表 …… 176

公共文化 …… 179

概况 …… 179
文化场馆提档升级 …… 179
群众性文化活动 …… 179
公共文化设施 …… 179

文化遗产传承与保护 …… 180

概况 …… 180
非物质文化遗产推广 …… 180

非物质文化遗产保护…… 180
表29 通州区文物保护单位一览表 …… 180
表30 通州区非物质文化遗产一览表 …… 181

文化产业 …… 182

概况…… 182
文化产业研发…… 182

文化市场管理…… 182

概况…… 182
文化市场监管…… 182
深化“放管服”改革 …… 182
艺培机构承接和审批…… 182

融媒体传播 …… 182

区融媒体中心…… 182
概况…… 182
专题报道…… 182
平台建设…… 183
作品创优…… 183
鼓劲造势…… 183
表31 2022年度通州融媒体中心融媒获奖作品情况一览表…… 183
机构改革…… 184
南通报业通州融媒中心…… 184
概况…… 184
“向党代会报告·通州篇”主题宣传 …… 184

档案工作 …… 184

概况…… 184
档案依法行政…… 184
档案业务指导…… 184
档案保管…… 185
档案开放利用…… 185
档案信息化建设…… 185
档案宣传…… 185

地方志工作 …… 185

概况…… 185
镇村志编纂工作启动…… 185
《通州年鉴(2022)》出版发行 …… 185

卫生健康

综 述 …… 186

概况…… 186
健康通州…… 186
智慧医疗…… 186
少儿健康成长…… 186
“万步有约”健走赛 …… 186

医药卫生体制改革 …… 187

概况…… 187
乡村医生岗位聘用…… 187
人才管理培养…… 187
家庭医生签约…… 187

医政管理 …… 187

概况…… 187
医疗服务能力提升…… 187
癌症及卒中高风险人群筛查…… 187
健康帮扶…… 187
院前急救…… 188
临床供血…… 188

公共卫生 …… 188

概况…… 188
突发公共卫生事件处置…… 188
慢性病管理医防融合试点…… 188
学校卫生…… 188

基层卫生 …… 188

概况…… 188
甲级村卫生室创建…… 188
乡村医生公开招聘…… 188
农村医学毕业生上岗…… 188
乡村医生技能培训…… 188

疾病预防控制…… 188

概况…… 188
疫苗免费接种…… 188
血吸虫、地方病、寄生虫预防…… 188
村医麻风病防治竞赛…… 189
国家城市癌症早诊早治第九期项目…… 189
慢阻肺综合防控项目…… 189
慢性病患者随访管理…… 189
职业病防治…… 189
重点人群心理健康服务…… 189

新冠肺炎疫情防控 …… 189

概况…… 189

基础设施建设…… 189
全员核酸检测…… 189
农村疫情防控…… 189
区级机关疫情防控…… 190
企业疫情防控…… 190
建筑行业疫情防控…… 190
学校疫情防控…… 190
交通口岸疫情防控…… 191
涉外转运疫情防控…… 191
支援外地疫情防控…… 191
新冠病毒疫苗接种…… 191
流调溯源队伍建设…… 191
涉疫数据核查…… 191
疫情防控督查…… 191
涉疫案件查处…… 191
医疗物资保障…… 191
生活物资保障…… 191
商会抗疫行动…… 192

卫生监督 …… 192

概况…… 192
餐消服务单位卫生监督…… 192
职业健康监管…… 192
医疗乱象专项整治…… 192
“双随机、一公开”抽查 …… 192

医教科研 …… 193

概况…… 193
科普活动…… 193
继续医学教育…… 193
国家医师资格考试…… 193
荐才推优…… 193
医学教育…… 193
医学科研工作…… 193

妇幼保健 …… 193

概况…… 193
城乡适龄妇女两癌检查项目…… 193
免费婚孕检一站式服务…… 193
免费产前筛查项目…… 193
新生儿疾病免费筛查项目…… 193
新生儿先天性心脏病筛查项目…… 194
基层医疗机构规范化门诊建设…… 194
表32　2022年通州区主要医疗卫生单位基本情况表…… 194

社会生活

居民收支 …… 195

居民收入…… 195
城乡居民消费…… 195

人口监测与家庭发展 …… 195

概况…… 195
三孩生育政策实施…… 195
“一老一小”服务体系建设 …… 195
计划生育扶助…… 196
“暖心家园”项目建设 …… 196

就业创业 …… 196

概况…… 196
就业招聘…… 196
就业扶持…… 196
招工引劳…… 196
大众创业…… 196
劳动监察执法…… 197

社会保障 …… 197

机关事业单位养老保险…… 197
城乡居民基本养老保险…… 197
工伤认定…… 197
社保卡发放应用…… 197
企业退休人员服务…… 197

社会救助 …… 197

特殊困难群体救助帮扶专项排查整治…… 197
救助认定…… 197
“低补保”民生实事 …… 197
“城乡低保”提标 …… 197
困境儿童保障…… 197
流浪乞讨人员救助…… 198

养老服务 …… 198

养老服务扶持…… 198
养老机构服务体系建设…… 198

民政社会事务…… 198

社区治理…… 198
社会组织建设…… 198
婚姻登记…… 198

殡葬事业…… 198
福利彩票…… 198

医疗保障 …… 198

概况…… 198
参保和基金运行…… 199
健全医保体系…… 199
经办服务提优…… 199
支付方式改革…… 199
医疗服务保障…… 199
医保基金监管…… 200

住房保障 …… 200

概况…… 200
棚户区改造…… 200
公租房保障…… 200
安置房建设…… 200
人才公寓保障…… 200
保障性租赁住房…… 200

住房公积金管理 …… 200

概况…… 200
公积金提取…… 200
公积金贷款…… 200

民族宗教事务…… 200

概况…… 200
民族团结进步…… 200
宗教领域安全生产…… 201
宗教团体建设…… 201
民族宗教事务信息化建设…… 201

精神文明建设…… 201

概况…… 201
文明城市建设…… 201
公民道德建设…… 201
群众性精神文明建设…… 202
新时代文明实践建设…… 202
未成年人思想道德建设…… 202

街道 · 镇

金沙街道 …… 203

概况…… 203
基础设施建设…… 203
农业农村…… 203
经济运行…… 203
科技创新…… 204
生态建设…… 204
社会治理…… 204
民生保障…… 204
安全生产…… 204
表33　2022年金沙街道社会经济主要指标一览表 …… 204
表34　2022年金沙街道行政村(社区)基本情况表 …… 204

金新街道 …… 205

概况…… 205
乡村振兴…… 205
社会治理…… 205
生态文明…… 205
公共服务…… 206
表35　2022年金新街道社会经济主要指标一览表 …… 206
表36　2022年金新街道行政村(社区)基本情况表 …… 206

兴东街道 …… 207

概况…… 207
基础设施建设…… 207
经济运行…… 207
项目建设…… 207
生态建设…… 207
社会治理…… 207
社会事业…… 207
民生保障…… 207
表37　2022年兴东街道社会经济主要指标一览表 …… 207
表38　2022年兴东街道行政村(社区)基本情况表 …… 208

先锋街道 …… 208

概况…… 208
经济运行…… 208
城镇建设…… 208
民生服务…… 208
社会治理…… 209
表39　2022年先锋街道社会经济主要指标一览表 …… 209
表40　2022年先锋街道行政村基本情况一览表 …… 209

西亭镇 …… 209

概况…… 209
经济建设…… 209
镇村建设…… 210

生态建设…… 210
乡村振兴…… 210
民生保障…… 210
安全稳定…… 210
市文化科技卫生“三下乡”集中服务活动 …… 210
表41 2022年西亭镇社会经济主要指标一览表 …… 210
表42 2022年西亭镇行政村(社区)基本情况表 …… 211

二甲镇 …… 211

概况…… 211
乡村振兴…… 211
经济运行…… 211
科技创新…… 211
招商引资…… 212
镇村建设…… 212
生态建设…… 212
社会事业…… 212
民生保障…… 212
社会治理…… 212
表43 2022年二甲镇社会经济主要指标一览表 …… 213
表44 2022年二甲镇行政村(社区)基本情况表 …… 213

东社镇 …… 213

概况…… 213
农业生产…… 213
工业经济…… 214
生态建设…… 214
社会治理…… 214
民生保障…… 214
表45 2022年东社镇社会经济主要指标一览表 …… 214
表46 2022年东社镇行政村(社区)基本情况表 …… 215

十总镇 …… 215

概况…… 215
农业生产…… 215
工业经济…… 215
项目建设…… 216
招商引资…… 216
镇村建设…… 216
生态建设…… 216
社会治理…… 216
社会事业…… 216
民生保障…… 216
党建赋能…… 216
表47 2022年十总镇社会经济主要指标一览表 …… 217
表48 2022年十总镇行政村(社区)基本情况表 …… 217

石港镇 …… 217

概况…… 217
农业生产…… 218
工业经济…… 218
招商引资…… 218
镇村建设…… 218
生态建设…… 218
社会治理…… 218
社会事业…… 218
民生保障…… 218
表49 2022年石港镇社会经济主要指标一览表 …… 219
表50 2022年石港镇行政村(社区)基本情况表 …… 219

刘桥镇 …… 219

概况…… 219
农业生产…… 219
工业经济发展…… 220
镇村建设…… 220
生态建设…… 220
社会治理…… 220
社会事业…… 220
民生保障…… 220
表51 2022年刘桥镇社会经济主要指标一览表 …… 221
表52 2022年刘桥镇行政村(社区)基本情况表 …… 221

平潮镇 …… 221

概况…… 221
农业生产…… 221
工业经济发展…… 221
科技创新…… 222
产业项目…… 222
镇村建设…… 222
生态建设…… 222
社会治理…… 222
社会事业…… 222
安置房建设保障…… 222
重点工程…… 222
表53 2022年平潮镇社会经济主要指标一览表 …… 222
表54 2022年平潮镇行政村(社区)基本情况表 …… 223

五接镇 …… 223

概况…… 223
农业生产…… 223

工业经济发展…… 224
科技创新…… 224
招商引资…… 224
开沙岛旅游产业…… 224
镇村建设…… 224
生态建设…… 224
社会治理…… 224
民生保障…… 224
表55　2022年五接镇社会经济主要指标一览表…… 225
表56　2022年五接镇行政村(社区)基本情况表…… 225

兴仁镇…… 225

概况…… 225
农业生产…… 225
工业经济发展…… 225
科技创新…… 225
招商引资…… 226
镇村建设…… 226
生态建设…… 226
社会治理…… 226
社会事业…… 226
民生保障…… 226
宏德特种部件主板上市…… 226
通达矽钢获国家级制造业单项冠军示范企业…… 226
表57　2022年兴仁镇社会经济主要指标一览表…… 226
表58　2022年兴仁镇行政村(社区)基本情况表…… 227

川姜镇…… 227

概况…… 227
科技创新…… 227
招商引资…… 227
项目建设…… 227
镇村建设…… 227
生态建设…… 227
社会治理…… 227
社会事业…… 227
民生保障…… 228
表59　2022年川姜镇社会经济主要指标一览表…… 228
表60　2022年川姜镇行政村(社区)基本情况表…… 228

人物 · 荣誉

新任区领导简历…… 229

张建华…… 229
陈艳梅…… 229
葛锦坤…… 229
张连清…… 230
孙　康…… 230
卓果吉…… 230
隋唯帅…… 230
严少标…… 230
华　璇…… 230

新闻人物…… 230

朱　达…… 230
张继秋…… 231
张峥峰…… 231

道德楷模…… 231

江苏好人…… 231
陆美兰…… 231
周尔飞…… 231
南通好人…… 231
邵　伟…… 231
孙　磊…… 231
季栋强…… 231
陈　玲…… 231
孙洪箭…… 231
通州区新时代文明典型…… 232
武国胜…… 232
邢　蕾…… 232
曹冲冲…… 232
孙洪箭…… 232
邵　伟…… 232
孙　磊…… 232
陈　玲…… 232
高淑芬…… 232
王　灵…… 232
王剑华…… 232

荣　誉…… 232

集体荣誉…… 232
表61　2022年4月至2023年3月通州区受南通市以上党政军群机关表彰的先进集体一览表…… 232
个人荣誉…… 235
表62　2022年4月至2023年3月通州区受南通市以上党政军群机关表彰的先进个人一览表…… 235
《通州年鉴(2022))》补遗…… 237
表63　2021年4月至2022年3月通州区受南通市以上

党政军群机关表彰的先进集体一览表…………… 237
表64 2021年4月至2022年3月通州区受南通市以上
党政军群机关表彰的先进个人一览表…………… 237

附 录

组织机构及负责人名录 ………………………………… 238

中共南通市通州区委员会……………………………… 238
南通市通州区人大常委会……………………………… 238
南通市通州区人民政府………………………………… 238
政协南通市通州区委员会……………………………… 238
中共南通市通州区纪律检查委员会………………… 238
南通市通州区监察委员会……………………………… 238
区委工作部门及直属机构……………………………… 238
人大工作部门…………………………………………… 240
区政府工作部门及直属机构…………………………… 240
政协工作部门…………………………………………… 243
南通高新技术产业开发区……………………………… 244
江苏省南通开沙岛旅游度假区管理办公室………… 245
江苏省通州现代农业产业园区管理办公室………… 245
石港科技产业园………………………………………… 245
南通家纺城……………………………………………… 245
通州区人民法院………………………………………… 245
通州区人民检察院……………………………………… 245
通州区人民武装部……………………………………… 245
人民团体………………………………………………… 245
垂直及双重管理单位…………………………………… 246
区经济实体单位………………………………………… 247
镇(街道)党(工)委、人大、政府(办事处)、纪(工)委…… 247
部分事业单位…………………………………………… 249
部分国有企业…………………………………………… 250

会议报告 ………………………………………………… 251

稳字当头 敢字发力
全面推进中国式现代化通州新实践…………………… 251
政府工作报告…………………………………………… 257

文件选编 ………………………………………………… 263

关于推动通州教育高质量发展的实施意见………… 263
通州区全民科学素质行动规划………………………… 270
通州区“十四五”卫生健康事业发展规划 ……………… 276

重要文件目录……………………………………………… 285

表65 2022年中共南通市通州区委重要文件目录
一览表……………………………………………… 285
表66 2022年南通市通州区人民政府重要文件目录
一览表……………………………………………… 285
表67 2022年中共南通市通州区委办公室重要文件目录
一览表……………………………………………… 286
表68 2022年南通市通州区人民政府办公室重要文件
目录一览表………………………………………… 288
表69 2022年南通市通州区人大常委会重要文件目录
一览表……………………………………………… 289
表70 2022年政协南通市通州区委员会重要文件目录
一览表……………………………………………… 290

媒体聚焦通州……………………………………………… 291

南通通州“一创三争”激励比学赶超配强“好班子”
赛出精气神…………………………………………… 291
锚定“高”质量 放大“新”优势 精绘产业创新高地
“通州图景”…………………………………………… 292

统计资料 ………………………………………………… 293

表71 2022年南通市通州区国民经济和社会发展基本
情况一览表………………………………………… 293
表72 2022年通州区各镇(街道)主要经济指标 ……… 308

索 引

………………………………………………………… 309

特　　载

编辑　沙　宁

非凡十年·通州答卷

党的十八大以来，是通州发展史上深刻变革、取得重大突破的十年，是有效应对挑战、实现跨越发展的十年。十年来，通州区深入学习贯彻习近平新时代中国特色社会主义思想，认真落实习近平总书记系列重要讲话及对江苏工作指示精神，坚定不移贯彻新发展理念，坚持党的全面领导，全力推进产业腹地、创新智谷、城市绿洲、幸福家园“四大定位”建设，高水平全面建成小康社会取得决定性成就，创造出通州历史上又一个快速发展的黄金期。

经济发展成就斐然。十年来，通州完整准确全面贯彻新发展理念，开拓进取、勇毅前行，经济稳步增长、结构不断优化、效益显著提升。2021年，实现地区生产总值1594.2亿元，年均增长8.6%；完成工业增加值677.1亿元，是十年前的2.1倍。聚焦项目引领，深入开展“招商引资突破年”“重大项目突破年”活动，引进象屿、甬金、展华等上市企业20家，恒力南通产业园、瑞典宜家、深南电路、京东航空等一批世界500强、国企央企重大产业项目落地建成。优化项目推进机制，新开工亿元以上产业项目超300个，计划总投资超1200亿元。其中近150个项目列入省市级重大项目。高德电子、康源电子、甬金三期等重大项目落地建设。恒科新材料屡次刷新项目建设新高度，一二期产能叠加释放，三四期项目加速推进。“一主一新一智”三大产业齐头并进，区域内集聚规上企业超200家，产值占比达35.7%。汽车及零部件、智能装备产业跨越百亿级台阶。现代家纺产业加快迈向产业链中高端，年交易额超千亿元。截至2021年底，通州位居全国高质量发展百强区排名第15位、中国社会治理百强县（市、区）第2位。

交通建设跨越发展。十年来，通州抢抓“交通强国”、长三角一体化发展战略机遇，全力推动区域综合交通运输网络加速完善，运输服务能力稳步提升。至2021年底，境内公路总里程达3469.36千米，公路密度约为200千米/百平方千米，位居全省前列。加速完善区域综合交通运输网络，运输服务能力稳步提升。通洋高速、锡通高速、宁启铁路二期相继建成通车，初步形成“一横三纵”高速路网布局。南通西站与沪苏通长江公铁大桥同步开通运营，缩短上海与南通及苏北地区的时空距离，打通“向南铁路不通”的交通瓶颈。盐通高铁通车，东部沿海大动脉彻底贯通，通州跃升为长三角枢纽门户城市。东沙大桥及连接线、225省道新线、345国道南通东绕城段等骨干道路建成通车，全面建成接轨南通

2月22日，横跨通吕运河的金沙湾大桥开放通行　（吴欣欣 摄）

“十二横十纵”路网体系。江海大道东延工程全线通车，20分钟直达南通主城，开启通州大交通时代新纪元。累计建成国省及连接南通干线公路约150千米，新增高速公路里程70多千米。新建及提档升级农村公路近700千米，改造农村公路桥梁161座，农村公路建设投入资金达12多亿元。建成省级县道文明样板路2条25千米，创成省级农村公路管养示范镇1个、省级农村公路管养达标镇8个，区级示范村、达标村36个。实现城乡公交线网规划设置和运营调度“一张图”、城乡公交智能信息服务“一张网”、城乡居民出行共用“一张卡”、城乡公交服务质量“一个标准体系”，全区公交线路54条，在南通市率先实现全区村村通公交、镇村公交开通率100%目标。基本实现县、乡、村三级物流网络全覆盖，建成村级农村物流节点60个。2018年，成功创建“四好农村路”省级示范县，“路通八方・州聚万家”农路品牌获评省级优秀。2022年，通州创建全省城乡公交一体化达标县和农村物流达标县。

教育事业均衡发展。十年来，通州区教育投入约28.62亿元，新(迁、改、扩)建高中1所、职业学校1所、初中9所、小学12所、幼儿园30所，新增学前教育学位9810个、义务教育学位19920个、高中学位1500个、职业教育学位2000个。扎实推进素质教育，将美育、体育、劳动教育细化落实到教育教学和学校管理的全过程，创建江苏省基础教育内涵建设项目42个，通州中专创成“第四批国家级农村职业教育和成人教育示范县”，建成省级现代化专业群6个、现代化实训基地4个。推进高素质专业化创新型教师队伍建设，专任教师总量从4000人增加到8570人，增幅达114%。获评江苏省特级教师18人，正高级教师30人，成立省、市、区级名师工作室11个。教育服务全面升级，先后投入2000余万元，建成全市第一个“校园安全云平台”，设置3136个安全巡查点，提升校园安保水平；投入1600余万元，为学生购买意外伤害补充险、食品安全险；落实1800万元，每年资助各类学生2万人(次)。获评省先进基层党组织1个、省级“一校一品”党建文化品牌项目4个、市教育系统先进基层党组织14个，市级“一校一品”党建文化品牌项目11个。

政务服务优质高效。十年来，通州区积极转变职能打造“服务型政府”，不断深化“放管服”改革，推进政务服务体系标准化建设，促进全区政务服务水平大幅提高，行政审批效能加速提升，营商环境持续优化。24小时便民自助服务区办理业务涉及6个部门18个窗口近20个服务事项，一年内平均自助办件7万余件，实现政务服务从8小时向全天候、全年无休假服务的跨越，98%以上事项实现“不见面审批(服务)”，19个经营许可事项实现与营业执照联办，评估评价环节总体时间压缩65%以上。企业开办由原来7个环节、跑7个部门、耗时17个工作日，缩减为“一窗通办”“全程网办”“半日办结”，图审初审时限由过去最长90个工作日缩短至首审7个工作日以内，验收时间由3个月缩短至15个工作日以内。工程建设项目实行并联审批服务模式，办理材料及结果全流程共享，一般工业项目从立项到施工许可由24个环节精简为7个环节，办理时间压缩至35个工作日内。组建项目审批“前延”服务队伍，从项目招商等前期论证阶段开始就提前介入、靠前服务，从项目产业政策、行业准入、能耗排放、环境保护、安全生产等方面为企业提供辅助决策、批前指导等个性化服务，实行一次性告知、全流程跟踪服务。建立以政务服务代办中心为主体，覆盖区、镇、村(社区)三级代办帮办服务体系，实现企业“有事找代办、繁事都好办”。对工程建设项目审批，实行“预先审、容缺办、承诺制”审批服务模式，“拿地即开工”，社会投资低风险项目审批监管简易管理工作等，在工程建设项目审批制度方面不断改革，有效激发市场活力，提升全区营商环境竞争力。截至2022年9月，全区企业数、企业投资总额、个体工商户数分别较2012年分别增长479%、217%、240%。

镇村建设全域升级。十年来，通州凭借优质的区位优势和营商环境，城镇面貌日新月异。房地产行业快速发展。吸引众多品牌房企关注，至2021年末，全区注册登记从事房地产开发建设企业52家，全国前20强房企中18家进驻通州，累计销售商品房12.07万套。改造老旧小区124个。发放公租房租金补贴334户(次)109万元，实物配租295户。城市功能和形象品质持续提升。启动征迁项目434个，竣工交付安置房项目67个，提供安置房7.88万套。改造约18条近30千米道路，新建32条约40千米道路，缓解交通拥堵问题，畅通城市交通循环体系。建设停车场5个，提升改造停车收费点位22个，有力解决“停车难”问题。城市面貌和人居环境不断改善，建成32个公园、游园绿地，完成16条道路、河道配套绿化建设，扮靓城市街角、激活城市死角，基本实现城市居民步行10分钟服务圈公园绿地全覆盖。疏浚整治城区河道14条，全面畅通城区内河水系，并着力打造南山湖通州名片。推进益民污水处理厂和二分厂等扩建项目，加强城区雨污分流，促进城区河道水质提升。城乡建设和城乡发展全面融合。推进农村生活污水治理快速发展，207个涉农行政村居，按“双60标准”，行政村生活污水治理率达21.25%、农村生活污水治理率达31.69%。建成城镇污水处理厂(站)11座、污水管网约560千米。建成260多个村庄小游园，实现村村都有小游园。建成省级美丽乡村7个、省级特色田园乡村2个、省级康居乡村11个，创成住建部命名的美丽宜居村庄1个。建筑产业和品牌打造成效显著，截至2021年，全区有建筑企业579家，并形成以“省外市场为主导，省内市场为补充”的新发展格局。建成装配式生产基地13个、省级建筑产业现代化示范基地3个。荣获“鲁班奖”26项、“国优奖”43项、“詹天佑”奖9项、国家级专业奖项49项，省级优质工程奖项374项。

生态环境改善显著。十年来，通州坚定不移走“生态优先、绿色发展”之路，扎实推进生态文明建设，全区生态环境保护发生历史性、转折性、全局性变化。全面搭建生态文明制度体系。通州成立生态文明建设领导小组、打好污染防治攻坚战指挥部，颁布实施生态环境保护规划、生态环境保护责任清单、深入打好污染防治攻坚战实施意见，在全市率先制定生态环境损害赔偿案件办理工作流程和工作机制，破解“企业污染、群

3月29日，南通鲜花小镇上演最美花季　（吴欣欣 摄）

众受害、政府买单”困局，2起案件入选生态环境部生态环境损害赔偿磋商典型案例，“三线一单，减污降碳”工作被生态环境部列为全国试点区域，是江苏省唯一参加试点的县（区）。明显改善生态环境质量。通州拓展大气污染防治，采取并持续落实“抑尘、减煤、控车、治企、增绿”措施。累计淘汰燃煤锅炉820台约8000蒸吨，淘汰大型车辆、黄标车及老旧车约2000辆；实施1002个重点企业污染治理项目。2021年，全区环境空气质量优良天数比例达87.9%，较2015年（基准年）提高14.8个百分点；15个市考核断面水质优良比例100%，地表水环境质量进入全省第一方阵。农村环境综合整治实现全覆盖目标，农村生活污水治理率有效提高，人居环境面貌显著改观。全面提升生态环境监管能力。狠抓落实，努力提升生态环境监管水平，对省市交办的突出环境问题全部整改销号；清理整治“散乱污”企业353家，生态红线范围内17家印染企业全部关闭退出，28家砖瓦窑全部关闭，51家新型墙体材料整治完成，25家钢丝绳企业污染工段关停到位。大幅提升生态环境治理能力。不断健全和完善镇（街道）环境保护机构，将环境监管网格实体化延伸至乡镇、拓展到村居，真正实现环境监管“纵到底、横到边、全覆盖”。全力推进生态文明示范创建，2017年以来，全区9镇11村获省生态文明建设示范镇村命名。益民水处理尾水生态湿地入选省十大生态安全缓冲区典型案例。2020年，创成南通市首个省生态文明建设示范区。2021年，通州区获评“国家生态文明建设示范区”，成为南通首个获此殊荣的地区。

乡村振兴纵深推进。十年来，通州走出一条产业发展与生态保护有机统一、富民强村与乡村文明相互融合、基层建设和治理创新同步提升的通州特色乡村振兴发展之路，开创“三农”领域“强富美高”建设新局面。建立健全城乡一体化发展体制机制，强力推进乡村振兴示范村、先进村建设，拓展富民增收新渠道，促进农民收入和村集体经营性收入持续增长。2021年，培育乡村振兴示范村10个、先进村12个。培育壮大特色农业、大力实施品牌农业、加快发展智慧农业、全面推进高效农业，促进优质粮油、高效园艺、现代渔业、生态畜牧、农旅休闲、加工出口六大产业高质量发展，跻身为全国粮食生产大县、全国农业综合出口商品产地、省一二三产业融合发展先导区，连续7年获江苏省发展高效设施农业先进县（区）。2021年，通州区农业机械化水平达93.1%、农业主推技术到位率达到90%。倾力打造美丽江苏通州样板，通过持续开展“四清一治一改”村庄清洁行动和农村户厕改造、生活污水治理、农村河道整治等专项行动，彻底改变昔日农村生态和农村生活环境脏乱差现象。获评“第五批国家生态文明建设示范区”，五接镇开沙岛村、石港镇睹史院村、东社镇东平村分别获评中国最美乡村、中国美丽休闲乡村、江苏最具特色乡村生态田园村。

医疗保障得力到位。十年来，通州持续推进基础设施建设、优化卫生资源配置、提升医疗服务水平，建立健全覆盖城乡居民的基本医疗卫生制度，为群众提供安全、有效、方便、价廉的医疗卫生服务。截至2021年底，全区建成家庭医生团队122个，全人群签约率66.62%，重点人群签约率90.08%。积极推进医疗机构提标改造和村卫生室标准化建设，改善医疗服务环境。12家基础设施落后、房屋陈旧的基层医疗机构异地新建或改扩建；196家村卫生室全面完成标准化建设，其中122家达到示范化要求；医疗卫生机构床位数达5741张，卫生人员总数6963人，分别较2012年增长1638张、3550人。乡村医生中执业（助理）医师占比也由2012年的8.02%上升至21.82%。全区远程医疗服务实现基层医疗机构全覆盖，做到“基层检查、上级诊断”。通过5G+物联网技术，建成以区120指挥中心信息平台为主，区人民医院急诊和“五大中心”、其他相关医疗单位急诊科为支撑的院前院内医疗急救信息系统。

文化事业繁荣发展。十年来，通州坚持文化为民、文化惠民、文化乐民，在公共文化服务、文化产业发展、文旅融合等方面走高质量发展之路，荣获“中国曲艺之乡”称号，被列为省级全域旅游示范区创建单位，“通天下，州如画”的文旅品牌越擦越亮。全方位提升公共文化服务体系建设。全区14个镇（街道）综合文化站完成设施设备升级改造，231个村（社区）按照“7+5+N”的标准建有综合性文化服务中心，打通公共文化服务“最后一公里”。把实施“十百千万”文化惠民工程一直列入为民办实事项目，依托“我们的中国梦”文化进万家、“欢乐江海行”送戏下乡、“通州之夜”广场文艺晚会、“水街19点 乐享南通州”系列艺术展示等品牌惠民活动，引导文化资源向城乡基层倾斜，增强文化服务供给的针对性，带动镇、村文化惠民活动和群众性文化活动深入开展。立足地方特色，坚持创新传承，对国家级非遗——童子戏进行艺术再创造，让传统地方戏曲焕发生机，打造出十多个文艺精品。大型通剧《瓦匠女人》先后入选江苏省地方戏曲基层院团优秀现代戏交流展演、江苏紫金文化艺术节新创舞台剧目展演、文旅部举办的全国基层院团优秀现实题材舞台艺术作品展演，获市精神文明建设“五个一工程”奖；大型通剧《范老爷判婚》入选省文旅厅主办的“江苏省基层文艺单位优秀剧目展演”等。开展形式多样的项目招引，吸引各类社会资本投入旅游项目，洲际绿博园、途居开沙岛房车露营地、洲际梦幻岛、南山湖水街等，累计完成投资50余亿元。先后组织开展中国森林旅游节通州专场、通州体育旅游“梦幻之春”“水韵南通·最美乡村”、通州文旅融合成果展等多个主题宣传活动。(徐爱银　黄艳鸣　吴欣欣)

通州区获批“国家知识产权强县建设试点示范县”

2019年来，通州区贯彻落实知识产权强国、强省建设纲要，制定《通州区实施知识产权战略纲要的意见》《深入实施商标战略意见》等规范性文件，推动知识产权保护水平提升，形成具有通州特色的知识产权发展模式。2022年8月24日，国家知识产权局发布《关于确定国家知识产权强县建设试点示范县和国家级知识产权强国建设试点示范园区的通知》，确定通州区为国家知识产权强县建设示范县，全省仅11家县(市、区)上榜，南通市唯一。

*知识产权创造量质齐升。*2021年，全社会研发投入占比达2.35%，其中制造业企业研发投入占比达85%以上，完成高新技术产业产值340亿元，占规模以上工业产值40%。2019—2021年，专利申请近20000件，专利授权12183件，其中：发明专利1320件，增幅位于全省前列；万人发明专利拥有量49.55件，较2018年底增长50%，超出全省平均水平。新增注册商标9322件，版权作品登记12793件，累计达到97843件。江苏甬金金属科技有限公司的发明专利“具有光亮表面的奥氏体不锈钢带的制作方法”获得第二十届中国专利优秀奖，四方科技集团股份有限公司的发明专利“冻结装置”、江苏甬金金属科技有限公司的发明专利“具有光亮表面的极薄铁素体不锈钢带的制作方法”获得第二十一届中国专利优秀奖，江苏蒙哥马利电梯有限公司的发明专利“一种防止电梯轿厢异常移动的装置技术”、四方科技集团股份有限公司的发明专利“一种大型螺杆压缩机的启动方法及基于该启动方法的大型螺杆压缩机”获得第二十二届中国专利优秀奖。江苏甬金金属科技有限公司参与完成的“超宽极薄精密光亮不锈钢带关键技术及产业化”项目荣获2020年度省科学技术奖一等奖。纺织类集体商标领域实现了历史性突破，“南通州家纺STHBF及图”三件集体商标获核准注册，驰名商标累计18件，总数位列全市第一。

*版权保护模式探索创新。*2019—2021年，通州区以南通家纺产业集聚区为主阵地，探索版权保护“通州模式”，形成以版权为切入点的“行政调解、司法处理、企业维权”三位一体保护机制，开通“版权保护110”，案件100%采用“1小时反应制”。优化版权设计服务机制，建立以家纺面料及款式外观设计专利为主的快速审查、授权通道，双管齐下，加强知识产权保护和运营。2020年，实现版权交易超5000万元。推动版权运用效益释放，将优秀版权作品申报认定项目升级为“版权作品转化计划”，鼓励文化内容和工业制造两大领域原始创作和衍生开发。加大知识产权示范优势企业培育工作力度，金太阳纺织科技有限公司、江海电容器股份有限公司等3家企业获评国家知识产权示范企业，亚泰蜡业工艺品有限公司、沪望塑料科技发展有限公司等7家企业获评国家知识产权优势企业，获评企业数居全市前列。87家企业通过贯标国标认证和省绩效评价，金太阳家纺科技、四方科技集团、江海电容器、沃太能源4家企业实施省级企业知识产权战略推进项目。

*知识产权扶持强劲有力。*2019—2021年，通州区建立专项经费投入增长机制，持续加大知识产权专项经费投入力度，三年专项经费投入分别为1133.49万元、1756.95万元和2600万元，同比增长55%，占本级财政一般公共支出的0.14%，经费投入位列南通市各县市区前列；发放知识产权专项补助资金4220万元。深化知识产权金融，强化知产运用增效。通过“企业家之家”平台、通州市监e服务小程序，点对点进行对接服务；对创新型中小微企业通过知识产权金融专业服务平台获得质押融资所产生的相关服务费，给予企业30%服务费补贴；线上线下共同宣传知识产权质押融资的各项扶持政策，着力构建交流平台，有针对性地开展服务，相继组织政银企对接专场30场次，100余家企业获得质押融资，融资总额近10亿元，质押笔数和金额均全市第一。

*商标品牌战略深入推进。*2019—2021年，通州区以地理标志发掘、运用、保护为主线，积极推动全区地理标志与区域公共品牌建设。组织召开地理标志培训与促进项目推进会，围绕拟申请地标的“东社黄金瓜”“二甲蓝印花布”“西亭脆饼”等品牌进行业务辅导，对地标商标“骑岸大方柿”产业培育做好规划设计；加强特色产业挖掘，打造地标培育梯队库，挖掘区内二甲葡萄、石港大米、骑岸螃蟹、二爻大米等特色产品，进一步完善史料编撰；“骑岸大方柿”2019年成功注册地理标志商标，2020年获批农产品地理标志。引导企业申请驰名商标认定，实现跨类保护，增强企业核心竞争能力和品牌影响力，对接凯瑞家纺、老裁缝、百富蒂家纺等企业做好驰名认定服务，对四方异议阶段驰名商标认定加强和上级部门汇报沟通，为保护区域重点企业品牌声誉持续助力。截至2022年底，全区有驰名商标18件，总数位列全市各县(市、区)第一。

知识产权服务提质升效。2019—2021年，通州区积极构建“企业+机构+保护中心”的服务机制，加强知识产权政策宣贯，保护中心正式挂牌运营，组织辖区近700家企业开展保护中心预审备案。积极招引优质服务机构，针对产业链关键环节和核心技术，加强企业发明专利挖掘和布局，提高发明专利申请质量，截至2021年底，通过快审发明授权930件，占比全市发明专利授权三分之一。加快优先审查进程，加强优先审查资料报送辅导，累计辅导报送优先审查材料240份；引导涉外企业加强海外知识产权布局，通过PCT途径申请专利，防范出口产品知识产权风险，提高国际市场竞争力。

知识产权管理规范有序。2019—2021年，通州区深入开展企业知识产权管理贯标工作，引导企业建立健全知识产权管理制度，推动企业将知识产权管理融入研发、生产、销售的全过程。2021年组织全区企业知识产权贯标备案208家，贯标省绩效评价合格和国标认证的企业87家，南通通达矽钢冲压科技获得知识产权贯标省绩效评价优秀单位。江苏金太阳纺织科技股份有限公司、紫罗兰家纺科技股份有限公司等3家企业获国家知识产权示范企业，南通亚泰蜡业工艺品有限公司、南通通达矽钢冲压科技有限公司等7家企业获得国家知识产权优势企业。

知识产权保护多措并举。2019—2021年，通州区将知识产权保护工作纳入重要议事日程，先后制定出台《通州区知识产权执法保护专项行动方案》《市、区知识产权保护联合执法行动方案》及《通州区高知名度商标保护工作实施方案》。整合中国南通（家纺）知识产权快速维权中心、通州法院知识产权审判庭、区知识产权局资源力量，构建区域知识产权立体保护网络。依托中国南通（家纺）知识产权快速维权中心，推进专利权、版权和商标权的“三合一”管理，提供行政执法、行政调解、诉调对接“一站式”服务，形成行政保护与司法保护相结合的保护机制，受理外观设计专利侵权投诉案件1306件，数量占比全市70%以上。建立知识产权区级、行业调解委员会2家和南通仲裁委员会分中心1家，进一步健全多元化知识产权纠纷调解体系，满足人民群众多元化的纠纷解决需求，知识产权纠纷调解非诉机制效能逐步显现，三年间共办理纠纷调解53件。建立“三联合”行政执法机制，围绕重点市场、重点区域、重点行业加大侵权假冒查处力度，2019年3月至2021年12月，共查处知识产权案件231起，涉案金额250余万元，其中查办10万元以上案件9起，案件总数全市第一，入选国家知识产权行政执法典型案例1件，入选江苏省2020年度、2021年度知识产权保护十大典型案例各1件。加大侵权假冒查处力度，与辖区企业共签订政企联合打假协议315份，为企业赴外打假5次。加大商业秘密保护力度，设立南通（家纺）商业秘密保护维权联系点，为企业提供商业秘密保护政策法律咨询，指导企业完善商业秘密保护制度，提升企业商业秘密保护维权意识和能力。建立跨区域联合保护机制，创建跨区域商标维权打假信息共享平台，与常熟市市场监督管理局签订《助企维权联合打假协议》，确立两地重点保护企业名录181家。建立跨平台联合协作机制，建立网上知识产权侵权案件处理委托机制，与阿里巴巴平台开展电商专利侵权案件的移交处理、侵权判定等服务项目，实现移交案件48小时内快速处理、快速维权，累计受理侵权链接投诉300余条。2018年—2021年，通州区检察院共受理侵犯知识产权犯罪审查起诉案件100件，审结97件，其中起诉91件，不起诉6件，认罪认罚率达90%以上；通州法院共受理知识产权案件2788件，其中刑事104件、民事2671件、行政13件，结案2801件。2018年，通州法院知识产权庭获评全省法院知识产权审判工作先进集体。

知识产权侵权严查快打。2019—2021年，通州区查处专利侵权纠纷案件1300件，查处假冒专利案件数103件，查处商标违法案件93件，查办的南京双茗茶叶有限公司销售侵犯“安吉白茶”地理标志证明商标案入选2020年度省级知识产权保护十大典型案例；积极加强国家规范化市场建设和省级“正版正货”示范项目建设。2020年，协助省局成功举办全省“正版正货”示范街区现场会，通州区快速维权中心在全国快速协同保护绩效考核中名列第一。2021年，通州区快速维权中心获批专利评价报告预审试点，系国内获批试点的唯一一家快速维权中心。（魏婷婷）

1月20日，南通首单“专利无忧”保险落户南通沪望塑料科技发展有限公司。图为签约仪式现场
（区市场监管局 提供）

大 事 记

编 辑 顾新国

1月

4日 江苏省张謇研究会长三角区域治理现代化研究院“长三角县域治理现代化指数研究”课题组发布全国首个长三角县域治理现代化指数，通州区在包括直辖市市辖区在内的201个县域中列第12位。

6日 南通市委副书记、代市长吴新明到通州区调研生态环境工作。

10—13日 中国人民政治协商会议南通市通州区第十四届委员会第一次会议举行。会议选举区政协十四届委员会主席、副主席、秘书长、常务委员，通过《中国人民政治协商会议南通市通州区第十四届委员会第一次会议决议》。

11—14日 南通市通州区第十七届人民代表大会第一次会议举行。会议选举陈艳梅为南通市通州区第十七届人民代表大会常务委员会主任，王少勇为南通市通州区人民政府区长；选举朱卫民、曹建新、李均华为南通市通州区第十七届人民代表大会常务委员会副主任，徐林锋、陈兵、陆忠华、张连清、包海宁、袁天明、张斌辉为南通市通州区人民政府副区长；选举陈金祥为区监察委员会主任；选举黄卫为南通市通州区人民法院院长，罗海妹为南通市通州区人民检察院检察长；通过议案审查报告和“一府两院”工作报告等决议。

17日 通州区华文教育交流基地授牌仪式在区实验小学举行。区实验小学和育才中学2所学校被设立为通州区首批华文教育交流基地，系南通各县(市、区)首家设立的华文教育交流基地。华文教育是面向海外华侨华人，尤其是华裔青少年这一特殊群体的民族语言教育和中国文化传承工作。

19日 通州区军地联合为荣立二等功的现役军人邵伟家送去喜报、慰问金、“二等功臣之家”牌匾等。

24日 通州区召开企业上市及新三板挂牌工作推进会，加快推动企业上市挂牌进程。

同日 南通市“百名示范”“千名领先”村(社区)书记、高级“两新”组织党务工作者座谈会在通州区举行。

25日 通州区召开党史学习教育总结会议，回顾总结全区党史学习教育成效，引导各级党组织、广大党员干部弘扬伟大建党精神，奋力谱写“强富美高”新通州现代化建设新篇章。

26日 高德新型电子元件项目签约落户南通高新区。项目总投资约100亿元，是全市首个落地的百亿级重大产业项目。

29日 第十届全国人大常委会副委员长、中国关工委主任顾秀莲给通州区寄来“家书”。书信充分肯定2021年通州区经济社会发展成果，勉励2022年继续努力奋斗，工作更上一层楼。

1月25日，全区党史学习教育总结会议召开 (徐浩翔 摄)

2月

14日 通州区建筑业发展大会召开，分析总结2021年建筑业发展情况，安排部署2022年建筑业高质量发展事宜，向2021年全区建筑业发展优秀企业家、通州铁军优秀项目经理颁发奖牌。

同日 通州区军地联合为荣立二等功的现役军人吴峰家送去喜报、慰问金和“二等功臣之家”匾额等。

17日 省渔业增殖放流项目通州区长江放流现场会在沪苏通大桥附近水域举行。活动放流鱼种100多万尾、蟹苗7309公斤，总价值90万元。

21日 通州区人大常委会对拟提请区第十七届人大常委会第二次会议任命的国家工作人员进行任前法律知识考试，区第十七届人大常委会有关工作机构负责人和新一届区政府组成部门负责人计35人参加考试。

3月

3日 通州区举行“榜样明灯照我行·我与通州共奋进”志愿服务汇报展演暨全区青少年志愿者联盟启动仪式。

4日 通州区在川姜镇举行2022年一季度项目集中开工暨唐正数字纺织产业园项目开工仪式。此次集中开工产业项目33个，计划总投资近148亿元，其中5亿元以上项目12个，“专精特新”项目6个。

9日 中共南通市通州区第十三届纪律检查委员会第二次全体会议举行。会议通过中国共产党南通市通州区第十三届纪律检查委员会第二次全体会议工作报告和决议。

10日 通州区召开高质量发展总结表彰暨农村工作会议，表彰2021年度先进典型，部署2022年“三农”工作。

11日 南通广播电视台驻通州工作站揭牌成立。

15日 通州区首个“歇业备案登记”市场主体——南通杰旭自动化设备有限公司在区行政审批局市场准入窗口提交《市场主体歇业备案申请书》《歇业备案承诺书》，顺利办结备案手续。

3月10日，全区高质量发展总结表彰暨农村工作会议召开。图为颁奖现场
（徐浩翔 摄）

17日 江苏省生态环境厅发布纳入高质量发展监测评价考核的63个县（市、区）1—2月地表水环境质量排名，通州区位列第十。

21日 通州区印发《2022“营商环境提升年”实施意见》，配套发布营商环境优化提升举措66条。

29日 “我和春天有个约会”2022通天下州如画媒体采风行在通州区举行。

31日 横跨通扬线通吕运河的通州大桥、正场大桥拆除重建工作正式启动。

4月

5日 先锋移动方舱核酸检测实验室建设完成并启用，日检测能力超1.8万管。

同日 南通四建驰援国家会展中心（上海）方舱医院建设，承担1号馆7642张床位的建设改造任务。

11日 上海市通州商会筹款从河南采购的8万个N95口罩、6000套医疗防护服，以及医用手套、浓缩消毒液等一批医疗物资运抵通州，助力家乡疫情防控。

16日 省委第三巡视组巡视南通市通州区工作动员会召开。会议对做好巡视工作提出要求。

19日 江苏宏德特种部件股份有限公司通过与深圳证券交易所直播连线，在深交所创业板实现“云上市”，成为通州区第7家A股上市公司、南通市第54家上市公司。

28日 通州区召开庆“五一”劳模先进代表座谈会，畅谈劳动之美，弘扬劳模精神。

是月 通州区开展全员核酸检测14轮。

5月

6日 通州区举行第二十四届“十佳青年”颁奖暨“喜迎二十大、永远跟党走、奋进新征程”主题座谈会，慰问抗疫青年代表，为区第二十四届“十佳青年”颁奖。

同日 位于南通高新区的江苏深蓝航天有限公司自主研发的“星云-M”1号试验箭成功完成1公里级垂直起飞、降落回收试验，标志着国内首次液氧煤油火箭公里级垂直起降飞行试验成功。

7日 南通市“奋进新征程·谱写新篇章”媒体见面会首站在通州区举行。会议主题是“营商环境提升”。

5月6日，通州区第二十四届“十佳青年”颁奖暨“喜迎二十大、永远跟党走、奋进新征程”主题座谈会举行。图为颁奖现场 （徐浩翔 摄）

9日 央视财经频道《第一时间》栏目播出《江苏南通：精准施策助力企业解决经营困难》，其中介绍通州区助企纾困举措。

11日 南通市人大到通州区开展《南通市房屋安全管理条例》立法调研座谈。

15日 通州区召开南通绕城高速通州段“大干三十天，堵点大攻坚”动员部署会，现场交办给各镇影响施工的各类堵点102处。

23日 通州区第一批102个便民核酸采样点正式运行。

24日 通州区首个“拿地即开工”项目落地，南通宏德特种部件有限公司精密机械加工建设项目破土动工。

25日 南通市委书记王晖率队到通州区调研夏收夏种准备情况、高标准农田建设、农村人居环境整治等工作。

下旬 通州区获批省知识产权保护示范区创建立项，是苏中首个、南通唯一。

是月 通州区开展全员核酸检测6轮，区域核酸检测常态化巡检1轮。

6月

1日 刘桥镇英雄大桥重建工程完成交工验收，正式通车。该桥按公路Ⅱ级标准建设，全长140.48米，桥面宽8米，双向两车道，总投资约2800万元。

11日 通州区革命历史纪念馆开馆。

13—14日 陕西省镇巴县党政代表团在通州区开展对口协作工作。

16日 通州区召开企业家恳谈会，听取企业家代表对通州发展的意见建议，推动经济行稳致远。

18日 “缤纷夏日·多彩通城”2022年南通夏季游推广活动在通州区鲜花小镇启动。

20日 省妇联党组书记、主席朱劲松一行到通州区调研困境妇女儿童家庭精准微关爱服务开展情况。

同日 通州区医保“一站式”照护中心正式揭牌，标志着通州区照护保险工作实现服务管理规范化和便捷化的提档升级，这也是南通市首个“一站式”照护中心。

22—23日 青海省尖扎县党政代表团在通州区开展对口协作工作。

24日 通州区党外“专家智库”成立暨“党派服务+”助力乡村振兴牵手基层行活动启动仪式举行。

同日 通州区“勇当主力军、建功新时代”主题劳动和技能竞赛暨重点交通建设工程劳动竞赛启动仪式举行。

26日 新疆伊犁州党政代表团到通州区考察。

28日 全省农业农村优秀法治文艺节目展演在通州区文博中心成功举办。

29日 南通市政协主席黄巍东率队到通州区开展调研活动，走访部分委员企业，视察“有事好商量”协商议事室、慈善工作站。

同日 总投资50亿元的康源电子高端IC载板项目签约落户南通高新区。项目的建成对加快南通高新区打造新一代信息技术产业集群、提升区域产业整体竞争力具有重要意义。

30日 通州区召开庆祝建党101周年大会暨深化党建引领基层治理推进会。

是月 通州区开展区域核酸检测常态化巡检2轮，结果均为阴性。

7月

4日 通州区召开民营经济健康发展和民营经济人士健康成长“两个健康”推进会，就《通州区民营经济“两个健康”提升三年行动计划》进行专题部署。

同日 银法合作护航建筑业高质量发展涉诉免保签约仪式在南通四建举行，标志着通州区在省内率先开启由国有银行为建筑企业提供保函的涉诉免保机制。

5日 省人大常委会副主任、党组副书记王燕文率队到通州区开展《中华人民共和国家庭教育促进法》《江苏省家庭教育促进条例》执法检查。

同日 广东省佛山市南海区人大常委会主任香秀杏率队到通州区考察。

7日 省人防办副主任彭万清率队到通州区专题调研人防宣传进机关、进学校、进企业、进社区、进媒体“五进”工作开展情况。

8日 通州区商会商事调解中心在川姜镇正式揭牌成立。

同日 通州区第三届“通州最美三农人”表彰会举行。16名“通州最美三农人”获得表彰。

9日 全国第七届“万步有约”健走激励大赛通州赛区启动仪式在南山湖公园举行。此次赛事有35支队伍、511名队员参赛，比赛时间为7月11日至10月18日，为期100天。

11日 省总工会副主席张海涛一行到通州区调研新时代产业工人队伍建

7月8日，第三届“通州最美三农人”表彰会和三农精英荟萃授书仪式举行。图为颁奖现场
（区农业农村局 提供）

设改革工作。

13日 国家医疗保障局党组成员、副局长陈金甫带队到通州区医保“一站式”照护中心调研长期护理保险制度试点工作。

14日 民进南通市通州区基层委员会成立。

17日 省张謇研究会名誉会长、江苏国际文化交流中心理事长、省政协原副主席罗一民一行到通州区参观张氏墓祠、张氏宗祠，调研相关工作。

18日 江海大道东延工程地面道路正式通车。地面道路全长10.6千米，双向六车道，设计时速60千米/时。

21日 “遇建生活·活力通州”暨第三届“南通州·欢乐购”消费促进活动启动。活动中，通州区人民政府投放200万元作为消费者补贴资金。

26日 南通知识产权保护公证服务中心落户南通高新区。

28日 南通市“双报到·通通在”推进部署会在通州区现场观摩。

8月

2月 江苏帕科医疗股份有限公司在新三板挂牌。

3日 省政协副主席姚晓东一行到通州区开展“加强邮政普遍服务基础设施建设，推进邮政普遍服务均等化”专题视察。

5日 由中国残联康复部和国家卫生健康委基层卫生健康司两部委组成的调研组到通州区开展“残疾人家庭医生签约服务重点联系点”课题现场调研。

同日 扬州大学医学院教学医院在通州区中医院揭牌。区中医院与扬州大学医学院建立教学医院关系。

8日 2022年通州区“全民健身月”启动仪式暨《国家体育锻炼标准》达标赛在区实验小学运盐河校区体育馆举行。

10日 省委第三巡视组向通州区反馈巡视情况，对抓好巡视整改工作提出要求。

12日 中国共产党南通市通州区第十三届委员会第四次全体会议召开。全会审议通过《中国共产党南通市通州区第十三届委员会第四次全体会议决议》。

18日 通州区第十四、十五批科技镇长团轮换。

19日 通扬线通吕运河段整治工程通州大桥、正场大桥钻孔灌注桩首件顺利开钻，标志着两座大桥新桥建设正式进入实施阶段。

20日 民盟南通市通州区基层委员会成立。

23日 山东省泰安市政协主席武林中率队到通州区专题调研“有事好商量”协商议事工作。

24日 国家知识产权局印发《关于确定国家知识产权强县建设试点示范县和国家级知识产权强国建设试点示范园区的通知》，通州区正式获批首批国家知识产权强县建设示范县。

同日 省人大社会委调研组到通州区调研安全生产专项整治“三年大灶”推进情况。

28日 南通市“律动江海”公益服务中心通州分中心成立。中心的成立旨在贯彻落实“律心永向党，做党和人民满意的好律师”主题活动，进一步弘扬南通市“律动江海”公益服务品牌效应，更好地展现通州律师、基层法律服务工作者的社会责任担当。

31日 江苏京东货运航空有限公司获得中国民航华东地区管理局颁发的运行合格证，标志着江苏首家本土运输航空公司正式进入运营阶段。该公司由京东集团和位于通州区兴东街道的南通机场集团共同出资成立，将以南通机场为主运营基地，打造京东物流全球航空货运枢纽。

9月

2日 全省深化长期护理保险制度试点工作现场推进会在通州区举行。

4日 “喜迎二十大·翰墨寄乡情”——陆凤彬将军书法展在通州区举办。

6日 省文联党组书记、常务副主席、书记处第一书记水家跃率队到通州区专题调研“童声里的中国”。

14日 通州区网络安全应急指挥中心、互联网违法和不良信息举报中心及通州区网络直播行业党委揭牌成立。

15日 通州区人民政府与南通农商银行签订战略合作协议。协议旨在进一步发挥县域农村金融服务主力军的作用，努力提供全方位、宽领域、优惠便捷的金融服务，全力支持通州区经济社会高质量发展。

17日 2022通州平台合作暨产业发展沪上对接会在上海成功举办。高端房车智能化改装制造、半导体基板及探针卡、上海交通大学材料科学与工程学院——南通高新区合作共建科技成果转化基地等12个产业项目和4个平台合作项目集中签约。

20日 省科协副主席方胜昔一行到通州区检查2021—2025年度全国科普示范区创建工作。

22日 第十二届“通州艺苑”文学艺术展示周活动启动仪式在区文博中心剧场举行。

23日 中国职工技术协会理事长李世明一行到通州区调研产改、职工职业技能竞赛工作。

同日 浙江省湖州市政协主席李上葵一行到通州区兴仁镇徐庄村考察“有事好商量”协商议事工作。

27日 2022年江苏省专利(成果)拍卖季高端装备制造产业专场活动在通州区举办。

29日 2022年南通理治教育发展基金会理治奖颁奖仪式在南通理治红军小学举行,32名教师和225名同学获颁“理治奖”。

30日 通州区在区烈士陵园举行公祭烈士活动。

10月

2日 南通市“制度化管理、实时化监控、自动化阻隔、现代化救援”现场推进会在通州区召开,会议就安全生产“四化”工作进行再部署、再推进。

12日 浙江省湖州市政协党组副书记、副主席罗安生一行到通州区考察“有事好商量”协商议事室建设。

14日 “通州这十年”喜迎二十大系列新闻发布会收官。此次新闻发布会共10场,首场发布会于8月5日举办。发布会以翔实的数据、生动的事例,全面介绍中共十八大以来通州各项事业取得的巨大成就。

20日 通州区第11位捐献造血干细胞志愿者姚春丰赴南京为一名4岁幼儿捐献造血干细胞。

11月

3日 通州区开放便民核酸采样点31个,为群众提供免费采样服务。10日17时起,全区增加开放便民核酸采样点20个。

同日 “才聚江海 智汇通州”区第七届创新创业大赛暨第二届南通高新区江海风云赛总决赛在江海智汇园举行。大赛于4月正式启动,征集参赛项目200余个,举办预选赛7场,68个项目参与路演,15个创业团队晋级总决赛。决赛评出特等奖1名、一等奖2名、二等奖3名、三等奖6名。颁奖典礼上,高端空压设备研发及制造产业化、智能灾害治理探测研发及产业化等五个拟落户项目现场签约。

同日 新华社《江苏文化名片》栏目组在通州区南山寺为《古琴艺术》微纪录片取景拍摄。

7日 省政协主席张义珍带队到通州区就学习贯彻中共二十大精神、发挥政协在发展全过程人民民主中的作用、“有事好商量”协商议事室进行调研。

同日 总投资16.6亿元的广东利元亨华东总部基地项目以视频签约方式落户南通高新区。

14日 通州区举行2022年度区管干部荣退仪式,向66名新退休区管干部送上组织的祝福。

17日 中华全国供销合作总社监事会副主任宗义率队到通州区考察江苏通联现代农业发展有限公司。

18日 《光明日报》刊发《2022年中国中小城市高质量发展指数研究成果》,通州区在2022年度全国综合实力百强区榜单中位列第35名,在2022年度全国投资潜力百强区榜单中位列第37名。

20日 由通州区企业南通耀龙金属制造有限公司为卡塔尔世界杯组委会定制的157支旗杆庄严矗立在举行开幕式的海湾球场外。

21日 “贯彻落实党的二十大精神·奋发有为建设硬核首位区”2022通州高质量高赋能发展高峰论坛在区行政中心举行,与会专家学者、企业家们集思广益、畅所欲言,为通州建设长三角一体化高质量高赋能发展的硬核区献计献策。

9月30日,通州区在区烈士陵园举行公祭烈士活动 (徐浩翔 摄)

11月21日，“贯彻落实党的二十大精神·奋发有为建设硬核首位区”2022通州高质量高赋能发展高峰论坛举行。图为论坛研讨现场 （徐浩翔 摄）

22日 中国科协组织召开全国科普示范区创建工作视频会议，线上抽查验收通州区创建全国科普示范区相关工作。

25日 学习贯彻中共二十大精神市委宣讲团宣讲报告会在通州区举行。

是月 通州区开展区域核酸检测3轮。

12月

4日 江苏省交通运输厅发布第一批“城乡公交一体化达标县（市、区）”名单，通州区榜上有名，系南通市唯一上榜县（市、区）。

7—8日 《群众》杂志社调研组到通州区专题调研“童声里的中国”相关工作。

8日 第二届通州区“新时代文明典型”颁奖典礼在南山湖公园举行，表彰“新时代文明典型”10名、“2022年度疫情防控优秀志愿者”12名，授牌“好人工作室”5家。

15日 2022通州区第十八届高端产业与高层次人才项目合作洽谈会开幕，近200名国内外名校院所院士及专家、海内外高层次人才、创投行业大咖及重要客商等来通对接洽谈。会上，15个科创、人才、招商项目集中签约。

16日 第十届中国江苏人才创新创业大赛总决赛颁奖仪式在通州区举行。57名选手分获一、二、三等奖。大赛聚焦战略性新兴产业、数字经济和“卡脖子”关键核心技术攻关，有326个项目达成落地意向，97个技术难题被揭榜领题，获得银行授信12亿元。

20日 通州区新冠病毒疫苗“加强针”开打。

25日 浙江大学社会治理研究院发布2022中国社会治理百强县（市、区）榜单，通州区位列榜单第28名。

28日 南通西站大道二期高架正式通车，与中心城区实现20分钟内快速通达，推动中心城区与平潮更好融合发展。 （韩亚楠 闫 丽）

12月8日，第二届通州区新时代文明典型颁奖典礼在南山湖公园举行 （徐浩翔 摄）

通州概览

编辑 沙宁

自然地理

【地理位置】 南通市通州区位于长江三角洲北翼。南起北纬31°52′的张芝山镇竖积洪村,北至北纬32°15′的刘桥镇米三桥村,南北间最大直线距离50千米;西起东经120°41′的五接开沙岛,东至东经121°25′的南通滨海园区北侧,东西间最大直线距离85千米。东临黄海,海岸线长15.97千米;西部地区南濒长江,江岸线长10.77千米;西南与崇川区相接,东南与海门市为邻,北与如东县毗连,西北与如皋市接壤;辖区面积1525.74平方千米,其中陆地面积1351.50平方千米、江海水域174.24平方千米。

【地质地貌】 通州因江海潮水裹挟泥沙壅托沉积而成陆。地质以轻变质岩系为基底,为震旦纪凹陷地带的边缘,沉积着震旦纪至中生代三叠系海陆相交替沉积地层。自中生代以后为持续沉降区。第四纪沉积物分布广泛,土层深厚,层厚一般在300米左右。地质构造简单,是相对稳定区,属中部古长江工程地质优良区,地层构造为江南地层中的苏州、长兴地层小区。通州区属长江三角洲冲积平原,境内横宽纵窄,地势平坦,耕层深厚,适耕性强。地势西北部较高,东南部和沿江、近海垦区较低,全境地势由西北向东南微倾。北部高程3.8—4.2米,南部沙田高程3.0—3.6米,西部、南部沿江及东部沿海地势低洼,最低处为2.20米。

【水系河流】 通州区为长江流域平原河网地区,境内河网自上而下由一、二、三、四级河与丰产沟构成,通江达海,逐级派生,分级控制,逐步形成具有引、排、降、蓄、运等多种功能的内河水系。依据地势高低变化,全境分成四大水系:九圩港通吕运河水系、通启河水系、三余水系、沿江圩田水系,以上水系均属长江水系,各水系间无明显分水脊线,水位差利用内河涵闸控制。

气候

【概况】 2022年,通州区气候与常年相比(1991—2020年,以下同),年平均气温显著偏高,降水总量正常,日照正常。年平均气温16.9℃,比常年高0.9℃,比上年低0.3℃。年极端最高气温39.6℃(8月15日),比上年高2.6℃,高温日数36天(日最高气温≥35.0℃,以下同);年极端最低气温-4.6℃(1月14日),比上年高4.8℃。年降水总量1108.1毫米,比常年少64.4毫米。年日照时数2006.7小时,比常年多143.4小时。

冬季(2021年12月至2022年2月) 季平均气温5.0℃,比常年同期高0.2℃,季极端最低气温为-5.6℃(2021年12月28日)。季降水量94毫米,比常年同期偏少近4成,各月分布不均匀,其中12月比常年偏少9成,1月比常年偏多近3成,2月比常年偏少6成。季日照时数427小时,与常年同期相比正常略偏多,其中12月比常年偏多4成。

春季(2022年3—5月) 季平均气温16.1℃,比常年同期高1.4℃,其中3月平均气温较常年异常偏高,季极端最低气温1.7℃(3月2日),季极端最高气温33.0℃(4月12日)。季降水量278.3毫米,与常年同期相比偏少2成,但各月分布不均匀,其中3月和4月比常年偏多近8成,5月比常年偏少7成。季日照时数590.5小时,与常年同期相比正常略偏多,其中3月比常年偏多2成。

夏季(2022年6—8月) 季平均气温28.9℃,比常年同期高2.4℃,其中6月和8月平均气温较常年异常偏高,季极端最高气温39.6℃(8月15日)。季降水量387.4毫米,与常年同期相比偏少3成,其中8月比常年偏少8成。季日照时数638.5小时,与常年同期相比偏多近3成,其中6月比常年偏多近6成。

秋季(2022年9—11月) 季平均气温18.1℃,比常年同期高0.1℃,其中11月平均气温较常年显著偏高,季极端最高气温33.4℃(9月7日),季极端最低气温1.6℃(11月30日)。季降水量332.9毫米,与常年同期相比偏少近5成,其中9月比常年偏多5成,11月比常年同期偏多近8成。季日照时数391.8小时,与常年同期相比正常略偏少,其中9月和11月比常年偏少2—3成。

【重要天气和主要灾情】 梅雨 6月23日起入梅,偏晚(常年6月18日);7月11日出梅,正常(常年7月13日),梅期18天,偏短(常年25天),梅雨量188.0毫米,比常年(262.7毫米)偏少3成。

台风　共有3个台风影响通州区，分别为05号台风"桑达"、11号台风"轩岚诺"和12号台风"梅花"。受弱冷空气和台风"轩岚诺"外围环流共同影响，9月3—6日通州区普遍出现大到暴雨和6—8级大风。受台风"梅花"外围环流影响，9月13—15日，通州区普降大到暴雨和出现8级左右的大风，农作物受灾60公顷，受损蔬菜大棚20个；吹断、吹倒树木1292棵；受损供电线路长度17千米、通信线路长度0.7千米、通信基站2个；受损工业企业3家，工业经济损失2.1万元。

寒潮　全年共出现3次寒潮天气，过程最低气温最低的是12月16—18日（-4℃左右），48小时最低气温降幅最大的是11月28—30日（14℃左右）。

大风　全年出现8级及以上大风8次。

暴雨　全年出现4次区域性暴雨过程，分别为6月5日、23日、29日和9月15日，通州本站暴雨日为2天（6月5日和29日）；通州区日最大降水量126.2毫米（先锋街道），通州本站日最大降水量91.9毫米，均出现在6月29日。

强对流（强雷电、雷暴大风、冰雹等）　全年出现16次明显强对流过程，12次伴有短时强降水，最大小时降雨量59.5毫米（8月16日，东社镇五甲）；2次局部伴有小冰雹（8月5—6日）；6次伴有雷暴大风，最大风速22.7米/秒（9级，东社镇五甲，7月10日）。

高温　全年通州本站共出现35℃以上高温日36天，比常年异常偏多（常年平均11.5天），37℃及以上高温日数17天；年极端最高气温39.6℃，打破了1961年以来最高气温的纪录；7月10—14日、8月2—16日出现两轮持续高温天气。

雾和霾　全年出现雾日14天，其中6次强浓雾天气；出现1次中度霾过程。

（周　琦）

2022年通州区主要气象要素一览表

表1

	全年	1月	2月	3月	4月	5月	6月	7月	8月	9月	10月	11月	12月
平均气温（℃）	16.9	4.6	4.3	11.9	16.2	20.2	26.4	29.8	30.4	22.7	17	14.6	4.5
距平（℃）	0.9	1.2	−0.9	2.7	1.4	0	2.5	1.8	2.7	−0.9	−1.2	2.3	−1.3
异常情况	显著偏高	正常	正常	异常偏高	偏高	正常	异常偏高	偏高	异常偏高	偏低	偏低	显著偏高	偏低
降水量（毫米）	1108.1	72.9	18.7	133	122	23.3	228.9	128.9	29.6	169.5	60.9	102.5	17.9
距平（%）	−5	27	−64	77	75	−72	18	−33	−84	51	3	78	−55
异常情况	正常	偏多	显著偏少	显著偏多	显著偏多	显著偏少	正常	偏少	异常偏少	显著偏多	正常	显著偏多	显著偏少
日照时数	2006.7	113.9	117.6	182.2	197.9	210.4	202.4	225	211.1	113.4	169.6	108.8	154.4
距平（小时）	143.4	−4.2	−6.4	30.4	22.8	28.2	72.6	50.4	16.8	−55.4	0.9	−28.8	19
异常情况	正常	正常	正常	偏多	正常	正常	显著偏多	偏多	正常	偏少	正常	偏少	正常

行政区划

【政区沿革】　通州境域，初为长江口海域中的沙洲，南北朝中期出水。南北朝后有人定居，煮盐为业。唐为盐亭场，设防务机构。唐末沙洲涨接大陆，即凿河运盐，开通至扬州的航道，并筑坝圩、培土壤、植麦黍，逐步改变单一从事盐业生产的局面。五代初称静海镇。后周显德五年（958年）设通州，因东北有大海通辽海诸夷、西南有长江连吴越楚蜀、内运渠道达齐鲁燕冀，故而得名。静海镇改称县，隶属通州。

北宋天圣元年（1023年）改通州为崇州，又名崇川，属淮南东路；明道二年（1033年）仍称通州；政和七年（1117年）改为静海郡，不久复名通州，属扬州。元世祖至元十五年（1278年）升为通州路；至元二十一年（1284年）复为通州，属扬州路，隶江北淮东道廉访司。

明洪武元年（1368年）废静海县，通州直管静海本土，领海门、崇明两县，属扬州府；洪武九年划崇明县归苏州府，通州仅领海门一县。嘉靖年间（1522—1566年），通州除州城外，分六乡六场。清顺治二年（1645年）属江南省扬州府；康熙六年（1667年）起属江苏省扬州府；康熙十一年（1672年），因江岸坍没，海门废县为乡，并入通州。

清雍正二年（1724年），通州升为直隶州；宣统元年（1909年），设3个市区、10个镇区、8个乡区；宣统二年（1910年），市区、镇区改为市，乡区改为乡。

民国元年（1912年）5月，废州，改称南通县，属江苏省；全县仍设13个市、8个乡，民国9年（1920年）增设三余乡。民国18年，市乡合并为18个区，区下设镇、乡、闾、邻；民国23年又并为13个区，区下设镇、乡、保、甲。

1949年2月2日，南通县全境解放，原县城及港闸等地划出另置南通市，实行城乡分治。南通县政府移驻金沙镇，隶属南通行政公署管辖。同年10月，全县设12个区159个乡。1956年2月和1957年10月两次并区并乡后，全县为8个区47个乡和3个县属镇、2个区属镇。1958年3月，撤销区建制，设通海、通中、通东、通北、通西5个片。1958年成立38个人民公社，实行政社合一，公社下设大队，大队下设生产队；后公社范围逐步调小，至1982年全县有61个公社、5个县属镇。1961年9月，恢复8个区建制；1966年增设十总区。

1983年，实行市管县体制，隶属南通市管辖。同年，政社分设，公社改为乡，大队改为村，生产队改为村民小组，年末，全县为9个区、60个乡、5个县属镇、1个海洋渔业公司。1984年5月，实行镇管村体制，全县设14个镇、43个乡，以后各乡先后改建为镇。1987年2月，撤销区委、区公所，按原行政区域设9个区工委和指导组。1991年1月，陈桥、幸福、秦灶、新开3个乡1个镇和小海镇的6个村划归南通市区后，县境面积为1637平方千米，人口145万余人。1992年末，全县为17个镇、32个乡、1个海洋渔港管理委员会、36个居民委员会、884个村。

1993年2月，南通县撤销改设通州市。

1996年4月机构改革中，9个区工委、指导组撤销。2000年全市行政区划再次调整，原49个乡镇撤并为26个。2001年4月，观音山、小海、竹行3镇和市良种场、种畜场划归南通市区，通州市行政区域内的南通农场(省属)和东方红农场(省属)也划入南通市区范围。2002年末，全市辖23个建制镇、3个街道办事处，376个行政村、52个社区，5个农场。2005年，新设北兴桥、三门闸、五接、李港、海晏5个社区居民委员会，全市有23个建制镇、4个街道办事处，376个行政村，57个社区，5个农场，总面积1351平方千米，总人口126.25万人。2006年，石港镇金庄村并入金庄社区，刘桥镇凤仙村并入刘桥社区；三余镇设立五甲苴社区。年末，全市有23个建制镇、4个街道办事处，374个行政村、58个社区，5个农场。总面积1351平方千米，总人口125.64万人。2007年2月，经省政府批准，北兴桥镇、海晏镇与三余镇合并设立新的三余镇；新联镇与刘桥镇合并设立新的刘桥镇。同年，撤销石港镇石西村和渔湾村，设立渔湾、石西社区居民委员会。年末，全市共设20个建制镇、4个街道办事处，372个行政村、60个社区，5个农场。2008年2月3日，经省政府批准，川港镇与姜灶镇合并设立川姜镇。同时，原川港镇所辖八字桥、安东、南兴、大成、保通、通海、竖积洪、培德村整建制划归张芝山镇管辖；原姜灶镇所辖董家埭、利民、周照港、正场、民平村整建制划归先锋镇管辖。2月21日，全市进行村(社区)合并调整，原376个行政村、58个社区合并调整为207个行政村、63个社区。12月，撤销三余镇团结社区居民委员会，建立滨海工业区团结社区居民委员会。年末，全市共设19个建制镇、1个省级经济开发区、4个街道办事处，207个行政村、63个社区，5个农场。总面积1525.74平方千米，其中陆地面积1351.50平方千米。年末，耕地面积7.35万公顷，户籍总人口124.27万人。2009年3月和4月，苏通大桥工业区、通州滨海工业区分别更名为“苏通大桥科技产业园”和“通州滨海新区”。

2009年7月2日，撤销通州市，设立南通市通州区。年末，全区共设19个建制镇、1个省级经济开发区、4个街道办事处(城东、城中、城南、城北)，207个行政村，63个社区，5个农场。耕地面积7.06万公顷，户籍总人口124.16万人。2010年末，全区耕地面积7.02万公顷，户籍总人口124.64万人。2011年9月30日，经省人民政府批准，通州经济技术开发区更名为“南通高新技术产业开发区”。年末，全区设19个镇、1个高新技术产业开发区、4个街道办事处，207个行政村、63个社区，5个农场。耕地面积7.02万公顷，户籍总人口125.25万人。2012年3月20日，南通市人民政府决定(通政发〔2012〕31号)，通州滨海新区、三余镇由南通滨海园区代管，行政区域仍隶属通州区。年末，全区设19个镇、1个高新技术产业开发区、4个街道办事处，207个村、63个社区，5个农场，户籍总人口125.73万人。2013年1月10日，区人民政府批准，南通高新技术产业开发区增设碧华、金霞社区；4月15日，二甲镇余西社区居民委员会更名为余西村民委员会。12月，国务院批准南通高新技术产业开发区升级为国家高新技术产业开发区。锡通科技产业园、通州滨江新区、中国南通家纺城、南通空港产业园、石港科技产业园初具规模。年末，全区设19个镇、1个国家高新技术产业开发区、4个街道办事处，208个行政村、64个社区，5个农场。户籍总人口126.27万人。2014年4月9日，区人民政府批准，金沙镇增设天霞、天熹、天晖、天虹社区。年末，全区设19个镇、1个国家高新技术产业开发区、4个街道办事处，208个行政村、68个社区，5个农场。户籍总人口126.27万人。

2015年2月24日，江苏省人民政府批准，撤销金沙镇，以原金沙镇东市等14个社区和进鲜港等9个行政村区域，设立金沙街道办事处。以原金沙镇金南等10个社区和三姓街等10个行政村区域和原先锋镇利民等3个行政村，二甲镇进东、麒麟桥村，川姜镇双池头等6个行政村区域，设立金新街道办事处。撤销先锋镇，以原先锋镇三圩头等8个行政村区域，设立先锋街道办事处。撤销兴东镇，以原兴东镇行政区域设立兴东街道办事处。撤销平潮镇、平东镇，原平潮镇行政区域与原平东镇行政区域合并，设立新的平潮镇。撤销十总镇、骑岸镇，原骑岸镇行政区域与原十总镇行政区域合并，设立新的十总镇。撤销东社镇、五甲镇，原五甲镇行政区域与原东社镇行政区域合并，设立新的东社镇。撤销兴仁镇、四安镇，原兴仁镇行政区域与原四安镇徐家桥等6个行政村和酒店社区合并，设立新的兴仁镇。原四安镇九总渡、龙坝村划归西亭镇管辖。年末，全区设4个街道办事处、12个镇、1个国家级高新技术产业开发区，208个行政村、68个社区居民委员会，5个农场。户籍总人口126.59万人。

2020年3月16日，中共南通市委办公室、南通市人民政府办公室印发《关于进一步优化提升苏通科技产业园区、锡通科技产业园区管理体制机制的实施方案》，苏通园区与锡通园区实行一体化运行，由市委、市政府直接管理。

【现行区划】 2022年末，全区设4个街道办事处、12个镇、1个国家级高新技术产业开发区，208个行政村、68个社区居民委员会，5个农场。

2022年通州区行政区划一览表

表2

乡镇(街道)	村(居)社区名单
金沙街道	行政村：城东、金北、港北、平桥镇、新三园、金余、虹西、太山、进鲜港
	社区：虹南、南山、虹西、朝阳、天虹、新市、安康、新村、北山、东市、育才、天霞、天熹、天晖
二甲镇	行政村：定兴桥、六甲镇、路中、坨墩、北潭、宝云山、通运桥、余西
	社区：余北、新市、袁南、三甲
五接镇	行政村：李港、桃园、袁三圩、复成、张大圩、开沙、老木厂、天后宫
	社区：李港、五接
十总镇	行政村：新雁、于家坝、柏树墩、双墩、志新、迎阳、上雁、季家庄、育民、岸西、爱民、骑北、张沙、渡海亭、东场
	社区：二窎居、十总、骑岸居、五总居、沧南居
兴仁镇	行政村：阚庵东、阚家庵、戚家桥、温桥、太阳殿、丁涧店、韩家坝、徐家桥、李家楼、兴仁、芦花港、葛长路、长林桥、三庙、孙家桥、徐庄
	社区：酒店、横港、兴仁
三余镇	行政村：大乐、广运、贡安、红专、一社、同盟、育新、新民、光明、德兴、合兴、安平、新华、新闸、中闸、恒兴、海防、胜利、东晋、永平、东余、东海、闸北、海丰、建新、海晏
	社区：镇北、北兴桥、三门闸、中心、海晏、团结
东社镇	行政村：新桥、河东、东平、横马、香台、新街、兴隆灶、唐洪、严北、苴西、五马路、福利、平和、中和、陈墩、滥港桥
	社区：东社、杨港、五甲苴、庆丰、白龙庙
平潮镇	行政村：赵坊、平西、九圩港、任口、三港、国道、平东、新生、四十里、新坝、颜港、三官殿、花坝、向北、金桥、湾子头、吉坝、团圆、云台山、老墩
	社区：桃邨、团结、栖凤、民主、赵甸、新三十里
张芝山镇	行政村：糖坊、通启桥、银洋河、天星、八字桥、南兴、培德、通海、决心
	社区：张芝山
川姜镇	行政村：磨框镇、义成、姜川、望海台、三合口、双桥、三圩埭、志浩、川南、保障、斜桥、川北、志南、启江
	社区：川港、姜灶
石港镇	行政村：四港、江海、志田、石东、新貌、乐观、睹史院、花市街、北渡、马道
	社区：金庄、渔湾、石西、广济桥、草市桥
兴东街道	行政村：陆扶桥、孙李桥、土山、杨世桥、黄金、永庆、紫星、永护、双楼
	社区：机场新村
刘桥镇	行政村：苏池、蒋一、新中、英雄、尹家园、慎修、徐园、长岸、极孝、米三桥
	社区：刘桥、新联
西亭镇	行政村：草庙、西禅寺、八总桥、亭东、李庄、同乐、华芦、龙坝、九总渡
	社区：西亭、纱场
先锋街道	行政村：双盟、秦家埭、三圩头、苏家埭、周圩、永安、花园、十六里墩
金新街道	行政村：通灵桥、元帅庙、油榨、邢园、张门、进东、文山、界北、双池头、复兴、夏四店、金普、朝东圩、大石桥、麒麟桥、三姓街、花家渡、狮子桥、正场、民平、利民
	社区：金南、华山、金桥、碧堂庙、果园、镇南、八角亭、金乐、金霞、碧华

（曹晓亮）

人文风物

【概况】 通州原由沙洲成陆，根据地域开发的先后，境内有民田(原沙洲)、灶田(原东北部海湾)、沙田和垦区之分，居民的风俗习惯也因地而异，不尽相同。《南通县志》对境内风俗，有较为详尽的记述。

【人口】 2022年末，通州区常住人口126.20万人，比上年增长0.22万人，比户籍人口多2.43万人，继续保持了人口净流入的态势。其中，城镇人口82.95万人，比上年末增加0.86万人，农村人口43.25万人，比上年末减少0.64万人。城镇人口占全区常住人口的比重为65.73%，比上年提高0.57个百分点。 (葛文钰)

【风俗】 春节 农历正月初一，俗称过年，是中华民族历史悠久的传统节日。团圆饭用大米和赤豆做成，上置团圆、年糕，饭要多煮一些，还要多盛几碗，寓人丁兴旺之意。菜有豆腐、荠菜、笋片、青菜等，取头富、聚财的谐音；鱼上桌而不食，求年年有余的吉利。有的人家沿用旧俗，这天不泼水，不动刀剪，不扫地。

元宵节 农历正月十五，又称灯节。这天晚餐后城乡孩子大都举灯或拖灯串游。部分地区举办猜谜活动，吸引众多群众参加。

清明节 又称上坟节。旧俗于清明前后10天祭祖、扫墓；宗祠、家祠也利用这一时间进行春祭；有的人家还在灶头贴上写有“清明送百虫，一送影无踪”的红纸条。

立夏 表示夏天开始的节气。早晨吃煮蛋，不少人家还吃糕干米粥或馒头、烧饼、大饼(缸爿)。立夏以后开始农忙，俗话有“宁吃种麦饭，不吃立夏蛋”的说法。

端午 农历五月初五，本名端五，亦名端阳。这天家家都裹粽子，在门前悬插艾枝和菖蒲。

中元节 即农历七月半，俗称鬼节。旧俗须烧经祭祖。人死已过百天但未满2年的，提前在农历七月十三烧新经，须办酒饭接待前来送纸的至亲。

中秋节 农历八月十五，为传统团圆佳节。农村中常用新收获的糯米舂成粉，做成米粉烧饼，有些人将它称为丰收饼。

重阳 农历九月初九。旧时有重九登高的习惯。早晨以重阳糕为点心。

冬至节 俗称过冬。旧俗认为“大冬小年”，特别看重冬至节。冬至这天，早晨吃汤圆，中午菜肴也比较丰盛，和清明、七月半相似，家家都要祭祖。

腊月八 农历十二月初八，传说为佛祖释迦牟尼成道之日。佛寺于这天用香谷等做成粥供佛。民间则以米、赤豆、绿豆、豇豆、红枣、莲子、桂圆肉、花生仁等做成腊八粥食用，以庆丰收。

除夕 农历年的最后一天。除夕前，一般人家多办好年粮(蒸年糕、馒头)，搞好掸尘(大扫除)，也准备了过年的菜肴，等等。当天，多于午后贴春联，换上新年画。守岁后，长辈要给幼辈压岁钱。

【方言】 通州境内通行五种方言，与通州成陆初期从中国北方、安徽长江两岸、上海崇明和省内扬州、镇江、常州、苏州一带迁来的移民有密切关系。一是金沙话。其通行地区主要在金沙、东社、十总等部分地区。二是通东话，俗称东路话。其通行地区主要在二甲周边等部分地区。三是启海话，又称沙里话。沙里话又分为南沙里话和北沙里话。其中，南沙里话通行地区主要在川姜、张芝山、先锋等部分地区；北沙里话通行地区主要在三余等部分地区。四是南通话，俗称西路话。其通行地区主要在兴仁、兴东、刘桥、西亭、石港等部分地区。五是如东话。其通行地区主要在与如东接壤的北部边境地区。

【文化存遗】 张謇故园 中国近代著名实业家、教育家、清末状元张謇是通州人，其祖籍乡贯在通州的金沙、西亭等地。张氏的祖宗故园、书塾旧宅、家庙祠堂，都被列为通州区文物保护单位。

南山寺 始建于明朝，清乾隆年间重修。1992年经通州市民族宗教事务局批准，将人民东路朝阳路口老南山寺作为南山寺下院对外开放。2002年9月，经南通市民族宗教事务局和通州市人民政府同意易地扩建南山寺，选址通州经济开发区盆架桥村3组。整体建筑按照明清风格丛林式设计，建有天王殿、放生池、大雄宝殿、观音殿、钟楼、鼓楼、通州塔等。

余西古镇 古镇位于通州城区以东10公里，有1000多年历史。古名余庆(庆余)，该镇布局形似龙，又名龙城(地)。古镇内有节孝坊，清乾隆二十五年(1760年)为郁氏女所建，是一座两柱的单门式牌坊。楣额刻“节孝”两字；两柱上所刻的楷书对联为：百年贞操冰霜厉，千载徽音日月昭。该牌坊为通州区文物保护单位。

朱理治故居 朱理治原名铭勋，余西镇人。自幼学习勤奋，民国15年(1926年)高中二年级时便考入清华大学，选修经济系。翌年加入中国共产党，历任党和国家重要领导职务。其故居位于龙街西侧，为通州区文物保护单位。

文天祥纪念馆 文天祥(1236—1283)，字宋瑞，号文山，是南宋著名的民族英雄、爱国诗人。渡海亭。文天祥南归时乘海船的启碇处，建有渡海亭。1983年，南通县政府另在五总埠南首金掘公路西侧再建渡海亭。亭高6米，六角形。天竺山。 在兴东街道境内，据传文天祥在通州逗留期间来此遛马，人们便将此地定名为“洗马池”。建有文天祥纪念馆，竖有“文天祥遗迹碑”。

【名点名菜】 具有南通风味的名点、名菜有数十种。其中名点有：窨糕、熏糕、蒿团、凉团、冷蒸、藿香饺、芝麻盘饼、蟹黄肉包等，是各具特色和乡土风味的应时名点。名菜有鲜烩文蛤、腐汁炝虾、红烧马鞍桥、红烧鲫鱼、雪里蕻肉丝汤、虾米烧塌棵黑菜、黑菜粉丝汤等。

通州名片

【崇学之乡】 通州文化底蕴深厚，人文资源丰富，传统文化灿烂，素有“崇学之乡”美誉。早在北宋时期通州就办有州学，明嘉靖年间兴办书院。至清光绪初，州学已有一定规模，除官办书院外，较大的集镇上有家塾、私塾。清光绪二十八年(1902年)起，在民族实业家、教育家张謇的倡导和推动下，大兴办学之风，陆续建办学校。20世纪20年代，通州域内各级各类学校完备，新教育的整体水平在全国处于领先地位。长期以来，通州的教育事业兴盛不衰，尊师重教、好学上进的优良传统世代秉承，文教兴盛、名家辈出，评话鼻祖柳敬亭、抗倭英雄曹顶、著名讼师曹秀升、清末状元张謇等众多名人均在此留下古迹遗踪。当代通州走出40多位省部级高干、近20位将军及众多著名企业家、教育家和能工巧匠。

【建筑之乡】 通州建设业历史悠久，能工巧匠继代不绝，众多的瓦、木、竹、漆等工匠散布四乡。新中国成立后，建筑工人被逐步组织起来，各人民公社相继成立建筑站。20世纪六七十年代，通州建筑工人开始走出通州，南征北战，足迹遍及国内26个省市、自治区。1983年在大庆施工，获"南通铁军"赞誉。同年，开始派出建筑队伍进入国际建筑市场，赴中东和西伯利亚等地施工。1988年，南通四建承建的西藏拉萨饭店获得中国建筑行业工程质量最高荣誉奖——鲁班奖，这也是南通市收获的第一个"鲁班奖"。1990年，通州被江苏省人民政府首批命名为"建筑之乡"。2000年11月，江苏省人民政府重新命名17个"建筑之乡"，通州名列榜首。2007年2月，通州被江苏省人民政府授予"建筑强县(市)"称号。2011年，江苏省人民政府重新命名20个"建筑强县(市)区"，通州再列榜首。2012年，通州获"中国建筑之乡"称号。截至2022年末，通州共有建筑企业618家，其中特级资质企业6家；获"鲁班奖"66座。

【纺织之乡】 自古以来，通州一带便"时闻机杼声，日出万丈布"。清光绪二十五年(1899年)大生纱厂建成，开通州纺织工业用机器生产之先河。新中国成立后，通州纺织业发展步伐加快。1978年，基本形成棉花加工、纺织、丝绸、印染、针织、纺织机械等门类比较齐全的纺织工业体系，成为江苏省主要纺织工业基地县之一。2002年，形成棉、毛、麻、丝、化纤五纺俱全，棉纺织、色织、印染、毛纺、服装、针织、纺织机械等门类众多的大纺织格局。2004年1月，通州被中国纺织工业协会命名为中国纺织产业基地市。2007年12月，被中国纺织工业协会、中国家纺行业协会授予中国家纺名城称号。至2022年末，通州高端纺织产业有规模企业325家，实现规模工业应税销售310.39亿元，占全区规模工业应税销售总额26.6%。

【体育之乡】 通州是著名的体育之乡，传统体育项目有角力、摔跤、游泳、武术等。清末民国初，境内武术名家辈出，且有著作问世，流传海外。金沙、石港等地，练习武术者源源不绝。现代体育于20世纪20年代初在学校逐步推进。民国11年(1922年)、12年，分别有选手在第六、七届远东运动会上崭露头角。新中国成立后，通州体育事业蓬勃发展，体育场地设施逐步完善、体育队伍不断扩大，群众性体育健身活动普及开展，诞生一批省、市级体育传统项目学校，先后向省级以上运动队培养输送队员逾百名，涌现出残奥会举重冠军顾小飞、全国田径锦标赛男子4×200米接力冠军王鑫、全运会青年女排冠军吴梦洁、沙滩女排冠军严旭等一大批优秀选手，在全国和国际比赛中斩获各类奖牌170余枚。

【曲艺之乡】 通州在成陆、发展的过程中，不同的移民带来的多元文化在此交汇融合，为曲艺发展提供得天独厚的底蕴优势，从宋代开始，戏曲、曲艺的演出活动日益频繁，到清代演剧风气更盛，使得曲艺种类不断丰富，曲艺人才不断涌现，中国曲艺、扬州评话的开山始祖柳敬亭就是最典型代表。新中国成立后，通州曲艺艺术获得新的生机与活力，迅速地发展和繁荣起来。进入21世纪，通州曲艺创新求变，逐渐形成以曲艺小品、通州方言说唱创作为龙头、其他艺术门类齐头并进的地方曲艺良好发展态势，一批作品荣获省级以上大赛奖项，多个节目作品走进央视、走上全国舞台。2000年，石港镇、五街镇李港乡被评为"中国民间艺术之乡"，2018年12月，通州被中国曲协授予"中国曲艺之乡"称号。 (《通州年鉴》编辑部)

国民经济和社会发展

【概况】 2022年，通州区按照"疫情要防住、经济要稳住、发展要安全"的要求，坚决扛起"争当表率、争做示范、走在前列"光荣使命，实现了经济平稳运行、发展质量稳步提升、社会大局保持稳定。2022年，全区实现地区生产总值1639.2亿元，按可比价计算，比上年(下同)增长2.1%。分产业看，第一产业增加值70.43亿元，增长3.4%；第二产业增加值848.67亿元，增长4.1%；第三产业增加值720.09亿元，下降0.2%。三次产业结构比例由上年的4.2：51.1：44.7调整为4.3：51.8：43.9。

【农业】 2022年，通州区农林牧渔业现价总产值125.3亿元，增长4.6%。粮食播种面积7.59万公顷，总产量50.5万吨。油料作物播种面积1.27万公顷，总产量4.3万吨。棉花播种面积20.73公顷，总产量26吨。生猪年末存栏12.7万头，增长26.0%；山羊年末存栏13.3万只，增长1.2%；家禽年末存栏220.5万只，增长0.3%。水产品产量9597吨，增长1.5%。其中，淡水养殖产量8765吨，增长1.2%；内河捕捞产量832吨，增长5.1%。农业机械总动力51.8万千瓦，粮食作物耕种收综合机械化水平达88.2%，特色农业机械化率达72.6%。农机化总投入8813万元，其中，农业机械购置1485万元。全区开工新建各类农业重大项目19个，总投资额19.8亿元，其中亿元项目4个。设施农业面积达4200公顷，累计建成各类农业园区7个，省级"菜篮子"工程万亩蔬菜基地2个。全区经工商登记注册的家庭农场480家，其中省级示范家庭农场38家、市级示范家庭农场39家，其中新增省市级示范家庭农场12家。各级农业产业化龙头企业33家。累计建成农业产业化联合体8家，其中，累计建成省级示范联合体3家。累计建成全国"一村一品"示范村镇3个。累计建成中国美丽休闲乡村1家，全国休闲农业与乡村旅游星级企业2家，省级"苏韵乡情"休闲农业与乡村旅游星级企业2家，省级休闲农业精品村4个，省级主题创意农

2022年主要农产品产量一览表

表3

产品名称	计量单位	产量	比上年增长（%）
粮　食	万吨	50.5	0.2
油　料	万吨	4.3	−11.8
棉　花	吨	26	−39.5
水产品	吨	9597	1.5

园3家，省级农耕实践基地1个。新增新型合作农场1家，累计51家，经营面积达1740公顷。2022年，全区207个涉农村资产总额28.5亿元，经营性资产12.86亿元。实现集体收入2.57亿元，村均124万元。全区建成高标准农田2133.33公顷，高效节水灌溉面积200公顷，项目总投资15549.8万元。新建泵站18座、渠道76.4千米、机耕桥8座、机耕路33.9千米、河道整治19.2千米、土地平整666.67公顷，仓库3座，晒场1700平方米。实施国家水土保持重点工程项目，全年治理水土流失面积3.2平方千米。疏浚等级河道55条（段）73.39千米，整治沟塘227个。推进26条（段）农村生态河道建设，建成生态河道76千米。拆除农桥2座，拆建农桥2座，改造农桥1座。

【工业和建筑业】 2022年，通州区规模以上工业企业总产值增长6.9%。其中，新一代信息技术产业产值增长16.4%，汽车零部件产业产值增长33.8%，智能装备产业产值增长12.2%，新材料产业产值增长14.1%，高端纺织产业产值下降10.0%，船舶海工产业产值增长30.9%。全区规模以上工业企业营业收入下降0.8%，利润总额下降16.0%，财务费用下降17.5%，平均资产负债率54.6%，比上年上升1.8个百分点。规模以上工业企业营业收入利润率、成本费用利润率分别为4.2%、4.4%。全区新增省级示范智能车间（工厂）2家、市级示范智能车间4家，累计建成市级示范智能车间40家。新增通过两化融合管理体系评定的企业6家；星级上云企业35家；新认定省级服务型制造示范企业1家。全区建筑业总产值2298.5亿元，增长6.3%。其中，建筑工程产值增长6.7%，安装工程产值下降4.1%；全区资质建筑业企业签订合同额3853.1亿元，增长4.6%。

【服务业】 2022年，通州区规模以上服务业营业收入增长10.1%，规模以上服务业企业应付职工薪酬增长12.8%。分行业看，信息传输、软件和信息技术服务业，交通运输、仓储和邮政业，科学研究和技术服务业人均应付职工薪酬较高，分列前三位。全区批发和零售业增加值164.3亿元，下降2.8%；交通运输、仓储和邮政业增加值36.6亿元，下降5.0%；住宿和餐饮业增加值25.0亿元，下降7.9%；金融业增加值87.1亿元，增长1.3%；房地产业增加值99.4亿元，下降14.6%；信息传输、软件和信息技术服务业增加值17.3亿元，增长7.9%；租赁和商务服务业增加值37.4亿元，增长3.8%。新增房地产项目26个，新增项目房地产完成投资27.6亿元，商品房销售面积96.2万平方米。全区拥有省级旅游度假区1家，国家AAAA级景区1家，国家AAA级景区3家，国家AA级景区1家，省级休闲旅游街区1家，省级乡村旅游重点村2家，省级自驾游基地1家，全国工业旅游示范点1家，省工业旅游区（点）2家，国家四星级旅游饭店2家，国家二星级旅游饭店1家。

【固定资产投资】 2022年，通州区固定资产投资额下降9.5%。其中，第三产业投资增长19.2%，拉动全部投资增长6.7个百分点。全区基础设施投资增长85.4%。其中，交通运输仓储和邮政业投资增长35.9%。社会领域投资中，教育、社会工作和文化体育娱乐业投资分别增长18.5%、291.6%和417.8%。

【国内贸易】 2022年，通州区社会消费品零售总额下降1.3%，全社会批发业销售额增长1.6%，全社会零售业销售额增长3.1%，全社会住宿业营业额下降0.2%，全社会餐饮业营业额下降5.1%。全区限额以上零售业企业实体店零售额增长10.7%，占限额以上批零住餐单位零售总额的73.8%。其中，生活必需品供应更为集中的生活便利店和超市商品的零售额增长3.6%，品质化升级类消费相对较多的专业店和专卖店的商品零售额分别增长10.8%和17.7%。限额以上单位汽车类商品零售额增长53.5%。限额以上批发和零售企业通过公共网络累计实现商品销售额29.2亿元；网络销售额占全区限额以上批发和零售业单位销售额的比重为6.8%。

【对外经济】 2022年，通州区实现进出口总额309.5亿元，下降2.4%。其中，出口总额271.1亿元，增长0.3%；进口总额38.4亿元，下降17.7%。全年贸易顺差232.7亿元，比上年扩大9亿元。全区实际到账外资1.63亿美元，新批外商投资项目21个。全区境外投资注册新设立及增资企业10家，境外中方协议投资总额3343万美元，增长974.9%。全区新签对外承包劳务合同额16338万美元，下降20.7%；完成对外承包劳务营业额18583万美元，增长13.9%；新派劳务人员1862人，增长307.4%；年末在外劳务人员2147人，增长234.9%。

【交通运输、邮政电信和电力业】 2022年，通州区公路客运总量11万人次，下降34.7%；公路货运总量909万吨，下降6.0%；水路货运量407万吨，增长25.0%。至年底，全区公路总里程2849公里，其中，高速公路139公里、一级公路330公里、二级公路305公里、三级公路186公里、四级公路1888公里，桥梁1172座、44263.67延米。

2022年底，全区汽车保有量40.13万辆，增长4.3%，私家车拥有量36.2万辆，增长7.7%。是年，完成邮政业务收入3.5亿元，增长9.4%；收寄国际、国内函件12.5万件，增长8.7%；国际、国内包件2746.9万件，增长13.7%；投送特快专

2022年出口贸易方式及出口地分类一览表

表4

名　称	总量（万元）	比上年增长（%）
出口总额	2710813	0.3
#三资企业	871813	8
私营企业	1830266	−3.1
#一般贸易	1984224	−13.3
加工贸易	478609	35
#机电产品	1207065	15.7
高新技术产品	148897	11.3
农产品	10722	7.1
#亚洲	1129841	−0.4
#东盟	327316	12.9
日本	248818	3.5
欧洲	549890	20.1
#欧盟	429090	40.6
北美洲	688890	−12.6
#美国	643995	−13.5
拉丁美洲	176597	11.1

递211.5万件，增长68.0%；发送各类报刊1976.21万份，增长4.5%；年末邮政储蓄余额227.01亿元，增长25.9%。至年底，全区本地固定电话用户9.1万户，移动电话用户130.8万户，其中，4G/5G手机用户109.4万户。固定宽带接入用户48.9万户。

2022年，全区全社会用电量72.4亿千瓦时，增长7.0%。第一产业用电量0.24亿千瓦时；第二产业用电量50.74亿千瓦时，其中，工业用电量49.7亿千瓦时；第三产业用电量8.0亿千瓦时。城乡居民生活用电量13.4亿千瓦时。

【财政和金融】 2022年，通州区完成一般公共预算收入67.5亿元，扣除留抵退税因素影响后增长7.9%。完成一般公共预算支出133.6亿元，增长5.2%。其中，用于教育、科学技术、社会保障和就业、卫生健康、农林水、住房保障等民生方面的财政支出为104.7亿元，占一般公共预算支出的78.4%。是年底，全区金融机构本外币存款余额2171.7亿元，增长6.9%。其中，个人存款余额1589.7亿元，增长18.0%。本外币贷款余额1546.0亿元，增长11.2%。

【科学技术和教育】 2022年，通州区认定高新技术企业157家，1个项目获省成果转化项目立项。共有高新技术企业362家，国家级科技企业孵化器2家，国家级众创空间1家，省级众创空间5家，省级科技企业加速器1家，省级科技创业孵化链条试点单位1家，省级科技产业园4家，省级众创集聚区1个，省级众创社区1个，省级工程技术研究中心80家。全区知识产权工作获省政府督查激励，获评国家知识产权强县建设示范县、获批江苏省知识产权保护示范区立项，新增1家国家知识产权示范企业、3家国家知识产权优势企业，新增第23届中国专利奖1项，“二甲蓝印花布”成功注册国家地理标志证明商标，南通市通州区家纺知识产权快速维权中心外观设计专利权评价报告预审试点通过验收，通过省知识产权管理绩效评价企业10家，万人发明专利拥有量56.05件。

至2022年底，全区共有幼儿园75所、小学42所、初中24所、高中5所、职业学校1所、成人中等专业学校2所、特殊教育学校1所、乒乓球运动学校1所。幼儿园在园幼儿23248人，小学在校学生56012人，初中在校学生23427人，普通高中在校学生11490人，中等职业教育在校学生3952人，特殊教育学校在校学生252人。全区幼儿园入园率99.5%，小学入学率100%，小学毕业率100%，初中毕业生升学率100%，毕业率100%。全区专任教师学历占比分别为：高中研究生率15.2%、初中本科率99.1%、职中本科率100%、小学本科率94.0%和幼儿园大专率99.5%。全区民生惠民实事项目五接学校新建、校园安全提升工程、金沙湾学校和文体中心体育馆建设完成年度目标任务，金北学校迁建开工建设，通州中专二期、古沙小学、牡丹江路幼儿园建成投用。1所学校被评为省级中小学思政育人特色学校，3所学校荣登全省“两红两优”光荣榜。创成省级中小学心理健康教育特色学校1所，市级示范校1所、特色学校3所。14所学校创建江苏省智慧校园。新增1个省基础教育前瞻性项目，5个项目成功入围省基础教育项目。新增五年制高职专业3个、省现代职教体系“3+3”项目3个。设立34个免费视力检测服务点，3所学校入选省儿童青少年近视防控示范学校（幼儿园）。

【文化、卫生和体育】 2022年，通州区有档案馆2个，共保存档案37.7万卷、59.5万件，其中向社会开放档案17.6万卷、50.1万件，区档案馆馆藏档案数字化副本共1620万页。全年查档利用6454人次，调卷8462卷（件），出具档案证明5976份。全区拥有广播电视台1个，数字电视用户19.4万户，高清电视用户数8.6万户。至年底，全区共有表演团体2个、剧场1个、公共图书馆1个、文化馆1个、文化站14个。全年共组织开展“欢乐江海行”送戏下乡、“通州之夜”专场文艺演出等200场精品文艺演出，举办

1100场文体活动，培训1.5万名基层文艺爱好者。不断提升基层综合文化服务设施建设，先锋街道周圩村农家书屋、兴仁镇文体中心、忠孝博物馆被列入2022年度江苏省“最美公共文化空间”打造计划，石港镇睹史院村综合文化服务中心、川姜镇综合文化站、平潮镇综合文化站等3家单位被授予南通市“最美公共文化空间”称号。

至年底，全区共有医疗卫生机构448个(不含三余镇、张芝山镇)，其中，医院、镇卫生院和社区卫生服务中心共32个，社区卫生服务站和村卫生室205个。全区执业医师和执业助理医师2882人，注册护士2973人。全区拥有医疗标准床位6323张。全年诊疗病人493.01万人次，出院病人15.25万人次。建立居民电子健康档案100.33万份。

全区新(改)建足球场2片、健身路径20套、健身步道10公里。全年完成新增体育场地面积38.5万平方米，人均体育场地面积超4平方米。先后承(协)办第二届长三角自行车公开赛暨第一届环南通联赛、长三角汽摩场地越野邀请赛(南通站)、省二十届运动会职工部乒乓球赛等多项高水平体育赛事。全年新增3所国家级校园足球特色学校(幼儿园)。

【城乡发展和生态环境】 2022年，通州区新增绿地面积9.3公顷(建成区)，城市绿化覆盖率45.0%；日转供水能力45万吨，水质综合指标合格率100%；燃气普及率、自来水普及率均达到100%。新增道路照明灯160盏，新增城市照明总功率15千瓦，线路长度6.4千米。全区环境治理扎实推进，市考以上断面水质达标率及优Ⅲ率均为100%，$PM_{2.5}$浓度均值25.7微克/立方米，优良天数比例80.8%，土壤、噪声环境质量总体保持稳定。环境形势保持稳定，安全转移处置1453吨医疗废物。开展生态环境领域安全生产大排查大整治，118家重点企业完成自查，排查并整改环境安全风险隐患328个。完成234家企业应急预案的网上备案。全区平均气温16.9℃，比上年下降0.3℃，全年发布各类气象预警93次，启动重大气象灾害应急响应5次。

【公共安全】 2022年，通州区持续深化扫黑除恶斗争，全年排摸涉黑涉恶线索5条，办结5起；破获刑事案件1310起，破案率34.6%；抓获刑事作案成员5655人，增长140.8%。全区发生交通运输事故4起，死亡1人，受伤3人。发生消防火灾事故482起，未发生人员伤亡，直接经济损失约805万元。

【人民生活和社会保障】 2022年，通州区根据住户抽样调查，全区全体居民人均可支配收入49594元，增长4.7%。按常住地分，城镇居民人均可支配收入61671元，增长4.0%；农村居民人均可支配收入32624元，增长5.5%。城乡居民收入比(以农村居民为1)为1.89：1。全区居民人均消费支出30191元，增长4.2%。其中，人均食品烟酒消费支出8800元，增长6.1%；人均衣着消费支出1667元，下降0.4%；人均居住消费支出5416元，增长7.9%；人均生活用品及服务消费支出1930元，增长5.0%；人均交通通信消费支出4978元，增长4.3%；人均教育文化娱乐消费支出4329元，下降4.2%；人均医疗保健支出1960元，增长5.2%；人均其他用品和服务消费支出1111元，增长12.1%。全区企业职工基本养老保险、工伤保险、失业保险参保人数分别为20.5万人、16.6万人、15.9万人。全区城乡居民基本养老保险参保人数17.4万人，领取养老金人数26.7万人，参保缴费率达91.8%，城乡居民基础养老金从每人每月275元提高到294元。全区城乡居民基本医疗保险参保人数67.9万人，职工基本医疗保险参保人数27.6万人，生育保险参保人数21.7万人，全年为25.1万人次病患支付医疗救助金3200万元。城乡低保标准提高至每人每月780元，比上年提高30元，实现城乡低保保障标准一体化，与南通市主城区接轨。农村特困供养对象供养标准每人每月1040元，与上年发放标准一致。城市特困供养对象供养标准每人每月2025元，与上年发放标准一致。集中孤儿基本生活养育标准2760元，与上年发放标准一致。散居孤儿基本生活养育标准提高到2200元，比上年提高130元。全年发放各类生活救助款25694.2万元(含城乡低保特困供养9529.9万元、残疾人两项补贴15295.7万元、临时救助140万元、困境未成年人分类保障728.6万元)。全区慈善基金会全年募筹善款1198.41万元，发放善款1088.6万元。全年累计成立登记社会组织13家。全区共有律师事务所11家，设有公职律师办公室55个；共有律师320名，其中专职律师224名，公职律师84名，公司律师8名，兼职律师4名。基层法律服务工作者108人。

(统计公报)

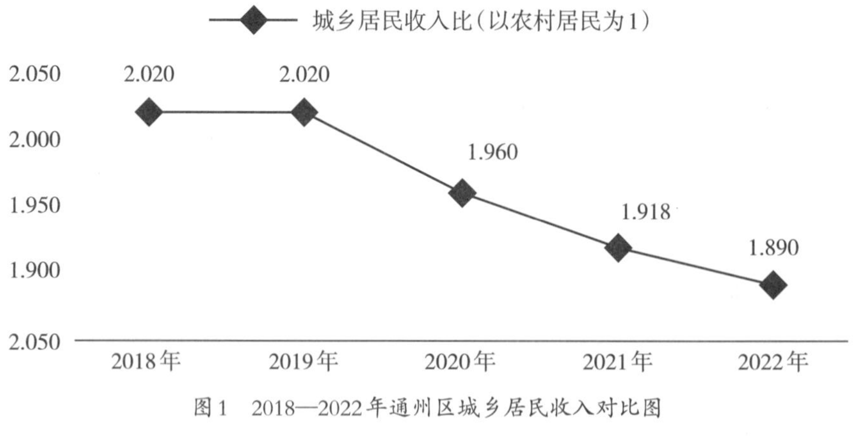

图1 2018—2022年通州区城乡居民收入对比图

中共南通市通州区委员会

编辑 沙宁

综 述

【概况】 2022年，通州区以迎接中共二十大、学习宣传贯彻中共二十大精神为主线，全面落实“疫情要防住、经济要稳住、发展要安全”的重大要求，坚决做到“两个统筹”（统筹疫情防控和经济社会发展，统筹发展和安全），争挑重担、勇扛重责，切实推动全区改革发展稳定和党的建设各项工作取得新成效。

【经济运行】 2022年，通州区用好国家、省市政策工具箱，出台“48+7”（48条指《关于帮助市场主体着力稳定经济增长的若干政策措施》“稳增长48条”政策，7条指《关于帮助因疫情影响暂停营业的市场主体纾困解难的若干政策》“纾困解难7条”政策）惠企措施，累计减税降费和退税缓税超过50亿元。深入落实“营商环境提升年”各项举措，按照带去优惠扶持政策，带回科创、产学研、融资上市计划及需求“一带去三带回”要求，扎实开展“服务企业大走访”，帮助企业解决各类难题，全年新实施“智能化改造、数字化转型”项目295个，新增“四上”企业255家，规上工业增加值、应税销售分别增长8.5%和3.5%。加大金融支持力度，宏德股份登陆深交所创业板，新增制造业贷款50亿元，增长35.2%，全市第一。优化利用外资结构，制造业外资占比提升至50%。推动服务业加快复苏，举办“南通州·欢乐购”等特色文旅融合惠民活动，发放各类消费券1000万元。

【产业创新】 2022年，通州区积极构建项目全生命周期管理体系，优化重组招商队伍，百亿级高德电子、康辉新材料、50亿级康源电子等一批重大项目成功落户。完善项目建设“定期观摩、专班推进”机制，新开工重大项目19个。系统谋划产业承载平台建设，石港、金沙、平潮基本完成规划、拆迁等前期工作，南通高新区汽车零部件产业获评国家火炬特色产业基地、电子元器件产业入选首批省创新型产业集群建设名单。研究制定支持科技创新系列措施，新认定高新技术企业157家，高新技术产业产值占比提升3.9个百分点，新增国家级“专精特新‘小巨人’”企业2家，国家级制造业单项冠军企业1家。持续推进质量强区建设，获评首批国家知识产权强县建设示范县（市、区）。持续优化创新创业环境，成功举办第十八届高端产业与高层次人才项目合作洽谈会，承办省创新创业大赛总决赛，新增国家级科技企业孵化器1家、省级众创空间2家，新引进科创项目63个、高层次人才94名。

【城乡品质提升】 2022年，通州区科学编制国土空间分区规划，完成“三区三线”划定，城镇开发边界拓展至165平方千米。北沿江高铁顺利开工，南通新机场进入实质性推进阶段，江海大道东延工程全线贯通，西站大道二期高架正式通车，南通轨交1号线开通运营。深化文明城市长效管理，改造老旧小区4个，新增机动车停车泊位750个，完成“瓶改管”“飞线”整治年度任务。扎实推进农业高质量发展，新改建高标准农田22.67平方千米，超额完成粮食生产任务。推进省级农业生产全程全面机械化示范区建设，新建“无人化农场”4个，特色农机化水平提高到72%。加快乡村振兴示范村、先进村建设，村均集体收入达120万元，徐园村创成省特色田园乡村。深入打好污染防治攻坚战，突出抓好环保督察反馈问题整改，$PM_{2.5}$浓度下降4.3%，市考以上断面水质优Ⅲ率保持100%。积极稳妥推进碳达峰碳中和，减污降碳协同增效、生态环境突出问题整改等工作获省政府督查激励。

【民生福祉建设】 2022年，通州区加大减负稳岗扩就业力度，新增城镇就业1.2万人、创业4200人，服务新就业群体相关做法被央视报道。全体居民人均可支配收入达49849元，增长5.3%，城乡人均可支配收入比缩小到1.9∶1。召开全区教育发展大会，稳步推进教育改革发展措施落地见效，新改扩建中小学、幼儿园7所，义务教育学校教师配置更趋均衡。强化医疗、医保、医药“三医联动”，优化医疗资源布局，改革村卫生室管理体制，不断提升医疗服务水平。加快“一老一小”关爱服务体系建设，居家养老服务扩面提标，南山湖儿童成长中心被列入国家首批质量评估试点机构。实施“精网微格”工程和“红网格、通通建”全域试点，社会治理能力不断提升。扎实开展社会矛盾风险隐患“拉网式”大排查、大起底、大化解，妥善处置房地产、劳资纠纷等领域突出信访问题，完成中共二十大维稳安保重大政治任务。开展特殊困难群体救助帮扶和妇女儿童权益保障问题专项排查整治行动，有效维护弱势群体合法权益。深入开展安全生产专项整治、公共安全重大隐患“三清”（从严从实抓好道路交通、群租房和出租厂房、基层消防三大领域专项整治，推动重大隐患动态清零）专项行动，事故起数、死亡人数实现“双下降”。政治安全、扫黑除恶、打诈防诈、食药安全、司法体制改革、退役军人事务等工作有效开展，社会大局保持和谐稳定。（代英杰）

决策部署

【区委全委会会议】 2022年，中国共产党南通市通州区第十三届委员会共召开2次全体会议。

2月9日，中国共产党南通市通州区第十三届委员会第三次全体会议在区行政中心举行，会议专题研究中共二十大代表候选人推荐工作。票决确定通州区推荐提名出席中共二十大代表候选人初步人选。

8月12日，中国共产党南通市通州区第十三届委员会第四次全体会议在区行政中心举行。全会坚持以习近平新时代中国特色社会主义思想为指导，深入学习贯彻习近平总书记在省部级主要领导干部“学习习近平总书记重要讲话精神，迎接党的二十大”专题研讨班上的重要讲话精神，全面落实中央决策部署和省委工作会议、市委全会最新要求，总结2022年以来工作，部署下一阶段任务，动员全区上下坚持稳字当头、稳中求进，坚定落实“疫情要防住、经济要稳住、发展要安全”重大要求，争挑重担、勇扛重责，加快打造新高地、建设硬核区，以实际行动迎接中共二十大胜利召开。会议通报上半年南通高新区、各镇（街道）考核结果，对2022年以来全区经济工作进行点评，明确下阶段经济工作的重点举措。

【区委常委会（扩大）会议】 2022年，区委先后召开30次常委会（扩大）会议。

1月25日，区委常委会召开2021年度党史学习教育专题民主生活会。会议要求，区委班子要持续巩固拓展党史学习教育成果，以更高标准、更严要求加强班子自身建设，为全区各级领导班子和广大党员干部当好表率、作出示范，奋力书写三大光荣使命的通州答卷。

2月28日，区委召开常委会（扩大）会议，传达学习南通市十六届人大一次会议和市政协十三届一次会议精神以及市委书记、市人大常委会主任王晖参加通州代表团审议时的讲话精神，要求全区上下联系实际学精神，围绕目标抓落实，全力冲刺一季度“开门红”，坚定不移打造新高地、建设硬核区。

4月27日，区委召开常委会会议，传达学习重要精神，研究部署重点工作。会议传达学习习近平总书记、李克强总理关于安全生产工作的重要指示批示精神以及全国、省、市安全生产工作会议精神，研究关于持续深化提升安全生产专项整治三年行动的意见、关于在全区全面推进“制度化管理、实时化监控、自动化阻隔、现代化救援”四项举措提升本质安全水平的实施意见。传达学习《信访工作条例》，听取全区一季度安全稳定形势和信访工作情况汇报。听取2021年度全省文明城市测评情况通报，研究部署2022年文明城市长效管理工作。听取全区一季度经济形势分析，研究部署二季度经济工作。研究《关于帮助市场主体着力稳定经济增长的若干政策措施》《关于帮助因疫情影响暂停营业的市场主体纾困解难的若干政策》《通州区高新技术企业培育三年行动方案（2022—2024年）》、关于对通州区建筑企业给予资金补助的建议，听取全区依法行政专项巡察情况汇报，并交流5月工作安排。

5月14日，区委召开常委会会议，传达学习重要精神和有关党内法规，研究部署重点工作。传达学习习近平总书记在中共中央政治局第三十八次集体学习上的重要讲话精神、习近平总书记在考察中国人民大学和庆祝中国共产主义青年团成立100周年大会上的重要讲话精神、中央财经委员会第十一次会议精神、4月29日中共中央政治局会议精神、《中国共产党纪律检查委员会工作条例》、全国宗教工作会议精神，研究全区贯彻落实工作。听取特殊困难群体救助帮扶和妇女儿童权益保障问题专项排查工作汇报。传达学习省委和市委网信委第四次会议精神，听取2021年网信工作汇报和2022年工作打算，研究《2022年网信工作要点》。研究《中共南通市通州区委党的建设工作领导小组2022年工作要点》《关于2022年区属国有企业经营目标及投资、融资计划的报告》《中共南通市通州区委员会工作规则》《中共南通市通州区委常委会2022年工作要点》《关于开展“攻坚有我、一线建功”专项行动扎实推进“机关作风建设提升年”“招商引资突破年”“营商环境提升年”活动的实施方案》《关于推行村（社区）干部专业化管理的指导意见》和《关于进一步加强高素质专业化中层干部队伍建设的实施意见》。

5月24日，区委召开常委会会议，传达学习中央、省、市重要会议精神，研究部署全区重点工作。省委第三巡视组副组长胡培红到会指导，并传达省委书记吴政隆《以巡视整改行动做到“两个维护”》工作提示。听取关于加快推进金北学校建设相关工作的情况汇报。研究《关于做好2022年全面推进乡村振兴重点工作的实施意见》《关于“十四五”开展农村人居环境整治提升行动扎实推进“三美一高”乡村建设的实施方案》。研究《通州区贯彻落实省第四生态环境保护督察组督察反馈意见整改方案》《深入打好污染防治攻坚战的实施意见》《中共南通市通州区第十三届委员会巡察工作规划》《关于申请将社会治安防控体系建设经费纳入新一代雪亮技防工程建设资金统筹落实的报告》《关于进一步加强通州区国有企业经营性债务和大额资金管控的实施意见》。

6月11日，区委召开常委会会议，传达学习习近平总书记近期重要讲话、重要文章和上级有关会议精神，研究贯彻落实工作，研究部署全区重点工作。会议指出，要认真学习、深刻领会习近平总书记在《求是》杂志上发表的《正确认识和把握我国发展重大理论和实践问题》重要文章精神，深入学习领会习近平总书记在中共中央政治局第三十九次集体学习时的重要讲话精神，贯彻落实全国稳住经济大盘电视电话会议和省续会精神以及南通市专题会议精神。传达学习

5月27日中共中央政治局会议精神，研究《关于推进“有事好商量”协商议事工作常态长效的意见》。传达学习中央、省委、市委深改委会议精神。传达学习省委、市委人大工作会议精神。研究《2022年全区产业项目建设综合考评办法》《2022年通州区“招商引资突破年”实施方案》《2022年度高新区、投资服务中心、镇（街道）双招双引考核办法》《2022年度区级机关部门双招双引考核办法》《通州区现代服务业繁荣发展三年行动计划》。学习全省宗教工作会议精神，研究《2022年南通市通州区东西部协作工作要点》《通州区2021年财政决算（草案）的报告》。

6月25日，区委召开常委会会议，传达学习习近平总书记近期重要讲话和上级有关会议精神，研究部署全区重点工作。传达学习中国共产党江苏省代表会议和省委十四届二次全会精神。听取全区上半年新时代文明实践工作推进情况。研究《通州区网络文明建设工作推进方案》。

7月8日，区委召开常委会会议，传达学习习近平总书记近期重要讲话和上级有关会议精神，研究贯彻落实工作，听取相关工作情况汇报，研究部署全区重点工作。听取全区关于二季度安全稳定形势和工作运行情况的报告。传达学习省安委会全体（扩大）会议暨重点行业领域“百日攻坚”行动部署会及市续会精神，研究2022年以来全区安全生产工作情况。传达学习省市相关会议精神，研究区委全面依法治区委员会2022年工作要点和委员会、办公室及各协调小组人员调整方案，听取各镇街“述法”报告，研究《通州区法治社会建设实施方案（2022—2025年）》《通州区贯彻落实法治政府建设实施纲要（2021—2025年）实施方案》。传达学习全省巩固政法队伍教育整顿成果推进全面从严管党治警常态化长效化工作会议、全市续会会议精神，听取通州区实施意见制定情况汇报。听取全区2022年水质情况报告。研究《关于新建三个健康驿站及金东新城邻里中心健康驿站改造的情况报告》《关于疫情防控专项资金预算调整的请示》《关于拨付2021—2022学年中小学课后服务补助的请示》。

7月23日，区委召开常委会会议，传达学习习近平总书记近期重要讲话、重要回信、重要贺信精神以及上级有关会议精神，研究部署全区重点工作。传达学习习近平总书记在新疆考察时的重要讲话精神，习近平总书记给中国国家博物馆老专家的重要回信精神，习近平总书记给参加海峡青年论坛的台湾青年的重要回信精神，习近平总书记致世界互联网大会国际组织成立的重要贺信精神和全国、省、市安全生产电视电话会议精神，研究全区贯彻落实工作。传达学习习近平总书记对审计工作的重要指示精神、研究《通州区2021年区级预算执行和其他财政收支情况的审计工作报告》。传达学习省委、市委国安委相关会议精神，听取当前全区相关安全形势。传达学习全市民族宗教工作会议精神，听取近年来全区民族宗教工作情况。听取2021年全区退役军人事务工作完成情况。听取区人大关于全区基础教育布局及发展调研情况的报告、十三届区委第三轮巡察情况汇报。

8月1日，区委召开常委会会议，传达学习习近平总书记在省部级主要领导干部专题研讨班上的重要讲话精神，以及上级有关会议精神，研究全区贯彻落实工作。传达学习习近平总书记在省部级主要领导干部“学习习近平总书记重要讲话精神，迎接党的二十大”专题研讨班上的重要讲话精神和省委、市委常委会会议相关精神，《习近平谈治国理政》第四卷，中共中央政治局会议精神和中共中央党外人士座谈会会议精神，中央统战工作会议精神。研究《关于2022年上半年国民经济和社会发展计划执行情况与下半年工作打算的报告》《通州区2022年上半年财政预算执行情况（草案）的报告》《通州区产业项目质量综合评估办法（试行）》《关于完整准确全面贯彻新发展理念推动高质量发展做好碳达峰碳中和工作的实施意见》。听取当前全区文明城市长效管理工作情况。研究《关于促进村级集体经济持续发展的实施意见》《关于加强基层安全生产监督管理机构建设的通知》。

8月9日，区委召开常委会会议，传达学习习近平总书记近期重要讲话精神以及省委近期重要会议精神，研究全区贯彻落实工作。传达学习习近平总书记在中共中央政治局第四十一次集体学习时的讲话精神、省委工作会议精神，研究《区委十三届四次全会建议方案》《在区委十三届四次全会上的讲话（讨论稿）》。研究《2022年度综合考核实施办法》及其配套方案。

8月17日，区委召开常委会会议，传达学习习近平总书记重要讲话精神和上级有关文件、会议精神，研究省委巡视反馈意见整改工作。传达学习习近平总书记在审议《关于十九届中央第八轮巡视金融单位整改进展情况的报告》《关于十九届中央第九轮巡视情况的综合报告》时关于做好巡视整改工作的重要指示精神、省委书记吴政隆在省委书记专题会听取十四届省委第一轮巡视综合情况汇报时的讲话精神及十四届省委第一轮巡视集中反馈会议精神、中共中央办公厅《关于加强巡视整改和成果运用的意见》精神、省委第三巡视组组长在反馈会上的讲话精神及南通市委书记王晖参加反馈会议时的讲话要求。研究全区巡视整改相关工作，要求全区上下务必迅速进入整改状态，全面做好“后半篇文章”。

8月27日，区委召开常委会会议，传达学习中央全面依法治国委员会《关于进一步加强市县法治建设的意见》文件精神，省委副书记、省委政法委书记邓修明来通调研讲话精神，以及省相关会议精神，研究部署重点工作。研究《2022年度通州区推进乡村振兴战略实绩考核实施方案》。听取关于全区家纺产业转型升级跨越发展的调研报告。

9月7日，区委召开常委会会议，传达学习习近平总书记近期重要讲话精神和上级有关会议精神，研究全区贯彻落实工作。传达学习习近平总书记在辽宁考察时的重要讲话精神和8月30日中央政治局会议精神。研究《通州区深化应急管理综合行政执法改革实施方案》《关于进一步加强和规范全区生产安全事故和自然灾害信息报送与发布工作的通知》《关于优化调整区城市建设指挥部机构设置和人员的通知》《通州区促进总部经济高质量发展的若干政策意见（试行）》《通州区沿江生态景观带（江堤达标提升工程）2022年度建设项目实施方案》《关于川姜学校建设相关问题的请示》《关于进一步加强卫生健康人才引进培养工作的实施意见》。

9月17日，区委召开常委会会议，传达学习习近平总书记近期重要讲话精神和上级有关讲话、会议精神，研究全区贯彻落实工作。传达学习习近平总书记在中央全面深化改革委员会第二十七次会议上的重要讲话精神、9月9日中共中央政治局会议精神，省委书记吴政隆调研南通讲话精神。听取2022年国庆假期及前后新冠肺炎疫情防控工作部署、2022年上半年党建考核调研评估发现问题情况汇报、2022年全区民生实事项目推进情况。传达学习《关于深化“江海砥柱锻造工程”，建设“三强三过硬”县级党政领导班子的意见》文件精神，研究全区贯彻落实若干措施。研究《共青团南通市通州区委关于召开共青团南通市通州区第十八次代表大会的请示》。听取通州中专内职班培养管理工作情况汇报。

9月29日，区委召开常委会会议，传达学习习近平总书记近期重要讲话、贺信、文章精神，研究全区贯彻落实工作，听取相关工作情况汇报，研究部署全区重点工作。传达学习习近平总书记对做好安全生产工作的重要指示批示精神、习近平总书记对四川甘孜泸定县6.8级地震作出的重要指示精神、习近平总书记在上海合作组织成员国元首理事会第二十二次会议和在访问期间发表的重要讲话文章精神及习近平总书记致第七届中国—亚欧博览会的重要贺信精神、习近平总书记致产业链供应链韧性与稳定国际论坛的重要贺信精神和习近平总书记在《求是》杂志上发表的重要文章《坚持和发展中国特色社会主义要一以贯之》。听取全区营商环境提升工作情况汇报。研究《关于加强全区微网格建设的指导意见》《关于进一步加强专职网格员配备的指导意见（试行）》《关于全面加强新时代司法所建设、切实提升基层法治建设水平的意见》《通州区“十四五”卫生健康事业发展规划》。听取机关作风建设提升年明察暗访情况汇报。

10月29日，区委召开十三届区委常委会第三十八次会议，传达学习中共二十大、二十届一中全会精神和习近平总书记近期重要讲话精神，研究全区贯彻落实工作，听取相关工作情况汇报，研究部署全区重点工作。学习中共二十大、二十届一中全会精神和习近平总书记在中央政治局会议、中央政治局第一次集体学习时的重要讲话精神，研究全区学习宣传贯彻落实工作。传达学习省委第二轮巡视动员部署会、市委第四轮巡察动员部署会精神和省委办公厅文件《关于加强巡视整改和成果运用的实施意见》精神，听取省委巡视通州反馈意见整改进展情况。研究《关于推动通州教育高质量发展的实施意见》。传达学习《党委（党组）讨论决定干部任免事项守则》和《中国共产党党组工作条例》，研究《关于大力锻造激情奋斗、创新争先、务实担当堪当现代化建设重任干部队伍的若干意见》。听取全区关于三季度安全稳定形势和工作运行情况的报告，研究《关于投资建设区域供水平海线工程的请示》《关于召开南通市通州区文学艺术界联合会第十一次代表大会的请示》《关于召开南通市通州区残联第七次代表大会方案》《关于筹备召开南通市通州区红十字会第七次会员代表大会的请示》。

11月5日，区委召开十三届区委常委会第三十九次会议，传达学习习近平总书记近期重要讲话精神，学习党的二十大报告相关内容，研究全区贯彻落实工作，研究部署全区重点工作。传达学习习近平总书记在瞻仰延安革命纪念地时的重要讲话及在陕西延安和河南安阳考察时的重要讲话精神，研究全区贯彻落实工作。学习中共二十大报告关于“坚定不移全面从严治党，深入推进新时代党的建设新的伟大工程”相关内容，听取南通市2022年上半年党建考核调研评估反馈问题整改情况和全区党建考核调研评估情况。研究《通州区农村住房条件改善五年行动计划（2022—2026年）》。研究区委党校新建项目建设方案。听取省委、市委涉粮问题专项巡视巡察反馈意见整改进展情况。研究《关于2022年国有企业投资、融资预算调整的报告》。传达学习省委统战工作会议精神，研究《通州区海外统战工作协作机制》《关于申请新材料产业发展专项扶持资金的答办意见》、第二届新时代文明典型候选名单、《关于召开南通市通州区第十七届人民代表大会第二次会议的请示》《关于召开政协南通市通州区第十四届委员会第二次会议的请示》。

11月30日，区委召开常委会会议，传达学习习近平总书记近期重要讲话精神、省委相关会议精神和相关文件精神，研究全区贯彻落实工作。传达学习习近平总书记在中央政治局常委会会议上的重要讲话精神，以及省委常委会会议精神，听取全区疫情防控工作最新情况汇报。传达学习习近平总书记对河南安阳市凯信达商贸有限公司火灾事故的重要指示精神和省、市安全生产电视电话会议精神，听取冬季安全生产专项治理行动开展情况。传达学习省委十四届三次全会精神。传达学习《推进领导干部能上能下规定》。研究《美丽通州建设规划（2021—2035年）》《南通市通州区第十七届人大五年工作规划》《南通市通州区人民代表大会议事规则（修订草案）》《中共南通市通州区委员会关于充分发挥人民代表大会制度优势深入践行全过程人民民主的实施意见》及《关于实施“深根工程”高质量打造新时代通州基层党建新高地的意见》。

12月8日，区委召开常委会会议，传达贯彻上级有关部署要求，研究部署全区相关重点工作。传达学习中共二十大报告关于“坚定不移全面从严治党，深入推进新时代党的建设新的伟大工程”相关内容，听取省委巡视反馈问题整改督查情况。传达学习国务院联防联控机制《关于进一步优化落实新冠肺炎疫情防控措施的通知》，听取全区疫情防控最新情况。听取南通市通州区人大常委会2022年部门工作评议情况报告和区政协对相关部门工作评议意见的报告。

（张盈盈）

【全面从严治党】 2022年，通州区坚持以习近平新时代中国特色社会主义思想武装头脑、指导实践、推动工作，深刻领悟“两个确立”的决定性意义，增强“四个意识”、坚定“四个自信”、做到“两个维护”，始终在思想上、政治上、行动上同以习近平同志为核心的党中央保持高度一致。全面落实党的二十大对深入推进新时代党的建设新的伟大工程的新部署新要求，弘扬伟大建党精神，纵深推进全面从严治党，确保党始终成为通州现代化建设坚强领导核心。始终把抓好省委巡视整改作为坚定捍卫“两个确立”、坚决做到“两个维护”的实际行动，坚持即知即改、立行立改，确保各项整改措施落地落实。扎实开展“机关作风建设提升年”活动，大力弘扬和践行“激情奋斗、创新争先、务实担当”的新时代通州干部精神特质，激励干部争挑重担、勇扛重责。升级打造“文化廉通”品牌，举办通州区首届廉洁文化节，编制全区廉洁文化电子地图，推动构建廉洁文化“一图一路一中心”的廉洁文化全域布局。加强对“一把手”和领导班子监督，严肃查处“关键少数”和重点领域违纪违法案件，推进区属国有企业纪检监察体制改革，深入开展追赃挽损专项行动，全力铲除腐败滋生的土壤。压紧压实党组织管党治党政治责任，有效破解“一把手”监督和同级监督难题，持续推动全面从严治党向纵深发展。

【全面深化改革】 2022年，通州区全面深化改革工作紧紧围绕中央、省、市的各项改革部署要求，突出问题导向，主动作为，大胆探索，各项改革任务有效落实。相继出台《通州区深化应急管理综合行政执法改革实施方案》《通州区国有粮食企业改革实施方案》等21项改革方案，加快改革任务落实。继续落实区领导联系重点改革任务制度，新增19个课题，实现经济、民主法制、民生等重点领域全覆盖。将“优化创新生态，积极推进科创体系建设”作为自主实施的改革事项全力推进，取得良好效果。“三线一单”（生态保护红线、环境质量底线、资源利用上线和生态环境准入清单）协同管控获国家试点，减污降碳协同增效、生态环境突出问题整改等工作获省政府督查激励。

（施俊楠）

【全力推进项目建设】 2022年，通州区紧扣产业创新高地建设要求，深入开展“招商引资突破年”活动。积极构建项目全生命周期管理体系，优化重组招商队伍，组建高新区、投资服务中心、镇街三支招商队伍，形成良好竞争氛围。新签约注册亿元以上产业项目83个，计划总投资482.5亿元，其中5亿元和3000万美元以上产业项目54个，实际利用外资1.77亿美元，百亿级高德电子、康辉新材料签约落户。系统谋划产业平台，围绕高新区现有存量建设用地做好规划，提高项目准入门槛，精心筛选出石港、金沙、平潮三个镇街作为区二级产业平台，完成规划、拆迁等前期工作，腾出1.07平方千米产业发展空间，为项目落户打牢基础。深入开展“营商环境提升年”活动。贯彻落实国家、省、市关于优化提升营商环境各项举措，持续深化“放管服”改革，积极打造“万事好通、周到有解”营商服务品牌，有效激发市场主体活力，巩固经济恢复发展基础，推动经济社会高质量发展。推行“预先审+容缺办+承诺制”项目审批模式，实现“交地即发证”“拿地即开工”。加快推动政策“免申即享”，全年发放各项扶持资金1.6亿元，减税降费48.5亿元。常态化组织服务企业大走访，协调解决产业链、供应链难题近400件。开展包容审慎监管，对1067家轻微违法主体实施免罚轻罚，金额达3164万元。

（宋　洋）

5月24日，通州区首个“拿地即开工”项目——南通宏德特种部件有限公司精密机械加工建设项目破土动工。图为建设现场　（南通宏德特种部件有限公司 提供）

【全面推进乡村振兴】 2022年，通州区出台《关于做好2022年全面推进乡村振兴重点工作的实施意见》，强化农业重要基础地位，抓好粮食和重要农产品稳产保供，统筹推进乡村发展、乡村建设、乡村治理和农村改革等重点工作，着力构建城乡融合发展体制机制和政策体系，持续沿着“高质量发展、高水平循环、高技术引领、高成长收入、高品质生活、高效能治理和加快形成新型工农城乡关系”的规划目标和路径，推进农业农村现代化和促进共同富裕，努力实现农业强、农村美、农民富，为奋力谱写“强富美高”新通州现代化建设新篇章提供有力支撑。

（王小亮）

【高质量高赋能发展高峰论坛】 11月21日，通州区举办“全面贯彻落实二十大精神，奋发有为建设硬核首位区——2022通州高质量高赋能发展高峰论坛”，国内知名专家学者与区内优秀企业家代表共聚一堂，共谋发展良策、共商战略大计，助推通州高质量发展迈出坚实步伐。

【创新创业大赛】 11月3日，“才聚江海智汇通州”区第七届创新创业大赛暨第二届南通高新区江海风云赛总决赛在江海智汇园举行。专家评审根据项目的创业团队能力、项目创新性、项目可行性、项目产业化前景、落户可行性等五个维度进行打分，最终评出特等奖1名、一等奖2名、二等奖3名、三等奖6名。高端空压设备研发及制造产业化、智能灾害治理探测研发及产业化等五个项目现场签约，通州不断增强人才吸引力，区域创新活力持续迸发。

（代英杰）

区委办公室工作

【概况】 2022年,区委办公室紧紧围绕全区工作大局,创新思路,开拓进取,充分发挥参谋助手、督促检查、协调综合工作作用,充分发挥信息服务的职能作用,为科学决策提供重要参考。

【调查研究】 2022年,区委办公室(研究室)紧紧围绕全区经济社会发展大局,在重大课题上努力寻求突破,发挥好参谋助手作用。深入部门、镇街、企业等一线,认真细致地开展广泛的调查研究,形成调研文章70余篇,刊发《调查与研究》4期,为区委主要领导科学决策提供重要参考,部分建议转化为推动全区高质量发展的实际措施。办公室(研究室)内部积极围绕全区经济与社会发展重点领域形成10多篇调研报告,其中《通州打造产业创新高地路径研究》《通州打造民生幸福典范的对策思考》《发展壮大区内村级集体经济的对策研究》《关于推动通州行政执法规范化建设的对策研究》4项成果在2022年度经济与社会发展重点应用课题研究中获奖。 (张鸿杰)

【信息报送】 2022年,区委办公室加强与省、市信息部门的沟通联系,按时按要求上报各类信息。上报省系统1370条,省采用信息23篇,上报市系统949条,市采用230篇,年度信息考核列全省第一方阵。其中《新时代高校归国教师思想政治素养培育面临困境》被中共中央办公厅采用,《南通市通州区在集中隔离点发现1例核酸检测初筛阳性人员》等信息被省委主要领导批示。定期收集汇总全省范围内要情信息,编发《省情动态》49期;聚焦区内动态、重大项目进展等情况,编发《通州信息》24期,供四套班子领导决策参考。完善紧急信息24小时值守机制,确保紧急突发信息全天候有人盯守。建立联动沟通机制,与政府办、公安、属地等加强信息共享,统一报送口径,确保突发事件、重要情况第一时间报送。 (朱晓庆)

【督查考核】 2022年,区委办公室紧紧围绕区委中心工作和决策部署,依据"强执行抓落实"考核细则,提出加减分等合理化建议,进一步加大对督查结果的有效运用,形成督查结果与年度综合绩效考核相结合的机制,推动党委决策的全面落实。贯彻"机关作风建设提升年"要求,弘扬"新时代通州干部精神特质",健全和完善主动工作与督查督办相结合的长效机制。对全区重点工作目标任务分解100项,形成2022年全区重点工作目标任务分解表。根据"2022年度督查事项计划",在对30项重点工作实行定期跟踪督查的基础上,对区委十三届四次全会议定事项中的推进落实类工作实施阶段性督查,编制《通州督查专报》12期。严格落实省、市相关督查工作部署,报送市委常委会会议重点工作涉及通州区落实情况4期、每季度督查上报落实基层减负相关推进情况。对二级载体平台推进、文明城市创建、短板指标分析评估、"牌子乱象"问题等35件书记交办事项进行定期跟进和督查上报。对全区安全生产大督查、巡视整改情况"回头看"、相关容错纠错事项等重点事项开展多轮实地督查,持续推进工作落实。以督查促落实、以实事谋实效,办理市领导批件6件,其他查办件4件;办理"区委书记信箱"来信109件,办结率为100%。按照严格程序、确保质量的要求,及时办结上报,做到件件有回音,事事有落实。及时推进政协提案及闭会期间有关建议、提案的办理工作,召集相关部门及提案委员召开政协提案督办座谈会,承办政协提案、委员建议20件,回复率、满意率均为100%。按照上级减负精神,在全面摸排自查的基础上,对全区减负工作落实情况进行多轮督促检查。修改完善《督查考核细则》,分值更倾向于工作实绩;新增"国务院+互联网督查"板块,对列入综合绩效考核的区级机关各部门,采取各单位自查与"两办"督查室实地督查相结合的办法进行考核。采用动态督查方式,制订动态月度督查计划,分类确定各项重点工作的督查频次,采取"化整为零"的方式,多次、高频率编发专题报告、通报。 (丁 亮)

【党内规范性文件制定】 2022年,区委办公室健全审核机制,严把政治政策关、法律法规关、文字文风关,重要党内规范性文件制定征求区委法律顾问意见,审核各类文件120余件。突出抓好立规质量,确保出台的每部党内规范性文件立得住、行得通、管得了。全年聚焦加强党的领导、推进党的建设等领域制定党内规范性文件31件,上备工作及时率、报备率、合法合规率均达100%。 (吴永淮)

巡察工作

【概况】 2022年,通州区发挥纪检监察监督的政治引领作用和巡视巡察监督与审计监督的专业优势,出台《关于健全完善纪检监察监督、巡察监督与审计监督协作配合工作机制的实施办法(试行)》,汇聚监督合力,构建协调联动机制,提高巡察工作发现问题、整改问题的质效,形成同频共振、相互支撑,衔接顺畅、配合高效的大监督工作格局,将监督制度优势转化为治理效能。是年,累计开展常规巡察3轮、专项巡察1个。

【常规巡察】 2月,十三届通州区委第二轮巡察共组建5个巡察组,对通州区委办公室(档案局、机要保密局)、通州区委宣传部(新闻出版局)、通州区委统一战线工作部(民族宗教局)、通州区委编办(事业单位登记管理局)、通州区发展和改革委员会等28个部门,市县两级联动同步开展依法行政专项巡察。5月,十三届通州区委第三轮巡察共组建3个巡察组对金沙街道、金新街道、东社镇党(工)委3家单位开展常规巡察,并以巡镇带村的方式对其所辖75个村(社区)开展巡察。10月,十三届通州区委第四轮巡察组建1个巡察组对通州区发展和改革委员会、共青团通州区委、通州区妇女联合会、通州区科学技术协会、通州区红十字会开展常规巡察。三轮常规巡察共计发现问题893个,提出意见建议70条,移送问题线索108条,立案查处34人,挽回经济损失702.14万元。

【专项巡察】 10月,十三届区委第四轮巡察组建1个巡察组对全区征迁安置工作开展专项巡察。根据被巡察对象特点制定巡察方案,通过组织谈心谈话、查阅资料、一线走访等方式,发现问题26个,提出意见建议5条，移送问题线索18条，立案查处1人。

【巡察整改】 2022年，通州区委坚持每巡必回，对全区学前教育和生活垃圾处置开展巡察“回头看”暨“机动式”巡察，发现上一轮巡察反馈后未整改到位问题38个、新问题44个，移送问题线索9条。重视巡察成果运用，及时向被巡察单位反馈，并提出巡察建议，督促限期整改，进一步压实各方责任，形成“反馈—整改—‘回头看’”闭环管理。对巡察中发现的突出问题、共性问题及倾向性问题，认真梳理归纳，形成巡察专报3篇，报区委区政府主要领导；落实行业监管职责，向区分管领导、区相关职能部门发送巡察建议书17份，督促部门查漏补缺，完善制度机制。

【巡视巡察上下联动】 4—6月，通州区在省委巡视期间主动向上级巡视巡察对标看齐，做到同频共振、同向发力。按照上级巡察机构要求，派员参加市委对开发园区和镇村提级巡察，突出重点环节，实现巡察监督精准发力，推动同题共答、同频共振。

【科学巡察】 2022年，通州区把信息化建设作为深化巡视巡察上下联动重要抓手，用好“金纪”三期网络平台以及单机版系统，加强数据管理、汇总分析，为巡察深入发现问题，科学研判问题提供科技支撑。

【协同巡察】 2022年，区委巡察办在巡察前与区纪委监委、组织部、农业农村局、住建局、审计局、交运局、民政局、城管局、“12345”热线办等重点部门商请材料，提前掌握被巡察党组织基本架构、信访维稳、群众投诉等各类信息，提高巡察监督的针对性。会同区纪委监委、区审计局联合出台《关于健全完善纪检监察监督、巡察监督与审计监督协作配合工作机制的实施办法（试行）》。根据巡察发现的突出问题，积极开展巡纪联动，在全区开展公办幼儿园收费违规减免和安置房建设进度滞后、违规安置问题专项整治，以有效政治监督推动解决群众“急难愁盼”，办好民生实事。 （邱　卉）

组织工作

【概况】 2022年，通州区认真践行新时代党的建设总要求和新时代党的组织路线，创新拓展政治建设引领力、基层组织组织力、干部队伍战斗力、人才资源竞争力、组织部门服务力“五力提升行动”，为推动全区高质量发展提供有力的组织保证和人才支撑。

【党员发展与教育】 2022年，通州区新发展党员422人，其中，女党员218人，35岁及以下党员298人，具有大专及以上学历党员377人。至年底，全区党员总数56247人。其中，女党员14854人，占党员总数的26.4%；具有大专及以上学历党员25464人，占党员总数的45.3%；35岁及以下党员10390人，占党员总数的18.5%；36—45岁党员9055人，占党员总数的16.1%；46—60岁党员15311人，占党员总数的27.2%；61岁及以上党员21491人，占党员总数的38.2%。公有制单位党员11312人，非公有制企业党员8546人，社会组织党员378人；农牧渔民党员22056人，离退休党员11398人，其他职业党员2557人。实施党员队伍“三新”行动，采用思想锻造、行为引领、关爱保障等具体措施，聚力攻坚“新生代”“新领域”“新业态”党员队伍建设重点难点，实现教育管理全领域多重覆盖。组织开展“学习二十大精神 争当新时代先锋”系列主题活动，举办战“疫”一线入党集体宣誓，举办“最美党群服务中心寻访”“乡村振兴·书记带货”等活动，建成20个特色鲜明、功能多元的远教学用基地。区镇联动15项攻坚任务，牵引65个重点课题，通过“揭榜领题”“全域攻坚”项目建设、基层治理、乡村振兴、疫情防控等，以高质量党建引领保障高质量发展。相关做法被《江苏组工信息》《交汇点》推介。构建党员教育“三全”体系，以全周期党员培训、全频段教育供给、全过程质量评估为重点，开通“南通州组工”视频号，打造区级“好好学习”云直播载体，推动教育引导抓在经常、融入日常，制播各类短视频166期，组织各类直播20多场次，年点击量突破百万。狠抓党员教育精品创作，区委组织部、区委宣传部联合举办“喜迎二十大 开启新征程”红色主题融媒体作品大赛，通过区镇联动、部门协同、内联外引的方式，征集到微视频、文艺片、微党课等作品34部，其中《行走之光》《三头牛的故事》《开沙岛的幸福路》等8部作品获南通市级奖项，《奔跑》《书写每个“1”的最强音》等4部作品获省级奖项。《特殊教育“一个都不能少”》党员教育短片在江苏卫视《领航新时代》栏目播出。

【流动党员管理】 2022年，通州区强化问题导向、基层导向，以川姜镇为试点，围绕电脑、移动设备、微信公众号等多端同步、无缝沟通，创新“云端”工作法，持续优化“e支部管家平台”，推动党建工作信息化、智慧化，助力基层组织建设规范化、标准化。至年末，该平台覆盖川姜镇139个基层党组织和2400多名党员，实现对160多名流出党员、430多名流入党员的有效管理。该做法入选省委组织部印发《组织工作信息系统优秀案例》，为南通7县（市、区）唯一。

【干部队伍建设】 2022年，通州区围绕干部政治素质考察、年轻干部队伍建设、干部队伍交流等领域，出台“1+N”系列文件，（“1”指《关于大力锻造激情奋斗、创新争先、务实担当堪当现代化建设重任干部队伍的意见》，“N”指分领域专项配套文件），明确具体目标和任务举措，系统激励干部担当作为。实施“雏鹰成长”三年赋能行动，将公务员录用后的三年分别明确为“蓄力振翅”年、“丰羽击翅”年、“凌空展翅”年，开展思想政治教育、学思践悟活动、“入门五件事”等，深化青蓝接力机制，组织蹲苗实践锻炼、“雏鹰赋能·励学敦行”岗位练兵比武等，推动平时考核见效，“好”等次向成长进步明显的年轻公务员倾斜。落实严管厚爱措施，选树争先创优典型，循序渐进强化公务员队伍源头培养。实施优秀青年人才“菁彩工程”，通过统筹选调、精准培育、从严管理、择优使用，加强专业型干部的源头储备和基础培养。依托“优菁”研习所、“优菁”分享汇、“优菁”研讨会、“优菁”微调研、“优菁”义工社等特色培养载体，推动优秀青年人才扎根沉淀、拔节成长、活力出彩，为通州高质量发展提供坚强人才支撑。

【“新时代通州干部精神特质”大讨论】3月，通州区以科级以上干部为主体，面向全区党员干部，围绕“新时代通州干部精神特质”，开展为期6个月左右的大讨论活动，通过理论研讨、人物访谈、恳谈座谈、专家讲座、问卷调查、征求意见等，总结提炼出“激情奋斗、创新争先、务实担当”12字通州干部精神特质。

【高质量发展争先月月讲】2022年，通州区围绕“学业务、抓落实、改作风”目标要求，创新开展“高质量发展争先月月讲”活动，每期围绕1—2项业务相通、职能相近的短板弱项指标，主管部门分管领导为主讲人，会同镇街道分管干部集中进行讲、评、问、答，倒逼干部提升履职本领、激发拼抢斗志。

【“党建领航、镇村夺旗”专项行动】2022年，通州区创新开展“党建领航、镇村夺旗”专项行动，围绕党建领航、富民强村、生态美丽、稳定和谐、乡风文明等方面，每季度评定“红旗镇街”“红旗村居”，并落实专项激励，设立“党建引领乡村振兴实践基地”，培育全市乡村振兴示范村12个，持续激发乡村振兴内生动力。

【机关作风建设提升年】2022年，通州区把加强机关科室作风建设摆在突出位置，对机关科室作风建设中存在的效率低、能力低、标准低、乱作为“三低一乱”和“中梗阻”作风问题开展专项整治行动，打赢正风肃纪树形象、提升效能促发展的攻坚战。举办“‘疫’线好作风”主题演讲比赛，充分展示机关党员干部全力投入疫情防控和企业复工复产工作的作风优良。开展机关作风建设制度创新评选，巩固机关作风建设成果，确保机关作风建设常抓不懈。

【通州高洽会】2022年，通州区以“510英才计划”实施十周年为契机，聚焦“才聚江海 智汇通州”主题，举办2022年通州区第十八届高端产业与高层次人才项目合作洽谈会。高洽会安排有省知识产权保护示范区创建推进会、通州高质量高赋能发展高峰论坛、海内外百名博士通州行、区第七届创新创业大赛、“510英才”系列赛、“510英才”科技创新十周年成果展等活动，15个科创、人才、招商项目集中签约。高洽会期间，第十届中国江苏人才创新创业大赛总决赛在通州举办。

【“510英才一卡通”服务升级】2022年，通州区为进一步推动人才服务精准化、精细化，联合22家职能部门升级区“510英才一卡通”服务，面向创新创业人才、青年人才、本土人才、科技镇长团，提供各类人才服务事项31条，服务内容包括创业支持、人才激励、落户安居、医疗保健、子女入学、生活休闲、交通出行等七大类，以集成化、“一站式”服务打造“全链条”人才发展生态。（陈飞飚）

宣传工作

【概况】2022年，通州区宣传系统坚持以习近平新时代中国特色社会主义思想为指导，紧紧围绕迎接、宣传、贯彻党的二十大工作主线，坚持守正创新，牢牢把握正确的政治方向、舆论导向、价值取向，擦亮品牌特色，讲好通州故事，传承通州文化，传播通州声音，凝聚通州力量，树立通州文明新形象，为奋力谱写通州高质量发展新篇章提供坚强思想保障和强大精神力量。是年，“童声里的中国”少儿艺术创研活动基地获得习近平总书记亲切回复勉励；央视用稿22篇，实现历史新突破；获评“江苏好人”2人、“江苏最美人物”1人，“南通好人”4人。

【意识形态管理】2022年，通州区主动策应省委首批意识形态工作责任制专项巡视，对44家单位意识形态工作进行专项督查，对面上开展定期自查普查，强化部门联席联动、社会舆情收集、重大活动备案，开创全区意识形态工作“人人知晓、个个担责”崭新局面。修订《中共南通市通州区委意识形态工作联席会议议事工作制度》等规章制度，强化过程考核和结果运用、推行“正负”清单，推动问题整改向长效管理转变，有力维护意识形态领域安全。

【思想理论武装】2022年，通州区充分发挥区委理论学习中心组、区委常委会第一议题、各党委党组常态化学习的示范引领作用，将学习贯彻党的二十大精神作为干部培训的主要内容，开展学习达人赛、媒体开辟心得交流专栏、网络有奖问答等活动，把理论学习引向深入。组建7个类别宣讲团，采用城乡统筹、线上线下同步、“七进”并举等举措，推动党的声音进万家全覆盖，全年开展宣讲3150场次。定期开展理论名师工作室学习培训，成立“理通好通”宣讲队伍，培养一支能讲、会讲、善讲的理论大众化通俗化生力军。

【新闻宣传】2022年，通州区累计发布通州正面宣传报道3100余条，其中央视用稿22篇，实现历史大突破。策划开展“通州这十年——喜迎二十大”大型融媒体新闻行动，并以新闻发布会的形式展示十年来各镇街各部门的“沧桑巨变”，形成强大的宣传矩阵。《人民日报》《新华每日电讯》《经济日报》《光明日报》、中央人民广播电台等中央级主流媒体多次聚焦通州区项目建设、文体旅发展、助企纾困、无人农机等工作，《新华日报》、江苏卫视《江苏新时空》《新闻空间站》等省级传统媒体多次聚焦项目建设、经济发展、科技运用等工作。

【网信工作】2022年，通州区从健全网络媒体审批登记备案、互联网宣传管理、网络舆情预警处置、网上评论工作“四项机制”入手，狠抓互联网管理工作，快捷有序处置突发事件20余起。6月，创刊《通州网络舆情》（月刊），为工作决策提供高质量的信息参考。9月，通州区网络安全应急指挥中心投入使用，网络综合治理工作迈入新阶段。以先锋街道花园村为试点，积极推进“网络+网格”线下线上一体化基层综合治理体系建设，把互联网这个“最大变量”变成护航通州经济社会高质量发展的“最大增量”。

【社会主义核心价值观培育】2022年，通州区紧紧围绕培育和践行社会主义核心价值观，坚持以先进典型为引领，组织开展第二届“新时代文明典型”评选活动，大量表现突出、事迹感人、群众认可的好人模范，凡人善举不断涌现。大力推进公民道德建设，通过创作“好人”系

9月22日，第十二届"通州艺苑"文学艺术展示周活动启动。图为专场文艺演出现场
（区委宣传部 提供）

列文艺作品、建设"好人"广场、拍摄"好人"微电影等模式，用好道德讲堂、思政课堂、送戏下乡等平台，讲好道德模范、身边好人的先进事迹，传播善行义举，感悟高尚情操，在全社会大力营造学习先进、崇尚先进、争当先进的浓厚氛围。各镇街道因地制宜，打造特色传播窗口，二甲镇整体绘制富有蓝印花布元素的创意墙画，兴仁镇新建近1000平方米的创文创卫文化墙，在耳濡目染中传递正能量；徐庄村"易俗堂"常态化提供红白理事服务，成为弘扬文明新风的精神家园。

【文化事业产业】 2022年，通州区坚持文化为民、文化惠民、文化乐民，以人民群众基本文化需求为导向，强化高品质文化供给，相继开展"强国复兴有我""奋进新征程·建功新时代"主题阅读、"通州之夜""通州艺苑""喜迎二十大·翰墨寄乡情"陆风彬将军书法展等主题活动计1500多场，覆盖市民30余万人。区文广旅局组织的通剧《瓦匠女人》在江苏大剧院上演。与乡镇联姻、与部门联合、与协会联动"三联融合"工作模式持续推进。首次创设文艺人才扶持奖励专项资金，"护人才、出精品"的氛围正向浓厚。加大对文化产业的支持力度，促进文化产业高质量发展，突出数字文化产业项目招引，新认定重大数字文化产业项目10个。

【书香通州建设】 2022年，通州区围绕"书香通州"建设，持续做好阅读空间提升、阅读活动推广和全民阅读宣传，在镇街、园区、国有企业等区域新创成星级书房书吧6个、"四星级"农家书屋8个。持续推进"农家书屋下楼"工程、冬训场所荐书惠卖行动，连续三年在中宣部组织开展的"新时代乡村阅读季"中获"优秀组织奖"。刘桥镇"农家书屋下楼工程"全覆盖，四星级农家书屋创成率达66.7%。

【"童"声精品打造】 2022年，通州区强化"童声里的中国"少儿精品打造和推广，优秀歌曲MV《童心唱给党来听》再次唱响央视"六一"特别节目，"童声里的中国"基地实验学校——通州区实验小学"开学第一课"在中央电视台"新闻直播间"播出，"童声里的中国"获奖作品全省巡演，寓教于美、以美育人的经验做法获《中央文明办工作简报》、江苏文联《繁荣》报等推广。儿童剧《因为爸爸》入选第十一届中国儿童戏剧节"新时代现实题材优秀儿童剧线上展演"、第七届西安国际儿童戏剧节展演云戏剧单元展播剧目，并荣获南通市"五个一工程"奖。抗疫广播剧《你明媚了春天》在江苏文艺广播和江苏故事广播栏目播出，荣获南通市"五个一工程"奖。"童声里的中国"阅读推广行动被认证为"江苏省一类公益阅读推广活动"。"童声里的中国"青少年文艺志愿服务队获评2022年度南通市学雷锋志愿服务优秀组织。（解银洁）

统战工作

【概况】 2022年，通州区强化思想引领，紧扣工作主线，统筹统战力量，汇智聚力、守正创新，推动统战工作再创新佳绩、再上新台阶，为中国式现代化通州新实践贡献统战力量。

【思想政治引领】 2022年，通州区夯实统一战线共同思想政治基础，策划举办"献礼二十大、建功新时代"系列活动，引导各条线开展特色专题学习宣讲活动，通过书画展览、学习笔会、政企座谈、线上直播和集中观影等方式，组织各类活动38场次，征集优质体会文章24篇。将学习中共二十大精神和统战理论知识与元宵灯谜活动结合起来，组织统一战线各界人士举办"庆元宵、猜灯谜，开新局、争作为"活动，增强学习趣味性和实效。

【基地建设】 2022年，通州区深化统战工作实践，创新统战工作方法，促进统战工作提质增效。坚持以"红石榴家园"创建为契机，大力推进民族团结进步基地建设，成功建成省级"红石榴家园"6个，数量居南通7县（市、区）首位。深化民族团结进步实践，积极整合民族团结特色资源，在霞中公园开工建设"民族团结"主题公园，打造通州特色民族工作阵地。全面总结华文教育实践探索成果，在通州实验小学和育才中学分别设立"华文教育交流基地"，鼓励支持区内中小学校积极走出国门，参与国际教育交流合作，讲好"中国故事""通州故事"。

【理论研究】 2022年，通州区着眼于破解基层统战工作实践面临的新情况新问题，积极强化统战理论研究，《传播力对新时代统战宣传思想工作的价值取向》获全省统战理论政策研究创新成果三等奖，《做好基层侨务工作，推动中华文化海外传播》在《江苏省社会主义学院学报》（第138期）发表。应邀参加省社会主义学院"中华文化海外交流传播，助力海内外情感融合"专题研讨会，并作为全省唯一的县（市、区）代表，在大会上作交流发言。

【政策宣讲】 2022年，通州区深入贯彻落实习近平总书记关于做好新时代党的统一战线工作的重要思想，引导统一战线积极把党的最新理论转化为大团结大联合的思想共识和行动自觉。以"百年未有之大变局背景下的海外统战工作"为题，举办第89期"菜单式"选学专题讲

10月13日，通州区党外人士先进事迹宣讲暨“同心杯”趣味活动举办

（区委统战部　提供）

座，拓宽各级领导干部视野。在“通州统一战线”微信公众号上开辟“学习贯彻党的二十大精神”专栏，择优发布优秀心得体会14篇。积极参与全区理论宣讲专家团活动，深入村居、社区宣讲统战理论政策3场，动员基层开展侨法宣传和统战侨务政策宣讲20场次。

【经济统战】 2022年，通州区持续优化民营经济发展环境，研究建立“通州区民营经济协调机制”，制定出台《通州区民营经济“两个健康”提升三年行动计划》，大力促进民营经济健康成长。召开全区企业家恳谈会，勉励企业家“永葆发展激情，聚力创新转型，在推动通州高质量发展中做出更大贡献”。召开全区民营经济“两个健康”推进会，实施“出青胜蓝”创二代企业家培育工程，举办新生代企业家培训班，推动民营企业家新老交替、顺利传承。构建商会商事协调工作机制，成立通州区商会商事调解中心和执行驿站，打造“一站式”法律服务体系。发挥大统战制度优势，动员统战成员大力开展“千家企业大走访”活动，走访企业303家，反映企业困难诉求、意见建议286条，破解产业链、供应链难题，帮助企业复工复产。培育壮大通商力量，组建西安通州商会。推动商会组织建设，东北联合商会、苏州通州商会成功换届。深化“商会+”服务内涵，区家纺商会、装饰装修服务商会分获省市表彰。

【党外代表人士和党外干部】 2022年，通州区完成党外政协委员人选的推荐提名和审查考察工作，新落实党外代表人士政治安排12人。着力增强党外干部能力素养，制定出台《关于加强党外干部培养选拔工作的意见》，举办党外年轻干部专题培训班2期，先后组织81名党外干部参训，10名优秀党外年轻干部到镇街和机关部门实践锻炼，促进党外干部成长成才。

【海外统战】 2022年，通州区深入落实省委《关于加强海外统战工作的实施意见》和市委部署要求，研究建立“通州区海外统战工作协作机制”，并细化举措，配套出台《通州区海外统战工作协作机制运行规则》，推动协作机制工作体系高效运转，协作机制专题会议有序召开。

【侨务工作】 2022年，通州区围绕“凝心聚力同圆共享中国梦”主题，把侨务工作纳入基层网格化服务体系，持续开展“为侨服务提升年”活动，推动为侨服务精准化、精细化。丰富“中医惠侨”服务内涵，与中医院协商出台惠侨服务“五免”政策，聘任10名特约中医师组建“通州区中医惠侨专家服务团”，举办“中医惠侨”签约聘任仪式暨专家义诊活动，赢得侨界群众广泛赞誉。启动“中餐繁荣”计划，以“难忘的记忆，家乡的味道”为主题，拍摄制作特色美食短视频16期，分期向海内外华人、华侨推送，受到侨界人士广泛好评。在中共二十大召开前夕，组织在通侨胞侨商、归侨侨眷和归国留学人员等集中观看海外撤侨题材电影《万里归途》，加强侨界人士思想政治引领和爱国主义教育；成功举办“侨心颂党恩·喜迎二十大”线上书画展，征集作品42幅，择优选取31幅作品分3期向海外华侨华人转发推送，营造侨界人士喜迎中共二十大浓厚氛围。

【信息宣传】 2022年，通州区重视加强统一战线对外宣传工作，有效整合统战资源和采编力量，新办“通州统一战线”微信视频号，发布统一战线宣传视频15条，在《新华日报》《团结报》《华人时刊》《挚友》和“人民网”“江苏统一战线”等诸多媒体发表各类宣传稿件300余篇，被评为2022年度全市统战信息工作先进单位。各主流媒体宣传报道通州统战工作86篇次，通州统战工作影响力、美誉度不断提升。

（易　莎）

机构编制管理

【概况】 2022年，通州区坚持和加强党对机构编制工作的领导，推进机构编制工作规范化、法治化，发挥机构编制保障职能，服务全区发展大局。

【综合行政执法改革】 2022年，通州区推进应急管理综合行政执法改革，研究制定应急管理综合行政执法改革方案并推动实施，全面整合应急管理领域监管执法职责，厘清区、镇两级执法管辖权限，明确执法职责、范围和重点，采取分区域派驻的方式将区级力量下沉至各镇街，实现“领导体制局队合一、工作机制分类分级、力量配置关口前移”的改革目标。开展基层执法巩固提升专项行动，制定下发《关于进一步深化全区行政执法体制改革有关事项的通知》，从严落实基层执法人员配备标准、压实属地和部门管理责任、完善下沉力量双重管理机制、加大执法履职考核力度等四个方面对基层行政执法工作进行再部署，切实夯实执法工作基础。完善综合执法新模式，推动“大数据+指挥中心+综合执法队伍”协调联动平台正式上线运行，扎实构建一体运行、纵横贯通、动态可视的“1+3+4+7+14”（“1”指区级指挥中心，“3”指区政府值班室、应急指挥和防汛抗旱三个应急机构，“4”指供水、供电、燃气、消防4个民生机构，“7”指交通运输、农业农村、文化旅游、市场监管、城市建设管理、安全生产、生态环境7支综合执法队伍，“14”指各镇街指挥中心）全域指挥体系。

【基层体制机制改革】 2022年，通州区深化经济发达镇改革，指导平潮镇做好省经济发达镇遴选和培育工作，平潮镇成功入选省新一批经济发达镇培育对象名单，成为全市唯一拥有2个省经济发达镇的县区；贯彻落实省、市经济发达镇配套支持政策有关精神，组织14家部门，研究制定个性化、针对性扶持政策，形成联动互补、相得益彰的“制度链”“政策链”，有效释放改革红利。规范职能下放，针对少部分职责任务或权力事项随意下放至基层的问题，出台《通州区区级部门职能下放准入制度（试行）》，加强和规范向镇街下放职能事项的审核管理，明确未经区级党委和政府统一部署，各职能部门不得将自身权责事项派交镇街、村居承担，加强和规范向镇街下放职能事项的审核管理，防止层层转嫁任务和责任，切实为基层减负。

【清单管理监督】 2022年，通州区全面建立镇街权力清单。严格按照《江苏省行政权力事项清单标准化编制规范》做好镇街权力清单编制工作，明确一般镇街199项、经济发达镇430项权力事项，实现行政权力“五级四同”（中央、省、市、县、镇五级权力，事项名称、编码、类型、依据相同），进一步规范区镇政府职责权限，加快形成边界清晰、分工合理、权责一致、运转高效、依法保障的区镇政府职能体系。深入开展权责清单执行情况监督评估，以完善权责清单制度为目标，从清单编制、线上公开、动态调整、应用执行、运行监督等5个方面对区发改、商务、教体部门权责清单执行情况进行监督评估，推动区级部门权力清单更加精准、完整，为后续依托清单开展管理工作奠定基础。做好审管衔接专题调研，巩固相对集中行政许可权改革成果，通过全面梳理相对划转事项变动及承接情况、审批事项业务指导情况、审管衔接情况等，了解改革相关配套政策执行情况，深挖存在问题和难点堵点，系统谋划好改革的“后半篇文章”。

【事业单位改革】 2022年，通州区本着稳慎有序的推进原则，开展整合精简方案模拟预演，分析梳理不同方案在组织推进过程中的利弊，为确定最优方案奠定基础。深入学习领会中央、省市关于深化事业单位改革试点工作文件会议精神，准确把握改革原则、明确改革重点任务、吃透改革政策，确保区级改革试点沿着正确方向推进。深入调查分析，对全区事业单位基本情况进行全面梳理，突出工作职能、单位规格、经费类型、人员编制、领导职数、实有人员等基本情况的梳理，全面摸清底数。围绕改革试点可量化的目标，就机构撤并整合、编制精简、机构规格调整等，不断拓宽思路，提出多种整合精简方案。

【重点领域机构编制保障】 2022年，通州区聚焦“招商引资”，优化全区招商机构职能体系，强化区商务局项目招引牵头抓总职责，推动区投资服务中心聚焦统一招商、专业招商，精干区商务局下属事业单位，加强人员力量保障。聚焦“招才引智”，重新组建区人才工作办公室，核增人才办、人才服务中心相应编制和职数，推动用编计划向科技创新、数字政府、金融等急需紧缺型人才引进倾斜。聚焦“国家安全”，加强国家安全队伍机构编制建设，按照“上下贯通、左右衔接、职责明确、权责一致”原则，调整管理体制，优化机构设置，加强力量配备，明晰工作职责，推动全区国安工作一体化推进、一盘棋运转。聚焦“科技创新”，深入实施创新驱动发展战略，优化区科创委组织架构和职能运行体系，增设科技创新科，核增人员编制，增强工作力量。聚焦“网络安全”，为区互联网舆情中心核增人员编制，配强人员力量，全面提升网络应急处突和舆论引导能力，切实维护网络意识形态安全。

【医疗卫生体系建设保障】 2022年，通州区不断充实基层医疗机构人员力量。切实发挥机构编制管理在用编进人环节中的源头和基础性作用，在审核年度全区医疗机构公开招聘计划时，推动医疗领域人员招聘计划向基层倾斜、向紧缺专业倾斜。助推公共医疗卫生领域科学履职。巩固完善“平战结合、医防协同”的疾控体系，着力解决疾控体系运行中存在的职责交叉问题，进一步理顺各科室职责分工，增设财务管理科室，积极应对疫情防控发生资金往来项目多的挑战，更好履行疾病预防与控制职责。

【教育事业保障】 2022年，通州区精细做好教师补充工作。全面分析各学段、城乡各学校的师资补充需求，统筹考虑当年度教师退休减员额、流出等综合因素，科学制订用编招录计划，通过统筹调剂未来三年师资补充计划的方式，增加2022年度教师招聘计划48名，依托“银龄计划”的有效补充，更好满足当前部分学校新建、扩班带来的刚性需求。切实提升编制配置效益。坚持“保总量、提质量、优存量、补短板”的工作思路，进一步盘活教职工编制资源，找准“管住”与“管活”的结合点，根据学校布局、生源变化及时动态调整教职工编制，切实保障教育事业优质均衡发展。

【机构编制监管】 2022年，通州区开展机构编制专项监督检查。建立多部门协同监督机制，重点围绕党管机构编制、落实机构改革、规范机构编制管理等情况开展机构编制专项督查。配备17名具备执法资格的渔政执法人员，强化禁渔执法工作力量。完成机构编制执行情况和使用效益评估试点。建立全流程对接指导、专家团参与评估等机制，科学构建指标体系，优化“自评+举证”“问卷+访谈”“联动+调查”“核查+比对”评估方法，坚持边评边改边用，5家参评部门（单位）评估发现问题得到有效整改，机构编制使用效益明显提升。优化事业单位监管服务。编印《2021年度事业单位法人年度报告服务指南》，通过提前部署、优化服务、严格把关、强化责任四项举措，高标准完成2021年度全区356家事业单位法人年度报告工作。扎实开展“双随机、一公开”抽查工作，将抽取比例由3%提高至10%，抽取事业单位36家。做优做实事业单位信用等级评价工作，探索开展公立中小学校信用等级评价工作，细化指标体系，按照一般事业单位、公立医院、公立中小学校进行分级分类评价。加强统筹协调，完

善评价工作联动机制，严明监管部门责任，推动多部门联合监督，圆满完成全区260家事业单位信用等级评价。(喻文霞)

对台事务

【概况】 2022年，通州区认真贯彻落实中央对台工作方针政策，充分发挥资源优势，不断丰富对台工作内涵，拓宽对台交流渠道，加强探索创新力度，着力打造对台服务品牌特色，推动对台工作在新时代有新气象、新作为。

【刘桥镇台商服务工作站建设】 2022年，通州区聚焦台胞台属生活居住、就业创业、教育医疗等方面的需求，在刘桥镇创立全区首个台商服务工作站，设立审批服务、政策咨询、集成奖补、生活保障、融合发展五个实体化服务窗口，变被动服务为主动服务、变分散服务为集中服务、变单点服务为全面服务，用心用情为台胞台属做实事、办好事、解难事。至12月底，工作站基础设施建设已全部完成。

【编印服务台胞口袋书】 2022年，通州区对与台商台胞生产生活相关的惠台政策、教育医疗、交通、社会保障等领域的内容进行收集汇总，编辑服务在通台胞口袋书，为台商台胞在通州投资、工作、生活提供便捷。全年汇总整理与台商台胞生产生活密切相关的政策措施100多条。

【"两岸一家亲、服务零距离"活动】 2022年，通州区厘清台办、镇(街道)、相关职能部门的工作关系，最大限度凝聚全区服务台商台胞台属力量。完善涉台婚姻、台籍人才等数据库，为做好台商台属服务工作打牢基础。定期开展台商台属走访慰问活动尤其是春节、中秋等传统节日慰问，帮助台商台属处理诉求20余条。及时高效办好赴台交流团组各项审批手续，保证疫情防控常态化背景下各团组的顺利出行。全年办理商务赴台3批9人次。

【服务台资企业】 2022年，通州区成立台企服务工作小组，区委台办每人挂钩联系3—4家在通台企，及时收集了解台企发展需求，汇总相关情况。强化主动服务，通过电话、微信等方式迅速了解台企台商生产生活情况，及时传达助企纾困政策，通过一对一服务，指导台企科学制定防控方案、合理做好复工复产安排。及时梳理台企台商反映问题，有针对性地与相关职能部门进行对接协调。全年为台企协调解决问题6件。(严艳君)

老干部工作

【概况】 2022年，通州区认真落实全市老干部工作会议精神，以"聚六力 迎盛会"("六力"指"红色领航"聚政治定力、"六优培树"聚先锋合力、"迎庆盛会"聚新时代伟力、"三争行动"聚银辉潜力、"个性服务"聚助老动力、"六乐行动"聚银发活力)为主线，统筹抓好党建引领、发挥作用、服务管理等各项工作，用心用情、精准服务，推进老干部工作实践创新。

【老干部党建】 2022年，通州区用好老干部政治优势、经验优势、威望优势，组建"金夕名嘴"宣讲团和基层宣讲员队伍，深入基层开展各类宣讲活动100余场，覆盖党员群众1万余人次。聚焦政治引领，深入挖掘离退休干部群体蕴藏的红色资源，充分发挥老干部"活教材"的独特优势，开展"颂建党百年，做时代新人""老少心向党·喜迎二十大"等主题活动，95岁抗战老兵、80年党龄的离休干部于建在实验小学开展的沉浸式红色寻访活动照片入选中央"奋进新时代"主题成就展；组织十位离退休干部讲"我的入党故事"，打造忠孝文化园等精品学习线路，覆盖党员3000余人。完善资金保障机制，全年返还党费43万余元，拨付"夕阳红"支部工作经费44万元，让基层组织运行更加有序有效。率先出台党员分类积分管理办法，推行"分类管、量化评、积分奖"管理模式。巩固"六有一提升"(有党的组织、有领导班子、有工作制度、有组织活动、有作用发挥、有工作保障，着力提升组织力)达标创优成果，五接镇离退休干部党总支入选市级党建示范点，区法院老干部党支部等4家单位被评为市级"六好"示范支部，"银晖映滨江"等7个党建品牌获评市级十佳优秀。培育老党员工作室17个、江海银发先锋驿站14个，拍摄微视频6部，其中《初心映照最美夕阳红》在省委组织部、学习强国等媒体平台展播。

【"银发生辉·银龄行动"】 2022年，通州区以"一域服务全局"的大局意识，建立"金沙荟"人才库，组织100余名银发人才，项目化实施助企创新、助村振兴、助民安康，发挥专业人才优势作用，推动"银发生辉·银龄行动"活动。指导企业申报国家专利数28个，其中发明专利12个；助力建设乡村振兴村级示范点12个，培育家庭农场、农民合作社等科技示范新型经营主体29个；组织志愿服务团队开展调研献策活动20余场，6篇调研报告获市老科协调研项目优秀成果奖，其中3篇获区领导批示，二甲余西志愿服务分队入选全市最美老干部志愿服务团队。组织志愿服务团队开展科普宣传系列活动91场次，发放科普资料5万余份，受众近2万人次。组织1000余名老干部开展"七彩夏日"校外辅导活动，引导老同志筹集助学资金24万余元，资助困难家庭学生近200人。陆子森、陈菊萍入选全市最美老干部志愿者。

【老干部服务】 2022年，通州区以"一枝一叶总关情"的为老情怀，推进服务保障走深走实。开展入户走访慰问离休干部活动，建立"一人一策"档案，推进"六个一"(一名挂钩联系人、一名家庭养护人、一名结对帮扶人、一名保健医生、一辆急诊用车、一次定期体检)服务。组织开展特困离休干部及遗属春节慰问活动，累计慰问各类对象397人次。构建常态化疫情防控下的老干部大学教学管理新模式，增设心理疏导、手机摄影等课程，提升办学质量层次。会同区中医院，开展中医四时养生、膏方养生、未病先防宣教等活动10次。赴镇街开展调研，推动老干部活动场所和党建阵地资源共享、队伍共管、活动共联。全年开展"乐金夕"活动30余场，举办干部荣退仪式8场，组织开展"奋进新时代 喜迎二十大"诗书画影展览10余次；组织老干部参加迎庆二十大南通市老干部红歌联唱等系列活动。拍摄纪念干部离退休制度建立40周年专题片《情暖桑榆》。

【"银龄生辉 · 守网相助"活动】 2022年，通州区组织开展"双报到双服务"活动，全区800余名老干部担当网格长助理，1000余名银龄志愿者，认领志愿服务微项目200余个，以"夕阳红"点亮"志愿红"，"守网相助"获评全市最佳志愿服务项目。

【区管干部荣誉退休仪式】 2022年，通州区健全"干部随管理成长、管理伴干部一生"管理机制，激励退休干部不忘初心、接续奋斗。11月14日，举行"初心如磐 金夕正红"2022年度区管干部荣誉退休仪式，向66名新退休区管干部代表颁发"光荣退休纪念尊"，进行优秀党建品牌展示、青蓝结对仪式、组织交接仪式，为离退休干部党员教育"实境课堂"授牌，向"金夕名嘴"宣讲团授牌并颁发聘书。 （姜艳军）

党 校 工 作

【概况】 2022年，通州区坚持"党校姓党"根本原则，围绕"党建树品牌、培训创特色、科研上台阶、基建加速度、考核扛红旗"年度目标，扎实推进党校办学高质量发展。

【教育培训】 2022年，通州区探索党校"相对集中开班、因需分批办班"培训模式，全面规范主体班调训、学制等工作。创新教学方式，采取案例式、研讨式、互动式等手段，增强教学针对性实效性。统筹区委组织部、区委宣传部、区文广旅局等资源，区委党校教师走上"好好学习云讲堂"平台，主讲系列微党课10期，"空中党校"传播党的声音，每期受众超5000人、点赞超2万人次。全年举办培训班次19期，培训党员干部近2000人次；线上线下宣讲50余场，听众近6万人次。

【教研咨一体化】 2022年，通州区以党校教研咨一体化为主抓手，以科研管理机制为保障，夯实教学、科研、资政基础。推动教学提质，2名教师在全市党校系统教学比赛中获奖；1名教师荣获区十佳优秀党课主讲人称号。提升科研质效，发表科研文章19篇，其中省级5篇；区委党校荣获全市党校系统第十一届优秀科研成果奖；14个课题获市级课题结项（获奖）；11个课题获区级课题结项（获奖）。发挥区委党校智库作用，编印《党校视野》7期，报送至区四套班子领导及各部门和镇（区、园、街道）主要领导人决策参考，其中4篇获区委书记批示。

1月25日，区委党校教师在"好好学习云讲堂"线上线下直播党课

（区委党校 提供）

【迁建项目】 2022年，通州区《区委党校新建项目建设方案》已经区政府常务会议和区委常委会会议研究讨论通过。根据建设规模编制建设方案，以"红色学府""智慧校园"作为新建目标，在金沙湾片区划出适宜地段作为党校新址，初步设计方案定稿。 （曹玉婷）

党 史 工 作

【概况】 2022年，通州区坚持"党史姓党"根本原则，按照"围绕中心、服务大局、立足本职、多出成果"的总要求，深度融入党史学习教育，全面服务中心大局，统筹做好史料征研、宣传教育、红色资源保护利用等工作，更好发挥存史、资政、育人作用。

【地方党史征编】 2022年，通州区组织收集整理《中共通州地方发展史（1979—2002）》三卷本地方史料，形成初稿，组织专家初审。认真审核《通州区革命纪念馆展陈大纲》，协助通州区革命纪念馆完成布馆，确保按时对外开放。组织参加南通市新四军研究会通州分会活动，积极挖掘适合青少年特点的党史学习资源，编撰制作接地气、易传播、青少年爱听爱看的党史书籍和网络文化产品，面向青少年讲好党的故事、革命的故事、英雄的故事，为培养合格社会主义建设者和接班人作贡献。

【地方党史理论研究】 2022年，通州区强化"大党史"意识，加强同党政机关各部门、党校、社会科学研究会等机构联系与合作，共同研究重点党史专题项目，凝聚工作合力，扩大党史工作对外影响。9月，开展纪念谢家渡战斗胜利80周年系列活动，撰写论文2篇。12月，组织参加南通市新四军研究会组织的"反清乡"斗争胜利80周年论文研讨。

【党史宣讲】 2022年，通州区深入挖掘全区红色文化资源，唱响传承红色基因的主旋律，开展实景课堂宣讲，区党史办先后为全区机关等宣讲20场次，受教育人数近1000人。制作《伟大建党精神》宣传展板，在区档案馆展陈，为区机关党组织开展宣讲15场次，受众1000余人。在中共江北特委纪念园，重新编辑纪念展板《光辉历辉》等板块。 （杨玉军）

南通市通州区人民代表大会

编辑 马钰

综　　述

【概况】 2022年，区人大常委会共召开常委会会议9次，主任会议15次，听取和审议“一府一委两院”专项工作报告31项，作出决议、决定20项，开展执法检查2次、专题询问2次，依法任免国家机关工作人员87人次，办理议案1件、建议331件，审查规范性文件6件，向市级报备规范性文件12件，编发《通州人大研究》16期，受理群众来信来访41件次。

【编制五年规划】 2022年，区人大常委会精心编制《南通市通州区第十七届人大五年工作规划》，经区委常委会审定印发实施。从是年起，每年围绕一个主题，实施“固本强基年”“守正创新年”“提质增效年”“全面深化年”“巩固提升年”五年行动计划，不断推动新时代人大工作提质增效、创新发展。

【重大事项决定】 2022年，区人大常委会听取和审议关于《南通市通州区人民代表大会常务委员会关于以党的二十大精神指引人大工作高质量发展的决议（草案）》的说明，作出“关于以党的二十大精神指引人大工作高质量发展的决议”。听取和审议关于《南通市通州区人民代表大会常务委员会关于推进制造业高质量发展的决议（草案）》的说明，作出“关于推进制造业高质量发展的决议”。

【创新民生实事项目监督机制】 2022年，区人大常委会在全省率先探索和形成民生实事项目监督下沉网格机制，将人大监督嵌入网格，实现民生实事项目全天候、全过程监督。在组织开展民生实事项目满意度测评和代表问政基础上，组建专项监督组开展多轮多次跟踪督办，首次组织开展民生实事办理情况“回头看”，有效促进政府相关部门将实事办好、好事办实。

【工作评议】 2022年，区人大常委会以“厚植为民情怀、提高执法水平”为主题，组织开展对区城市管理局、交通运输局、农业农村局、文化广电和旅游局、应急管理局、市场监督管理局、生态环境局、自然资源和规划局的工作评议，促进行政执法部门转作风、提效能，着力营造更加公开透明、规范有序、公平高效的法治环境。

【执法检查】 2022年，区人大常委会与各镇（街道）人大联动开展《中华人民共和国环境保护法》《中华人民共和国农业法》执法检查，重点检查相关法律贯彻实施情况，针对存在问题，研究提出可操作性的思路和对策，促进各级各部门改进工作，解决问题。

重要会议

【区第十七届人大第一次会议】 1月10—14日在区行政中心举行。会议先后听取区人民政府区长王少勇所作的通州区人民政府工作报告、区人大常委会主任陈斌所作的通州区人大常委会工作报告、区人民法院代理院长黄卫所作的通州区人民法院工作报告、区人民检察院代理检察长罗海妹所作的通州区人民检察院工作报告，审查《通州区2021年国民经济和社会发展计划执行情况与2022年国民经济和社会发展计划（草案）的报告》《通州区2021年财政预算执行情况和2022年财政预算（草案）的报告》，经审议，通过以上报告，并作出相应决议。会议听取区人民政府常务副区长徐林锋所作的通州区2021年民生实事项目完成情况和2022年民生实事候选项目计划安排的报告，票决产生公共教育建设、校园安全提升、文体中心体育馆、道路桥梁改造、水环境提升、城镇燃气安全、医保服务惠民、小区“飞线”整治、少儿健康成长、养老服务扩面等10件民生实事项目。会议期间，曹红军等代表联合提出的《关于推动我区制造业高质量发展的议案》被列为大会议案，交由区政府办理，并授权区人大常委会对区政府办理情况进行跟踪督办。代表们在会议期间提出的325件建议、批评和意见，由区人大常委会在会后分别交区政府和有关部门研究办理，并要求在大会闭会后的6个月内办理完毕并答复代表。

【区第十七届人大常委会第一次至第九次会议】 2月18日，区第十七届人大常委会第一次会议在区行政中心举行。会议审议市第十六届人大代表董正超申请辞去市人大代表职务的报告，电子表决通过相关决定。听取和审议关于补选南通市第十六届人民代表大会代表的说明，无记名投票表决选举陈本高为南通市第十六届人民代表大会代表。

2月28日，区第十七届人大常委会第二次会议在区行政中心举行。会议听取区人大常委会办公室关于区人大常委会2022年工作要点（草案）起草情况的说明，电子表决通过上述草案。听取和审议关于设立区第十七届人大常委会代表资格审查委员会的说明，电子表决通过区第十七届人大常委会代表资格审查委员会组成人员名单。听取和审议关于提请周建清等人职务任免的议案、关于提请凌健等人职务任免的议案、关于提请南通市通州区第十七届政府工作部门主要负责人职务调整的议案、关于提请张为民免职的议案、关于提请钱澄任职的议案，电子表决通过上述人事任免事项。

3月29日，区第十七届人大常委会第三次会议在区行政中心举行。会议听取和审议区人民政府关于2021年度环境质量状况和环保年度目标完成情况的报告、关于2022年度突出环境问题清单的报告。听取和审议关于区镇两级人大换届选举工作总结的报告。听取和审议关于提请任免通州区人大常委会街道工作委员会委员的议案，电子表决通过上述议案。听取和审议关于提请任免金永南等人职务的报告，电子表决通过上述人事任免事项。会议书面通报区人大常委会2021年规范性文件备案核查情况。

5月31日，区第十七届人大常委会第四次会议在区行政中心举行。会议传达学习省委人大工作会议精神。听取和审议区监察委员会关于整治群众反映强烈的突出问题工作情况的报告。听取和审议区人大常委会关于2022年度评议工作实施方案（草案）起草情况的说明、关于检查《中华人民共和国环境保护法》贯彻实施情况的方案（草案）起草情况的说明，电子表决通过上述方案。听取和审议关于提请任命赵金锋等人职务的报告，电子表决通过上述人事任免事项。举办《中华人民共和国环境保护法》专题讲座。

7月27日，区第十七届人大常委会第五次会议在区行政中心举行。会议听取和审议区人民政府关于2022年上半年国民经济和社会发展计划执行情况的报告、关于2022年上半年财政预算执行情况的报告、关于2021年区级预算执行和其他财政收支情况的审计工作报告、关于区级政府债务管理情况的报告。听取和审议区人民政府关于2021年财政决算（草案）的报告，电子表决通过区人大常委会关于批准南通市通州区人民政府2021年财政决算的决议。听取和审议区人大常委会关于检查《中华人民共和国环境保护法》贯彻实施情况的报告、关于检查《中华人民共和国农业法》贯彻实施情况的方案（草案）起草情况的说明，电子表决通过上述报告和方案。听取和审议部分员额法官、检察官的述职报告，并开展满意度测评，测评结果为满意。审议区人民政府关于2021年度环保专项工作报告的审议意见研究处理情况的报告，并开展满意度测评，测评结果为满意。听取和审议关于提请卓果吉任职的议案、关于提请任免张建伟等人职务的报告，电子表决通过上述人事任免事项。会议举办《中华人民共和国地方各级人民代表大会和地方各级人民委员会组织法》专题讲座。

8月26日，区第十七届人大常委会第六次会议在区行政中心举行。会议听取和审议关于提请余德华任职的议案，电子表决通过上述人事任免事项。审议区人民政府副区长徐林锋因工作需要请求辞去副区长职务的报告，电子表决通过相关决定。

9月27日，区第十七届人大常委会第七次会议在区行政中心举行。会议听取和审议区人民政府关于《推动我区制造业高质量发展的议案》办理情况的报告、关于区十七届人大一次会议代表建议办理情况的报告、关于镇村卫生机构一体化管理情况的报告、关于社会救助体系建设情况的报告。听取和审议区人大常委会关于检查《中华人民共和国农业法》贯彻实施情况的报告，电子表决通过上述报告。审议关于《南通市通州区人民代表大会常务委员会议事规则（修订草案）》《南通市通州区人民代表大会常务委员会关于讨论、决定重大事项的规定（修订草案）》《南通市通州区人民代表大会常务委员会规范性文件备案审查办法（修订草案）》的说明，电子表决通过上述修订草案。审议区监察委员会关于整治群众反映强烈的突出问题工作情况报告的审议意见研究处理情况的报告，并开展满意度测评，测评结果为满意。听取和审议关于提请周建清免职的议案、关于提请隋唯帅任职的议案、关于提请张徐华免职的议案、关于提请任命赵永刚等人职务的报告、关于提请免去王栋等人职务的报告，电子表决通过上述人事任免事项。审议徐雷因健康原因请求辞去区第十七届人民代表大会代表职务的报告，电子表决通过相关决定。举办《中华人民共和国预算法》专题讲座。

11月29日，区第十七届人大常委会第八次会议在区行政中心举行。会议听取和审议区人民政府关于2021年度行政事业性国有资产管理情况的专项报告，审议关于2021年度国有资产管理情况的综合报告。听取和审议区人民政府关于调整2022年财政收支预算的报告（草案），电子表决通过关于批准南通市通州区人民政府调整2022年财政收支预算的决议。听取和审议区人民政府关于2021年区级预算执行和其他财政收支审计查出问题整改情况的报告、关于乡村振兴示范创建工作情况的报告。听取和审议关于区十七届人大二次会议筹备情况的报告，电子表决通过关于召开南通市通州区第十七届人民代表大会第二次会议的决定。听取和审议相关制度的说明，电子表决通过《南通市通州区人民代表大会议事规则（修订草案）》，同意提请区十七届人大二次会议审议；通过《南通市通州区人大常委会关于进一步提高常委会会议质量的意见（修订草案）》《南通市通州区人民代表大会常务委员会关于“一府一委两院”专项工作报告审议意见形成和办理暂行办法（修订草案）》《关于“一府一委两院”执行人大及其常委会决议决定工作书面报告制度（草案）》《南通市通州区人大常委会民生实事项目人大代表票决制实施办法（修订草案）》《南通市通州区人民代表大会常务委员会监督司法工作办法（修订草案）》《南通市通州区人民代表大会常务委员会关于区人大常委会任命的“一府一委两院”工作人员报告履职情况的暂行办法（草案）》。听取和审议区人大常委会办公室关于《南通市通州区第十七届人大五年工作规划（草案）》的说明，电子表决通过《南通市通州区第十七届人大五年工作规划》。听取和审议区人大常委会办公室关于《南通市通州区人民代表大会常务委员会关于以党的二十大精神指引人大工作高质量发展的决议（草案）》的说明、区人大常委会财政经济工委关于《南通市通州区人民代表大会常务委员会关于推进制造业高质量发展的决议（草案）》的说明，电子表决通过上述决议。听取和审议区人大常委会监察和司法工委关于规范性文件备案审查工作情况的报告。听取和审议区城管局、交运局、农业农村局、文广旅局、应急管理局、市场监管局、通州生态环境局、通州自然资源和规划局8家被评议部门整改情况的报告，并开展满意度测评，测评结果为满意。听取和审议关于提请丁亚军免职的议案、关于提请丁亚军等人职务任免的议案，电子表决通过上述人事任免事项。审议曹邢彬、邢建均因工作需要申请辞去通州区第十七届人大常委会委员职务的报告，电子表决通过相关决定。审议陆建兵因个人原因申请辞去通州区第十七届人大代表职务的报告，电子表决通过相关决定。审议区人民政府关于2022年上半年国民经济和社会发展计划执行情况与下半年工作打算、关于通州区2022年上半年财政预算执行情况（草案）、关于通州区区级政府债务管理情况等3个报告的审议意见研究处理情况的报告，并开展满意度测评，测评结果为满意。举办《中华人民共和国行政处罚法》专题讲座。

12月28日，区第十七届人大常委会第九次会议在区行政中心举行。会议审议区第十七届人大代表吴佳佳申请辞去区人大代表职务的报告，电子表决通过相关决定。听取和审议区人民政府关于民生实事项目建设情况和候选项目计划安排的报告。听取和审议关于区人大常委会工作报告（草案）起草情况的说明、关于区十七届人大二次会议有关建议事项的说明，电子表决通过上述报告（草案）和区第十七届人大第二次会议议程（草案），区第十七届人大第二次会议日程（草案），区第十七届人大第二次会议主席团和秘书长、常务主席、执行主席轮值建议名单，议案审查委员会组成人员建议名单，副秘书长和秘书处各组正、副组长建议名单，各代表团正、副团长和代表队正、副队长建议名单，列席人员范围和人数的建议意见，区第十七届人大第二次会议关于议案截止时间的决定（草案）、区第十七届人大第二次会议关于代表十人以上联名提出候选人截止时间的决定（草案），同意提交区十七届人大二次会议审议。听取和审议区第十七届人大常委会代表资格审查委员会关于代表变动和补选代表资格审查情况的报告，电子表决通过上述报告，同意提交区十七届人大二次会议审议。听取和审议关于提请孙康任职的议案、关于提请孙康等人职务任免的议案、关于提请曹茂龙等人职务任免的议案、关于提请曹文峰等人职务任免的议案，电子表决通过上述人事任免事项。审议区人民政府副区长包海宁因工作需要请求辞去副区长职务的报告，电子表决通过相关决定。审议区人民政府关于《推动我区制造业高质量发展的议案》办理情况、关于镇村卫生机构一体化管理情况、关于社会救助体系建设情况等报告的审议意见研究处理情况的报告，并开展满意度测评，测评结果为满意。

【区第十七届人大常委会第一次至第十五次主任会议】 1月26日，区第十七届人大常委会第一次主任会议在区行政中心举行。会议听取有关人事任免事项汇报，研究区人大常委会2月主要工作安排。

2月18日，区第十七届人大常委会第二次主任会议在区行政中心举行。会议研究区第十七届人大常委会第一次会议相关议题。

2月27日，区第十七届人大常委会第三次主任会议在区行政中心举行。会议研究区人大常委会关于人大代表监督民生实事项目的方案（草案）、关于2022年基层人大工作的指导意见（草案），同意印发并组织实施。

3月25日，区第十七届人大常委会第四次主任会议在区行政中心举行。会议听取区人民政府关于区十七届人大一次会议《关于推动我区制造业高质量发展的议案》办理方案的报告。研究通过区人大常委会关于区十七届人大一次会议《关于推动我区制造业高质量发展的议案》监督方案、关于区十七届人大一次会议代表建议督办方案。听取并通过关于聘请财经、法律咨询专家库成员的报告。

4月26日，区第十七届人大常委会第五次主任会议在区行政中心举行。会议听取区人民政府关于行政执法监督工作情况的报告、关于推进退役军人服务保障体系建设情况的报告。研究区人大常委会关于2021年度环境质量状况和环保年度目标完成情况的报告的审议意见，同意印发区政府办理。研究区人大常委会5月主要工作安排。

5月28日，区第十七届人大常委会第六次主任会议在区行政中心举行。会议听取区人民政府关于区域治水工程建设情况的报告。研究区人大常委会6月主要工作安排。

6月20日，区第十七届人大常委会第七次主任会议在区行政中心举行。会议听取区人民政府关于公共文化服务阵地建设情况的报告。研究区人大常委会关于开展“千人联千企、百日三带回”人大代表大走访行动计划的实施意见（草案）、“千人联千企、百日三带回”人大代表大走访行动计划宣传工作方案（草案）、“千人联千企、百日三带回”人大代表大走访行动计划综合考评办法（草案）、关于加强对政府债务审查监督的意见（草案）。研究区人大常委会关于整治群众反映强烈的突出问题工作情况报告的审议意见，同意印发区监察委办理。研究区人大常委会7月主要工作安排。

7月26日，区第十七届人大常委会第八次主任会议在区行政中心举行。会议听取区人民法院、区人民检察院上半年工作情况报告。研究通过关于在全区人大代表中集中开展“知民情、解民忧、聚民心、促民富”主题月活动的方案、关于组织开展环保法贯彻实施情况专题询问的实施方案。研究区人大常委会8月主要工作安排。

8月25日，区第十七届人大常委会第九次主任会议在区行政中心举行。会议传达学习区委十三届四次全会精神。听取区人民政府关于贯彻实施《江苏省农村集体资产管理条例》情况的报告。研究区人大常委会关于2022年上半年国民经济和社会发展计划执行情况与下半年工作打算报告的审议意见、关于通州区2022年上半年财政预算执行情况（草案）报告的审议意见、关于通州区区级政府债务管理情况报告的审议意见，同意印发区政府办理。研究区人大常委会各评议工作组的评议调研报告、区人大常委会9月主要工作安排。

9月21日，区第十七届人大常委会第十次主任会议在区行政中心举行。会议听取区人民政府关于建筑垃圾资源化利用情况的报告。研究通过关于补选通州区第十七届人大代表的实施方案、《南通市通州区人民代表大会常务委员会主任会议议事规则（修订草案）》。研究区人大常委会10月主要工作安排。

10月28日，区第十七届人大常委会第十一次主任会议在区行政中心举行。会议传达学习党的二十大精神。听取区人民政府关于全区宗教工作情况的报告。研究区人大常委会关于《推动我区制造业高质量发展的议案》办理情况报告的审议意见、关于镇村卫生机构一体化管理情况报告的审议意见、关于社会救助体系建设情况报告的审议意见，同意印发区政府办理。研究南通市通州区第十七届人大五年工作规划、通州“数字人大”建设工作方案。研究通过《南通市通州区人大代表建议督办工作暂行办法（草案）》《南通市通州区人大常委会关于提请任命人员进行法律知识考试的办法（修订草案）》《南通市通州区人大常委会主任会议听取专项工作报告及交办意见督办实施细则（修订草案）》《南通市通州区人大常委会满意度测评办法（修订草案）》《南通市通州区人大工作创新评选办法（修订草案）》。研究区人大常委会11月主要工作安排。

11月24日，区第十七届人大常委会第十二次主任会议在区行政中心举行。会议研究区十七届人大二次会议筹备工作方案（草案）。研究通过《南通市通州区人大常委会2022年度委室工作考核办法（草案）》《南通市通州区基层人大工作考核评比实施意见（草案）》《国有资产管理监督办法（草案）》。研究区人大常委会12月主要工作安排。

12月9日，区第十七届人大常委会第十三次主任会议在区行政中心举行。会议研究通过关于补选通州区第十七届人大代表的实施方案。

12月21日，区第十七届人大常委会第十四次主任会议在区行政中心举行。会议研究区人大常委会关于2021年度国有资产管理情况综合报告和行政事业性国有资产管理情况专项报告的审议意见、关于2021年区级预算执行和其他财政收支审计查出问题整改情况报告的审议意见、关于乡村振兴示范创建工作情况报告的审议意见，同意印发区政府办理。

12月28日，区第十七届人大常委会第十五次主任会议在区行政中心举行。会议研究通过2022年度区人大代表优秀建议和办理建议先进单位及个人表彰方案。研究区人大常委会2023年1月主要工作安排。

人大监督

【经济工作监督】 2022年，区人大常委会加强经济运行监督，听取和审议2022年上半年国民经济和社会发展计划执行情况的报告，召开全区经济社会发展情况年中报告会，听取经济社会发展情况报告，助力推动政府高效统筹疫情防控和经济社会发展。率先出台国有资产管理监督办法，听取和审议2021年度国有资产管理情况的综合报告和行政事业性国有资产管理情况的专项报告，推动政府提高国有资产管理水平。围绕“优化营商环境助力企业发展”主题，联动开展区镇两级人大“1+14”企业家日活动，助推民营经济高质量发展。督办区十七届人大一次会议《关于推动我区制造业高质量发展的议案》，组织重大项目视察活动，调研企业科技创新平台建设、企业用工情况。

【预算审查监督】 2022年，区人大常委会听取和审议2021年区级财政决算的报告、2021年区级预算执行和其他财政收支情况的审计工作报告、2022年上半年财政预算执行情况的报告、2022年区级预算调整方案的报告、审计查出问题整改情况的报告，促进预决算管理更加规范科学。首次听取和审议政府债务管理情况报告，出台加强对政府债务审查监督的意见，推动强化政府债务管理，防控债务风险。

【民生事业监督】 2022年，区人大常委会强化民生保障工作监督，听取和审议镇村卫生机构一体化管理情况报告，推进镇村卫生机构提升医疗保障水平。听取和审议社会救助体系建设情况报告，督促政府兜牢基本民生保障。听取和审议乡村振兴示范创建情况报告，以典型引路促进乡村全面振兴。组织开展《中华人民共和国农业法》执法检查，以法治力量推动农业强、农村美、农民富。听取公共文化服务阵地建设情况报告，促进城乡公共文化服务标准化、均等化。听取退役军人服务保障体系建设情况报告，保障退役军人的合法权益。关注宗教事务和台资企业发展，听取全区宗教工作情况的报告，调研台资企业发展情况。围绕教育“双减”、企业用工、安全生产专项整治工作开展专题调研。

【生态环境工作监督】 2022年，区人大常委会听取和审议2021年度环境质量状况和环保目标任务完成情况的报告、关于2022年度突出环境问题清单的报告，依法推动全区生态环境质量不断改善。对《中华人民共和国环境保护法》贯彻实施情况开展执法检查和专题询问，促进有关方面坚持标本兼治，更好推进生态优先绿色发展。听取建筑垃圾资源化利用情况的报告，推进发展方式绿色转型。听取区域治水工程建设情况的报告，推进水环境治理体系和治理能力现代化。调研全区农村人居环境整治提升工程实施情况。

【司法工作监督】 2022年，区人大常委会委员首次听取和审议区监委专项工作报告，推动监委专项整治群众反映强烈的突出问题，实现人大对“一府一委两院”监督的全覆盖。听取行政执法监督工作情况报告，推动形成综合执法联合监督。听取“两院”半年工作情况报告，调研矛盾纠纷溯源治理、多元化解情况，着力促进公正司法和社会和谐稳定。听取江苏省集体资产管理条例贯彻实施情况报告，推动农村集体资产管理规范化。加强规范性文件备案审查工作，听取和审议关于规范性文件备案审查工作情况的报告，加大对涉法涉诉和重要信访件督办力度。

人事任免

【概况】 2022年，区人大常委会依法任免国家机关工作人员87人次。认真执行任前法律考试、签订任职承诺、拟任职发言、颁发任命书和宪法宣誓等程序规定，进一步增强被任命人员的宪法意识、法治意识和责任意识。加强对被任命人员的监督，18名员额法官、检察官向常委会报告履职情况，并接受满意度测评，促进人大任免权与监督权有机衔接。

【人员任免】 2022年，区第十七届人大常委会第一次会议接受董正超辞去南通市第十六届人民代表大会代表职务的请求；选举陈本高为南通市第十六届人民代表大会代表。

区第十七届人大常委会第二次会议通过区第十七届人大常委会代表资格审查委员会组成人员名单。任命沈凯军为南通市通州区人大常委会财政经济工作委员会主任；林峰为南通市通州区人大常委会监察和司法工作委员会主任；姚忠为南通市通州区人大常委会人事代表工作委员会主任；崔红星为南通市通州区人大常委会教科文卫工作委员会主任；倪建东为南通市通州区人大常委会农业和农村工作委员会主任；凌健为南通市通州区人大常委会金沙街道工作委员会主任；张为民为南通市通州区人大常委会金新街道工作委员会主任；吴其春为南通市通州区人大常委会先锋街道工作委员会主任。免去曹红军南通市通州区人大常委会财政经济工作委员会主任职务；张进荣南通市通州区人大常委会监察和司法工作委员会主任职务；姜子国南通市通州区人大常委会人事代表工作委员会主任职务；张菊兰南通市通州区人大常委会农业和农村工作委员会主任职务；吴宏芳南通市通州区人大常委会研究室副主任职务；崔红星南通市通州区人大常委会环境资源城乡建设工作委员会副主任职务；吴广进南通市通州区人大常委会金沙街道工作委员会主任职务；顾亚明南通市通州区人大常委会金新街道工作委员会主任职务；马迎霞南通市通州区人大常委会先锋街道工作委员会主任职务。决定任命王晓亮为南通市通州区人民政府办公室主任；倪健忠为南通市通州区发展和改革委员会主任；丁华为南通市通州区教育体育局局长；姜小国为南通市通州区科学技术局局长；包海宁为南通市通州区公安局局长；张明为南通市通州区民政局局长；刘玉贤为南通市通州区司法局局长；吴雪华为南通市通州区财政局局长；李锐为南通市通州区人力资源和社会保障局局长；丁亚军为南通市通州区住房和城乡建设局局长；顾军峰为南通市通州区城市管理局局长；吴佳佳为南通市通州区交通运输局局长；陈晓飞为南通市通州区水利局局长；马锋为南通市通州区农业农村局局长；葛锋为南通市通州区商务局局长；高宏彬为南通市通州区文化广电和旅游局局长；匡咏梅为南通市通州区卫生健康委员会主任；周东生为南通市通州区退役军人事务局局长；王志清为南通市通州区应急管理局局长；徐琳琳为南通市通州区审计局局长；李焱明为南通市通州区行政审批局局长；刘笑峰为南通市通州区市场监督管理局局长；陈刚为南通市通州区统计局局长；陈雨为南通市通州区医疗保障局局长；顾亚明为南通市通州区信访局局长；秦瑞作为南通市通州区地方金融监督管理局局长。决定任命钱澄为南通市通州区监察委员会副主任；决定免去张为民南通市通州区监察委员会委员职务。

区第十七届人大常委会第三次会议通过关于提请任免通州区人大常委会街道工作委员会委员的议案。任命金永南为南通市通州区人民法院立案庭庭长；何毓飞为南通市通州区人民法院审判监督庭庭长；顾慧华为南通市通州区人民法院平潮人民法庭庭长；朱洪为南通市通州区人民法院家纺产业园区人民法庭庭长；吴晓萍为南通市通州区人民法院高新技术产业开发区人民法庭庭长；纪建华为南通市通州区人民法院民事审判第二庭(执行裁判庭)副庭长。免去施为民南通市通州区人民法院副院长、审判委员会委员职务；金永南南通市通州区人民法院审判监督庭庭长职务；何毓飞南通市通州区人民法院立案庭庭长职务；朱洪南通市通州区人民法院平潮人民法庭庭长职务；吴晓萍南通市通州区人民法院家纺产业园区人民法庭庭长职务；吴晓玲南通市通州区人民法院高新技术产业开发区人民法庭庭长职务；纪建华南通市通州区人民法院知识产权审判庭副庭长职务；步静宜南通市通州区人民法院民事审判第一庭副庭长、审判员职务。

区第十七届人大常委会第四次会议任命赵金锋、顾星、周敏为南通市通州区人民法院审判员。

区第十七届人大常委会第五次会议决定任命卓果吉为南通市通州区人民政府副区长。任命张建伟为南通市通州区人民法院审判员；免去吕新炎、鲍维军、徐辉南通市通州区人民法院审判员职务。

区第十七届人大常委会第六次会议决定任命佘德华为南通市通州区人民政府副区长；接受徐林锋辞去南通市通州区人民政府副区长职务的请求。

区第十七届人大常委会第七次会议决定任命隋唯帅南通市通州区人民政府副区长。决定免去张徐华南通市通州区监察委员会委员职务。任命赵永刚、张鑫为南通市通州区人民法院审判员。免去王栋南通市通州区人民检察院副检察长职务；陈建、张红阳南通市通州区人民检察院检察员职务。接受徐雷辞去南通市通州区第十七届人民代表大会代表职务的请求。

区第十七届人大常委会第八次会议决定免去丁亚军南通市通州区住房和城乡建设局局长职务。任命丁亚军为南通市通州区人大常委会办公室主任；免去邢建均南通市通州区人大常委会兴东街道工作委员会主任职务。接受曹邢彬、邢建均辞去南通市通州区人民代表大会常务委员会委员职务的请求。接受陆建兵辞去南通市通州区第十七届人民代表大会代表职务的请求。

区第十七届人大常委会第九次会议决定任命孙康为南通市通州区人民政府副区长、区公安局局长；决定免去包海宁南通市通州区公安局局长职务。决定任命曹茂龙为南通市通州区应急管理局局长；决定免去王志清南通市通州区应急管理局局长职务。决定任命曹文峰、曹忠为南通市通州区监察委员会委员；决定免去王烨峰南通市通州区监察委员会委员职务。接受包海宁辞去南通市通州区人民政府副区长职务的请求。接受吴佳佳辞去南通市通州区第十七届人大代表职务的请求。

代表工作

【"千人联千企、百日三带回"行动】 2022年，区人大常委会在全省率先创新开展"千人联千企、百日三带回"五级人大代表大走访行动，组织全区1257名五级人大代表挂钩联系1264家企业，累计走访服务企业3200余次，推动办理意见建议1600余条，全力帮助企业提振信心、纾困解难、转型增效。《人民代表报》等国家级媒体专题宣传报道经验做法。

【代表主题月活动】 2022年，区人大常委会组织开展以"知民情、解民忧、聚民心、促民富"为主题的代表月活动，组织集中调研视察活动101次，收集代表和选民反映的意见建议384条，帮扶困难家庭445户，用心用情解决群众"急难愁盼"，产生良好的社会效果。

【代表建议督办】 2022年，区十七届人大一次会议期间，代表共提出建议、批评和意见325件，闭会期间6件。确定其中12件建议作为重点督办建议，由常委会领导督办、政府领导领办、具体单位承办。区人大常委会通过听取和审议区十七届人大一次会议议案办理情况的报告和代表建议、批评和意见办理情况的报告，采取集中交办、重点督办、"面对面"和"背对背"双测评、办理成效绩效评估、满意度测评等方式，创新开展由各委室对口组织办理情况"回头看"，着力提升议案建议办理质效。全年建议办理A类件占比达70.2%，创历史新高。

通州区第十七届人大一次会议优秀建议一览表

表5

建议号	建议内容	建议人
	关于推动我区制造业高质量发展的议案	曹红军、张进荣等15人
001号	关于加强预防和打击网络诈骗的建议	夏季兵
002号	关于加强退役军人服务保障体系建设的建议	曹　辉、吴刚等3人
003号	关于推进闲置房屋回收，促进建设用地复垦整理的建议	李　锋
019号	关于加大农村人居环境整治工作力度的建议	徐雪松
021号	关于平潮镇滨江高铁新城南部片区与五接镇滨江新城区纳入统一规划、统筹发展的建议	刘春辉
026号	关于加强医保政策对基层医疗单位支持的建议	庄燕红
033号	关于完善基层医疗卫生人才培养路径的建议	吴益祥
041号	关于进一步加强农村桥梁改造的建议	陈　凯
049号	关于构筑安全生产防线，推动全区经济社会和安全生产协调发展的建议	张危微
050号	关于进一步加强我区企业国有资产管理的建议	曹玉筠
055号	关于科学推进分散农户生活污水治理的建议	丁俊荣、李耀菊等12人
058号	关于加强公民个人信息保护的建议	罗海妹
065号	关于严把外卖食品质量关的建议	崔红星
069号	关于加强中介管理、规范中介(第三方)服务的建议	许小华
089号	关于加强我区烈士纪念设施建设的建议	蔡　辉
104号	关于加快启动通州北部片区规划研究的建议	严　巍、季　良
109号	关于将"双减"落到实处的建议	从　晓
127号	关于同步推进通吕运河城区段沿岸景观建设的建议	易卫东
130号	关于加快美丽宜居乡村建设的建议	张菊兰
131号	关于提升基层科技创新能力的建议	王　勇
134号	关于加强食品小作坊监管，提升食品安全水平的建议	邵　斌、陆雪梅等3人
146号	关于加强集聚提升类村庄住房建设管理工作的建议	张晓燕
147号	关于加强物业服务企业规范化管理的建议	徐建锋
164号	关于规范农村土地流转、强化农业面源污染整治的建议	吴其春
199号	关于优化乡村产业发展环境的建议	龚志军
212号	关于进一步完善社会救助体系切实保障改善民生的建议	张武军、周　岗
216号	关于充实基层网格力量的建议	顾本勇、王　娟等4人
228号	关于企业"招工难"如何破局的建议	吴　丹
277号	关于高度重视平潮高铁新城和上海南通机场将形成的通州未来两个效能增长极规划研究的建议	张进荣
302号	关于加大老城区改造提升力度的建议	王晓霞
306号	关于强化资源保障、助推实体经济高质量发展的建议	沈凯军

南通市通州区人民政府

编 辑 马 钰

综 述

【概况】2022年，通州区深入学习贯彻习近平新时代中国特色社会主义思想，以推进高质量发展为主题，坚持稳字当头、稳中求进、以进促稳，高效统筹疫情防控和经济社会发展，推动各项工作取得新成效。

疫情防控扎实有效。强化部门协同，抢抓“时间窗口”，“点对点”精准处置区内局部疫情，以最小范围、最低成本实现防控效果最大化。先后组织医务人员129人次驰援国内风险地区，上万名医务人员、机关干部、公安干警辅警、镇村干部下沉一线，全区群众众志成城、同心抗击疫情，以暖心服务彰显城市温度。深入落实国务院联防联控机制和省应急处置能力清单要求，建成健康驿站3处、储备隔离房间6642间，方舱医院、洗消中心建成投用。单日核酸检测能力达9万管。新冠疫苗全程接种率98.6%，60岁以上人口接种率超96%。持续优化分级诊疗救治体系，设置发热门诊7处，加强医药物资储备供应，全力保障群众就医用药需求。

经济运行稳中向好。制定出台“48+7”条惠企政策，推动国家、省市政策红利“应享尽享”，减税降费和退税缓税超50亿元。深入开展“服务企业大走访”活动，落实“一带去、三带回”举措，破解产业链和供应链难题，规上企业在全市率先复工复产。规上工业增加值、应税销售分别增长8.5%、3.5%。工业用电量增长5.3%。加强政银企对接，引导金融机构加大信贷支持力度，制造业贷款增长35.2%，位列全市第一。实施产业倍增行动计划，加快企业“升规升高”“数实融合”。新增规上工业企业110家，新认定高新技术企业157家，高新技术产业产值占比46.1%。新增智能化改造、数字化转型项目295个、省星级上云企业35家，恒科新材料获评省智能制造示范工厂。通达矽钢获得国家制造业单项冠军，乐尔环境、华存电子获评国家专精特新“小巨人”，海星电子获省长质量奖提名奖。新增国家知识产权优势企业3家、示范企业1家，甬金金属通过“江苏精品”认证。建筑业产值2380亿元，8家建筑企业入围省百强。宏德股份登陆深交所创业板，帕科医疗新三板挂牌。发展夜间经济、直播经济，组织“南通州·欢乐购”等系列消费促进活动。新增限上批零住餐企业120家、规上服务业企业25家。新增亿元楼宇1个。

项目建设加快突破。优化重组招商队伍，百亿级高德电子、康辉新材料、50亿级康源电子等重大项目签约落户。新注册重大项目52个，总投资超450亿元。推行项目建设“定期观摩、专班推进”机制，新开工重大项目19个，四方冷链装备等17个省市重大项目加快推进，恒力三期竣工投产。优化营商环境66条举措，打响“万事好通·周到有解”服务品牌。深化“放管服”改革，推进政务服务“跨省通办”“一件事一次办”，企业注册半日办结率超95%。创新实施预先审、承诺制项目审批模式，“拿地即开工”试点破题，跑出项目建设“加速度”。优化“双创”环境，引培高层次人才94名。实施产学研合作项目140项，新认定省级以上研发机构11家。成功举办第十八届高

2022年，南通绕城高速通州段加快建设。图为二工区首榀板梁成功架设现场
（区交通运输局 提供）

洽会，承办省创新创业大赛总决赛。新增有效发明专利520件，增长9.5%，获评中国专利优秀奖1件。主导参与国际、国家、行业标准11项，江海电容器获省技术标准创新基地和“江苏制造突出贡献奖”。高新区汽车零部件产业获批国家火炬特色产业基地，电子元器件产业入选省首批创新型产业集群建设名单。通科科技企业孵化器跻身“国家队”。系统谋划“二级载体平台”，加速构建“1+3+N”产业承载体系。完善产业项目质量综合评价体系，盘活存量闲置用地36.13公顷。

城乡统筹纵深推进。加速融入南通“好通”发展格局，保障北沿江高铁、绕城高速等重大交通工程建设。西站大道高架、江海大道东延工程全面贯通，金沙湾大桥建成通车，轨交1号线开通运营。加快推进通吕运河、新江海河航道整治，着力构建内畅外联的立体综合交通网络。开展国土空间分区规划编制和“三区三线”划定，城镇开发边界拓展至165平方公里。加快城市更新步伐，实施区级城建重点项目40个。实施景怡花苑、市民广场等老旧小区改造，推进安置及保障房项目30个，为8个小区加装电梯25台。“瓶改管”“瓶改电”1.9万户。新增机动车停车泊位750个。获评省首批城乡公交一体化达标县（市、区）。新（改）建高标准农田2266.67公顷，特色农机化水平达72%。深入实施农业生产“三品一标”提升行动，16个农产品获绿色食品证书。省现代农业产业高质量发展园获批建设。加快“三美一高”生态宜居美丽乡村建设，建成农村生态河道26条76公里，完成农村生活污水治理1.4万户。区域治水覆盖率超50%。新建“四好”农村路15公里、改造农桥11座。加快建设第二批24个市乡村振兴示范村（先进村），徐园村创成省特色田园乡村。9宗集体建设用地上市成交，“整村授信”服务实现全覆盖，村均集体收入达120万元。

民生福祉持续提升。新增城镇就业1.2万人、创业4200人。完善建筑领域农民工工资支付监管机制。加快社会保障扩面提标，城乡基本养老和基本医疗保险参保率稳定在98%以上，实现异地医保就医刷卡结算。发放城乡低保等救助补助资金2.1亿元。全体居民人均可支配收入增长5.3%。加快完善退役军人服务保障体系。高效推进第二轮中央、省环保督察交办及反馈事项整改，扎实做好生态环境问题整治。完善秸秆“两禁一用”长效机制，$PM_{2.5}$年均浓度保持全省前列。市考以上断面水质达标率和优Ⅲ率实现“双100%”。加快沿江生态长廊建设，重现长江“水清鱼跃，沙鸟翱翔”生态场景。减污降碳协同增效等工作获省政府督查激励。牡丹江路幼儿园、古沙小学建成投用，加快推进五接学校、金北学校建设。集团化办学实现全覆盖，教育人才资源配置更加均衡。开展儿童青少年近视防控服务认证国家试点工作。新增省健康镇1个、健康村（社区）8个。南通医学中心一期主体竣工。打造“精微照护”品牌，建成全市首家“一站式”照护中心。实现“15分钟医保服务圈”区域全覆盖。红星养老院建成投用，新增省示范性普惠托育机构3家。为6万名老人购买居家养老上门服务。张公祠布展完成，张謇祖居修缮加快推进。

社会大局和谐稳定。落实安全生产“四化”举措，推动隐患闭环整改、动态清零，各级巡查督导交办问题全部整改销号，安全生产事故起数和亡人数持续下降。开展公共安全重大隐患“三清”专项整治行动，在全市推广群租房“123”慧安居工程，交通亡人事故下降34.5%。强化应急储备，完善极端天气应急预案，防灾减灾体系更加完善。高分通过省食品安全示范城市动态跟踪评价。优化国有资本投资管理机制，严控债务增量，化解债务存量，债务规模、债务率、综合成本持续“三下降”。持续打击非法金融风险高压态势，金融生态环境综合评估保持全省前列。实施“精网微格”工程，夯实专职网格员队伍，优化设置“微网格”8518个，打通基层治理“神经末梢”。强化矛盾纠纷排查化解，重复访治理和省攻坚件报结率100%。配合落实人大在全省率先开展民生实事项目下沉网格监督机制，支持“有事好商量”协商议事工作。获评全省首批民族团结进步示范区。深化平安通州建设，重拳整治电信网络诈骗、养老诈骗。开沙村获评国家民主法治示范村。深化新时代文明实践，22人次获评国家、省市先进典型。

【为民办实事项目】 2022年，通州区在广泛征求社会各界建议意见的基础上，经区第十七届人民代表大会第一次会议票决产生为民办实事项目10个。一是公共教育建设项目：新建五接学校，基础施工已完成。二是校园安全提升项目：58所中小学校共108个项目全部完成设备改造并交付使用。三是文体中心体育馆项目：新建金沙湾文体中心体育馆，项目占地面积约1.8公顷，建筑面积约1.1万平方米。四是道路桥梁改造项目：骑四线大中修项目和锦绣桥改造项目完成并通车；正场大桥、通州大桥桥梁下部结构施工中。五是水环境提升项

2022年，通州区大力实施水环境提升项目。图为整治后的九洋河　（张邦发 摄）

目:疏浚整治三级河道6条(段)10.2公里、四级河道49条(段)63.2公里、沟塘227处;完成6个居民小区、45个工厂区域内排水排查整治任务。六是城镇燃气安全项目:完成全区6000户低保特困家庭燃气泄漏报警装置安装工作和2500户"瓶改管"任务。七是医保服务惠民项目:全面推进"15分钟医保服务圈"建设,各镇(街道)便民服务中心设立医保服务专窗,下沉19项服务,二级以上定点医疗机构设立医保服务站,办理14个服务事项;完善照护保险制度,解决长期失能失智人员的照护难题。八是小区"飞线"整治项目:完成48个小区660栋住宅楼"飞线"整治。九是少儿健康成长项目:为全区2.5万名儿童进行眼保健和视力筛查,建立视力健康电子档案,设立儿童视力康复训练点;成立区少儿心理咨询中心,组建专业师资队伍,为1.5万名少儿开展心理筛查和干预服务。十是养老服务扩面项目:为80周岁以上户籍老年人、特困人员和低保对象中的中度、重度失能老年人提供政府购买居家养老上门服务。

重要会议

【**区政府常务会议**】 2022年,区政府共召开常务会议13次,刊发会议纪要13期。

区政府第1次常务会议 1月29日召开。会议学习国务院、省市安全生产工作会议精神,听取当前全区安全生产工作情况汇报、通州区防范化解政府性债务情况汇报,原则同意通州区"十四五"生态环境保护规划、通州区"三线一单"生态环境分区管控实施方案、通州区城镇燃气安全排查整治工作实施方案、通州区居民及餐饮场所城镇燃气使用安全专项行动实施方案、通州区城区居民小区架空管线专项整治实施方案、支付部分工程款的请示、通州区洞庭湖路幼儿园和牡丹江路幼儿园支付工程款的请示、动态调整计划生育特别扶助金的请示。

区政府第2次常务会议 3月4日召开。会议传达学习河南郑州"7·20"特大暴雨灾害调查报告,原则同意通州区"十四五"综合防灾减灾规划、通州区"十四五"安全生产规划、通州区"十四五"应急管理体系和能力建设规划,研究当前全区疫情防控工作情况,听取第二轮省环保督察交办问题整改情况汇报,原则同意通州区2022年"营商环境提升年"实施意见、通州区产业倍增三年行动计划(2022—2024年)、通州区小微工业企业列规增收三年行动方案(2022—2024年)、通州区制造业智能化改造和数字化转型三年行动计划(2022—2024年)、通州区区级政府投资非营利性工程建设项目集中建设管理实施细则(试行)、通州区"十四五"科技创新发展规划、通州区行政执法辅助人员管理办法、通州区被征地农民社会保障规程,研究省委第九巡视组涉粮问题专项巡视反馈意见整改方案、通报关于对通州区开展涉粮问题专项巡察的反馈意见。原则同意关于进一步做好符合政府安排工作的下岗、失业转业志愿兵(士兵)再就业保障工作的通知、关于对区税务局房产调剂工作请示的办理意见、2022年政府专项资金收支预算建议方案,传达学习全省对口支援协作合作工作会议精神。

区政府第3次常务会议 4月22日召开。会议传达学习习近平总书记在中共中央政治局常委会会议上的重要讲话精神、习近平总书记在海南考察时的重要讲话精神,习近平总书记、李克强总理关于安全生产工作的重要指示批示精神以及全国、省、市安全生产工作会议精神、省委有关电视电话会议精神,研究部署、通州区疫情防控和经济社会发展工作,听取全区一季度信访维稳工作情况汇报,原则同意通州区人民政府工作规则、通州区人民政府常务会议议事决策规则、关于深化提升安全生产专项整治三年行动的意见、关于在全区全面推进"制度化管理、实时化监控、自动化阻隔、现代化救援"四项举措提升本质安全水平的实施意见、帮助市场主体着力稳定经济增长的若干政策措施、关于帮助因疫情影响暂停营业的市场主体纾困解难的若干政策、通州区推进重点行业绿色发展实施方案、通州区高新技术企业培育三年行动方案(2022—2024年)、全区2021年度耕地增减变化及整改工作情况报告、通州区镇(街道)行政权力事项清单、2022年区政府和区政府办公室规范性文件制定计划、2022年度区政府重大行政决策事项目录、关于2022年区属国有企业经营目标及投资、融资计划的报告、关于兑付2021年度建筑业高质量发展奖励的请示、关于对通州区建筑企业给予资金补助的建议、关于通州区医疗卫生事业单位增核一次性绩效工资总量的建议。

区政府第4次常务会议 5月21日召开。会议传达学习习近平总书记在中央全面深化改革委员会第二十五次会议上的重要讲话精神、中央财经委员会第十一次会议精神、李克强总理在云南稳增长稳市场主体保就业座谈会会议精神、5月11日国务院常务会议精神、《信访工作条例》《江苏省教育督导条例》,原则同意关于做好2022年全面推进乡村振兴重点工作的实施意见、关于"十四五"开展农村人居环境整治提升行动,扎实推进"三美一高"乡村建设的实施方案、通州区2022年农村户厕改造提升工作实施方案(试行)、通州区贯彻落实省第四生态环境保护督察组督察反馈意见整改方案、深入打好污染防治攻坚战的实施意见、通州区公共安全重大隐患"三清"专项行动方案及其配套方案,学习2022年省市债务管控相关文件精神,研究通州区防范化解政府性债务情况,原则同意通州区关于支持企业"智改数转"的若干政策意见、关于申请将社会治安防控体系建设经费纳入新一代雪亮技防工程建设资金统筹落实的报告、关于采购相关消防车辆器材装备的请示、通州城区机动车停车管理提升工作实施方案、东社镇杨港建筑装潢垃圾堆放点清运处置方案、关于进一步加强通州区国有企业经营性债务和大额资金管控的实施意见。

区政府第5次常务会议 6月8日召开。会议学习5月27日省委常委会会议精神、河南郑州"7·20"特大暴雨灾害调查报告及相关材料汇编、全国、省市自建房安全专项整治工作会议精神,研究部署全区自建房安全专项整治工作,原则同意2022年全区产业项目建设综合考评办法、2022年通州区"招商引资突破年"实施方案、2022年度高新区、投资服务中心、镇(街道)双招双引考核办法、2022年度区级机关部门双招双引考核办法、通州区现代服务业繁荣发展三年行动计划、2022年南通市通州区东西部协作工作要点、通州区淮河流域入河排污口排查整治专项行动工作方案、关于完善南通市通州区税费协同共治体系的实施意见、关于请求拨付全日制大专（或高级工班）毕业生综合补贴经费的请示、通州区2021年财政决算（草案）的报告。

区政府第6次常务会议　7月5日召开。会议学习习近平总书记在庆祝香港回归祖国二十五周年大会暨香港特别行政区第六届政府就职典礼上的重要讲话精神、习近平总书记在四川考察时的重要讲话精神、习近平总书记在《求是》杂志发表的重要文章《努力建设人与自然和谐共生的现代化》，传达学习全国全省迎峰度夏能源保供工作电视电话会议、省委十四届二次全会、全省稳定经济增长视频调度会议精神、《关于进一步推进省以下财政体制改革工作的指导意见》精神，研究通州区2022年水质情况，传达学习省安委会全体（扩大）会议暨重点行业领域百日攻坚行动部署会及市续会精神，研究今年以来全区安全生产工作情况，讨论并原则同意通州区自建房安全专项整治实施方案，研究当前全区疫情防控工作，并部署下一阶段工作，原则同意通州区法治社会建设实施方案（2022—2025年）、通州区贯彻落实法治政府建设实施纲要（2021—2025年）实施方案、通州区全民科学素质行动规划、通州区“门前三包”管理办法、通州区人民政府与南通农村商业银行战略合作协议、2022年度通州区银行业金融机构支持高质量发展评价办法、关于新建三个健康驿站及金东新城邻里中心健康驿站改造的情况报告、关于疫情防控专项资金预算调整的请示、关于拨付2021—2022学年中小学课后服务补助的请示。

区政府第7次常务会议　7月27日召开。会议学习习近平总书记在新疆考察时的重要讲话精神、习近平总书记在湖北省武汉市考察时的重要讲话精神、习近平总书记在中共中央政治局第四十次集体学习上的重要讲话精神、7月21日国务院常务会议精神、7月12日经济形势专家和企业家座谈会会议精神，传达学习省委常委会会议精神、省政府推进政府数字化转型工作专题会议精神，研究当前全区疫情防控工作，传达学习省委国安办关于2022年下半年全省安全形势及7月需要重点关注的风险研判报告通知精神，听取通州区二季度信访维稳工作情况汇报，原则同意关于促进村级集体经济持续发展的实施意见、通州区银龄支教计划实施方案、通州区2022年文明城市长效管理考核奖惩办法（试行）、通州区产业项目质量综合评估办法（试行）、关于2022年上半年国民经济和社会发展计划执行情况与下半年工作打算的报告、关于完整准确全面贯彻新发展理念推动高质量发展做好碳达峰碳中和工作的实施意见、关于加强基层安全生产监督管理机构建设的通知、关于通州区2022年上半年财政预算执行情况（草案）的报告，研究通州区防范化解政府性债务情况，原则同意关于申请兑现江苏京东货运航空有限公司2020年度人才生活津贴的请示、平潮高铁新城9.12平方公里片区开发年度绩效考核管理办法、关于五接镇与区级留存财力结算的请示。

区政府第8次常务会议　9月1日召开。会议学习习近平总书记在省部级主要领导干部“学习习近平总书记重要讲话精神，迎接党的二十大”专题研讨班上的重要讲话精神、习近平总书记近年来关于统计工作的重要讲话指示批示摘要等重要文献汇编，传达学习李克强总理关于经济工作的相关讲话精神，吴政隆书记在8月29日省委常委会、7月8日省委理论学习中心组学习会上的讲话精神，许昆林省长在8月24日全省稳定经济增长视频调度会议上的讲话精神、《国家发展改革委等部门关于严格执行招标投标法规制度进一步规范招标投标主体行为的若干意见》精神和吴新明市长调研通州讲话要求，传达学习中共二十大信访保障工作方案，研究近期全区信访工作情况，原则同意通州区深化应急管理综合行政执法改革实施方案、关于进一步加强和规范全区生产安全事故和自然灾害信息报送与发布工作的通知、关于优化调整区城市建设指挥部机构设置和人员的通知（试行）、通州区促进总部经济高质量发展的若干政策意见（试行）、沪渝蓉高铁上海至南京至合肥段（北沿江高铁）（通州）项目申请政策性开发性金融工具相关事宜、关于川姜学校建设相关问题的请示、通州区沿江生态景观带（江堤达标提升工程）2022年度建设项目实施方案、关于进一步加强卫生健康人才引进培养工作的实施意见。

区政府第9次常务会议　9月24日召开。会议学习习近平总书记在中央全面深化改革委员会第二十七次会议上的重要讲话精神、习近平总书记在9月1日《求是》杂志上发表的重要文章《新发展阶段贯彻新发展理念必然要求构建新发展格局》、《习近平谈治国理政》第四卷，9月7日、9月13日、9月21日国务院常务会议精神、《中华人民共和国噪声污染防治法》、“过紧日子”的历史经验、《南通市国有企业资金安全委员会议事规则（试行）》，传达学习全国和全省安全生产电视电话会议精神，研究全区安全生产工作，传达学习省委、省政府关于贯彻信访工作条例的实施意见，研究当前全区信访维稳工作，原则同意关于《全面加强新时代司法所建设，切实提升基层法治建设水平的意见》、通州区“十四五”卫生健康事业发展规划、关于加强全区微网格建设的指导意见（试行）、关于进一步加强专职网格员配备的指导意见（试行）、关于公布通州区行政许可事项清单的通知、关于拨付2021学年度全区中小学教师专项绩效总量的请示、关于对区二院扩建、平潮中心卫生院迁建两个项目开展前期工作建议、通州区国有粮食企业改革实施方案、关于尽快启动拖桥路（金富路—纪家港）工程建设的请示、关于扬子江城市群（南通段）城市地质安全风险调查评价通州区域实施方案。

区政府第10次常务会议　10月22日召开。会议学习习近平总书记在中国共产党第二十次全国代表大会上的报告、《中国共产党第十九届中央委员会第七次全体会议公报》、习近平总书记在参观“奋进新时代”主题成就展时的重要讲话精神，9月26日国务院常务会议精神，人民日报评论员文章10月10日《增强对当前疫情防控政策的信心和耐心》，10月11日《“动态清零”可持续而且必须坚持》，10月12日《“躺平”不可取，“躺赢”不可能》，10月15日《十年砥砺奋进 绘写壮美画卷——写在党的二十大胜利召开之际》，省委吴政隆书记、市委王晖书记关于疫情防控工作批示精神，传达学习关于坚决果断以快制快进一步做好疫情防控工作的紧急通知，研究近期全区疫情防控工作，原则同意通州区推进城乡生活垃圾分类高质量发展行动方案（2022—2025年）、通州区国家知识产权强县建设示范县工作方案（2022—2025年）、关于推动通州教育高质量发展的实施意见、关于《加快建设产业创新高地，推动通州高质量发展的若干政策意见》、通州区市场采购贸易方式试点扶持政策、通州区十总镇二爻居圆宏万嘉智慧玻璃温室项目资金补助及收益分配方案、关于投资建设区域供水平海线工程的请示、通州区优化完善经济高质量发展的若干政策意见的补充意见。

区政府第11次常务会议　11月1日召开。会议学习习近平总书记在瞻仰延安革命纪念地时的重要讲话精神和在陕西延安和河南安阳考察时的重要讲话精神，听取2022年全区民生惠民实事项目1—10月进展情况汇报，原则同意关于通州区农村住房条件改善五年行动计划（2022—2026年）、通州区农村住房条件改善奖补项目实施方案、区委党校新建项目建设方案、关于2022年国有企业投资、融资预算调整的报告、关于申请新材料产业发展专项扶持资金的答办意见、关于进一步完善通州区严重精神障碍患者监护以奖代补政策的实施办法、关于开展第三届“南通州·欢乐购”商超、汽车两大领域消费促进活动的方案。

区政府第12次常务会议　11月26日召开，学习习近平总书记对河南安阳市凯信达商贸有限公司火灾事故的重要指示精神、10月26日、11月22日国务院常务会议精神、市政府全体（扩大）会议精神，研究全区生产总值核算指标及高质量发展考核考评指标推进情况、近期全区疫情防控工作，传达学习全省全市安全生产电视电话会议精神，研究冬季安全生产专项治理行动，原则同意关于美丽通州建设规划（2021—2035年）、通州区关于支持直播电商产业高质量发展的实施意见、关于2021年度通州区国有资产管理情况的综合报告、关于2021年度通州区行政事业性国有资产管理情况的专项报告、关于调整2022年财政收支预算的报告（草案）。

区政府第13次常务会议　12月29日召开。会议学习习近平总书记12月19日发表的署名文章《谱写新时代中国宪法实践新篇章——纪念现行宪法公布施行40周年》，传达学习中央农村工作会议精神、中央经济工作会议精神、12月20日国务院常务会议精神、省委经济工作会议精神、市委十三届五次全会精神，听取全区安全生产专项整治三年行动牵头部门工作总结评估情况汇报，深入分析本地区安全生产形势，聚焦重点行业领域防范化解重大安全风险隐患，研究提出下一步深化专项整治工作措施，原则同意2023年度区级城建工程项目库投资计划、2023年区民生实事候选项目计划安排、通州区2023年水利建设与管理意见、关于确定2023年区本级财政承受能力论证项目的报告、通州区2022年财政预算执行情况和2023年财政预算（草案）的报告、关于2023年政府工作报告（送审稿）、关于通州区2022年国民经济和社会发展计划执行情况与2023年国民经济和社会发展计划（草案）的报告。

（汪　炀）

重大活动

【通州区大米行业质量合作社成立】　9月22日，通州区召开大米行业质量合作社成立大会，全区23家大米质量合作社社员单位、米制品生产企业及商超学校等消费端代表参会。合作社的成立旨在促进本地产业链企业密切合作，并为社员单位在提升质量管理水平、维护商标权益等方面提供高效服务，进一步在全国、全省打响“通州大米”品牌。

【省知识产权保护示范区建设】　12月15日，通州区启动江苏省知识产权保护示范区创建工作。示范区建设旨在有力推动通州区知识产权工作与区域产业发展深度融合，为持续优化营商环境、同步提升全区科技创新与保护效益提供有力支撑。

（廖利锋）

【全国标准化生产基地创建】　12月30日，通州区获批全国绿色食品原料（水稻）标准化生产基地创建单位，基地建设面积7733.33公顷。是年，通州区以金沙、十总、石港、刘桥、平潮、兴仁6个水稻生产镇（街道）为核心，开展标准化生产体系建设，强化绿色农产品生产基地建设对绿色农业持续、稳定、健康发展的推进作用。

【省级示范园建设】　8月5日，通州区现代农业产业园被省农业农村厅、省财政厅批准列入2022年省级现代农业产业高质量发展示范园建设名单，成为“十四五”期间南通首家获批创建的园区。

【第四届“通州好大米”品鉴活动】　12月15日，通州区举行第四届2022“通州好大米”品鉴活动，全区22个优质品

12月15日，通州区举行第四届2022“通州好大米”品鉴活动

（区农业农村局　提供）

牌大米参与品鉴。“成稀大米”“亭石河”“迎扬”和“金南风”大米获金奖。“思寿源”“亭醇”“蒋一”和“优与”大米获银奖,“缘梗粒”“卖鱼湾”“米来事”等8个品牌大米获优秀奖。

【革命历史纪念馆开馆】 6月11日,通州区举行革命历史纪念馆开馆仪式。纪念馆坐落于区烈士陵园内,以丰富的历史文物、翔实的文史资料和现代多媒体表现形式,生动直观地展现通州革命历史。(陶冯添)

【省专利(成果)拍卖季高端装备制造产业专场成功举办】 9月27日,2022年江苏省专利(成果)拍卖季高端装备制造产业专场活动在通州成功举办。现场签约专利(成果)项目4个,南京航空航天大学等高校院所5个专利项目进行路演。(周振兴)

【教育发展大会】 11月10日,通州区召开教育发展大会,研究部署全区教育改革发展工作,动员全区上下更加重视教育、关心教育、支持教育,全力打造新时代崇学通州,建设现代化教育强区。

【省深化长期护理保险制度试点工作现场推进会举行】 9月2日,全省深化长期护理保险制度试点工作现场推进会在通州区举行。通州区医疗保障局从精准、细微处入手,以医保“一站式”照护中心建成为契机,不断拓展“精微照护”品牌内涵,为长期失能人员的护理和日常照料提供解决办法,为日益严重的人口老龄化提供新型应对模式。(王戴季)

【宏德股份在创业板上市、帕科医疗在新三板上市】 4月19日,江苏宏德特种部件股份有限公司通过与深圳证券交易所直播连线,在深交所创业板实现“云上市”。公司位于通州区兴仁镇,主要从事高端装备黑色和有色部件铸造以及精密机械加工生产。8月2日,江苏帕科医疗股份有限公司新三板挂牌。公司位于通州区石港镇,主要从事消毒供应室无菌屏障系统的研发、生产。至此,全区共有境内外上市企业7家,新三板挂牌企业5家。(顾莹琰)

【“律动江海”公益服务中心通州分中心成立】 8月28日,“律动江海”公益服务中心通州分中心成立活动在通州区举行。中心的成立旨在贯彻落实“律心永向党,做党和人民满意的好律师”主题活动,进一步弘扬南通市“律动江海”公益服务品牌效应,更好展现通州律师、基层法律服务工作者的社会责任担当。(张　湘)

【英雄大桥重建工程完工通车】 6月1日,刘桥镇英雄大桥重建工程完成交工验收,正式通车。新建桥梁按公路-Ⅱ级标准建设,桥梁全长140.48米,主跨采用单跨95.2米简支钢桁梁桥,桥面宽8米,双向两车道,设计时速20千米/时。大桥重建通车以后,进一步改善中心镇区居民出行条件,服务九圩港两岸73家企业的交通运输。

【北沿江高铁通州段开工建设】 12月11日,沪渝蓉高铁(北沿江铁路)南通地区站前Ⅰ标二分部开始试桩,标志着北沿江铁路通州段项目主体工程进入全面施工阶段。(高宇峰)

对口协作

【概况】 2022年,通州区与陕西省汉中市镇巴县、青海省黄南州尖扎县在人才交流、消费协作、劳务协作、社会帮扶等方面深入开展协作工作。通州区党政主要领导与镇巴县、尖扎县党政主要领导进行交流互访,召开对口协作联席会议4次,与镇巴县、尖扎县研究交流对口协作年度重点工作。是年,通州区与镇巴县14个乡镇、4个村、33所学校、3所医院续签结对协议,组织开展各种结对活动。

【人才交流】 2022年,通州区选派23名专业技术人才赴汉中市镇巴县、佛坪县开展对口交流,其中19人具有中级及以上职称。开展“组团式”支教服务,通州高级中学、通州中专分别选派1名副校长到镇巴县高级中学、镇巴县中专担任校长;接收13名镇巴专业技术人才到通州学习交流,其中教师和医生各5名、农业技术人员3名。

【消费协作】 2022年,通州区扎实推进全区东西部协作消费专馆、专区建设,完善购买对口协作地区优质农副产品流程,全年购买协作地区优质农副产品650余万元。

【劳务协作】 2022年,通州区组织安波福、新三能电子等企业赴汉中市汉台区、镇巴县,开展现场招聘、校企对接、劳务协作推进会等系列活动,签订两地公共就业服务机构对口协作协议。全年帮助镇巴县470人就业,其中140人到江苏就业。

【社会帮扶】 2022年,通州区组织开展“情暖镇巴·筑梦同行”活动,动用基金45.3万元,资助镇巴县200多名贫困中小学生。区红十字会捐赠20万元、区总工会捐赠10万元资助贫困大学生,女企业家联合会等捐物合计15万元;黛圣婕家居科技有限公司向镇巴县赤北中学捐款30万元。向尖扎县捐赠社会帮助资金10万元,其中区工商联捐款4万元,华润燃气、华腾光学仪器分别捐款3万元。(周振兴)

区政府办公室工作

【概况】 2022年,通州区政府办公室始终围绕办公室“三服务”工作职责,积极发挥参谋辅政、统筹协调、督促检查、运行保障等作用,有力推动区政府中心工作高效运转,完成全年目标任务。

【秘书工作】 2022年,通州区政府办公室强化以文辅政能力,提升文字材料水平,高质量完成各类报告、讲话、汇报材料,规范做好公文办理工作,切实做到不积压、不延误、无纰漏,全年共接收处理上级来文7000余件、下级请示650件。认真分析全区在落实创新驱动、推动产业升级、拓展投资空间、促进乡村振兴等战略部署方面的基础和优势,对工作主题主线、重大政策举措、具体落实途径等进行思考谋划,确保区委区政府各项工作高效落实。

【调研工作】 2022年,通州区政府办公室注重结合工作实际开展调查研究,深入基层一线，及时有效掌握社会诉求和群众期待，积极为区政府决策部署出谋划策。围绕国家、省重要决策的贯彻落实情况、重大改革的进展情况、涉及群众切身利益的有关问题等主题上报信息，全年上报省、市各类信息216条，其中省政府办公厅采用41条，国办采用26条，国务院、省政府领导批示7条。围绕区政府中心工作，积极向部门约稿，全年编辑《通州信息》39期。

【督查工作】 2022年，通州区政府办公室强化议定事项督查，聚焦政府常务会议、区长办公会、区领导召集专题工作会，对议定事项进行分解立项、跟踪交办。会同区纪委、区委文明办、发改委、生态环境局等职能单位对省委巡视整改、文明城市创建、粮食安全巡查整改等工作开展专项督查，形成专项督查专报6期。选定民生实事、重点项目、建议提案办理等全区重点工作，开展常态化督查，形成督查专报5期。强化对建议提案集中交办，以办理结果为导向，加强同区人大办、政协办沟通联系，共同召开建议提案办理推进会，全年621件建议提案均在规定时间内高质量办结。

（瞿　娟）

人力资源管理

【概况】 2022年，通州区围绕全区经济社会发展需要，不断拓宽渠道，强化人才引进；分类培养，强化素质提升；搭建平台，强化创新驱动；落实政策，强化政治引领。各类人才总量持续增加、结构逐步优化、作用发挥显著，队伍素质和贡献率进一步提升。

【人才载体建设】 2022年，通州区招收博士后8人，引进留学回国人员72人。培育沃太能源股份有限公司升级为国家级博士后工作站，全区博士后工作站（创新实践基地）达24家，蝉联全市第一。全区在站博士承担科研项目32项，申请专利46项。培养江苏恒科新材料有限公司樊玮成为全市唯一的江海英才培养专项第二层次博士后；培育南通罡丰科技有限公司入选年度“江苏省最具成长潜力的留学人员创业企业”，为全市2家企业之一。组织指导江苏深蓝航天科技有限公司霍亮荣获“第十届江苏创新创业大赛”新创业组二等奖；培养南通亚振东方家具有限公司乡土人才傅泽勋入选江海英才培养专项计划。乡土人才高级职称获评人数占全市60%以上，位居全市首位。

【技能人才培养】 2022年，通州区持续加大高技能人才培养力度，推动技能人才评价向高级工以上倾斜；支持企业自主确定职业（工种）范围，自主设置岗位等级，自主确定评价方式和评价内容；大力指导企业培养和认定数字技能人才。全年技能人才评价7203人，其中高技能人才2422人，新增技师199人、高级技师111人，培养数字技能人才1760人。

【职称评审】 2022年，通州区紧紧围绕人才强区和创新驱动发展战略，坚持把培养造就创新创业人才和行业急需紧缺人才放在突出位置，努力建设一支规模大、结构优、素质好、竞争力强的专业技术人才队伍。是年，全区新增专业技术人才18161人，专业技术人员知识更新工程培训31576人，数字经济人才450人。申报南通市高级职称奖励207人，发放奖励补贴105万元。建设工程副高申报243人，通过190人。企业自主评审3场次，参评人数268人，通过222人。截至年末，建设工程副高1054人，占全市近25%，建设工程中级自主评审企业5家，累计评审26场次，参评人数3731人，规模均位列全市第一。区综合工程初、中级职称评审各一批次，初级申报106人，通过率96.4%；中级通过159人，通过率81.1%。乡村振兴技艺师高级职称24人，乡村振兴技艺师中级职称19人。

【人事管理】 2022年，通州区组织开展全区事业单位工作人员招聘，先后会同区教体局、区卫健委组织实施6个批次事业单位工作人员的招聘工作。其中，区属事业单位聘用55人，教体系统公开招聘209人，卫生系统公开招聘93人。完成31家事业单位岗位设置变更方案的审批及岗位聘用情况的验收认定，完成1726名人员聘用岗位变动核准工作。组织参加市2022年度“强富美高”新南通现代化建设先进集体和先进个人推荐评选工作，13个集体、18人获市级荣誉。

【人才招聘及补贴】 2022年，通州区将线上云聘与线下招聘相结合，多渠道引人才助发展。与省内外30多所高校建立长期稳定合作关系，成功举办“才聚

2022年，通州区多渠道引人才，助力经济社会发展。图为9月25日中国地质大学（武汉）招聘现场

（曹琳琳　摄）

江海·智汇通州”人才招聘空中双选会暨服务重大项目沉浸式云聘活动；开展“才来江海”武汉地区名校优才校园招聘；承办南通市2022“滨江夜·梦工厂”通州区人才夜市专场，全年新增参保高校大学生4518人。积极推进大专生(高级工)综合补贴工作，在面向企业本科及以上学历、副高以上职称人员的基础上，扩展至全日制普通高校大专毕业生及高级工，全年共为262人发放引进人才生活津贴和购房补贴403.68万元。

(王　琴)

2022年高级职称人员名录

正高(48人)：

研究员：

南通市通州区疾病预防控制中心：

王　烨　刘　玉

主任医师：

南通市通州区人民医院：

张鹏鹏　张　净　曹　飞

喻　洪　徐　昱

南通市通州区中医院：

刘青江　庄朝华

南通市通州区第二人民医院：

周　霞　瞿葛熔　马震星

南通市通州区妇幼保健计划生育服务中心：曹　莉

南通市通州区二甲中心卫生院：

吴亚萍

南通市通州区刘桥中心卫生院：

成晓芳

南通市通州区平潮中心卫生院：

陈晓霞　卫震林

主任中药师：

南通市通州区中医院：顾永江

主任技师：

南通市通州区人民医院：刘小朵

主任护师：

南通市通州区人民医院：

张锦言　许玉荣　张季云

南通市通州区中医院：曹春霞

社区主任医师：

南通市通州区城区社区卫生服务中心：

黄　玉

南通市通州区东社镇东社卫生院：

纪　良

南通市通州区平潮镇平潮卫生院：

李继东　金　枫　姚建琴

南通市通州区平潮镇平东卫生院：

陈苏玲

南通市通州区十总镇骑岸卫生院：

王玉芬

南通市通州区十总镇十总卫生院：

唐晓荣　郭红英

南通市通州区西亭镇卫生院：

俞卫娟

社区主任护师：

南通市通州区城区社区卫生服务中心：

张玉娟　张　英

南通市通州区五接镇卫生院：

杨美娟

南通市通州区兴仁镇四安卫生院：

郭秀芹

社区主任药师：

南通市通州区五接镇卫生院：

朱　峰

正高级工程师：

江苏恒科新材料有限公司：柳敦雷

南通四建集团有限公司：张勇明

正高级经济师：

南通众艺建筑安装工程有限公司：

李灵锋

正高级教师：

南通市通州区教师发展中心：

沈晓彦

南通市通州区金沙中学：

薛　军　刘新军

正高级讲师：

江苏省通州中等专业学校：姜进梅

通州区委党校：张洁云

一级美术师：

南通市通州区文化馆：李　进

正高级畜牧兽医师：

南通市通州区畜牧兽医站：李志芳

副高(511人)：

副研究员：

南通市通州区人才服务中心教育分中心：邱朝霞

副主任医师：

南通市通州区人民医院：

施　宇　蒋晓冲　顾小林

季苏娟　潘国明　黄礼明

冯　琰　沈枫枫　顾　晔

成　军

南通市通州区中医院：

吴逢春　季盛华　虞薇赟

赵　燕　秦春峰

南通市通州区第二人民医院：

邱凌燕　魏　刚

南通市通州区疾病预防控制中心：

周荣华

南通市通州区刘桥中心卫生院：

李丽建

南通市通州区平潮中心卫生院：

徐　岗　顾　云　杨　鑫

顾　骑　许　培

南通市通州区石港中心卫生院：

顾淑娟　陈汉军

副主任中医师：

南通市通州区中医院：

于建锋　陶燕华

副主任中药师：

南通三越中药饮片有限公司：

吴慧峰

南通通州南山老年病医院：

吴　云

副主任药师：

南通市通州区平潮中心卫生院：

夏滩滩

副主任护师：

南通市通州区人民医院：

徐春燕　徐冬梅　刘利华

吴迎辉　季佳美　顾明慧

沈铃华　丁培琴　孙亚男

曹宇凤　吴国庆　张亚辉

南通市通州区中医院：

吴　霞　李春芳　季洁芳

曹建霞　孔红梅

南通市通州区第二人民医院：

葛　霞

南通市中心血站通州分站：

郁宁凤　窦翠萍

南通市通州区二甲中心卫生院：

季莉莉

南通市通州区刘桥中心卫生院：

卫美炎

南通市通州区平潮中心卫生院：

卫梅梅　金　艳　赵　娟

杨飞飞　张烨华

南通市通州区石港镇中心卫生院：

杜迎军

社区副主任医师：

南通市通州区城南社区卫生服务中心：

金志江　徐　培　殷晓红

南通市通州区东社镇五甲卫生院：

朱卫红
南通市通州区二甲镇卫生院:
蒋　平
南通市通州区平潮镇平东卫生院:
宋建平　段红灵
南通市通州区平潮镇栖凤居卫生室:
陆　芳
南通市通州区十总镇骑岸卫生院:
吴小飞
南通市通州区十总镇十总卫生院:
黄云峰
南通市通州区先锋街道社区卫生服务中心:朱建均　叶火红
南通市通州区张芝山镇卫生院:
邱训杰
通州吴华全科诊所:吴　华

社区副主任中医师:
南通市通州区刘桥镇慎修村卫生室:
汤燕梅
南通市通州区平潮镇平潮卫生院:
徐舒乐　顾　琳
南通市通州区平潮镇平东卫生院:
李亿平
南通市通州区西亭镇卫生院:
宋金华

社区副主任护师:
南通市通州区城南社区卫生服务中心:
季红芳
南通市通州区城区社区卫生服务中心:
吴朴玉
南通市通州区川姜镇卫生院:
虞晓菲
南通市通州区东社镇五甲卫生院:
张　艳
南通市通州区二甲镇卫生院:
季竹梅
南通市通州区平潮镇平潮卫生院:
何佳露
南通市通州区十总镇骑岸卫生院:
盛明芳
南通市通州区先锋街道社区卫生服务中心:潘晓枫
南通市通州区兴东街道社区卫生服务中心:钱美霞
南通市通州区兴仁镇兴仁卫生院:
陈艳梅

社区副主任技师:
南通市通州区平潮镇平潮卫生院:
罗　霞

社区副主任药师:
南通市通州区平潮镇平潮卫生院:
张云芳　张建霞
南通市通州区十总镇骑岸卫生院:
徐亚南

中小学高级教师:
江苏省通州高级中学:
黄小娟　张　艳　王新星
陈晓丽
南通市通州区金沙中学:
张慎桢　潘晓杭　宋晓丹
王　卫　赵丁梅　吴益立
南通市通州区育才中学:
何佳晖　丁新金　张建芹
张艳兵　潘晓露　潘红裕
施林丽　张骏峰　吴　锋
仲立中　季晓梅　张　娟
葛雅君　季君蓉　黄　锐
宗　阳　周伯林　孙南南
季晓强　卫金华　周国强
张小丽　王晓华　蒋建峰
南通市通州区实验中学:
葛军旗　曹爱华　张　旭
邱　兵
南通市通州区金北学校:
李小燕　季葆华　徐丽霞
南通市通州区文山初级中学:
朱红霞　戴玉娟　张建芬
张莹钰　费　芳　徐鋕楠
张永进　陈　俊　方姜平
沈卫芳
南通市通州区金郊初级中学:
纪红芳　薛美华　邱　娟
季　颖　顾宏新　朱圣华
冯　霞　邢雪梅
南通市通州区特殊教育学校:
杨小燕　徐卫娟　张玉萍
吴玉蓉　徐艳梅　张丽娟
南通市通州区实验小学:
陆艳林　邱洪艳
南通市通州区南山湖小学:
王树峰　蒋红艳　华刘军
杨海林
南通市通州区金沙小学:
肖　云　俞　燕
南通市通州区金乐小学:
虞冬梅　王菊芳
南通市通州区兴东小学:钱栋彬
南通市通州区青少年宫:姜　励

幼儿园高级教师:
南通市通州区金洲幼儿园:胡　霞

中小学高级教师(乡村):
江苏省西亭高级中学:
白　钰　王美云　丁晓言
唐金锋　沙娅君　陈志刚
李　锋　陈伟荣
南通市通州区平潮初级中学:
马继兵　林　云　何　彦
南通市通州区新坝初级中学:
杨春锋
南通市通州区川港中学:
张　慧　袁伟国　陈　菊
宋文燕　龚　华
南通市通州区二窎中学:
曹　建　张　云
南通市通州区四安中学:张　燕
南通市通州区先锋初级中学:
葛朝霞　顾　宏　胡惠中
南通市通州区袁灶初级中学:
季春鸿
南通市通州区金余小学:
丁建华　陶　峰
南通市通州区张謇学校:顾玉梅
南通市通州区西亭小学:秦志平
南通市通州区五窑小学:王　丽
南通市通州区二窎小学:姜继锋
南通市通州区骑岸小学:葛建玲
南通市通州区兴东小学:张　燕
南通市通州区平潮小学:保　群
南通市通州区赵甸小学:
陆　钧　韩　霞
南通市通州区英雄小学:杨明珠
南通市通州区家纺城小学:
陈雄鸣　陈　华　张丽萍
周卫鑫
南通市通州区姜灶小学:吴莉华
南通市通州区正场小学:陆国红
南通市通州区五甲小学:徐国建
南通市通州区新坝小学:袁海军
南通市通州区先锋小学:张海军
南通市通州区余北小学:
李　凤　曹小勇
南通市通州区平东小学:陈汉杰
南通市通州区庆丰小学:陆建锋
南通市通州区袁灶小学:卫　旦
南通市通州区纱场小学:姜佳佳

高级讲师:
江苏省通州中等专业学校:

王　芳　陆　洋　周飞飞
倪　霞　印庆永　李　峰
李　霞　张　亚　宋天兵
秦晓鹏　赵阳红　陈卫达
徐生峰

高级工程师：

南通海星电子股份有限公司：
周小兵　孙新明　何桂丽
施克俭　陈　健
南通海立电子有限公司：毛　建
南通海一电子有限公司：刘　慧
南通江海电容器股份有限公司：
陆亚平
南通一诺城镇建设开发有限公司：
王　斌
通州区融媒体中心：
徐莉莉　倪　红　蔡　杰
马晓春
江苏有线网络发展有限责任公司通州分公司：邵新建
南通四方制冷工程有限公司：
单亚飞　曹德云
南通江华热动力机械有限公司：
张九新
雄邦压铸(南通)有限公司：王俊有
江苏蒙哥马利电梯有限公司：
陶晓毅
江苏甬金金属科技有限公司：
王　勇
江苏镨赛精工科技有限公司：
贲海峰
丽辉建设(江苏)有限公司：
季　星　翟少华　俞立新
南通万达建设工程有限公司：
马耀卿　沈　建　姚　辉
沈炳杰
南通乾德混凝土有限公司：丛　慧
南通亚东新建设控股集团有限公司：
吴胜彬
南通兴建机械科技有限公司：
包　建
南通利达市政工程有限公司：
倪金国　李荣华　刘　军
南通加泰混凝土有限公司：
钱　善　丁海东
南通华博建设工程有限公司：
成建国
南通华威市政建设工程有限公司：
邢国成　吴朱华
南通华宇建筑装饰有限公司：
杨李锋
南通华新环保科技股份有限公司：
顾曙光　秦雪峰　殷亚东
王　勇
南通四建幕墙工程有限公司：
吴卫华
南通四建集团建筑设计有限公司：
孙佳佳　沈晓锦　唐新春
高晓培
南通四建集团有限公司：
周彦臻　戴　刚　王　义
房建军　周　瑜　郑尧春
张　汲　姚志光　李晓东
曹建峰　顾小春　顾　鑫
唐建华　施　磊　昝卫兵
花　蕾　张　剑　张慎国
徐　卓　季潜昊　吴卫星
丁　成　张峥峰　陈婷婷
倪中华　马小伟　徐寅鹏
宋晓明　单　军　王建彬
殷　明　顾晓烽　张新峰
张　峰　瞿亚峰　陈春飞
陈永华　王德林　瞿光荣
郭建波　魏运锋　钱　镭
李　飞　秦璐璐　瞿　洋
钱　俊　张迎娟　陈　岗
张小春　陶火峰
南通市华德房地产有限公司：
尹东伟　周幼童　葛莉华
徐胜男
南通市江海公路工程有限公司：
王欣然　吴卫国　曹晓波
严晓标　沈　阳
南通市通州区碧盈房地产开发有限公司：曹　睿　曹俊杰
南通市通州区绿色建筑推广中心：
顾　巍
南通市通州区苏通试验检测有限公司：
毛莉华　陆志峰
南通建山再生资源有限公司：
单志娟
南通德诚房地产有限公司：夏新春
南通扬子设备安装有限公司：
郭锦华　邓申兵
南通承悦装饰集团有限公司：
徐国均　许益权　葛佳楠
姜春峰　徐小莉　张　玲
黄苏苏
南通新华建筑集团有限公司：
任志军　瞿　剑　吴汉成
纪康兵　陶　波　李建生
黄　云　吴　松　沈张建
周卫红　丁祝华　赵秦斌
冯军华　黄鹏程　黄宏山
张　剑
南通新华建筑集团有限公司苏州分公司：赵　薇
南通新华钢结构工程有限公司：
朱文翔
南通明达建设工程有限公司：
张宏星
南通永盛建设混凝土有限公司：
王　金
南通润泽智能科技有限公司：
王孝明　戴卫东
南通盛德商品砼有限公司：余　华
南通碧盛置业有限公司：周涵秋
南通神辉置业有限公司：徐宏亮
南通科创建设工程检测有限公司：
张忠华　单春艳
南通耀华建设工程质量检测有限公司：
江涵聪　金　晶
南通通博建设工程有限公司：
单海军
南通通博设备安装集团有限公司：
孙彩军　陆卫国
南通金通市政工程有限公司：
许　锋　翟金军　季香钦
南通铁军建设监理咨询服务有限公司：
刘建枢　丁徐华
南通长城建设集团有限公司：
刘　春　陶进杰　顾小卫
南通鼎通交通工程有限公司：
姚蓓蓓　庄　剑
江苏格雷特起重机械有限公司：
李红星
江苏正金建筑装饰工程有限公司：
蒋友全
江苏船谷重工有限公司：冯新建
江苏达海国际建设工程有限公司：
黄海涛
江苏达海智能系统股份有限公司：
龚文杰
江苏通州一建建设集团有限公司：
易杰清

江苏通州二建建设工程集团有限公司:
吴建锋　周晓东　李　翔
牛亚犇
江苏通州四建集团有限公司:
陈桂清　何永南　黄荣华
王建峰　陈　雷　顾金锋
沙益均　赵建兵　李　建
杨志成
通州建总集团有限公司:
张称华　包智坚　高志镭
于朝瑞　武会杰　金艳会
刁左国　张　卫　邢光彬
马会岭　徐杏罗　季剑蓉
袁文超　陆桂吉　黄魏魏
陈　娟　赵　培　曹　铭
毛玉明　季家忠　钱　炜
陆威屹　李洲华　潘景国
张　聪　谢曙光　陈张仪
江苏大海塑料股份有限公司:
徐　建
南通象屿海洋装备有限责任公司:
仲维健　秦伟民　范冬云
孙鑫祥
江苏恒科新材料有限公司:韦开顺
江苏康溢臣生命科技有限公司:
何晓霞
创斯达科技集团(中国)有限责任公司:张　翔
江苏准信自动化科技股份有限公司:
钱　园
南通市通州区交通运输综合执法大队:
张雪彤
南通交融建设工程有限公司:
严春明
南通市通州区综合检验检测中心:
姜晓周
江苏新聚环保科技有限公司:
李俐俐
南通市通州区十总镇水利站:
葛惠林
南通市通州区农机排灌管理所:
杨秀珍
南通市通州区农业机械化技术推广站:
曹海燕
江苏科信岩土工程勘察有限公司南通分公司:徐　苏
南通九宇测绘有限公司:戴天帅
高级建筑师:
江苏通州二建建设工程集团有限公司:
纪　南
高级会计师:
南通市通州区财政局(投资评审中心):孙烨烨
南通长城建设集团有限公司:
黄　峰
南通四建集团有限公司:王卫东
通州建总集团有限公司:潘天红
南通鸿劲金属铝业有限公司:
王　宁
南通富通城市建设有限公司:
朱严彬
南通中鸿通准税务师事务所(普通合伙):黄晓静
高级经济师:
南通市通州区劳动就业管理中心:
单丹平
南通市通州区平潮镇人民政府:
孙永红
南通市通州区五接镇综合服务中心:
赵爱萍
通州区医疗保险基金管理中心:
李飞飞
南通市通州区人民体育场:周玉梅
南通通博设备安装集团有限公司:
张　蓓
南通市通州区平潮镇综合服务中心:
赵建军
江苏有线通州分公司:陆建香
高级审计师:
南通综艺投资有限公司:蒋　超
高级人力资源师:
南通市通州区川姜镇综合服务中心:
瞿海燕
南通市通州区二甲镇人民政府:
曹艳华
南通海星电子股份有限公司:
严俐华
南通飞云工艺家具有限公司:
高平平
南通玖方新材料科技有限公司:
葛金华
南通市荣达通房地产开发有限公司:
徐　飞
创斯达科技集团(中国)有限责任公司:于洪红
南通通达矽钢冲压科技有限公司:
刘　洋
连邦网络科技服务南通有限公司:
赵　莉
高级农艺师:
南通市通州区金新街道综合服务中心:
张　燕
南通市通州区十总镇综合服务中心:
蒋羽华
南通市通州区西亭镇综合服务中心:
朱春红
南通市通州区作物栽培技术指导站:
成　伟
通州区耕地质量与农业环境保护站:
姜雪飞
南通市通州区综合检验检测中心:
陈卫菊
通州区金沙街道综合服务中心:
张建新
高级乡村振兴技艺师:
自由职业者:曹桂华　朱树云
南通市装裱艺术家协会:
王文银
南通复成农机专业合作社:
王　进
通州区平潮镇久宝红木家具厂:
陶建华
高级畜牧兽医师:
南通市通州区畜牧兽医站:董美荣
高级农业经济师:
南通市通州区平潮镇综合服务中心:
宋林灵
南通市通州区十总镇综合服务中心:
徐淑英
高级工艺美术师:
南通市通州二甲曹裕兴布坊:
曹晓峰
南通市通州华星红木艺术品厂:
陈建华
主任编辑:
南通市通州区融媒体中心:张雪松
二级演员:
南通市通州歌舞团:季新华

(申　洁)

行政审批与政务服务

【概况】 2022年,通州区以市场主体期待和诉求为导向,不断提升涉企服务水平,推进全链条优化审批、全周期提升服务、全过程公正监管,营造高效规范便利的政务服务环境。政务服务各窗口全年共受理并办理各类行政审批、许可、服务事项288.39万件。其中财政局办件量5437件、不动产交易中心办件量8.99万件、自然资源规划局办件量154件、住建局办件量326件、安监站办件量375件、城管局办件量451件、税务局办件量188.88万件、交通运输局办件量1.02万件、农业农村局办件量3136件、公安局(治安)办件量31.54万件、公安局(出入境)办件量168件、消防大队办件量87件、水利局办件量79件、烟草局办件量1679件、公积金中心办件量5.11万件、就业服务中心办件量2.22万件、人才服务中心办件量6820件、企保中心办件量3.23万件、人社局信息中心办件量5789件、医保中心办件量27.84万件、审图中心办件量323件、移动公司办件量640件、公交公司办件量5250件、电信公司办件量4057件、自来水公司办件量3.35万件、华润燃气办件量5.48万件、有线电视办件量1.48万件、邮政窗口办件量7653件、供电公司办件量3.02万件、审批局办件量1.99万件。

【涉企服务】 2022年,通州区提档升级企业开办模式,做优企业开办全流程“一件事一次办”,实施企业开办各环节“分钟制”精细化管理,半日办结率达95%以上。推行“一照多址”“集群登记”多样登记模式。拓展企业开办“一站式”银行网点,实现“开办即开户”。市场主体登记提质增效,推行企业登记身份验证移动应用,对接公安可信身份认证平台,完善用户认证及管理机制。集成服务提升涉企服务水平,全市首推歇业“一件事”改革,打造股权转让“一次办”专窗。建设完成企业电子档案网上查询系统,实现企业查档“零见面”“零跑腿”“秒办”。深化落实“证照分离”“证照联办”改革,稳步推进开便利店“一件事”、开药店“一件事”,巩固“先照后证”改革成果。

【服务项目建设】 2022年,通州区强化项目审批“前延”服务,组建“前延”服务首席咨询师服务队伍,开展“批前”指导,推动重大项目加快建设实施,顺利投产达效。推出“预先审+容缺办+承诺制”项目审批模式。设立重大项目服务专窗,建立“预先审”服务机制,推行建设项目“容缺办、承诺制”审批机制。代办帮办打造项目审批直通车,全面推行项目报批全链代办,畅通项目报审“最先一公里”。推进重大项目“拿地即开工”审批服务常态化、重大项目“交地即发证”常态化、社会投资低风险项目审批监管简易管理。推行建设工程项目“多测合一”。实施核发施工许可证“工程质监安监手续后置”等改革举措,项目实际审批时间缩短至0.5—1个工作日。

【服务效能提升】 2022年,通州区升维推进“通城通办”“跨省通办”。全面分析梳理“通城通办”政务服务事项,50项政务服务事项实现“通城通办”。在政务服务大厅内新部署的自助服务终端上可实现连接上海、浙江、山东等18个已部署自助办理终端的省(自治区、直辖市)进行线上跨省通办。深化“一件事一次办”改革标准落实,部署落实“一件事”服务指南维护,组织制定完善服务标准。梳理清单推进简政放权,组织编制全区行政许可事项清单,全区共筛选行政许可事项251项。设置道口审批专窗,积极筹建平台系统集成,进一步确定道路占用挖掘许可审批事项工作细节,确保7个工作日内出具审核意见,专窗一窗受理、一套材料、统一送达。

【服务体系建设】 2022年,通州区推进政务大厅综窗建设,政务大厅智能化改造,建成具备“好差评”、自助预约、取号叫号等功能为一体的智慧政务大厅平台体系。推动分中心一体化管理,指导部分镇街便民服务中心大厅标准化改造,协调更多业务进驻镇便民服务大厅。提升基层网上办件能力,推动镇街服务事项标准化,引导文明服务规范化,推动落实建设标准化、规范化、便利化、现代政务服务体系。保障“互联网+”政务服务高效运行。设计升级通州政务服务网旗舰店,开展省定标准化公共服务事项认领、办事指南编制和政务网要素维护工作,确保上线事项做到“四级四同”。牵头全区各相关部门的政务服务事项流程在一体化平台部署使用。

【公共资源交易市场环境优化】 2022年,通州区多维度监管,织密交易市场秩序网。诚信承诺公示制度全面放开,公共资源交易信息提前公开,社会层面意见征集持续展开,营造诚实守信的招投标信用环境。理顺监管流程,加强对工程建设项目的核准与审查。强化培训考核,规范各方责任主体的监督管理。加快投诉处理进度,加大行政处罚执法强度,维护招投标活动各方当事人合法权益。持续做好各类项目全程电子化交易工作,大力落实推进招标投标服务便利化、智能化改革试点,拓展交易信息公开渠道,实现与“南通百通”APP、“掌易捷”APP无缝衔接。免收交易服务费、交易平台使用费等费用,提升电子保函应用力度,从快、从早做好投标保证金限时退还工作,为市场主体减负促活。

【打造法治化营商环境】 2022年,通州区强化行政复议监督功能,建立败诉案件年度通报制度,实行重大行政争议预警制度,加强行政复议诉讼纠错案件分析研判。推进决策、执行、管理、服务和结果公开,做到法定主动公开内容全部公开到位,依法保障企业群众合理信息需求。创新建立集日常服务“好差评”、常态化社会监督、第三方机构专业评于一体的“三全”评价模式,聘用“政务服务特约社会监督员”,开展“社会开放日”活动。 (苏晓容)

应急管理

综　述

【概况】 2022年,通州区始终保持“时时放心不下”的责任感和“隐患无处不在,成绩每天归零”的清醒认识,解放思想,主动作为,安全生产专项整治“三年大灶”收官,全区安全生产事故起数、死亡人数实现“双下降”。

【队伍建设】 2022年,通州区坚持“党建”“安全”双融共促,“作风”“效能”齐抓并进,树立“1+2+4+20”党建工作体系,实施作风建设“0513”工程,融红色力量与治理攻坚于一体，将组织优势转化为治理成效。开展应急系统“能力素质提升年”活动，以大培训、大练兵、大比武等方式增长本领才干，确保人人从“依赖专家”向“一人多能”转变。加强基层安监机构建设，全区基层安全生产监督管理机构人员新增27人，确保各镇(街道)专职工作人员不少于6名。全区常住人口10万人以上镇(街道)均已采取“撤一建一”方式，由在综合行政执法局挂牌设置调整为单独设置安全生产监督管理局，并配备局长1名、副局长2名。明确14个镇(街道)安监局应急管理、防灾减灾救灾工作的负责人。

【科技赋能】 2022年，通州区成功承办全市“制度化管理、实时化监控、自动化阻隔、现代化救援”现场推进会。实施“四化”举措，细化全区19个重点行业领域“四化”子方案，69项工作任务分工到位、序时推进。特种设备“天网”工程持续发力，对接入监控的672家单位安装2000余个监控设备，实现自动识别、自动预警、实时处置、自主反馈。在先锋街道试点的“安全隐患直报平台”APP，连线重点企业监控网络，滚动核查、研判分析、执法检查，成为底数清、情况明、风险晰的“活档案”。开沙村被列入全国防灾减灾示范社区推荐名单。深化化工企业监测预警、燃气安全智慧监管、市政管网智慧监管、危化品道路运输车辆实时监测预警等数据汇集，重点打造“线上预警监测+线下精准执法”监管模式。

【安全生产责任体系】 2022年，通州区出台《区领导2022年重大节日和重要活动期间安全生产检查方案》等文件，推动各级党政干部知责明责、照单履职。动态调整区安委会组成人员，督促各行业领域主管部门严格落实“三管三必须”法定职责，发挥“1个安委办+14个专业委员会”“专业+协同”作用，召开专题协调会和推进会，统筹解决安全重大问题。严格季度考核点评，研究《2022年南通高新区、各镇(街道)党委政府和区安委会成员单位履行安全生产工作责任考核评价指标》，优化《通州区2022年安全生产应急管理防灾减灾“双百分制”考核办法》，组织对住建、交运、商务、市监等部门的专项巡查，着力构建“部署—推进—督查—验收—销号—长效”的完整工作链条，实现闭环管理。持续推进“6+1”网格工程，结合每月集中培训日，组织体制内人员定期到挂钩企业开展检查、培训等活动。细化完善企业安全生产主体责任清单，形成生产经营单位安全生产主体责任对照检查表，对上市(拟上市)企业实施优化服务15条措施，对一般企业编印《企业落实安全生产主体责任190条》，指导企业挂图作战，逐条逐项自查自改。深化安全生产标准化建设，全区共创建二级标准化企业32家、三级标准化企业872家。全区系统内5859家工业企业全部完成风险报告，上报较大以上风险7825条。

【安全生产隐患排查】 2022年，通州区紧紧围绕“15条硬措施”和省市细化要求，制定全区安全生产大检查对照清单和各类生产经营单位大检查措施清单，制定“百日攻坚”行动重点整治事项和目标任务，细化明确冬季安全生产专项治理行动监管要求，确保“规定动作”不走样、“自选动作”有特色。建立完善工作领导小组，协调推进专项整治任务，14个重大隐患全部整改完毕。建立周例会制度，各板块各部门共同分析研判存在问题和对应举措，以“底数清、情况明”促进“闭好环、见实效”。常态化开展安全检查和精准执法，全面推进企业自查、镇级普查、区级复查工作机制，建立企业风险底数模型，生产经营单位深入自查、“揪出”问题隐患6729条；各级各部门共检查企业8041家，发现并整改隐患7876条。“百日攻坚”期间，全区派出检查组608个，交叉互查组46个，召开调度会131次，排查整改隐患4720个。

【重点行业专项整治】 2022年，通州区以深入推进安全生产专项整治三年行动为抓手，对标重点任务，逐一开展总结评估，深入分析研判各类风险隐患。排查城镇自建房1493幢，其中，经营用房464幢，存在安全隐患建筑3幢，现已修缮加固1幢，停止使用2幢；“回头看”排查经营性自建农房7431户，排查新增经营性自建农房275户，发现新增安全隐患房屋4户。开展燃气设施检查15轮次、出动人员63人次，发放隐患交办单55份，排查并整改隐患212处。全面开展燃气使用隐患排查治理，共计拆除私接管道6143处，清理不安全场所使用瓶装气8379户，为全区7000户低保特困家庭免费安装可燃气体泄漏保护装置。城市建成区居民用户完成“瓶改管”“瓶改电”13083户，完成率100%。将11家企业纳入双重预防机制数字化建设名单，引导化工和危化企业开展从业人员学历提升教育，共计11家企业、20人参加学历提升。检查单位4120家，发现火灾隐患6170处，督促整改火灾隐患5895处，临时查封59家，“三停”单位41家。序时推广建设电气火灾监控系统74套，电动车集中充电场所建设70套，简易喷淋77套、独立式烟感550只。火灾起数下降13.6%，未发生人员伤亡。全区2233家企业开展老旧电气线路及电气设备设施安全自查，自查并整改隐患1043条；政府层面检查企业1388家，排查整改隐患793条。全区6个部门58个检查组深入园区一线开展出租厂房集中整治，排查整改问题隐患163个。对全区单班作业涉粉人数10人以上企业开展全覆盖执法检查，对2家单班作业涉粉人数30人以上企业实现压减。开展金属熔融企业安全专项治理行动，推行“专家+企业主要负责人+安全管理人员+岗位操作员工全过程在场”工作模式，开展全覆盖上门指导检查服务，形成“一企一报告”，全区累计完成诊断82家。在全区范围开展有限空间“清雷三号”专家指导服务。结合工业企业风险报告，进一步对辖区内电镀企业开展全面摸底排查，督促5家企业将电镀槽纳入有限空间进行管理。

【重大节点安全防范】 2022年，通州区将“防风险、保安全、迎(庆)二十大”主线贯穿全年安全生产工作，加强风险研判，结合安全生产新情况、新特点，动态调整防控重点，印发交办函30份、提示函31份、督办函17份、警示函6份。在重要时间节点组织开展对重点地区、行业、企业的安全生产巡查，消除监管盲区、堵塞管理漏洞。严格执行领导到岗带班、关键岗位24小时值班制度和事故报告制度，实行每日对讲机随机点调，对11家化工和危化品企业随时开展抽查。

6月1日，通州区"安全生产月"启动仪式在万达广场举行，主题为"遵守安全生产法 当好第一责任人"
（区应急管理局 提供）

【安全生产宣传教育】 2022年，通州区开展"百团进百万企业千万员工"安全宣讲活动，累计宣讲224场次，覆盖企业一线员工14604人。开展安全生产月、防灾减灾日、观看电视专题片《生命重于泰山》等活动和形式多样的安全宣传，印发燃气安全宣传单30万份。开展的书法摄影展被应急管理部、省应急管理厅报道，优秀作品被《南通日报》专版刊登。开展先进企业经验交流活动93场次，覆盖生产经营单位3745家次，13家企业获评市级"先进企业"。开展"新安法知多少"网络知识竞赛活动，全区注册参与人数6.7万余人。

【应急救援】 2022年，通州区组建4大类64支1792人应急救援队伍，开展应急骨干培训和应急队伍第一梯队紧急拉练活动，以"训"促"战"、以"战"处"突"。通州应急救援代表队参加全市2022年应急救援队伍职业技能竞赛，获综合成绩第一名。（盛 添）

消防管理

【概况】 2022年，通州区全面推进社会消防安全治理、队伍战斗力生成，主动适应"全灾种、大应急"形势任务，完成冬奥会（冬残奥会）、全国两会、中共二十大等一系列重大消防安保任务，积极推动各项工作深入开展。是年，区大队分别被省消防救援总队、市消防救援支队表彰为省"基层建设先进大队"、市"安全工作先进大队""消防执法先进大队""信息化建设先进大队""消防宣传工作先进大队""执勤岗位练兵先进大队"。

【组织保障】 2022年，通州区建有国家综合性消防救援队伍1支，政府专职队11支，共有消防指战员256人，各类执勤车41辆。是年，全区投入2703余万元为文盛路消防救援站、先锋、西亭、刘桥政府专职消防站采购消防车8辆（其中涵盖70米消防登高平台车1辆）及战勤物资保障分库战勤保障物资器材。

【灭火救援】 2022年，通州区消防救援大队共接警2009起，火灾946起，抢险救援315起，社会救助728起，出动车辆3791辆，出动18106人次，抢救被困人员68人，抢救财产价值1.5亿元。成功处置"3·23"川姜镇瑶瑶床上用品厂、"4·27"兴仁三庙村锂电池仓库、"7·28"先锋街道金舵纺织厂、"9·5"金新街道甬金金属科技有限公司、"10·17"兴东街道运油船舶等火灾和爆炸事故。结合总队、支队"三个一百""一短三快""高速公路取水设施建设试点"、化工单位灭火救援"五知五会三能"等灭火救援专项行动，有针对性地开展相关训练工作。

【消防执法监督】 2022年，通州区以消防安全专项整治"三年行动"为抓手，贯彻"祛火源、降荷载、强设施、畅通道、重管理"防控理念，在全区范围内部署开展大型商业综合体及大型医疗建筑、高层建筑、打通"生命通道"、电动自行车、消防安全大检查、居民住宅小区"百日攻坚"行动、在建施工工地、"三清"基层消防领域专项整治及生产经营、租住村（居）民自建房重大火灾风险综合治理、工业园区（集中区）消防安全等系列专项整治行动。针对南通高新区群租厂房（厂中厂）、先锋地区"家庭式作坊"、二甲袁灶地区家纺企业等突出隐患问题，开展"利剑2号"专项行动。全年共检查单位1681家，发现火灾隐患1175处，督促改隐患1146处，下发行政处罚313份，临时查封59家，"三停"单位41家，罚款302.23万元，拘留5人。提请政府挂牌督办重大火灾隐患单位6家，均按期整改销案。

【消防宣传培训】 2022年，通州区将消防宣传工作融入应急管理部门每月的安全生产集中培训，并借助6月"安全生产月"及"119"消防宣传月契机，组织开展消防宣传培训工作。分别在尚德幼儿园、实验小学运盐河小学、万达广场、南山湖水街打造消防微型体验室（点），投入10余万元在金霞路专职消防队建立消防安全教育体验馆。是年，全区共组织开展消防安全培训280场次，编发微信、发布消防宣传短信5万余条次。播放消防公益广告12次，播放宣传标语1000条次，刊发消防工作专刊6次，完成行业部门单位2100人次、镇（街道）、社区消防安全网格长、网格员1685人次培训。

【服务经济发展】 2022年，通州区积极探索推行首查不罚等监督执法机制，深化"放管服"改革，优化营商环境，建立大队监督员"一对一"挂钩服务联系行业部门和乡镇街道制度。组建消防安全技术指导服务队，对拟上市企业进行提前介入、主动服务、全程对接，第一时间为企业提供消防技术服务指导。是年，不予处罚案件15件，不予处罚涉及金额20余万元，从轻处罚58件，从轻处罚涉及金额101万元，柔性执法覆盖64个市场主体。（周 戴）

退役军人事务

【概况】 2022年，通州区锚定“让退役军人成为全社会尊重的人，让军人成为全社会尊崇的职业”工作目标，聚焦责任目标，强化措施落实，为全区退役军人事业发展夯实基础。

【服务保障体系】 2022年，通州区不断提升服务保障体系建设，实现从“有”到“优”质的飞跃，14个镇（街道）服务站100%达标市“五星级”标准，300人以上服务对象村（社区）服务站100%达到国家示范标准，实现服务保障网络从“有形覆盖”向“有效覆盖”转变。成功完成刘桥镇人民武装部与退役军人服务站“部站融合”试点工作，刘桥镇退役军人服务站被省退役军人事务厅评为“2022年全省优秀退役军人服务中心（站）”。指导通州区税务局“戎耀之家”建设，获评2022年度全省优秀“戎耀之家”。高质量推进“红色先锋”志愿服务工作，确保每月开展一次活动。召开服务保障体系建设季度推进会4次，组织全区退役军人工作者业务专题培训2批次，开展全系统“戎耀练兵”活动3次。

【移交安置】 2022年，通州区对照《符合政府安排工作条件退役士兵服役表现量化评分暂行办法》，经量化积分，安置其中退役士兵到事业单位和国企工作。举办转业干部及士官欢迎仪式，强化待安置期管理，组织系列教育实践活动，实现安置工作“三满意”。全年做好接收自主就业退役士兵工作，并发放一次性经济补助金。

【退役军人就业创业】 2月14日，通州区在区人力资源市场召开“春风送温暖、就业送真情”新春退役军人专场招聘会，组织67家企业参会，提供工作岗位1940个，多名退役士兵参加招聘，多人达成就业意向。11月5日，在通州中专举办2022年秋季退役军人专场招聘会，16家企业参加，多名退役军人参会并达成就业意向。全年开展网络招聘7场，帮助近百名退役军人就业。参加第二届江苏省退役军人创业创新大赛南通选拔赛，获

2022年，通州区全力推进退役军人优待证申领、发放工作。图为8月1日通州邮政分公司颁发退役军人优待证现场 （通州邮政分公司 提供）

一等奖2个、二等奖1个、优胜奖1个，获“突出贡献奖”。参加南通市退役军人“我的创（就）业故事”征文及演讲比赛，获一等奖1个、二等奖1个、三等奖3个，获“优秀组织奖”。组织退役士兵参加适应性培训和个性化培训，安排退役士兵顺利复学。发放教育培训补贴171.215万元。办结部分退役士兵社保接续若干人，并补缴金额。

【烈士褒扬】 2022年，通州区认真做好烈士褒扬工作和疫情期间清明代祭扫及“9·30”烈士公祭工作。完善退役军人事务部烈士褒扬系统信息。下拨国家、省补英雄烈士纪念设施维修经费到区烈士陵园及十总、刘桥、平潮、石港、西亭、东社、二甲7个镇。平潮赵甸慰烈园、石港慰烈园、西亭慰烈园、二甲慰烈园、刘桥万愿楼慰烈园完成改造修缮。十总新建的二爻慰烈园投入使用。推进兴仁镇、先锋街道、川姜镇、五接镇慰烈园建设。为1名烈士亲属换发烈士证。

【抚恤优待】 2022年，通州区为享受抚恤补助的优抚对象发放“两节”慰问金；为企业退休的“两参”退役人员发放专项慰问金。“两节”期间走访慰问住院精神类残疾军人，发放慰问品；走访慰问困难优抚对象，发放慰问金。及时把新增重点优抚对象纳入医疗保障范围。为残疾军人办理伤残抚恤关系转移，为残疾军人办理军人残疾证丢失补证工作。为1—6级残疾军人配置护理床、轮椅、助听器等康复器具，配合南通市假肢站为残疾军人配备腰围、病理鞋、护膝等辅助器具。对优抚对象进行关爱宜居工程改造。组织14名评调残、换证残疾军人和带病回乡退伍军人到指定医院进行残情鉴定，确认残疾军人的残疾等级和带病回乡退伍军人身份。审核上报的申请享受农村籍退役士兵老年生活补助和申请因公牺牲军人遗属抚恤金的材料通过审批。审批在乡老复员（残疾）军人遗孀生活补助材料和企退参战涉核退役军人生活补助材料。做好退役军人优待证申领工作，激活率51.0%。 （易 明）

区域治理

【概况】 2022年，通州区突出“基础，应用”，立足“实战、实用、实效”，聚焦“数据共享、预警预判、联动指挥、行政问效”，畅通群众诉求渠道，推动区域社会治理取得长足发展，“12345”服务效能不断提升，数字政府建设有效推进。

【网站管理】 2022年，通州区进一步明确政府网站建设和管理责任主体，完善制定落实《南通市通州区政府网站信息审核发布规范》《区政府网站信息审核发布管理制度》《通州区人民政府网站安全

应急预案》等相关网站管理制度。信息内容按“谁提供、谁审核、谁负责”原则，建立健全三级审核制度，在采集、编辑、审核、发布、纠错各个环节，定人定岗，分工负责。全年发布信息17235条，其中政务动态信息5015条，主动公开信息8663条，配合发布全区新闻发布会信息10期。建好“答问知识库”，精选更新社会关注度高的知识问答，涉及教育、医疗、民政等条目，发布知识问答60篇。在南通市2022年度政府网站测评及内容保障考核中均位列各县（市、区）首位，被省政府办公厅通报表扬。

【政策解读】 2022年，通州区区域社会治理现代化指挥中心服务全区重大会议、活动，综合运用图文视频、报告图解等手段宣传重大决策部署。抓好区人民政府网站“政策解读”专栏建设，汇总发布与民生密切相关、社会关注度高或专业性强的重要政策文件解读情况，提高图文政策解读比例。全年发布政策解读83篇，其中图文解读16篇。

【在线服务】 2022年，通州区区域社会治理现代化指挥中心以“江苏政务服务网 · 通州区”为办事服务入口，集中提供在线服务，实现网站统一受理、记录和反馈。有效整合相关服务资源，按主题分为教育服务、健康服务、交通服务等；提供招聘招考、供电服务、供水服务、交通信息等便民查询服务。是年，区人民政府网站主题服务板块自主更新166条，市县一体化平台办件量达6000件。

【政民互动】 2022年，通州区区域社会治理现代化指挥中心搭建统一的互动交流平台，在区人民政府网站开设区长信箱、书记信箱、公众监督、在线访谈、网上直播、调查征集等栏目，“通州政府网”微信公众号接受网民建议、投诉、咨询、求助，实现网友诉求汇聚，统一受理、呈送、转办、督办、答复。全年开展在线访谈活动8期，网上直播10次，调查征集8次，内容涉及2022年学前教育、义务教育招生办法、2023年民生实事项目建议征集等。

【政务热线】 2022年，通州区“12345”政务服务便民热线创新开展“十佳优秀工单”评选、不满意工单“清零”行动等活动，不断完善管理制度、配优配强话务人员、强化政务信息支撑，办理质效不断提升。全年受理各类工单事件32.61万件，整体接通率95.7%，按时办结率98.5%，综合满意率96.8%；承办市指挥中心各类预警工单，并在规定时间内完成现场核实和情况反馈，按时签收率和办结率均为100%，获评省级营商环境（“12345”政务服务满意度）评价县（市、区）突出贡献单位。

2022年，通州区加强技术投入，提升数据应用效能。图为区自然人状态综合服务平台工作现场
（区区域社会治理现代化指挥中心 提供）

【资源共享】 2022年，通州区政务信息资源共享交换平台汇聚46家区级部门单位、14个镇（街）数据资源1511项、数据量6.3亿余条，日交换量330万余条。完成级联，实现数据双向共享，在市平台共享资源355项、订阅资源267项，对公众开放数据81项，申请调用国家部委数据接口11项。是年，通州区区域社会治理现代化指挥中心获评南通市数据共享开放工作优秀单位第一名。

【数据应用】 2022年，通州区区域社会治理现代化指挥中心继续加强技术投入，做好系统实施情况评估、优化与应用创新。通过提高硬件性能、升级软件功能等手段，进一步提升区智能化协同办公平台稳定性，日均登录超2000人次，平台辐射用户8558人；自然人状态综合服务平台新增上线核酸采样结果比对、婚姻状态查询等服务，全年提供尊老金、医保、城居保、退休人员、残疾人等资格比对2052次，分析出有效异常数据14399条，为全区各级各单位提供更精准、更全面的人口状态智能分析服务；创新开发镇村数字治理平台，着力解决村（社区）报表多、台账多、数据采集多、承担职责范围外事项多等问题，该应用入选2022年南通市市域治理十佳创新示范案例。

【项目建设】 2022年，通州区区域社会治理现代化指挥中心按照集约节约、精准精细、共建共享原则，完善项目管理办法，优化项目管理信息系统，引入项目监理服务，统筹推进部门政务信息化项目集约高效建设。加快开发数字政务多场景应用系统，审核确认年度计划项目30个，受理特殊申报项目46个，办理备案项目28个，涉及金额超亿元。 （吴小桁）

信访工作

【概况】 2022年，通州区紧盯“四下降、四提升、四个不发生”工作目标，以党的二十大信访保障工作为主线，以“信访突出问题攻坚化解年”行动为抓手，健全完善体制机制，强化矛盾风险防范，合力攻坚信访积案，依法规范信访秩序，为经济社会高质量发展创造和谐稳定的社会环境。是年，通州区获评2022年度全省信访工作先进县。曹勇被省人社厅和省信访局表彰为江苏省信访工作先进个人。

【化解信访积案】 2022年，通州区信访部门落实包案171件，化解153件。实行重大决策社会稳定风险评估机制，最大限度避免和减少因决策不依法、不科学、不民主引发的矛盾和问题。开展滚动式排查，对123件区级案件及突出问题、87件市级以上交办案件，全部明确区领导包案。区委常委会、区政府常务会议每季度专题听取信访情况汇报。区委分管领导每月主持召开全区信访工作联席（扩大）会议，听取各单位信访积案化解情况汇报，会商化解稳控措施，有效推进信访“存量”削减。

【强化源头治理】 2022年，通州区连续五年在全区开展“无访”镇（区、园、街道）、“无访”村（居）创建活动，切实落实“把矛盾化解在基层、把问题解决在当地”工作要求。完善信访工作季度考核办法，将考核杠杆效应分解到平时，切实强化工作实效性。是年，共受理来信2644件，接待群众来访1436批6612人次。

【联创区攻坚支部】 2022年，通州区成立由5名分管领导带队的5个信访工作联创区攻坚支部，实现分片包干，明确攻坚任务，将省市攻坚件和重复信访治理等重点工作任务分解到每个攻坚支部，攻坚支部带案下基层会商会办，定期交流完成工作情况。建立考核通报制度。

（严小金）

外事工作

【概况】 2022年，通州区统筹做好外事管理服务、对外友好交流、新冠疫情防控等工作，为促进全区对外开放、助力经济社会高质量发展发挥积极作用。

【外事服务】 2022年，通州区树立“大外事”理念，不断强化主动服务意识，增强外事工作主动性。服务企业“引进来”和“走出去”，主动对接企业进行政策引导和宣传。向企业及时传达国家以及省市外交、产业和防疫政策，对企业和员工进行应急处突能力培训。加大APEC（亚太经合组织）卡推广力度并做好外籍专家邀请工作，全年办理APEC商务旅行卡25张，极大便利企业家及技术骨干、业务骨干出国开展商务活动；为辖区内企业邀请15名外籍专家入境，解决企业生产、销售问题。帮助企业扩展合作资源，运用海外人脉和资源，助力企业海外发展。

【友好交往】 2022年，通州区进一步巩固友城关系，充分发挥友城在对外交往中的积极作用。与日本羽咋市分别就缔结友好城市二十周年举办青少年书画展并互通信件，与羽咋市、瑞士希能维尔德市相互捐赠医疗物资。委托德国德中海外发展有限公司推进德国格拉市、威德马尔市与通州缔结友好城市。推荐外国友人参与省市摄影、短视频、歌唱比赛等活动，切身感受通州发展脉搏。为在通外籍友人争取荣誉，提高他们共建友谊的积极性，宜家环保木业公司波兰籍总经理获江苏省五一劳动荣誉奖章，日籍友人河崎祐彦荣获“江苏省人民友好使者”称号。

【海外安全】 2022年，通州区妥善处置汇川公司281名员工滞留俄罗斯、南通四建公司164名员工滞留马来西亚以及多批次通州居民滞留乌克兰、巴基斯坦、斯里兰卡等涉外突发事件，为保障通州居民在海外的人身、财产安全筑牢坚实屏障。

（顾梓莫）

接待工作

【概况】 2022年，通州区接待来宾109批1658人。其中，中央机关、省部级领导4批35人；省市级机关48批543人；省外宾客29批413人；省内宾客20批217人；大型团队8批450人。

【公务接待保障】 2022年，通州区完成省委第三巡视组巡视通州保障任务。完成中央机关国家部委，省委省政府、市委市政府以及省、市级机关来通调研、检查、考核等工作的接待保障任务。完成北京、上海、广东、新疆、青海、甘肃、安徽等省外县（市、区）及省内兄弟县（市、区）党委、政府、人大、政协考察团组的接待任务。

【会议活动保障】 2022年，通州区圆满完成新春团拜会、市委全会通州观摩、区两会、江苏省第十届“双创”大赛、通州区第十八届高洽会、通州区首届廉洁文化节、通州产业发展沪上对接会、省政府民生关切点入户调查等大型活动、会议的接待任务。

【服务招才引智】 2022年，通州区完成中国建筑集团、协鑫集团、平谦国际、联东U谷、上机数控等客商来通考察洽谈的保障任务。

（蒋何鑫）

机关事务管理

【概况】 2022年，通州区不断提升管理质效，坚持疫情防控和服务保障工作“两手抓、两不误”，着力打造专业化、标准化、智慧化、精细化的后勤服务体系。

【资产管理】 2022年，通州区高质量完成各项机关事务重大项目建设任务。落实行政中心会议显示屏系统项目和第一、第八、第九会议室多联机空调机组加装项目，完成第五会议室改造，升级视频、音频系统，进一步提升会场硬件设施标准。按计划实施行政中心监控项目改造。完成行政中心两处停车场建设，新增停车位188个。加快组织实施行政中心内部楼层导视牌更换，完善标识化管理；对行政中心卫生间、茶水间破损门套进行整体性维修，改造卫生间老旧洗手台，增加配套设施，提高舒适性；定期组织工程技术人员对各场所内设施设备进行巡检，认真做好行政中心消防系统、供电系统、电梯、空调、电动门和楼层直饮机的维保，做好屋顶渗漏修缮、墙体石材加固、墙面地面开裂修复、会议中心老旧护墙板更换工作。持续推进照明系统升级项目，逐步统筹更换LED节能灯。落实行政中心、市民中心、城市展览馆、劳动大厦、廉政教育中心等场所的水、电、汽的数据统计，做好月度及年度台账统计工作。全年累计发生零星采购（超过1000元/单次）105次，金额约41.3万元，发生日常维修报修1902次。

【办公用房管理】 2022年，通州区以立足存量、控制增量为原则，合理制定调配方案，完成行政中心5号楼办公用房和技术用房调配，推动制定生态环境局、人社局部分下属事业单位整合方案。做好区疫情指挥部、区安委会办公室、部分涉老机构以及上级各种巡视组等临时办公用房调配工作。做好行政中心裙楼部分临时单位办公用房的腾退和调剂工作。

【公务用车管理】 2022年，通州区进一步摸清底数，强化监督，有序规范公务用车各项管理。组织开展全区党政机关公务用车统计数据报送工作，核准、审批并汇总114家行政事业单位，其中，党政机关（含人民团体、群团组织）73家，区委区政府直属事业单位2家，部门所属事业单位共39家，为加强公务用车的配备管理提供了有力的数据支撑。协助车改办印发《工作提示》（第1号），进一步强化各单位公车标识化、信息化、公车配备使用、租车等方面的管理；严格落实大修专家评估制度，组织做好车辆大修专家评审56次，现场查看并审批141家单位大修车辆164辆，各单位车辆维修程序合规、费用节约；加强租用社会车辆管理，从严从紧审批各单位租用社会车辆，全年审批各单位租车备案表登记表2169份；组织核准纳编车辆28辆，审批报废车辆41 辆，其中，已完成报废10辆，建议留用5辆；完善信息化平台建设，以信息化的手段保障各单位公务用车使用。是年，机关车队共保障60余家单位公务出行活动5989辆/次，累计行驶486059公里。

【公共机构节能管理】 2022年，通州区持续推进集中办公区域照明系统升级。基本完成行政中心大楼办公室、市民中心地下车库分区灯管更换，行政中心电瓶车停车库、市民中心图书馆LED灯管更换；继续对行政中心、市民中心管理区域的水、电、气进行定期能耗监测统计、分析，同时增加对新型智能开水器的水质参数统计分析；继续做好中央空调系统冷冻泵、循环泵设备维护检查保养外，逐步加装自来水管路控制开关，及时更换老管，减少“跑、冒、滴、漏”现象。组织开展“全国节能宣传周”和“全国节水周”等宣传活动，加大节能低碳宣传力度；组织相关人员报名参加国管局公共机构节能远程培训，加大教育培训力度；继续推动节约型机关创建工作，完成4家单位申报节约型机关创建；与中网联合（北京）能源服务有限公司、江苏省国电能源公司等多家公司研究洽谈行政中心、市民中心合同能源管理项目，推动节能创新管理。

【机关经费管理】 2022年，通州区认真执行财会制度，区机关事务服务中心做好25家区直行政事业单位经费管理工作，及时准确完成各类日常费用审核结报，高质量做好各部门决算编制、公开，各项社保缴费，住房公积金及个人所得税的申报缴纳工作。认真落实好政府采购制度、重大支出申报制度，切实加强财务管理工作，为机关各单位的正常运转提供财务保障。

【机关安全管理】 2022年，通州区进一步加强集中办公区域秩序管理。健全行政中心安全管理制度，进一步规范了行政中心大院的安全保卫工作，召开6次安保工作协调会议，强化了保安人员的责任意识、忧患意识。认真执行《区级机关集中办公场所安全管理相关规定》，全年协助指挥车辆11200余辆次，确保机关大院通行顺畅；维护好相关大型会议和东南、西南停车场施工改造、绿化移栽、建筑垃圾清运、中共二十大期间行政中心安保工作等活动20余场次；牵头启动“安全生产月”活动，加强行政中心安全生产管理工作。年内门卫接待来访登记4900余人次，检查盘查登记无通行证车辆11000余辆，阻止外来推销人员200余人次进入大院，检查出门物资160余次，对无任何手续的单位和个人物资进行登记、核实补齐手续后放行，确保机关正常工作秩序。

【机关后勤服务】 2022年，通州区扎实开展标准化、精细化后勤服务，提升后勤保障水平。规范食堂管理，完成食堂服务评价，每周召开会议，每月开展考核，每季度进行食堂满意度调查，提升员工工作的积极性；定期对食堂餐厅、厨房进行大扫除、大消毒以及安全大检查，完成燃气泄漏报警装置的安装调试，确保食堂食品安全、设备安全、环境安全。小卖部提档升级，进行新一轮招标，折扣进一步下降，粮油类商品为8.85折，其他商品为8.35折；调整小卖部经营时间，满足机关人员购物需求；传统节日、特殊时点，协调小卖部经营方对有关商品全力调货，确保正常供应。加强会务保障，为区委全会、区两会等多场会议以及各项活动提供礼仪和保障服务，共服务会议600多场，活动100多场；做好疫情期间高标准高质量会务保障。落实环境提升，对大院卫生死角进行整治，对西门垃圾堆场进行数次集中清运，对改造装修部位进行跟踪保洁；提前组织谋划区行政中心、市民中心、城市展览馆（以下称“两中心一馆”）楼宇外墙清洗；开展爱国卫生、灭蝇灭蚊、禁烟以及垃圾分类宣传；开展对内绿化日常养护监管，根据需要对“两中心一馆”多部位绿植进行更替；合并“两中心一馆”2023—2025年度内绿化租摆服务项目标段并公开招标；配合园林管理部门做好外绿化补栽、修剪和美化工作，始终做好一枝黄花防治工作。 （何少华）

政协南通市通州区委员会

编 辑 杨王军

综 述

【概况】 2022年,通州区政协坚持协商促发展、团结聚共识、创新添活力、担当树形象,推动发扬民主和增进团结相互贯通、建言资政和凝聚共识双向发力,为“强富美高”现代化新通州建设做出积极贡献。全年召开全体会议1次,常委会会议4次,党组会议、主席会议各12次。至年底,全区有市政协委员36人,区政协委员310人。年内不再担任区政协委员5人,增补12人。

【“书香政协”建设】 2022年,区政协弘扬政协人爱读书的优良传统,以“书香政协”建设助推“书香通州、书香社会”建设。围绕思想武装,始终把党的创新理论学习贯穿读书活动全过程,以区政协党组理论学习中心组为引领,常委会会议、主席会议、委组活动分层分级全面系统学习,全年举行各类学习交流活动218次,举办委员专题培训2期92人次。制定《区政协学习宣传贯彻中共二十大精神实施方案》,开展“喜迎二十大,书香润政协”读书学习活动,把读政治之书、思想之书作为首要任务,收集汇总学习心得156篇,在“智慧政协”平台、履职微信群等进行宣传推介。

【文史编修】 2022年,区政协聚焦发挥文史资料存史育人功能,彰显文史特色,深入推进文史资料征集工作常态化、信息化和数字化发展。开展“书香政协·读好书献良策”“政协委员话张謇”等读书交流活动126场,政协委员担任领读者308人次,引起良好社会反响。围绕“传承弘扬张謇企业家精神,打造‘通州张謇’历史文化品牌”议题开展调研协商,推动张謇祖居等3处历史文化遗存修缮保护和“通州张謇”品牌打造工作。

重要会议

【区政协十四届一次会议】 1月9—13日,中国人民政治协商会议南通市通州区第十四届委员会第一次会议在区行政中心举行。会议听取并讨论区委书记讲话,会议赞同区长王少勇所作的政府工作报告以及其他报告,会议同意陈艳梅主席代表区政协十三届常务委员会所作的工作报告和张勤副主席所作的提案工作情况报告。会议指出,未来五年,是通州“打造新高地、建设硬核区”、乘势而上全面建设社会主义现代化新征程关键时期,区政协牢牢把握团结和民主两大主题,充分发挥专门协商机构作用,以更高水平凝聚思想共识、服务发展大局、增进民生福祉、加强自身建设,为加快建设硬核区、奋力谱写“强富美高”新通州现代化新篇章作出新贡献。

【区政协常委会会议】 2022年,区政协召开4次政协常委会会议。

区政协十四届一次常委会会议 5月12日上午召开。会议传达学习习近平总书记近期重要讲话及全国政协、省政协有关重要会议精神,会议协商通过区政协关于人事任免的决定(草案)。

区政协十四届二次常委会会议 8月31日下午召开。会议传达学习《中国共产党政治协商工作条例》和省委工作会议、市委全会、区委全会精神,讨论并协商通过《关于“加快建设产业创新高地,奋力打造高质量发展重要增长极”的建议案(草案)》。

区政协十四届三次常委会会议 11月8日下午召开。会议传达学习中共二十大会议精神。会议听取、讨论并协商通过区政协对司法局、商务局、审计局、行政审批局工作民主评议的意见;会议听取并协商通过区政协第十四届委员会委员调整建议方案。

区政协十四届四次常委会会议 12月20日下午召开。会议听取区人民政府关于办理区政协十四届一次会议以来提案的情况通报,会议听取并协商通过调整和增补区政协十四届委员名单;会议通报区政协十四届二次会议筹备工作情况。会议讨论并协商通过区政协十四届常委会工作报告和区政协十四届一次会议以来提案工作情况报告(讨论稿),召开区政协十四届二次会议的决定,区政协十四届二次会议日程(草案),区政协十四届二次会议常委分工轮值建议名单,区政协十四届二次会议秘书处秘书长和副秘书长建议名单、秘书处各组负责人建议名单、委员讨论组召集人建议名单。

【区政协党组会议主席会议】 2022年，区政协召开12次党组会议、政协主席会议。

党组会议、十四届一次主席会议1月26日召开。会议讨论并协商通过区政协2022年工作要点和主要活动安排、区政协2022年协商工作计划和重点工作分工，会议听取各委室关于2022年工作计划汇报，会议讨论并协商通过关于开展“厚植为民情怀，提高执法水平”专题协商议事活动工作方案。

党组会议、十四届二次主席会议2月28日召开。会议讨论并协商通过“建强网格员队伍，提升基层治理水平”季度协商议题协商方案；会议讨论并协商通过区政协十四届委员会全会闭会期间委员编组意见、政协基层工委工作职责；会议就区政协“机关作风建设提升年”活动相关工作进行再部署再动员。

党组会议、十四届三次主席会议3月29日召开。会议听取全区污染防治攻坚工作情况汇报，会议讨论并协商通过区领导领办督办2022年区政协重点提案工作方案，“加快建设产业创新高地，奋力打造高质量发展重要增长极”常委会会议课题协商方案，“推进文旅惠民，助力乡村振兴”季度协商议题协商方案，区政协2021年度民主评议部门整改工作落实情况“回头看”视察方案，区政协各专委会组成人员建议名单；会议协商并讨论区政协有关人事任免，会议同意将区政协有关人事任免提交十四届一次常委会会议审议；会议讨论并协商通过区政协十四届一次常委会会议日程（草案）。

党组会议、十四届四次主席会议4月29日召开。会议听取全区能耗“双控”工作情况汇报，会议讨论并协商通过“加快现代农业产业示范园建设，夯实现代农业发展基础”主席会议议题协商方案，《政协南通市通州区委员会委员履职考核细则（修订）》，2022年度反映社情民意信息工作考评办法。

党组会议、十四届五次主席会议5月27日召开。会议听取全区“双减”工作情况汇报，会议听取全区养老服务体系建设情况和全区城乡居民医疗保障工作情况汇报，会议讨论并协商通过“数字化赋能促进建筑行业创新转型”重点协商议题协商方案，关于深入推进全区“有事好商量”协商议事工作方案。

党组会议、十四届六次主席会议6月27日召开。会议讨论并协商通过2022年民主评议部门工作方案和动员会议方案，会议讨论并协商通过全区项目建设专题视察方案，区政协第十四届委员会常务委员会第二次会议日程（草案）。

党组会议、十四届七次主席会议7月27日召开。会议听取区政府对“强化科技与产业深度融合，促进制造业高质量发展”的建议案落实情况的通报，会议讨论并协商通过“高标谋划高效推进，提高土地综合开发利用效率”主席会议议题协商方案，“加快培育数字经济新业态，促进经济高质量发展”季度协商议题协商方案，“全面落实‘双减’政策，推进教育高质量发展”重点协商议题协商方案，“委员活动日”方案。

党组会议、十四届八次主席会议8月26日召开。会议学习省委工作会议和市委全会、区委全会精神，会议听取全区乡村振兴工作推进情况汇报，会议讨论并协商通过“加快建设产业创新高地，奋力打造高质量发展重要增长极”常委会会议议题调研成果，《政协南通市通州区委员会委员、常委提交年度履职报告工作办法》，“加快现代农业产业示范园建设，夯实现代农业发展基础”主席会议议题调研成果，“以‘河长制’推动‘河长治’，提升水生态环境质量”季度协商议题协商方案，《2022年度区政协民主测评提案办理工作方案》，“关爱残障群体，共享幸福生活”重点协商议题协商方案。

党组会议、十四届九次主席会议10月9日召开。会议讨论并协商通过区政协十四届委员会调整委员建议方案，会议讨论并协商通过民主评议部门工作评议意见，政府民生实事项目建设情况专题视察方案，区政协委员履职能力提升培训班方案，区政协十四届委员会常务委员会第三次会议日程（草案）。

党组会议、十四届十次主席会议10月28日召开。会议讨论并协商通过区政协十四届委员会第二次会议筹备工作方案（草案），有事好商量协商议事工作质效评估暂行办法，关于调整区政协民主评议区有关部门工作部分程序的建议方案，区政协2022年度评先评优工作方案，政协南通市通州区委员会协商工作规则。

党组会议、十四届十一次主席会议12月5日召开。会议讨论并协商2022年区政协提案办理先进单位、提案办理先进个人、优秀提案、先进委员履职活动小组、优秀政协委员、优秀政协工作者、优秀社情民意信息工作者、优秀社情民意信息建议名单。

党组会议、十四届十二次主席会议12月20日召开。会议听取关于协商调整和增补区政协十四届委员说明，会议讨论并协商区政协十四届二次全会日程（草案）及相关安排，2022年区政协先进有事好商量协商议事室和优秀召集人建议名单，区政协十四届常委会工作报告和区政协十四届一次会议以来提案工作情况的报告（讨论稿），社会各界迎新年座谈会方案，区政协十四届四次常委会会议日程。

政治协商

【概况】 2022年，区政协突出“为群众谋、朝实处干”，多请群众参与议事，多为群众办好实事，持续扩大通州“有事好商量”协商议事品牌影响力，精确选题，深入协商。

【带头协商】 2022年，区政协巩固完善“党委领导、政府支持、政协搭台、各方参与、服务群众”协商议事工作格局，区委切实加强对协商议事工作领导，专题召开全区“有事好商量”协商议事巩固提升现场推进会，印发《关于推进“有事好商量”协商议事工作常态长效的意见》，区委、区政府全体领导带头参加协商议事活动，充分发挥表率作用。

【实事协商】 2022年，区政协坚持开门大协商、与民真协商，聚焦党政关注的要事、民生改善的实事、社会治理的难事，重点组织开展“民生专题协商议事月”“厚植为民情怀、提高执法水平”“优化重点场所文明经营环境”等专题协商议事活动，受到党政肯定、群众欢迎。徐庄村、花园村等协商议事示范村，注重协商选题因民所需、协商方式因地制宜、协商地点方便群众、协商成果转化请群众监督，把协商送到群众“家门口”，把实事办到百姓“心坎上”，架起服务群众“连心桥”，得到“学习强国”平台、新华网、人民融媒体等媒体持续关注。

【务实协商】 2022年，区政协以“务实有用”为导向，坚持标准，优化流程，制定出台《关于深入推进全区“有事好商量”协商议事工作方案》《“有事好商量”协商议事工作质效评估暂行办法》，形成高效闭环制度体系。区政协领导班子分片挂钩，机关委室牵头指导，履职活动小组具体协调，全体政协委员编入协商议事室。建立经常性、全覆盖培训机制，通过集中培训、现场观摩、典型引路等形式，对协商议事骨干、政协委员进行分级分类培训，有效夯实常态长效工作基础。

【联动协商】 2022年，区镇村协商机构三级联动，党政职能部门和镇(街道)主动“荐题”、积极“议题”、合力“解题”，将协商议事与中心工作、村居事务有机融合、一体推进，最大程度集中谋实事的智慧、集聚办实事的合力。全年开展协商议事活动1061次，参加委员和群众代表11076人次，提出意见建议3183条，转化落实和形成共识率达94.9%，有效推动解决困难群体救助、老旧小区改造、农村生活污水治理等事关群众切身利益的现实问题。全区231个村(社区)在重要事项决策前普遍组织村民进行协商沟通，真正使协商议事成为倾听民意、宣传工作、共建共享的有效途径。徐庄村党总支书记、协商议事召集人代表通州，在南通市“有事好商量”协商议事巩固提升工作推进会上作经验介绍，得到市委主要领导充分肯定。

民主监督

【概况】 2022年，区政协聚焦区委、区政府重要决策部署落实，增强政协监督的有效性、主动性、科学性和操作性，最大化政协监督民主效能。坚持大团结大联合，切实担负起把党中央和省市区委决策部署落实下去、群众智慧力量凝聚起来的政治责任。

【协商议事监督】 2022年，区政协主席会议成员牵头带领7支宣讲小分队，发挥协商议事室、“政协书房”“智慧政协”平台等阵地作用和监督作用，运用各种群众喜闻乐见的形式，推动中共二十大精神深入界别、深入村居、深入群众。认真落实主席会议成员联系党派团体和政协常委、常委联系委员、委员联系界别群众制度，广泛联系和动员各界群众，协助和监督党和政府做好协调关系、理顺情绪、化解矛盾的工作。创建“同心·悦读驿站”“委员读书汇”等41个线上线下读书交流平台，反响良好。

【党派团体监督】 2022年，区政协充分发挥各党派团体作为政协参加单位的重要作用，通过联合调研、安排大会发言、加强集体提案督办等途径，为各党派团体更好发挥作用搭建平台，为各界代表人士和党委政府民主协商交流畅通渠道。是年，各党派团体共提交提案29件、大会发言54人次、社情民意信息427篇。各党派团体主动履职尽责、积极创先争优，九三学社通州区基层委获评九三学社全国宣传思想工作先进单位，农工党通州区支部被农工党江苏省委评为优秀基层组织，区工商联工作经验得到省工商联主要领导批示肯定，通州民进在全省统战系统“矢志不渝跟党走，携手奋进新时代”主题活动中获民进江苏省委一等奖，各党派成员多次获得全国和省、市荣誉。

【民主评议监督】 2022年，区政协在对区司法局、商务局、审计局、行政审批局4个部门开展民主评议过程中，组织政协委员与群众“面对面”交流、“心贴心”沟通，注重倾听民声、收集民意，积极宣传区委、区政府决策部署的落实成效和部门工作成绩。评议活动共召开座谈会34场，走访联系群众近千人，各部门主要负责同志主动介绍本部门工作情况，认真听取意见建议，积极抓好整改落实，增强民主评议工作实效，增进群众理解和认同。把凝聚共识融入监督履职全过程各方面，在建言成果、思想收获上一体设计、一体落实，使政协履职过程和监督过程真正成为宣传政策、增进了解、强化认同过程。

【议题建议监督】 2022年，区政协主动接受省、市政协指导，积极参加市政协“关于建设更高水平文明法治南通，打造最优营商环境”“加快实施区域治水工程，推动农村水环境改善”等重点议题联动协商和监督，相关建议被市政协建议案采纳吸收。着力推动政协工作向基层延伸，凸显监督力量延展至基层一线，加强对基层政协工委工作指导，进一步明确政协工委工作职责，按照就近便利、条块结合、突出特色原则，设立30个委员履职活动小组，与镇(街道)挂钩结对联合开展工作，推动形成“平台在一线搭建、调研在一线开展、问题在一线协商、力量在一线汇聚”工作格局。

参政议政

【概况】 2022年，区政协坚持紧扣中心，倾力履职促发展，积极参政议政。聚焦区委、区政府改革发展中心任务，组织开展一系列重点协商议政活动，形成建议案、调研报告13件，立案交办提案304件，报送社情民意信息47件。

【献策“经济强”】 2022年，区政协深入把握经济高质量发展的内涵要求，在抓创新、调结构、促改革等方面出谋划策。根据区委点题，将“家纺产业转型升级跨越发展”课题作为协商议政重中之重，坚持务实性，突出靶向性，群策群力、充分协商，提出领跑“四大新赛道”、加快建设“三大创新基地”等36条意见建议。围绕“加快建设产业创新高地，奋力打造高质量发展重要增长极”重大课题，召开议政性政协常委会会议，从产业倍增、转型升级、创新驱动、机制建设4个方面提出35条意见建议。围绕“提高土地综合开发利用效率”“加快培育数字经济新业态”“数字化赋能促进建筑行业创新转型”等重点议题深入调研、广泛协商，形成具有前瞻性、针对性和操作性的意见建议，有力助推经济高质量发展。

【谋招“百姓富”】 2022年，区政协开展“加快现代农业产业示范园建设，夯实现代农业发展基础”主席会议议题协商，积极听取农业企业、农民代表和农业农村界委员意见建议，就现代农业产业示范园的规划布局、主导产业、保障机制、协同创新等方面出谋划策。与党政部门、镇街村居联动形成履职合力，开展“推进文旅惠民”“全面落实‘双减’政策”“关爱残障群体”等调研协商，组织教育、医疗等民生实事项目视察，围绕强农惠农、优化企业税收政策、壮大村集体经济等向省、市政协和区委、区政府报送35条有价值的社情民意信息，聚力解决农民建房审批、贫困户危房改造、困境青少年生活、困难侨眷帮扶等民生实事问题，不断增强群众获得感、幸福感。

6月19日，南通市通州区政协委员履职能力提升培训班开班仪式举行（区政协 提供）

【督促“环境美”】 2022年，区政协牵头组织“两代表一委员”和行业专家认真开展深入打好污染防治攻坚战专项督察视察活动，与区人大联合开展“生态环境保护”专题视察活动，有力推动大气治理、建筑垃圾堆点清理等突出环境问题解决。牵头推动通吕运河（通州段）沿线整治提升工作，联合有关部门研究出台总体方案，完成5.8千米先期示范段设计招标等工作，为高标准打造绿色生态廊道奠定基础。开展“提升水生态环境质量”议题调研协商，组织“构建现代河网体系”专题视察，切实推动水环境质量持续提升。

【集智“社会文明程度高”】 2022年，区政协跟踪推进68件基层治理方面提案的协商办理，围绕“建强网格员队伍，提升基层治理水平”议题开展协商，提出提高网格员待遇、加强管理考核等建议，切实推动基层社会治理精细化和现代化。区委、区政府领导领办督办“关于提升文明城市建设常态长效管理水平的建议”“关于完善信访工作机制，彰显法治精神的建议”等重点提案，批示交办“常态管好‘责任田’，长效创建文明城”等社情民意信息，有效推动社会文明程度进一步提高。

委员工作

【概况】 2022年，区政协坚持守正创新，强基固本增活力，以改革的思维、创新的理念、务实的举措全面加强自身建设，奋力展现新时代人民政协新作为新气象。

【委员职能履行】 2022年，区政协最大限度安排委员参与重点课题协商、视察调研、民主评议等集体履职活动，着力提高委员“中心意识”，做到“区委、区政府工作推进到哪里，委员的关注点就跟进到哪里”。健全完善《委员履职考核细则》《委员履职服务与管理办法》等制度，将本职岗位建功立业和投身社会公益事业列为履职考核重要要求，推动委员本职与履职双促进、双提升。区政协领导班子带领机关委室经常性走访委员，用心用情帮助53家委员企业协调解决物流、融资、用工、土地征用等方面难题40多个。坚持“镜头向下、聚焦委员”，在主流媒体积极宣传委员风采，战“疫”期间，医卫界委员挺身而出，勇于担当，坚持把人民生命安全放在心上，把救死扶伤责任扛在肩上，始终战斗在抗击疫情、救治病患最前沿；经济界和工商联界企业家委员面对困难，知难而上，负重奋进，在挖潜力、稳生产、保增长的同时，积极担负社会责任，踊跃捐款捐物1000多万元，人民政协网做专题报道。广大委员见贤思齐、奋勇争先，活跃在乡村、社区、学校、企业等平台，写出多份有温度、见境界的“委员作业”。委员积极报送高质量社情民意信息，多次被省政协采用，得到省领导批示，获得全国科技优秀奖项及中国红十字“会员之星”等荣誉。

【凸显界别特色优势】 2022年，区政协专门召开界别工作会议，组建界别召集人和联络员队伍，明确职责要求，组织开展“围绕中心找准位置，界别履职创新特色”主题系列活动，推动政协界别工作与部门工作互促共赢。各界别把学习交流、界别协商、服务民生、团结联谊等纳入履职内容，全年开展30项特色创新活动，组织协商议事活动38次，形成科技人才服务、助力“智改数转”、助推乡村教育等一批鲜活界别工作特色亮点。

【专委会基础作用发挥】 2022年，区政协全面加强专委会建设，在区委领导和关心下，按照人岗相宜、优化结构、整体联动、增强力量原则，选优配强专委会组成人员，解决“一人委”问题。完善专委会联系工作机制，调整对口联系部门和界别，以专委会为纽带实现党的建设、履职重点工作、界别活动、“有事好商量”协商议事等有机融合、集成推进。积极开展专委会特色创新品牌创建活动，形成“一委一品”，推动专委会更好“专”出特色、“专”出质量、“专”出水平。

【大走访】 2022年，区政协开展“服务企业大走访”“村村到、户户进、人人访”等活动，加强对挂钩联系镇（街道）疫情防控、“双招双引”、项目建设、信访维稳、安全生产等联系指导，推动区委、区政府决策部署在基层有效落实。发挥张謇研究会、政协联谊会、政协书画摄影联谊会积极作用，加强与委组协作联动，坚持履职共推、资源共享、品牌共育。（孙崇兰）

纪检·监察

编辑 马钰

综述

2022年,通州区纪委监委牢牢把握全面从严治党总体要求,一体推进“不敢腐、不能腐、不想腐”系统发力,全区党风廉政建设和反腐败斗争取得新进展、新成效。从严从实抓好疫情防控督查,嵌入式开展跟进监督、精准监督、全程监督。扎实监督推进“机关作风建设提升年”,坚决惩处侵害群众利益问题,提升人民群众满意度。突出联动协同,精准落实政治巡察要求,推动巡察“有形覆盖”和“有效覆盖”相统一。健全“室组地”联合办案协作配合机制,依法依规向同级人大报告专项工作,不断完善内控机制,把制度优势转化为治理效能。深入推进打铁还需自身硬专项行动,分层分类实施全员培训,强化全过程监管,严防“灯下黑”。

重大会议

【区纪委十三届二次全体(扩大)会议】 3月9日,中共南通市通州区第十三届纪律检查委员会举行第二次全体(扩大)会议。会议深入学习贯彻习近平新时代中国特色社会主义思想,全面贯彻中共十九大、十九届历次全会和省市区党代会精神,认真落实中央纪委六次全会、省市纪委二次全会部署,研究部署2022年我区党风廉政建设和反腐败工作。相关负责人作题为《努力建设人民满意的廉洁通州,为“打造新高地、建设硬核区”提供坚强保障》的工作报告。报告对2021年全区党风廉政建设和反腐败工作进行总结,对2022年工作任务进行研究部署。

纪律监督检查

【概况】 2022年,全区各纪检监察组织准确把握在管党治党中的职能定位,强化政治监督的针对性、精准性、实效性,紧盯全区经济社会发展重点任务,抓好责任、政策、工作落实情况的再监督,聚焦文明城市长效管理、秸秆禁烧禁抛、安全生产三年行动、服务企业复工复产等重点工作,组织专项监督组对各镇(街道)、部门落实情况督责任、督进度、督落实,把“两个维护”落到担当作为的具体行动上,推动上级重大决策部署落地落实。

【“三重一大”事项】 2022年,区纪委监委制发《关于加强2022年度“三重一大”事项监督工作的通知》,要求各单位把“三重一大”事项列入本单位年度重要工作计划,细化“三重一大”事项的具体内容,严格制定工作方案并抓好落实。全

2022年,区纪委监委以监督执纪问责铁纪护航疫情防控。图为4月10日督查疫情防控志愿服务现场

(区纪委 提供)

9月23日，区纪委监委举办以“喜迎二十大·廉风吹万家”为主题的通州区首届廉洁文化节 （区纪委 提供）

区54家单位上报“三重一大”决策事项166项。成立联合督查组，对2022年事业单位工作人员公开招聘、金沙湾学校建设项目进行立项监督。

【营商环境监督】 2022年，区纪委监委立足“再监督”职能定位，聚焦“营商环境提升年”，制发《通州区党政机关和公职人员政商交往负面清单》，列出政商交往“十严禁”，进一步厘清政商交往界限，严肃查处政商交往过程中各类违规违纪违法行为，推动坚守底线、不碰红线，为构建亲清新型政商关系、营造良好营商环境提供坚强纪律保障。

【党风廉政意见回复】 2022年，区纪委监委切实履行全面从严治党监督责任，不断完善廉政审查程序，围绕信访举报和问题线索、诫勉谈话、立案、党纪政务处分或组织处理等情况进行全面核查，审查回复廉政意见397人次，提出暂缓使用、暂缓晋升建议10人，有效防止干部“带病上岗、带病提拔、带病表彰”。

执纪执法

【概况】 2022年，区纪委监委紧盯重点问题、关键岗位、重点领域，整合执纪监督、审查调查力量，加大案件查办力度，以“零容忍”态度惩治腐败，持续巩固发展反腐败斗争压倒性态势。

【高压态势惩治腐败】 2022年，区纪委监委受理信访检举控告327件，处置问题线索578条，立案508人，处分468人，其中乡科级干部46人。深挖彻查国有企业、投资融资、工程建设等领域腐败问题，严查以权谋私、权钱交易腐败分子，采取留置措施15人，移送司法机关9人，清缴涉案钱物2345.17万元。办好市纪委监委指定管辖案件，采取留置措施7人。协同推进追赃挽损专项行动，留置涉及融资领域违纪违法党员干部和融资中介7人，协同督促追赃挽损清缴资金6.10亿元。

【强化“四种形态”】 2022年，区纪委监委坚持“惩前毖后、治病救人”，精准运用“四种形态”处理问题1382人次。严格落实“三个区分开来”，对2名科级干部开展容错纠错，激励和保护干部干事创业信心。梳理行业性、区域性、系统性突出问题，围绕城区公共停车设施经营管理、家庭经济困难学生补助、学前教育等领域制发纪检监察建议10份，督促建章立制32项。

【廉政教育】 2022年，区纪委监委升级打造“文化廉通”品牌，举办以“喜迎二十大·廉风吹万家”为主题的首届廉洁文化节。将65家廉洁文化景点串点成线，推出廉洁文化电子地图，着力打造“一图一路一中心”的廉洁文化全域布局。紧扣“5·10”思廉日、“算账教育月”等节点，集中开展全区领导干部警示教育大会、年轻干部警示教育、酒驾醉驾专题警示教育300余场。

党风廉政建设

【概况】 2022年，区纪委监委深入落实全面从严治党政治要求，推进全面从严治党、正风肃纪反腐，稳中求进、坚定稳妥，实事求是、守正创新，以高度的政治自觉持续打好党风廉政建设和反腐败斗争攻坚战、持久战。

【压实“两个责任”】 2022年，区纪委监委以全面从严治党责任制为抓手，协助区委制定《2022年度通州区落实全面从严治党主体责任清单》，完善区纪委年度监督责任清单，指导各镇（街）、部门规范制定个性化清单，层层传导责任压力，针对落实“两个责任”不力等情况，党内问责党员干部14人、党组织6个。

【“四风”和作风纪律整治】 2022年，区纪委监委紧抓“四风”老问题，密切关注新动向，每月定期向社会公布全区“四风”问题查处情况，累计查处“四风”问题45件87人，制发通报8期，点名道姓通报曝光88人。协助区委推进“机关作风建设提升年”活动，建立“4+1+N”监督机制，开展明察暗访，通报问题57个。

【体制机制改革】 2022年，区纪委监委严格健全“室组地”联合办案协作配合机制，出台《“室组地”联合办案暂行办法》《“室组地”联合办案组内设岗位职责》，建立周汇报、月通报、季点评、年考核制度，切实发挥“室组地”联合办案模式一体多元、功能互补优势。紧盯基层民生难题，依法依规向同级人大报告专项工作，主动接受人大监督。深入推进区属国有企业纪检监察体制改革，派出监察专员办公室，赋予监察权限，实现对国有企业行使公权力人员监督全覆盖。完善巡察监督与其他监督协作配合机制，出台“三项监督”协作配合办法，召开纪巡审联席会议，构建大监督工作格局。

【完善工作机制】 2022年，区纪委监委健全完善信访件、问题线索催办督办机制，实行信访件、问题线索“全流程”跟踪管理，明确办理时限以及工作程序，提高处置质效。深化“铁案工程”建设，开展案件质量评查2期。强化一般性谈话场所和“走读式”谈话的日常监督和检查，坚守办案安全底线。运用省智慧纪委监委大数据平台，严格措施审批手续，以信息化赋能精准高效监督办案，有关案件获评全市信息化应用精品案例。

【锻造铁军】 2022年，区纪委监委坚持“内强素质，外树形象”思路，组织纪检监察系统分层分类全员培训，创新开展“四训四讲一沙龙一讲堂”活动，强化纪检监察干部政治理论和业务技能。创建“古沙青廉社”青蓝工程品牌，通过“跟人、跟组、跟案”，推动年轻纪检干部快速成长。

专项整治

【概况】 2022年，区纪委监委整治腐败和不正之风，以维护群众切身利益的扎实成效取信于民，把全面从严治党覆盖到“最后一公里”，对群众反映的急难愁盼问题进行集中整治。

【公办学校食堂违规违纪问题专项监督】 2022年，区纪委监委针对公办学校食堂违规违纪问题，坚持“纠建并举、标本兼治”原则，列出12项监督重点，采取“随机抽查+重点检查”等方式开展专项监督，立案查处13人，推进公办学校食堂经营管理规范化、制度化建设。

11月3日，全区集中整治民生领域腐败和不正之风十大专项行动动员部署会议召开
（区纪委 提供）

【酒驾醉驾专项整治】 2022年，区纪委监委紧盯酒驾醉驾突出问题，严纠严查严治，组织全区各级党组织召开酒驾醉驾专题警示教育，采取个案剖析、观看警示教育宣传片等方式，让党员干部和公职人员知敬畏、存戒惧、守底线。坚持“一案双查”，严肃查处违规公款吃喝、接受管理服务对象宴请、违规出入私人会所等问题，及时查处党员干部酒驾醉驾问题线索，立案查处2人。

【“四风”问题专项整治】 2022年，区纪委监委督促各地各部门（单位）加强对党员干部和公职人员的教育管理监督，加大明察暗访力度，通过驻点检查、联合检查和突击抽查等方式，着力发现违规吃喝问题线索，发现一起、查处一起，对不收手、不收敛顶风违纪者从严处理，对典型违纪案件点名道姓通报曝光，立案查处19人。

【幼儿园违规减免、报支问题专项整治】 2022年，区纪委监委针对幼儿园在收费减免、报支中的无依据、超标准、超范围等问题，联合区教体局、属地政府等组成联合督查组，对全区公办幼儿园、集体办幼儿园进行“全覆盖”检查，重点检查保育保教费、伙食费、托管费、代办费等收费情况，立案查处7人，全区38家公办幼儿园累计清退59.32万元。

（王　梁）

民主党派·工商联

编辑 马 钰

综 述

【概况】 2022年,通州区有民革、民盟、民建、民进、农工党、九三学社6个民主党派基层组织和1个无党派知识分子联谊会,发展民主党派成员281名、知联会成员69名。促进民主党派基层组织提档升级,升格成立民进、民盟两个基层委,健全完善制度体系,推动民主党派基层组织工作提质增效。着眼于民主党派基层组织和党派成员能力水平双提升,支持各民主党派、知联会扎实开展"矢志不渝跟党走、携手奋进新时代"政治交接专题教育,举办"喜迎二十大、同心跟党走"党外人士先进事迹宣讲会和"同心齐步跟党走"健步行活动,动员新联会会员开展"寻美江苏、寻美南通"活动,党外人士跟党走的信心和决心更加坚定。积极展示全区多党合作事业丰硕成果,民进会员王建华书法作品《习近平谈治国理政金句百米翰墨长卷》在通州首展,拍摄无党派人士"榜样引领前行,同心共向未来"主题访谈暨无党派代表人士风采展视频参与全省录播,制作短视频《一枝一叶总关情、同心筑梦南通州》荣获全省"讲多党合作故事、献礼中共二十大"短视频大赛二等奖、全市一等奖。

【民主党派参政议政】 2022年,通州区深入推进民主政治建设,落实《关于加强和完善区政府部门与区级各民主党派、工商联、知联会、新联会对口联系工作的意见》和《关于建立健全特约人员工作制度的实施办法》,组织召开全区特约人员集中聘任会,隆重聘请35名党外代表人士担任特约人员,支持民主党派成员履职尽责,加强民主监督。着力发挥民主党派人才荟萃、智力密集的优势,集中聘任58名经济、教育、法律、医卫等领域专业人才,组建全市首家党外代表人士"专家智库",并以此为平台,以重大课题为牵引,打造服务经济社会发展的"智囊团",引导党派成员当好党委政府决策的"好参谋"。

【民主党派社会服务】 2022年,通州区深化民主党派社会实践,广泛汇智聚力,服务经济社会发展大局。坚持"1+5"["1"就是1个党派,"5"就是"1个对口联系的政府部门+1个智库团队+1个乡镇+1个村(居、社区)+1家企业"]融合工作法,启动"党派服务+"牵手基层行活动,支持民主党派结合新时代"三农"工作新要求,紧紧抓住乡村振兴的薄弱环节,充分发挥"有事好商量"协商议事平台作用,不断提升民主党派社会服务水平。坚持典型引路,持续开展"三好"标兵竞赛,推动"双优秀双促进"活动提质增效,锤炼党派成员品格,提升社会实践能力。支持民主党派主动承担省市区重点课题调研,积极开展"千企大走访"活动,鼓励智库专家成员深入一线献计出力、破题解难。民建、民盟、民进将特色教育活动送进石港中学、刘桥中学、亭西小学。九三学社会同通州开放大学、西亭社区教育中心等机构,联合开展健康服务活动,向区健康驿站捐赠各类保障物资。针对疫情防控的严峻形势,广泛发动全区统战干部、统战成员积极投身抗疫一线,支援卡口值班,开展志愿服务,累计捐款捐物近300万元。 (易 莎)

民革南通市通州支部

【概况】 2022年,民革南通市通州支部吸纳新党员2人,分别来自司法系统和金融领域。共有党员14名,主要分布在政府机关、医疗卫生、经济科技、工程管理、农业农村、金融等领域。

【参政议政】 2022年,民革南通市通州支部开展"设施农业提升整治 助推高质量发展"专题调研,针对设施农业提档升级、周边环境整治等问题建言献策。完成《强化制造业创新发展,推动产业链优化升级》调研报告。参与"多党合作与中华民族伟大复兴"征文活动、"讲多党合作故事 -献礼中共二十大"短视频大赛、喜迎二十大 -同心跟党走——党外人士先进事迹宣讲暨"同心杯"趣味运动会等。全年上报提案5件。

【"中山博爱"品牌建设】 2022年,民革南通市通州支部持续推进"博爱之家"支部建设,做好示范支部"回头看"。依托已建立的民革中山博爱服务站、社会服务基地等，加快推进“民革党员之家”建设。多次组织社区义诊、惠民服务等活动，疫情期间坚持加班加点，深入企业走访排查，参与“敲门行动”，服务街道社区核酸检测。

【台企服务】 2022年，民革南通市通州支部牢牢把握两岸关系和平发展主题，疫情期间深入台资企业，为台胞台商排忧解难。在中秋节、春节等重大节日期间慰问未返台的台商。（吴洁钰）

民主同盟南通市通州区基层委员会

【概况】 8月20日，民盟南通市通州区基层委员会成立，葛红玲任基层委主委，纪永明、韩小国、丁宏林任副主委，张剑平任组织委员，曹青波任宣传委员，季晓燕任文体委员、薛静任青年委员、陆海峰任监审委员。基层委下设一、二、三支部，季晓燕、陆海峰、薛静分别担任各支部主委。基层委有盟员46名，主体是教育、文化界的中高级知识分子，其中退休2人、中小学教师26人、医卫4人、文化1人、企业6人、机关单位7人。盟员中，中高级职称29人；1人为市人大代表，1人为市政协委员，2人为区人大代表，10人为区政协委员，3人为区政协常委。在通州区育才中学景行楼建有“盟员之家”。是年，基层委在民盟南通市委基层组织测评中继续蝉联第一，获评“思想建设工作特色基层”“盟务工作优秀基层”。

【主题教育】 2022年，民盟南通市通州区基层委带领全体盟员开展“矢志不渝跟党走 携手奋进新时代”政治交接主题教育。3月9日，在职业中学会议室举办“两会报告”学习活动；5月24日借助腾讯会议室召开“强国有我复兴有我”主题报告会；9月8日，在区图书馆举行民盟政协委员悦读分享活动；9月23日在石港中学开展“风雨同舟 共襄伟业——民主党派自觉接受中共领导的历史启示”党史讲座；11月25日开展中共二十大学习交流汇报会。充分利用盟内外宣传载体，落实主题教育通讯、社会服务活动报道、优秀盟员事迹推介等通讯美篇的创作和组稿，积极向统一战线、盟刊、网站、微信公众号等平台投稿。盟员风采《革命人永远年轻》在盟省委微信平台发布，《借得春风向未来》《“携手同心 逆向同行”通州民盟人疫线纪实》《强国有我 复兴有我》《集凡人微光 成航标灯塔》《星火启智慧 荷风送书香》《海阔潮涌千帆竞 乘风破浪启新程》《笃行成优秀 献礼教师节》《喜迎二十大 同心诉衷情——通州三支部篇》《喜迎二十大 同心诉衷情——通州一支部篇》《喜迎二十大 同心诉衷情——通州二支部篇》《风清露冷星火暖 气爽秋高耀风庄》《学史明鉴 砥砺前行》《书香悟道 责于躬行》等21篇通稿在民盟南通市微信平台发布，5篇活动通讯在南通州等媒体平台发布。

【参政议政】 2022年，民盟南通市通州区基层委充分发挥市区人大代表、政协委员作用，聚焦全区中心工作，开展课题调研，完成调研课题。界别代表委员提交议案提案24件，所属3个支部提交社情民意12件。韩小国被盟市委评为参政议政先进个人。

【双岗建功】 2022年，民盟南通市通州区基层委全体盟员守初心、立岗位、有担当，讲奉献，盟员杨张峰被盟省委评为社会服务先进个人，葛红玲被盟市委评为优秀盟务工作者，任茉莉、周国强被盟市委评为社会服务先进个人。在盟市委组织的“盟心向党 建功新时代”主题征文活动中，周卫平、任茉莉、金志军、徐卫东、戴敏获三等奖。顾琴被南通市教育局评为南通市优秀班主任，吴量被南通市教育局评为“三独”比赛优秀指导教师。

【“星火助推”行动】 2022年，民盟南通市通州区基层委继续打造教育“星火助推”行动品牌。7月20日，部分盟员和盟员政协委员到兴东街道双楼村调研学生暑期学习生活，开展教育“星火助推”农村学生悦读行动，为参与暑期共学的孩子赠送10多种图书。9月23日，民盟通州一支部和二支部选派精干盟员和入盟积极分子携带16节课到项目学校石港中学，与学校老师进行同课异构，开展评课和备课交流。结对20名初高中学优贫困生，开展同心助学活动。（纪永明）

民主建国会南通市通州区支部

【概况】 2022年，民主建国会南通市通州区支部共有会员43名，以经济界人士为主，其中新增会员3名。本科以上学历36人，其中硕士研究生10人；中级以上职称23人，其中高级职称8人；35岁以下10人。

【参政议政】 2022年，民主建国会南通市通州区支部主动发挥会员人大代表、政协委员作用，围绕中心工作、服务发展大局，提升履职尽责能力。通州区两会期间，支部作《加强法治引领，规范土地流转》的口头发言和《探索多元发展路径，壮大村级集体经济》的书面发言；支部15名政协委员提交个人提案19件，内容涵盖文化、教育、经济、民生等多个领域。市人代会上，蒋超联名提交的《关于加快智能化改造和数字化转型，建设先进制造业强市的议案》被列为大会一号议案。此外，支部4篇调研报告被遴选为民建南通市委2022年度市政协集体提案、1篇被遴选为民建江苏省委2022年度省政协集体提案。

【重点调研】 2022年，民主建国会南通市通州区支部积极参加民建南通市委年度重点调研专题，以“准、活、精、实”为切入点和落脚点，扎实开展调研工作，形成一批有价值的调研成果。张锬再次承担市委统战部分派给民建南通市委的年度重点调研课题主笔任务。支部在区政协大会提交的集体提案《关于加强法治引领，规范土地流转的建议》及张锬、朱朝晖、胡文荣、梅星提交的4篇个人提案获评优秀提案。蒋超在市人代会上提交的《关于进一步深化我市聘用制书记员队伍管理改革的建议》获评优秀建议，联名提交的《关于加快智能化改造和数字

11月5日，民建通州区支部举行二十大精神专题学习会　　曹菁 摄

化转型，建设先进制造业强市的议案》被评为优秀议案。

【社情民意】 2022年，民主建国会南通市通州区支部围绕群众关注的热点、难点、焦点问题开展视察调研，广泛倾听民声，及时准确撰写社情民意。支部信息首次被省委办《江苏信息》采用，调研类信息首次被省委统战部采用。被民建中央录用7篇，被省委统战部《每日汇报》录用7篇；被省政协采用并转报全国政协9篇，其中被全国政协内刊《每日社情》采用2篇。蒋超、张锬、赵亦冒提交的7篇社情民意信息获评区政协优秀社情民意信息，总数超受表彰信息的一半以上。会员蒋超被民建省委表彰为2022年度参政议政工作先进个人。

【组织建设】 2022年，民建江苏省委组建新一届专委会，支部4名会员被遴选进3个专委会。其中，蒋超被聘为社情民意委员会副主委，崔巍被聘为经济委员会委员、张锬被聘为理论研究委员会委员，陈胜楠被聘为社情民意委员会委员、理论研究委员会委员。支部主委吴建均当选新一届区政协副主席，蒋超、朱朝晖、赵坚、李仲等会员当选为新一届区政协常务委员。

【会员风采】 2022年，民主建国会南通市通州区支部会员情系民生实事、深入走访群众，凝心聚力建言献策，积极主动参政议政，涌现出一批先进典型。朱朝晖、蒋超、韩爱兰入选南通市人大预算重点审查代表；朱朝晖获评南通市涉案企业合规改革工作先进个人；蒋超入选江苏省“333”高层次人才培养对象，并被省财政厅表彰为“江苏省先进会计个人”；蒋超、张锬、张海燕分别被聘任为省检察院、市检察院、崇川区检察院人民监督员。陈胜楠撰写的《习近平法治思想关于法治建设“治未病”论述研究——以人民法院开展诉源治理为视角》荣获首届中国应用法学高峰论坛征文暨2022年度全国优秀应用法学论文征文三等奖，另有两篇论文分获江苏省法学会民事诉讼法学研究会民事诉讼理论与实务论坛优秀论文二、三等奖，1篇获“大生杯张謇经济立法理念与企业社会责任主题征文”二等奖。（丁雨桦）

民主促进会南通市通州区基层委员会

【概况】 7月14日，民进南通市通州区基层委员会成立，严少标任基层委主委，张锋、从晓、凌飞任副主委，王春建任宣传委员，管维新任组织委员，施松洁任参政议政委员，张春峰任信息委员。基层委下设一支部、二支部、三支部，管维新、王春建、张春峰分别担任各支部主委。基层委现有会员55人，主体是教育、文化界的中高级知识分子，其中退休3人、中小学教师30人、文化界3人、企业7人、机关单位12人。会员中，中高级职称32人；省人大代表1人、市人大代表2人、市政协委员3人、区人大代表2人、区政协委员9人、区政协常委3人。在通州区实验中学建有“会员之家”。

【组织建设】 2022年，民进南通市通州区基层委员会高度重视队伍建设，逐月制订工作计划和小结，定期召开基层委(扩大)会议，推动民主党派基层组织向“四新三好”看齐。3月6日，组织女会员到会员企业爱米小屋沉浸式体验考察。7月14日，民进南通市通州区基层委暨所属支部成立大会在区行政中心举行。9月6日，分别走访区教师发展中心、通州高中、西亭高中等会员所在单位，慰问教师会员，开展座谈交流。在民进全省“虚拟机关”提质增效成果交流会上，副主委从晓作题为《科学实施 虚功实做 推动民主党派基层组织高效运转》的交流发言。发展新会员4名。秘书长凌飞主动投身招商一线，事迹在《南通日报》上刊登的《重构体系，以实绩论英雄！通州三支招商队伍特色攻坚开新局》中被报道。会员任卫兵领衔建设的中青年名师工作室获批南通市首批“高品质工作室”，工作室主持的《让数学走进儿童生活世界：小学数学故事课程的开发与实施》获评江苏省基础教育类教学成果二等奖。会员企业沃太能源“通州沃太新能源储能系统研发”项目入围南通市2021年科技创新十佳项目。会员袁宏亮、张新艳所在企业，王志成所在企业进入2021年通州百强行列。任卫兵、从晓、曹晓峰、郝贵良、张光远、钱建锋、樊天洪7位会员入选区党外代表人士专家智库。

【参政议政】 2022年，民进南通市通州区基层委员会共有市区两级人大代表和政协委员11人，积极参与政治协商、开展民主监督、建言献策。在市政协全会上，主委严少标提交《关于让教育家李吉林“情境教育”搬上银幕的建议》，并在建言献策会上书面发言《构建我市沿海美丽生态风光带的建议》、口头发言《关于进一步优化我市营商环境的建议》；副主委张锋提交《关于“双减”政策下，正

7月14日，民进南通市通州区基层委员会成立大会召开
（民进南通市通州区基层委员会 提供）

确引导孩子参加文化艺术活动的建议》。张锋向民进中央提交《关于居家网课及其视力保护的调查和建议》《关于加强少儿文化建设的建议》《关于加强网络自媒体平台管理的建议》。副主委从晓撰写的《关于将双减工作落到实处》被区人大列为重点建议案。副主委凌飞撰写的《大力发展枢纽经济，努力构建通州高质量发展新格局》在区政协十四届一次全会口头发言，并发表在第3期通州社科论坛杂志。严少标和会员华刘军联合撰写《乡村简办红事白事风俗亟待强力推进》社情民意，在区政协期刊发表，并同步报送民进市委和市政协。会员邢锦明撰写的社情民意《关于加强小学科学教育的建议》被区政协录用。张锋、华刘军代表民进界积极参与到区政协2022年民主评议区司法局、商务局、审计局、行政审批局工作。会员任卫兵被区教体局聘为特约监督员。

【社会服务】 2022年，民进南通市通州区基层委员会一如既往传承优良传统，在社会服务实践中做有心人、热心人。副主委张锋作为“童声里的中国”活动发起人和重要创研参与者，给习近平总书记写信汇报“童声里的中国”十六年来的相关活动情况，总书记为此专门回信并作出重要批示。会员张剑彬的作品《使者》成为“童声里的中国”创研基地献给建团100周年的力作。民进中央社会服务部李长青、民进省委专职副主委朱毅民分批到通州调研，将“童声里的中国”品牌与民进中央彩虹行动有机融合，走进西部地区提出指导意见。开展“书香六一 甜趣童年”牵手亭西小学庆“六一”活动，给学校赠送精美绘本图书，邀请蛋糕师指导学生制作蛋糕。《团结报》头版头条图文报道此次活动。疫情期间，无臂书法家、会员王剑华口书“众志成城”以艺战疫。王志成、瞿元亮、袁宏亮、王克勤等会员捐款捐物2.2万元，王剑华签字赠送个人励志作品《无翅奋飞写人生》。12月，基层委组织教师会员到亭西小学和石港中学送教。春节前，组织20多名会员到金新街道华山社区开展“春联万家·促进共同富裕”主题活动，会员书法家姜维一、王剑华、陈学光、宋建峰等现场挥毫泼墨，共送出福字200余福，对联100多条。 （华刘军）

农工民主党南通市通州支部

【概况】 2022年，农工民主党南通市通州支部不断增强事业心和责任感，积极履职尽责，为建设“强富美高”新通州贡献智慧和力量。8月，在农工党江苏省第十三次代表大会上被授予2017—2021年度“优秀基层组织”称号。12月，在农工党南通市委年度考核中获“先进基层组织”特等奖，获评社情民意信息工作、党务宣传工作先进集体。

【参政议政】 2022年，农工民主党南通市通州支部的人大代表和政协委员积极建言献策、参政议政，共提出集体提案2件、个人提案15件、建议3条。其中，以支部名义提交的2篇集体提案均入选委员发言大会材料，其中《持续深化医卫体制改革，不断厚实健康通州根基》作口头发言，《推进镇村卫生一体化高质量发展的建议》作书面交流。由支部报送的“关于加强基层医疗卫生人才培养的建议”在市政协委员专题建言献策会上作口头发言，“关于加强校园应急救护技能培训的建议”被市政协确定为重要提案，由市政协副主席督办。

【课题调研】 3月，农工民主党南通市通州支部召开参政议政骨干会议，研究部署调研课题申报工作。支部党员中标农工党省委课题“推动县级疾控机构向镇街延伸，落实疾病预防控制网格化管理”1项，中标农工党市委课题加强医保资金监管、筑牢中医药基层服务阵地、统筹卫生健康信息化建设、强化基层医疗机构医防融合、健全基层儿童保健服务、推进院前医疗急救体系建设等8项课题。支部中标课题数创历年新高，占到农工党南通市委课题的1/4，各项调研课题均按时序要求推进，并及时向市委会报送调研报告。

【信息宣传】 2022年，农工民主党南通市通州支部组织信息宣传骨干开展社情民意信息交流，围绕突发公共卫生事件应急能力建设、加强企业食堂食品安全监管、完善医疗保障行政执法、探索基层卫生人才培养路径、创新基层医防融合模式、强化青少年心理健康问题干预等提供信息线索，提出意见建议，共报送信息近20条。明确落实相关人员及时报道党员抗疫故事、参政议政和学习交流活动以及先进典型，被市级及以上媒体用稿20余篇。

【协商议事】 2022年，农工民主党南通市通州支部将“常态化疫情防控下恢复基层医疗机构腹泻病门诊”作为协商议事议题，组织相关人员深入一线进行深入调研。6月上旬，支部组织党员中的区政协委员、人大代表，邀请区卫生健康委、区疾控中心职能科室负责人、部分镇卫生院长、乡村医生代表共20人，开展“有事好商量”协商议事活动，并形成协商建议清单，报送区政协。

【社会服务】 8月，农工民主党南通市通州支部会同金融部门召开助企纾困座谈会，调研疫情防控常态化下通州区小微企业生产经营情况，了解政策落地执行效果，形成有针对性的对策建议，以社情民意信息方式提交有关部门，帮助小微企业纾困解难。 （陈云娟）

九三学社南通市通州区基层委员会

【概况】 2022年，九三学社南通市通州区基层委员会（以下简称“通州九三”）下属医疗卫生、农业经济、综合、建筑、科技教育、直属6个支社和通州湾小组，共有社员100名。发展新社员1人，培养入社积极分子11人，平均年龄49岁。其中在职社员84名、退休社员16名；男社员67人、女社员33人。社员中，南通市政协委员3人，南通市人大代表1人，区人大常委会委员1人，24位区政协委员中，3人为区政协常委。

【宣传工作】 2022年，通州九三微信公众号共编发社讯48期，被社中央采用9篇，《团结报》2篇，省委统战部官网3篇，社省委公众号23篇，社市委采用35篇，区委统战部采用10篇。

【课题调研】 2022年，通州九三社员邱少波的《关于统筹推进生态保护和经济发展的建议》和丁俊荣的《关于集体经营性建设用地入市的调查与思考》中标省九三课题。张剑枫、何忠锋、黄晓林、王鑫鑫、何山、沈邱鹏等11名社员的14个调研课题中标市九三课题。社员丁俊荣的调研报告《我市内河出现非法采砂亟需重拳出击》引起市、区两级党委政府重视。

【参政议政】 2022年，通州九三在南通市政协第十三届委员会第一次会议期间，共提交个人提案10篇、社情民意信息1篇，针对规范政府网站等相关问题提出意见和建议。周蓉蓉提交的《关于确保教育优质均衡发展，助推义务教育现代化的建设》被南通市评为优秀提案。在通州区两会上，共提交议案2件，建议2件，提出的《关于推动我区制造业高质量发展的议案》被列为大会议案；政协集体提案1件，个人提案91件，《加快建设产业创新高地　奋力打造高质量发展重要增长极》被通州区政协列为“一号提案”。刘亚华执笔的《关于进一步盘活国有闲置资产的建议》、蔡志兵执笔的提案《完善信访工作机制，彰显法治精神》、张晓燕执笔的《关于推动婴幼儿托育服务体系建设的建议》、尹金岳执笔的《关于强化农村包厨办宴食品安全监管的建议》被列为重点提案。

【社情民意】 2022年，通州九三向社市委、区委统战部、区政协报送社情民意信息70余条，多条信息被省委统战部、社省委录用。6月，邀请社市委王增炜作社情民意信息讲座，社员就生态环境、教育教学、道路交通、住房安全等问题开展深入交流。9月，组织开展社情民意信息沙龙活动，围绕居民新消费、法治建设、社会工作参与社区治理、生命教育进学校等议题进行讨论，现场产生社情民意信息20余条。

【“有事好商量”】 6月，通州九三积极参加“十八总岸头交通环境整治”议题活动，提出多条合理建议。8月，通州区“有事好商量”协商议事现场推进会召开，社区委主委及部分通州九三社员先后到兴仁镇徐庄村、金新街道狮子桥村议事室现场视察“有事好商量”协商议事工作，并作经验交流。在通州九三“有事好商量”协商议事室接待聊城市政协一行，介绍议事室建设发展情况。

【社会服务】 2022年，通州九三社区委实施关爱服务项目“繁星闪耀·伴星起航”，分别于1月、5月开展“关爱学生，传递温暖”慰问活动，组织社会服务工作委员会成员慰问十总镇东场村和五总居的两名困境儿童，为他们送去书包、文具等学习用品和节日祝福。7月，由通州九三社员喻健出资2万元捐赠的“梦想小屋”正式交付一位困难家庭，经过重新浇灌地坪、铺设地板、更换铝合金门窗、粉刷墙面、电路布控等工序，因“屋”制宜定制床、书桌、衣柜及床上用品。尹金岳为刘桥镇苏池村特困家庭捐赠3万元。

（张晓燕）

区工商业联合会

【概况】 2022年，区工商联围绕“两个健康”（非公有制经济健康发展和非公经济人士健康成长）主题，积极组织各行业商会、基层商会、异地商会开展参观学习、文艺汇演、研讨交流等活动。是年，区工商联获评中华工商时报社“构筑民营经济舆论阵地”先进单位和南通市涉案企业合规改革工作先进集体，荣获南通市工商联创新工作突出贡献奖，会员管理工作在省工商联相关会议上作经验交流。

【招商交流】 2022年，区工商联发挥商会朋友圈优势，组织赴西安、上海等地开展“以商引商”系列活动，西亭镇商会、十总镇商会、平潮镇商会积极参与属地招商引资工作，大力推介通州经济社会发展环境，鼓励在外通州人士担当家乡发展宣传大使和招商大使。接待上海、安徽、湖南等地企业家及埃塞俄比亚华商来通考察，及时帮助解决相关难题，以优质的服务推动项目签约注册。

【“工商联+”服务】 2022年，区工商联深入推进“工商联+”服务机制。“工商联+法院”，联合区法院成立区商会商事调解中心和执行驿站，打造“一站式”法律服务体系，全年调解商事纠纷75件，涉案金额1245.5万元，调解的某企业借贷纠纷和解案件，入选全市优化营商环境典型案例；“工商联+检察”，联合区检察院成立涉案企业第三方机制管委会，邀请52位专家进入专业人员库，运用第三方机制协调处理案件4起；“工商联+环保”，联合区生态环境局设立区企业环保服务站，广泛开展环保问诊活动，共同指导服务南通海星电子股份有限公司入围江苏省2022年度绿色发展领军企业；

"工商联+税务",联合区税务局开展"春雨润苗护企行"行动,确保税务"减、免、缓、退"惠企政策及时传达到位。

【大走访行动】 2022年,区工商联结合"服务企业大走访"活动和"千企大走访"行动,常态化深入常执委企业、商会企业走访调研,及时掌握营商环境、行业企业发展等情况。走访企业近百家,组织惠企政策宣讲、企业家座谈数十场,区镇联动收集意见建议286条,协调解决企业难题223个,对因市场、政策、制度等因素暂时无法解决的问题第一时间向市工商联及相关部门反馈,并向企业做好解释工作,确保事事有回音,件件有落实。与区委统战部共同制订新生代企业家"出青胜蓝"培养计划,联合举办新生代企业家培训班、创二代企业家座谈会。举办南通市民营经济人士培训班(通州专场)。办优办好《州立潮头》会刊,扩大"南通州工商联"微信公众号影响力,及时发布省市区惠企政策,大力宣传优秀企业家典型事迹。

【商会建设】 2022年,区工商联完成西安市江苏通州商会成立和区东北联合商会、苏州市通州商会换届工作,成功举办全区商会工作研修班。"四好商会"建设、"两个全覆盖"等重点工作取得新突破。区装饰装修服务商会获评全国"四好"商会,区建筑房地产商会、浙江商会、十总镇商会获评江苏省"四好"商会,金沙街道商会、兴东街道商会、先锋街道商会和区福建商会获评南通市"四好"商会。"商会+"合作模式多点开花,区装饰装修服务商会+物业帮助会员提升应急自救能力,区服务业商会+饭店、餐饮协会助力区内餐饮行业加快转型,先锋街道商会、兴仁镇商会+村居开展"全民阅读进企业"活动,刘桥镇商会+银行机构帮助小微企业缓解融资难融资贵,平潮镇商会+镇安监部门为会员企业排查安全隐患。

8月8日,西安市江苏通州商会成立 (区工商联 提供)

【品牌打造】 2022年,区工商联鼓励、支持、引导商会围绕自身特色,打造有影响、有成效的商会品牌。区家纺商会深耕经济服务职能,组织赴新疆等地考察,助力会员企业开辟市场。区福建商会团结周边地区同乡,与如皋等地福建商会建立友好关系。苏州市通州商会打造"通商会客厅"品牌,为会员提供融企业发展与休闲娱乐于一体的服务。川姜镇商会、东社镇商会等利用属地产业优势,打造"法润家纺""汇智赋能"等品牌。区家纺商会获评全省工商联系统商会组织先进集体,区装饰装修服务商会获评全市现代商会示范点。

【参政议政】 2022年,区工商联鼓励常执委和界别政协委员围绕经济社会热点难点,认真履行参政议政职责,组织重点企业参加全区企业家恳谈会,围绕营商环境建言献策。组织区工商联(总商会)副主席、副会长围绕"疫情之下企业的机遇和挑战"议题、组织上海市通州商会围绕"在外通商助力家乡发展"议题,开展"有事好商量"协商议事活动。兴东街道商会开展企业家日活动,组织参观街道重点工程,邀请企业家对街道发展提出建议。部分常执委、界别委员深入社区帮助推进文明建设工作。

【社会公益】 2022年,区工商联积极参与东西部协作,鼓励常执委企业赴青海尖扎对口支援。联合团委开展"梦想改造+"关爱计划,发动常执委企业和界别政协委员捐款,用于为贫困学生打造梦想小屋。五接镇商会会员共同捐资2000万元设立教育发展基金,专门用于五接学校师生的教育发展。金沙街道商会擦亮"微心愿"品牌,组织会员企业参与"爱心助童"活动。区商贸业商会、浙江商会、兴东街道商会等积极慰问老兵、老党员、贫困家庭等群体。 (蒋玉芝)

群众团体

编辑 马钰

区总工会

【概况】 2022年，通州区有基层工会组织2249家，会员总数199921人。深入实施“五大行动”（“举旗育人”行动、“建功立业”行动、“暖心聚力”行动、“强基固本”行动、“学悟守正”行动），全区工会工作实现新突破，镇级工会展现新面貌，基层工会呈现新活力。

【职工思政】 2022年，区总工会在全市率先成立劳模工匠和思政教师宣讲团，线上线下相结合组织“双进”活动，覆盖全区625家大中型企业和72所中小学校，被《江苏工人报》、“学习强国”学习平台等媒体专题报道。完成100场文化“三送”活动。举办“喜迎二十大·建功新时代”全区职工书画摄影、诗词楹联大赛，征集作品2800多件，6件作品在全省职工书法美术作品展中获奖。推荐产生全国级职工书屋1家、省级职工书屋1家、市级职工书屋2家。在各类报刊网站刊登报道135篇。

【产改工作】 2022年，区总工会切实履行产改工作牵头抓总职责，实现改革发展、综合考核、“十四五”规划、人才工作、产业倍增计划“五个纳入”。围绕“3+2”（以汽车及零部件、新一代信息技术、智能装备三大产业为主导，家纺、建筑两大产业为支柱）产业体系，打造“一带一路一片区”产改示范群，建成各级各类试点企业70家。研究出台全省第一家县级工会助企纾困8条措施，惠及4400多家企业。在全省率先制定《产改实务操作清单》和产改“口袋书”，探索《职工说了算》产改效果评价体系。筹建通州工匠学院，构建“工会+企业+学校”三位一体职业教育培训体系，率先走出一条产教融合式产改之路。作为南通市唯一县级代表参加中央深改办江苏产改专题督查座谈会。

【职工技能竞赛】 2022年，区总会工联合12个区级部门，开展“勇当主力军、建功硬核区”五大系列劳动竞赛，覆盖全区千余企业，5万多名职工。完成全区第十一届职工职业技能大赛设置区级技能竞赛项目20场，培育各类技术骨干和产业强区技术工人2500余名。星晨职业培训学校姜春花在省百万技能人才技能竞赛岗位练兵活动家庭照顾专业技能竞赛中荣获一等奖，获评江苏省五一创新能手。亚振家具职工张国旗、徐李财荣获第六届江苏状元大赛职工组二等奖。深化培训、练兵、比武、升职、晋级“五位一体”职工职业技能发展模式，突出“五小”活动在群众性创新活动中的基础地位，成功推荐获评省十佳科技创新成果1项，市十佳科技创新成果2项，通州建总职工李洲华发明专利参评首届江苏专利奖。

【职工劳保】 2022年，区总工会开展夏季高温慰问活动，给2万多名重点工程、

1月7日，区总工会慰问投递人员 （通州邮政分公司 提供）

高温车间、防疫一线职工送关怀。组织全区1100余家企业参加"安康杯"竞赛,参赛职工近13万人。在实现镇街劳监员培训全覆盖基础上,区分重点行业和高危企业,实施精准培训和全班组、全岗位培训,培训企业班组长和劳动保护监督检查员1200名。联合应急管理部门,在刘桥镇开展安全事故隐患排查技能竞赛,100多名职工参与。开展第八届全区职工"安全隐患随手拍"活动,共征集案例199例。开展"5·12"劳动保护专场宣传活动,现场发放劳动保护宣传册1000份。参加全省化工企业网上知识竞赛,1人获评全省化工行业网上安全生产知识竞赛先进个人。选送20个案例参加全省职工节能降碳随手拍活动。联合卫健委开展职工劳动保护暨职业健康重点企业检查活动。参加职工伤亡事故调查12起,为职工争取赔偿金1500多万元。

【服务职工】 2022年,通州区总工会开展职工求职专场培训11场,培训职工1400余人次。与区人社局等单位联合举办春、秋季大型招聘会,提供近3500个岗位,应聘人员上岗满意率达88%。联系机关、企事业单位,组织300余名青年学生参加社会实践。组织5批优秀一线职工近300人次进行疗(休)养。开展职工学历提升教育援助活动,32名职工完成学历提升并获毕业证书。在"520""七夕"等节日,组织300多名单身青年职工开展相亲交友活动。举办"与国同梦·爱在通州"首届职工集体婚礼。

【关爱职工】 2022年,通州区总工会帮扶救助建档困难职工36户,发放各类帮扶资金36.61万元,全年累计救助571人次。指导基层工会开展"微心愿"活动,帮助800多名困难职工子女完成梦想。开展"工会在身边,连心进万家"主题慰问活动,走访慰问一线职工781人次,发放慰问物资16万元。慰问农民工群众170人,劳模3人,发放慰问金、慰问品7.6万元。设立职工心理咨询室,接受职工咨询67人次。新建户外职工爱心驿站10家、康乃馨服务站10家,赠送爱心礼包1000余份,赠送意外伤害保险800余份。

【法律援助】 2022年,通州区总工会推进工会法律"十百千"活动,开展普法讲座14场,打造"法润通州·劳动用工法律体检"品牌,为100家企业提供用工情况评估服务,出具意见和建议书16份,为1600多名职工提供免费法律咨询服务。开展"尊梦守法"农民工普法、《中华人民共和国劳动法》五一法治宣传月、宪法宣传月等活动15场,设立"法润职工·周周有约"法律服务先锋岗,每周五下午为职工群众提供免费法律咨询援助服务。完善"两站一中心"职工法律援助工作体系,为来访职工提供免费咨询417人次,法律援助7人次。成功推荐格雷特机械、老裁缝家纺等14家企业获评市级"和谐劳动关系三星级企业"。加强工资集体协商工作,全年共有2236家企业开展集体协商工作,覆盖职工18.5万人,覆盖率达85.6%。组织职工代表参加全市集体协商竞赛,荣获三等奖。

【组织建设】 2022年,通州区总工会开展非公企业党建带工建"三创争两提升"活动,南通四建获评全省非公有制企业党建带工建"三创争两提升"示范单位。推动非公有制企业建立健全职代会、厂务公开、协商民主、职工董监事等制度,江海电容器、富加宜电子、实验小学等4个单位职工代表提案获评"2020—2021年市优秀职工代表提案"。开展对2008—2013年期间全国模范职工之家复查工作,组织48家基层工会单位开展"结对共建 联手兴家"活动。14个镇(街道)工会改革创新项目实现全覆盖,推出5个大类38项体制机制创新举措。

(武帅森)

共青团南通市通州区委员会

【概况】 2022年,通州区新发展团员1152人,至年底,全区有团员33478人,基层团委48个,团工委7个,团总支268个,团支部3272个,团区委直属团组织62个。坚持聚焦青少年思想引领,服务青年发展,全面从严治团,青年工作质效不断攀升。

【思想引领】 2022年,团区委壮大青年讲师团、红领巾巡讲团队伍,创新选拔24名优秀返乡学子组建"归雁宣讲团"。打造"归雁学堂"青年学习社、"韬晦奋进"青年学习社线路。召开全区第二十四届"十佳青年"颁奖暨"喜迎二十大、永远跟党走、奋进新征程"主题座谈会。6家基层团组织获评"全省五四红旗团委、团支部";3人获评"全省优秀团干部、团支部书记";2人获评"江苏省乡村振兴青年先锋"。

9月19日,市政协共青团和青联界在通州区开展"有事好商量"民生专题协商议事活动

(区团委提供)

【服务中心】 2022年，团区委积极开展创新创业项目扶持培育，在“创青春”创新创业比赛项目中，推选的4个项目分别获国家级银奖1个，省级一等奖1个、二等奖3个，市级一等奖2个、二等奖1个。1个项目获第十七届“振兴杯”全国青年职业技能大赛（职工组）——“中核杯”创新创效竞赛全国决赛技术革新类银奖。实施大学生志愿服务乡村振兴计划，招募10名大学生志愿者服务镇村一线。推动全区“团建+金融委员”驻村工程。开展“青耘中国”直播助农活动，发掘培养青年主播人才35余人，开展各类专题直播10场，累计销售12多万元。开展“河小青”保护母亲河、“垃圾分类”“植树护绿”“秸秆禁烧”系列活动80余场。开展“一线有我，号队出列”专项行动，充分发挥“青网格”作用，发动各级青年文明号、青年突击队、青年志愿者1200余人投身防汛防台、文明城市长效管理、安全生产等领域。

【服务青年】 2022年，团区委建成通州区青年人才驿站一期，为高校应届毕业学子提供免费定点住宿、就业指导、社会融入等系列服务，打造“一站式”青年人才服务招引平台，全年入住青年36人。推动“一员一桌一家”海归青年人才服务，累计服务海归青年200余人。实施“梦想改造+”关爱计划，筹集爱心款项超62万元，建成“梦想小屋”31间。市政协共青团和青联界围绕“困境青少年关爱服务”议题到通州开展“有事好商量”民生专题协商议事活动。开办“爱心暑托班”，服务青少年350余人。开展希望工程“圆梦行动”助学金走访发放活动，发放助学金4.3万元。成立快递物流、外卖行业团工委，开展“夏日送清凉”“暖蜂行动”系列活动，服务新业态新就业青年群体500余人次。持续打造“家乡学堂迎归雁”品牌，吸引235名大学生参加暑期社会实践。新建“亲春驿站”5家，举办青年联谊交友活动10场。

【从严治团】 2022年，通州区召开共青团第十八次代表大会，推选代表185名。新成立社会领域团组织149家。强化“一专一站两联”建设，深化“一轴八轮”通州区团代表履职服务新模式。完善团干部考核评价制度，聚焦“青少年思想引领、服务中心大局、有效服务青年、从严治团”四类能力培养。在各领域实施“双积双评”积分入团，坚持“审核前置、编号后发”原则，组织开展团员档案线下“互检互查”，团员发展在团市委抽查考核中达标率100%。建立团员与村（社区）团组织联系报到常态化、制度化渠道，开展“社区有我，青春报到”活动，230名团员投身基层社会治理。开展“推优入党”工作，全年向党组织推荐优秀团员120余人。

（徐昕钰）

区妇女联合会

【概况】 2022年，通州区有镇（街道）妇联14个，村（社区）妇联232个，机关妇联38个，团体会员2个，完成14个镇（街道）妇联换届工作。全区各级妇联高质推进“五航”行动，组织各类巾帼宣讲活动300场，区妇联系统荣获省级以上荣誉17个、市级荣誉78个。

【行业妇联工作】 8月25日，举办女骑手外卖行业妇女第一次代表大会暨暖心护航关爱行动。8月31日，举办物业行业妇女第一次代表大会暨暖心护航关爱行动。9月23日，举办律师（法律服务工作者）行业妇女第一次代表大会暨“在你身边”关心关爱活动，成立新兴领域妇联组织21家。12月8—10日，区妇联联合区委组织部开展全区女干部赋能提升培训班，40人参训。开展“十行百优”最美女性寻访活动，在“南通州妇联”微信公众号专栏展播。是年，“‘联’聚通才，‘新’火燎原”“‘三联四有’（阵地联建、人员联动、活动联办，有保障、有项目、有服务、有活力）新兴领域妇联组织建设”2个项目获评全市妇联系统优秀改革创新十佳。

【巾帼阵地】 2022年，区妇联建成“在你身边”省级文明实践巾帼志愿阳光站。打造三八红旗手工作室3家，葛晓玉工作室被评为南通市最美三八红旗手工作室。建成姐妹微家5个，吉坝乡连姐妹微家获评江苏省新领域“最美妇女微家”。指导平潮镇云台山村妇女儿童之家等9家妇儿阵地提档升级。组织动员广大农村妇女家庭参加“美丽庭院”争创行动，21户获评南通市“百佳美丽庭院”，30户获评通州区“美丽庭院”。

【“一户一策”】 2022年，通州区率先启动省妇联困境妇女儿童家庭“一户一策”精准微关爱服务项目。6月20日，省妇联党组书记、主席一行实地调研通州困境妇女儿童家庭“一户一策”精准微关爱工作情况并给予充分肯定；6月28日，区妇联召开困境妇女儿童家庭“一户一

6月28日，南通市妇联常委（扩大）会议暨“一户一策”微关爱服务工作推进会在通州区召开

（区妇联 提供）

策”精准微关爱项目推进会，落实项目资金12万元；8月5日，召开通州区首轮困境妇女儿童精准微关爱工作例会；9月9日，召开困境妇女儿童精准微关爱专家研判会；9月22日，南通市妇联常委（扩大）会议暨“一户一策”微关爱服务工作推进会在通州召开。

【助推家风家教】 2022年，区妇联联合区教体局制定印发《通州区关于加强家庭教育工作的实施意见》。征集优秀家风家教故事（原创）240个，联合区委组织部、区纪委监委、区委宣传部等8家单位举办“我爱我家”优秀家风家教故事（原创）分享会。联合FM99.9通州电台“阳光广播”开设全区首档家庭家教家风栏目《我爱我家》16期；建立区级家庭教育指导服务中心，建成法院、检察院家庭教育指导服务站，各镇（街道）实现家庭教育服务站点全覆盖。5月9日，启动全区首个家庭教育宣传周系列活动，宣传普及《中华人民共和国家庭教育促进法》《江苏省家庭教育促进条例》，各镇（街道）妇联、“三全”社区、学校开展“送法进万家、家教伴成长”活动116场次，宣传覆盖12800余户家庭。

【巾帼科技创新行动】 2022年，区妇联联合区委组织部、区科技局、区科协共同承办高洽会分场活动。联合区委人才办、区发改委等部门制定《南通市通州区推进科技创新巾帼行动的若干措施》。成立首批女科技工作者联盟和巾帼创业创新赋能团。启动巾帼科技创新“四大行动”（“她思想”凝心行动、“她力量”建功行动、“她智慧”提升行动、“她舒心”关爱行动）。命名首批10家巾帼科技创新示范基地。举行巾帼“科创贷”首期授信签约。开展女企业家代表巾帼“科创+”圆桌论坛。表彰“巾帼创业之星”“巾帼活力之星”“巾帼慈善之星”，发放女科技工作者暖心服务卡。帮助3家企业获得中信银行提供的2080万元巾帼“科创贷”专项贷款。

【妇儿权益保障】 2022年，区妇联主动对接区法院，共建家事纠纷源头治理对接等8项机制，发出全区首份家庭教育指导令。联合区公安局等部门举办“法润通州巾帼行·幸福护航暖万家”维权周活动。开展“法润万家·巾帼护‘安’”法律知识网络竞答，29598人次参与答题。开展“春风润物·巾帼暖心”调研，入户走访24个重点户。为全区49名单亲困境母亲提供39200元爱心款，为1名低收入“两癌”妇女争取上级救助金10000元。5月25日，召开全区妇女儿童工作委员会全体会议暨家庭教育工作推进会。5月28日，联合区文明办举办“‘伊’心呵护、携手‘童’行”困境儿童迎“六一”关爱活动。8月4日，举办“爱在七夕·只为遇见你”通州区婚恋交友活动，172名单身青年参加活动，18对青年男女现场成功牵手。

【助力巾帼企业】 8月11日，区妇联联合区发改委、区科技局、区人社局、区税务局举办“惠伊企”助企纾困主题活动，对相关政策进行解读。4月28日至5月6日，开展“服务企业大走访”活动，了解企业生产经营、复工复产等情况，为企业送上《惠企政策汇编》。12月15日，召开通州区女企业家协会第三次会员代表大会，选举产生区女企业家协会第三届理事会会长、副会长、秘书长。 （刘莉莉）

区科学技术协会

【概况】 2022年，通州区出台《通州区创建2021—2025年全国科普示范区活动实施方案的通知》，率先在南通起草下发《南通市通州区全民科学素质行动规划（2021—2035年）》，全面履行好“四服务一加强”工作职责。区科协获评全国农民科学素质网络知识竞赛江苏赛区优秀组织单位、全国科普日活动省级优秀组织单位和科普周活动市级优秀组织单位。

【举荐典型】 2022年，通州区推荐江苏深蓝航天有限公司创始人霍亮获评南通市青年科技奖；推荐江苏金太阳纺织科技股份有限公司仝晓婷获评江苏省“创新达人”。四方科技集团顾洪飞被中国科协评为科普中国优秀信息员典型。南通绿博园获评全国科普教育基地，景瑞农业、区图书馆获评省级科普教育基地。区实验小学被命名为“十四五”江苏省科学教育综合示范学校。全区新获评省级科普教育基地2个，市级科普带头人6人，市级科普示范社区2个，市级农村科普示范基地2个。

【助力乡村振兴】 2022年，通州区发起科创兴农系列活动，组织开展科技助农服务、科普大篷车下乡村、智慧农业云课堂、农村科技“庭院讲”等活动，以专家指导、科技培训、科学普及、科研转化等方式，为乡村振兴赋予科技力量。在东社镇东平村建成全市首家乡村振兴科普馆，捐建科普图书室2家。组织开展农民网络知识竞赛，区科协荣获南通市优秀组织单位。培育新型农业社会化服务典型，进鲜港水芹技术协会获评江苏省富民强村典型，区农友协会获评江苏省乡村振兴特色服务先进典型。

2022年，区科协以专家指导、科技培训、科学普及、科研转化等方式为乡村振兴赋予科技力量。图为区科协工作人员在科普惠农服务基地开展工作 （区科协 提供）

【科普服务】 2022年，通州区科协带动全区农业、医卫、教育“四长”科技工作者开展农业知识培训讲座、新品种农产品推广、关爱留守儿童科普、科普进校园、科技三下乡等活动超200场次。举办医卫专家走基层巡讲活动30多场，开展现场义诊、常识普及、知识讲解，惠及群众3000多人次。

【少年科普】 2022年，通州区科协举办2022年“缤纷的冬日”暨科普进校园活动，通过科学秀、赠送STEAM科教学习包等，让留守儿童边学边玩，寓教于乐。扩建全区无人机和机器人编队，扩大科技教育示范作用。

【科技竞赛】 2022年，通州区10名学生入选省中学生科技创新后备人才库。获省第三十三届青少年科技创新大赛三等奖1个，市第三十三届青少年科技创新大赛辅导员科技创新成果三等奖1个，市优秀科技辅导员1名，市青少年科技创新成果中学组三等奖12个，二等奖4个，一等奖2个，少儿科学幻想画三等奖5个，二等奖7个，一等奖6个。 （张　瑞）

区文学艺术界联合会

【概况】 2022年，通州区文联团结带领广大文艺工作者，担当社会责任，培育文艺人才，创作时代精品。《“童声里的中国”系列活动以小舞台实现大美育》荣获2022年度全省宣传思想文化工作创新奖，《童声“三入”，扩大文艺共享“朋友圈”》荣获2022年度省文联工作创新奖。“童声里的中国”青少年文艺志愿服务队获评2022年度江苏省学雷锋志愿服务优秀组织。

【省文联专题调研】 9月6日，省文联一行到通州进行专题调研。专家组先后参观“童声里的中国”展厅、“浩琴书屋”、“全国曲艺小剧场艺术指导委员会”通州基地，并召开调研座谈会，希望通州区深入挖掘和推广“童声”好作品，提升“童声里的中国”品牌影响力和传播力。

【第十一次文代会】 11月23日，通州区第十一次文代会在行政中心多功能报告厅举行，全区246名文艺工作者参会。大会审议《通州区文联第十届委员会工作报告》，讨论修改《通州区文联章程》，选举产生通州区文联第十一届委员会及领导机构，表彰全区优秀文艺工作者。

9月22日，“美丽南通行”——2022南通文艺界采风创作活动走进通州
（区文联　提供）

【《童心唱给党来听》唱响央视】 6月1日，中央广播电视总台制作推出《童心筑梦，志在未来》特别节目，“童声里的中国”少儿艺术创研活动基地制作推送的歌曲MV《童心唱给党来听》作为开场节目播出。“童声里的中国”少儿艺术创研活动基地先后向央视输送少儿歌谣和精品节目62个。

【“通州艺苑”展示周】 9月22日，第十二届“通州艺苑”文学艺术展示周活动启动仪式在区文博中心剧场举行，专场文艺演出分和美、至善、富强三个篇章进行，“打造新高地，建设硬核区”书法摄影诗词楹联展、“喜迎二十大，匠心永流传”民间工艺作品展同步开展。作品走进社区、乡镇、企业、校园，进行为期一个多月的巡展。

【“美丽南通行”文艺创作走进通州】 9月22日，“美丽南通行”2022年南通文艺界采风创作活动走进通州，来自市作协、美协、摄协等各专业协会的60余位文艺家先后参观“童声里的中国”展览馆、“喜迎二十大，匠心永流传”民间工艺作品展，并走进南通东方亚振有限公司、洲际梦幻岛等地采风创作。

【文艺家协会换届】 从6月开始，区文联所属14个协会（除民间文艺家协会外）相继召开换届大会，各协会认真回顾总结6年来的工作成果与经验，选举产生新一届理事会、主席团。新成立通州区朗诵协会，区文联所属专业文艺家协会发展至15家。

【“活力融通·最美瞬间”摄影大赛】 8月24日，“逐梦高质量，奋斗新征程——活力融通·最美瞬间”摄影大赛颁奖仪式在区行政中心举行，200幅获奖作品展出，彰显了企业文明价值。最终评选入展作品50幅，入围作品150幅。

（邱永康）

区哲学社会科学界联合会

【概况】 2022年，通州区社科联组织申报省市课题研究，1项获省社科联立项，3项获市社科联立项，并按时结项。与区委宣传部、区科协联合发布应用研究课题指南，确定立项不资助研究课题45个，经组织评审，对37项优秀成果给予表彰奖励。组织开展学习贯彻中共十九届六中全会精神理论研讨会论文征集活动，表彰优秀论文16篇。组织召开社科理论界学习贯彻中共二十大精神座谈会。全年举办各类社科讲座1600多场，受众超9万人次。组织参加省、市社科联业务培训班。

9月28日,通州区举办第十三届社科普及宣传示范周广场咨询活动

(区社科联 提供)

【《通州社科论坛》改版】 2022年,通州区社科联拓展思路、广泛征稿,从封面设计、栏目设置、编发周期、装订方式等方面改版《通州社科论坛》。改版后,封面版式简洁大方,编发节奏快,内容时效性强。全年编发4期,获评年度省社科联系统工作创新案例。

【社科专家话张謇】 10月10日,通州10余名社科专家以"传承先贤精神,接续奋斗力量"为主题,开展"社科专家话张謇"沙龙座谈活动。专家们围绕张謇的水利思想与水利建设、开拓精神、慈善思想与实践、家庭教育、教育思想、祖居地之谜、"三创"精神和如何传承张謇文化等主题畅所欲言,助推通州张謇研究工作向纵深发展。

【第十三届社会科学普及宣传周】 9月28日,通州区社科联开展以"喜迎二十大,奋进新征程"为主题的第十三届社会科学普及宣传周社科广场咨询活动。9月29日,在南通茉莉林纺织有限公司开展社科广场咨询活动。活动现场布置了通州地方党史、数说"通州这十年"成就、"打造新高地、建设硬核区"书画摄影楹联诗词作品、非遗传承、二十四节气、食品检验检测、民法典普及等主题展板,社科专家在现场普及各类社科知识,宣传最新政策要求,接受市民咨询。

【第六届哲学社会科学优秀成果评奖】 2022年,通州区社科联根据《通州区哲学社会科学优秀成果奖励办法》,在全区开展第六届哲学社会科学优秀成果评奖,强化宣传发动,优化评奖程序。共收到申报成果154项,经初评,择优推荐成果参加江苏省第十七届哲学社会科学优秀成果评奖和南通市第十六届哲学社会科学优秀成果评奖。 (王 丽)

区归侨侨眷联合会

【概况】 2022年,通州区侨联团结广大归侨侨眷和海外侨胞,勇担新使命,凝聚侨力量,致力于促进经济发展、参政议政、联络联谊、维护侨益等各项工作。在侨界群众和侨联干部中开展"学思践悟二十大·团结奋进新征程"系列活动。

【文化宣扬】 2022年,通州区侨联坚持以"根""魂""梦"为主题,开展"侨印象"摄影书画和系列感言征集活动,发动基层侨联小组开展"本地中餐视频"推介活动,组织侨界代表参加元宵猜灯谜、给共和国生日送祝福等活动,开展"连侨心"宣传走访、电邮传乡情等活动。

【服务社会】 2022年,新侨企业江苏神涛环保科技有限公司先后向区卫健委、中医院、科技局捐赠价值约133864元的消毒液,侨商蒋忠向南通大学捐赠2万元助力防疫,新侨杨朦向南通大学捐赠价值68万元的抗疫物资,侨胞李兵主动参与"情暖贵德·结对助学"项目活动,向区红会捐款12万元用于资助贵德贫困学子。

【服务经济】 2022年,通州区侨联组织开展"走访侨企送政策·助力复工复产"主题调研活动,通过送政策、送服务、解难题等形式,帮助企业解决实际困难。做好省侨青会"创青春——江苏侨界青年双创发展分享·走进南通"交流实践活动的服务工作。推荐新侨企业参加省侨联创新创业大赛。做好新侨推优工作,新侨张新艳、杨朦被省人社厅、省侨联、省侨办联合表彰为"江苏省归侨侨眷先进个人";侨商刘斌获评"省侨联侨界党员先锋";南通绿芭蕉纺织品有限公司获评中国外贸出口先导指数样本企业;沃太能源获评"第四届省优秀侨资企业"。深入金沙、东社、十总、平潮、石港、刘桥、川姜等镇(街道)开展招商宣传。

【为侨服务】 2022年,通州区侨联组织开展"迎新春·送温暖""迎中秋·送祝福""冬日情亦暖·关爱人侨心"走访慰问活动,为全区40余户重点归侨侨眷和困难、高龄、患病、空巢侨眷送上节日慰问金12800元。开展全区第五届法治宣传月活动,区—镇(街道)—村(社区)三级联动,印发侨法资料15700余份,制作宣传展板82个,滚动播放电子屏204个,悬挂横幅236条,开展线上宣传239次,全区161个村32个社区参与。受理涉侨信访3件,其中2件为海外侨胞信访件,及时协调有关部门解决。在华侨村开展"中医惠侨"签约聘任仪式暨专家义诊活动,与区中医院签署"中医惠侨"为侨服务优惠政策"五免"合作协议,指导各镇(街道)免费办理"惠侨健康服务卡"。

【参政议政】 2022年,通州区侨联进一步加强与侨界政协委员、人大代表联系,为反映社情民意、履行参政议政、民主监督职能提供服务。动员侨界委员及时反映侨界群众呼声和意见,区两会期间提交提案11份、社情民意7件。组织委员深入侨企和侨眷,开展侨界别"有事好商量"活动。

【联络联谊】 2022年,通州区侨联加大网上联络联谊力度,建好国内侨眷群、侨界重点人士群、海外侨胞群三大微信群,做到常态化问候和定期政策宣传。做好与海外留学生、新华侨和华裔新生代群体联谊交往。开展“访侨眷·暖侨心”专题走访活动，到相关镇村和街道社区重点走访新加坡侨眷20多户。

【基层组织建设】 2022年，通州区侨联致力于建立组织网络化、服务系列化、活动经常化、工作规范化的基层工作格局，鼓励基层侨联小组参与当地建设，促使区侨联总牵头、基层侨联小组广泛发动、侨界群众积极参与一体化。组建由281人组成的区侨界志愿服务队伍。5月，牵头发起“侨法宣传月”活动。打造金新街道华侨村界北村“侨胞之家”建设新亮点，申报并通过省侨联“侨胞之家”项目建设。（管 鹰）

区残疾人联合会

【概况】 2022年，通州区不断完善“1+5”扶残助残体系，以党建引领扶助残为统领，从政策、健康、就业、文化、志愿五个方面，常态化、系统化开展扶残助残新实践，大力抓保障促民生，快速推进各项工作，圆满完成年度各项任务。全国首创“助残年”系列活动，20件扶残助残实事项目惠及全区3.2万名残疾人。“创新构建‘1+5’扶残助残体系，促进残疾人事业全面发展”项目获评全省残联系统创新创优示范项目。

【重点康复项目】 2022年，通州区精准落实康复服务内容，新增1家儿童康复定点机构，转介337名儿童至各机构康复训练，其中孤独症146名。开展贫困精神残疾人和易肇事肇祸精神病人免费用药情况排查，全年新增免费用药215名，全区精神残疾人免费基本用药服务对象达到1730名。为148名白内障患者提供免费复明手术或手术补贴。完成203户残疾人家庭无障碍改造。

【残疾人文体】 2022年，通州区组织区残疾人运动会，开展掼蛋、中国象棋和特教校专场比赛，组织参加省、市残疾人运动会，获奖量在全市名列前茅。

发表扶残助残、励志故事、涉残政策、健康知识等残疾人事业宣传信息200多篇。

【残疾人就业】 2022年，通州区大力促进残疾人就业创业，全年举办残疾人技能培训班26期，参训残疾人552名，新增就业395人。积极发展以“残疾人之家”为主要阵地的残疾人辅助性就业，全年惠及残疾人300名。打造“关爱残疾人母亲”养羊、养鸡增收示范项目，变帮扶“输血”为自身可持续“造血”，全年共扶持种养殖残疾人家庭285户。

【残疾人权益维护】 2022年，通州区落实残疾人司法保护相关规定，妥善处理残联主体责任各类信访事项。建立残疾人法律援助对象信息沟通和跟踪机制，每月更新区法律援助中心残疾人信息，对重度残疾人实施法律援助免申请审批手续，直接进行法律援助。建立残疾人法律援助联系制度，实时沟通援助信息。

2022年，通州区精准落实康复服务内容，提升康复服务品质。图为工作人员指导残疾儿童进行康复训练（卑多敏 摄）

【残疾人联合会第七次代表大会】 11月10日，通州区残疾人联合会第七次代表大会在区行政中心召开。大会听取和审议《创新完善“1+5”扶残助残体系，奋力谱写通州残疾人事业全面发展绚丽华章》的工作报告。残疾人世界冠军顾小飞兼任区残联副理事长。（季 洁）

区红十字会

【概况】 2022年，通州区红十字会着力“博爱家园建设质效、青少年工作品牌”提升，推进“强基、传播、惠民”三大工程，实现“党建工作创特色、‘三救’能力有提升、‘三献’服务更优化、作风建设见成效”工作目标。是年，区红十字会获评2022年度中国红十字会总会报刊宣传先进集体、南通市红十字会系统先进集体，并在全省红十字会系统领导干部能力建设线上培训班作经验交流。

【党建引领】 2022年，通州区红十字会坚持党建带红建，成立区红十字赈济救援队功能型党支部，做细做实“我为群众办实事”实践活动，与区委组织部、区交运局联合开展“心新相通，暖蜂行动”慰问服务活动。“红耀通州，博爱先锋”党建服务品牌获2022年南通市红十字系统改革创新实践项目一等奖。先后开展“热血同行，护佑生命”“传承红色基因，汲取奋进力量”等主题党日活动。

【依法治会】 2022年，通州区红十字会制定下发《2022年度镇（街道）红十字会重点工作评估细则》，举办全区红十字会系统干部人道服务能力提升培训班。聘请法律顾问，防范法律风险。严格执行信息公开制度，切实保障捐赠人和社会公众的知情权、监督权。

【红十字服务】 11月14日，通州区红十字会召开全区企业红十字会建设试点工

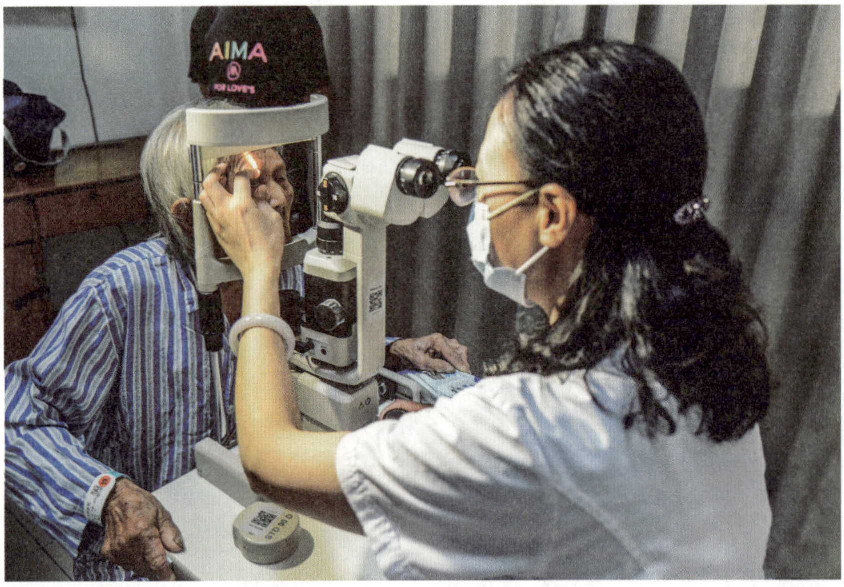

2022年，区红十字会继续实施“博爱光明行”项目，为困难家庭白内障患者提供免费医疗救助。图为区人民医院眼科医生在为困难白内障患者进行检查　（卑多敏　摄）

作现场推进会，新建企业红十字会11家。举办红十字“会员之星”推选活动，区特教学校葛明丽获评2022年中国红十字会“会员之星”。在部分小学探索将红十字文化传播和急救知识普及融入学校延时服务。

【应急救援】 2022年，通州区红十字会强化应急物资储备，加强救援队伍管理，制定《南通市通州区红十字赈济救援队管理制度》。与市红十字会赈济救援队联合开展集训演练4次，选派队员参加省红十字救援队联合实战演练。

【人道救助】 2022年，通州区红十字会规范救助机制，加大精准救助力度，修订完善《南通市通州区红十字会人道救助实施细则》。常态化开展“博爱送万家”“博爱光明行”“博爱助学、助医、助困”等活动，发放救助款物334.26万元，惠及全区1.67万户。依托南通正华·红十字人道基金实施“正华暖童心，同心筑未来”项目，40名受助学生义务教育阶段每年资助1000元，高中阶段每年资助2000元。聚焦特殊困难群体，设立“暖心家园”“情暖红石榴”等专项救助项目。拨付镇巴县红十字会10万元用于开展“困难大学新生”救助项目，向103名镇巴困难学生发放2022年助学款10.3万元，向110名贵德困难学生发放助学款11万元。为全区318名老党员和困难老人发放慰问物资6.5万元。实施“博爱光明行”项目，29名老人接受免费白内障复明手术。

【救护培训】 2022年，通州区红十字会普及急救知识技能，规范化、常态化开展应急救护培训“五进”活动，开设“通小红”公益课堂，联合区教体局开展“救在身边·校园守护”活动。全年举办各类应急救护培训班120余期，初级救护员培训1884人，“CPR+AED”培训2017人，普及培训13529人。推动通州中专国家急救教育试点工作，指导学校开设应急救护公选课程，培训2500人次。选派4名优秀师资组队参加南通市红十字应急救护职业技能竞赛，获团体特等奖。

【学校红会】 2022年，通州区红十字会加强“博爱校园”建设，指导15所省红十字示范学校和2所市红十字达标创建学校通过省市评估。联合区教体局组织开展红十字青少年手抄报、书画作品征集活动，收到各类作品681幅。开展红十字青少年活动月系列活动，组织全区4万余名红十字青少年会员参加中国红十字会总会生命教育防灾避险知识竞赛，区红十字会和58家基层红十字会荣获单位组织奖。

【阵地建设】 2022年，通州区红十字会召开博爱家园提质增效推进会，金新街道果园社区、刘桥镇慎修村红十字博爱家园获评江苏省优秀博爱家园。制定《南通市通州区红十字博爱家园星级评审管理办法》，4家博爱家园获评四星级红十字博爱家园，2家博爱家园获评三星级红十字博爱家园。开办暑期博爱夏令营18期，惠及学生1000余名。

【“三献”服务】 2022年，通州区红十字会开展“热血同行，护佑生命”“生命接力，博爱先锋”无偿献血活动，共采集献血量23100毫升。招募造血干细胞入库志愿者130人，3人成功捐献造血干细胞，管志鸿等4名捐献者被评为“江苏省优秀红十字志愿者”，陈玲被评为2022年第三季度“南通好人”，徐敬垚获评区“十佳青年”。新增遗体（器官）捐献登记志愿者830人，张玉洁成为通州第4例遗体捐献者。

【人道筹资】 2022年，通州区红十字会做实传统筹资，“博爱在通州、人道万人捐”筹款172.39万元。加强线上筹资，“‘5·8’人道公益日”网络筹款5.98万元，“99公益日”网络筹款62.6万元。“通州苏护行动AED”项目获评2022年省红十字会“99公益日”活动最具网络人气项目。成立企业冠名红十字人道基金——“浩诚博爱基金”。向甘孜州泸定县定向捐赠4980元。　（张易楚）

关心下一代工作委员会

【概况】 2022年，通州区关工委贯彻落实《关于加强新时代关心下一代工作委员会工作的意见》，加强校外辅导站内涵建设，助推青少年心理健康教育和家庭教育，常态化开展三好标兵评选活动。区文明办、区关工委、区教育体育局、五接镇党委获评全市校外教育辅导站工作先进集体；张斌、严锦富、徐桂华、高明友、季素梅获评全市校外教育辅导站工作先进个人；石港镇四港村、金沙街道天晖社区、金新街道文山村、二甲镇余北社区校外教育辅导站获评全市优秀校外教育辅导站；李丹、张圣标、邱国斌、吴伯新、吴国祥、周兰芝获评全市校外教育辅导站工作优秀个人。

【主题教育】 2022年，通州区关工委将“老少心向党，喜迎二十大”主题教育与校外教育辅导活动、新时代文明实践活动、三好标兵竞赛评选活动相结合，通过老少共学共话、展览展示、座谈报告、知识竞赛、演讲比赛、文娱表演、有奖征文、自创格言征集、心得交流、手抄报制作等形式，开展寻访家乡变化、寻访爱国故事、寻访英模和时代好人活动。与区教体局关工委联合举办全区中小学生党史知识竞赛。区青少年思想道德教育指导员、“故事爷爷”陆子森用微视频方式，围绕一件历史事件、一两个历史人物，讲述通州革命斗争故事。7月29日，陆子森“当好革命传统教育的‘故事爷爷’”在全省关工委宣传工作会议上交流；平潮镇关工委“强化组织、拓展内涵、助力青少年成长成才”开展主题教育的经验，在全市宣传工作会议上交流。全区参加主题教育6.5万多人、社会实践活动1.6万余人次，举办宣讲演讲1600余场，参加征文活动2.3万余人，演讲6900余人次。

【校外辅导站】 2022年，通州区关工委进一步加强校外辅导站组织、功能、队伍、制度建设。召开全区校外辅导站工作会议，举办校外辅导站专题培训班2期，进行校外辅导站工作情况交流点评。各镇（街道）把校外辅导站工作列入目标管理考核内容。继续推行刘桥镇新联社区辅导站“站校企”联合建办公益性辅导站经验，推广退休教师张武高建办家庭辅导站经验，推行兴仁公安派出所关爱工作站和村（社区）关工委联合建办辅导站经验；推广平潮、刘桥、西亭、石港等镇辅导站、新时代文明实践中心、农家书屋联合开展校外辅导教育活动的经验。探索与老干部“老党员工作室”“金夕名嘴”工作品牌相结合，开展校外教育活动。全区校外辅导站暑期活动实行“五统一”（组织、时段、内容、要求、考查统一）。暑期187个站点开展活动，覆盖208个村社区，1410名在职教师、1907名“五老”进行校外教育辅导，14090名学生参加活动。7月14日，央广网报道通州区关工委暑期活动。7月26日，中央电视台新闻频道《24小时》，专题聚焦通州暑期校外辅导活动。《中国火炬》第9期刊登通州千名志愿者带领7000多名学生走进“五大课堂”（红色课堂、才艺课堂、实践课堂、普法课堂、安全课堂）的做法。

【心理健康教育】 2022年，通州区关工委聚焦青少年心理健康，组织开展调查研究，重点摸排在校学生心理状况，在校外辅导站设立心理咨询室、家长学吧，组成“五老”心理健康教育队伍，通过举办专题讲座、个别交谈、上门访谈等方式，配合学校开展心理健康教育。区青少年思想道德教育指导员蔡志红，结合学生思想实际，通过心理健康教育微信群，发布心理健康教育专题材料和微视频。石港镇关工委撰写《杜绝未成年人的心理健康危机建议措施》调研文章。刘桥镇邀请专业老师用音乐形式，进行青少年心理健康辅导。平潮镇关工委建立心理健康教育微信群，对学生家长进行宣传教育。区校外教育指导中心举办家庭教育论坛和学生发展论坛。

【三好标兵评选】 2022年，通州区关工委联合区文明办、区教体局、团区委、区妇联发文，推进全区三好标兵竞赛评选活动常态化开展。在全区中小学生中开展“五心”（报国之心、感恩之心、责任之心、仁爱之心、奉献之心）教育，宣传推广通州小学开展“新三好”创新经验。联合表彰区十佳三好标兵、区三好标兵、常态化建设先进单位；联合向南通市推荐市十佳三好标兵、市三好标兵表彰对象15名，推荐三好标兵常态化建设先进单位2个。通州小学《立德树人理念下“新三好”协同育人模式》获评2022年南通市基础教育示范性育人模式研创工程。

【助力社会治理】 2022年，通州区举办法治宣传教育讲座720场次，受教育青少年近20万人次。区检察院关工委开展“精准普法月月行”，组织法治副校长送法进校园活动32场，惠及学生1.6万余人。区法院关工委联合区妇联举办“法治幼苗，引航成长”通法夏令营；区司法局关工委与部分中小学联手在区法治宣传教育中心开展“红领巾爱学法”暑期普法实践活动。镇（街道）关工委组织“五老”开展结对帮教、关爱助学等活动，为留守流动、困境儿童等弱势群体办实事、做好事、解难事，预防和减少青少年违法犯罪。区政法系统关工委与区司法局联合开展“重塑人生，扬帆起航”关爱未成年人社区矫正对象教育活动。东社镇关工委组织“五老”参与77个网格化管理服务。区公安局关工委17个关爱工作站组织退休老干警开展青少年法律宣传，建立未成年人帮教室，开展对问题青少年的帮教转化工作。全区组成帮教小组280个，1100多名“五老”与170多名青少年帮教对象开展关爱帮教活动。

（曹　建　赵美玉）

8月9日，区关工委、区教体局联合举办通州区中小学生喜迎二十大党史知识竞赛

（区关工委 提供）

区老区开发促进会

【概况】 2022年，通州区老区开发促进会(以下简称"通州区老促会")、乡村振兴促进会在弘扬老区精神、传承红色基因、助力老区发展、推进老区振兴、促进共同富裕上谋新招、办实事、求突破，各项工作取得成效。

【弘扬老区精神】 2022年，通州区老促会广泛开展红色文化进校园、进村居、进企业、进机关活动，组织老干部、老军人、老党员、镇村干部、团员青年和中小学生学习老区精神，讲好革命故事。区老促会常务理事陆子森宣讲党史和通州革命老区发展史70多场次，受众1.2万多人次。石港镇分会开展"传承红色基因，争做时代新人"系列主题教育，组织辖区内3所小学师生颂红色诗词、讲红色故事、唱红色歌曲、写红色诗句。各镇(街道)分会开展交流阅读革命老区发展史和红色期刊心得体会活动。做好红色资源调研普查成果转化工作。兴仁镇分会将镇域内的红色资源串点成线，开辟了包括韬奋纪念馆、江北特委旧址纪念馆、渡江战役战斗英雄和革命先烈纪念碑在内的红色教育路线。9月5日，"学习强国"学习平台以《传承红色基因，激活岁月沉淀的老区精神》为题，介绍兴仁镇做法。是年，区老促会再次蝉联中国老促会颁发的老区宣传工作特等奖，石港、十总、东社、二甲、兴仁、平潮、金沙、先锋等8个分会和区退教协会获优秀奖。

【光伏电站建设】 2022年，通州区老促会大力推进分布式乡村振兴光伏电站建设。全区先后竣工验收并正常运行的有南通市乡村振兴示范村(先进村)兴仁镇徐庄村、西亭镇西亭社区和草庙村、平潮镇四十里村、石港镇睹史院村、金沙街道新三园村6个村级光伏电站，总装机容量550千瓦，区老促会投入90万元，撬动村集体资金投入110.83万元，做到当年投资当年收益。区老促会加强运行管理，重点明确资产权属、管护责任、收益分配使用等环节，建立健全长效帮扶机制，形成具有特色的老促会扶持、村级集体募投、村股份经济合作社经营管理的建站模式，为发展壮大村级集体经济、帮扶困难群众和低收入户提供稳定持续的资金来源。

【助学帮扶】 2022年，通州区老促会向全区225名困难学生发放助学金46万元。其中，向通州中专120名困难学生资助26万元；向通州高级中学40名困难学生资助8万元；向西亭中学、金沙中学、平潮中学各20名困难学生资助计12万元。为黄桥老区人才培训中心招收困难学生5名，其中兴仁镇2人，石港镇2人，平潮镇1人。各镇(街道)分会自筹资金以及组织项目扶贫载体资助困难学生，筹集助学资金24万多元，资助学生近200人。区老促会组织各镇(街道)分会坚持按标准审核，深入了解受助对象情况，从严执行政策规定，及时做好协调服务，纠正个别学校班级优亲厚友的违规现象。

【调查研究】 2022年，通州区老促会针对老区建设中出现的新情况、新问题，深入基层调查研究，摸实情、析难点、找对策、破难题，全年在省级以上红色期刊上发表调研文章30多篇。其中《通州革命老区的精神华章》《通州：寻访革命遗迹，传承红色基因》等发表于《大江南北》杂志，《乡村振兴谋实招，富民强村求实效》《血沃大地发春华》等发表于江苏省老促会内刊《江苏老区》。

【为农服务】 2022年，通州区老促会及各镇(街道)分会发挥围绕当地"三农"工作当好参谋助手。兴仁镇分会扎实开展帮扶一村两户工作，丁涧店村新增集体收入160多万元；助推土地适度规模经营，累计建成农业合作社和家庭农场16家；主动配合土地流转操作，正确处理土地收益分配，协助流转土地80多公顷；组织会员配合"三农"部门举办农业实用技能培训3期次，受教育191人次。金沙街道分会组织会员在配合项目农业推进，农民专业合作社、家庭农场、庭院经济发展等方面献计出力，在农村人居环境综合整治、秸秆禁烧综合利用、乡村治理等工作中发挥模范带头作用；主动配合街道农社局和社区教育中心举办农业实用技术培训班2期，开展以农产品营销、电子商务和耕地质量提升与化肥减量增效、水稻高产栽培技术、稻麦病虫绿色防控技术等为主要内容的培训，参训学员达200余人次。西亭镇分会组建晚霞助农服务驿站，发动20多名银发志愿者加入队伍，分成政策宣传、农业技术咨询、农机维修和保养、动物防疫知识辅导4个志愿服务站，分别挂钩联系2—3个村、2个家庭农场、2个以上种养大户。二甲镇分会助民扩大种养殖规模，形成特色高产品牌，协助做好有关村居土地流转工作，配合镇农技部门举办各类农技培训班8期，参训农民326人次。

(姜兆军)

区法学会

【概况】 2022年，通州区法学会建立思想政治引领长效机制，落实研究会和学术带头人政治引领责任，繁荣法学研究，推进法治建设。

【法学研究】 2022年，通州区法学会通过课题研究、学术论坛、理论文章等形式，发动会员参与省市法学研究课题，中标省级课题1个、市级课题2个，申报国家级、省级研究课题10余项。

【法治实践】 2022年，通州区法学会按照"融合整合、共建共享"思路，探索成立镇级法学会工作站，推动法学会工作向基层一线延伸。坚持和发展新时代"枫桥经验"，组织法学法律工作者投身平安法治通州建设实践，推进首席法律咨询专家制度，成立通州首席法律专家队伍，支持法律咨询专家参与重大公共决策论证、重大风险防控、重大矛盾纠纷调处、重大信访积案化解。

【法治宣传】 2022年，通州区法学会充分发挥人才优势，深入开展"百名法学家百场报告会""青年普法志愿者法治文化基层行"等法治宣传教育。 (王文茹)

法　　治

编　辑　杨王军

政法委与综治

【概况】 2022年，通州区坚定不移贯彻新发展理念，聚力服务保障大局，提升助发展惠民生水平，两个经典案例分别入选最高检两会宣讲案例、最高法指导性案例并实现全市零的突破，两个调解案例入选司法部指导性案例。全区政法系统获市委、市政府以上集体荣誉42项、个人荣誉54项，政法队伍满意度全市第一，连续第3年获中国社会治理百强县（市、区）。

【服务保障发展】 2022年，通州区组织开展“三官一律一员”进网格等活动，政法干警深入网格3100人次，协助做好疫情防控、化解矛盾、服务群众等工作。聚焦全区重点产业发展、重大项目建设、污染防治攻坚、乡村振兴等重点工作，以“百名政法领导挂千企、千名政法干警连千村（社区）”等活动为载体，构建服务企业“宣传倡导、上门指导、维权引导、提醒督导”工作体系，为企业提供“预警式”“沉浸式”“点单式”政法服务。发出全市首份信用修复证明，帮助290家企业退出失信名单，经验做法被省信用办宣传推广，优化营商环境“失信预警+执行驿站”经验被最高法推介，联动银行“涉诉双免保”机制全国首创。

【平安通州建设】 2022年，通州区全面落实维稳工作“五项机制”，开展稳评项目180个，通州区获评全省信访工作先进县（市、区）。深入推进打击治理电信网络诈骗、养老诈骗、特殊困难群体救助帮扶和妇女儿童权益保障问题排查整治，开展常态化扫黑除恶斗争，养老诈骗案件追赃挽损率全市前列，出台严重精神障碍患者监护奖补新政策，承办全市“三清”专项行动群租房领域现场会，获评全市打击治理电信网络诈骗先进地区。全区八类刑事案件破案率100%，受理矛盾纠纷1.45万起，调处成功率98%。完成党的二十大、各级两会、北京冬奥（残）会、省委进驻巡视等重大安保任务。

【依法治区】 2022年，通州区出台《通州区法治社会建设实施方案（2022—2025年）》《通州区贯彻落实〈法治政府建设实施纲要（2021—2025年）〉实施方案》，召开通州区委全面依法治区委员会第五次会议，打造区级机关部门“法润通州+”法治建设特色品牌，实现镇（街道）党委法治建设议事协调机构全覆盖。高质量完成行政执法机关“厚植为民情怀、提高执法水平”主题教育，开展基层综合执法规范化建设专项行动，深化行政执法人员培训标准化建设，在全市率先建立“南通州行政执法e掌通”培训考试平台。建成政法一体办案中心，区检察院10个案例入选全国全省典型案例，获全国检察宣传工作先进单位。法治宣传持续拓展，高标准实施“八五”普法，建成沿江沿河法治主题公园2个、法治景观带1个，提档升级村级法治文化阵地48个，五接镇开沙村入选全国民主法治示范村（社区）。

【社会治理】 2022年，通州区推进区社会治理现代化指挥中心提质增效，加强镇街综治中心、指挥中心（网格中心）规范化建设，构建区级“1+4+5+7”（“1”即区指挥中心，“4”即政府总值班、防疫指挥部、应急指挥部、防汛指挥部，“5”即供水、供电、燃气、气象、消防，“7”即7支执法队伍联动）指挥体系，创新开发“新机场智慧管控”等功能模块。高标准建设社会治安防控体系，推进雪亮技防工程，建成智慧平安小区295个、智慧校园146个、智慧医院6个。全面推进“精网微格”，全区1024个综合网格细分为8518个微网格；启动“红网格 · 通通建”全市试点，成立微网格党小组4438个。开展“清仓见底”“敲门行动”等活动，网格员全力投身调解矛盾纠纷、助力秸秆禁烧、防诈反诈等重点工作，全面排查涉疫人员信息、重大风险隐患，参与平安专项行动、重点人群管理等走访排查，全年上报社会治安类工作信息84862件，办结率100%。（王文茹）

【巩固政法队伍教育整顿成果】 2022年，通州区出台《关于巩固政法队伍教育整顿成果推进全面从严管党治警的实施意见》，系统总结、巩固深化全区政法队伍教育整顿成果，号召全区上下要进一步增强全面从严管党治警的政治自觉，发扬自我革命精神，突出铸牢政治忠诚、清除害群之马、整治顽瘴痼疾、弘扬英模精神、提升素质能力，努力建设一支信念坚定、执法为民、敢于担当、清正廉洁的高素质政法队伍，推动新时代政法工作高质量发展，为扛起“争当表率、争做示范、走在前列”光荣使命，奋力谱写“强富美高”新通州现代化建设新篇章提供坚强政法保障。（刘　航）

法治政府建设

【概况】2022年，通州区全面落实《法治政府建设实施纲要（2021—2025年）》《通州区2022年法治政府建设工作计划》，全面推进依法决策、严格公正文明执法、行政规范性文件制定、行政纠纷化解、法治宣传教育等重点工作，推动法治政府建设向纵深发展。

【法治服务】2022年，通州区实施法律援助法援提速工程，落实《通州区法援提速工程实施方案》，公开办事流程，简化申请手续，放宽标准、扩大范围、拓展援助内容、推行便民措施，加快法律援助事项审查，为当事人提供便捷高效的法律援助服务；对特定人群开辟法律援助“绿色通道”，对行动不便老年人及残疾人提供上门服务，积极打造残联法律援助工作站示范点，新建规范化法律援助站点6家，残联法律援助工作站被评为全省法律援助工作站示范点。开展“法润江苏情暖民工”活动，在岁末年初农民工劳动报酬结算、回家返乡高峰期，组织劳动用工法治体检，开展民工纠纷调解，办理民工法律援助案件400余件。深入推行“产业链+法律服务”，成立南通市律动江海公益服务中心通州分中心和区律师（法律服务工作者）行业联合会。出台园区公共法律服务清单，为园区提供法律意见，开展园区企业合规审查、法治体检，组织法律咨询、法治宣传和矛盾纠纷调解。

【依法行政】2022年，通州区全面推进依法行政，将法治政府建设相关工作列入区年度工作安排和区重点工作目标任务，作为对各镇（街道）和区机关部门年度综合考核重要内容；制定《通州区贯彻落实〈法治政府建设实施纲要（2021—2025年）〉实施方案》及重要举措分工方案。严格依法决策，加强“三重一大”监督，公布年度重大行政决策事项目录，制定新《南通市通州区人民政府工作规则》《南通市通州区人民政府常务会议议事决策规则》。开展公司律师、公职律师年度考核工作，新聘区政府法律顾问5名，续聘区政府法律顾问5名，积极发挥区84名公职律师作用。优化营商环境，印发《通州区2022“营商环境提升年”实施意见》《通州区党政机关和公职人员政商交往负面清单》，出台《关于帮助市场主体着力稳定经济增长的若干政策措施》《关于帮助因疫情影响暂停营业的市场主体纾困解难的若干政策》等文件，打造有求必应、无事不扰、服务周到、办事便利的“万事好通、周到有解”通州营商环境品牌。

【行政复议】2022年，通州区深化行政复议体制改革，实现政府“一口对外”复议，强化政府为主体的监督纠错功能，针对共性违法问题，制发行政复议意见书11份，及时开展对执法行为的指导监督，实现“办结一案、纠正一片”，助推行政机关提升依法行政能力水平。优化审理方式，采取行政复议案件繁简分流方式，实行简案快办、繁案精审，提升办案质效。搭建企业维权“快车道”，助企纾困优化营商环境，以企业为申请人的行政复议案件实质性化解率达60%。在全区设置45个行政复议便民联系点，形成以区行政复议受理中心为主，覆盖全区的行政复议便民联系点网络体系。加强行政应诉工作面上指导，开展行政复议诉讼败诉突出问题专项整治，组织集中败诉约谈3次，交办败诉风险案件3批，实行区领导包案化解、败诉案件过错问责。

【制规监管】2022年，通州区严格按照《江苏省行政规范性文件管理办法》相关要求，从严把控行政规范性文件认定标准，凡提交政府常务会议讨论的议题均要求区司法局在申报表上就呈报议题是否属于行政规范性文件进行把关，凡列入行政规范性文件管理范畴的一律统一登记、编号、印发。行政规范性文件制发严格落实公开征求意见、专家论证、合法性审查、集体决策等程序要求，合法性审查环节邀请政府法律顾问深度参与，按照“有件必审”“有错必纠”原则，充分发挥政府法律顾问法治智囊作用，确保合法性审核全面准确。行政规范性文件均在规定时限内向区人大和市政府报备，报备率、及时率、正确率均达百分百标准。

【行政执法监督】2022年，通州区持续开展行政执法机关“厚植为民情怀、提高执法水平”主题教育并巩固成效。开展基层综合执法规范化建设专项行动，实施基层综合执法赋权事项评估，开展镇（街道）综合执法联合监督并通报监督结果。严格执法人员资格管理，规范执法辅助人员管理，出台《通州区行政执法辅助人员管理办法》。推广运行省行政执法监督平台，持续巩固行政执法人员培训标准化体系建设成效，印发《通州区行政执法人员培训标准化体系规范指引》《通州区镇（街道）综合行政执法（辅助）人员规范化培训细则》，打造“南通州执法e掌通”网上执法（辅助）人员培训考试平台”。在全区组建以法制审核人员为主、执法业务骨干为辅的区镇两级行政执法协调监督专职队伍。举办区行政执法监督专题培训班，邀请省内外高校教授、副教授，从行政行为合法性审查标准、执法规范化建设的问题与对策、《江苏省行政程序条例》解读等方面授课。

【法治乡村建设】2022年，通州区序时推进《南通市通州区2021—2022年法治乡村建设实施方案》，围绕“普法惠民服务”主题，通过政府网站等平台载体及“通州三农热线”公众号等开展法律宣传，突出农业法、种子法、畜牧法、渔业法、长江保护法、农产品质量安全法、动物防疫法、农业机械安全监督管理条例和农药、肥料、兽药、饲料等农业投入品等方面法律法规。培育农村学法用法示范户，举办农村学法用法示范户培训班2期，每个网格内培育1户以上学法用法示范户，全年完成910户农村学法用法示范户认定，实现行政村学法用法示范户全覆盖。严厉打击涉农违法违规行为，严厉查处假劣农资坑农害农案件，加强重大动物疫病防疫监督、畜牧业投入品监管、病死动物无害化处理监管、畜禽屠宰管理和渔业执法管理、农机监管。

【法治文化示范点建设】2022年，通州区拓展普法阵地，推进沿江法治文化阵地建设精品工程，建成长江保护法主题公园、沿运河民法典主题公园、沿江法治文化景观带。印发《通州区关于开展法治文化阵地“村村有、村村优”培育工程的实施意见》，结合国家级、省级民主法治示范村创建，推动法治文化阵地建设“村村有、村村优”培育工程落地落实。是年，新增市级法治文化建设示范点3个，全区建有省级法治文化建设示范点4个、市级法治文化建设示范点27个。

【普法宣传】 2022年，通州区压实普法责任，制定年度区普法与依法治理工作要点，调整区法治宣传教育领导小组，落实《关于在全区国家机关建立“谁执法谁普法”“三单两书”制度的意见》，印发《通州区“谁执法谁普法”普法责任清单》，明确普法任务121项。丰富普法活动，拓展以案释法，编印《通州区以案释法案例汇编》，每月在通州电视台播放一期“谁执法谁普法”以案释法案例；组织“农民工学法活动周”、“民法典宣传月”、知识产权保护周、著作权法律知识考试、国家安全法律知识考试等活动，开展“送法入家”“送法入企”“送法入屏”等系列普法宣传活动。组织领导干部学法考法，落实宪法宣誓制度，全区领导干部参加任前法律知识考试83人。

（沈典松）

公　安

【概况】 2022年，通州公安机关持续锚定“走在全市最前列、做到全省有特色”总体目标，以中共二十大安保维稳为主题主线，完成战疫情、防风险、护稳定、保安全、促发展各项任务，有效维护全区社会大局安全稳定。区公安局在全国首创食药环融打平台，获省公安厅科技奖技术革新类二等奖；成功侦办被公安部首批挂牌督办的涉药品犯罪，全省唯一，获公安部来电祝贺，相关经验做法被人民公安报、江苏法制报刊载宣传。群租房“五化五安全”工作机制被全市推广，相关做法被国家级、省级媒体刊载推广，全市“三清”专项行动群租房领域现场推进会在通州召开。是年，区公安局共8个集体、44名民警获市级以上表彰奖励，民警朱达、张继秋分获“全国特级优秀人民警察”“全国优秀人民警察”称号。

2022年，区公安局持续深化“放管服”改革，构建“五位一体”公安政务服务体系

（区公安局 提供）

【治安管理】 2022年，通州公安机关坚持“哪里治安混乱就整治哪里”，紧盯“黄赌毒”等治安突出问题，以“夏季治安打击整治百日行动”为抓手，严格落实娼赌警情每日通报、异地查处制度，计办理娼赌刑事案件14起，采取刑事强制措施62人；受理娼赌行政案件125起，治安处罚400余人，查禁绩效常年保持在全市第一方阵。坚持“什么问题突出就解决什么问题”，深入推进危化品、寄递物流、基层消防等重点领域安全隐患整治。将群租房安全监管和道路交通管理工作作为重中之重，深入实施群租房123“慧安居”工程，全年对265户在册群租房开展安全等级评审，评定示范户8户、达标户257户，累计检查整改群租房安全隐患245处，办理出租户不按规定登记承租人身份案件77起，实现重大安全隐患动态“清零”、群租房安全事故“零发生”工作目标。扎实做好道路交通隐患排查、违法打击、宣传教育等工作，计排查道路隐患390处，及时整改373处，移交整改17处。

【安全保卫】 2022年，通州公安机关坚持以中共二十大安保维稳为主线，围绕维护稳定、社会治安、公共安全、网络安全、基础管控等重点方面，以防人员滋事、防辖区发案、防安全事故、防涉稳事端为主要目标，细致排摸化解征地拆迁、家庭纠纷等各类风险隐患552个，化解信访矛盾30起。

【刑事案件侦查】 2022年，通州公安机关紧盯涉黑涉恶、侵犯妇女儿童权益、电信网络诈骗、养老医保诈骗等突出违法犯罪，深入开展“风雷”系列专项行动，累计立刑事案件3303起，破案1189起，其中，破获“八类”案件63起，破案率达100%，抓获各类犯罪嫌疑人3400人。迅速侦破“5·11”二甲通锡高速工地故意伤害致死案、“4·22”顾某故意杀人案等一批有影响的大案要案，命案保持连续23年全破。严厉打击涉黑涉恶犯罪，破获涉黑涉恶犯罪案件62起，摧毁犯罪集团2个，抓获嫌疑人160名。严厉打击侵害妇女儿童权益犯罪，深入推进公安部“团圆行动”，抓获拐卖儿童犯罪嫌疑人12人，成功解救被拐卖儿童6名。严厉打击网络贩枪活动，缴获火药枪26支。电信网络诈骗发案数比上年下降14.7%，为人民群众追赃挽损467万元。

【经济案件侦查】 2022年，通州公安机关以“清风”系列专项行动为抓手，狠抓破案打击，累计破获现案15起，清理积案

43起，查封冻结涉案资金4000余万元。重点紧盯“富源”公司非法集资案，配合法院、检察院对涉案人员进行分层打击、追赃挽损。围绕“精准助企、精确护航”，重拳打击合同诈骗、职务侵占、挪用资金等多发易发涉企经济犯罪，全力服务经济发展。

【禁毒工作】 2022年，通州公安机关立非法种植毒品原植物案件3起、易制毒企业违法案件4起，查处吸毒人员55人、涉毒公诉19人，缴获毒品23.55克、铲除罂粟352株。与边境涉毒重点地区开展警务合作，强化涉毒线索互相推送和研判分析，加快线索落地、深挖彻查。

【水上警务】 2022年，通州公安机关坚持问题导向，针对8家水域危化码头及仓库、2个重要闸口、2艘危化运输船舶、1个水上加油站、2家水上娱乐设施及排污口等危险源点，落实常态安全检查每月不少于1次，重点每周不少于1次，检查扣押并依法拆解“三无船舶”1艘，配合区农业农村局依法整治九圩港坐摊船舶22艘。严打涉水犯罪，将非法捕捞、非法采砂、非法捕猎等破坏长江生态环境和野生动物资源的违法犯罪作为打击重点，移送检察机关非法捕捞类案件7起、非法采砂类案件2起、刑事处罚21人；办理非法电捕鱼治安案件13起，处罚15人、移送渔政处理13起20人。筑牢安全防线。按照上级涉水要素信息采集会战部署要求，完成涉水要素信息采集，采集录入涉水单位149家、运输船舶51艘、水上从业人员320名。

【“110”接处警】 2022年，通州公安“110”接警平台接入报警电话38.7万余次，受理“12345”政府热线交办件161件，办结161件，办结率100%。收到申请财产保护类信件14件，全部按相关规范处置。开展“双非”警情分流专项行动，缓解非警务警情占用警力资源问题，全区“110”接报警情比上年下降15.8%，其中，社会矛盾纠纷类警情下降22.2%，催促出警类重复报警下降28.4%。牵头建设“统一归口、纵向贯通、横向融合、智能共享”的实战指挥体系，组织开展“情指行”一体化实战演练12次，其中无预告演练9次，全面提升快速处突能力。

【出入境管理】 2022年，通州公安机关以深化出入境管理改革为抓手，健全境外人员服务管理长效机制，完成出入境管理服务任务。侧重“走出去”服务项目，为创斯达科技集团有限责任公司赴德“一亿欧元项目”、江苏启威星装备科技有限公司印度项目、华侨村侨商等提供服务138人次，收到锦旗1次。自主研究的“通州海外安全利益保护新机制创建规划”入选省公安厅出入境管理总队“三有三能”品牌建设。

【户口管理】 2022年，通州公安机关以推进户籍制度改革为契机，持续优化人口管理和服务质态。全年受理户口业务8.35万次，办理户口审核事项5.09万份，接受群众咨询4.86万次。推进无户口人员落户专项清理工作，帮助114名无户口人员申报、补录户口，清理重户口及应销未销信息6条。办理身份证5.09万人，办理临时身份证1.30万人，推进异地身份证办理及二代身份证上门服务7792次。新增流动人口19.74万人(注销1.60万人)，新增登记出租房屋1.57万户(注销1450户)，办理居住证7578张。

【执法规范化建设】 2022年，通州公安机关以新一代执法办案管理中心建成启用为龙头，构建“城西新一代执法办案中心为主、城南执法办案中心为辅、15个派出所执法办案区为支撑”的执法办案运行体系，全区刑事案件、行政拘留案件全部进中心办理。同步依托“一体三级”智慧执法办案管理平台，搭建研判分析、节点碰撞、预警提醒数据模型，全量监督执法行为、纠偏执法瑕疵、堵塞执法漏洞。制订法制员派驻管理办法、法制员派驻管理考核实施细则，选拔14名专职法制员，实行“大所派驻、小所包干”制度，切实加强源头执法监督，提升基层执法质量。针对涉企执法，完善健全涉企矛盾纠纷联动化解机制和涉企案件“快侦快破、止损挽损”机制，提升企业安全感和获得感。

【智慧警务建设】 2022年，通州公安机关按照省委政法委、省公安厅、省科技厅开展智慧版技防城建设的总体部署，高位统筹社会治安防控体系建设，系统推进新一代雪亮技防“护通工程”，全力打造“安全防范全覆盖、风险隐患全感知、实战效能全提升”的智慧版技防城。在前端建设上，按照“政府统筹推进、社会广泛参与”思路，以“全面覆盖、全量汇聚”为目标，全面推进视频监控建设，不断织密扎牢环通州、城区、乡镇三道“防控圈”。在赋能应用上，以“全息感知、多维采集，实战实用、智慧高效”为方向，全面推进软硬件提档升级，切实

2022年，区公安局深入推进巡处一体化改革，不断提升“135”快反能力

(区公安局 提供)

为维护社会稳定、护航区域发展提供坚强保障。

※ 案例选介 ※

【以鉴定古董为名团伙诈骗案】 2022年7月6日，在前期紧盯线索、深入研判经营基础上，区公安局刑警大队联合开发区派出所、东社派出所赴山东省济宁市任城区组织收网行动，成功捣毁一诈骗窝点，抓获犯罪嫌疑人3名。经查，2021年10月以来，犯罪嫌疑人陈某虎（男，32岁，山东聊城人）、季某平（女，32岁，山东济宁人）等人通过电话联系方式，以提供鉴定估价、帮助拍卖纪念品等名义实施诈骗，涉案金额10余万元。

【未成年人系列盗窃车内财物案】 2022年3月起，川港派出所接报多起"拉车门"式盗窃车内财物案，涉案人数众多、涉案价值巨大。区公安局高度重视，迅速抽调刑侦合成侦查中心、刑事科学技术精干力量会同川港派出所开展深入调查。经侦查发现，该案件为团伙流窜作案，团伙有成员6名，且多为16周岁以上未成年人，采用随意组合方式"交叉作案"。嫌疑人到案后，办案民警针对未成年人的心理特点开展讯问，嫌疑人对犯罪事实供认不讳并主动交代公安机关未掌握的其他案件，带破海门、崇川两地案件计60余起。

【中药泡脚粉冒充治疗牙科疾病中药案】 2022年5月，区公安局食药环犯罪侦查大队根据陕西省市民秦某举报线索，深入开展研判分析、深挖扩线，成功侦破1起用中药"泡脚粉"冒充治疗牙科疾病中药案，抓获犯罪嫌疑人徐某某（男，31岁，南通人）、章某（女，32岁，安徽省安庆人），端掉存储仓库1处，现场扣押涉案药品1.2万余包，涉案金额2000余万元。该案被列为公安部挂牌督办的首批8起制售假药劣药等涉药品犯罪重大典型案件，全省唯一。

【跨区域倾倒废物污染环境案】 2022年2月10日，区公安局经工作发现，金新街道花家渡村江海大道东延工程南侧存在一处垃圾山，固废体积约15530立方米，经鉴定，该固废属于"有害物质"，给土壤生态环境造成严重损害。区公安局第一时间立案并抽调食药环侦、刑侦、技侦、网安、法制及属地派出所等40余名干警组成专案组，全力开展案件侦办工作。经查，许某海（男，40岁，黑龙江人）以顾某华作为"地导"，在微信群内发布"收垃圾"广告，并组织大量渣土车司机从南通崇川区、家纺城、中创区等地运输垃圾废物倾倒至作案地。该案系全市首例跨区域倾倒废物污染环境案。（张正磊）

检　察

【概况】 2022年，通州检察机关依法履行法律监督职责，在服务保障通州经济社会高质量发展中担当作为、奋勇争先。是年，10个案例入选全国全省典型案例，获全国检察宣传工作先进单位、江苏省文明单位等集体荣誉16项，个人荣誉42项。

【维护社会稳定】 2022年，通州检察机关常态化开展扫黑除恶专项斗争，对薛某某、陈某某等3人以汽车租赁公司为名从事"套路贷"、恶意催收的恶势力犯罪集团从快批捕，获评全省检察机关扫黑除恶专项斗争先进集体。扎实开展"信访突出问题攻坚化解年"行动，对涉检信访全面滚动排查，设定风险等级，制定稳控措施。落实群众信访件件有回复制度，办结申诉44件、信访212件；实行院领导首访负责制，领导包案办理首次信访案件20件，联合市检察院化解1起历时8年的缠访案。

【优化营商环境】 2022年，通州检察机关出台检察优化营商环境22条意见，坚持打击保护并重，依法打击侵害企业权益犯罪7件，对情节轻微的19名民企涉案人员决定不起诉。院领导带头"送法进企业"问计问需，督促清理涉企积案6件，为企业发展"松绑"。深入推进企业合规改革，对4家通过合规评估验收企业依法不起诉。在办理一起虚假广告案中，探索跨省异地合规，牵头第三方组织"线上+线下"监督评估，推动涉案企业合规整改落到实处。保障企业创新发展，冬奥会期间，针对1起涉嫌侵犯"冰墩墩"著作权案，与相关部门开展"冰盾行动"。

【防范化解金融风险】 2022年，通州检察机关依法惩治各类破坏金融管理秩序犯罪9件51人，对南通富源美容美发有限公司、陈某某与裴某某等33人非法吸收公众存款、集资诈骗案出庭支持起诉，依法对该案第二批32名被告人向法院提起公诉。突出打击洗钱犯罪，在一起贷款诈骗案中，通过自行补充侦查追诉黄某某等2人洗钱犯罪，办理全市首例职务犯罪"自洗钱"案。与金融监管部门建立协作衔接机制，共筑反洗钱坚固防线，获评全市打击洗钱犯罪工作先进集体。

【服务区域治理】 2022年，通州检察机关落实最高检"七号检察建议"，会同市邮管、公安等部门开展智能快递柜专项监督，实现全市近2000个"丰巢"柜安防升级，使违禁品无处躲藏。落实最高检"八号检察建议"，与应急管理部门建立8项协作机制，开展烟花爆竹、农村锅炉整治活动6次，起诉重大责任事故等犯罪7人。发挥检察建议溯源治理作用，针对公民个人信息保护、危废处置等问题，制发社会治理类检察建议，2份获评全省优秀。立足当好法治参谋，向党委政府报送法律监督、流动人口犯罪、党员醉驾、女性权益保护等研判报告6份，获得市、区两级党委政府主要领导重视。

【打击刑事犯罪】 2022年，通州检察机关审查逮捕各类犯罪嫌疑人200人，提起公诉990人，比上年分别下降30.8%、10%。严惩故意杀人、抢劫、强奸等八类严重暴力犯罪61件86人，起诉毒品犯罪34件38人，对2名通过国际快递贩卖新型毒品"上头电子烟"的犯罪嫌疑人，依法批捕起诉。严厉打击电信网络诈骗及关联犯罪，起诉43件69人，办理王某某、杨某某等41人跨国电信网络诈骗案，追加认定诱骗25人偷渡缅北漏罪，入选最高检两会宣讲案例。落实少捕慎诉慎押刑事司法政策，依法不批准逮捕29人，不起诉154人，支持7件

7月1日,区检察院举办"喜迎二十大·检察作贡献"主题党日活动
(区检察院 提供)

轻微刑事案件达成和解,增加社会和谐因素。

【协同反腐倡廉】 2022年,通州检察机关与纪检监察机关密切配合,受理监委移送职务犯罪案件10人,提起公诉7人。制定自行补充侦查18条意见,对监委移送案件均实质化提前介入,注重精准指控犯罪,所办案件认罪认罚适用率达100%。在审查1起异地司法工作人员受贿案中,发现徇私枉法线索,经市检察院指定管辖侦办,依法提起公诉,指控的犯罪事实、量刑建议均获法院采纳。与监委共同推动案件全流程追赃挽损,职务犯罪案件追赃挽损率达100%,为国家累计挽回损失1800余万元。

【呵护未成年人成长】 2022年,通州检察机关参与妇女儿童权益保护专项行动,严惩侵害未成年人犯罪12件15人,快捕快诉公安部督办的王某某等9人拐卖多名儿童恶性案。妥善办理未成年人犯罪案件,坚持宽容不纵容,依法起诉10人,附条件不起诉37人,相对不起诉10人,并同步开展帮教。深化未检业务统一集中办理,对某教培机构停办、未退还100余名未成年人培训费,依法支持起诉。加强与区司法、教育、妇联等部门协作,制定强制报告制度实施细则,成立家庭教育指导工作站,并制发"督促监护令"42份。持续抓好"一号检察建议"落实,组织法治副校长宣讲43场次,赴南山湖小学宣讲网络安全被央视报道。

【守护民生民利】 2022年,通州检察机关加大食药环领域司法保护力度,在一起公安部挂牌督办涉案金额2000余万元的制售假药案中,对冒充"老中医"的2名涉案人员快捕快诉。关注群众"舌尖上的安全",针对一起使用禁用农药甲拌磷种植芹菜案,能动履职守护"大棚蔬菜"质量安全。参与打击整治养老诈骗专项行动,对打着"艺术品"投资幌子,诈骗12个省市90余名老年人的何某某依法提起公诉。开展根治欠薪专项监督,与司法、人社部门建立协作机制,帮助83名工人追回欠薪150余万元,相关做法入选全省保障农民工工资支付典型案例。关爱因案致贫返贫困难群众,为85名刑事特困被害人、民事被侵权人申请国家司法救助金。

【刑事检察】 2022年,通州检察机关挂牌成立侦查监督与协作配合办公室,提前介入案件179件,简易、速裁程序适用率达82.1%,并精准做好立案监督、侦查活动违法监督等工作。在办理一起某快递公司黄金包裹丢失申诉案中,依托侦协机制,实质化介入、引导取证,促成公安机关刑事立案。发挥法律监督主导作用,用好羁押必要性审查,诉前羁押率为19.2%,防止和减少"一押到底"。强化审判活动监督,对一审刑事案件均提出量刑建议,确定刑量刑建议采纳率达99.4%。强化刑事执行监督,参与开展社区矫正、看守所、监狱巡回检察,对违法违规行为依法提出纠正意见。依托"人工智能异常行为分析"技术,研发数字监管"双违"检察AI平台,并获国家版权局软件著作权认证,相关做法全省推广。

【民事行政检察】 2022年,通州检察机关与公安、法院加强协作配合,在借贷纠纷、交通事故纠纷等民事虚假诉讼重点领域发出再审检察建议12件。开展企业"恶意注销"专项监督,运用大数据排查民事行政监督案件线索43件,通过监督撤销注销登记或追加被执行人等方式,维护行政处罚和法院执行权威。深化行政检察监督,依托"检源行"协作共建机制,开展土地执法领域行政非诉执行监督5件,共同守护耕地红线。用心用情办好劳动保障、社会抚养费征收等民生案件6件,同步推进行政争议实质性化解工作,成功化解18件。

【公益诉讼检察】 2022年,通州检察机关开展安全生产、公共安全、环境资源等重点领域公益诉讼专项行动,依托"益心为公"检察云平台,办理行政公益诉讼61件,通过磋商、诉前检察建议保护受损公益。开展垃圾车"跑冒滴漏"公益监督,推动升级改造环卫作业车辆,解决渗漏污水扰民问题,相关做法入选最高检"千案展示"案例。针对环境污染、非法采砂、非法捕捞等违法行为,与行政机关协作开展环境资源损害赔偿磋商,达成协议赔偿61.52万元,用于生态修复和增殖放流,1件案例被评为全省生态环境损害赔偿磋商十大典型。加大对食品药品安全、公民个人信息等领域犯罪打击力度,提起刑事附带民事公益诉讼14件,提出惩罚性赔偿金338万余元获法院判决支持,依法保障人民群众合法权益。

【检察改革】 2022年,通州检察机关深入贯彻中共二十大报告关于发展全过程人民民主、保障人民当家作主的要求,优化全过程人民民主"检察环节"。围绕执法司法权力运行,邀请人民监督员对不起诉案件开展质量评查，助推行政执法机关有效落实检察意见、畅通“两法衔接”机制，相关做法入选最高检“检察机关深化司法民主建设、推进全过程人民民主”典型案例。坚持以公开促公正，以听证赢公信，制定检察听证工作规则，邀请听证员参与各类疑难复杂案件听证80场，以“兼听”避免“偏信”，让全过程人民民主在检察履职办案中得以充分体现。

【“固本强基”行动】 2022年，通州检察机关实施“固本强基”行动，创新方式、激发活力、提升干部队伍工作能。出台青年干警培养计划，17名领导班子成员和业务骨干担任青年干警政治导师和业务导师。打造检察干警“初心学堂”学习阵地，举办“理论热点我来谈、疑难案件我来辩、岗位故事我来说”等交流活动6场，加快青年干警成长成才。培塑检察专业化办案团队5个，4名干警入选省级以上人才库，11名干警在省市技能比武竞赛中获得标兵、能手称号。申报8项国家级、省级调研课题成功立项，在法学核心期刊发表6篇调研成果，在各类媒体发表宣传报道300余篇，队伍建设工作在全省检察机关政治工作会议上作经验交流。（张　涛）

12月23日，通州区法院大法庭公开宣判“富源”非法吸收公众存款一案

（区法院 提供）

法　院

【概况】 2022年，通州区人民法院坚持服务大局、司法为民、公正司法，深入推进政治建设铸魂、风险防控责任、营商环境优化、诉源治理减量、分调裁审深化、审判管理创新、电子诉讼应用、作风建设提升“八大工程”，为全区经济社会高质量发展提供有力司法服务和保障。全年新收案件1.41万件，审执结1.40万件，审判执行质效核心指标位列全市第一方阵。

【护航平安通州建设】 2022年，区人民法院审结各类刑事案件770件883人。严厉打击非法集资、电信网络诈骗、养老诈骗等涉众型侵财犯罪，实行专班审理，提速案件清结，注重追赃挽损，全力守护人民群众“钱袋子”。审结非法吸收公众存款、电诈案件24件70人，最重刑期16年，为群众挽回经济损失5481万元。社会影响重大的富源首批案件顺利开庭审理并宣判，罗欢、王亚菲等21人跨境诈骗案入选全国法院依法惩治电信网络诈骗犯罪十大典型案例，沈某、胡某涉老非法吸收公众存款案受到中央政法委中国长安网、《人民法院报》关注报道。深入开展涉诉矛盾风险隐患“拉网式”大排查、大起底、大化解、涉诉信访重点人员全面排查化解、涉诉信访攻坚化解年三大专项行动，落实立审执各部门矛盾纠纷源头预警、应急预案制订、联动化解工作责任，严格执行风险评估报告及领导包案化解制度，防范化解重点领域、重点人员矛盾风险。完成中共二十大维稳安保工作任务，4件信访老案得到实质性化解。专业化审结金融类案件660件、房屋买卖合同纠纷116件，维护金融秩序和房地产市场安全稳定。

【优化法治营商环境】 2022年，区人民法院聚焦服务地方支柱产业，主动联合银行、国有担保公司在全国首创“涉诉双免保”机制，解决区内重点企业被保全影响正常经营问题，降低企业诉讼担保成本，区委区政府及市中院主要领导予以批示肯定。多措并举推动商事纠纷源头治理、高效化解，审结各类商事案件1784件，同比上升32.8%。联合共建商会商事调解中心，自主研发金融纠纷线上调解平台，成功调解79件，涉案金额1254.5万元。向21家特、一级资质建筑企业派发风险提示单，防范法律风险，规范经营行为。优化破产处置点对点府院联动机制，审结各类破产案件87件，化解不良债权48.7亿元，安置分流职工607人，释放土地、房产资源45.1万平方米。开辟市场主体强制退出新通道，将310家企业纳入公益强制清算程序，加速市场“新陈代谢”。大力推进执破融合机制建设，审执联动办结“执转破”案件78件。科学部署推进“1+4”专项行动，加快失信企业市场退出和信用修复，撤销、删除失信企业405家，新增失信企业2家，有关做法被最高人民法院《执行工作动态》刊载推介。

【保持执行高压态势】 2022年，区人民法院执结案件6678件，发放案款7.78亿元，对2913名被执行人采取限高措施，纳失104人次、拘留15人次、罚款71人次。深入推进执行难综合治理，深化执行联动机制建设，实现通州区不动产线上一键查询。注重失信源头治理，设立“执行驿站”，为第一时间就地化解矛盾风险提供新平台，相关报道登上“学习强国”学习平台。建立失信预警机制，实行信用限期修复，促使企业自动履行，获省法院肯定，省信用办予以宣传推广。创新智慧执行手段，扩大财产处置范围路径，推动虚拟财产变现，被执行人名下尾号6个9手机号被拍出50.13万元，系南通法拍手机号最高价。增强打击拒执合力，联合公安、检察部门打通流转“堵点”，解决取证“难点”，向公安机关移送拒执线索36条，被追究刑事责任17人，拍摄的打击拒执警示教育宣传片《失信的代价》获中国长安网转播。

【强化民生司法保护】 2022年，区人民法院依法妥善审结民事案件9380件。强化劳动争议专业审判，“南通贝迪文化传播有限公司与邱海燕劳动争议”入选全省法院劳动人事争议十大典型案例。高效审理涉农民工欠薪纠纷350件，追回劳动报酬1765万元，全力保障农民工合法权益。充分发挥人民法庭解纷前沿阵地作用，依法妥善审理涉农土地纠纷67件，涉及土地37.47万平方米，推动农村土地有序流转，服务保障全面推进乡村振兴。坚持恢复性、柔性司法理念，对严重侵害妇女儿童等群体权益的案件，优先立案、优先审理、优先执行，专业化、快速化办结涉未成年人案件129件、家事纠纷1057件。加大司法救助力度，减缓免诉讼费44.4万元，发放司法救助金103.5万元。深入推进“电子诉讼应用工程”，打造“家门口式”诉讼服务，诉服质效名列全省前茅。深入推进“分调裁审深化工程”，严格立案环节的繁简分流，诉前分流率、诉前调解成功率位居全市基层法院前列。

【基层社会治理】 2022年，区人民法院坚持和发扬新时代“枫桥经验”，深入推进“诉源治理减量工程”，全年新收民事一审案件比上年下降14.1%。每月通报民事案件万人起诉率，推动纳入地方综治考核，促进矛盾纠纷前端治理。万人起诉率保持低位，指标排名全省前列，案件上升势头得到遏制。建立代表委员参与共治机制，挂牌成立首个“代表委员法庭驿站”，常态化开展“驿站接待日”活动，共同为社区群众提供法律咨询等服务，创建通州诉源治理新品牌。打造实质化人民调解平台，出台考核细则，明确履职清单，完善调解工作补贴制度，充分调动调解员积极性。与基层组织、行业机构建立常态化诉调对接机制，调解不成的转至速裁团队，速裁案件平均审理天数仅29天，蝉联全市第一。是年，各驻院调解平台成功调解案件1555件，为当事人节约诉讼费100余万元。深入推进“无讼村居”创建工作，法庭与辖区司法所、派出所、社区签订共建协议，联动互助加强合作，形成“法庭+N”的解纷服务体系。持续深化法治宣传教育，组建法院“护未队”，助推平安法治校园建设，“网络安全进校园”活动被中央电视台《新闻早班车》栏目报道。 （屠明萍）

司法行政

【概况】 2022年，通州区紧紧围绕省司法厅“7+4”工作部署和市司法局“663”工作布局，贴中心、稳优势、补短板、彰特色，全面推进依法治区和司法行政工作。是年，通州区司法行政工作高质量发展绩效评价位列全市前三。

【法治宣传教育】 2022年，通州区深入贯彻落实“八五”普法规划，严格执行“谁执法谁普法”“三单两书”制度，印发普法责任清单，项目化推动全区121项普法任务有序落实。组织开展以《中华人民共和国民法典》《中华人民共和国长江保护法》《中华人民共和国反有组织犯罪法》等为主题的多层次、多领域普法宣传活动，提高全社会尊法学法守法用法自觉性和主动性。实施“法律明白人”拓展提升工程，为2274名法律明白人授证授徽，通过“庭院宣讲”“移动课堂”，进一步延伸普法宣传触角。打造法治文化阵地精品工程，建成五接镇、金新街道沿江沿河主题公园2个、五接镇沿江法治景观带1个，提档升级村级法治文化阵地48个。把“民主法治示范村”创建作为推进法治乡村建设的重要载体，五接镇开沙村获评国家级民主法治示范村。全区有民主法治示范村国家级2个、省级108个。

【公共法律服务】 2022年，通州区认真贯彻落实“万事好通”提升举措，出台优化营商环境服务保障企业发展八项措施。深入推行“产业链+法律服务”，成立南通市律动江海公益服务中心通州分中心，成立区律师(法律服务工作者)行业联合妇联，引导法律服务行业积极参与公益服务。统筹法律服务资源开展“法治体检”，走访服务企业763家次，使防范企业经营风险提供优质法律服务。加快推进民营企业公司律师工作，指导3家企业获准设立公司律师。全面推行证明事项告知承诺制，动态调整并公布证明事项73个，涉及12个部门，为群众办事时长平均缩短50%以上。出台《关于全面推行包容审慎监管进一步优化营商环境的实施意见》，推动柔性执法与行政处罚配合衔接，保护市场主体合法权益。

【社区矫正】 2022年，通州区实施特殊人群“润心铸魂”工程，开展助学、助困、助孤等帮扶活动，为26名特殊群体困难人员提供帮扶救助，发放助学金、帮扶金2万余元。成立社区矫正直属中队，对假释、暂予监外执行、管制类矫正对象实施提级管理，以专业专班强攻社区矫正难

2022年，区司法局与社会力量精准对接，成立“心驿站”，通过人性关怀提升矫正效果，构筑维护社会和谐稳定的“心理屏障”。图为社区矫正对象送锦旗(区司法局 提供)

点弱项。关注特殊人群心理矫治，与社会力量精准对接，打造“心驿站”心理健康服务品牌，通过“全面普查+精准定位+一人一档”工作法，为特殊人群个性化评估制定心理服务清单，预警式开展心理疏导，以人性关怀提升矫正效果，全区重大恶性重新犯罪案件“零发生”。积极创建后续照管省级贯标示范点，打造通州区拓宽教育新渠道、独辟戒瘾新路径、探索心矫新方法的“三新”特色后续照管示范项目，区后续照管工作站获评全省后续照管工作先进集体。

4月28日，区人社局劳动人事争议仲裁院与区人民法院联合召开裁审衔接联席会议

（张水芳　摄）

【人民调解】 2022年，通州区扎实开展“解纷促稳定　献礼二十大”、矛盾纠纷“大排查、大调解、促和谐”等专项活动，做到排查报告到位、研判预警到位、就地化解到位、宣传引导到位。建立区镇村社会矛盾纠纷化解三级架构，健全行政调解工作机制，指导成立12家行政调解委员会，发挥行政机关在化解矛盾纠纷中的积极作用。聚焦矛盾纠纷突出领域，在川姜镇成立通州区首个商会商事调解中心。是年，全区三级人民调解组织共受理矛盾纠纷1.45万起，调处成功1.42万起，调处成功率97.93%。2篇调解案例被收录进司法部案例库，《通州不到30小时平息两起意外亡人事件》得到省厅领导批示肯定。区人民调解委员会获评全省公共法律服务工作成绩突出集体，区5家调解委员会、6名调解员登上南通市“十年调解光荣榜”，区矛盾纠纷调处中心接访调处科在全区为民服务类“群众满意的机关科室”评比中名列第一，调解回访工作被通州电视台专题采访。

【法律援助】 2022年，通州区实施法援提速工程，放宽困难标准、扩大援助范围、拓展援助内容、推行便民措施，加快法律援助事项审查，为当事人提供便捷高效的法律援助服务。加强法律援助工作站建设，新建规范化法律援助站点6家，打造残联法律援助工作站示范点，制作手语版法律援助宣传视频，对残疾人启动边受理边完善的“容缺受理”工作机制，提升法律援助案件办案质效。针对农民工法治需求，开展“法润江苏情暖民工”活动，组织开展劳动用工法治体检、民工纠纷调解等工作，帮助民工依法维权。是年，共办理法律援助案1331件，万人援助率万分之十二。办理对徐某等25户农户土地租赁纠纷提供法律援助案获评省法律援助十大好案件，通州区残联法律援助工作站被评为全省法律援助工作站示范点。

【“法润通州”】 2022年，通州区开展法律顾问提升工程，117名村（社区）法律顾问积极履职，在全区233个村（社区）开展法律顾问工作，为村（社区）自治管理提供法律意见236条，依托“法润民生”微信群发送法治宣传信息4.5万余条，开展法治宣讲活动728场。进一步夯实治理基础，出台《关于全面加强新时代司法所建设切实提升基层法治建设水平的意见》，推进司法所分类建设，高质量建成大型司法所2家、中型司法所3家、小型司法所9家，配齐配强执法装备，提升实战水平。开展2022年度人民陪审员选任工作，新选任人民陪审员150名，进一步充实司法为民力量，推动提升审判质效。　（黄甘冷）

仲　裁

【劳动人事仲裁】 2022年，通州区成立劳动人事争议联合调处中心，完善矛盾多元化解机制，实现劳动人事争议化解机制共建共治共享的社会治理格局。强化内外协作，建立“裁审衔接”8项机制，减少裁审差异，提高庭审和裁决质效。培育二甲镇劳动人事调解中心和南通亚振东方家具有限公司调解委员会，成功创建市级金牌调解组织。妥善处理劳动争议案件，着力提升争议化解能力，全年受理劳动争议案件1406件，案件终结率75%，结案率98.5%，调解率85%。是年，南通市中级人民法院、江苏省高级人民法院分别发布2021年劳动人事争议十大典型案例，通州区劳动人事争议仲裁委裁决的2件案例成功入选。　（王　琴）

【农村土地承包仲裁】 2022年，通州区始终坚持调解与仲裁相结合，着力对农村土地承包经营法律法规政策进行宣传普及，及时将矛盾化解在基层，依法、及时准确调处农村土地承包经营纠纷近200次，维护全区农村社会和谐稳定，为通州区第二轮土地承包（1997—2027年）到期后延长30年奠定良好基础。

（王　尧）

军　　事

编　辑　杨王军

人民武装

【概况】 2022年，区人武部贯彻落实新时代军事战略方针，强思想、抓战备、谋主业、固基础、促党建，聚焦实现建军一百年奋斗目标，实干笃行、锐意进取，推动人武工作全面落实。是年，南通市委常委、通州区委书记、南通高新区党工委书记担任通州区人民武装部第一书记。

【政治工作】 2022年，通州区人武部开展“忠诚维护核心 矢志奋斗强军”主题教育和“三心两争”专题教育，组织开展庆祝建军95周年等活动。加强舆论阵地建设，全年在省级以上新闻媒体报道数量位列军分区第一，其中，新华日报刊发2篇、人民日报刊发14篇、央广网（含国际在线）刊发44篇，“红色引领，三个一筑牢预定兵源思想之基”点击量超100万人次。

【战备训练】 2022年，通州区人武部坚持围绕强军目标，聚焦备战打仗，破除和平积弊，狠抓战备建设，分批次对多支民兵专业分队展开基础和专业训练，训练时长达88天。坚持以练代战，组织机关干部带战备分队指挥组出动演练，参加南通兴东机场演练、地方防汛抗洪演练等。9月，组织区民兵应急排，紧急出动集结至金沙街道，迎战台风“梅花”，减少灾害影响。组织民兵保障空某旅军机起降动员行动，执行外围警戒、卡点布设、核酸检测等任务。

4月11日，通州区民兵应急排参加兴东机场应急演练　　（区人武部 提供）

【民兵整组】 2022年，通州区人武部围绕民兵“十四五”规划，紧跟上级改革进程，抓建为战，推动全区国防动员和后备力量建设创新转型。2月，区人武部领导带队对符合编兵条件企事业单位开展走访调研，摸清潜力底数。3—5月，组织基干民兵体检、政治考核、档案整理。6月，采取全区集中点验、以训带点及赴各镇（区、街道）点验相结合方式，对14个镇（区、街道）整组工作落实和基层规范化建设情况进行检查验收，并接受军分区民兵整组专项检查，做到点验程序正规、要素齐全、秩序良好。7月，组织基干民兵赴南通市工贸技师学院进行专业技能考核。12月，通州区民兵整组工作通过军分区量化考评。

【兵员征集】 2022年，通州区组织开展上半年、下半年各1次的“一年两征”征兵工作，重点推进大学毕业生征集主体数量和质量的“双提升”，征集的大学毕业生占征兵总数的74.6%。坚持廉洁征兵，通过设置举报信箱、设立24小时举报电话、发放廉洁征接兵监督卡、聘请廉洁征兵监督员、公示征兵工作人员等举措，以公开、公正原则抓好体检、政考工作，以召开定兵大会方式进行集体择优定兵，并把安全防疫纳入廉洁征兵“零报告”内容，全程落实廉洁征兵要求。

【学生军训】 7月，通州区组织民兵军训教官对通州高级中学、通州西亭中学2022级新生开展学生军训，参训学生1800多人。军训借鉴“夏令营”模式，实施全员寄宿制军事化管理，通过内务、队伍、模拟轻武器射击等军事项目训练，激励新入高中生传承军队优良传统和军人精神力量。 （秦赛鹏）

武警通州中队

【概况】 2022年，武警通州中队坚持依法从严治军，立足于“打得赢，不变质”两个历史性课题，着眼适应高科技局部战争特点，围绕执勤、反恐、处置突发事件中心，依据《军队基层建设纲要》，按照“强班子，打基础，谋发展，保稳定”工作思路，以“打造全面过硬，争创‘四铁’单位”为奋斗目标，持续开展“忠诚维护核心、矢志奋斗强军”主题教育，补短板、治弱项，狠抓经常性基础性工作落实，圆满完成固定目标执勤任务。是年，1个班荣立集体三等功，7人获评“四有”优秀个人，8人获嘉奖。

【军事训练】 2022年，武警通州中队从严、从难、从实战出发，开展岗位练兵活动，围绕“两个确保”奠定坚实基础，不断推出新举措，开展经常性军事训练，全面提高官兵军事技能。创新训练方法，强化内部管理，提高训练质量。面对当前世界恐怖势力不断扩大的新形势，加强形势任务教育，牢固树立“居安思危”忧患意识和“积极预防、高效处置”指导思想，确保一旦发生恐怖事件，就能立即出动，高效处置；从兵力部署、力量使用、组织指挥、装备器材和准备，做到“拉得出、上得去、打得赢”，快速反应，高效处置，确保通州社会和谐稳定，人民安居乐业。

【执勤和处置突发事件】 2022年，武警通州中队以执勤和处置突发事件为中心，制定预案，明确责任。主动与看守所搞好协作，研究制定执勤目标安全和处置突发事件行动预案，严密组织各项勤务训练，严格落实奖惩制度，做到依法执勤、文明执勤、正规执勤。配合公安机关做好安保工作，高效完成武装押解、武装巡逻及其他临时性任务。加强战备训练，提高应急反恐分队处置能力。落实备战措施，做到人员、物资、装备始终处于良好战备状态，遇有紧急情况能够快速反应，确保“拉得出，打得响，联得上”；应急班全时备勤，时刻准备“上一线、打头阵”。

【军地共建】 2022年，武警通州中队与共青团通州区委持续深入开展思想工作联建、公益事件联做、人才培养联手、文体活动联谊为内容的“四联”警民共建活动，警地双方团组织实现优势互补、资源共享、信息沟通和整体联动。社会影响力不断增强。利用警营资源，加强国防教育阵地建设，全年接待团体、单位参观5次。开展扶贫帮困和“学雷锋”活动，全年捐款捐物折合人民币1.80万元，无偿献血40人次。积极联系地方相关部门，组织开展驾驶、烹饪等技术学习培训，培育军地两用人才，为官兵退伍再就业提供技术支撑，为地方经济社会发展输送有用人才。 （李伟伟）

人民防空

【概况】 2022年，通州区认真贯彻落实《中华人民共和国人民防空法》《江苏省实施〈中华人民共和国人民防空法〉办法》，紧紧围绕省、市人防年度工作计划，突出重点，强化措施，狠抓落实，将人防建设融入全区经济社会发展、城市建设、公共应急建设和社区建设，推进人防事业和各项工作全面发展。

【人防组织指挥体系建设】 2022年，通州区坚持规划引领，高质量完成《通州区“十四五”人防发展规划》和《通州区人民防空方案》。加强指挥通信建设，定期做好人防指挥中心和移动指挥通信车维护管理，参加省市组织的各项联调，保障人防视频会议畅通。依法落实2022年度人防专业队整组工作任务，整组人防专业队8支，计450余人，确保各专业队建制规范、结构完善、组织健全、按纲施训，随时可遂行“战时防空、平时服务、应急支援”使命任务。加强防空警报网建设，落实人防专项资金20万元，购置固定防空警报器6台，移动手摇式防空警报器4台。加强防空警报器维护管理，完成全省组织的“9 · 18”防空警报试鸣任务。

【人防防护体系建设】 2022年，通州区促进人防工程建设健康发展，及时掌握人防工程建设和人防易建设费征收动态，做好数据统计汇总，人防易地建设费应收尽收，全年征收人防易地建设费1400多万元。加强人防工程竣工验收备案管理，从严做好人防备案资料审查、整理、归档工作，对人防工程没有组织竣工验收、防护防化设备检测不合格、消防验收没有通过的一律不予备案。坚持从源头上控制人防工程质量关和安全关，在继续做好老项目监管和扫尾工作的同时，突出在建人防工程监管，重要施工节点督促人防建设五方责任主体相关负责人现场交办、点评，发现问题及时整改，确保施工质量和施工安全。完善老旧人防工程标识标牌，投入人防专项经费50余万元，对全区170余个老旧人防工程标识标牌进行完善，实现所有人防工程标识标牌全覆盖。

【人防工程安全管理】 2022年，通州区严格落实人防工程安全检查制度。针对投入使用的人防工程产权不明晰，维护管理难度大、矛盾多等问题，成立人防安全检查小组，定期组织开展“拉网式”安全检查，对存在安全隐患的工程，责成相关物业和责任人定期整改，同时与街道、居委会及相关物业协调，形成合力，共同落实安全生产责任，确保工程使用安全。积极履行人防职能，认真落实行政执法“三项制度”，开展厚植为民提高执法水平主题教育，加强行政法律法规学习，积极组织执法人员参加普查考试，落实执法人员证法证年检制度，以提高人防执法水平。积极推进人防宣传教育“五进”活动，做好运盐河小学创建省级人防知

识教育先进学校启动工作，全面启动人防主题公园选址工作。（朱　峰）

双拥共建

【拥军优属】 2022年，通州区积极构建双拥宣传、社会化拥军、与驻军部队共建、“15分钟拥军服务圈”等平台建设，在全区形成关心国防、支持军队、尊重军人的良好风尚。不断强化军人荣誉激励制度，广泛开展挂光荣人家牌、发放拥军慰问信、开展欢送新兵入伍、欢迎老兵退役仪式，增强部队官兵和退役军人荣誉感自豪感，上门送二等功喜报和二等功臣之家的牌匾2家、三等功喜报30家，发放立功奖励金23万余元并组织新闻媒体进行宣传报道。区级28个机关部门及4个驻军街道、部分企事业单位、志愿者队伍和拥军个人与驻区部队开展军民共建活动、节日慰问等活动。军地互办实事21件，其中支持部队建设17件，慰问和支持部队建设100多万元；为驻区部队赠送图书1400余本(册)，计5万余元；精心组织好区人武部营房装修，工程造价100万多元；持续打造“走出去拥军”通州新亮点，获某部队赠送“军民鱼水情深 共筑钢铁长城”水晶座。帮助驻区部队官兵解决“三后”之忧。打造“15分钟社区拥军服务圈”，全区93家商家兑现退役军人优惠35万元；加大与工商银行合作，持续拓展“通通优”优惠服务项目。深入开展结对帮扶活动，区级42个机关部门与84名优抚对象开展结对帮扶工作，在春节、八一建军节期间走访慰问现退役军人家庭，发放的慰问金及物资价值140万余元。开展“情系边海防官兵”和“走边防看亲人”活动，组织镇、街道走访慰问边海防官兵家庭，发放的慰问金及物资价值6万余元，激励驻边海防官兵能安心戍边、建功立业。

8月1日，通州区级部门慰问驻地部队

【拥政爱民】 2022年，通州区常态化开展节日慰问活动，区镇(街道)人武部在春节和八一建军节期间，走访慰问“三老”对象、困难复员老军人以及困难户等。落实挂钩帮扶，区人武部坚持走访慰问兴东街道黄金村“挂钩帮带困难户”4户。坚持共建常态，推进军民和谐，积极参与社会公益活动，组织干部职工参加无偿献血和慈善一日捐等活动。区人武部与司法局共同建立“法律援助站”，为广大军人军属提供法律咨询服务。（张益波　秦赛鹏）

农　业

编　辑　杨王军

综　述

【概况】 2022年，通州区紧密围绕“三农”重点工作，持续深入地推进农业高质高效、乡村宜居宜业、农民富裕富足，全面推进乡村振兴取得新进展、农业农村现代化迈出新步伐。是年，农林牧渔业总产值125.27亿元，按可比价计算，比上年增长4.6%，其中，农业产值70.33亿元，比上年增长0.6%；林业产值1.31亿元，比上年增长1.0%；牧业产值8.55亿元，比上年下降5.0%；渔业产值19.00亿元，比上年增长18.8%；农林牧渔服务业产值26.08亿元，比上年增长10.3%。全区农业政策性险种保费规模达到5606.65万元，各级财政补贴4081.85万元，占比72.8%，农户自缴1524.80万元，占比27.2%。

【乡村振兴示范建设】 2022年，通州区有24个村被列入2022—2023年南通市乡村振兴示范村、先进村培育名单。其中示范村4个、持续打造示范村4个、先进村16个，计划实施项目149个，投资额达1.98亿元。

【农业项目建设】 2022年，通州区新建农业农村重大项目19个，总投资17.8亿元。金沙虹西智能温室、十总李德华连栋温室等农业生产设施建成投产，提升全区蔬果稳产保供保障水平，西亭百润、金新健泰等农产品加工企业的建成运行，增强通州农产品综合加工能力。

12月15日，第四届2022“通州好大米”品鉴活动举办　　（区农业农村局 提供）

【农产品品牌培育】 2022年，通州区加大农产品品牌培育力度，东社镇成威家庭农场和兴仁镇大利粮食种植家庭农场2家大米生产主体在第六届“江苏好大米”品鉴活动中分获金、银奖，高德农产品专业合作社和十总镇常义森家庭农场种植的西瓜获第四届“江苏好西（甜）瓜”中大果型西瓜金奖，金沙镇御润家庭农场1家西瓜种植主体获江苏省第二届优质甜柿品鉴活动银奖。在南通市优质鲜食水果品鉴活动中，南通奇园葡萄科技有限公司和金沙镇御润家庭农场的妮娜女皇葡萄、阳光玫瑰葡萄和南通神韵葡萄科技开发有限公司园红玫葡萄、南通玉硕农业种植合作社阳光玫瑰葡萄、刘桥镇品正家庭农场夏黑葡萄荣获金奖，龙祥葡萄专业合作社巨玫瑰葡萄、刘桥镇品正家庭农场阳光玫瑰葡萄和五接镇昭贺水果种植园南太湖特早葡萄荣获银奖；南通桃之缘果业有限公司翠冠梨荣获金奖，金沙镇御润家庭农场和南通富升苗木专业合作社的翠冠梨荣获银奖。区作栽站获葡萄优秀组织奖。承办南通市优质鲜食水果品鉴活动，持续举办第四届“通州好大米”品鉴活动，推动更多优质本地大米品牌走出通州，丰盈“饭碗”。

种　植　业

【概况】 2022年，通州区粮食种植面积7.59万公顷，总产量50.5万吨，平均单产66.66吨/公顷，其中水稻平均单产9.44

3月23日,区植保站工作人员在田间现场指导农户油菜管理(区农业农村局 提供)

吨/公顷,小麦平均单产5.82吨/公顷;油菜种植面积9800公顷,总产量3.33万吨,平均单产3.41吨/公顷。全区蔬菜播种面积3.73万公顷,产量76万吨,产值20亿元。进行"菜篮子"绿色蔬菜保供基地建设,列入省入库面积2100公顷。南通铮辉农业发展有限公司和南通饶丰果木专业合作社2个蔬果种植主体申请创建省级园艺作物标准园,金沙镇御润家庭家场、高德农产品专业合作社和十总镇常义森家庭农场3个蔬果种植主体通过省级园艺作物标准园验收。

【省级水稻绿色防控A级示范区建设】 2022年,通州区水稻绿色防控示范区在平潮镇、刘桥镇、石港镇、五接镇、西亭镇、金沙街道投入建设,面积为4182公顷,获"省级农作物病虫害绿色防控A级示范区"。绿色防控示范区生物农药、高效低毒低残留农药等绿色防控产品使用面积占比达100%,实现农产品绿色无公害化。示范区全面应用生物防治、理化诱杀、防治关口前移等绿色防控措施,农药使用次数和总量大幅度下降,节约成本,改善农产品品质,为通州大米品质提升和品牌打造起到示范推动作用。区植保站申报的"水稻病虫害全程简约化绿色防控技术集成与推广"成果获2019—2021年度农业农村部农牧渔业丰收奖一等奖。

【区植保站获省级先进】 2022年,通州区秉承"公共植保、绿色植保、依法植保"服务理念。是年,区植保站获"2022年全省植保植检工作先进集体"称号,自2015年起连续第八年获此殊荣。推进省级标准化区域站建设。至年末,经部、省、市专家综合评审,区植保站以总分第一名获首批"省级农作物病虫害监测预警标准化区域站"称号。

【种子供应】 2022年,通州区主要农作物种子供种9188吨,其中,水稻供种2400吨,小麦供种5200吨,大豆供种1180吨,玉米供种350吨,油菜供种22.5吨,蔬菜供种35.5吨,供需比近118%,赋能粮种高质量发展,做强"农业芯"。

【农业补贴】 2022年,通州区规范耕地地力保护补贴、稻谷补贴、棉花补贴和三次种粮农民一次性补贴流程,发放惠农资金1.33亿元。针对大豆、玉米、水稻受

2022年通州区粮食、油料等作物种植面积、产量一览表

表6

类别	作物	播种面积(万亩)	单产(公斤/亩)	总产(万吨)
粮食作物	(一)夏收谷物	41.9	388	16.26
	(二)夏收豆类	8.5	194	1.65
	(三)秋收谷物	49.92	603	30.08
	(四)秋收豆类	12.96	183	2.37
	(五)秋收薯类	0.53	260	0.14
	合 计	113.81	444	50.5
油料	(一)花生	3.95	221	0.87
	(二)油菜籽	14.65	227	3.33
	(三)芝麻	0.53	132	0.07
	(四)胡麻籽	—	—	—
	(五)葵花籽	—	—	—
	(六)其他油料	—	—	—
	合 计	19.13	224	4.27

高温干旱灾害影响，发放第八批中央救灾资金395万元，实现粮食增产有保障、农民增收有动力。

【栽培技术】 2022年，通州区加大主要农作物绿色栽培技术推广力度，加快农业绿色转型，其中机插水稻缓混一次施肥技术，推广应用面积超4000公顷，比上年提高100%。

【"二品一标一基地"认证】 2022年，通州区11家企业，20个产品获绿色食品认证证书，认证绿色食品产品面积达16.65平方千米，成功申报创建全国绿色食品原料（水稻）标准化生产基地7753公顷，筑牢农产品质量安全屏障。

养　殖　业

【概况】 2022年，通州区紧扣生猪稳产保供、非洲猪瘟等重大动物疫病防控、畜牧业提质增效这条主线，扎实开展畜禽标准化生态健康养殖、非洲猪瘟"联防联控"、畜牧业"三新技术"推广、畜牧业科技入户项目建设等工作，提升畜牧业质量效益竞争力和畜产品供给保障能力，促进养殖业高质量发展。

【畜牧生产】 2022年，通州区受饲料原料价格大幅度上涨、新冠疫情、畜禽行情周期性不景气等多因素叠加，畜牧业上半年处于全行业亏损状态，下半年行情有所逆转，全年畜禽产能同比有所萎缩。年末，生猪年末存栏8.26万头，比上年下降3.5%，年出栏15.88万头，与上年基本持平；家禽存栏193.94万羽，比上年下降6.7%；山羊存栏达到10.68万只，比上年下降9.6%。

【畜禽标准化生态健康养殖专项行动】 2022年，通州区持续深入推进畜禽标准化生态健康养殖普及行动，普及应用畜牧业"三新"技术，93家畜禽规模养殖场（户）全部达到行业标准，普及率达100%。推进畜禽规模养殖场实施"减抗行动"，有2家生猪养殖场、4家肉鸡养殖场、56家蛋禽养殖场及21家山羊养殖场积极参与，养殖环节兽用抗菌药安全、规范、科学使用的能力和水平得到提升。

【重大动物疫病防控】 2022年，通州区组织开展"春防、夏季消毒灭原及补防补免、秋防"三大行动，未发生重大动物疫情，未出现区域性疫情。做好方案制定、组织推进、督查考核、采样监测等工作，全面落实重大动物疫病防控措施，免疫密度及免疫抗体监测水平均超过国家相关标准。全年使用生猪口蹄疫合成肽疫苗19万毫升、猪瘟19万头份、蓝耳15万头份、牛羊口蹄疫苗30万毫升、羊小反刍兽疫苗30万头份，禽流感苗220万毫升，全区重大动物疫病整体免疫密度保持在95%以上。科学评估免疫效果，加强免疫效果检查及监测采样工作，采样监测猪血样345份，羊血样710份，禽血样1355份，免疫抗体总体合格率达到90%以上，均超过部省规定标准。加强免疫物资管理，按规定组织采购疫苗等防疫物资，加强对镇级疫苗、耳标使用监管，做到可溯源、无非正常损耗。重点做好非洲猪瘟防控，进一步明确、压实养殖业主主体责任、动物防疫监管责任、属地政府管理责任等形成非洲猪瘟防控合力。督促生猪养殖场（户）积极改善动物防疫条件，严把人流、物流、车流、猪流"四个关口"，进一步强化常态化防控理念，构建有效生物安全防护屏障。开展非洲猪瘟专项监测，以一手数据来靶向定位防控薄弱点，精准开展非洲猪瘟防控，全年检测1386份病原学样品，未发现阳性样品。在8月南通市动物疫病防治员职业技能竞赛中，通州区获团体一等奖。

【动物卫生监督】 2022年，通州区认真开展动物产地检疫和屠宰检疫监督工作，防止疫病传播，保护人畜安全，确保人民群众吃上"放心肉"。规范检疫申报程序，畜禽产地检疫申报检疫率100%，定点屠宰检疫率、出证率100%，检出病害（死）畜禽及畜禽产品无害化处理率100%。加强官方兽医管理，落实执业兽医申报备案制度，按照省市要求审核申报官方兽医32名，注册备案执业兽医29名，助理兽医6名，协检员8名。加强病死畜禽无害化处理，督促畜禽规模养殖场购置高温无害化处理设施设备，就地无害化处理病死畜禽。在刘桥镇新增生猪定点屠宰场1家，并于8月建成投产，有效缓解西部区域生猪屠宰压力。2家生猪定点屠宰场废弃物均委托如皋市病死畜禽无害化处理中心处理，委托处理病害产品27.45吨，无害化处理率100%。督促屠宰企业严格落实"二项制度"，配备足额驻场兽医，开展非洲猪瘟自检工作，做到"头头采、批批检、全覆盖"。全区饲料生产、兽药经营企业以及畜禽规模养殖场、生猪屠宰企业、动物诊疗机构监管覆盖面100%。全年完成养殖、屠宰环节"瘦肉精"检测7369份，均为阴性，完成投入品和畜禽产品监督抽检138份，合格率100%。开展畜牧企业

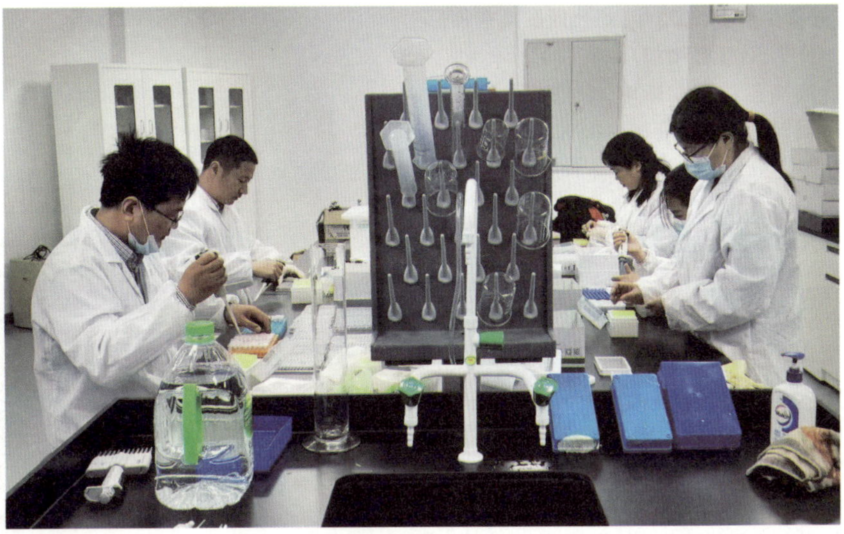

2022年，通州区全面做好重大动物疫病防控，保障畜牧业健康发展和公共卫生安全。图为重大动物疫病免疫抗体检测现场
（区农业农村局 提供）

安全生产专项行动，重点加强对涉氨制冷相关企业的监管力度。全年共检查规模养殖场76家，屠宰企业3家，饲料生产企业4家、兽药经营企业13家，动物诊疗机构13家，其中涉氨制冷企业1家。查处私屠滥宰、应检未检、随意弃置病死动物等相关案件9起，结案8起，罚没款2109万元，取缔生猪私屠滥宰点26个，有效保障上市肉品质量安全。

【渔业生产】 2022年，通州区渔业生产稳中有升，产业结构进一步优化。着力推进池塘养殖尾水达标排放工作，顺利完成15家2万平方米以上养殖池塘的生态化改造任务。全区水产池塘养殖面积15.66平方千米，总产量9597吨，特色水产养殖面积占比达82.3%。开展南美白对虾养殖污染整治“回头看”，落实“三个严禁”要求。开展外来入侵水生动物普查工作，在南通地区率先高质量完成第一阶段普查任务，起到良好示范引领作用。开展水生生物生态损害赔偿工作，落实生态补偿修复措施。推进长江禁捕信息化监管项目建设，禁捕退捕工作通过专项审计、受到省级表扬。是年，区水产站获“全国水生动物防疫系统实验室检测能力验证结果满意单位”“江苏省水产技术推广系统先进集体”等称号，主持申报的《南通地区中华绒螯蟹“1132”生态养殖关键技术集成示范与推广》成果，获南通农业科技奖二等奖。

【蚕桑生产】 2022年，通州区发桑蚕种2411张，比上年增加1.2%；受茧价下滑、持续高温等因素影响，农户茧款收入765.97万元，比上年减少0.9%，产茧减少1.8%。蚕桑生产保持基本稳定，亩桑收入6685元（加上套种套养收入552元），远高于本区其他大宗农作物收入。果叶两用桑、叶用桑桑葚菌核病、桑疫病防治试验取得成功，为御润家庭农场等有果桑栽培的新型经营主体和农户提供针对性强、校正防效好、对人和环境无毒害的防治方法。栽培果桑相关论文在《中国蚕业》第4期上发表。加强家蚕新品种推广应用，秋蚕首次饲养抗血液型脓病、较耐高温新蚕品种“华康三号”1145张，饲养成效较好。

农田建设

【概况】 2022年，通州区认真贯彻“藏粮于地、藏粮于技”战略，按照南通市区域化整体推进高标准农田项目工作要求，围绕“当年任务当年完成、当年发挥效益”目标，统一部署、科学规划，通过层层压实责任，强化资金投入保障，形成工作合力，确保建设标准和质量，扎实推进高标准农田项目建设，为保障全区粮食和重要农产品有效供给、全面推进乡村振兴和农业高质量发展、稳定粮食生产、促进农民增收提供基础保障。

【高标准农田建设】 2022年，通州区投入资金1.35亿元，建设高标准农田2267公顷，项目建设涉及刘桥、十总、平潮、兴仁、西亭、东社、金沙等7个镇（街）14个行政村。项目采取“先流转后建设、先平整后配套”模式，加大新增土地流转政策支持力度，大力推进田间障碍物清理。通过召开联席会、出台相关政策，进一步明确项目区零星建筑物清理、坟茔迁移、平整垫青费的区级补助标准，有效推动土地连片流转和规模平整。项目区土地平整面积835公顷，占建设规模35%以上，项目建成后土地流转率达70%以上，超过南通市新一轮高标准农田建设65%流转率工作要求。项目区内投资600余万元，清理拆除各类零星建筑物77座6940平方米，迁移田间坟茔2800余座。通过项目实施新建泵站17座、渠道77千米、机耕路35千米、机耕桥5座、河道整治32千米、土地平整8.35平方千米、农机仓库3座、烘干中心4座、晒场2700平方米，项目建设效益、生态效益、社会效益得到提升。

【耕地质量保护】 2022年，通州区稳步提升耕地质量，建立耕地质量建设稳定投入机制，不断提高粮食综合生产能力。耕地质量等级较上年上升0.03个等级。通过推行测土配方施肥、秸秆还田、深耕深翻、休耕轮作、农膜回收利用等措施，提升耕地质量。建立耕地质量监测体系，全区共有耕地质量监测点24个，其中部级监测点1个，省级监测点3个，市级监测点8个，区级监测点12个，实现对耕地质量情况动态监测。

农业机械化

【概况】 2022年，通州区深入实施农业生产全程全面机械化推进和农机装备智能化绿色化提升“两大行动”，促进农业机械化转型升级。农机总动力达51.75万千瓦，主要动力农机装备保有量达9424台，其中80马力以上大中型拖拉机1133台，联合收割机1245台，乘坐式高速插秧机792台，烘干机678台，无

2022年，通州区集中力量，打造集中连片、旱涝保收、节水高效、稳产高产、生态友好的高标准农田
（区农业农村局 提供）

人植保飞机227台。建成粮食生产“无人化农场”6个，特色农业生产全程机械化示范基地11个（其中水产2个、畜禽4个、蔬菜4个、林果1个），粮食生产全程机械化综合农事服务中心5个，市级农机融合示范点2个，培训各类农机人员1500人次。

【主要农作物机械化水平】 2022年，通州区粮食生产全程机械化率达93.6%，农作物耕种收综合机械化率达92.8%，其中，机插秧机械化水平达81%；高效植保机械化能力达100%；产地烘干能力达100%，烘干清洁热源占比58%。围绕“全面禁烧、全年禁烧和农作物秸秆不离田即还田”目标，秸秆处理机械化率达89.4%。投入带秸秆切碎抛撒装置的联合收割机2000余台次，50马力以上大中型拖拉机2600余台次。三麦还田面积1.9万公顷、水稻还田面积1.83万公顷，其中犁耕深翻还田5.33万公顷。

【特色农机化水平】 2022年，通州区特色农业机械化水平达72.6%，其中，设施农业机械化水平达65.8%，畜牧业机械化水平达76.9%，渔业机械化水平达72.5%，林果业机械化水平达66.1%，农产品初加工机械化水平达81.6%。

【农机装备水平】 2022年，通州区新增主要农作物生产机械装备218台，其中，80马力以上大中拖56台，插秧机105台，烘干机57台。新增智能农机装备564台，其中，无人植保飞机87台，自动导航/辅助驾驶拖拉机61台，自动导航/辅助插秧机127台，智能监测终端设备［深松、还田等作业智能监测终端176台（套）］。新增绿色环保农机装备441台，其中，侧深施肥插秧机165台，清洁热源烘干机276台。新增特色农机装备1303台。

【基地服务建设】 2022年，通州区新建省级农业生产全程机械化智能示范基地1个，粮食生产“无人化农场”市级2个、区级1个，特色农业生产全程机械化示范基地市级1个、区级3个，市级全程机械化综合农事服务中心2个，油菜机械化生产示范点15个。

2022年，通州区农业机械化实现转型升级。图为无人机喷药

（区农业农村局 提供）

【农机执法品牌建设】 2022年，通州区打造“铁牛卫士”农机安全执法品牌，全域查处无牌行驶、无证驾驶、未经检验“两无一未”等违法用机行动，办结农机行政处罚案件65起（含普通程序4起）、罚款金额5550元。查处“朱某无证驾驶无牌拖拉机案”被南通市行政执法机关“厚植为民情怀提高执法水平”主题教育领导小组办公室评为全市行政执法典型案例、被区司法局编入“通州区行政执法案例汇编”行政执法典型案例首篇。

【农机监管】 2022年，通州区实施农机登记和安全检验攻坚，累计检验拖拉机和联合收割机1989台，其中，上牌查验手拖机组1台、轮拖174台（含转入4台）、联合收割机111台（含转入53台）。不定期组织驾驶证考试合格126人（含增考54人），通知满分教育9人。开展手扶拖拉机“三同时”实地登记2692台。拖拉机和联合收割机年检率均超过省定标准，与上年同期相比，呈现稳中有进、质量提升态势。拖拉机和联合收割机固定检验日及考试业务受理迁入新址办公。全面实施农机安全网格化监管，刘桥镇率先试运行“市城乡社区网格化服务管理智能应用平台”农机监管模块，经区镇村、网格四级测试，试点工作圆满完成。强化隐患排查治理。整村推进未检机“清零”专项行动，实行“周结月清”动态清零新机制。复（核）查农机服务组织79家（不含镇级普查173家），查出问题隐患26处，整改26处，整改率100%。完成省级下发任务，“双随机”检查8家。实施农机政策性保险，上牌、转入、年检投保率100%。促进农机投，其中，拖拉机交强险1178台，农机综合保险1926台，保费小计127.37万元，烘干机保险399台，保费总额144.2万元。有序做好农机报废认定，监督报废回收联合收割机破坏性拆解36台。“关于促进农机政策性保险高质量发展的建议”的社情民意，被区政协评为优秀社情民意信息。

农业科技

【概况】 2022年，通州区大力支持农业科技发展，为农业、农村、农民提供服务。发展农业科技主要为农产品增产，特别是粮食安全提供可靠技术保障，为调整农业和农村经济结构、提高农业整体效益、增加农民收入提供强有力技术支撑。

【新型职业农民培育】 2022年，通州区培训新型职业农民2428人。遴选245名具有一定种养殖规模的农业经营主体参加创新创业、专业种养加能手等省级培训班。评定6个区级、4个市级、1个省级高素质农民培育实训基地。东社镇开心田园家庭农场被评为全国优秀农民田间学校，通州区田梦粮食专业合作社的瞿炎被评为全国百优保供先锋。组织开展农机驾驶培训169人，其中拖拉机驾驶员培训113人，联合收割机驾驶员培训56人；开展农机职业技能培训1期88人；农机安全教育培训17期921人。

【科技下乡】 2022年，通州区继续发展农业科技，遴选200户种植、水产、畜牧方面的农业科技示范主体，与45个区、镇两级责任农技人员相对接，开展面对面，手把手农业技术指导，推进区主导品种与主推技术快速进村入户。建立2个稻麦种植农业科技示范基地，开展稻麦优质高产高效技术集成试验与示范，促进农业科技成果快速应用于生产实际。

现代农业

【概况】 2022年，通州区持续推进农业新型经营主体培育、一二三产业融合发展、“互联网+农业”、农产品品牌创建等工程，现代农业发展势头强劲，农业园区建设水平不断提高，生态规模农业项目量质并举。至年末，建有示范类家庭农场299家，其中省级示范家庭农场36家；建成市级新型合作农场50家，经营面积1721公顷。

【龙头企业发展】 2022年，通州区强化各型主体产地初加工能力，加快农产品田头商品化进程。优先安排农业企业、家庭农场、合作社实施省级现代农业产业发展项目。推动传统工艺转型，提高自动水平，提高生产效率。市级以上龙头企业25家，其中国家级1家、省级5家，登录江苏股权交易中心农业板16家。顶茂食品、新中酿造、光合生物、三越中药、渔湾米业等13家市级龙头企业完成市级农业产业化龙头企业监测复核。建成农业产业化联合体8家，其中省级示范联合体3家。

【休闲观光农业】 2022年，通州区盘活利用好农业生产条件和农业景观资源，建成国家AAAA级休闲农业景区1家、AAA级休闲农业景区2家、AA级休闲农业景区2家、省星级乡村旅游区7家；国家首批运动休闲特色小镇1个（五接镇），中国美丽休闲乡村1个（石港镇睹史院村），全国“一村一品”示范镇（东社镇）1个、全国“一村一品”示范村2个（刘桥长岸村、二甲路中村），省级特色景观旅游名镇（东社镇）1个，省级休闲农业精品村4个（二甲坨墩村、东社香台村、石港睹史院村、先锋双盟村）；全国休闲农业与乡村旅游示范创建企业五星级1家、四星级2家。组织休闲旅游农业经营主体申报参加乡村休闲旅游线路，创建乡村休闲旅游农业农耕实践基地，参加休闲农业展等活动。洲际绿博园、鲜花小镇入选2022年江苏省乡村休闲旅游农业特色模式推荐名单。东社镇开心田园生态农场被评定为2022“苏韵乡情”江苏休闲农业和乡村旅游星级企业。

【农业市场与信息化建设】 2022年，通州区加快农业市场化、信息化发展，加速推进区级智慧农业大数据云平台建设，引导扶持农业物联网推广应用，不断规范“益农信息社”运营管理，扎实推进农产品品牌打造，农业市场化信息化进程加快，数字农业农村发展水平不断提升，为推动农业经济发展和农民收入增加发挥正向支撑作用。

新型农业经营主体

【概况】 2022年，通州区建成市级新型合作农场50家，经营面积1506公顷；建有家庭农场387家，其中省级示范家庭农场34家。全区农民专业合作社588家，其中国家级示范社3家、省级22家，列入2022年省名录110家。市级以上龙头企业25家，其中国家级1家、省级5家，登录江苏股权交易中心农业板16家。建成农业产业化联合体8家，其中省级示范联合体3家。积极推动企业挂牌上市，南通光合生物技术股份有限公司成功登录新三板，通州传统企业南通西亭脆饼有限公司在省股权交易中心农业板成功挂牌。

2022年通州区市级以上农业龙头企业一览表

表7

序号	级别	龙头企业名称	地址	负责人
1	国家级	江苏省银河面粉有限公司	南通市通州区二甲镇余北居	黄志云
2	省级	江苏嘉安食品有限公司	南通市通州区刘桥镇新联工业园	吴　浩
3		江苏景瑞农业科技发展有限公司	南通市通州区东社镇新街村	曹毅华
4		南通双和食品有限公司	南通市通州区兴仁镇阙庵东村	何灿华
5		南通市通州区油脂化工厂有限公司	南通市通州区金新街道正场居	张卫兵
6		江苏盛夏农业科技有限公司	南通市通州区金沙街道金余村	季红梅
7	市级	江苏新中酿造有限责任公司	南通市通州区石港镇西大街72号	吴之纲
8		南通光合生物技术有限公司	南通市通州区平潮镇工业园区	高　义

续表7

序号	级别	龙头企业名称	地址	负责人
9	市级	江苏滑嘟嘟食品有限公司	南通市通州区先锋镇工业集中区(秦家埭村)	胡　忠
10		南通麦蒂酥食品有限公司	南通市通州区兴仁镇孙家桥村24组	赵小锋
11		南通西亭脆饼有限公司	南通市通州区西亭镇亭东村	曾伟华
12		南通三越中药饮片有限公司	南通市通州区兴东街道金通公路5999号(综艺数码城内)	吴慧峰
13		江苏世阳生物科技有限公司	南通市通州区平东镇国道村	郭振宇
14		南通市白龙有机肥科技有限公司	南通市通州区东社镇五甲工业园区	黄步高
15		通州区西亭镇珍品畜禽养殖场	南通市通州区西亭镇亭东村27组	王明刚
16		南通市顶茂食品有限公司	南通市通州区十总镇二爻居十四组	周红新
17		南通市通州区渔湾米业有限公司	南通市通州区石港镇石西村12组(科技产业园)	赵　敏
18		南通绿萌食品有限公司	南通市通州区二甲镇余北居	顾宏伟
19		南通瑞隆农产品开发有限公司	南通市通州区东社镇新街村	曹冬梅
20		南通天成食品有限公司	南通市通州区石港镇科技产业园	杨新灿
21		南通洲际绿博园有限公司	南通市通州区先锋镇双盟村	周　健
22		南通中谷绿色农产品有限公司	通州区十总镇工业园区	刘友明
23		南通市通州区明琴农副产品有限公司	南通市通州区东社镇东社居委会6组116号	陈进琴
24		南通杰玉农产品有限公司	南通市通州区东社镇五甲镇工业园东区	姜　杰
25		江苏通联现代农业发展有限公司	南通市通州区二甲镇余北居通吕公路999号	曹志华

2022年通州区市级以上示范家庭农场一览表

表8

序号	家庭农场名单	地址	家庭农场主	示范等级
1	通州区石港镇大顺家庭农场	石港镇新貌村	赵建兵	省级
2	通州区东社镇开心田园生态农场	东社镇五甲苴居村	孙春梅	省级
3	通州区金沙镇明均家庭农场	金沙街道金北村	瞿　炎	省级
4	通州区石港镇雨顺家庭农场	石港镇新貌村	王道清	省级
5	通州区石港镇老板桥家庭农场	石港镇马道村	张丽华	省级
6	通州区石港镇优源家庭农场	石港镇石东村	颜志荣	省级
7	通州区石港镇天成家庭农场	石港镇石西村	于　培	省级
8	通州区骑岸镇亚华家庭农场	十总镇五总居	张亚均	省级
9	通州区四安镇龙坝生猪养殖家庭农场	西亭镇龙坝村	姜素芹	省级
10	通州区骑岸镇顺鑫家庭农场	十总镇渡海亭村	葛　新	省级
11	通州区石港镇宏源家庭农场	石港镇四港村	殷建国	省级
12	通州区五接镇王进粮食家庭农场	五接镇复成村	王　进	省级

续表8

序号	家庭农场名单	地址	家庭农场主	示范等级
13	通州区金沙明旺家庭农场	金沙街道金北村	张圣斌	省级
14	通州区石港镇兴谷粮食家庭农场	石港镇北渡村	赵新国	省级
15	通州区骑岸镇丫丫家庭农场	十总镇沧南居	祁艳均	省级
16	通州区金沙镇御润家庭农场	金沙街道平桥镇村	王竹青	省级
17	通州区骑岸镇戏渡家庭农场	十总镇渡海亭村	张育华	省级
18	通州区石港镇粮满囤家庭农场	石港镇志田村	卞红林	省级
19	通州区石港镇佳磊粮食家庭农场	石港镇石东村	张　建	省级
20	通州区西亭镇保田家庭农场	西亭镇亭东村	许新梁	省级
21	通州区十总镇锋锋家庭农场	十总镇于家坝村	奚建锋	省级
22	通州区兴东街道学建家庭农场	兴东街道双楼村	王学建	省级
23	通州区石港镇万达家庭农场	石港镇新貌村	朱玉容	省级
24	通州区五甲镇腾冲家庭农场	东社镇兴隆灶村	李林冲	省级
25	通州区石港镇建成家庭农场	石港镇江海村	翟建成	省级
26	通州区西亭镇豪旺家庭农场	西亭镇纱场居	王建国	省级
27	通州区十总双柏家庭农场	十总镇柏树墩村	季　明	省级
28	通州区万源家庭农场	金沙街道平桥镇村	瞿成志	省级
29	通州区东社镇天赐家庭农场	东社镇中和村	瞿光春	省级
30	通州区西亭镇昌东家庭农场	西亭镇亭东村	王世昌	省级
31	通州区十总镇常义森家庭农场	十总镇骑岸居	常义森	省级
32	通州区骑岸镇昌润家庭农场	十总镇沧南居	刘　俊	省级
33	通州区石港镇永春粮食家庭农场	石港镇金庄村	吴长福	省级
34	通州区石港镇马道家庭农场	石港镇马道村	徐益锋	省级
35	通州区平潮镇蓬勃粮食家庭农场	平潮镇金桥村	瞿美芹	省级
36	通州区东社镇橘子家庭农场	东社镇苴西村	张亚露、赵剑平	省级
37	通州区十总镇小华家庭农场	十总镇上雁村	施建峰	市级
38	通州区东社镇久爱家庭农场	东社镇五马路村	陈　娟	市级
39	通州区十总镇胜华家庭农场	十总镇双墩村	葛蒋华	市级
40	通州区四安镇姜春锋家庭农场	西亭镇龙坝村	姜春锋	市级
41	通州区十总镇雁祥家庭农场	十总镇上雁村	陆建华	市级
42	通州区石港镇金穗家庭农场	石港镇石西村	杨雪梅	市级
43	通州区兴仁镇盛源家庭农场	兴仁镇韩家坝村	顾建岗	市级
44	通州区十总镇新河家庭农场	十总镇柏树墩村	蒋　军	市级
45	通州区十总镇穗丰家庭农场	十总镇岸西村	于建峰	市级
46	通州区十总镇佳铭家庭农场	十总镇爱民村	陈周保	市级
47	通州区十总镇姜葛建家庭农场	十总镇上雁村	姜葛建	市级

续表8

序号	家庭农场名单	地址	家庭农场主	示范等级
48	通州区十总镇书笛家庭农场	十总镇五总居	葛空军	市级
49	通州区十总镇兴安家庭农场	十总镇五总居	张新安	市级
50	通州区石港镇睹史院家庭农场	石港镇睹史院村	颜志扬	市级
51	通州区石港镇井周粮食家庭农场	石港镇乐观村	顾井周	市级
52	通州区西亭镇海山家庭农场	西亭镇九总渡村	黄　艳	市级
53	通州区东社镇季方萍家庭农场	东社镇东平村	季方萍	市级
54	通州区石港镇振强家庭农场	石港镇新貌村	张振强	市级
55	通州区石港镇国强粮食家庭农场	石港镇睹史院村	金国强	市级
56	通州区石港镇金谷家庭农场	石港镇志田村	吴旭华	市级
57	通州区十总镇春优家庭农场	十总镇骑北村	葛春明	市级
58	通州区十总镇永祥家庭农场	十总镇育民村	昝新艳	市级
59	通州区十总镇福田家庭农场	十总镇二爻居	张汉军	市级
60	通州区刘桥镇禾硕家庭农场	刘桥镇英雄村	袁玉斌	市级
61	通州区金沙民有家庭农场	金沙街道金北村	卞有汉	市级
62	通州区平潮镇合情粮食家庭农场	平潮镇甸北村	陈子前	市级
63	通州区兴仁镇大利粮食家庭农场	兴仁镇韩家坝村	姜建中	市级
64	通州区石港镇志成家庭农场	石港镇江海村	徐志成	市级
65	通州区石港镇华飞粮食家庭农场	石港镇石东村	张益飞	市级
66	通州区西亭镇新根家庭农场	西亭镇亭东村	许新根	市级
67	时运粮食家庭农场	平潮镇金桥村	季从美	市级
68	通州区十总镇幸福家庭农场	十总镇渡海亭村	张亚峰	市级
69	通州区十总镇朱葛梁家庭农场	十总镇新雁村	朱葛梁	市级
70	通州区十总镇怀书家庭农场	十总镇于家坝村	张怀书	市级
71	通州区十总镇佐怀家庭农场	十总镇岸西村	陈佐怀	市级
72	通州区十总镇陈国华家庭农场	十总镇迎阳村	陈国华	市级

2022年通州区认定新型合作农场一览表

表9

序号	新型合作农场名称	序号	新型合作农场名称
1	金沙街道金北村新型合作农场	7	十总镇东场村新型合作农场
2	东社镇庆丰社区新型合作农场	8	十总镇季庄村新型合作农场
3	东社镇严北村新型合作农场	9	十总镇五总居新型合作农场
4	东社镇福利村新型合作农场	10	十总镇双墩村新型合作农场
5	二甲镇坨墩村新型合作农场	11	十总镇骑岸居新型合作农场
6	十总镇柏树墩村新型合作农场	12	十总镇上雁村新型合作农场

续表9

序号	新型合作农场名称	序号	新型合作农场名称
13	十总镇十总居新型合作农场	32	西亭镇八总桥村新型合作农场
14	十总镇爱民村新型合作农场	33	西亭镇西亭社区新型合作农场
15	十总镇二爻居新型合作农场	34	西亭镇华芦村新型合作农场
16	十总镇渡海亭村新型合作农场	35	西亭镇草庙村新型合作农场
17	十总镇新雁村新型合作农场	36	石港镇江海村新型合作农场
18	十总镇育民村新型合作农场	37	石港镇志田村新型合作农场
19	十总镇张沙村新型合作农场	38	石港镇花市街村新型合作农场
20	十总镇迎阳村新型合作农场	39	石港镇新貌村新型合作农场
21	十总镇沧南社区新型合作农场	40	石港镇四港村新型合作农场
22	十总镇于家坝村新型合作农场	41	石港镇北渡村新型合作农场
23	兴仁镇徐家桥村新型合作农场	42	石港镇睹史院村新型合作农场
24	兴仁镇太阳殿村新型合作农场	43	兴东街道陆扶桥村新型合作农场
25	兴仁镇横港居新型合作农场	44	兴东街道双楼村新型合作农场
26	兴仁镇阚家庵村新型合作农场	45	刘桥镇苏池村新型合作农场
27	兴仁镇长林桥村新型合作农场	46	刘桥镇蒋一村新型合作农场
28	兴仁镇丁涧店村新型合作农场	47	刘桥镇新联社区新型合作农场
29	兴仁镇葛长路村新型合作农场	48	刘桥镇长岸村新型合作农场
30	兴仁镇阚庵东村新型合作农场	49	刘桥镇尹家园村新型合作农场
31	西亭镇龙坝村新型合作农场	50	刘桥镇徐园村新型合作农场

农业安全

【概况】 2022年，通州区强化安全意识、责任意识，坚持安全发展，完善工作机制，坚持不懈抓好农业安全生产工作，确保涉农生产工作形式安全稳定，切实防止重特大事故发生。

【农业病虫害防治】 2022年，通州区以病虫害精准化系统预测预报为基础，对症适时适量施药为抓手，在保障粮食不减产前提下，实现农作物病虫害精准防控。全区推广使用高效、低毒、低残留农药及生物农药，大宗农作物绿色防控产品和技术覆盖率达83%。全面实行农药集中统一配送，提升高效、低毒、低风险农药使用比例。依托绿色防控示范区建设，构建以“种苗处理+生态调控+科学用药”为核心的绿色防控安全网，有机融合统防统治，有效降低农药使用量，提升农产品质量安全和农业绿色发展水平。

【养殖场安全生产专项行动】 2022年，通州区对各养殖场(点)存在的安全生产隐患进行地毯式大排查，加大农业安全生产宣传力度，提高各养殖主体安全生产意识，进一步落实安全生产预防机制，做到监管养殖场未发生安全生产事故。全年检查36场次，对存在问题及时指出，限期整改。

【农产品质量安全管理】 2022年，通州区推广应用江苏省农产品质量追溯平台，成效显著。录入省农产品质量追溯平台主体2373家，溯源产品达2146个，累计合格证出具131.26万张，打印标签主体覆盖率、巡查覆盖率、抽检覆盖率均达100%。

【平安农机建设】 2022年，通州区健全完善村级农机安全员奖补激励机制，依据实绩差异，给予不同补助，考核通过村居201个，差异性发放农机安全员工作补助70.7万元。评定“平安农机”示范合作社(家庭农场)3家、农机安全监理示范岗位标兵3名、“村(居)优秀农机安全员”10名、“平安农机”示范户29名。强化农机安全普法教育，组织集中办班、“送教下乡”、踏田宣讲计26期，受益2200人次。创新农机安全普法教育措施，开展“平安农机为民服务”直播活动，2100人在线观看活动直播。 (王　尧)

工　业

编辑　沙宁

综　述

【概况】 2022年，通州区实现规模工业产值1251.9亿元，增长6.9%；工业应税销售1512.8亿元，增长5.4%。纳税百强企业中，纳税额超亿元企业6家，其中，恒科新材料、江海电容器公司、富加宜电子公司3家企业超2亿元。6家企业获南通市委市政府纳税超亿元企业表彰。蝉联"中国工业百强区"，入围全国消费品工业"三品"战略示范城市。

【重大项目推进】 2022年，通州区大力实施"招商引资突破年"活动，优化重组招商队伍，百亿级高德电子、康辉新材料、50亿级康源电子等重大项目签约落户。新注册重大项目52个，总投资超450亿元。推行项目建设"定期观摩、专班推进"机制，新开工重大项目19个，四方冷链装备等17个省市重大项目加快推进，恒力三期竣工投产。5个项目入围省工业和信息产业转型升级扶持项目。

【项目审批改革】 2022年，通州区创新实施预先审、承诺制项目审批模式，"拿地即开工"试点破题，跑出项目建设"加速度"。1月26日，总投资约100亿元的高德新型电子元件项目签约落户南通高新区。区发改委牵头成立恒力南通产业园项目服务专班，列出工作任务14类69项，督查任务推进进度；9月，该公司四期项目开工建设。

【产业倍增三年行动计划】 2022年，通州区通过实施产业倍增、列规增收三年行动计划，规模以上工业增加值、规模以上工业产值分别增长8.5%、6.4%，"一主一新一智"三大主导产业产值占比达39%，提升3个百分点。新增规上工业企业110家，新认定高新技术企业157家。新增智能化改造、数字化转型项目295个、省星级上云企业35家，恒科新材料获评省智能制造示范工厂。新增市级智能车间4个，市首台套重大装备6个。通达矽钢获评国家制造业单项冠军，乐尔环境、华存电子获评国家专精特新"小巨人"。新增省专精特新企业38家。海星电子获省长质量奖提名奖。宏德股份登陆深交所创业板，资本市场通州板块再添新军。

【"服务企业大走访"活动】 2022年，通州区用好国家、省市政策工具箱，制定出台"48+7条"惠企政策，推动政策红利"应享尽享"，减税降费和退税缓税超50亿元。完善经济运行调度机制，深入开展"服务企业大走访"活动，落实"一带去、三带回"举措，破解产业链、供应链难题，规上企业在全市率先复工复产。加强政银企对接，引导金融机构加大信贷支持力度，制造业贷款增长35.2%，列全市第一。

【"万事好通·周周有到"品牌】 2022年，通州区重点围绕企业全生命周期、审批

4月6日，江苏恒科新材料有限公司获评省智能制造示范工厂。图为公司举行应急演练
（卑多敏 摄）

全链条加速、政务全流程服务、要素全方位保障等方面,积极培育和壮大市场主体,激发市场活力和社会创造力。在审批体制改革上创造“通州特色”。在全市首推市场主体歇业“一件事”改革、工程建设项目“多测合一”“无柜台”办税模式。推行“预先审+容缺办+承诺制”项目审批模式,实现“交地即发证”“拿地即开工”。在市场主体服务上体现“通州温暖”。出台《通州区优化完善经济高质量发展的若干政策意见的补充意见》,加快推动“免申即享”,发放各项扶持资金1.6亿元,减税降费48.5亿元。常态化组织“服务企业大走访活动”、举办“诉求对接超市”“企业家日”等活动,协调解决产业链、供应链难题超394件。开展包容审慎监管,对1067家轻微违法主体实施免罚轻罚,金额达3164万元。在法治监管保障上体现“通州优势”。扩容专利预审快速通道,提供知识产权“全链式”服务,获批首批国家知识产权强县建设示范县。在全省首创“失信预警+执行驿站”模式,修复失信企业398家,删除失信信息665条,获最高法肯定推广。

【高质量发展评价】 2022年,通州区树立“亩均论英雄”导向,区高质量发展大数据平台正式上线,涵盖用地、用能、企业、产业等专项分析,以及综合评价、大数据云图等功能,平台建设走在全市前列。对1619家工业企业开展综合评价,约占全区工业经济总量82%,为开展预警预测、决策分析提供有效支撑。深入推进低效用地盘活升级,完成土地提质增效127公顷。

【“免申即享”激励政策】 2022年,通州区出台“免享即享”激励政策,对《通州区优化完善经济高质量发展的若干政策意见》中新增规上类和认定、授牌类定额奖励,取消区级惠企政策奖励不超过地方财政贡献的限制。全年累计为47家企业兑现资金420万元。

【发展规划编制】 2022年,通州区细化区“十四五”发展规划《纲要》各项重点任务责任分工,印发《〈南通市通州区国民经济和社会发展第十四个五年规划和二〇三五年远景目标纲要〉实施和分工方案》。加快开展专项规划编制,稳步实施已出台规划;至12月末,区级“十四五”专项规划设计印发29项,其中,重点规划18项,一般规划11项。

汽车及零部件产业

【概况】 2022年,通州区汽车及零部件产业从单一的汽车压铸零部件向超大规模储能装备、汽车电子、整车设计和系统集成等领域延伸拓展,形成涵盖铝合金溶解、铝液配送、模具设计与制造、压铸后加工与热处理、精密数控加工、产品浸渗等较为齐全的产业链条;与新能源汽车产业互动融合发展,延伸产业内涵,形成以压铸件为主体的车体构建、控制系统、动力系统等多功能、宽系列的汽配产业体系。至年末,全区有汽车及零部件产业规模企业35家,实现应税销售125.28亿元,占全区应税销售总额10.7%。

※企业选介※

【雄邦压铸(南通)有限公司】 公司由广东文灿压铸股份有限公司投资成立,公司集模具设计、制造、铝合金压铸、精密加工于一体,主要压铸产品分布汽车发动机系统、电控系统、传动系统、底盘转向系统、制动系统等,广泛应用于宝马、奔驰、特斯拉等国际知名品牌汽车。2022年,实现应税销售13.53亿元,比上年增长22.4%。

【广东鸿图南通压铸有限公司】 公司是上市公司广东鸿图科技股份有限公司的全资子公司,主要产品为汽车类铝合金压铸件,如发动机缸盖罩、油底壳、链条盖、齿轮室、变速箱壳体、各类支架等零部件,主要供上汽通用、北美通用、吉利、北京奔驰、上汽变速、捷豹路虎、杭州依维柯、日产、丰田等客户。2022年,实现应税销售15.65亿元,比上年增长23.1%。

【富加宜电子(南通)有限公司】 公司主要研发、生产连接器、高速数据传输光缆和光模块产品,2016年1月正式加入世界500强、全球最大的连接器制造商之一美国安费诺集团。2022年,实现应税销售17.84亿元,比上年增长6.8%。

【安波福连接器系统(南通)有限公司】 公司专业从事汽车连接器及线束配件的设计、生产,汽车安全气囊用气体发生器的关键零件、部件制造,汽车连接器及线束配件生产设备、汽车安全气囊用气体发生器关键零件、部件生产设备的研发及制造,产品主要供给大众汽车和通用汽车等主流汽车制造商。2022年,实现应税销售18.69亿元,比上年增长35.3%。

2022年,雄邦压铸(南通)有限公司秉承“以人为本,技术先导”的理念,着眼市场需求,不断发展铝合金压铸技术新产品。图为生产车间一角 (卑多敏 摄)

2022年，南通深南电路有限公司加快推进多层印制电路板的生产制造及技术研发。图为公司全景　　（卓多敏 摄）

新一代信息技术产业

【概况】 2022年，通州区有新一代信息技术产业规模企业51家，实现应税销售159.91亿元，占全区应税销售总额13.7%。南通江海电容器股份有限公司、南通海星电子股份有限公司2家公司上市，在电容器和电极箔细分行业综合实力处于世界前五。

【南通江海电容器股份有限公司】 公司始建于1958年，是上市公司、国家高新技术企业、全国铝电解电容器行业领军企业、全球同行业前三强，主要从事铝电解电容器、薄膜电容器、超级电容器、固体高分子电容器及其材料、配件的生产、销售和服务，连续32年入选中国电子元件行业协会评选的中国电子元件行业百强企业。2022年，实现工业应税销售46亿元，比上年增长32%。

【南通海星电子股份有限公司】 公司是一家集铝电解电容器用高性能电极箔的研发、制造、贸易和服务于一体的专业化企业集团，2019年成功上市，产品已广泛应用于节能照明、通信电子、汽车工业、新能源等各领域，公司连续多年入选中国电子元件百强企业，综合实力居中国电极箔行业前列。2022年，实现应税销售14.41亿元，比上年增长20.3%。

【南通深南电路有限公司】 公司是深南电路股份有限公司的全资子公司，专注于电子互联领域PCB（印制电路板）行业。2022年，实现应税销售29.56亿元，比上年增长15.84%。

智能装备产业

【概况】 2022年，通州区智能装备产业有规模企业156家，实现规模工业应税销售176.01亿元，占全区应税销售总额的15.1%。

【高端智能装备制造实现突破】 8月8日，南通市工信局公布2022年度南通市首台（套）重大装备及关键部件认定名单，南通国轩新能源科技有限公司的DT2005智能移动充电桩、南通华新环保科技股份有限公司的GXS型高效反硝化深床滤池系统装备、南通虹波机械有限公司的CVX250RC矿山工程机械旋流器、南通钜盛数控机床有限公司的XCJ1600型数控铣齿机、四方科技集团股份有限公司的TG节能环保智能化农产品冷藏保鲜系统和南通山剑防腐科技有限公司的ST系列耐压石墨塔6个产品成功入围。

※企业选介※

【四方科技集团股份有限公司】 公司是国内综合优势领先的冷链装备制造企业和快速发展的特种集装箱制造企业，上市公司。主营产品为以食品速冻设备为主的冷冻设备和罐式集装箱，广泛应用于农副产品、食品冷冻的加工及化工、能源、食品饮料等大宗液态货物的物流领域，冷冻设备国内市场占有率达到60%以上，国际市场占有率达40%以上，规模列世界第一，罐式集装箱国际市场占有率超过20%，在国际上位列同行业前3位。2022年，实现应税销售14.12亿元，比上年增长35.8%。

【创斯达集团有限公司】公司主营保险柜、ATM自动柜员机、自动售票机等金融终端设备，主产品国际市场占有率超过25%，是国内最早走国际化发展之路的智能化终端设备企业之一、亚洲最大的银行设备制造集团企业。2022年，实现应税销售8.64亿元。

高端纺织产业

【概况】 2022年，通州家纺产业在区域品牌创建、自主创新研、“互联网+家纺”转型、专利授权、专利授权、企业品牌及知识产权保护、人才队伍建设、安全环保、行业标准制定等方面取得新成效。发挥金太阳、蓝丝羽、梦之语、乔德等7个中国驰名商标引领作用，形成以中国驰名商标为引领的名牌名标群体，推动家纺从单纯的“数量经济”迈入“品牌经济”新阶段。到年末，全区有高端纺织产业规模企业325家，实现规模工业应税销售310.39亿元，占全区规模工业应税销售总额26.6%。

※企业选介※

【江苏恒科新材料有限公司】 公司是世界500强企业恒力集团在南通设立的子公司，是通州区纺织新材料的龙头企业。

2022年,应税销售91.38亿元。

【江苏金太阳纺织科技有限公司】 公司是一家以家纺面料的设计研发、销售、服务为一体的集团化家纺配套企业,国内家纺面料业内最早坚持走品牌化发展之路的家纺面料企业之一,经中国家用纺织品行业协会测定,公司在细分行业中国内同类型企业中销售收入及市场占有率均位列全国第一。2022年,实现应税销售6.74亿元;生产的"艾阳绒·磨毛床品套件"上榜中国纺织工业联合会"2022年度十大类纺织创新产品"。(张雨林)

民营经济

【概况】 2022年,通州区新增个体工商户14216户、私营企业户数4351户,新增私营企业注册资本140.55亿元,个体工商户、私营企业户数分别增至12.36万户、3.34万户,私营企业注册资本增至1875.2亿元。全区规模以上民营工业增加值增长-2%。固定资产民间投资同比增长-17.6%,引进投资额超千万元以上市外民资项目67个,注册资本20.04亿元,其中亿元以上项目13个。(徐 珂)

2022年通州区经济发展贡献百强企业(集团)名录

表10　　单位:万元

序号	企业(集团)名称	所在镇区	税费总额	奖项
1	通州建总集团有限公司	高新区	52915	特别贡献奖
2	南通四建集团有限公司	高新区	31033	特等奖
3	南通江海电容器股份有限公司	平潮镇	22191	
4	江苏恒科新材料有限公司	五接镇	21945	
5	富加宜电子(南通)有限公司	高新区	20956	
6	安波福连接器系统(南通)有限公司	高新区	14528	
7	南通四建工程劳务有限公司	高新区	12559	
8	广东鸿图南通压铸有限公司	高新区	11265	
9	南通新华建筑集团有限公司	金沙街道	11237	
10	四方科技集团股份有限公司	兴仁镇	10939	
11	南通海星电子股份有限公司	平潮镇	8734	一等奖
12	江苏韩通船舶重工有限公司	五接镇	8484	
13	创斯达科技集团(中国)有限责任公司	高新区	8434	
14	江苏甬金金属科技有限公司	高新区	7680	
15	南通通博设备安装集团有限公司	金沙街道	7505	
16	江苏通州四建集团有限公司	石港镇	7409	
17	江苏亚伦集团股份有限公司	川姜镇	4938	二等奖
18	雄邦压铸(南通)有限公司	高新区	4928	
19	达海控股集团有限公司	高新区	4582	
20	南通长城建设集团有限公司	金沙街道	4568	
21	南通深南电路有限公司	高新区	4156	
22	南通华新环保科技股份有限公司	东社镇	4106	
23	江苏综艺集团	兴东街道	4088	
24	百威(南通)啤酒有限公司	高新区	3896	
25	南通江华机械有限公司	金沙街道	3392	
26	江苏金太阳纺织科技股份有限公司	川姜镇	3253	

续表 10

序号	企业（集团）名称	所在镇区	税费总额	奖项
27	江苏东源电器集团股份有限公司	十总镇	3039	二等奖
28	顺丰速运集团有限公司	兴东街道	3001	
29	南通全技纺织涂层有限公司	先锋街道	2746	
30	宜家精密部件（中国）有限公司	高新区	2737	
31	南通通达矽钢冲压科技有限公司	兴仁镇	2651	
32	南通市江海公路工程有限公司	高新区	2550	
33	新世嘉纺织品（南通）有限公司	川姜镇	2333	
34	南通奇润建筑工程有限公司	金沙街道	2314	
35	南通大富豪纺织科技有限公司	高新区	2299	
36	宜家环保木业制造（南通）有限公司	高新区	2181	
37	南通鸿劲金属铝业有限公司	高新区	2161	
38	江苏通州二建建设工程集团有限公司	金沙街道	2129	
39	玮拓（江苏）复合材料科技有限公司	石港镇	2064	
40	南通山口精工机电有限公司	平潮镇	2006	
41	南通艺普机械制造有限公司	石港镇	1980	
42	南通承悦装饰集团有限公司	高新区	1918	
43	南通艺源家用纺织品有限公司	川姜镇	1877	
44	南通市红星空压机配件制造有限公司	刘桥镇	1830	
45	新建特阔漂整（南通）有限公司	先锋街道	1756	
46	江苏宏德特种部件股份有限公司	兴仁镇	1741	
47	南通百纳数码新材料有限公司	高新区	1560	
48	江苏格雷特起重机械有限公司	平潮镇	1558	
49	南通达成包装制品有限公司	西亭镇	1510	
50	江苏蓝丝羽家用纺织品有限公司	川姜镇	1503	
51	南通虹波机械有限公司	兴仁镇	1485	三等奖
52	南通沪望塑料科技发展有限公司	刘桥镇	1430	
53	南通市通州区威胜混凝土有限公司	川姜镇	1339	
54	江苏钰海建材贸易有限公司	高新区	1328	
55	江苏大海塑料股份有限公司	川姜镇	1298	
56	乐尔环境科技（江苏）有限公司	东社镇	1276	
57	江苏凯瑞家纺科技有限公司	川姜镇	1273	
58	南通通明集团有限公司通州分公司	高新区	1267	
59	南通众福新材料科技有限公司	高新区	1266	
60	南通华伟运动服饰有限公司	高新区	1253	
61	南通恒祥纺织服装有限公司	二甲镇	1206	
62	好一家（南通）纺织品有限公司	川姜镇	1173	

续表10

序号	企业(集团)名称	所在镇区	税费总额	奖项
63	上海统嘉汽车零部件加工有限公司南通分公司	高新区	1143	三等奖
64	江苏生益特种材料有限公司	高新区	1135	
65	江苏帝奥服装集团股份有限公司	高新区	1131	
66	南通牧野织物有限公司	高新区	1126	
67	南通国盛精密机械有限公司	高新区	1094	
68	南通宏亚建设工程有限公司	高新区	1082	
69	南通纳科达聚氨酯科技有限公司	高新区	1065	
70	上海空调国际南通有限公司	高新区	1061	
71	南通通州海通船舶修造有限公司	平潮镇	1050	
72	南通加泰混凝土有限公司	兴仁镇	1035	
73	江苏富浩电子科技有限公司	川姜镇	1033	
74	江苏宝缦家纺科技有限公司	川姜镇	998	
75	南通格莱德纺织用品有限公司	石港镇	990	
76	南通通州万达广场有限公司	高新区	969	
77	江苏双正建设工程有限公司	高新区	955	
78	南通三江置业集团有限公司	高新区	934	
79	南通莱鑫运动用品有限公司	兴仁镇	924	
80	南通正华糖酒有限公司	金沙街道	923	
81	桑夏太阳能股份有限公司	西亭镇	902	
82	南通开泰家纺有限公司	高新区	901	
83	南通市通州区先锋花园色织有限责任公司	先锋街道	892	
84	南通通州润泰商业有限公司	金沙街道	885	
85	南通扬子设备安装有限公司	平潮镇	883	
86	新东海(南通)纺织有限公司	高新区	870	
87	南通兆众服饰有限公司	西亭镇	867	
88	南通欣颐家纺有限公司	兴东街道	857	
89	南通图海机械有限公司	五接镇	855	
90	江苏永达电力电信安装工程有限公司	平潮镇	854	
91	江苏唐盛纺织科技有限公司	川姜镇	850	
92	南通旺而盛纺织有限公司	西亭镇	846	
93	希卡姆电力设备(南通)有限公司	高新区	846	
94	南通百友制衣有限公司	兴东街道	839	
95	南通长江设备安装工程公司	平潮镇	829	
96	南通昆仑空调有限公司	先锋街道	827	
97	南通德基混凝土有限公司	五接镇	781	
98	南通市大参林医药有限公司	高新区	773	
99	南通海华建材有限公司	二甲镇	755	
100	南通赛林家纺有限公司	高新区	734	

注:税费总额指剔除消费税、土增、契税,加附加。

2022年通州区工业企业销售百强一览表

表11

序号	企业名称	镇区园街道	累计（万元）	同期累计（万元）	同期排名	累计增长（%）
1	江苏恒科新材料有限公司	五接镇	1328414	1023771	1	29.8
2	江苏甬金金属科技有限公司	高新区	820465	829606	2	−1.1
3	南通江海电容器股份有限公司	平潮镇	458020	347092	4	32.0
4	南通象屿海洋装备有限责任公司	五接镇	357385	216115	7	65.4
5	南通深南电路有限公司	高新区	295587	255173	6	15.8
6	江苏韩通船舶重工有限公司	五接镇	293720	285459	5	2.9
7	南通鸿劲金属铝业有限公司	高新区	223554	201985	9	10.7
8	四方科技集团股份有限公司	兴仁镇	212688	176425	12	20.6
9	南通海星电子股份有限公司	平潮镇	209967	180596	10	16.3
10	安波福连接器系统（南通）有限公司	高新区	186939	138126	14	35.3
11	宜家精密部件（中国）有限公司	高新区	184984	177398	11	4.3
12	富加宜电子（南通）有限公司	高新区	178439	167007	13	6.8
13	江苏通达动力科技股份有限公司	兴仁镇	173999	212961	8	−18.3
14	南通国轩新能源科技有限公司	高新区	170247	62919	32	170.6
15	广东鸿图南通压铸有限公司	高新区	167285	135998	15	23.0
16	沃太能源南通有限公司	高新区	164220	64346	31	155.2
17	南通众福新材料科技有限公司	高新区	141922	134485	16	5.5
18	雄邦压铸（南通）有限公司	高新区	135282	110497	18	22.4
19	江苏华电通州热电有限公司	高新区	112405	103079	20	9.0
20	上海展华电子（南通）有限公司	高新区	110012	110117	19	−0.1
21	南通百纳数码新材料有限公司	高新区	101352	93286	24	8.6
22	江苏宏德特种部件股份有限公司	兴仁镇	96688	95658	23	1.1
23	创斯达科技集团（中国）有限责任公司	高新区	86437	85994	26	0.5
24	江苏东源电器集团股份有限公司	十总镇	81638	61271	33	33.2
25	江苏大海塑料股份有限公司	川姜镇	75485	111165	17	−32.1
26	江苏中新资源集团有限公司	先锋街道	73943	85505	27	−13.5
27	新建特阔漂整（南通）有限公司	先锋街道	70848	84217	28	−15.9
28	南通海华建材有限公司	二甲镇	68424	92262	25	−25.8
29	江苏金太阳纺织科技股份有限公司	川姜镇	67373	97576	21	−31.0
30	江苏生益特种材料有限公司	高新区	66082	65837	30	0.4
31	江苏宝达纺织有限公司	兴仁镇	65592	457200	3	−85.7
32	上海空调国际南通有限公司	高新区	60186	49061	35	22.7
33	江苏亚伦集团股份有限公司	川姜镇	58016	97429	22	−40.5
34	南通晶与电子科技有限公司	高新区	52079	34302	49	51.8
35	南通通州江华纺织有限公司	石港镇	51197	42392	38	20.8

续表11

序号	企业名称	镇区园街道	累计(万元)	同期累计(万元)	同期排名	累计增长(%)
36	南通纳科达聚氨酯科技有限公司	高新区	50975	30955	51	64.7
37	南通华新环保科技股份有限公司	东社镇	48658	68983	29	−29.5
38	广州安费诺电子有限公司通州分公司	高新区	47344	8302	98	470.3
39	南通宇天金属科技有限公司	十总镇	45086	34824	47	29.5
40	百威(南通)啤酒有限公司	高新区	44578	40061	40	11.3
41	玮拓(江苏)复合材料科技有限公司	石港镇	42630	20638	78	106.6
42	宜家环保木业制造(南通)有限公司	高新区	41618	42156	39	−1.3
43	江苏爱箔乐铝箔制品有限公司	高新区	37851	24112	64	57.0
44	江苏格雷特重工科技发展有限公司	五接镇	36669	39888	41	−8.1
45	南通达成包装制品有限公司	西亭镇	35944	43065	37	−16.5
46	南通艺源家用纺织品有限公司	川姜镇	34193	46867	36	−27.0
47	乐尔环境科技(江苏)有限公司	东社镇	33122	30741	52	7.7
48	南通加泰混凝土有限公司	兴仁镇	32495	39318	42	−17.4
49	南通瑞隆农产品开发有限公司	东社镇	32067	35478	45	−9.6
50	南通金飞达服装有限公司	高新区	30990	28811	54	7.6
51	南通新三能电子有限公司	兴仁镇	30712	28245	55	8.7
52	江苏大族智能焊接装备集团有限公司	高新区	30359	2481	100	1123.7
53	新世嘉纺织品(南通)有限公司	川姜镇	30041	20466	79	46.8
54	雅科贝思精密机电(南通)有限公司	高新区	29616	22752	72	30.2
55	南通弘亿能源有限公司	金沙街道	28833	18409	84	56.6
56	广东鸿泰南通精机科技有限公司	高新区	28794	33020	50	−12.8
57	丽智电子(南通)有限公司	高新区	28189	61049	34	−53.8
58	江苏炫航纺织科技有限公司	五接镇	27678	26380	58	4.9
59	南通市通州区威胜混凝土有限公司	川姜镇	27664	37248	43	−25.7
60	南通市汇歆远海洋工程有限公司	五接镇	26751	14277	93	87.4
61	南通海森特重工有限公司	平潮镇	26463	25137	60	5.3
62	南通华伟运动服饰有限公司	高新区	26101	35019	46	−25.5
63	江苏大达麻纺织科技有限公司	刘桥镇	26031	30007	53	−13.3
64	上海嘉朗实业南通智能科技有限公司	高新区	25798	19335	82	33.4
65	南通新华钢结构工程有限公司	高新区	24456	21039	77	16.2
66	南通华能新材料有限公司	先锋街道	24437	36070	44	−32.3
67	江苏宝地管业有限公司	高新区	23246	17169	89	35.4
68	南通第十二棉纺织有限公司	石港镇	22996	25923	59	−11.3
69	南通好利达时装有限公司	兴东街道	22907	22864	71	0.2

续表11

序号	企业名称	镇区园街道	累计（万元）	同期累计（万元）	同期排名	累计增长（%）
70	南通山口精工机电有限公司	平潮镇	22406	23413	69	-4.3
71	南通艾嘉包装制品有限公司	川姜镇	21981	26875	57	-18.2
72	南通市通州区自来水有限公司	高新区	21833	22002	76	-0.8
73	南通国盛精密机械有限公司	高新区	21654	23493	68	-7.8
74	南通全技纺织涂层有限公司	先锋街道	21557	24003	65	-10.2
75	南通旺而盛纺织有限公司	西亭镇	20570	24173	63	-14.9
76	江苏鑫冶金属板业有限公司	五接镇	20420	34658	48	-41.1
77	南通市红星空压机配件制造有限公司	刘桥镇	20221	23313	70	-13.3
78	南通大富豪纺织科技有限公司	高新区	19762	22690	73	-12.9
79	南通江华机械有限公司	金沙街道	19655	24358	62	-19.3
80	江苏通顺动力科技有限公司	高新区	19527	18165	85	7.5
81	南通阿斯通电器制造有限公司	十总镇	18979	12375	94	53.4
82	旭东汽车零部件制造（南通）有限公司	高新区	18894	16234	90	16.4
83	南通开泰家纺有限公司	高新区	18784	23781	66	-21.0
84	南通鑫艺百纺织科技有限公司	川姜镇	18738	26955	56	-30.5
85	南通三越中药饮片有限公司	兴东街道	18645	17640	87	5.7
86	南通威名混凝土有限公司	兴仁镇	18351	22231	74	-17.5
87	南通莱益纺织品有限公司	高新区	18184	24492	61	-25.8
88	江苏省银河面粉有限公司	二甲镇	18159	15446	91	17.6
89	南通布劳克精密仪器有限公司	高新区	17968	19972	81	-10.0
90	江苏蓝丝羽家用纺织品有限公司	川姜镇	17673	22153	75	-20.2
91	南通驰恒纺织品有限公司	先锋街道	17631	14619	92	20.6
92	南通维欧纺织科技有限公司	东社镇	17602	19082	83	-7.8
93	南通图海机械有限公司	五接镇	17563	12370	95	42.0
94	南通杰玛电机有限公司	刘桥镇	17305	12157	96	
95	吉奥璐纺织品（南通）有限公司	西亭镇	17267	23585	67	-26.8
96	南通市鼎杰金属建材有限公司	二甲镇	17142	2973	99	476.6
97	南通牧野织物有限公司	高新区	17021	20247	80	-15.9
98	南通华勤纺织装饰有限公司	高新区	16872	12032	97	40.2
99	江苏凯瑞家纺科技有限公司	川姜镇	16824	17451	88	-3.6
100	南通现代建筑产业发展有限公司	石港镇	15959	18158	86	-12.1
	合　计		8691313	8138495		6.79

注：（1）表中所列企业为集团的总和，含子公司；

（2）前100强企业销售占区全部工业销售的比重为60.84%。

建 筑 业

编 辑 顾新国

综 述

【概况】 2022年,通州区建筑业实现施工总产值2298.53亿元,比上年增长6.3%,规模总量继续保持全省前列;实现入库税收22.29亿元,比上年增长9.6%,占全区入库总税收的19.38%。南通四建集团有限公司、通州建总集团有限公司分别以783亿元和501亿元的营业收入跻身2022年度"中国民营企业500强",分列第117位和第204位。8家企业入围省建筑业百强企业榜,占全市入围企业总数的一半,其中南通四建集团有限公司跻身综合实力榜第2位,建筑强区地位持续稳固。

【资质建筑企业】 2022年,通州区新增资质建筑企业40家,其中,一级资质企业3家,二级资质企业29家。资质建筑企业总数增至618家,其中,特级企业6家,一级企业50家,二级企业206家,三级企业174家;模板脚手架劳务企业182家,混凝土资质企业30家。

※建筑企业选介※

【南通通博设备安装集团有限公司】 公司成立于1990年3月,为地方国营南通县设备安装公司,2003年改制为南通通博设备安装工程有限公司,2021年组建成立南通通博设备安装集团有限公司。公司注册资金12158万元,为国家机电工程施工总承包一级企业,拥有石油化工、房屋建筑、市政公用总承包资质,建筑机电、消防设施、钢结构、电子与智能化、环保工程、装修、防水防腐等专业承包资质、建筑劳务施工资质,特种设备安装(GC1、GB1、GB2)、高压电气(承装承修类四级,承试类五级)、对外承包工程资格证等施工资质,是江苏机电安装队伍中的一支劲旅。从2019年起,连续入围江苏省建筑业百强企业、江苏省安装行业百强企业。公司实行董事会领导下的总经理负责制,获有北京华夏认证中心颁发的质量(ISO 9001 和GB/T 50430)、环境(ISO 14001)、职业健康安全(ISO 45001)三个管理体系认证证书,拥有健全的技术、质量、安全生产管理网络和完善的经营管理制度。下设20个分区域分公司及直属分公司,工程项目分布于全国各地、西亚及非洲。2022年,公司职工超3000人,其中各类专业技术人员300多人,高中级职称110多人,一、二级建造师100多人,完成施工产值超30亿元。

【南通承悦装饰集团有限公司】 原名为南通四建装饰工程有限公司。注册资本10588万元,具有装修工程设计专项甲级、幕墙工程设计专项甲级、装修工程专业承包一级、幕墙工程专业承包一级、消防工程专业承包一级、建筑机电安装工程专业承包一级、展览工程一级、展览工程设计壹级等多项资质。2020年跻身全国建筑装饰百强企业前35强、江苏省建筑装饰行业前3强,是江苏省装饰装修行业协会副会长单位、中国建筑装饰行业常务理事单位,"中国建筑装饰之乡"南通的领军型企业之一。公司坚持以设计为引领,实施"工厂化生产、现场装配化施工"发展战略,被认定为"全国绿色建材产业基地""江苏省建筑产业现代化示范基地"。先后荣获鲁班奖7项、国家优质工程奖50余项,省级优质工程奖90余项。2022年,完成施工总产值58.78亿元。

【南通金通市政工程有限公司】 公司前身为通州市交通工程公司,始建于1971年,属于企业化管理的全民事业单位,专业从事市政工程、桥梁工程、港口工程、内河航道建设项目全部配套工程的施工建设,2004年9月改制。企业现注册资本20000万元,具有市政公用工程总承包一级资质、城市及道路照明工程专业三级资质、市政养护维修工程专业承包三级资质。业务涉及市政公用工程、公路工程、桥梁工程、公路养护工程、市政养护维修工程、城市及道路照明工程、钢结构工程、内河航道建设项目全部配套工程、中型港口水工工程、道路标志标线工程施工、道路绿化、工程施工租赁、工程技术咨询,市场远涉安徽、河南等省份,先后承建2项PPP项目和1项EPC总承包等一系列市政工程项目,荣获省优质工程奖1项、市优质工程奖1项。2022年,完成施工总产值11.84亿元。

行业发展

【市场拓展】 2022年,通州区建筑企业发扬铁军精神,积极应对经济新常态下的各种困难和挑战，坚持稳内拓外，多点发力，实现市场拓展新提升。继续巩固以省外市场为主导的市场格局，建筑业总产值达百亿级市场达5个，50亿元市场达6个，超10亿元市场达35个。开启国际市场做大做强新模式新业态，建筑业海外新签合同额1.41亿美元，建筑外经实现营业额1.82亿美元，均保持20%以上的高速增长，其中通州四建在越南深耕多年，凭借优秀的工程质量和施工管理，赢得越方的肯定和欢迎，在越项目同比增长270%，完成销售额同比增长495%，成为全区外经发展的强劲增长极。角逐区内市场，通州建总、利达市政等本地建筑企业积极参与江海大道、平潮西站等重点项目建设，通州建筑市场全年完成总产值达230.12亿元，继续保持省内第一大市场地位。

4月5日，南通四建驰援方舱医院建设。图为南通四建集团党员突击队宣誓
（南通四建 供图）

2022年通州区重点建筑企业完成指标一览表

表12

序号	单位名称	建筑业总产值（万元）	房屋建筑施工面积（平方米）	计算劳动生产率平均人数（人）	资产总计（万元）	所有者权益合计（万元）	主营业务收入（万元）	主营业务税金及附加（万元）	管理费用（万元）	利润总额（万元）	10层以上建筑（幢）
1	南通四建集团有限公司	6202106.9	54666547	112083	923847.5	405496	5350153.7	32251.4	98493.3	126465.7	1628
2	通州建总集团有限公司	3701075.6	49013891	74421	567036.9	306433.8	3284894.3	14453.5	23928.8	140768.7	1380
3	南通新华建筑集团有限公司	1810943.3	17201745	37252	671955.5	434179.5	1810943.3	5732	4002	64067	346
4	江苏通州四建集团有限公司	1600312.6	9791392	33647	296904	259419.1	1450281.3	3956.4	24657.3	81397.9	694
5	南通长城建设集团有限公司	1559210.4	40470963	65023	369834.8	159268.9	1950000	8955.4	5655	406587.8	—
6	江苏通州二建建设工程集团有限公司	1710095.5	23059740	43837	202929.2	130962.1	1449736.4	5798.9	11883.9	40310.7	—
7	南通通博设备安装集团有限公司	318182.8	—	3750	110878.5	19576.2	227435.7	1074.1	1539	3917.9	—
8	南通市江海公路工程有限公司	127032.3	—	202	157941	67341.3	122037.6	174.2	1882.4	11931.2	—
9	华东建设安装有限公司	622250	—	15467	276520	172263	622250	24890	13609.9	48921.1	—
10	南通永安建设工程有限公司	5810	480233	91	37543.2	32842.4	12187.6	73.5	168.2	2972.6	—
11	南通扬子设备安装有限公司	406208.3	—	5522	49481.7	44743.2	289636.9	1648.1	12645.9	8327.4	—
12	南通金通市政工程有限公司	118441.5	—	303	94383.9	58275.2	114059.1	223.9	596.6	10717.3	—
13	南通永峰建筑安装工程有限公司	105364.6	931517	1925	—	—	—	—	—	—	51
14	江苏通州一建建设集团有限公司	120175.4	2468051	6179	41954.5	30066.3	110252.6	2539.2	6382.4	1942.2	—
15	南通通博建设工程有限公司	58847.6	—	3580	42547.1	7099.1	33988	107	385.2	654.3	—
16	南通宏亚建设工程有限公司	78165.3	973161	2744	61946.1	52743	64358.7	255.2	1901.3	3877.2	64
17	南通明恒建设工程有限公司	44018	309791	1257	26125	23087.9	44018	158.5	1910.3	177.9	—
18	南通承悦装饰集团有限公司	587752.8	—	9921	243389.9	120383.1	587752.8	2410.6	21500	46529.2	—
19	江苏达海智能系统股份有限公司	12939.1	—	137	67719.8	25089	13440.3	28.6	1272.4	1513.7	—
20	江苏通州基础工程有限公司	50077.6	—	703	20759.6	14279	45276.6	206.3	905.2	2120.8	—
21	江苏瀚天智能科技股份有限公司	22763	—	135	20240	9843.6	10248.7	21.3	800	−176.8	—
22	江苏煌博设备安装工程有限公司	11600	—	261	4074.7	3189.7	11600.1	39.1	428.4	139.9	—

续表12

序号	单位名称	建筑业总产值（万元）	房屋建筑施工面积（平方米）	计算劳动生产率平均人数（人）	资产总计（万元）	所有者权益合计（万元）	主营业务收入（万元）	主营业务税金及附加（万元）	管理费用（万元）	利润总额（万元）	10层以上建筑（幢）
23	南通华新环保科技股份有限公司	43283.2	—	384	149481	62408.8	49035.4	270.3	5200.7	4329.9	—
24	南通庞源机械工程有限公司	20591.8	—	629	99095.8	23286.5	22675.2	47.6	1282.8	3582.5	—
25	南通通西建筑装饰集团有限公司	78950	—	160	4344.5	4344.5	7895	24.3	163.3	207.4	—
26	南通新华钢结构工程有限公司	57050	—	367	—	—	—	—	—	—	—
27	南通华宇建筑装饰有限公司	19281.2	—	494	21629.2	12082.3	16900	49.3	439.8	1112.3	—
28	江苏船谷重工有限公司	1219.8	—	31	28279.6	9064	5953.1	35.2	218.8	1526.1	—
29	南通长城建筑装饰工程有限公司	21600.1	—	689	20260.2	20260.2	16273.3	56.6	650.7	-182.2	—
30	南通蓝天彩钢结构工程有限公司	21014	—	417	13134	13134	21014	71.9	462	1426.4	—
31	南通吉安市政工程有限公司	12484.2	—	419	4368.3	4050.8	3187.5	9.3	308	31.8	—
32	南通新华幕墙装饰有限公司	5206	—	84	10265.7	4922.4	4628	30.7	639.1	48.5	—
33	南通新华装饰工程有限公司	8824.4	—	218	4957.1	2898.6	8824.4	169.4	246.5	229	—
34	南通巨起机械设备有限公司	1529.4	—	109	5602.4	1060	1529.4	23	6.5	4.7	—
35	江苏大通钢业有限责任公司	1632.8	—	46	4232.2	2968.7	1025.7	5.5	83.9	11.7	—
36	通州建总起重设备安装有限公司	1014.5	—	11	4901.2	1776.5	862.8	—	508.1	205.7	—
37	南通四建工程劳务有限公司	165596	—	5711	7686.4	3406.5	114924.8	—	28.2	—	—
38	南通新世建工程劳务有限公司	143174.7	—	4247	6156.9	774.5	94657	759.3	3.6	—	—
39	南通市丰润建安工程劳务有限公司	70478.9	—	6062	9031.6	6787.8	66269.4	343.5	567.4	1090.9	—
40	南通世浩市政建筑工程有限公司	63381.4	—	200	27351.4	25401.4	63381.4	304.2	1350	2146.6	—
41	江苏达海国际建设工程有限公司	50152.9	1047143	1027	67543.5	41395.1	67454.4	1086	4047.2	1666.2	122

【转型升级】 2022年，通州区完成非住宅类施工产值910.67亿元，占总产值比重达39.6%，比上年提高0.2个百分点。建筑业务领域加速向轨道交通、市政桥梁、机电安装等多元板块拓展。南通四建、通州建总等大型建筑企业与央企、国企在城市轨道交通、高架桥、水利建设等领域采用联合体方式施工，助力通州建筑企业抢占基础设施领域市场份额。推进大中型建筑业企业与上下游企业加强产业协同，加快构建现代化建筑产业体系；鼓励房屋建筑、市政基础设施领域的骨干企业加速建筑工业化转型；支持具有产业优势的钢结构、装饰企业走“专精特新”道路；引导企业通过并购重组、专业转型等方式，转向基础设施、绿色环保等国家重点投资领域。

【名优工程】 2022年度，通州区建筑企业获“国家优质工程奖”1项、詹天佑住宅小区金奖1项、国家级专业奖项9项、省级奖项29项。

2022年通州区建筑企业部分获奖项目一览表

表13

奖项名称	工程名称	承建（参建）单位
国家优质工程奖	海安县人民医院门急诊病房综合楼项目病房综合楼	南通承悦装饰集团有限公司
中国土木工程詹天佑优秀住宅小区金奖	XDG-2006-77号地块三期住宅及公建配套用房项目	南通四建集团有限公司
中国安装之星	连云港市徐圩新区地下综合管廊一期工程强弱电项目	南通四建集团有限公司
	曼氏（中国）香精香料有限公司新建厂房项目机电安装工程	南通四建集团有限公司
	嘉兴凯宜医院（一期）项目安装工程	南通扬子设备安装有限公司
中国建筑工程装饰奖	江海大厦项目施工工程	南通承悦装饰集团有限公司
	AC19013地块建设项目（幕墙工程）	南通承悦装饰集团有限公司
	上海电气南通中央研究院项目装饰设计、采购、施工总承包项目	南通承悦装饰集团有限公司
	圆宏大厦幕墙工程	南通承悦装饰集团有限公司
	浦银理财子公司装修工程	南通承悦装饰集团有限公司
	江苏省产业技术研究院固定场所建设项目1#楼外装饰幕墙工程	南通新华幕墙装饰有限公司

※ 获奖工程选介 ※

【海安县人民医院门急诊病房综合楼项目】 项目位于海安县中坝中路17号，南通承悦装饰集团有限公司参建。总建筑面积8.11万平方米，是集体检、理疗、血透、ICU（重症监护病房）、住院、办公于一体的综合型、智能型医院大楼。工程总投资4.21亿元，2018年3月1日开工，2019年8月26日竣工，2019年12月30日备案并交付使用。工程推广应用建筑业10项新技术中9大项25子项。项目荣获江苏省“扬子杯”优质工程奖、中国建设工程装饰奖（建筑幕墙类）以及2022年度国家优质工程奖。

【XDG-2006-77号地块三期住宅及公建配套用房项目】 项目位于无锡市滨湖区梁溪路与湖滨路交叉口西南侧，南通四建集团有限公司施工。总建筑面积为12.37万平方米，由2栋30层住宅、1栋39层住宅、1栋28层以及地下车库组成；结构形式为剪力墙结构，地下二层，基础采用混凝土灌注桩，内墙采用加气混凝土砌块、外墙采用混凝土小型空心砌块。工程于2010 年10月30日开工，2012年9月20日竣工，2013年4月10日备案并交付使用。工程推广应用建筑业10项新技术中9个大项25个子项。项目获评2022中国土木工程詹天佑优秀住宅小区金奖。

【嘉兴凯宜医院（一期）项目安装工程】 项目位于浙江省嘉兴市国际商务区五环洞路以南、双溪路以东，南通扬子设备安装有限公司承建。总建筑面积为11.18万平方米，由建筑高度58米的11层门急诊医技病房大楼、2层停车楼和2层地下室组成，其中地上7.35万平方米，地下3.83万平方米。工程总投资1.28亿元，2019年5月24日开工，2021年2月2日竣工，2021年3月30日备案并交付使用。工程应用建筑业10项新技术（2017版）第6个大项6个子项，江苏省建筑业十项新技术（2018版）第10个大项第3个子项。先后荣获南通市建筑业第一届“江海杯”BIM技术应用大赛优秀奖、南通市建筑业第二届“江海杯”BIM技术应用大赛二等奖、首届鲁班大师杯BIM建模算量大赛特等奖，中国安装工程优质奖“中国安装之星”。

建 筑 管 理

【概况】 2022年，通州区持续加大对建筑业扶持力度，对建筑企业“创优夺杯”、科技创新、市场开拓等方面取得显著成绩的区内建筑业企业实施奖励，支持保障建筑产业发展。助推建筑产业工人队伍改革，坚持试点示范，持续激发产业工人改革活力，以6家特级资质企业为主体，向一级资质企业延伸，产业工人改革工作连续三年位居全省前列。南通四建集团有限公司、通州建总集团有限公司、南通新华建筑集团有限公司被列为“产改示范企业”。

南通承悦装饰集团有限公司参建的海安县人民医院门急诊病房综合楼项目荣获2022年国家优质工程奖 （南通承悦装饰集团有限公司 提供）

【政策扶持】 2022年，通州区积极应对新冠肺炎疫情影响，印发《关于印发应对新冠疫情保障建筑业稳定发展有关措施的通知》，助力建筑业企业纾困减负，200余个建筑工地享受疫情影响期间退还保证金、延长工期等多项保障措施。落实落细各项奖励扶持政策，全年兑现建筑企业补助资金1.1亿元，建筑业高质量发展奖励894万元，办理建筑企业留抵退税1.91亿元。

【工程质量监督管理】 2022年，通州区有在监工程144项，总建筑面积约727万平方米。新报监工程89项（其中提前介入项目8个），总建筑面积约356.24万平方米（提前介入项目面积129万平方米），其中，厂房项目55项，建筑面积130.93万平方米；商品房项目1项，建筑面积8.89 万平方米；公共建筑14项（提前介入1项），建筑面积14.64万平方米；保障性住房19项（提前介入7项），建筑面积215.13万平方米；装饰装修项目1项，建筑面积0.65万平方米。全年开展质量监督抽查338次，监督抽测56次，签发抽检通知书11份、整改通知书66份、停工通知书2份，移送行政处罚19项，记不良行为记录28份；监督竣工验收74个项目，面积256.75万平方米；原材料登记备案21家，完成安全文明措施费核定792份，受理并协调处理工程质量投诉约750件。

【安全监管】 2022年，通州区有房建、市政在建工程195个，建筑面积927.51万平方米，工程造价237.14亿元，其中上年结转项目133个，新开工项目62个；竣工（移交）项目85个。深入实施安全生产专项整治“三年行动”，组织开展“春节后开复工安全生产大检查”“安全生产月专项检查”“农民工工资四项制度检查”“扬尘管控”“季度安全生产大检查”等一系列专项检查活动，检查项目800余项次，抽查塔式起重机200余台次、施工升降机115台次，出具隐患整改通知书602份，停工65项次，移交行政处罚安全隐患6500余条，全部整改闭环到位。对隐患整改不及时、不到位的10个项目的项目经理、总监、建设单位项目负责人进行诫勉谈话60人次。定期开展安全教育培训，相继举办“南通市通州区特种设备安装拆卸和使用安全专题教育培训会”“建筑施工质量安全形势分析会”“建筑施工安监管人员培训班”等活动，提升安全管理人员的管理水平和业务能力。

【建设工程消防审验】 2022年，区住建局外聘资深专家参与消防审图、验收，筹建由20多位消防专家组成的区消防审验专家库。全年受理消防项目460个，备案248个，完成设计审查134个。

【施工图审查】 2022年，区住建局完成岩土工程审查89项，建筑面积434.21万平方米；新建工程施工图设计审查项目130项，建筑面积336万平方米；消防设计审查121项；设计变更74项，幕墙21项，装修12项。

【白蚁防治】 2022年，区住建局受理新建房屋白蚁防治项目85个，完成152项次。受理并完成46个蚁害户白蚁灭治工作。出具新建房屋白蚁预防竣工报告45份。开展对张公祠堂等文物保护单位白蚁防治试点工作，安装运用4G智能饵站20套。

【房屋安全鉴定】 2022年，区住建局受理农民自建房房屋安全鉴定申请375户，完成现场查勘项目365个，出具房屋安全鉴定报告326份。

【城建档案管理】 2022年，区住建局完成建设项目资料审核、接收120项，接收资料案卷6000余卷。出具竣工工程接收证明书120份，竣工工程档案备案报告110份。整理、装订、编制、著录、上架库存档案5000余卷。接待查阅档案400人次，提供利用档案1800余卷，复印签证档案1000余份。

【法制服务】 2022年，区住建局处理行政诉讼案件11件，移交违法案件69件。收到信息公开申请84件，均按时依法依规答复办结。继续推进“12345”市民热线、数字城管当日办复机制，健全群众诉求快速响应机制，答复各类投诉、咨询1.02万余条。 （秦沈平）

建筑科技

【概况】 2022年，通州区积极推进智能建造与工业化协同发展，加快推广装配式建筑，大力推广绿色建筑；引导建筑业头部企业实施科技创新，组织开展建筑关键技术研发与应用。是年，获国家级QC（质量控制）成果33个，省级QC成果107个；获发明专利9项，实用新型专利151项；入选省级工法20余项，入围新技术应用示范工程29个。

【绿色建材与绿色建筑】 2022年，通州区加大绿色建筑及绿色建材推广和管理力度，相继出台《南通市通州区绿色建筑星级审定制度》《关于加强通州区建设工程用建筑材料（产品）登记管理的通知》等文件，引导培育规模以上装配式预制构件生产企业积极申请国家绿色建材产品认证，对通过认证的装配式预制构件产品加以推广，树立绿色建材企业质量标杆，并将绿色建筑相关技术措施落实到位。1月，对全区建筑面积约249.36万平方米的17个基本级及以上绿色建筑建设工程开展项目论证、登记、现场查验等方面的全过程监管和服务工作。做好建筑面积约为210.08万平方米的17个拟出让或划拨土地绿色建筑星级审定工作，并将绿色建筑相关要求纳入土地出让条件。是年，全区竣工城镇绿色建筑总面积计162.85万平方米，城镇绿色建筑占新建建筑比例达100%。

【建筑产业现代化】 2022年，通州区强化装配式示范基地和示范项目的引领作用，全面落实应用预制内外墙板、预制楼板、预制楼梯板（以下简称“三板”）政策，对“三板”需求和产能进行综合分析，指导优化产能布局，推动实现“三板”系列化、标准化、通用化，避免出现一哄而上、产能过剩现象。加强装配式构件生产企业源头质量监管，开展预制构件产品专项执法检查，查处质量违法行为，推动装配式建筑质量不断提升，以过硬产品质量推动建筑产业现代化稳步发展。（顾　巍）

11月2日，省工信厅对通州区新型墙体材料生产企业进行调研验收

（区住建局　提供）

商贸服务业

编　辑　顾新国

综　述

【概况】 2022年，通州区服务业经济呈现稳步向好、高质量发展态势，完成服务业增加值720.09亿元，比上年下降0.2%；完成服务业应税销售848.3亿元，比上年增长10.2%；营利性服务业营业收入比上年增长16.6%。实现社会消费品零售总额447.80亿元，比上年下降1.3%。

【服务业企业培育】 2022年，通州区有服务业应税销售超50亿元企业1家、超亿元企业103家；新增规模以上服务业企业24家。南通东方科技有限公司获评省级服务型制造示范企业，南通深南电路有限公司、南通通达矽钢冲压科技有限公司获评省级两业融合试点企业。江苏濠汉信息技术有限公司获评省级现代服务业高质量发展领军企业。南通通达矽钢冲压科技有限公司和四方科技集团股份有限公司获评市级现代服务业高质量发展领军企业。

【重点业态监测】 2022年，通州区实现批发和零售业增加值164.3亿元，下降2.8%；交通运输、仓储和邮政业增加值36.6亿元，下降5.0%；住宿和餐饮业增加值25.0亿元，下降7.9%；金融业增加值87.1亿元，增长1.3%；房地产业增加值99.4亿元，下降14.6%；信息传输、软件和信息技术服务业增加值17.3亿元，增长7.9%；租赁和商务服务业增加值37.4亿元，增长3.8%。新增房地产项目26个，新增项目房地产完成投资27.6亿元，商品房销售面积96.2万平方米。

【服务业集聚区建设】 2022年，通州区建成省市级服务业集聚区6家，实现营业收入超900亿元，比上年增长3.5 %；税收约8亿元，比上年增长7.9%；集聚主体9100余家，从业人员近12万人。南通高新区科技服务集聚区新创成省级现代服务业高质量发展集聚示范区1家，集聚区内落户企业272家，从业人员近3千人。

2022年通州区新增规模以上服务业企业一览表

表14

序号	单位详细名称	行业门类	街道乡镇
1	南通盛世劳务有限公司	租赁和商务服务业	高新区
2	南通盟友工程咨询服务有限公司	科学研究和技术服务业	平潮镇
3	南通悦澜劳务有限公司	租赁和商务服务业	二甲镇
4	南通华灏劳务有限公司	科学研究和技术服务业	石港镇
5	南通博雷文化管理服务有限公司	文化、体育和娱乐业	西亭镇
6	南通淘淘乐文化传媒有限公司	文化、体育和娱乐业	兴东街道
7	南通博雅劳务有限公司	租赁和商务服务业	西亭镇
8	江苏南通金润文化生态旅游有限公司	文化、体育和娱乐业	金沙街道
9	江苏大兆人力资源有限公司	租赁和商务服务业	先锋街道
10	南通鑫雅劳务有限公司	租赁和商务服务业	川姜镇
11	南通鑫鼎文化管理服务有限公司	文化、体育和娱乐业	先锋街道
12	南通恒盈人力资源有限公司	租赁和商务服务业	兴仁镇
13	南通云柯文化创意有限公司	文化、体育和娱乐业	兴仁镇

续表14

序号	单位详细名称	行业门类	街道乡镇
14	南通旅田文化发展有限公司	文化、体育和娱乐业	十总镇
15	南通创盈劳务服务有限公司	租赁和商务服务业	兴东街道
16	南通林霞保洁服务有限公司	居民服务、修理和其他服务业	东社镇
17	南通安士通展览服务有限公司	文化、体育和娱乐业	石港镇
18	南通飞达脚手架有限公司	租赁和商务服务业	兴仁镇
19	南通市通州区建总物业管理有限公司	房地产业	金沙街道
20	南通通州建总设备科技有限公司	租赁和商务服务业	西亭镇
21	南通云数网络科技有限公司	信息传输、软件和信息技术服务业	高新区
22	坦途(南通)物流有限公司	交通运输、仓储和邮政业	兴东街道
23	南通菩智供应链管理有限公司	租赁和商务服务业	川姜镇
24	江苏莎普信息技术有限公司	信息传输、软件和信息技术服务业	平潮镇

2022年通州区新增应税销售超1亿元服务业企业一览表

表15

序号	企业名称	行业门类	街道乡镇
1	中国供销集团南通供销产业发展有限公司	批发和零售业	金新街道
2	南通万江耀升房地产有限公司	房地产业	五接镇
3	南通华璞置业有限公司	房地产业	金沙街道
4	南通卓得房地产开发有限公司	房地产业	金沙街道
5	南通泽南房地产开发有限公司	房地产业	金新街道
6	南通旭南房地产开发有限公司	房地产业	兴仁镇
7	南通绿铂置业有限公司	房地产业	金新街道
8	南通万岳房地产有限公司	房地产业	金新街道
9	南通市通州区碧保置业有限公司	房地产业	金沙街道
10	南通银庭置业有限公司	房地产业	金沙街道
11	南通长鑫置业有限公司	房地产业	金新街道
12	南通通泰置业有限公司	房地产业	金沙街道
13	南通市荣达通房地产开发有限公司	房地产业	金新街道
14	南通友赞房地产有限公司	房地产业	金沙街道
15	南通综艺投资有限公司	租赁和商务服务业	兴东街道
16	南通如光房地产开发有限公司	房地产业	金新街道
17	南通市通州区碧盈房地产开发有限公司	房地产业	金新街道
18	南通碧盛置业有限公司	房地产业	五接镇
19	南通万楚房地产有限公司	房地产业	金新街道
20	南通碧悦房地产开发有限公司	房地产业	川姜镇
21	南通兴安置业有限公司	房地产业	兴仁镇
22	南通恒力茂源石化贸易有限公司	批发和零售业	五接镇
23	南通溪上云庐置业有限公司	房地产业	先锋街道
24	南通准时达物流有限公司	交通运输、仓储和邮政业	金新街道
25	南通纳尔材料科技有限公司	科学研究和技术服务业	金新街道
26	南通鼎朋石化有限公司	批发和零售业	金沙街道

续表15

序号	企业名称	行业门类	街道乡镇
27	亿威投资有限公司	金融业	平潮镇
28	南通亿林供应链管理有限公司	批发和零售业	石港镇
29	南通裕薇材料科技有限公司	批发和零售业	川姜镇
30	宝悦(南通)电子商务科技有限公司	批发和零售业	金新街道
31	南通莱缦置业有限公司	房地产业	川姜镇
32	南通金宝行汽车销售服务有限公司	批发和零售业	金沙街道
33	南通双红快递有限公司	交通运输、仓储和邮政业	金新街道
34	南通市通州区正方商贸有限公司	批发和零售业	金新街道
35	南通云数网络科技有限公司	信息传输、软件和信息技术服务业	金新街道
36	尊锐(南通)电子商务有限公司	批发和零售业	金新街道
37	南通高新控股集团有限公司	批发和零售业	金新街道
38	南通橙华置业有限公司	房地产业	兴东街道
39	江苏凯信金属材料有限公司	批发和零售业	刘桥镇
40	江苏僖玛诺纺织科技有限公司	批发和零售业	金新街道
41	江苏乘帆环保纸业科技有限公司	批发和零售业	金沙街道
42	南通永丰再生资源有限公司	批发和零售业	平潮镇

2022年通州区实缴税金50强服务业企业一览表

表16

序号	企业名称	行业门类	街道乡镇
1	中国供销集团南通供销产业发展有限公司	批发和零售业	金新街道
2	南通万江耀升房地产有限公司	房地产业	五接镇
3	南通华璞置业有限公司	房地产业	金沙街道
4	南通中实纺织交易市场有限公司	批发和零售业	金新街道
5	南通卓得房地产开发有限公司	房地产业	金沙街道
6	南通泽南房地产开发有限公司	房地产业	金新街道
7	南通旭南房地产开发有限公司	房地产业	兴仁镇
8	中国移动通信集团江苏有限公司通州分公司	信息传输、软件和信息技术服务业	金沙街道
9	南通顺丰速递有限公司	交通运输、仓储和邮政业	兴东街道
10	南通绿铂置业有限公司	房地产业	金新街道
11	江苏钰海建材贸易有限公司	批发和零售业	金新街道
12	南通万岳房地产有限公司	房地产业	金新街道
13	江苏景舟贸易有限公司	批发和零售业	五接镇
14	南通市通州区碧保置业有限公司	房地产业	金沙街道
15	南通银庭置业有限公司	房地产业	金沙街道
16	南通长鑫置业有限公司	房地产业	金新街道
17	南通通泰置业有限公司	房地产业	金沙街道
18	江苏汇海物流有限公司	交通运输、仓储和邮政业	兴东街道
19	南通市荣达通房地产开发有限公司	房地产业	金新街道
20	南通友赞房地产有限公司	房地产业	金沙街道
21	南通市通州区人民医院	卫生和社会工作	金沙街道

续表16

序号	企业名称	行业门类	街道乡镇
22	南通市人才事务所有限公司	租赁和商务服务业	兴仁镇
23	中国电信股份有限公司通州分公司	信息传输、软件和信息技术服务业	金沙街道
24	江苏象屿物产有限公司	批发和零售业	五接镇
25	南通综艺投资有限公司	租赁和商务服务业	兴东街道
26	南通如光房地产开发有限公司	房地产业	金新街道
27	南通再就业工程开发有限公司	租赁和商务服务业	兴仁镇
28	南通华润燃气有限公司	批发和零售业	金新街道
29	南通纪氏金属材料有限公司	批发和零售业	兴仁镇
30	南通市通州区碧盈房地产开发有限公司	房地产业	金新街道
31	南通碧盛置业有限公司	房地产业	五接镇
32	南通顺森纺织品有限公司	批发和零售业	先锋街道
33	中国供销集团南通国际棉花有限公司	批发和零售业	金新街道
34	南通万楚房地产有限公司	房地产业	金新街道
35	南通永泰宝嘉供应链有限公司	批发和零售业	刘桥镇
36	南通碧悦房地产开发有限公司	房地产业	川姜镇
37	南通通州润泰商业有限公司	批发和零售业	金沙街道
38	恒力房地产南通有限公司	房地产业	金沙街道
39	南通沙隆金属材料有限公司	批发和零售业	二甲镇
40	南通交泰贸易有限公司	批发和零售业	金新街道
41	江苏富智源供应链管理有限公司	批发和零售业	金新街道
42	南通市大参林医药有限公司	批发和零售业	金新街道
43	南通展群纺织有限公司	批发和零售业	川姜镇
44	南通永沙建材有限公司	批发和零售业	二甲镇
45	南通龙腾供热有限公司	批发和零售业	先锋街道
46	江苏瑞爱福纺织科技有限公司	批发和零售业	川姜镇
47	南通兴安置业有限公司	房地产业	兴仁镇
48	江苏欧孚特纺织原料有限公司	批发和零售业	金新街道
49	南通恒力茂源石化贸易有限公司	批发和零售业	五接镇
50	南通市通州区东居置业有限公司	房地产业	金新街道

(孙旸朔)

商品批发零售

【概况】 2022年,通州区社会消费品零售总额447.80亿元,比上年下降1.3%。批发和零售业实现销售额1423.40亿元,比上年增长1.9%。其中,批发业实现销售额1106.69亿元,零售业实现销售额316.71亿元。月度新增限额以上批发零售法人企业36家,年度新增限额以上批发零售法人企业42家。年末,全区有限额以上批发零售法人企业382家。

(吴雅祺 孙 畅)

【汽车流通市场】 2022年,通州区有经商务部全国汽车流通信息管理系统备案汽车经销商15家,经省商务厅备案二手车交易市场8家,报废汽车回收拆解企业1家(停止现场拆解作业)。全年接收报废车辆597辆,其中根据《南通市国Ⅲ及以下排放标准柴油货车提前淘汰报废补贴方案》办理报废手续354辆,所收车辆全部送如东有资质企业拆解。

(徐吉光)

住宿餐饮

【住宿】 2022年末,通州区有限额以上住宿法人企业18家,比上年增加8家。限额以上住宿法人企业从业人员455人,比上年增加37人。实现营业额4.53亿元,比上年下降0.2%。

【餐饮】 2022年末，通州区有限额以上餐饮法人企业63家，比上年增加25家。限额以上餐饮法人企业从业人员1352人，比上年增加287人。实现营业额42.75亿元，比上年下降5.1%。 （吴雅祺　孙　畅）

电子商务

【概况】 2022年，通州区立足家纺产业集群优势和优越的交通物流条件，在强化跨境电商产业园功能发挥的同时，大力支持网络零售类平台发展，推进电子商务和实体经济融合发展，实现网上零售额逾200亿元，其中服装鞋帽、针纺织品占比达80%。

【电子商务主体培育】 2022年，通州区持续优化直播电商产业发展环境，扶持新业态发展，提升南通家纺城主体活力，加强直播电商园区、直播孵化基地在内容制造、视频技术、直播场景等方面基础设施建设，吸引和集聚优质直播平台、MCN（多频道网络）机构等专业服务商（运营商）落户。在用好原有电商企业扶持政策的基础上，出台专门针对直播电商产业的政策，助力通州电子商务高质量发展。

（易伶俐）

石油经营

【概况】 2022年，通州区内有成品油零售经营网点80家，正常经营的网点有73家，其中加油站70家，柴油点3家。中石化、中石油、中海油三大公司在通州区内分别有27家、6家和5家正常经营网点，占比52.05%，其余35家为民营经营网点。是年，全区销售成品油17.46万吨，其中，汽油12.53万吨，比上年下降16.8%；柴油4.93万吨，比上年下降17.6%。

【石油市场整治】 2022年，通州区组织部门联合执法行动11次，开展成品油市场整治检查活动32次，查处涉嫌非法流动加油活动14起，查处取缔非法流动加油点14个，暂扣涉事车辆14辆。

（刘　翔）

供销合作贸易

【概况】 2022年，通州区供销合作总社坚持为农服务宗旨，以促进农业产业发展、服务乡村振兴战略为工作中心，全面推进为农服务体系建设，提档升级农村综合服务社8家，升级改造薄弱基层社1家，为农服务能力实现提升。强化农村流通网络建设，新增农资连锁经营网点1个、日用工业品连锁网点11个。

【“三会”制度建设】 2022年，通州区供销合作总社按照强化合作、农民参与、为农服务的要求，认真完善基层社“三会”建设成果，总结经验做法，探索建立社员代表联系制度、代表提案办理制度，丰富基层社“三会”（社员代表大会、理事会、监事会）制度建设内涵，推动供销合作事业持续健康发展。6月17日，通州区供销合作总社召开第六届理事会第三次全体会议暨第六届监事会第三次全体会议，改选监事会主任。

【业务转型升级】 1月18日，南通市通州区惠程集体资产运营有限公司与江苏通联农资连锁有限公司签署股权转让协议。通州区惠程集体资产运营有限公司以206.07万元的转让价，受让江苏通联农资连锁有限公司持有的江苏通联现代农业发展有限公司5%的股权。通过投资，通州区供销合作总社成功介入和对接农业产业链服务、现代物流、农村新零售和农村环保等领域，推动社有企业转型成为新型农业服务主体，全面提升供销体系为农服务和城乡社区服务能力。

【推进农药零差率统一配供、废弃农药包装物和农膜统一回收处理】 2022年，通州区供销合作总社围绕农村人居环境整治和农业绿色发展，全面推进农药零差率统一配供和包装废弃物回收处理网点建设。是年底，全区建有农药零差率统一配供中心网点64个、废弃农药包装物和农膜回收网点218个。强化规范管理，统一制作店招、张贴配供制度、产品进销流程、回收公告与回收规则、印制回收台账、安装专用软件管理平台。全年配供零差率农药1348万元，回收农药废弃包装物1746万件、废旧地膜199吨，无害化处理率100%，投入资金890万元。回收数量与资金投入在南通排名第一。

（张淑娟）

粮食购销储备

【概况】 2022年，通州区有国有粮食购销企业3家，实现购销经营量12.47万吨、利润1203.67万元，连续第22年名列南通各县（市、区）粮食系统前茅。收购农民余粮4.67万吨，其中小麦1.87万吨，稻谷2.8万吨。由于粮价普遍较高，3家国有收储企业均未启动托市收购。三级储备粮质量完好，数量真实，管理到位，粮食仓储“一符四无”（账实相符，无鼠雀、无霉变、无虫害、无事故），合格率连续第41年保持100%，全系统科学保粮率达95%。全区粮食标准仓房仓容13.12万吨，应用环流熏蒸、粮情测控、机械通风仓容11.42万吨，实现准低温储粮仓容7.45万吨。全系统连续第22年安全生产无事故。

【粮油加工销售】 2022年，通州区有粮油加工纳入统计企业15家，实现工业总产值4.73亿元、销售收入4.57亿元。有大米加工企业4家，日处理稻谷能力约550吨；有油脂加工企业1家，日处理油料能力约360吨。

【粮食储备】 2022年底，通州区按照储备粮体制机制改革和国有粮食企业改革要求，原粮储备规模调增至5.4万吨，成品粮储备规模调增至1500吨，成品油储备规模保持在200吨。加大地方储备粮监管力度，适时开展储备粮专项检查，严格落实出入库质量检验制度和储备粮轮换管理规定，确保数量真实、质量良好，关键时刻调得出、供得上。国有粮食企业严格落实政策性业务和经营性业务“两分离”、人员实物财务账务“四分开”。（吴　伟）

烟草专卖

【概况】 2022年，通州烟草局紧紧围绕行业高质量发展要求，统筹抓好疫情防控和生产经营，坚持稳中求进、担当作

7月19日，位于十总镇的“金丝利零售”加盟店开业　（通州烟草局 提供）

为，营销服务监管水平和经济效益持续提升。全年实现税利6.23亿元，比上年增长8.3%。

【卷烟营销】 2022年，通州烟草局加快终端建设，新增“金丝利零售”加盟终端10家、新现代终端89家，零售终端建设初具规模。探索打造差异化、个性化服务策略库，建成全区第一家特色农网加盟店。深化营销网建，稳步推进“三大平台”建设，紧盯数据信息，社区日均活跃度在96%以上，客户黏性及满意度不断提升。

【烟草专卖管理】 2022年，通州烟草局持续完善与公检法等部门长效合作机制，涉烟情报信息网络建设不断增强，精准监管成效日益凸显。全年查获涉烟案件257起、违法卷烟497.84万支，总案值487.81万元；办结网络案件和“上头电子烟”案件各1起，向未成年人售烟案件2起；移送公诉假烟案件1起，在侦假烟案件1起。推进最小化单元合理布局试点，出台《南通市通州区烟草制品零售点合理布局规定》，许可证管理质效提高。违规大户治理有力有序，完成“攻坚100”取缔3户目标。

【履行社会责任】 2022年，通州烟草局以精神文明创建为支撑，以打造责任烟草名片为抓手，发挥行业优势，积极履行社会责任，相继组织开展扶贫帮困、捐资助学等志愿服务20余次，参加基层抗疫180余人次，在精准共建中实现共赢。单位先后获评2019—2021年度“江苏省文明单位”、通州区“五一劳动奖状”，涌现出以省五好家庭钱龙为代表的一批先进典型。

（宋长俊）

盐业经营

【概况】 2022年，南通市江州盐业有限公司销售盐品8203.99吨，比上年增长26.8%。实现营业总收入2697万元，比上年增长42.25%。其中主营收入1679万元，比上年增长43.0%；非盐产品收入1006万元，比上年增长45.2%。

【经营提质升效】 2022年，南通市江州盐业有限公司强化市场观念、转变经营模式，着力打造精简高效的渠道专业化营销团队。统一规范业务流程，发挥信息化系统对精准营销的支撑作用，实现采销、仓配、财务一体化，实现B2B业务标准营销模式。推进渠道营销转型和营销队伍专业化建设，在产品、价格、营销方案、市场维护等方面采取差异化经营，围绕系统化布局开展全渠道收复行动，巩固食盐主渠道地位。

【淮盐品牌宣传】 2022年，南通市江州盐业有限公司加大淮盐品牌宣传，联合通州疾控中心、通州区市场监督管理局开展“3·15”国际消费者权益日、“5·15”防治碘缺乏病日等宣传活动。采取全员进商超、社区、农贸等传统手段与南通盐业公众号、微信群等新媒体渠道相结合的方式，讲好“淮盐”故事，提高淮盐品牌影响力。

（黄冬琴）

邮　政

【概况】 2022年，通州邮政分公司聚焦“全面领先”发展定位，坚持守正创新，打造协同优势、数智化优势、农村市场优势，推动发展方式转型升级。是年，实现业务总收入2.84亿元，完成率102.6%，比上年增长15.4%。其中代理金融业务收入2.2亿元，比上年增长11.7%；寄递业务收入2695.1万元，比上年增长62.6%。

【经营发展提质】 2022年，通州邮政分公司牢固树立“以客户需求为中心”的发展理念，利用点多面广的服务优势，积极落实普惠金融的发展定位，全方位提供优质金融服务，实现资金持续增长，新增AUM（资产管理）达23.69亿元，其中储蓄余额净增23.67亿元。持续优化资金结构，推动客户投资渠道多元化，常态化开展网络金融业务体验活动。持续响应国家号召，为个人养老金账户、三代社保卡、数字人民币发展开通绿色渠道，出台拥军政策，做好退役军人服务工作。持续整合资源优势，为多家学校、商户等打造数智化信息管理平台；提供便捷的二维码收款服务，新增微邮付商户1.53万户。立足寄递行业“国家队”定位，不断提升快递物流服务能力，在邮件处理中心设备投入、技术改造、能力提升、邮路整合、物流仓配等方面加大资源配置，推出“次晨达”“极速鲜”等特色业务，服务政府部门、企事业单位等客户的不同寄递需求。保障旺季平稳运行，“双11”期间快递包裹业务量达25.3万件，收入79万元，同比增幅达到83.2%，旺季发展迈上新台阶。按照“专业向产业转变、产品向创意转变”的思路，通过提升能力水平、强化产品创新和新媒体队伍建设，推动传统邮务转型发展。充分发挥邮政图书发行主渠道作用，做好《习近平著作选

6月1日，通州邮政分公司举行“绿书签·护苗行动”进校园活动。图为与南山湖小学师生合影

（通州区邮政分公司 提供）

5G居民区32个，全区街道、镇区和重要场景深度覆盖，行政村5G普遍覆盖，重点企业5G专网需求快速响应。

【服务提升】 2022年，中国电信通州分公司坚持“人民邮电为人民”的初心使命，深入推进“我为群众办实事”实践活动，落实好提速降费、惠利于民各项举措工作，让降费实实在在、消费明明白白。落实用户“满意服务提升”活动，提升网络质量、宽带装维、渠道服务、10000号热线四个满意度。开展小区便民服务，为用户提供网络检测、线路整治服务，为用户防范安全隐患及网络质量提供保障。做好爱心翼站服务，为特殊人群提供暖心服务。加快数字乡村建设，助力乡村振兴。助力重点企业和产业园区“智改数转”，筑牢通州发展“数字经济”底座。

（胡金华）

读》《习近平谈治国理政》等政务图书发行工作。主动对接村社、企事业等单位，支持农家书屋建设，开展邮文化进社区、进校园、进企业系列活动。全年实现邮务类业务收入1853万元，其中集邮业务收入509万元，比上年增长87.4%。

【服务乡村振兴提能】 2022年，通州邮政分公司立足通州现代化农业发展，充分发挥邮政“四流合一”优势，着力解决农业合作社、家庭农场主等农村经营主体的销售难、融资难以及物流难问题。高标准推动三级物流体系建设，开通交邮融合线路2条，打造乡镇物流共配中心1处，实现邮政与汽车客运站的运力共享、与社会快递公司的运能共建，提升在农村地区的配送能力。借助邮乐小店、邮乐优鲜等线上平台及线下渠道，持续做大农业品进城、工业品下乡双向商流，累计形成农产品销售收入1096万元，农产品快递包裹收入129万元。加快推进惠农贷款项目，全年“融资E”项目放款额达1691万元。

【普遍服务提效】 2022年，通州邮政分公司构建“1+N”组织架构体系，推行网格化管理，形成“信息化支撑、制度化保障、常态化引导”的基层“扫黄打非”工作格局。推广在线收寄、移动支付等系统应用，完成“绿盾”视频联网对接任务，全面提升普服信息化管控水平。利用信息化手段实现网点自提服务统一管理，提升客户用邮体验。

（黄　萍）

电　　信

【概况】 2022年，中国电信通州分公司全面实施“云改数转”战略，推进云网融合数字化转型升级与价值实现，以数字优势赋能高质量发展。相继荣获2022年度省公司“数耕”行动快电建设优秀奖、运营大赛优秀组织奖、“创智杯”数字网格运营优秀奖、省公司巾帼文明岗等奖项。

【网络建设】 2022年，中国电信通州分公司加快有线、无线统筹建设，持续提升客户感知。实施宽带光网整治，提速光网城市建设，完成通信管道187.54孔公里，通信光缆2.64万芯公里；扩容优化PON光端口，承载用户数超168万户。加快网络升级建设，优化光网结构，10G PON（无源光纤网络）口新增3216个、到达10544个，用户侧1000M大带宽的承载能力大幅提升。持续推进光衰整治，全量用户保持在98.5%以上，500M以上宽带保持在99%以上。加快无线网络5G基站建设，新开通5G宏站187个，新建

移动通信

【概况】 2022年，中国移动通州分公司以高质量发展为主线，坚持稳中求进，完整、准确、全面贯彻新发展理念，服务构建新发展格局，围绕信息“高速”建设，加快构建以5G为中心的新一代数字化、智能化融合基础设施，夯实经济发展转型基础，促进数字经济与实体经济深度融合，为社会大众享受“数智生活”提供最强动力。

【网络建设】 2022年，中国移动通州分公司聚焦新一代信息基础设施建设，新增4G站点96个、5G站点216个。完成宁启铁路5G网络改造升级及测试优化，下行速率达385Mpbs、上行速率达36Mbps。配合轨道交通公司，完成地铁一号线通州段3个站点的信号开通。与企事业单位在5G创新服务、智慧城市建设、智慧产业发展、信息化应用等领域开展全方位深度合作，为南通高质量发展走在前列注入新动能。

【助老服务】 2022年，中国移动通州分公司聚焦老年人数智生活的美好心愿和急难愁盼问题，构建一体化、智能化、多元化助老服务体系。坚持请进来与走出

去有机结合，持续在营业厅台、社区等开展银色守护志愿服务活动，为银发一族开展数智适老、防范电信诈骗知识讲座，通过通俗易懂的案例、一对一的实操演示，分享适应数智生活、防范电信诈骗的知识与技巧，为老年人营造更健康、便捷的数智环境，提升老年人数智生活的安全感和幸福感。 （吴振华）

联合网络通信

【概况】 2022年，中国联通通州分公司践行“数字信息基础设施运营服务国家队、网络强国数字中国智慧社会建设主力军、数字技术融合创新排头兵”的企业使命，精准服务“强富美高”新通州建设和公共社会事业发展，经营业绩迈上新台阶，在南通市联通系统年度考核中继续位居前列。

【网络建设】 2022年，中国联通通州分公司继续推进5G精品网络建设工程，5G基站增至679处，新建小区5G网络广度、深度覆盖，洲际梦幻岛、开心农场等多个重点景区完成专项优化。推进宽带升级改造，配合文明城市长效管理，对城区近200个老旧小区进行飞线整治行动。做好光纤化改造，提升用户感知，新增7万逾户宽带用户覆盖。服务乡村振兴，提升镇村的宽带覆盖率，支撑农村电商的蓬勃发展。配合自规、住建等部门，实施杆线迁移整治，新建杆路75公里，完成管道建设120公里。

【服务提优】 2022年，中国联通通州分公司继续在疫情防控、网络信息安全及规模企业上云、智改数转等方面提供一站式支撑保障，主动服务政府部门和各类企业，为提高全区信息化水平贡献联通力量。新冠疫情肆虐期间，克服时间紧、物流慢等客观实际，圆满完成区方舱医院的信息化系统建设。参与文明城市长效管理，在客户触点及承包主干路段贡献联通志愿者青春力量。聚焦客户感知，在贯彻落实电信反诈、安全生产应急保障等社会热点及关系国计民生的问题上开展专项行动，社会影响力和用户满意度持续提升。 （冒建锋）

旅 游 业

【概况】 2022年，通州区按照构建“一核两带三擎”（南山湖核心区；张謇历史遗存文化带和农文旅融合风光带；开沙岛省级旅游度假区、南通国际家纺城和洲际绿博园植物科普教育基地）的文旅发展格局谋划旅游发展，推动项目建设、品牌培育、市场拓展、高质量考核等各项工作全面开展。至12月底，全区拥有省级旅游度假区1家，国家AAAA级旅游景区1家，国家AAA级旅游景区3家，国家AA级旅游景区1家，省级休闲旅游街区1家，省级乡村旅游重点村2家，全国工业旅游示范区1家，省级工业旅游区2家；国家旅游星级饭店3家，其中四星级2家，二星级1家。

【旅游项目建设】 2022年，通州区以市级高质量考核为导向，以突出“项目为王”“抓大项目、抓好项目”为主线，在提高原有旅游项目软硬件设施建设水平的同时，丰富旅游项目，提升通州旅游的吸引力、影响力和竞争力。年内认定旅游项目新开工2个、新竣工2个，累计完成投资额超10亿元；认定完成文旅品牌创建项目4个。以沿江生态景观带建设为重点，加快推进洲际梦幻岛一期、南山湖·水街二期、鲜花小镇等项目建设。7月，编制出台通州区文化和旅游资源普查报告。9月，途居开沙岛露营地静海阁餐厅重装运营、新增的无动力、欢乐碰碰车项目竣工并投入使用。12月，南山湖·水街二期主体建筑全面封顶。

【旅游品牌创建】 2022年，通州区聚力优化旅游环境、完善旅游基础设施、提高旅游服务水平和档次，全力提升“通天下，州如画”旅游品牌知名度和影响力。6月，开沙村创成省级乡村旅游重点村，东社镇、睹史院村列入“市级首批乡村旅游特色镇（村）培育单位”。10月，青年东路希尔顿欢朋酒店创成国家四星级旅游饭店，南通鲜花小镇获评国家AAA级旅游景区。12月，南通开沙岛旅游度假区获评2022年省级体旅融合发展示范基地，开沙岛研学旅行实践基地、洲际绿博园、圣耕园、卓力营地4家景点获评市级首批中小学研学旅行实践基地（营地）。

【发展扶持】 2022年，通州区用足用好各项惠企纾困政策，用“真金白银”推动文旅产业健康发展。其中，洲际绿博园获省级提质扩容项目专项资金扶持80万元。青年东路希尔顿欢朋酒店创建四星级旅游饭店获市级文旅产业专项资金50

9月24日，“水街十九点 乐享南通州”文旅品牌活动在南山湖·水街开场

（区文广旅局 提供）

万元。洲际绿博园、鲜花小镇2家景区参加江海国际文化旅游节"家在南通天天游"，景区门票半价活动获市级旅游宣传促销奖补22万元。途居房车露营地、鲜花小镇等3家单位获区级旅游专项资金43.8万元，万达等5家旅行社暂退旅游服务质量保证金10.353万元，免收维景国际大酒店2022年第二季度的数字电视基础服务费3万余元。

【旅游宣传推介】 2022年，通州区立足区域资源禀赋和生态优势，通过举办节会活动、开展线上宣传、制作旅游产品等形式开展系统性宣传推介，充分展现"通天下，州如画"品牌形象。6月，在鲜花小镇举办"缤纷夏日·多彩通城"南通市夏季游系列活动启动仪式暨南通2022首届夏季帐篷星空音乐节。7月，策划启动南山湖·水街夏季文旅夜场活动，打造"水街十九点·乐享南通州"文旅品牌，组织重点企业参加在海门举办的2022南通市乡村旅游节。11月，在市滨江公园风帆广场举办南通江海国际文化旅游节南通文旅嘉年华通州专场活动，蓝印花布、石港乳腐、西亭脆饼、刘桥板鹞风筝等8家文创单位现场布展推介；开心农场、二甲蓝印花布、洲际绿博园、途居开沙岛房车露营地4家单位走进"好通游"直播间与游客推介互动，焕新旅游品牌形象、提振文旅消费。

【文旅消费】 11月，通州区聚焦群众需求，在南山湖水街举办"当燃南通·美好生活直播季"文旅消费促进系列活动通州专场，通过政府补贴、平台支持、商家让利方式，持续培育线上线下文旅消费新动能，激活文旅消费潜能，提振文旅企业发展信心。

※ 景点简介 ※

【开沙岛】 省级旅游度假区。位于五接镇，是长江入海口溯江而上江苏段第一岛，地理位置得天独厚，交通十分便捷。岛上四季分明，水网密布，土地肥沃，农副产品、水产品资源丰富。岛内动植物资源丰富，现状植物品种繁多，野生水禽鸟类达30余种。拥有大片天然湿地和滩涂资源，是长江下游原始生态环境保持最为完好区域。度假区以"生态"为基础，以"绿色、健康"为主题，融合岛内文化资源，丰富岛上旅游文化内涵，开发建设以"休闲、垂钓、采摘、运动、美食"为特色的景点。先后获评中国最美乡村、国家特色景观旅游名村、江苏省级旅游度假区、江苏省最美乡村等。

【南通洲际绿博园】 国家AAAA级景区。位于先锋街道。以收集、展示全球珍奇植物为核心，是一处集植物展示、科普教育、主题摄影、生态休闲、儿童娱乐等功能于一体的综合性主题植物园区。具有稀、奇、古、怪四大植物特色，形成"花、草、林、鸟"的绿色生态环境和"奇、多、美、聚"四大旅游特色，拥有热带水果谷、热带名花雨林馆、沙生植物馆、臻品紫薇园、梯田花海等十大主题景点和植物展销中心、丛林木屋、魔法乐堡、梦幻丛林儿童乐园四大休闲娱乐区，四季花开，常年果香，一步一景，处处惊奇。被省科协、科技厅、教育厅命名为"江苏省科普教育基地"，被列入"省级科普旅游线路"。

【忠孝博物馆】 国家AAA级景区。位于东社镇。原名忠孝文化园，占地面积约10万平方米，以江南园林建筑为主调，极具明末清初风格。博物馆以传播忠孝文化为宗旨，拥有全国最高的孔子石雕像。思苑、忠孝坊、中华柱、忠孝文化走廊、24忠和24孝故事石刻、六角忠孝亭、百名将军书忠孝、祥云五曲桥、"四大伟人、十大元帅"红木雕像等景观相互辉映。收藏有唐、宋、元、明、清以及近现代砚台50多方；有赵朴初、程十发、沈鹏、武中奇等数十位书法名家作品，以及迟浩田、向守志等100多名将军的墨宝。置身馆内，可以充分感受到传统忠孝文化的力量，是最具大众传承的爱国主义思想教育基地。

【途居开沙岛房车露营地】 国家AAA级景区，省级自驾游基地。位于开沙岛旅游度假区内。设有房车露营区、自驾木屋区、帐篷露营区、拓展训练区、儿童娱乐区、综合服务区、水上活动等功能区块，涵盖森林探险、射箭、球类运动、卡丁车、户外拓展、骑行等众多体育项目，为广大旅游休闲自驾者提供集露营、休闲、度假等专业化和多样化旅游服务。先后获评国家汽车运动五星级房车露营地、江苏省房车露营地、长三角房车旅游标准示范营地。

【鲜花小镇】 国家AAA级景区。位于通州城区东335国道北侧。景区秉持"生态优先，农旅融合"的开发理念，以花卉观光为主体景观，设有奇迹花海、7D同心高空玻璃桥、无动力乐园、蒸汽机火车餐厅、花儿胡同音乐餐厅、度假民宿、花卉生活超市、室内婚礼堂、户外婚纱摄影基地等区块，是集吃、住、行、赏、休闲、运动、科普、拓展为一体的现代农业休闲旅游度假区。

【渔湾水道】 国家AA级景区。位于石港镇北。又名卖鱼湾，因伟大的民族英雄文天祥复国南归途中驻足于此，并书有《卖鱼湾》三首而扬名。渔湾原为海中沙洲，后岸线东移，沧海始成桑田，沙滩上的海凹子便形成如今曲曲折折，妙曼动人的渔湾水巷。原生态的渔湾水道，因交通闭塞而得以保存。渔湾河网密布，港汊纵横，水清且涟漪；港边芦苇飘曳，岸旁杂树生花，枝头百鸟相鸣；春来簇簇似锦，夏至荫荫如盖，秋到荻花茫茫，冬临雪飞鱼藏。具有河曲、树繁、草茂、鸟多、水清、境幽六大特色，舟行水巷之中，自有"山穷水尽"之惑，"柳暗花明"之趣。

【南山湖·水街】 省级旅游休闲街区。坐落于通州主城区。项目总投资10亿元，占地面积6.12万平方米，东邻南山湖公园，西连体育中心，北靠万达广场，吃、喝、玩、乐、购、住、游、赏一应俱全，是一个集文化、旅游、商业于一体的商业综合体。南山湖水街以"水"为载体，通过设置水上广场、水幕电影、音乐喷泉等连贯主题性水上项目，将整个街区融会贯通，自成一道靓丽的风景线，淋漓尽致表达出人与自然的和谐共欢，彰显"水聚天心，四水归堂"的恢宏气魄。

【双盟村】 省级乡村旅游重点村。位于先锋街道，紧邻南通主城区，地理区位尤为显著。依托生态环境与旅游资源优势，以打造旅游拳头产品为核心，以完善城市旅游功能为支撑，全力发展休闲度假旅游，打造集旅游观光、科普教育、生态休闲等于一体的南通城市后花园。先后获评江苏省文明村、江苏省卫生村、江苏省休闲农业精品村、江苏省新农村建设示范村、江苏省和谐社区建设示范村、江苏省乡村旅游重点村。

【开沙村】 省级乡村旅游重点村。位于五接镇，村域范围4.18平方千米，南临长江主航道，与张家港隔江相望，西侧与如皋长青沙接壤，北侧通过东沙大桥与江北相连，地理位置得天独厚，交通便捷。依托独特滨江资源，开发建设一批以“体育运动、休闲垂钓、果蔬采摘、房车露营、美食文化、宗教人文”为特色的旅游项目，年接待游客超100万人次。先后获评全国特色景观旅游名村、全国民主法治示范村、江苏最美乡村、江苏最具魅力休闲乡村、江苏省文明村、江苏省健康村、江苏最美健身公园、江苏省特色田园乡村、省级美丽家园示范点、南通市乡村振兴示范村、江苏省乡村旅游重点村等荣誉称号。

【南通家纺城】 全国工业旅游示范点。位于川姜镇。总规划面积12.5平方千米，设有花形面料、装饰面料、坯布、辅助材料交易区和产品展示、仓储物流、行政商务等七大功能片区。拥有各类经营户近6000家，产品销往国内80%左右的地级市及100多个国家和地区，是全国规模最大、市场占有率最高的家用纺织品生产、销售、出口的综合性家纺基地。至2022年底，拥有(含引进)中国驰名商标6个、省级品牌22个、免检产品20多个。在国外创有20多家公司，产品参与国际竞争，40多家企业在国际家纺博览会及法兰克福参展。

【老裁缝家居创意园】 省级工业旅游示范区。位于川姜镇。占地达10万平方米，内部设有9万平方米的研发、生产厂房及1万平方米的品牌展示厅，旗下有老裁缝、千针坊、小船长三大品牌，产品涵盖有家纺、家居及整体厅卧软装一体化等几千个品类。游客在游览过程中可观赏床品从裁剪、缝制、整烫、检验到成品入库的整体过程，欣赏整体软装家居搭配的效果，领略健康睡眠文化，享受个性化购物的新体验。

【圣果葡萄酒庄园】 省级工业旅游示范区。位于南通高新技术开发区。占地面积200余亩，是一家集酿造、灌装、销售于一体，拥有自主品牌、生产、代理销售葡萄酒的专业企业。庄园100%选用来自法国、意大利、澳大利亚、智利、阿根廷等世界著名产地的葡萄酒，产品先后荣获“长三角名优食品”“南通名牌产品”称号。庄园全方位展示现代化葡萄酒生产工艺，并设有红酒课堂，让游客在品、学中探索红酒奥秘。 (沈　英)

现代物流

【概况】 2022年，通州区全面推进物流业高质量发展，运行质效持续提升，转型升级步伐加快，保障国民经济健康发展的作用得到增强。拥有物流企业343家，其中，国家A级以上物流企业31家，省重点物流企业9家，省重点物流基地2家。是年，交通运输、仓储和邮政业完成应税销售47.73亿元，同比增长6%。

【主体培育】 2022年，通州区持续加大对物流企业的培育扶持力度，物流行业标准化、数智化、绿色化、专业化水平不断提升，市场主体实力不断提升。其中，江苏汇海物流有限公司被江苏省物流产业促进会、江苏省物流与供应链研究院评为省级重点物流企业“30强”。江苏景瑞农业科技发展有限公司董事长曹毅华获评江苏省物流行业先进个人。

【项目支撑】 2022年，通州区持续发力推进物流项目建设，安博物流、中通物流苏中转运中心、京东货运航空、百润供应链等被南通市认定新开工、续建物流项目。其中，京东货运航空项目继续投资4.5亿元；1月，地面基础设施竣工；3月，B737-800型全货机到位3架；8月，京东航空取得中国民航局颁发的CCAR-121部航空承运人运行合格证并投入运营。 (孙旸朔)

中介服务

【房产中介】 2022年，通州区登记在录房产中介企业175家，办理存量房交易1741套，成交面积19.85万平方米，比上年下降21.8%。其中住宅1741套，面积19.85万平方米，比上年下降1.4%。 (张　飞)

【劳务中介】 2022年，通州区有正常开展业务营业性人力资源中介机构25家，从业人员183人，其中取得职业资格从业人员61人。有人力资源中介机构服务用人单位3596家，服务3.49万人次，实现营业收入3.20亿元。 (王　琴)

【公证服务】 2022年，通州公证处办结各类公证事项3936件，业务除涵盖传统公证领域外，还聚焦区块链金融网络赋强、知识产权保护等新型业务领域。公证处以群众需求为导向，优化服务方式，通过节假日预约办证、线上办理等便民服务举措，打造优质便捷公证服务，全年上门办理公证135次，实施节假日预约办理及延时办理200余次，开展公证法律援助18次，办理远程视频公证319件，通过“区块链赋强公证平台”在线办理金融网络赋强公证323件，进驻不动产登记中心办理不动产继承公证462件。服务政府中心工作，参与学前教育招生派位、重大行政执法、渔业增殖放流等重要活动20余次，为活动顺利开展提供专业、高效的公证法律服务。强化公证质量管理，连续4年保持全省公证卷宗质量检查合格率100%。 (王晓峰)

【保安服务】 2022年，通州区顺应保安服务市场的发展规律和公共安全需求，打造覆盖面广、业务多样、客户多元的立体化发展格局，推动新时代保安服务业高质量发展。是年，完成28家银行网点、34家企事业单位的联网报警项目施工，建成覆盖全区的110联网报警系统。服务“平安通州”建设，组织参加联勤联防106趟、318人次。为15家单位提供人防服务，其中党政机关10家、金融网点2家、企业单位3家，实现营收2681万元。 (魏　准)

开放型经济

编　辑　顾新国

综　述

【概况】2022年，通州区围绕“稳外贸、稳外资、促消费”，积极参与国内国际双循环，推动商务经济实现高质量发展。全年实现进出口总额309.5亿元。其中，出口总额271.1亿元，比上年增长0.3%；进口总额38.4亿元，比上年下降17.7%。完成服务贸易总额3.89亿美元。实际利用外资到账1.63亿美元。年末，全区有进出口企业900余家，其中年出口超1亿元以上企业55家，超5亿元以上企业10家。

【通州跨境电商产业园】2022年，通州跨境电商产业园发挥省级跨境电子商务产业园优势，优化完善产业生态，壮大外贸发展新空间，推进跨境电商新业态高质量发展。年末，园区入驻并备案跨境电商企业19家、物流企业7家、外贸综合服务平台2家，实现跨境电商出口2.4亿元。（张　颖）

招商引资

【概况】2022年，通州区以产业创新高地建设为引领，健全招商机制、创新招商方式、提升配套能力，加快推动产业向专业化和价值链高端延伸。全年新签约并注册亿元以上产业项目83个，其中5亿元及3000万美元以上重大项目54个。总投资50亿元的康源电子、总投资16.6亿元的利元亨华东总部基地、总投资10亿元的强一半导体等一批优质项目相继签约落户通州，为通州高质量发展注入强劲动力。

【政策指引】2022年，通州区相继出台《2022年度高新区、镇(街道)、投资服务中心双招双引考核办法》《2022年度区级机关部门双招双引考核办法》和《2022年通州区“招商引资突破年”实施方案》，在全区深入开展“招商引资突破年”活动，聚焦共抓大招商、共促大发展的强大合力，形成“天天有客商、周周有签约、月月有活动、季季有开工”的招商引资新格局。

【招商评比】2022年，通州区开启招商引资突破年集中行动，聚焦产业发展，在市外举办招商活动30多场次，通过举办招商推介会、恳谈会、圆桌会和点对点拜访等方式，加深与各地企业家的沟通交流，征集项目信息，寻求发展合作，同时推动部分项目加快落地通州区。坚持以育提能、以评促招，通过举办招商引资专题培训和“模拟招商赛精英”“红五月招商引资突破月”“九十十一金秋攻势”招商评比等活动，提高全区招商人员业务水平和能力素质，促进招商引资工作高效推进。（胡晓兵）

对外及港澳台贸易

【概况】2022年，通州区聚焦内外贸产业高质量发展，帮助企业用好省、市出口

8月4日，通州区模拟招商赛精英活动举行　（胡晓兵 摄）

信用统保平台，提升企业内外贸一体化发展水平，增强统筹利用两个市场、两种资源的能力；鼓励企业先行先试、探索可复制推广的经验，创斯达科技集团(中国)有限责任公司、江海电容器股份有限公司和江苏金太阳纺织科技股份有限公司被列入首批江苏省内外贸一体化试点名单。发挥大企业增长带动作用，沃太能源、四方罐式、江海电容器等企业外贸进出口增幅分别达144.2%、35.8%和34.4%，确保全区外贸出口实现平稳增长。

【外贸新业态培育】 2022年，通州区加快推进跨境电商发展，支持本地企业开展跨境电商业务，新增有跨境电商出口实绩的企业19家。鼓励企业建设公共海外仓，江苏昕旭智造纺织科技有限公司和南通南星家纺有限公司分别在波兰和美国设立公共海外仓，并对照省级公共海外仓标准进行完善。（张　颖）

12月，创斯达科技集团(中国)有限责任公司成功入围省级跨国公司功能性机构。图为创斯达集团外观（宋协培　摄）

利用外资及港澳台资

【概况】 2022年，通州区利用外资稳中提质，新批外资及港澳台资项目22个，其中，港澳台资项目13个；新批协议外资及港澳台资2.47亿美元，其中，港澳台资2.02亿美元；年度实际利用外资及港澳台资1.63亿美元，其中港澳台资1.23亿美元。新招引注册资本3000万美元以上项目3个，注册资本1000万美元—3000万美元(不含)项目9个。南通市确认新设及增资总投资3000万美元以上项目9个。

【服务外资企业】 2022年，通州区落实南通市重大外资项目攻坚推进机制，建立外资工作通报机制，实行分级挂钩服务，协调解决项目落户中的问题，力促重大外资项目招引落户。向辖区内外资企业详细解读省级跨国公司地区总部和功能性机构相关优惠政策，全流程、手把手辅导创斯达科技集团(中国)有限责任公司准备省级跨国公司功能性机构的申报材料。12月，创斯达科技集团(中国)有限责任公司成功入围，成为全区首家省级跨国公司功能性机构。（陈倩倩）

外经合作

【概况】 2022年，通州区境外投资注册新设立及增资企业10家，审查对外承包劳务合作项目39个。境外投资中方协议投资额3343万美元，增加974.9%；新签对外承包劳务合同额1.63亿美元，减少20.7%；完成对外承包劳务营业额1.86亿美元，增长13.9%。新派劳务人员1862人，增加307.4%；年末，在外劳务人员2147人，增加234.95%。完成对外直接投资额3551万美元，指标纳入高质量考核综合排名南通市第二。

【创斯达科技集团(中国)有限责任公司收购境外项目】 1月，创斯达科技集团(中国)有限责任公司备案收购德国黑森州福美德德国公司股权，利用公司先进技术、产品和生产专业与本土公司成本竞争优势相结合，从事商用保险柜、ATM(自动取款机)保险柜、智能现金存储设备的设计、制造和销售等业务，中方协议投资规模3000万美元。（钱　军）

服务外包

【概况】 2022年，通州区完成服务贸易进出总额3.89亿美元，同比增长30%；实现离岸服务外包执行额增长19%。

【载体建设】 2022年，通州区合理布局特色产业，以南通高新区科技新城为承接服务外包产业核心平台，以江海智汇园、江海圆梦谷为依托，重点培育和发展软件研发、集成电路设计、信息技术运营和维护、金融后台服务等特色的服务外包产业；以其他析块为服务外包产业辐射点，推动全区服务贸易(外包)实现新发展、高提升。（易伶俐）

园 区 建 设

编辑 马 钰

南通高新技术产业开发区

【概况】 2022年，南通高新区完成一般公共预算收入25.5亿元，比上年(下同)增长10.7%；规模以上工业总产值481.98亿元，增长16.8%；高新技术产业产值283.61亿元，占规模以上工业总产值58.8%。连续三个季度获南通市项目建设先进国家级开发园区流动红旗，被省政府表彰为“实施创新驱动发展战略、推进自主创新和发展高新技术产业成效明显的地方”。6月，获省政府督查激励荣誉。

【科技创新】 1月4日，南通高新区参与评定的5家孵化器和众创空间获得南通市科学技术局2021年度绩效星级评定。4月22日，江苏通科科技企业孵化器入榜科技部公布2021年度国家级科技企业孵化器名单，成功跻身“国家队”。该企业位于南通高新区江海智汇园，孵化面积约2万平方米，有在孵企业58家，累计毕业企业26家。12月9日，江苏深蓝航天有限公司被江苏省生产力促进中心认定为潜在独角兽企业；沃太能源南通有限公司、南通深南电路有限公司、丽智电子(南通)有限公司和茵卡动力新能源江苏有限公司被江苏省生产力促进中心认定为潜在独角兽企业榜单。

2022年，南通高新区大力实施创新驱动发展战略，加快推进创新资源集聚，江海智汇园创新核心区引领作用日益凸显。图为江海智汇园全景 (卓多敏 摄)

【项目建设】 1月26日，高德新型电子元件项目签约落户南通高新区，该项目是2022年南通市成功招引的第一个百亿级重大产业项目。6月29日，康源电子高端IC(集成电路)载板项目落户南通高新区，该项目计划总投资50亿元。11月7日，广东利元亨华东总部基地项目以视频签约方式落户南通高新区，该项目总投资约16.6亿元。

【新特产业集群建设】 9月21日，南通高新区汽车零部件特色产业基地上榜科技部火炬中心2022年国家火炬特色产业基地名单，全国37个特色产业基地入选，南通市仅此一家。9月26日，南通高新区电子元器件创新型产业集群成功上榜江苏省科学技术厅《关于同意首批江苏省创新型产业集群建设的通知》名单，成为全市唯一入选的首批8家建设省创新型产业集群之一。

【青年人才培养】 6月17日，2022年南通高新区“高新菁锐”青干班开班，该班以56名35周岁以下年轻干部为主体，8人一组，分成7个“成长互促小组”，采用松散班形式，时间跨度全年，细化实施“菁锐学堂、菁锐考场、菁锐讨论、菁锐调研”四大活动，重点提升园区广大青年政治能力、眼界思路、战略思维。 (张 悦)

2022年,中国南通家纺城以南通版权展示馆为窗口,广泛开展版权宣传。图为南通版权展示馆一角 (卑多敏 摄)

中国南通家纺城

【概况】 2022年,中国南通家纺城拥有工业园区15个,集聚各类家纺企业3000余家,其中规模以上企业204家,销售超亿元工业企业16家,外贸企业300余家。拥有家纺商户4000余家,研发设计单位200余家,中国驰名商标7个(金太阳、蓝丝羽、梦之语、圣夫岛、宝缦、卧龙、新世嘉)。川姜志浩市场年销售额超1170亿元,外贸出口额超60亿元。

【知识产权快速维权中心】 2022年,中国南通家纺城知识产权快速维权中心创新管理新模式,整合行政执法、行政调解、诉调对接、电商领域知识产权保护等多种职能,提供知识产权"一站式"服务,顺利通过国家级专利权评价报告预审试点验收。全年接收外观设计专利申请1636件,预审通过并加快730件,授权728件,自主创新企业备案31家。接收专利权评价报告请求5件,出具报告2件。受理外观设计专利侵权投诉案件421件,其中电商领域416件,线下执法维权5件。中心承担南通营商环境优化提升举措66条中知识产权保护相关职能,扩容"全链条"服务,以市场主体全生命周期需求为导向,助力构建"万事好通"南通营商环境品牌。 (周清清)

石港科技产业园

【概况】 2022年,石港科技产业园聚焦园区"一主一新"产业定位,对接客商60余批次,签约医疗卫生专用无纺布项目、博奥电机生产项目等亿元以上项目9个,其中10亿—50亿元项目3个、5亿—10亿元项目1个,持续充实"项目信息储备库"。成立园区"众创空间"人才孵化基地,引进省外高层次创新人才3人、创业人才13人,促成产学研项目12个。盘活闲置企业用地4.73万平方米。推动园区一期82户拆迁,腾地56万平方米。新三能电容器、禾源木业、本乡本土压力阀等5个亿元项目开工。拓玉工艺品、旭佳工程机械等3个项目竣工投产。完成固定资产投资22.8亿元,高新技术投资占比26.9%。深入开展"服务百企百日活动",促进银企高效对接,全年为企业争取扶持资金600余万元。

【新三能电容器项目开工】 10月,南通新三能电子有限公司投资的新型铝电解电容器项目在石港科技产业园开工建设。该项目总投资2亿元,占地3.13万平方米,主要从事电容器生产。

【禾源木业项目开工】 4月,禾源木业江苏有限公司投资的高档家具生产项目在石港科技产业园开工建设。该项目总投资1.12亿元,占地2.13万平方米,建有厂房2.5万平方米,主要从事各类板式和实木家具、金属家具生产。

【压力阀项目开工】 1月,南通红星机械有限公司投资的压力阀生产项目在石港科技产业园开工建设。该项目总投资1亿元,占地2.33万平方米,建有厂房2.5万平方米,主要从事各类各种压力阀门研发、生产。 (卢 扬)

金　融

编辑　马　钰

金融监督管理

【概况】 2022年，通州区金融工作紧扣服务实体经济、防范金融风险和加强地方监管三大任务，为地方经济健康发展提供金融保障。普惠金融高质量考核连续三年居全市第一。金融秩序安全稳定，新发非法金融案件数比上年（下同）下降80%。全区拥有银行业金融机构25家，证券营业部2家，法人保险分支机构33家，小贷公司7家，转贷公司1家，担保公司、融资租赁、典当等地方金融机构共7家。

【银行信贷】 2022年，通州区新修订《银行业金融机构支持高质量发展评价办法》，优化考核评价机制，将投放总量、重点领域贷款指标、普惠金融及创新服务作为考核重点，进一步引导激励金融机构创先争优。全区新增贷款投放155亿元，增长11.2%，贷款余额1546亿元。新增制造业贷款50亿元，增长35.0%，高出全市平均水平10个百分点，增速居全市第一。新增制造业贷款占新增贷款32.1%，位列全市第一。银行不良贷款率0.3%。

【服务实体】 2022年，通州区地方金融监管局聚焦中小微企业融资难题，进一步加大“江苏省综合金融服务平台”宣传推广力度，引导更多中小微企业入驻平台，实现线上精准对接。全区平台注册企业达9939家，当年解决融资需求2819笔，金额210亿元。联合市局举办“普惠金融县区行”通州专场推介会，推动普惠金融政策、产品直达基层。编印《通州区金融创新产品及政策汇编》，推广“苏科贷”“小微贷”“江海贷”等政银合作类产品简介及各银行、担保、转贷等金融机构纯信用类产品，发放《政策汇编》1000余份。政银合作类产品累计投放贷款14亿元，其中“小微贷”投放11亿元，“苏科贷”“科创贷”“江海贷”等科技类金融产品投放1亿元。及时启动企业融资协调帮扶机制，主动对接和协调长城、华德、准信自动化等企业及部分房地产项目融资难题。制定《整村授信示范村创建工作规范要点》。全区预授信用户超20万户，授信金额227亿元，用信3亿元。开展“上市投资顾问团”等活动，组织专家团队对优质潜力企业进行上门辅导，提升企业股改上市入轨意愿。举办“江海创投行”专场路演、“新三板改革和北交所设立”专题培训等活动，为优质企业和融资机构搭建合作平台。全年新增直接融资额7.76亿元。积极服务好规模28亿元的3支政府主导基金和规模14亿元的3支市场化子基金，通过产业基金运作成功引进探维科技、深蓝航天、度亘激光、南通罡丰、北京信而泰等优质项目。

【企业上市挂牌】 2022年，通州区已形成11家上市入轨资源库和20家动态上市挂牌后备梯队。4月18日，宏德机电深交所创业板成功发行上市。12月30日，沃太能源申请发行材料获上交所科

12月9日，通州区建筑企业政银企对接会在维景大酒店举行　（李小祥 提供）

创板受理。8月2日，石港镇帕科医疗正式在新三板挂牌。全年共有56家企业完成江苏省股交中心挂牌。

【金融监管】 2022年，通州区地方金融监管局稳步推进小额贷款公司、融资担保、典当行、融资租赁等“7+4”地方金融机构监管和服务工作，切实维护地方金融机构发展。利用地方金融监管平台及时分析有关指标，通过现场约谈、电话通知、微信交流等形式，引导各机构合法合规经营。先后帮助江海、东升小贷进一步扩大放贷规模，实现股东借款3650万元。为全区担保公司及小贷公司积极申报省区市奖励资金730万元。6家小贷公司注册资本5.132亿元，年底贷款余额7.36亿元。2家融资担保公司注册资本12.2亿元。融资担保公司在保余额9.989亿元。4家典当公司注册资本8500万元，典当余额7749.52万元。1家融资租赁公司注册资本1.02亿美元，租赁资产总额1.34亿元。

【风险防范和处置】 2022年，通州区制定印发《通州区2022年防范和处置非法集资工作要点》，细分工作任务，明确职能分工。组织开展元旦和春节两节宣传活动以及5—6月集中宣传月活动，在金沙街道、金新街道重点商务楼宇布置防范非法集资专题展架。在“通州发布”微信公众号设置非法集资风险警示专栏，发布专题风险预警6次、宣传稿件2篇，其中“长城汇慈善协会”“讯晟国际投资俱乐部”风险在全国率先预警，接到全国各地大量公安机关、投资人来电咨询。对9起涉嫌非法集资线索开展行政处置，非法集资刑事立案2起，比上年(下同)下降4起，涉案金额下降23%，涉案人数下降76%。 (李小祥)

银 行 业

中国人民银行通州支行

【概况】 2022年，中国人民银行通州支行贯彻稳健货币政策，维护辖区金融稳定，助力乡村振兴，支持实体经济发展。

9月13日，兴东街道2022年度整村授信推进工作会议召开 (李小祥 提供)

年末，本外币各项存款余额2171.68亿元，比年初(下同)增加140.11亿元，增长7.3%；各项贷款余额1545.99亿元，增加155.16亿元，增长11.2%。

【货币政策】 2022年，中国人民银行通州支行指导银行加大对保市场主体、保就业、保民生的金融支持力度，把降低市场主体融资成本、降低市场主体支付手续费、加大个人贷款纾困力度作为重要任务。年末，全区普惠金融小微企业加权平均利率为4.71%，下降24BP。协同政府相关部门修订出台《银行业金融机构支持高质量发展评价办法》，优化考核评价机制，将投放总量、重点领域、贷款指标、普惠金融及创新服务作为考核重点，通过将考核评价结果与财政资金存放和奖励挂钩等举措，促进银行业金融机构支持高质量发展。

【金融稳定】 2022年，中国人民银行通州支行落实《关于市级金融安全领域落实风险防控四项机制的通知》要求，定期开展辖内金融风险研判，严格执行重大事项报告制度。各银行金融机构通过清收、重组、核销、转让等形式处置不良贷款3.28亿元，不良贷款持续保持较低水平。联合出台《南通市通州区挤兑风险联防联控工作机制》，强化风险监测，加强风险预警，对风险事件联合会商研判，建立联合应急风险处置机制，筑牢用实金融风险“防火墙”。

【金融服务】 2022年，中国人民银行通州支行开展金融服务乡村振兴示范点建设，不断完善“三信”评价标准。夯实普惠金融整村授信成效，制定《整村授信示范村创建工作规范要点》。至年末，全区整村授信25.29万户，授信额度315.78亿元，放贷17475户，金额53.16亿元。推动江苏银行通州支行依托中证应收账款融资服务平台向南通建山再生资源有限公司发放政府采购信用贷款800万元，实现全省首笔大额“政采贷”业务落地。发挥“普惠金融发展风险补偿基金”资金杠杆作用，扩大小微贷、苏科贷、科创贷、江海贷、通贸贷等融资规模，带动优惠利率贷款规模超10亿元。

【金融宣传】 2022年，中国人民银行通州支行组织全区148家农村普惠金融服务点开展非法集资集中宣传活动，持续推进存款保险宣传分片包干，携手银行开展“六进”活动，完成城区投保分支机构网点存款保险宣传工作现场巡查。逐步开展乡镇网点现场抽查，覆盖乡镇网点约60家。常态化组织辖区各银行业金融机构开展防范电信诈骗专题培训，招商银行通州支行、江苏银行南通锡通园区支行、邮储银行平潮支行等多家金融机构成功拦截网络诈骗10起，挽回损失366.08万元。

【外汇管理】 2022年，人民银行通州支行遵循"本币优先、贸易投资便利化"原则，指导银行、企业开展跨境人民币业务。至年末，全区跨境外汇收支总额55.71亿美元，跨境人民币收支总额17.32亿元。通过拓展重点客户、推广跨境人民币产品、实施减费让利、简化业务办理流程、完善业务考核机制等措施，帮助企业解决跨境结算难题。 （李玲玲）

中国工商银行股份有限公司南通通州支行

【概况】 2022年，中国工商银行南通通州支行在支持地方重大项目建设服务实体经济上体现新担当，在服务先进制造业上迈出新步伐，在服务小微普惠实体上取得新成效，在消费者权益保护上取新突破。年末，实现各项存款余额199.16亿元，比年初（下同）增加18.87亿元。总贷款余额123.28亿元，增加14.55亿元。普惠贷款试点余额13.04亿元，新增5.34亿。实现营业收入5.09亿元，增加0.2亿元，拨备后利润3.24亿元。

【金融服务】 2022年，中国工商银行南通通州支行加强社保卡、优待证的发卡、启卡服务，新增社保卡经办网点12个、优待证经办网点15个。持续优化"企业开办一站式"服务窗口布局，推进反诈防骗"安心"工程。提升敬老、适老服务水平，在老年客户较为集中的网点，设置无障碍ATM和无障碍等候区，为无法到网点办理业务的特殊客群提供上门服务。 （施　峰）

中国农业银行股份有限公司南通通州支行

【概况】 2022年，中国农业银行股份有限公司南通通州支行各项存款余额358.62亿元，比上年（下同）增加53.08亿元，增长6.7%；各项存款日均余额341亿元，增加43.6亿元。各项贷款余额188.3亿元，增加30.64亿元，增长12%。普惠贷款余额30.38亿元，增加7.14亿元。制造业贷款余额23.38亿元，增加0.4亿元。未发生重大责任事故和案件。是年，支行获评江苏省文明单位，省分行先进集体、四好班子，市分行四好班子、个人资金组织优秀支行，支行"三心三好"党建工作品牌获评全省农行十佳，1人获评省行优秀党员，2人获评省行先进个人，1人获省行工会财务知识竞赛、保密知识竞赛二等奖。零售条线项目、对公"三重"项目、普惠"三一"项目均获评市优秀项目。

【金融服务】 2022年，中国农业银行股份有限公司南通通州支行在项目营销、经营转型、产品推广上持续发力，有效扩量。累计投放南通神辉置业、南通融城建设等项目贷款9笔共33.55亿元；成功承销发行南通高新控股集团首期超短期融资券8000万元。增加有效数字化场景36个，上线智慧校园 33个、智慧厂区48个；签约家族信托4.7单。完成十总、高新区2个网点的装修改造及部分网点微改造。实现保费3.38亿元，增加1.07亿元；实现基金销售6.09亿元。 （胡倩倩）

中国农业发展银行南通市通州支行

【概况】 2022年，中国农业发展银行南通市通州支行作为通州唯一一家农业政策性金融机构，服务乡村振兴，服务国家粮食安全，推动巩固拓展脱贫攻坚成果同乡村振兴有效衔接。年末，各项存款余额9.55亿元；发放各类贷款9.76亿元，各项贷款余额43.67亿元。到期贷款收回率100%。无不良贷款、违规违纪和案件事故发生。 （张洋洋）

中国银行股份有限公司南通通州支行

【概况】 2022年，中国银行股份有限公司南通通州支行认真贯彻落实"竞争当好表率、创新做出示范、业务走在前列"工作要求，全力提升市场竞争力和风险控制力，获全省首个县级医疗保险基金管理中心账户开立权，日均存款超亿元。是年，实现本外币存款余额173.70亿元，比上年（下同）增加0.61亿元；本外币贷款余额159.71亿元，增加8.59亿元；贷款不良率0.1%，下降0.7%。

【金融服务】 2022年，中国银行股份有限公司南通通州支行加强资源配置，结合普惠金融定策会体系，主动下沉服务，对短期发展困难的普惠客户不压贷、不抽贷。年末，普惠金融贷款余额26.40亿元，增加6.6亿元。推进线上水务营业厅建设，上线网络缴费平台。推广教育场景建设，实现上线智慧校园35家，"云缴费"学校12家，带来教育场景客户1000余户。改善网点渠道布局，打造"普惠金融""消费金融""财富金融"特色网点。 （许　晴）

中国建设银行股份有限公司南通通州支行

【概况】 2022年，中国建设银行股份有限公司南通通州支行以市场为导向，以效益为准绳，强化合规管理，狠抓业绩争创，多项业务取得新突破。年末，一般性存款日均余额268亿元，其中，个人存款日均余额196亿元，日均新增29亿元；对公存款日均余额72亿元。各项贷款余额178亿元，新增25亿元，其中，个人贷款时点新增7亿元，对公贷款时点新增18亿元。全年实现安全运营，无事故、无案件。是年，支行荣获建总行"五一劳动奖章"称号，获评建总行"五四红旗团委"。 （张俊杰）

江苏银行股份有限公司南通通州支行

【概况】 2022年，江苏银行股份有限公司南通通州支行各项存款余额97.21亿元，其中对公存款时点余额50.07亿元，储蓄存款时点余额47.14亿元；各项贷款余额88.56亿元，其中对公贷款余额70.40亿元，零售贷款余额18.16亿元。是年，支行被评为江苏银行"总行优秀县域支行"、江苏银行总行2022年零售业务旺季营销竞赛"县域明星网点"。 （陈　阳）

中国邮政储蓄银行股份有限公司南通市通州区支行

【概况】 2022年，中国邮政储蓄银行股份有限公司南通市通州区支行实现个人储蓄存款余额227.01亿元，对公存款余额12.21亿元，贷款业务总余额47亿元。承接社保代发15亿元、农保16亿元，各类社保类资金超过31亿元，每月实现代发户数39万余户。贷款平均利率降低0.2%。发放小企业贷款达5亿元。

【金融服务】 2022年，中国邮政储蓄银行股份有限公司南通市通州区支行践行普惠金融理念不动摇，通过“党建+金融”形式，签订“支持农业新型经营主体信贷融资战略合作协议”，揭牌“省农担基层服务点”“邮储银行乡村振兴金融服务站”，涉农贷款2.34亿元。稳步推进农村信用体系建设，累计建成合格信用村232个，发展信用户6817户，发放信用类贷款374笔9103万元，其中线上信用户贷款73笔共387.8万元。打造手机银行APP大字版，对智能柜员机新增大字版操作界面，设置老年客户高频常用功能，提升老年客户精细化服务水平。（黄莹龙）

江苏南通农村商业银行股份有限公司

【概况】 2022年，江苏南通农村商业银行股份有限公司各项存款余额645.43亿元，比上年（下同）增加32.18亿元，增长5.3%；各项贷款余额555.14亿元，增加47.75亿元，增长9.4%。传统实体贷款余额473.79亿元，增加36.18亿元，增长8.3%。传统实体贷款户数33851户，增加4986户，增长17.3%。涉农及小微企业贷款余额429.48亿元，增加58.6亿元，增长15.8%。全年处置表内外不良贷款本息9.9亿元，其中：现金清收3.05亿元。五级不良贷款余额7.24亿元，增加0.63亿元。贷款利息回收率97.7%，拨备覆盖率336.3%。实现拨备前利润11.1亿元，减少4317.59万元。实现利润总额6.15亿元，减少3829.60万元。实行净利润5亿元，增加4001万元。（倪美丹）

保险证券业

【概况】 2022年，通州区有法人保险分支机构33家（含营销服务部10家），其中财险14家，寿险19家，全区保险机构实现保费收入26亿元，增长8.3%，位居南通市第一。通州区有证券营业部2家，证券资金账户6.6万户，证券账户7.14万户，累计托管市值157.97亿元。实现证券交易额835.36亿元，营业收入3307.07万元，佣金及手续费收入1627.33万元。（李小祥）

【中国人民财产保险股份有限公司通州支公司】 2022年，中国人民财产保险股份有限公司通州支公司实现保费收入3.41亿元，比上年（下同）增加 6000万元，增长21.5 %。建成乡镇农网营销服务部12家，完成保费9517万元。是年，公司被评为省级“优质服务窗口”。（葛园园）

【中国人寿保险股份有限公司通州支公司】 2022年，中国人寿保险股份有限公司通州支公司实现保费收入6.16亿元，增长7.9%。其中首年标保4188万元，首年期交保费收入1.33亿元，短险保费4133万元，业务指标完成率位列南通第一。参与承办通州区职工自费补充医疗保险以及照护保险，通州区安康关爱行动老年人意外伤害保险、健康家庭保险、居民医保补充保险等民生保险项目。全年共支出赔款3474.43万元。（王 頔）

【中国平安财产保险股份有限公司通州支公司】 2022年，中国平安财产保险股份有限公司通州支公司保费达成1.21亿元，其中车险保单9764万元，财产险保费1353万元，意健险保费999万元。承保农业保险保费40多万元。（沈天罡）

【申万宏源证券南通朝霞路营业部】 2022年，申万宏源证券有限公司发挥“投资控股集团+证券子公司”的双层架构优势，为企业集团、个人投资者、专业机构投资者、金融同业机构及政府客户提供以资本市场为核心的全产业链综合金融服务，拥有投资银行、财富管理、机构服务和交易、投资管理等全业务牌照，主营业务涵盖企业金融、个人金融、机构服务及交易、投资管理四大业务板块。南通朝霞路营业部客户数量1.2万人，托管客户资产共计20亿元。（李小祥）

【华泰证券南通通州新世纪大道营业部】 2022年，华泰证券继续保持战略定力，持续推动科技赋能下机构业务和财富管理双轮驱动战略的深化进阶，全面打造平台化、生态化全新商业模式，构建客户导向、一体联动、敏捷协同的全业务链组织机制，把科技打造成为最核心的竞争力。是年，南通通州新世纪大道营业部代理沪深A股交易总量约858亿元，新增客户1585户，各类产品销售额12.1亿元。（李小祥）

经济管理

编辑 顾新国

宏观经济管理

【概况】 2022年，通州区紧扣“打造产业创新高地、城乡融合标杆、民生幸福典范”目标定位，坚持稳字当头、稳中求进、以稳促进，高效统筹疫情防控和经济社会发展，统筹发展和安全，计划执行、发展规划管理、经济运行管理、对接上海、投资项目服务、综合资源利用等工作成果斐然，全区经济发展稳中有升，人民生活持续改善，社会大局和谐稳定。

【计划执行】 2022年，通州区积极应对超预期因素冲击，主动适应经济社会发展新形势。在深入总结2022年经济社会工作取得的成效，分析当前经济社会发展中存在的困难和问题的基础上，科学谋划2023年国民经济和社会发展的主要预期目标和重点任务，形成《南通市通州区2022年国民经济和社会发展计划执行情况与2023年国民经济和社会发展计划（草案）的报告》。

【发展规划管理】 2022年，通州区不断巩固“1+41”规划体系，筑牢高质量发展硬核支撑。深入细化区“十四五”发展规划《纲要》各项重点任务责任分工，印发《〈南通市通州区国民经济和社会发展第十四个五年规划和二〇三五年远景目标纲要〉实施和分工方案》。加快开展专项规划编制，稳步实施已出台规划，至12月底，区级“十四五”专项规划印发29项，其中重点规划18项，一般规划11项。

【经济运行管理】 2022年，通州区完成地区生产总值1639.18亿元，比上年增长2.1%，总量列南通市第二。新开工亿元以上产业项目54个，完成投资额89亿元。固定资产投资比上年下降9.5%，基础设施投资比上年增长85.4%。工业应税销售比上年增长3.7%，服务业应税销售比上年增长25.7%。实现社会消费品零售总额447.80亿元，比上年下降1.3%。实现外贸进出口总额309.5亿元，实际到账注册外资1.63亿美元。新增制造业贷款50亿元，比上年增长35.0%。减税降费和退税缓税超过50亿元。新增市场主体超2.2万家，新增上市企业1家、新三板挂牌企业1家。

【对接上海】 2022年，通州区以“更深层次接轨上海，更宽领域融入苏南，更大格局向海发展”的工作要求，重点推进长三角一体化，着重建设沪苏通硬核区，开展全方位接轨上海工作。9月，2022通州平台合作暨产业发展沪上对接会在上海成功举办，集中签约产业项目12个、平台合作项目4个。先后赴上海大学国家科技园、上海英恒电子等40个园区和企业学习交流，国基集团等多家企业来通参观考察，为两地合作创造机会。

【投资项目服务】 2022年，通州区以项目建设作为经济工作的主抓手，出台《通州区产业项目质量综合评估办法（试行）》，促进要素合理配置、产业分工协作，提高落户项目质量和集聚水平。探索“拿地即开工”通州模式，推行项目建设“定期观摩、专班推进”机制，全力做好项目建设服务保障。新开工5亿元以上重大产业项目19个，完成年度投资68.6亿元。17个省市级重大开工项目全部开工。恒力三期、雄邦等项目竣工投产。争取地方政府专项债券9个、政策性开发性金融工具项目2个。发行企业债1个，首期发行面额4亿元。规划实施石港、平潮、金沙“二级载体平台”建设，加快形成“1+3+N”产业承载体系。

【综合资源利用】 2022年，通州区加快推动绿色发展，促进资源节约和循环利用。通州华电热电全年使用天然气3.96亿立方米，发电18.06亿千瓦时，供热136.9万吉焦。光伏发电大幅增长，新增并网容量9.34万千瓦。稳步有序开展电价市场化改革，加速推进托底服务，5.8万余家企业通过电网公司代理购电。出台《关于完整准确全面贯彻新发展理念推动高质量发展做好碳达峰碳中和工作的实施意见》，持续推进绿色制造体系建设，新增国家工业产品绿色设计示范企业1家、省级绿色工厂2家。（杨帆）

财政

【概况】 2022年，通州区全面落实“疫情要防住、经济要稳住、发展要安全”的工作要求，坚持稳字当头、稳中求进，以新发展理念引领高质量发展，突出积极的财政政策提质增效、更可持续，克服多重超预期因素影响，全力以赴推动财政健康平稳运行，为全区经济社会事业高质量发展提供坚实的财政保障。

【财源建设】 2022年，通州区把财源建设放在首位，惠企政策持续发力，精准助力企业发展。实施因疫情影响暂停营业的市场主体纾困解难的若干政策及帮助市场主体着力稳定经济增长的若干措施，积极开展“服务企业大走访”活动，争取产业、科技、人才、商务等项目资金超1亿元，拨付专项资金超2亿元，减免931家服务业小微企业和个体工商户租金2463万元，扶持企业超400家。发挥应急转贷基金、科创贷等“政企银”合作金融产品优势，引导金融机构为30多家企业提供贷款4亿余元。全面落实减税降费政策，全年减税降费和退税缓税超50亿元。持续优化政府采购营商环境，减免建设工程交易中标服务费，试行网上办理履约保证保险替代实质性的履约保证金缴纳，减轻企业现金流压力。加大政府采购支持中小微企业力度，落实政府采购中小企业预留份额和价格评审优惠措施，完成省内首笔大额“政采贷”。

【财政收支】 2022年，通州区优化财政收入考核办法，加强收入分析研判，深度挖掘潜在税源，依法强化收入征管，全面推进协同共治。全区完成一般公共预算收入67.52亿元，同口径增长7.9%，其中税收收入完成45.70亿元。一般公共预算支出预算为139.52亿元，完成133.59亿元，占预算的95.7%。全区政府性基金收入完成161.81亿元，占预算的95.7%。全区政府性基金支出151.82亿元，占预算的99.2%。全区国有资本经营收入1.22亿元，统筹调出到一般公共预算1.22亿元。全区社会保险基金收入完成24.48亿元，占预算的100.7%。社会保险基金支出完成22.57亿元，占预算的99.6%。

【民生投入】 2022年，通州区统筹财政预算安排，调优支出结构，兜牢兜实民生保障底线。全年财政民生支出104.74亿元，占一般公共预算支出比重78.4%。严格落实过“紧日子”要求，全年减少非刚性支出2.20亿元，“三公”经费压减1.6%，当年直达资金形成支出超98.8%。实施“养老服务扩面提标”项目，困境儿童基本生活补贴与市主城区全面接轨。最低生活保障对象提标4%，基本公卫、居民医保财政补助标准分别提标4.8%和12.5%。应急发放困难群众生活和物价补贴，一次性清缴机关事业单位历史欠缴医疗保险费用。安排疫情防控资金5.38亿元，保障防疫支出需求。投入21.69亿元，保障大交通建设、老旧小区改造、污染防治攻坚。推进新建学校项目及中小学校校舍维修改造，义务教育阶段生均公用经费拨款标准比上年提高20%，教育投入增长3.1%，实现“两个只增不减”。盘活水利、支农专项结存资金，整合农业、水利和生态环保专项资金3.89亿元。发放惠农补贴1.33亿元，惠及24.56万农户。筹措资金1.35亿元，保障3.4万亩高标准农田建设。投入6549万元，新建一事一议路渠146条，新建和整修户厕3000座，整治生态河道55条，推进秸秆离田、农药零差价集中配送、废弃农膜和农药包装物回收。财政支农投入超额完成“两高于”和土地出让收入用于农业农村的支出比例要求。

【债务管理】 2022年，通州区严格执行化债资金安排比例，统筹资产处置、国有资本经营收益等来源，稳妥落实隐性债务化解资金。严格落实三个“一律不予审批”要求，从源头上规范政府投融资行为，全区债务规模、债务率、综合成本持续“三下降”。加强资金筹划，压降账面储备资金，有效避免资金闲置增加融资成本。紧跟中央和省专项债券额度分配动向，加强部门间协同配合，根据全区基础设施领域补短板任务需要，精心做好债券项目申报，全年新增政府债券资金16.17亿元，其中一般债券3.6亿元，专项债券12.57亿元，缓解财政支出压力，保障重点工程支出需求。

【财政改革】 2022年，通州区理顺区镇财政管理体制，落实深化经济发达镇改革要求，明确招引重特大项目政策扶持，明晰基本公共服务区镇事权和支出责任，向基层下倾财力1.15亿元。健全“三全”预算绩效管理新格局，在南通市率先出台学校装备配置、建设类项目概算控制标准，部门预算管理更趋规范。拓展一体化系统，推进预算一体化运用扩围至乡镇，41所农村中小学校全部纳入省预算管理一体化系统。制定新一轮《区级征迁安置专项资金包干使用结算办法》，规范征迁安置资金管理。规范做好财政投资评审工作，评审项目240个，核减金额5300.73万元。创新民生服务应用，全区电子票据用票单位增至481家，节约票据印刷成本239.6万元。加强区镇两级财政性资金动态监控，形成支付监管闭环，预算执行效率及资金使用安全性和规范性有效提高。在南通市率先实现农村中小学校区级国库集中支付全覆盖。深化财政资金竞争性存放改革，中标行由原来的15家扩大至24家。建立全区代理记账行业联合监管机制，推动会计行业健康发展。完善政府采购监管体系建设，全面推进财经秩序专项整治，开展基层财政大额资金管理专项检查、基层财政往来款专项清理、违规发放津补贴自查自纠。开展国有资产清理盘活，统筹资产资源配置。农业保险、金融企业考核、政府投资基金管理走上正轨。财政信息化建设加快推进，数字财政建设取得新进展，实现让数据多跑路、群众少跑腿。（倪德俭　赵宁儿）

税　务

【概况】 2022年，通州区紧紧围绕税收现代化蓝图，踔厉奋发，稳中求进，高质量推进新发展阶段税收现代化建设，税务工作全面向好。坚决履行税收职能，服务发展大局，全年组织收入237.41亿元，比上年增长45.93%，其中组织税收收入82.05亿元、社保费收入53.24亿元、非税收入101.73亿元、其他收入0.39亿元，完成同口径地方公共预算收入46.22亿元。深入贯彻“快退税款、狠打骗退、严查内错、欢迎外督、持续宣传”五措并举要求，落实落细新组合式税费支持政策，实现新增减税降费及退税缓税52.25亿元，其中办理留抵退税32.98亿元，较上年同期增长382.87%。发挥以税资政作用，全年完成税收分析报告34篇、政务信息83篇，其中，参与组稿的国常会政策反响单篇政务信息获李克强总理批示点赞，2篇报告获省以上领导批示肯定，13篇报告获区领导批示表扬。坚持把争先创优作为工作提质生效的重要抓手，相继获得省部级荣誉7个，地市级荣誉12个、区级荣誉14个、其他荣誉19个。

【征管改革】 2022年，通州区持续推进税务征管改革，按照区委办、区政府办意见和省局"50条"措施要求，明确和划分税务稽查、任务统筹、税务监管、协同共治、风险管理和基础管理事项等内容，省局征管改革中期65条指标自评全部完成。担当税收征管改革先行先试重点任务，规范建立"预先服、随票服、网格服"组合式服务机制，完成全电发票受票扩围试点。健全5C监控评价工作职责体系，对"市评价县"指标进行责任分解，全面提升税收征管质量监控评价工作效能。推动增值税电子专票试点应用，电子专票开具量比上年增长23.6%。开展代开票风险防控试点工作，顺利完成4个大防控类型27个明细项的测试任务。增值税预填报、加油站日常监管试点等工作有序推进。全面落实企业所得税和个人所得税汇算清缴工作，申报进度均排名南通市前列。重点督办土增清算项目，全年完成清算项目28个。全方位推进资源税、城市维护建设税、房产税、城镇土地使用税、印花税（不含证券交易印花税）、耕地占用税"六税"减免工作，高效完成智能报表反馈核实获市局点名表扬。在全省率先将城乡居民医疗保险征缴纳入社会综合治理全要素网格平台。积极对接财政、自规等部门，全力做好国有土地使用权出让收入的划转工作，初步形成优化高效统一的税费征管新格局。严格落实行政执法公示、执法全过程记录、重大执法决定法制审核"三项制度"，规范税务行政执法行为。全面落实一体化综合监督建设任务，对照40个大类143个事项的监管清单，梳理排查风险点295个，拟定风险防控措施465个，建立100个日常监督指标。优化涉税司法联动机制，处置破产企业债券申报81户次。优化风险应对资源配置，建立专业化深度分析团队，强化风险应对全流程监控管理，完成风险应对650户，实现风险应对成效4.21亿元。细化税务监管，采集拆迁补偿信息886条，涉及企业487户，全部完成注销阻断，有效防控企业注销环节税收流失。

【纳税服务】 2022年，通州区落实"万事好通，周到有解"优化营商环境66条措施，全面提升线上线下办税融合发展水平，线上办税业务非接触式办税率超96%。深入开展"走流程、听建议"办税体验活动，优化完善本地化便民办税举措95项。成功上线RPA（机器人流程自动化）自动化审核、"智能外呼"等系统，稳步推进社保缴费业务"一厅联办"、免费邮寄发票等项目。收到"好差评"50.17万条，综合得分高于南通市均值。持续深化落实"一线问需+精准服务"机制，主动甄别锁定政策适用对象进行精准宣传辅导，"税政快递"短信发送58.67万条，红利账单发送9022户次，推送优惠政策类指引14批1.68万户次。围绕政策热点、服务亮点做好新闻宣传，精准落实留抵退税相关做法先后2次被中央电视台专题报道，2篇案例被中税报头版头条录用，43篇稿件被中央级媒体刊发。扎实推进税费服务一体化改革，在全省率先试点建立社保费征缴争议处理中心，在全区镇（街道）实现全覆盖。设置"办不成事"反映专用通道，解决日常疑难问题。打破传统窗口服务模式，在全市范围内首创"无柜台"办税服务中心。（吴　伟）

自然资源管理

【概况】 2022年，通州区聚力自然资源和规划要素支撑保障，坚持"稳中求进"主基调，大力实施优化空间、资源保障、守牢底线、国土绿化、依法行政、服务惠民、党建引领"七大升级"，守正创新破解发展难题，担当善为增加发展活力，推动新时代自然资源工作高质量发展。在市区考核评比中，连续第2年蝉联南通市自然资源系统年度综合考核第一等次、南通市自然资源和规划改革创新创优一等奖，连续20年蝉联全区综合考核第一等次。被市级以上媒体录用文章16篇，市级以上网站录用信息96篇，南通市局网站录用信息85篇。"世界地球日"废物再利用手工比赛活动获评全省"第53个世界地球日主题宣传好项目"。

【资源保护】 2022年，通州自然资源和规划局积极探索"进出平衡"在设施农用地等耕地"非粮化"管理上的具体运用，出台《南通市通州区2022年度耕地"进出平衡"总体方案》，预留耕地流入指标。全年申报入库补充耕地项目167个，新增耕地1.21平方千米。改进和规范耕地占补平衡管理，严格补充耕地全流程监管。全面开展耕地占补平衡补充耕地项目质量等别评定，涉及项目179个、面积1.49平方千米。优化土地执法共同责任机制指引下的人技同防手段，升级实时智能监管系统，完善盲点巡查签到功能，实现全天候监管。有序推进部、省卫片执法检查工作，违法用地管控成效显著。召开点调会，压实镇村责任，历年违法违规用地挂账问题逐步消化。牵头做好2022年耕地保护督察工作，通过多轮对接，实现面积与数量上的"双减"。涉地信访问题化解持续向好，上级部门交办的攻坚化解任务全部完成。组织开展矿山地质环境综合整治工作，绿色矿山达标率100%。加快推进开展扬子江城市群（南通段）城市地质安全风险调查评价，编制发布《通州区2022年度地质灾害防治方案》《南通市通州区矿产资源总体规划（2021—2025年）》。建立区镇村三级林长组织体系，全区211名镇级林长、220名村级林长、221名管护员全部落实到位，责任明确、监管有力的森林资源保护发展网格全面形成。新增成片造林12.23万平方米，低效林改造及退化林修复2.54平方千米，林木覆盖率达24.5%。新建湿地保护小区5.73平方千米，自然湿地保护率达60.1%。刘桥镇徐园村、西亭镇草庙村、兴仁镇李家楼村和东社镇横马村、严北村5个村居获评"省级绿美村庄"。

【发展用地保障】 2022年，通州区报批用地20个批次2.21平方千米，供应建设用地83宗5.49平方千米，出具规划设计条件102份；核发建设项目选址意见书29份、用地面积110.73万平方米，建设用地规划许可证33份、用地面积235.3万平方米，建设工程规划许可证81份、总建筑面积366.06万平方米，乡村建设规划许

2022年，通州自然资源和规划局推出工业项目建设前期咨询服务，帮助投资人、建设单位做好审批前各项准备工作，实现“拿地即开工”。图为工作人员现场提供咨询服务（卑多敏 摄）

可证27份、总建筑面积23.80万平方米。海星电子、恒力三期等一批省市重大项目用地实现“应保尽保”。

【节约集约用地】 2022年，通州区强化存量土地挖潜，通过闲置土地收回重供、提高容积率、增资技改、僵尸企业处置等措施盘活存量建设用地37.47万平方米，年度目标完成率达112%。完成低效用地再开发1.51平方千米，完成率达111%。处置批而未供土地3.56平方千米，完成率达178%。贯彻落实省市工业用地提质增效文件精神，为6家企业“量身定制”出让合同补充协议和投资监管协议，盘活存量面积11.33万平方米，新建建筑面积约31万平方米，平均容积率达2.9。

【调查测绘】 2022年，通州区完成农村集体土地所有权确权登记成果更新及19条河流的自然资源统一确权登记工作。完成2022年度国土日常变更调查试点工作，全面掌握区域内国土利用变化情况，为全区自然资源管理与数字赋能工作提供基础支撑。统筹做好基础测绘工作，1∶500通州区自然资源和规划地形图编制项目荣获江苏省优秀测绘地理信息工程一等奖，长江南通段水下地形图测制项目荣获江苏省优秀测绘地理信息工程二等奖。

【自然资源领域批后监管】 2022年，通州区加强诚信履约，做好国有土地供后监管，履约监管81宗3.97平方千米，签订延期协议34宗，补缴出让金647.24万元；收缴出让金滞纳金约6.07万元；发出批后提醒函、催告函13份。开展规划跟踪管理项目164个，现场勘查及服务210余次。开展建设项目验线58个，办理规划核实项目106个。移交未按工程许可内容建设案件2件、未批先建案件1件、未经验线开工案件4件。

【自然资源领域安全生产】 2022年，通州区始终把自然资源领域安全生产工作放在首要位置，坚持守土有责、守土负责、守土尽责，以实实在在的安全稳定成效，确保全区发展大局的安全稳定，保障好人民生命财产安全。统筹部署森林防火工作，组织力量在重要时间时点开展森林防火巡查。常态化开展系统内部安全生产检查、重点区域地质灾害治理、危险化学品安全综合治理等重点工作，持续实现系统安全生产“零事故”目标。

【提升营商环境】 2022年，通州区探索“预先审、容缺办、承诺制”审批服务模式，实现“多证齐发”，确保企业“拿地即发证、即开工”。在南通市率先推进“多测合一、多验合一”改革试点，全面推行多个测绘事项“一次委托、综合测绘、成果共享”，避免重复测绘；全面推行“一单申请、一窗受理、一次踏勘、一个结论”的集中验收服务机制，提升服务效率。不动产登记增设“企业服务专窗”，推行企业不动产登记“1个窗口、1个环节、60分钟内办结”。在南通市率先实现不动产“继承公证+转移登记”群众零收费联办新模式，惠民476件。优化不动产登记涉税登记业务“一窗受理并联办理”服务机制，将“水电气”过户嵌入存量房转移登记环节，在南通市率先实现不动产转移、抵押、水电气过户的实时联办。常态化开展“交房即发证”，专人专班有序推进农民安置房“办证难”问题。开辟“办不成事反映专窗”，兜底解决群众急愁难盼。打通与住建、税务、财政等部门数据共享壁垒，推行不动产登记业务“网上办、掌上办”，启用不动产登记电子证明及权利人不动产登记信息查询电子印章，推行不动产登记电子缴费，税费“一码统缴”的“一次收费、后台分账”新模式。打通法院线上“查、解封”，纪委监委等部门线上实时查询。实现新建商品房及二手房转移、不动产抵押、预售商品房及抵押登记“双预告”等业务“线上办”，为企业群众办理“云查询”4.87万次、“云转移”20件、“云抵押”3909件、“云预告”950次，“云融资”314.53亿元。（范 萍）

市场监督管理

【概况】 2022年，通州区聚焦市场主体关切，聚力市场监管改革创新，主动作为、以优应变，市场监管与服务发展同发力、双提升，以公平竞争和诚信的营商环境助推经济社会高质量发展。区市场监督管理局连续第4年蝉联市局服务高质量发展履职服务综合评价优胜单位，第8年蝉联区级机关综合绩效考核优胜单位；获评全省食品安全工作先进集体、南通市2022年度“强富美高”新南通现代化建设先进集体、通州区2022年度“强富美高”新通州现代化建设先进集体；获区委、区政府和市局领导各类批示肯定6次。

【信息化监管】 2022年，通州区围绕市场监管大数据技术应用，持续推进信息化监管创新，推进“一体系两平台三机制”建设。标准化建成涵盖1个指挥中心和14个基层指挥室的区镇两级信息化监管指挥体系，结合信息化监管、远程视频监控两大平台，成功构建结构扁平、上下贯通、双向互动、快速便捷的信息化指挥体系。全面完成通州区市场监管信息化建设标准体系建设，制定各类标准110项，其中，采用国家标准29项，研制内部标准81项。合作参与的省级科技计划项目《市场监管信息化标准体系建设及重要标准研究》顺利通过验收。是年，区级市场监管指挥中心下发监管执法指令3736条，发送短信提醒995条，责令整改233起，当场处罚35起；镇(街道)信息化监管指挥室下发监管执法指令1.25万条，发送短信提醒2.09万条。发挥大数据“超强大脑”作用，实现“让数据领跑、让隐患清零”。消除特种设备事故隐患1.84万条，推送惠民信息1.25万条。市场监管信息化标准体系的创新建立引发多方关注，先后接待近30家省内外系统内单位考察调研，其中药械信息化工作获省药监局专项调研并作经验交流。

【食品安全监管】 2022年，通州区持续推进国家级食品安全示范城市创建，相继通过国家食品安全示范城市创建省级评审、市级评估和市级督查。在落实校园食品安全专项检查、学校食堂明厨亮灶建设的基础上，全区158家学校食堂视频监控信息全部接入区级信息化远程监控平台，实现食品加工全程监督信息化管理。开展食品小作坊整治提升工程，指导小作坊提升硬件，完善软件台账，成功创建省“名特优”食品小作坊4家、南通市示范小作坊9家。开展进口冷链食品及餐饮服务单位常态化疫情防控工作，实现进口冷链食品全覆盖监管、全流程追溯。推行食用农产品规范化管理，49家农贸(批)市场实现入场销售者“一户一档”全覆盖。开展食品安全“守查保”专项行动，检查食品生产加工主体181家、经营主体9952家、特殊食品主体1150家，实现主体检查覆盖100%，闭环整改100%。完成两节、两会、中高考、学业水平测试、重大赛事等活动5.5万余人次食品安全保障，食品安全环境持续提升。全面推进食品安全责任险工作，全区学校(园)、养老机构、农村集体聚餐、集体用餐配送单位、肉蛋奶和白酒、食用农产品批发市场等重点领域实现全覆盖。备案登记管理民间厨师1120名，现场备案评估农家宴9467起，保障就餐103.5万余人次，未发生群体性食品安全事故。组织食品安全知识培训60余场次，覆盖3万余人次。

【药品医疗器械监管】 2022年，通州区以执法主题教育实践活动为抓手，加强药品医疗器械监管能力建设，严防严管严控药品安全风险，严厉打击药品医疗器械及化妆品违法犯罪行为，全力以赴保安全守底线。强化疫情期间药品医疗器械质量安全监管，药店疫情防控列南通市第一名，药品保供工作获市委主要领导肯定。集中开展医疗防疫物资、新冠肺炎病毒疫苗和核酸检测试剂、药品流通、医疗器械隐患排查、医疗美容行业、化妆品线上线下清源行动、雳剑2022、零号行动等一系列专项整治行动，检查药械妆经营使用单位、一类医疗器械生产单位1567家次，发现问题793处，问题整改率100%，未发生药品安全事件。加大行政执法力度，严惩违法行为，全年立案查处90件，结案80件(药品16件、器械9件、化妆品55件)。加强不良反应和不良事件监测力度，上报药品不良反应2325份、医疗器械不良事件918份、化妆品不良反应217份。

【特种设备安全监察】 2022年，通州区高标准高质量推进“三年大灶”收官工作，按照全面排查无死角、隐患整改不过夜、从严从实抓执法的原则，严抓特种设备监管，维护民生安全。全年出动检查人员1.2万余人次，检查企业4000余家次，排查隐患5723条，下达特种设备安全监察指令书322份，查封特种设备243台，立案查处99件，罚没款240余万元。对辖区内108家重点企业开展两化融合检查，排查安全隐患500余条，并形成隐患闭环的一企一策，提升特种设备使用单位安全责任意识，形成共治共享安全理念。开展液化石油气充装单位检查，14家液化石油气充装单位实现企业分级、监管分类；持续严厉打击气瓶充装单位不联锁充装、扫描空白二维码充装等违法行为，立案查处气瓶违法行为5起，罚没金额10万元。紧抓电梯监督检验质量不放松，督促检验机构严把检验质量关，坚守电梯本体安全底线，压实电梯使用单位主体责任，对检验不合格的电梯，督促使用单位即知即改，对不作为的物业进行严肃查处。完成叉车技改1000余台，通过安装继电器、物联网卡，实现人脸识别阻断无证人员上岗，对叉车运行过程中的超速行驶、不系安全带等违章行为进行实时预警提醒，提升叉车使用

7月26日，区市场监管局开展现制现售奶茶等饮品专项检查工作　（张蕾蕾　摄）

安全系数。组织特种设备安全监察培训教育20余次,安全监管能力全面提升。在南通市监察大比武中,连续第四年蝉联团体第一、第三年蝉联个人第一。区市场监督管理局先后获评全市“制度化管理、实时化监控、自动化阻隔、现代化救援”现场推进会先进集体、南通市局“零号行动”特种设备安全生产百日攻坚行动优胜单位、通州区安全生产工作先进集体。

【质量监督管理】 2022年,通州区持续推进“质量强区”建设,组织产品质量安全监督抽检148批次、食品安全抽检6866批次,消除安全隐患334个。完成不合格产品后处理194批次,完成不合格食品的处置任务省抽19批次、市抽52批次、区抽319批次。强化证后监管,巡查强制性认证企业41家、许可证企业34家、机动车安检机构20家。成立通州区大米行业质量合作社,开展小微企业质量帮扶,10家小微企业通过质量管理体系认证。儿童青少年近视防控服务认证工作获批国家试点,南通海星电子股份有限公司获江苏省省长质量奖提名奖,四方科技集团股份有限公司获评省质量信用AAA级,江苏恒科新材料有限公司获评省质量信用AA级。甬金金属、四方科技、华新环保主营产品入选“江苏精品”发布名单,江海电容器课题获南通市QC小组发布赛三等奖。持续推进质量人才建设,培育首席质量官260名,推荐选手在江苏省首席质量官首届职业技能竞赛中获二等奖。推动质量信用结果运用,启动“苏质贷”融资工作。

【标准化建设】 2022年,通州区以标准化引领创新发展,提升企业话语权。南通江海电容器股份有限公司获批筹建江苏省电容器技术标准创新基地,主导的标准《光伏逆变器用长寿命级CD297S型铝电解电容器》(T/CECA 29—2019)获首届江苏省标准创新贡献奖项目奖。南通世发船舶机械有限公司主导制定的ISO 24225: 2022《气动速关控制装置》国际标准获批发布。南通御丰塑钢包装有限公司主导制定的国家标准外文版(英文)《棉花包装聚酯捆扎带》(GB/T 32340—2015)正式发布。南通顺丰速递有限公司承担的江苏南通顺丰速递有限公司物流服务标准化试点获批2022年度国家级服务业标准化试点项目。

【计量管理】 2022年,通州区发挥计量技术和行政执法两大优势,做实做好民生计量监管,营造公平诚信的计量环境。组织开展民生计量专项行动,持续开展眼镜制配场所专项整治,检查眼镜店106家、计量器具342台。强化医疗机构计量器具监管,检查医疗机构349家、计量器具3205台件。集中开展商场超市、集贸市场用于贸易结算的电子计价秤专项检查,检查场所345家、计量器具658台件。持续开展“计量服务中小企业行”活动,在全区26家“旗舰领航”企业开展企业计量服务需求问卷调查。开展“数字计量惠民生·服务助企融党建”主题党日活动,创新“专业化+精细化”两化融合新模式,推动助企服务与职能工作有机结合。开展燃油加油机“你点我检”计量惠民活动,发挥好社会大众监督作用。

【市场主体监管】 2022年,通州区从整合流程便捷化、拓展服务便民化入手,持续优化营商环境,激发市场主体活力。开展省级年报精细化管理试点,有序推进市场主体年报公示工作,全年辖区企业市场主体应年报35997户,实际年报35906户,年报率达99.7%。继续探索“部门联合+远程监管”新模式,统筹建立跨部门联合非现场监管事项清单和检查对象子库,区市场监督管理局、公安局、医疗保障局、应急管理局、文广旅局与城管局等8个部门制定15项跨部门联合非现场监管事项并开展联合检查,实现事项清单化管理,照单照库检查。提升信息化监管效能,借助“天网”“千里眼”“药店云”等远程监控平台,采用截屏、留存视频等方式,跨部门非现场监管各类主体260余户。落实“双随机、一公开”联合抽查任务479个,抽取市场主体8966户,检查完成率100%。

【广告管理】 2022年,通州区聚焦药品、食品(保健食品)、医疗、金融服务、房地产等重点行业和领域,强化重点广告内容监管,立案查处虚假违法广告78件,罚没款40.11万元。强化网络市场监管,对全区6759个网络交易市场主体进行监测,下发互联网违法指令56条,立案查处网络违法行为案件35件,罚款48.26万余元。

【稽查执法】 2022年,通州区聚焦群众反映强烈、社会舆论关注和市场监管风险压力大的重点商品、重点领域、重点区域,优队伍、强执法、护民生,查办案件1231起,其中,产品质量案件215起,食品案件513起,标准计量案件26起,价格管理64起,化妆品案件56起,证照及市场主体行为规范案件28起,商标案件87起,广告案件74起,特种设备案件86起,药品案件18起,专利管理9起,商标标识、条码代码案件6起,医疗器械案件8起,市场竞争秩序案件23起,消费者权益保护3起,合同管理7起,其他案件8起;移送公安追究当事人刑事责任35起。实施精品案件工程,提升行政执法案件质量,入选国家市场监督管理总局优秀案件4起、省级典型案例9起、市级典型案例50起,其中,徐某某网络销售假冒中药案被公安部、最高检、国家药监局列为首批挂牌督办典型案件,并获评省级典型案件。

【消费者权益保护】 2022年,通州区受理各类咨询、消费投诉、举报信息16065件,较上年增长59.5%。其中,咨询28件,占0.2%;消费投诉9675件,占60.2%;举报6362件,占39.6%。信息来源渠道众多,其中“12315”热线3885件,全国“12315”平台8186件,“12345”热线3236件,信件306件,来电354件,来访67件,其他31件。各类消费投诉举报的按时办结率100%,反馈回访率100%,回访平均满意度达98%,挽回消费者经济损失378.37万元。在全市“12315”工作能力考核中,通州区投诉按时初查率达99.97%、按时办结率达99.99%、调解成功率达83.16%、举报按时核查率达100%,较上年明显提升,“12315”工作能力位列南通市第一。食品安全类工单成功入选全区“12345”“十佳优秀工单”。发挥消费纠纷远程视频调解优势,降低消费维权成本,全年开展远程视频调解110起。9月,南通市第二轮社会矛盾纠纷排查化解工作专题调研组专程来通州参观调研远程视频调解工作，影响力实质提升。

（魏婷婷）

价格管理

【概况】 2022年，通州区以强化价格服务、加强价格管理、稳定物价水平为目标，主动适应、把握、引领经济发展新常态，全面深化改革、坚持放管结合，加强宏观调控、稳定市场价格，深化价格改革、规范价格行为，清费治乱减负、构建和谐环境，坚持依法治价、严肃价格纪律，高质量完成价格认定工作，全面优化通州营商环境。

9月5日，区价格部门联合教体、市监部门在正场小学开展开学收费督查

（区发改委 提供）

【价格调控】 2022年，通州区根据省市价格调控目标，科学制定责任分解，落实责任目标。出台《关于通州区2022年度价格调控目标责任制的实施意见》，明晰各部门调控目标任务，督促落实目标责任制。落实储备肉投放工作，9月29日至10月3日，在通州大润发超市投放储备猪肉460公斤。落实困难群众一次性补贴发放工作，向优抚对象、领取失业保险人员、困境儿童、特困人员发放一次性价格补贴235.68万元。

【价格监测】 2022年，通州区科学组织和规范价格监测工作，完善价格异动应急预案和机制，提高应急反应和处置能力。落实节日值守制度，密切关注重大节日期间市场价格动态，做好春节、"五一"国际劳动节、"十一"国庆节等重大节假日舆情价格监测和重大突发事件后的应急价格监测，维护好市场价格秩序。加大市场价格监测力度，对主副食品、猪价、农资、成品粮4个大类124个品种价格进行实时监测，并按照省市部署时间节点上报监测数据。及时掌握市场价格信息和动态，加强价格形势分析研判，全年形成价格分析材料16篇。

【收费监管】 2022年，通州区聚焦重点领域和关键环节，加强收费行为监管。对全区70多家行政事业性收费及部分政府制定价格经营服务性收费单位开展2021年度收费年报审核、年度情况报告和收费统计工作，统计收费总额5.26亿元。对年审过程中发现的没有执行"新生新办法，老生老办法"政策的幼儿园，在要求先自行整改的基础上，将情况反馈给市监部门，由市监部门后续跟进。区物价部门联合教体部门发文明确2022年春季、秋季学期中小学收费问题，对等级晋升等符合收费标准调整的幼儿园保教费标准进行审核备案，进一步规范教育收费行为。加强物业收费及停车收费管理，对矛盾突出的前期物业收费纠纷提前介入、积极协调，提高群众满意度。是年，物业收费备案项目5个，小区停车收费项目10个。答复"12345"政府热线服务平台咨询120余件，市长信箱3件，信访1件，依申请信息公开5件。办理政协提案1件，人大建议3件。

【清费减负】 2022年，通州区严格贯彻落实上级取消、减免、停征收费项目及收费标准，切实减轻企业及群众负担。整理并公布《通州区实行政府定价管理的经营服务性收费目录清单》《通州区行政事业性收费目录清单》。做好疫情期间助企纾困工作，减免水资源费、数字电视基本服务费等计4万多元。发文明确区内婴幼儿照护服务机构水电气价格按照执行居民价格的非居民用户执行。降低部分公证服务收费标准，对交通、水利部门的船舶过闸费继续实行优惠政策，减轻企业负担近6万元。开展水电气暖行业涉企违规收费自查自纠工作，推进新建住宅小区红线外水电气暖配套工程政府资金落实工作。

【价格改革】 2022年，通州区深化重点领域价格改革，全面提升价格管理服务水平，推动价格管理工作迈上新台阶。针对天然气进价上涨，对通州华电公司开展成本监审。在成本监审和了解周边燃气供热价格情况的基础上提出价格调整方案征求意见稿，再征求用气企业代表及相关政府部门意见并报区政府同意后，拟定燃气供热价格调整方案并出台相关价格调整政策。根据气源结构测算气源价格，并根据配气价格和价格联动机制制定调价方案，及时调整非居民用天然气价格。坚持"房住不炒"导向，优化房地产价格调控政策，引导房地产开发经营企业理性定价，确保房地产市场平稳健康发展。是年，完成房地产价格备案项目51个。

【成本监审】 2022年，通州区遵循公正、公开、科学、规范、效率的原则，加强对政府制定价格商品和服务的成本监管，相继完成华电通州热电公司蒸汽和华润公司非居民用气成本监审调查，为准确出台价格调整政策做好基础工作。

【农本调查】 2022年,通州区以促进经济结构调整,增加农民收入为目标,根据省、市下达的成本调查目标任务,相继完成粳稻、油菜籽、玉米、大豆4个品种21个农调户的数据汇总直报调查,露地西红柿、露地大白菜2个品种的12个农调户的常规成本调查和农户种植意向、存售粮、农资购买3项21个农调户的专项调查。全年按照市发展和改革委时序要求,完成所有农产品成本收益数据的调查、汇总、分析、上报,并形成调查分析报告。

【价格认定】 2022年,通州区立足价格认定公共服务职能,着力做好涉案、涉纪、涉税和涉政府事务价格认定,深入推进价格争议纠纷调解工作和综合业务平台建设。是年,区物价部门完成公安部门委托刑事案件价格认定247件、涉纪检监察价格认定6件、税务部门委托涉税不动产交易个案473件、行政执法价格认定20件、行政事务价格认定15件,未发生一起有效复核及投诉。 (袁小华)

统　计

【概况】 2022年,通州区深入贯彻落实中办、国务院办公厅《关于更加有效发挥统计监督职能作用的意见》(以下简称《监督意见》),聚力统计部门"参谋部""晴雨表""预警器"职能作用发挥,提升统计督察效能,守好统计数据质量"生命线",以高质量的统计监测评价服务全区经济社会发展。

【高标准落实《监督意见》】 2022年,通州区将学习贯彻中办、国办公厅《关于更加有效发挥统计监督职能作用的意见》精神作为统计工作的第一要务,提升统计监督效率,推动经济社会高质量发展。制定学习贯彻《监督意见》方案,对学习宣传、措施细化、责任落实全面部署。突出学习重点,在区政府专题学习《监督意见》的基础上,区统计局在统计月报上刊登《关于更加有效发挥统计监督职能作用的意见》(摘录),以党组会、中心组学习、全体集中学习会等形式,实施"全员式、分层面"学习,形成系统内部层级落实、系统内外合力齐抓的学贯局面。加大执法力度,制定全年统计执法监督检查计划,完成省局2批次"双随机"60家和市局"双随机"40家执法检查。开展出入库专项检查,覆盖调查单位400余家,重点抽查15家。

【统计服务能力提升】 2022年,通州区主动应对经济发展过程中出现的新情况、新问题,持续强化统计服务能力,助力全区经济平稳健康发展。区统计局立足职能发挥,紧抓研判预判,密切监测经济运行情况,按月开展经济形势分析和走势预判。围绕重点行业、重点领域、重点区域、重点指标,强化苗头性、倾向性、潜在性问题分析。深入开展疫情对工业、贸易等企业影响的快速调查,向区委、区政府上报关于疫情对产业发展影响分析和复工复产的《统计专报》13篇,为统筹疫情防控和经济社会发展提供重要决策参考。全年编发统计分析65篇,统计专报17篇;形成统计课题研究成果11项,其中,《统计监督在党和国家监督体系中的地位与作用研究》《加强专业化统计执法能力建设研究》获全省关于更加有效发挥统计监督职能作用主题征文三等奖,《通州区数字经济发展现状与提升对策研究》获全省关于"数字化"背景下的江苏经济社会发展主题征文优秀奖,《基于因子分析的通州区镇域经济发展水平综合评价》获全市年度县(市、区)优秀统计分析二等奖;被各类媒体发布信息451篇次。分门别类整理人口、能耗、环保等各类数据,做好数据个性化需求服务。印发统计快报22期、统计月报12期、统计手册1期,出版《统计年鉴》1卷。召开"通州这十年"新闻发布会,编印《砥砺十年谱华章 奋进通州启新程》分析汇编,全面展现中共十八大以来通州经济社会发展取得的辉煌成就,为中共二十大献礼。

【统计改革】 2022年,通州区通过推动统计改革落地,全方位反映新产业、新业态和新商业模式等"三新"经济新动力。首次开展数字经济核心产业增加值测算工作,严格落实行业划分标准,为准确反映全区数字经济情况积累经验。启动投入产出调查,提前介入程序开展"五经普"筹备,保障经济新增长点如实反映。区统计局"推行工作时限法,提升工作时效性"工作法获评全省基层基础规范化创新项目,基层基础规范化工作获评全省县级统计基层基础规范化建设成绩显著单位。继续规范开展统计调查工作,夯实统计数据质量,金沙街道、先锋街道、石港镇获评全市统计规范化建设五星级单位,高新区获评四星级单位。 (葛文钰)

审　计

【概况】 2022年,通州区坚持以审计聚民心,以审计促民生,聚焦贯彻新发展理念、构建新发展格局、防控重大风险、推动生态文明建设等领域,做好常态化"经济体检"工作,服务保障全区经济社会高质量发展。是年,完成区级预算执行和其他财政收支审计、重大政策跟踪审计、经济责任审计、民生审计、农业农村审计等19个项目,完成2018—2021年政府性投资绿化工程建设管理情况专项审计调查、师范桥及周边改造工程竣工决算审计等固定资产投资审计5个项目,审计查出管理不规范金额9.34亿元,促进增收节支1.39万元。

【财政预算执行审计】 2022年,通州区紧扣预算管理和资金分配这条主线,开展2021年区级预算执行和其他财政收支情况审计,项目重点反映财政预算管理、部门预算执行、重点专项审计等方面存在的7个大类40个问题。9月,区人大和区政府对23家部门和单位进行集中"双交办"。通过压实整改主体责任,落实审计整改闭环管理,至12月底,相关问题一次完全整改率达92.5%。

【重大政策跟踪审计】 2022年,通州区坚持把国家和省市重大政策措施落实跟踪审计作为"首要任务"和"政治责任"。4月,派遣审计小组,赴海门区对国家级海门经济技术开发区和省级南通国际家纺产业园区运行情况开展专项审计调查,深挖问题疑点,向市纪委监委移送案件线索7条,涉及人员6人。7月,派遣审计小组,赴如皋市实施2019—2021年耕地占补平衡项目建设管理情况专项审计调查,历经两个多月的时间,完成对188个项目的抽查,查出各类问题资金1.73亿元。

7月，区审计局派出审计组赴如皋市开展耕地占补平衡项目建设情况专项审计调查。图为实地调查　　（杨　敏　摄）

【领导干部经济责任审计】 2022年，区审计局根据区委审计委员会批准的年度审计计划和区委组织部的委托，对全区2个镇、8个部门的12位科级主要领导干部进行任期经济责任审计，其中任中审计5个、离任审计7个，发现问题8大类36个，延伸审计发现问题10个。

【民生资金审计】 2022年，通州区完成困难群众救助补助资金审计，关注困难群众救助补助资金分配管理使用情况及相关政策落实情况，揭示部分集中供养机构未落实食品、消防等安全要求等问题，规范集中供养救助机构管理制度。完成2019—2021年乡村振兴财政性资金审计，推动收回闲置资金1.19亿元。

【农业农村审计】 2022年，通州区聚焦基层党风廉政建设和村级“三资”管理，抽取二甲镇三甲社区、石港镇新貌村等10个村（居），围绕经营收入、债权债务规模及涉农项目建设管理等方面，组织6个审计小组同步实施，查出问题16类83个，管理不规范资金3124.26万元。

【投资审计】 2022年，通州区以规范政府投资项目管理、提高资金使用绩效和促进重大政策落实为目标，完成审计项目488个，送审47.99亿元，节约财政资金1.33亿元。开展金府路工程、师范桥及周边改造工程、县乡公路维修及桥梁维修加固工程、通洋高速系统互通连接线工程等4个项目的竣工决算审计，揭示项目送审不及时、基础建设程序不规范等问题17个。根据省委巡视交办，对区2013—2021年期间实施的309个拆迁安置项目进行专项审计调查，提出审计建议，并联合财政、住建部门推动问题整改，建立常态化管理制度。

（季秀秀）

国有资产管理

【概况】 2022年，通州区国资国企克服疫情冲击、经济下行等客观困难，拓市场、强监管、防风险、促转型，决战决胜国企改革“三年行动”，持续做强做优做大国有资本。区属国有企业实现总收入69.74亿元，实现利润总额13.54亿元，缴纳税费4.3亿元，上缴国有资本经营预算收入1.22亿元，比上年翻番。

【国企改革“三年行动”收官】 2022年，通州区围绕区属国有企业改革三年行动实施方案确定的目标任务，全面统筹战略引领、开拓市场业务新赛道、牵住三项制度改革“牛鼻子”、推进完善监管和治理体系，119项改革任务基本完成，中国特色现代企业制度框架基本建立，以管资本为主的国有资产监管体制逐步健全，市场化经营机制日臻完善，工作成效得到省、市评估组认可。

【国企市场化转型】 2022年，通州区出台国有企业主业管理办法，实施主业和非主业投资分类管控，引导企业聚焦主业，做精做强。在清产核资的基础上，积极参与国有粮食企业改革重组。推动区、镇水务一体化联动管理，全区供水营销差率明显下降。突出市场导向，推动房地产项目去库存。“嘉鑫一期”直投基金总规模5050万元，投资项目9个，平均估值增长率达

8月9日，“学先进、抓落实、促整改”暨国企改革三年行动现场交流观摩会县（市、区）专场在通州区举行　　（区国资办 提供）

70%以上。混改企业交融建设工程公司资质提级增项，取得市政一级资质和监理三级资质。支持企业推动光电科技产业园建设，促进区内产业转型升级。

【国资国企监管】 2022年，通州区以落实国企改革三年行动为契机，以管资本为主推进国资监管职能转变，强化产权、投资、财务等重点领域和关键环节监管，推动国有资产的合理配置和有效利用，确保国有资产保值增值。在全市率先采用预算编制软件，构建全覆盖、闭环式预算管理体系。在开展可研、尽调、制订资金平衡方案的基础上，建立“双重论证”“双重法律审核”制度。承担南通市融资平台公司压降和市场化转型首批试点任务，探索实践有效途径，为全市此项工作的铺开提供借鉴。聚焦房地产、担保、基金等重点投资领域开展专题调查，针对风险点分别出具《国资监管提醒函》，并跟踪整改落实情况。组建区资金安全委员会，出台《关于进一步加强通州区国有企业经营性债务和大额资金管控的实施意见》，建立大额资金管控机制，有效控制企业债务规模。落实企业安全生产职责，组织开展三年专项整治行动，制定《区属国有企业安全生产大检查工作方案》，落实建筑、交通、燃气等领域安全风险排查整治，录入隐患730条，整改办结率100%。

【市场化经营机制】 2022年，通州区国资国企聚焦主责主业，构建灵活高效的市场化经营机制，激发企业经营活力，提升企业核心竞争力。实施“一企一策”差异化治理，制订企业主要负责人考核细则，对经营业绩实行总量、人均、增长率等多维度量化考核计分，并通过第三方机构审计确认业绩结果，更大程度确保数据准确、可靠。实行董事会向经理层授权管理机制，赋予经理层决策权限，实现权责对等。经营层任期制及契约化管理“企业面”“人员面”实现全覆盖，区属国有集团及子企业经营层59人签订“两书一协议”(年度经营业绩责任书、任期经营业绩责任书，岗位聘任协议)，明确完成任务达不到70%等不胜任退出条款，副职负责人绩效考核首次在系数上拉开差距，突破利益藩篱，真正实现收入能增能减，为子企业绩效考核管理树立标杆。建立员工工资总额与经济效益挂钩的薪酬分配机制，指导企业按照市场经济规律，对标行业薪酬标准，逐步解决分配平均主义和“大锅饭”现象。企业中层干部竞聘首次采用无领导小组形式面试，通过风采展现，使优秀人才脱颖而出、走向关键的管理岗位。

【履行社会责任】 2022年，通州区国资国企坚持以人民为中心的发展思想，在推动自身高质量发展的同时，忠实履行社会责任，助力保障和改善民生。落实市场主体纾困解难工作责任，为服务小微企业和个体工商户减免房租1200万元。投资1.5亿元，15天内建成金沙湾、康复路、金桥路3个健康驿站。组织抽调140多名国企干部职工到街道、卡口一线抗疫，全力护航全区疫情防控工作。落实中央和省生态环境督察要求，完成五接、十总、骑岸4个污水处理站、东沙污水及益民公司二分厂的环保验收。运用“互联网+殡葬”模式，推进惠民殡葬一站式服务。高质量推进代建项目，金沙湾大桥竣工通车，银河北苑、牡丹江幼儿园、古沙小学、通州中专体育馆6个项目按时竣工交付使用，通锡高速8个安置区全面推进，公安战训基地、实验中学多功能报告厅项目完成主体结构施工。

（李　刚　张莉丽）

南通市鑫汇控股集团有限公司

【概况】 南通市鑫汇控股集团有限公司(以下简称鑫汇集团)成立于2017年12月，区属一类国有企业，注册资本30亿元。下辖实体化运营子公司9家，拥有AA+主体信用等级公司1家。2022年，集团坚持稳中求进总基调，克服外部环境和新冠疫情影响，统筹发展和安全，推动各项工作实现新突破、取得新成效。是年底，集团资产总额达到712亿元，完成经营性收入4.36亿元，利润总额0.91亿元。

【民生服务】 2022年，鑫汇集团把保障和改善民生作为工作的出发点和落脚点，全力增进民生福祉。水务公司加快供水管网建设，增强供水保障能力，完成江海大道东延等3条道路、湖境雅苑等10个新建小区配套给水工程建设；推行精细化管理，供水营销差率为22.9%，比上年下降5.1%。益民水处理公司加快推进益民污水处理二期扩建、东沙污水处理厂污水处理代建工程，益民二分厂、东沙污水处理厂和渔湾、二甲等6个污水处理站通过环保验收，并取得排污许可证。鑫汇养老公司推行“养医护一体化”养老服务新模式，鑫汇护理院和石港颐养中心收住老人152名；开展政府购买居家养老服务项目，服务老人数达5.80万；开展失能、失智人员提供居家照护服务，为兴东、川姜等6个镇(街道)的56名居家照护对象提供服务3400余次。云游堂公司在保障民生、公益优先前提下，成熟运用“互联网+殡葬”模式，推出多元化、高品质的殡仪服务项目，业务办理更快捷更便民，全年火化遗体6501具，清明期间接待祭扫群众2万余人。

【金融业务运营】 2022年，鑫汇集团立足服务实体经济，发挥国企资金的杠杆作用，助推企业发展。中投担保公司新发生担保项目69笔，担保额9.51亿元，平均担保费率0.97%；至12月底，在保余额9.71亿元，在保业务数68笔，在保客户54家，户均担保规模为1798万元。润通转贷公司完成转贷业务37笔，提供转贷资金4.52亿元。惠通公司、嘉益基金公司基金合作投资项目增至180个，总投资41.33亿元，其中，基金投资本地项目14个，基金投资额3.76亿元；投资引进落地项目11个，基金投资额4.82亿元；项目签约投资额达59亿元；所有投资基金实现退出收入2.56亿元，其中“苏纳同合”基金纳微项目退出收入1.56亿元。

【产业园开发建设】 2022年，鑫汇集团采取“基金+基地+基业”的模式，加快推动全区半导体光电产业发展。12月，南通半导体光电产业园项目各建筑单体全部完工；80%厂房落实意向入住单位，计划投资额超20亿元。

【资产管理】 2022年，鑫汇集团围绕做强做优做大目标，突出主业实业，采取自用、共享、调剂、出租、处置等盘活方式，统筹管理全区各类型国有资产150余处，最大化激活并释放闲置资产效能。是年，有效盘活闲置资产4处；惠通公司租金收入近1000万元，其中惠通宿舍楼对外出租66间，出租率100%。落实疫情期间房租减免政策，为132家承租户减免租金达251.24万元。（林丽萍）

南通圆宏控股集团有限公司

【概况】 南通圆宏控股集团有限公司（以下简称圆宏集团）成立于2017年12月，区属一类国有企业，注册资本30亿元，主要承担城市基本建设项目开发经营管理、打造城市综合运营等职能。集团公司主体长期信用等级为AA+级。下设部门5个，下辖实体化运营子公司6家。2022年，集团公司以决战决胜姿态，扎实推进国企改革三年行动任务和市场化业务拓展、项目建设、债务防控等重点工作，以更加厚实、更具竞争力的实体化动作推动高质量发展，经营业绩持续向好。是年，实现收入总额12.88亿元，利润总额1.77亿元，纳税总额2.14亿元。

【房地产开发】 2022年，圆宏集团房地产净投入约73.52亿元。集团自主开发商品房项目上麟府12月底完成竣工备案；圆宏大厦项目完成竣工备案，出租出售率达45.45%；西亭邻里中心项目完成项目预售，销售17套，总回款约1024万元；首个市外独立开发项目嘉兴016地块项目获取施工许可证，3栋楼地下结构冲出“正负零”。与南通耀通家纺城投资有限公司按6∶4的股权结构比例组建南通金钏湾建设发展有限公司，开发川姜三圩埭片区，年内完成前期拆迁工作。

【市政建设】 2022年，圆宏集团全面推进333环境综合整治项目建设，其中一期工程通过省专家组考核验收，二期工程05达标区完成建设。推进纵一河及十四总港综合整治工程、六号横河整治工程和五号泵站西侧进水管工程建设，全部通过竣工验收。完成锦绣桥、岷江路、三姓街路、行政中心停车场等代建交通工程项目建设。南通高新技术产业开发区环境提升片区内的学贤路、厚德路及道路配套照明工程和蒸汽管道改造完成80%，敬贤路改造工程完成55%，碧华路改造工程完成70%。

【公共设施及保障房建设】 2022年，圆宏集团承建通锡高速安置区保障房项目及金北学校、人武部等区政府投资项目12个，建筑面积达74万平方米，总投资约27亿元。按时竣工交付银河北苑、牡丹江幼儿园、古沙小学、通州中专体育馆、宿舍楼、先锋派出所、先锋消防队6个项目。

【投资项目建设】 2022年，圆宏集团坚持多元化布局，鼓励子公司拓展投资空间，优化产业结构，增添发展动力。神辉公司参与投资的筑友绿色建筑科技园项目投入试运营，建材贸易实现收入3910万元。中宏公司专注做大环境产业，石港建筑垃圾处置项目全年突破30万吨处置量，南部生活垃圾转运中心主体厂房12月底通过竣工验收。富通公司深耕配套设施建设领域，投资建设金沙变、姜北变等供电管沟项目，满足城区用电需求。万嘉公司与社会资本合作成立嘉瑞托育，探索智慧托育“1+N”模式，嘉瑞托育希望路旗舰园通过竣工验收。

【服务民生】 2022年，圆宏集团以服务民生、服务发展为己任，主动作为，坚决履行好经济责任和社会责任。4月，根据区疫情防控指挥部的部署要求，投资1.5亿元，10天建成金沙湾、康复路及金桥路3个健康驿站，接待本地及周边隔离人员11482名，为新冠疫情常态化防控工作提供坚实保障。助力乡村振兴，投资的东社农文旅连栋大棚项目及十总二爻居植物工厂项目正式运营；投资的3个强村加油站项目进入竣工验收阶段。（陈艳娟）

南通融通控股集团有限公司

【概况】 南通融通控股集团有限公司（以下简称融通集团）为区属国有一类公司，注册资本30亿元，拥有子公司36家，其中，AA+主体信用等级公司1家、AA主体信用等级公司2家。2022年，集团公司整合区域交通资源，培育大交通全产业链及片区综合开发的服务能力，形成以交通基础设施建设、片区开发为主、多元业态为辅的发展格局。至12月底，集团及代管公司总资产达490.45亿元。

【项目建设】 2022年，融通集团实施交通代建工程项目4项，投资1.13亿元，其中，农村公路提档升级、县乡道大修、桥梁加固维修、公交站台完成交工验收；7项续建水利工程完工并通过验收，其中亭石河治理工程和九洋河治理工程为省级重点工程；安置房代建代管覆盖先锋、平潮、五接等地，总建筑面积229.64万平方米；江海大道东延项目高架实现全线验收通车。

9月，牡丹江路幼儿园开园（卑多敏 摄）

【片区开发】 2022年,融通集团以科学利用土地、改善人居环境、丰富城市内涵、提高综合实力为目标,精心规划设计,加快推进金沙湾新区和滨江高铁新城南部片区开发。其中,金沙湾片区重点围绕民生、惠民实事工程加快建设,金乐路实现金沙湾大桥至锦绣路段通车,金乐中心竖河环境综合提升工程完成建设工程规划许可证、施工图合格证办理,金沙湾学校完成现场临时设施搭建,文体中心体育馆体进入桩基施工,金沙湾医学综合体项目进入全面施工。滨江高铁新城南部片区完成控制性详规、城市家具、道路水系等10个专项规划编制及审查,"一横三纵"四条骨干道路完成方案设计,长江生态景观建设的堤顶公路一期工程如期完工,主江堤绕行路及九圩港支堤贯通工程全面建成。

【交通产业】 市政绿化 2022年,南通绿路市政园林工程有限公司承接航空实训基地行道树移植工程、纬十四路绿化工程等25个项目,实现收入总额5595.70万元,利润2477.71万元。

机动车培训 2022年,通州区通安机动车驾驶员培训有限公司招收机动车驾驶学员4361人,其中摩托车学员2047人,比上年增长75.1%。完成摩托车全科目考场建设工作,实现"一站式"服务。

汽车检测 2022年,通州区机动车安全技术检测中心有限公司完成机动车检测量9597辆,初检合格9263辆次,初检合格率达到96.5%。8月,检测中心取得重中型车辆安全检测、汽车综合性能检测资质,成为"三检合一"的综合检测站。

汽车租赁 2022年,通州区盛鼎汽车服务有限公司拓展汽车租赁市场化运营空间,长期租赁业务量增幅达12%。履行公务用车第二平台职责,做好全区机关事业单位公务出行保障,承接公务车出行任务3725次。

公交运营 2022年,通州区畅行公共交通有限公司拥有公交运营车299辆,公交客运班线54条(不含机动线路),日发班次929对,完成运量436.52万人。

【对外投资】 2022年,融通集团坚持变革创新,以主营业务工程代建为起点,向建筑原材料供应、工程设计、工程施工、工程试验检测等领域扩展,与民营企业深度合作,通过参股、合资等方式延伸产业链,成立合资公司参与市场竞争,新承接业务量1.35亿元。其中,交融公司中标金额4637.75万元,账面确认收入4126.12万元,利润总额547.36万元;公司资质提级增项,市政公用工程施工总承包资质由二级跃升为一级,取得市政公用工程监理专业甲级和房屋建筑工程监理专业乙级资质,核心竞争力全面提升。

(卞蓓蓓)

公共资源交易

【概况】 2022年,通州区坚持以市场化、法治化、便利化为目标,全力打造健康有序的公共资源交易服务平台,不断优化公共资源交易领域营商环境,助力企业"减负增效",激发市场主体活力。是年,区级公共资源交易服务平台完成交易项目1025项,交易额83.08亿元,节约资金6.01亿元,节约率6.7%。

【智能化改革】 2022年,通州区持续推进公共资源交易全程电子化,围绕营商环境考核评价指标,建设工程、政府集中采购、土地使用权挂牌以及产权交易四大类项目实现100%网上电子化交易;简化交易程序,提升交易效率,土地使用权挂牌项目以及产权交易实现100%网上电子竞价;政府集采全面实现网上电子化集中采购,线上电子化评标。企业诚信库实现主体信息入库人员新增及调转登记、公共资源交易平台线上销号等事项"一网通办",助力企业"零跑腿"。推进招标投标服务便利化、智能化改革试点,优化招投标群体在CA证书申领、主体信息注册、交易信息发布、在线招投标、投标保证金收退等事项上的全过程网办流程,开通线上线下"双通道"办理CA证书,并实现CA证书互联互认。在中标通知书在线签发将在线中标通知书签发自助打印,在线合同商定网签纳入全过程交易服务,招投标各方群体实现交易成果网办网签网发。

【营商环境优化】 2022年,通州区全面落实价格扣除、提高预付款比例等小微(监狱、福利)企业扶持政策,鼓励采购人提高面向小微企业采购的金额和比例,加大对小微企业支持力度。围绕营商环境提升,推进落实《南通市2022"营商环境提升年"实施意见》及《"万事好通"南通营商环境优化提升举措66条》等具体措施,自2月10日起,执行建设工程类项目免收交易服务费政策;自10月8日起,免收建设工程类、国企采购类、产权交易类、前期物业类等入场电子化网发项目招标文件工本费、交易平台使用费;全过程免收政府采购类项目招标文件工本费、投标保证金及交易服务费;持续推进好CA互认工作,为投标企业降低投标成本,为招投标市场减负促活;建设工程类项目全面推进电子保函服务,全年电子保函担保金额达9.3亿元;投标保证金全部实现招标通、电子保函、网银转账的多渠道网上收退,增加投标人自主选择权,实现保证金"全程网办"。

【交易体系建设】 2022年,通州区围绕公共资源交易服务质效提升,持续简化办事程序、优化交易流程,面对咨询"随问随答",面对特殊事项"下班不下岗",提供优质交易服务保障,做到重点项目、应急项目、重大民生项目顺利进场交易,项目交易不停歇、交易服务加速度,推动项目交易及建设提速提质提效。严格执行《关于进一步规范工程建设项目招标投标领域投标保函应用的通知》文件精神,落实平台突出问题整改措施,鼓励投标人采用电子保函方式提交投标保证金;严格按照有关收费标准及要求收取综合服务费;严格落实评标区封闭式管理制度,做好从业人员规范道德培训,提升公共资源交易从业者职业道德操守。

(羌梦秋)

城 乡 建 设

编 辑 杨王军

城 乡 规 划

【概况】 2022年，通州区继续推进国土空间规划编制，做好新一轮生态管控区域调整，完成预支空间规模指标落地上图方案。完成“三区三线”（城镇空间、农业空间、生态空间3种类型空间所对应区域，以及分别对应划定的城镇开发边界、永久基本农田保护红线、生态保护红线3条控制线）划定工作，为推动全区高质量发展做好空间保障。

【国土空间规划修编】 2022年，通州区科学压减城镇开发边界规模、统筹城市功能空间、完成举证工作，全区划定城镇开发边界1.65万公顷，其中主城区6235公顷。预支部分空间规模及调剂指标编制落地上图方案获省自然资源厅批复，共上图面积200公顷。其中重大产业项目127公顷，基础设施847万公顷，经营性用地、安置房、乡村振兴等用地6427万公顷。有效保障急需落户的重大项目、民生工程以及公共设施用地，完成第二批预支部分空间规模调整工作。

【村庄规划编制】 2022年，通州区完成首批119个涉农村庄规划编制，完成54个村省厅备案，分配村庄规划专项流量指标4531万公顷，村庄备案数量和村庄规划专项流量指标面积居全省前列。全区剩余村庄按照考核要求，形成最终成果并组织开展专家评审。

【城市建设空间结构优化】 2022年，通州区开展经营性地块研究及控规调整和规委会工作。完成城区及金沙湾25个地块经营性用地地总平研究，为经营性用地挂牌提供保障。对通州高级中学北侧地块、南山寺北侧地块等7个地块进行控规调整。开展规划委员会议3次和规划办公会议2次。 （范 萍）

城 市 建 设

【概况】 2022年，通州区围绕打造“产业创新高地、城乡融合标杆、民生幸福典范”工作目标，开拓创新、真抓实干、深耕细作，推进城市品质能级跃升、城乡环境不断改善、建筑产业稳步发展、民生福祉持续增强。

【市政设施建设】 2022年，通州区加快推进民生实事项目，完成岷江路、锦绣桥改造和三姓街路、碧华路、敬贤路、厚德路等工程。改造新建道路长约2.8千米，总投资约7200万元，打通“断头路”，促进城市道路微循环及公共设施配套，提升城市品质。推进路灯配套工程建设，完成高新区环境提升地块碧华路（竖石河—新世纪大道）、岷江路、三姓街路和江堤路等路灯配套工程，配合完成江海大道高架及地面路灯和景观照明工程。公共照明零星维修工程、“三遥”控制系统维护工程及路灯专用变压器设施检测维护项目完工。

【城区绿化】 2022年，通州区持续推进城区绿地建设，通过移绿补绿增绿，扩容绿化量，完成六号横河、竖石河、新金西路、一号横河、二号横河景观绿化，平海公路绿化恢复及古沙小学周边等零星工程面积约8.2万平方米；新增城市绿廊约

2022年通州区市政路桥建设情况一览表

表17

工程名称	起止点	长×宽（米）	总投资（万元）	建设进度
锦绣桥	—	20×10.6	650	已完工
三姓街路（金富路—金洲路）	东起金洲路，西至金富路	363×22	2100	已完工
岷江路	道路整体呈南北走向，南起金桥路，北至杏园路	500×16	1100	已完工

2022年通州区绿化工程建设情况表

表18 单位:万元

工程名称		项目概况	总投资	建设进度
城市微绿地建设		建成区范围内零星地块、街旁节点绿化、新建小区围墙外绿化、市政工程道口移苗、管线维修改造移苗、黑臭河道整治项目两侧绿化等	600	已完工
城市微绿地建设	街旁节点绿化	一号横河南侧(尚德路至崇德路段)绿化,面积约0.3643万平方米		已完工
		二号横河北侧(尚德路至弘德路段)景观绿化,面积约0.3663万平方米		已完工
		新金西路北侧(金富路至金洲路段)景观绿化,面积约0.8159万平方米		已完工
竖石河东侧(碧华路至银河路段)景观绿化		位于竖石河东侧,希望路西侧,碧华路至银河路段,面积约2.7万平方米(市小游园考核要求)	480	已完工

4.8千米。推进健康驿站苗木栽植,弘德路、运盐河路等行道树种植约755棵;虹西苗圃、金霞路苗圃等移苗1047棵。全面开展通吕运河(通州段)两岸整治提升项目前期工作。是年,城区绿化建设总投资额约2000多万元,建成区绿化覆盖率达44.9%。

【城区水环境建设】 2022年,通州区推进六号横河整治、十四总港及纵一河整治工程,至年底全部完成。GIS(地理信息系统)提升改造工程完成数据接入、排水设施监测设备建设、机房环境及会议系统升级等工作。通吕运河污水应急备用通道工程进入变更程序。

【城市基础设施养护】 2022年,通州区加强城区桥梁等市政基础设施安全隐患排查,完成桥梁健康状况评定159座。维修古沙路、希望路等沥青病害处理3.25万平方米,对新世纪大道等路段进行标线履新、护栏维修、减速垄和警示桩等更换。动用维修车辆1000台班次加强路灯巡查维修。加强城区616万平方米绿化养护,做好公园整改提升,更新南山湖等公园警示牌65块、翠园绿地亲水平台300平方米及栏杆60米,新增公园坐凳30张,更换果壳箱内胆200个。

【老旧小区改造】 2022年,通州区对八角亭东二区、食品新村、市民广场、景怡花苑4个小区实施改造,重点进行雨污分流、增加电动车集中充电设施和维修破损的道路、路灯、围墙等,涉及住宅楼37栋、1035户。分3批次对城区201个小区(含零散宿舍楼)、1969栋楼的架空管线进行专项整治,年内全部完工。推进11个老旧小区19台电梯加装,年底交付使用10台。 (秦沈平)

2022年通州区水环境治理情况一览表

表19 单位:万元

工程名称	主要内容	总投资	建设进度
农村分散农户生活污水治理	14538户农村分散农户生活污水治理	10800	已完工
城镇污水管网建设	各建制镇新改建污水管网约26千米	9510	已完工
城市污水处理提质增效精准攻坚“333”行动项目	第5达标区编号320612-05-06(简称5号地块4.14平方千米)污水治理提质增效精准攻坚达标区建设	4300	已完工
六号横河整治	竖石河至太山河,长约750米,宽20米。河道清淤、新建护岸、沿岸排口截污、周边绿化等	1000	已完工
纵一河、十四总港整治	纵一河为民路-古盐路段,长1100米。十四总港运盐河-康宁路段570米。河道清淤、新建护岸、沿岸排口截污、周边绿化等	1400	已完工

城市管理

【概况】 2022年,通州区以“城市管理提升年”为主线,聚力精细管理、创新发展、破解难题、队伍建设,城市环境品质稳步提升,城乡统筹管理日臻完善,污染防治攻坚成效显著,综合执法服务提质增效。12月,区农村生活垃圾分类工作通过省级试点评估。

【城市环境提升】 2022年,通州区出台实施《通州区“门前三包”管理办法》,打造环卫市场化“通州样板”。严格落实“宣传、签约、评比、执法”四项举措,开展“四类行业”(水果经营、五金制作、汽车洗修、电动车售修)专项治理,全面推进市容环卫责任制落实。牵头开展城市综合整治行动,“微更新”121处。实施城区机动车停车管理提升项目,建成智慧管理平台,城区新增机动车停车泊位750个。复新及新增非机动车泊位约3000平方米,非机动车停放规范有序。推进厕所革命,新建公厕1座,改造公厕

3座。守护人民群众“头顶上的安全”，做好户外广告和店招标牌设施集中整治，拆除楼顶和墙面广告牌240块、镂空字1243个。

【镇村环境治理】 2022年，通州区不断优化“日常巡查+专项督查+月度通报+季度简报”的文明城市长效管理考评机制，组织镇村巡查380次，发出交办提醒函398份，整改问题3688个。加快城乡生活垃圾处置基础设施建设，十总转运站建成并投入运行，五接、刘桥、四安、五甲转运站压缩设备完成大修，城区餐厨废弃物处置终端完成改造，平潮、石港有机易腐垃圾处置终端建成。列出奖补资金1143万元，引导各镇（街道）购买压缩车4辆、清运保洁车160辆、厨余及有毒有害垃圾分类收运车5辆、洗扫车7辆，全面淘汰非正规生活垃圾清运车45辆，整治取缔非正规生活垃圾中转点、垃圾池60处。深入推进违法建设治理，拆除违法建筑424起，面积达3.4万平方米，立案查处4起，处罚金309.3万元。持续开展公共安全重大隐患“三清”专项整治行动，加大对违法建设压占燃气管线及携带燃气罐流动摊点经营行为督查检查力度。

【城市管理执法】 2022年，通州区扎实推进“厚植为民情怀 提高执法水平”主题教育及城管执法队伍“百日教育整顿”，全面落实督查、检查、考核、指导责任，常态化开展执法业务培训及专项执法督查，建立完善区镇（街道）联动管理体系，多措并举提升执法水平，打造高素质执法队伍。坚持问题导向补短板，制定《通州区城市管理领域行政执法委托工作方案》《通州区城管执法部门（机构）参与各类保障任务工作机制》等规章制度，构建“大城管”格局。坚持包容审慎性执法，落实“首违不罚”柔性执法，办结行政处罚案件659件，其中普通程序案件71起，简易程序案件556起，处罚金461万元，对7家企业轻微违法行为不予处罚；受理各类行政审批386件、举报投诉661件，办结率100%，全年零投诉。

【污染防治攻坚】 2022年，通州区纵深推进扬尘治理“654”专项行动及“百日行动”，持续落实“十条规定”和“红黑榜”制度，探索实施“服务+执法”模式，日常巡查检查150次，办理案件80起，处罚金30万元，收缴渣土处置费307万元，覆盖江海大道东延工程沿线裸土150万平方米。常态化开展餐饮油烟“线上+线下”专项治理巡查，全区14个镇（街道）全部纳入在线监测平台统一监管，安装在线监测设备的餐饮单位突破300家，通州万达广场建成餐饮油烟治理示范区。促进建筑垃圾资源化利用，编制《通州区建筑垃圾专项处置规划》，推进金新街道元帅庙村、金沙街道金北村、东社镇杨港居三处建筑垃圾临时堆点处置，规范石港建筑垃圾资源化利用中心运行，全年资源化利用处置建筑垃圾31.3万吨。落实精细化道路降尘，按照“定人、定车、定时间、定路段”标准，对重点区域主次干道开展高频次降尘作业，提升空气质量。

【垃圾分类】 2022年，通州区有序推进41个“三定一督”（定时、定点、定人督导）分类小区建设，新增垃圾分类示范小区10个，在61个小区设置可回收物智能回收设备109台，回收量达180.7吨。建成通州区垃圾分类宣教基地，推动镇级村级宣教站（点）建设。稳步扩大农村生活垃圾分类覆盖面，兴东街道通过农村生活垃圾分类省级试点镇（街道）评估，并获“优秀”等次。至年底，通州城区和各镇（街道）镇区均实现垃圾分类设施投放全覆盖，60%以上的村（居）试点生活垃圾“四分类”，城市生活垃圾回收利用率达32.0%，垃圾分类集中处理率达到90.0%，城区建筑垃圾资源化利用率达85.0%，城区餐厨废弃物无害化处置率达100%，生活垃圾无害化处理率达100%。

（金　锋）

房产开发管理

【概况】 2022年，通州区房地产工作紧紧围绕“强化行业管理、规范市场行为、稳定市场价格、建设宜居新城”总体目标，全力抓好房地产市场监督管理，住宅品质和配套功能不断提升，商品房销售量、销售价格趋于平稳，存量房源去化周期位于合理区间，房地产行业继续保持稳定有序发展态势。

【房地产行业管理】 2022年，全区注册登记从事房地产开发建设企业27家，其中一级资质企业2家，二级资质企业25家，全国二十强房企有11家进驻通州。

【房地产市场】 2022年，通州区加强房地产市场管理，《通州房屋综合管理平台》上线运行，预售资金监管和房产“双控”机制建立实施。完善小区配套，优化人居环境，房地产销售市场健康活跃，价格总体稳定可控。是年，全区销售商品房8145套、面积70.43万平方米，分别同比下降67.3%和72.9%。商品房库存房源155.77万平方米，去化周期11个月。商品住宅库存54.66万平方米（城区13.28万平方米，乡镇41.38万平方米），去化周期10个月。

【物业管理】 2022年，通州区持续开展“物业服务规范化专项检查”，突出以消防、电梯等专业设施设备及物业服务合同履约率为重点检查，邀请第三方机构进行技术支持。创成省级示范物业管理项目2个、市级7个，省级党建引领物业示范点2个、市级2个。协调处理御景湾、大唐花苑、星源城等小区信访事件1500余起，维护社会稳定。（秦沈平）

镇村建设

【概况】 2022年，通州区积极巩固村庄环境整治成果，提升村庄建设水平，培育农村致富产业，促进人与自然和谐发展，全面打造生态优美、设施配套、经济繁荣、农民富裕的美丽村庄。

【污水管网建设】 2022年，通州区完成城镇污水管网建设32千米，实施益民一厂4.8万吨/日扩建工程。推进五接、兴仁、十总、东社4个镇5个片区污水处理攻坚行动。农村生活污水治理新增完成治理农户14538户，“双60”行政村覆盖率达37.68%，农户治理率达32.4%。

【农村住房改善】 2022年，通州区出台《通州区农村住房条件改善五年行动计划》和《通州区农村住房条件改善奖补项目实施方案》，全面推进农村住房条件改善工作，完成农房改善2094户。严格农户档案管理，坚持基本安全要求，消除农村低收入群体等重点对象住房安全隐患，全年计划实施农村危房改造14户，完成改造16户。

【美丽宜居乡村建设】 2022年，通州区根据《通州区美丽宜居乡村建设实施方案》，指导各镇按照方案推进美丽宜居乡村建设，推进13个村庄建设美丽宜居乡村，其中规划发展村11个，规划发展村累计建成211个，建成率为97.2%。

【特色田园乡村建设】 2022年，通州区围绕"特色""田园""乡村"三个核心要素，按照省特色田园乡村评价命名标准，充分调动创建镇、村积极性，加强统筹谋划，整合资源要素，做好年度特色田园乡村创建，重点培育石港镇睹史院村、刘桥镇徐园村、金沙街道金北村、兴仁镇温桥村、十总镇二爻居、平潮镇四十里村。2月，根据实际情况，推荐石港镇睹史院村、刘桥镇徐园村、兴仁镇温桥村和金沙街道金北村4个村创建省级特色田园乡村；11月，刘桥镇徐园村成功创建省级特色田园乡村。加强对东社镇东平村和五接镇开沙村2个已命名特色田园乡村长效管理，统筹推进村庄规划、建设和运营，发挥好特色田园乡村示范效应和长远效益。

【农村宅基地改革】 2022年，通州区坚持一手抓管理、一手促改革，扎实深入抓好农村宅基地改革和管理工作。学习试点单位先进经验，为建立依法取得、节约利用、权属清晰、权能完整、流转有序、管理规范的农村宅基地制度体系提供基础。建立健全宅基地管理制度，做好统计调查等基础性工作，全面、准确地反映农村宅基地现状。

【农村集体"三资"管理】 2022年，通州区严格执行《江苏省农村集体资产管理条例》规定，规范村集体经济组织财务行为，全面加强农村集体"三资"管理。鼓励有条件镇(街)扩大农村会计委托代理服务中心试点。完成全区农村集体用工、农村集体资金使用情况、农村集体"三资"合同专项治理"回头看"。组织开展村级集体资产资源违规租赁发包专项整治行动。

【村级集体经济发展】 2022年，通州区207个涉农村(居)资产总额28.5亿元，经营性资产12.63亿元。实现集体收入2.57亿元，村均124万元，其中60万—100万元的村95个，100万—150万元的村58个，150万—200万元的村32个，200万元以上的村22个。全面开展"村民委员会和集体经济组织事务分离、账务分开"改革试点，从1月1日起，村(居)股份经济合作社、村(居)民委员会实行分账核算。做好2022年度农村集体资产清查工作，清查结果向成员公示，实行动态管理。继续推进"强村加油站"项目建设。

【农村土地承包管理】 2022年，通州区推进农村承包地管理与改革，探索第二轮土地承包到期后延包配套政策措施，规范土地经营权流转，促进农村土地资源优化配置，维护好农民集体、承包农户、经营主体各方权益。开展确权登记颁证"回头看"。做好土地二轮承包到期后延包基础工作，印发农村承包地确权登记颁证"回头看"工作方案，组织各镇(街道)全面排查证书发放不到位、暂缓确权、漏人漏地、信息不准等情况，建立问题台账、切实化解矛盾纠纷。做好并完善金沙、十总等镇确权资料进档案馆移交手续。加强农村土地经营权规流转规范管理。推广土地流转合同示范文本，进一步完善"三权"分置制度政策体系。促进农村土地资源优化配置，加强土地承包经营合同管理，规范土地经营权流转，新增流转土地面积1507公顷。

【脱贫攻坚】 2022年，通州区全面落实中央和省、市巩固拓展脱贫致富奔小康成果，有效衔接乡村振兴战略实施意见精神，巩固提升脱贫致富奔小康成果，持续推进各项政策措施落实到位。全区减免原建档立卡低收入家庭经济困难学生212人次，补助学杂费16.72万元；免除原建档立卡低收入人口城乡居民医疗保险个人筹资546万元；配合民政部门做好为原建档立卡低收入人口继续购买重大疾病及意外伤害等商业保险124.18万元。推进省政府民生实事乡村公益医疗互助试点项目，试点的兴东街道和五接镇筹资总额170.09万元，平均参与率达37.4%，至年末，全区累计补助621人次，补助金额达50.28万元，切实减轻群众医疗方面重大支出负担。推进省政府民生实事"梦想小屋"建设，全区建成梦想小屋31家。开展原建档立卡对象信息更新和乡村建设信息采集，录入农户信息32.37万户，准确掌握"十三五"时期原建档立卡对象当前情况和乡村建设行动进展情况。

【产权市场建设】 2022年，通州区完成产权交易3647笔，成交总额8.55亿元。其中，土地流转交易1545笔，累计面积8613公顷，交易额6.59亿元；集体资产交易1657笔，交易额9889.65万元；农村水面养殖经营权交易199笔，累计面积201公顷，金额677.29万元；农业设施设备交易44笔，交易额102.75万元；小型水利设施交易50笔，交易金额93.41万元。

【农村人居环境整治】 2022年，通州区以"四清一治一改"为主要内容，常态化开展村庄清洁行动，打好四季战役，持续推动农村人居环境整治提升五年行动，推进"三美一高"生态宜居美丽乡村建设，完成75个村庄规划编制工作。刘桥镇徐园村入选省特色田园乡村。刘桥镇徐园村、西亭镇草庙村、东社镇横马村、严北村、兴仁镇李家楼村5个村居申报成功省级绿美村庄。二甲镇建成省级健康镇，二甲镇三甲社区、余西社区，东社镇东市社区、东平村、香台村，五接镇开沙村、袁三圩村，平潮镇三官殿村8个村居建成省级健康村(社区)。先锋街道建成省级生态文明建设示范乡镇(街道)，石港镇四港村、金新街道张门村建成省级示范生态文明建设村。农村生活垃圾集中收运处理行政村覆盖率100%，改造提升村级中转点21处，全面取缔敞开式垃圾池，铲除乱倒生活垃圾堆点，实现全域分类治理的镇街9个，占比达64.3%。实施农村户厕改造提升，新建农村户厕2000座、整改达标1000座，每个涉农村居有1座以上达标独立公厕。刘桥镇徐园村、石港镇睹史院村和兴东街道土山村农村户厕改造提升列入省民生实事项目。开展农村黑臭河道再排查再治理，对排查的6条黑臭河道进行综合治理，建设县级生态河道1条（段）13.8千米、乡级生态河道21条（段）53.7千米，提档升级4条（段）8.7千米，农村生态河道覆盖率达39.4%。畜禽粪污资源化利用率达96%，其中规模养殖场粪污资源化利用率达100%。秸秆综合利用率达96%以上。废弃农药包装物回收率达95%，处置率100%，废旧农膜回收率达95.6%以上。打造美丽农村路7条，开沙大道入选全国最美农村路。实施15千米农村公路安防，建立三级路长制，实现县、乡、村道自动化检测100%全覆盖。兴仁镇徐庄村获评2022年省级美丽家园建设示范点，获评南通市"百佳"美丽庭院21户、市级妇女双学双比示范基地5个（含市级美丽家园示范点1个）、区级"美丽庭院"五星示范户30户。（王 尧）

给排水

【概况】 2022年，通州区加快市政道路配套给水工程、给水改造工程建设，加强日常管网维护，确保城区供水安全，提高城市供水能力。全年售水量9995.92万吨，饮用水水质合格率达100%。完成水务网上营业厅项目开发，用户办理用水申请、业务安装、应急维修、工程验收、投诉举报等实现"一网通办"。区益民水处理公司持续优化运行管理水平，不断提升益民及镇各厂站污水处理能力，全年处理污水3258.37万立方米，实现出水稳定达标排放。

【城区供水】 2022年，通州区结合南通市中央创新区富锋路、西站大道二期、江海大道东延（含变更）、三姓街路（金江路—金富路）、拖桥路（金江路—金富路）、锦绣桥改造，配合区交通局桥梁护栏加固，实施过桥钢管改造、扬港DN500拉管改造等市政建设，新建或改造配套给水工程方案及预算39个。

【排水养护与防汛排涝】 2022年，通州区疏通雨污水管道314.8千米，清理雨水井篦4630套、污水井4700座，清理运输淤泥600吨。做好城区14座闸站定期巡查、周期养护，保障城区防洪排涝，有效控制引水活水。落实防台防汛举措，出动防汛抢险人员100人次、车辆30辆次。

供电

【概况】 2022年，通州区社会用电量72.40亿千瓦时，同比增长7.0%，售电量68.85亿千瓦时，同比增长3.5%。调度最高用电负荷达139.53万千瓦，同比增长7.8%，创历史新高。是年，线损率为2.8%，同比下降6.7%。全区业扩报装申请15.48万户，增量389.36万千伏安，全区累计业扩报装完成15.19万户，增量370万千伏安。城市配变关口电压合格率99.7%，农村配变关口电压合格率99%；城市D类用户电压合格率99.8%，农村D类用户电压合格率99.2%。

【电网建设】 2022年，通州区组织完成2025年和2026年通州电网需求报告编制上报工作，加快推进220千伏互通变、元帅变、110千伏兴东变等重要输变电工程项目前期工作。围绕保证电网安全、满足负荷供电、服务新能源并网消纳、服务乡村振兴等重点任务，组织编制城区110千伏变电站全站全停全转方案报告和通州区供电公司2023年配电网储备工作指导意见，全年完成配网项目储备408个，计4.37亿元。按期投运7项迎峰度夏工程。220千伏三校线改造工程获省公司重大专项奖励。110千伏镇中变间隔扩建工程按期投运，110千伏平东输变电工程有序开工。配农网升级改造投资1.59亿元。配合推进工业园区及企业厂房、居民屋顶分布式光伏建设，新增光伏用户305户，容量9.31万千瓦，比上年增长57.9%。建有光伏装机容量25.39万千瓦，年产生电量约2.21亿千瓦时。

【电业管理】 2022年，通州区积极推进输变电业务同质化管理，开展"合同管理强化年"活动，制订落实"合规管理强化年"实施方案，建立重点工作看板平台应用，提升督办效率，实现闭环管理。数智转型有序推进，开展配网小电流接地辅助决策系统研究，实现单项接地故障多维度识别。梳理核对城区重要站点光缆路径、纤芯使用等基础资料，推进光缆可视化系统应用。自动化终端调度遥控年度使用率达70.6%。实现配抢平台故障辅助研判。开展配电侧一、二次融合智能微型断路器研究，提升低压漏电识别准确率，提升供电可靠性和客户侧用电主动服务水平。深入开展稽查和反窃查违工作，挽回经济损失505.04万元。配电线路线损合格率比上年提升13.3%，

2022年，通州区积极推进输变电业务同质化管理（通州电力公司 提供）

低压分台区理论计算工作六区县排名第一。通州电力公司分别于2月和6月获评国网同期线损管理“百强县”。

【电力服务】 2022年，通州区出台“电力接入工程政企共担实施办法”“联席会议”等制度，推动高新区“开门接电”示范区创建，推进电网规划与城市规划深度融合。在恒科产业园设立服务专班驻点，为“一企一策”提供效能方案。实现山口动能等市级重大项目就近、快速、省钱接入。积极探索电水气讯市政公用服务联合报装场景，实现线上线下“一表申请、一窗受理”。制定业扩客户满意度回访制度，实施回访不满意隐患“每日零报告”，业务处理满意率达98.2%，六区县排名第一。围绕“我为群众办实事”供电服务十个一、“夏日清凉供电相伴”等主题，策划优质服务宣传活动，组织通州供电公司青年党员走进社区、物业，与客户建立有效沟通联系。能效服务精准有效，推动江苏规模最大的新建医院能源站项目落地签约。按期完成通锡绕城高速、西站大道、恒科三期等重点市政工程建设及杆线迁改工作。投入运营城区电动汽车展厅。完成26所中小学全电厨房及空调改造。出台粮食电烘干补贴政策，率先落实配电设施改造补贴细则。以五接“梦幻岛”旅游、十总“植物工厂”等农业特色产业为突破口，提升乡村电气化水平，助力乡村振兴。

【用电保障】 2022年，通州区供电公司加强电网科学调度，累计完成检修计划204项、调度操作2176项，实现220千伏及以上输电线路“零外破”。用户年平均停电时间3.52时/户，下降18.76%。故障跳闸161条次、故障率3.22条次/百千米，下降41.7%。强停率2.02条次/百千米，下降39.2%。分级保护动作次数72次，减少停电时户数4720时户。开展钓鱼触电、经营性自建房等6项隐患排查整治工作，发现并整改树障3113处、鸟窝4274处、局部绝缘化332处。将应急能力建设与日常生产经营活动相融合，持续完善应急组织、应急制度、应急预案、应急培训与演练，不断提高应急处置救援、恢复重建等能力。高效处理平潮、刘桥等五处输电线路通道严重隐患。建成投运公司应急指挥中心，建立311人的应急保障队伍。组织大面积停电应急演练1次、消防逃生演练2次。成立不停电作业中心，累计开展不停电作业1807次，减少停电时户数8.73万时户，多供电量283.43万千瓦时。联合南通兴东国际机场、通州人民医院等举行反事故演习，保障企业安全生产。

（吴庆华）

供　　气

【概况】 2022年，通州区抓安全供气各个环节，扎实深入开展城镇燃气领域专项整治行动，确保燃气供应平稳，保障市民生产、生活用气。是年，完成天然气销售1.6亿立方米，新增户数2.23万户，累计用户数达到19万户(其中，民用户19.07万户、商业用户831户、工业用户390户、公福用户90户)。完成老小区居民用户瓶改管计61个小区14308户，其中城区瓶改管54个小区13083户，非城区瓶改管7个小区1225户。

【管网建设】 2022年，通州区天然气管网辐射1278千米，实现管道燃气镇镇通。推进区管道天然气全覆盖工程建设，完成101.2千米市政管网建设，完成33个小区2.36万户居民用户燃气配套安装和345户工商用户燃气配套安装。

【燃气管理】 2022年，通州区扎实做好燃气管线安全运行工作，督促管道燃气企业严格落实巡线制度、分片、分段包干、责任到人，管网巡线累计达11.94万千米，调压设施维修57次，中低压燃气管及用户抢维修计1983次。定期开展老旧燃气设施维护更新，更换超期、锈蚀表具4951只，全年安检7.82万户，安检成功率100%，一级隐患整改率100%。推进老旧管网改造，完成老旧管网改造16.3千米，强化钢制管道防腐层和泄漏检测分级分类管理。开展违章压占整改，全面清零、严控新增，增补完善燃气管道地面标示桩2530根。落实燃气管线第三方破坏防控制度，签订保护协议499份，开展管线交底499次、现场监护4288次。

【燃气执法】 2022年，通州区开展打击“黑气”专项行动，取缔非法代充点5个，扣押气瓶216只，查获非法运输车辆2辆，治安拘留2人。查处未签订供用气合同供气、超范围经营、第三方破坏等违法案件16起，罚款18.3万元。

【燃气安全】 2022年，通州区持续规范特许经营行为，瓶装液化气行业整合、统一配送实质化运作，70万只自有产权瓶

2022年，通州区全面推进燃气用户“瓶改管”工作。图为施工现场

（通州区华润燃气公司 提供）

全部投放气瓶责任险，燃气管网和场站安全运行、稳定供应，未发生责任事故。推进燃气用户“瓶改管”工作，在管道燃气镇镇通基础上，出台优惠政策，开辟绿色通道，广泛宣传发动，推动各类用户“瓶改管”，以确保安全。开展违法使用燃气清理整治，清理私拉乱接燃气管道6143户、在不安全场所（主要是车库、高层建筑）使用气瓶8388只，切断源头隐患。多渠道、全方位开展燃气安全宣传活动，借助全员核酸检测、送戏下乡等活动开展宣传，发送燃气安全提醒短信110万条，组织“七进”现场活动174场次，悬挂横幅1328条，张贴发放宣传海报、安全用气手册等约50.8万份；发挥新媒体矩阵传播优势，开辟专栏、深度报道103篇。

（何莎莎）

交　通

【概况】 2022年末，通州区（不含滨海新区及苏锡通产业园区，下同）境内公路总里程2849千米，公路密度约为194.522千米/百平方千米，其中高速公路139千米，一级公路330千米，二级公路305千米，三级公路186千米，四级公路1888千米。公路桥梁1172座4.43万米。公路客运站场12个，其中二级站1个，三级站1个，公交回车场7个。航道66条，总里程563千米，其中等级航道9条，计161.8千米，等外级航道57条，计401.68千米。境内设立航标5座，其中发光标5座，养护管理艇1艘。港口码头122座（其中沿江港口码头7座，内河港口码头115座），泊位186个（其中沿江港口泊位21个，内河港口泊位165个），码头岸线总延长13386米。铁路里程约66.96千米，车站2个（南通东站坐落在先锋街道，南通西站坐落在平潮镇）。机场1个（坐落在兴东街道）。

【交通基础设施建设】 2022年，通州区提速区级工程建设。江海大道东延高架桥及地面道路全线通车，全面融入南通主城15分钟都市圈。英雄大桥重建工程完工通车。通扬线通吕运河段航道整治通州大桥、正场大桥拆除重建工程按时序推进，正场大桥完成桩基32根，通州大桥完成73根灌注桩。通灵桥封闭启动拆除。全力服务保障省市重大项目。通海港区—通州湾疏港航道整治工程施工单位已进驻，沿线乡镇土地现状调查及拆迁加紧推进；通扬线南通市区段航道整治工程按序启动。南通绕城高速搬迁工作扫尾，杆管线迁移结束；G40沪陕高速扩建工程施工正常进行。宁启铁路二期南通东站完成保障任务，红线用地开始交付；北沿江高铁现已开工，征地组卷报批加紧推进。

6月1日，刘桥镇英雄大桥重建工程建成通车　（区交通运输局 提供）

【交通民生工程建设】 2022年，通州区实施民生道路工程，农路建设优化投入持续加大，全年农路提档升级及养护等总计投入约2亿元，农路提档升级9条15千米，新改建农桥11座；实施县道大中修4条13千米 、农村公路生命安全防护工程50千米，稳步推进县乡道中小修及桥梁加固维修工程，年底交工验收；打造平潮镇李平线、金沙镇城北中心路、西亭镇亭北路和亭东大道、兴仁镇徐庄环线、刘桥镇刘江路环线、二甲镇余北中心路和花板桥路、刘桥镇交通线7条市级美丽农村路样板。推动公共交通及物流发展升级。创成江苏省首批“城乡公交一体化达标县”，建成公交站台41座，购置新能源公交车30辆，优化调整公交线路3条，推进石港公交场、胜利桥公交回车场建设；“省农村物流达标县”创建工作按时序推进，《创建方案》通过审核；区、镇、村三级物流网点“3+14+173”体系初步成形；建成石港客运站、开沙岛农路驿站2个镇级综合运输服务站，开通公交291路、391路2条交邮融合线路。

【工程建设管理】 2022年，通州区严把工程质量关，加强标准化建设，严格监督程序，突出关键工序，全年对2个续建项目及22个新建工程项目进行报监管理，强化51座桥防撞护栏更换及46座桥过渡段波形护栏安装试验检测；现场原材料抽检共10次，现场压实度、取芯、钢保、回弹检测共8次，确保工程质量监管全覆盖。持续深入推进“平安工地”创建，累计组织开展安全专项检查12次，日常巡查23次，参加检查人员61人次，累计检查企业36家次，发现和排除安全隐患64个，促进交通工程质量和施工安全再上新台阶。严格履行建设市场监管职责。做好交通工程招标文件审核、招标流程及结果监管及参建单位信用考核，全年审核交通工程项目招标文件26个，共提出修改意见19条，切实维护好全区交通建设市场秩序。严格依法依规做好各在建工程农民工工资保障工作。组织开展专项检查16次，发现问题13个，各工程项目实名制管理、农民工工资专户使用率均100%，未有欠薪事件。

【公路管理】 2022年，通州管养辖区干线公路133.35千米，其中国道74.20千米，省道59.15千米；一级公路119.17千米，二级公路14.18千米。干线公路桥梁

100座。通过强化日常养护监管、探索中小修全新模式，按期完成各养护建设，公路整体技术状况水平稳中有升，MQI(公路技术状况指数)值达94.35，公路沿线附属设施状态良好，年度农村公路养护考核成绩跻身全省第一方阵。持续强化公路管理。全面排查隐患，完善7条国省干线、16条县乡道共57处下穿路段交通安全隐患。清理路肩种植面积1万平方米，美化公路环境。以“三清行动”为契机，优化改造204国道通州平潮段中分带开口，28处开口封闭15处，对保留13处开口新建人行横道、线性引导标志，累计漆画标线534平方米、设置警示柱30个。维护路产路权，许可办理规范高效，全年办理新增许可23件，收取赔补偿费104.39万元；办理延续许可10件，收取赔补偿费2.68万元；处理大件运输许可3568件。

【航道管理】 2022年，通州区规范航道管养工作，做好辖区航道扫测，扫测里程319.92千米，共发现无主沉船19艘，其他不明碍航物11处。对辖区2处通行信号标计划进行改造。加强科技兴航建设。巡查艇建立远程信息化管理系统，实现机舱数字化和船艇航行动态化管理。全年干线航道通航保证率100%，航标正常率达99%。

【运输管理】 2022年，通州区优化调整运输结构，国三及以下排放标准柴油货车提前淘汰及补贴发放顺利进行，年度淘汰58辆，发放补贴8批次共680辆，发放补贴1009万元。细化驾培行业管理，驾校小车培训于3月全部实行资金托管，学时管理按照大纲要求全部落实网络系统审核，确保培训内容、培训时间双落实。规范汽修行业管理，抓好电子健康档案工作录入，全区一、二类汽修企业全部完成与省网络平台系统对接，按时录入汽车维修记录，全面实现维修车辆数据实时自动上传，“一车一档”汽车健康档案不断完善。对国省控点周边汽修企业每周抽检，督促企业按要求错时喷漆，减少VOCs(挥发性有机物)产生和排放。严抓机动车综合性能检测机构管理，对全区机动车综合性能检测机构进行4次专项检查，确保企业操作流程按规进行、车辆按国标检测、检测报告规范可靠。

【港口管理】 2022年，通州区进一步规范港口码头建设和经营，累计完成港口货物吞吐量2617万吨；累计审批危险货物作业492单，港口经营延续许可2家；审批外轮靠港作业61艘次，船员换班2次。积极打造绿色港口。完成中央环保督察组交办问题整改3项、督办整改1项，港口环境持续优化。船舶污染物治理长效运行，全区港口码头及第三方接收服务单位累计接收船舶垃圾52.1吨，生活污水2951.1吨，含油污水47.1吨，码头岸电使用46.16万千瓦时。

【安全管理】 2022年，通州区强化安全隐患排查治理，将隐患排查整治贯穿于安全工作始终，突出抓好重大节日、重大活动、重要时期和重点领域的安全生产大检查，实现隐患闭环管理。抓好安全生产专项整治，深入推进交通运输领域安全生产大检查、“安全生产月”和“百日攻坚”行动，做到警钟长鸣。强化交通运输领域安全监管，从严监管道路“两客一危”运输行为，2家客运企业、2家危货企业达到安全生产一级标准化，5家危货运输企业达到安全生产二级标准化，道路运输超限超载整治深入推进。严格整治港口危化品码头、危险货物码头，做好防台防汛、反走私、港口危险化学品使用专项整治等活动。抓好交通工程建设安全，从严监管水上超载超限、非法载运固废、配员不足、船证不符等交通运输安全行为。完善行业领域应急管理体系，成立公路工程抢险分队、公路运输分队、水路运输分队3支社会急救援队伍，配备应急运输货车45辆、客车15辆、船舶10艘，设有6个应急物资库，提高应急调配能力。严格开展应急值守，定期组织开展应急演习演练，做好重大活动、重点时段、关键部位、极端天气的交通运输应急保障。

【交通执法】 2022年，通州区组织开展“双随机、一公开”单一部门双随机检查10次，抽取企业90家次，提升监管效能，激发市场活力；加大源头安全执法力度，重点检查“两客一危”、一、二类汽修，港口企业计291家次，发现问题隐患519起。严格道路执法，重点打击南通家纺城、南通机场、南通西站等客源集散地大客车无证营运、不按规定线路行驶、以包代线，无证“黑车”等违法违规行为，共出动执法人员1200人次，检查车辆780辆次；加强道路运输车辆动态监管，电子查岗“两客一危”企业7335次，企业及时应答7319次，总及时应答率99.8%，立案查处未及时应答1起，核查旅游客运包车线路2130辆次，抽查班线客运1917辆次，抽查危货运输车辆6050辆次，均规范执行。严格水上执法，强化现场巡航，查处水上违法违规行为78起，罚款11.89万元；累计受理载运危化品船舶申报160艘次，危化品载运量65505吨；上航检查1076人次，出动海巡艇335艘次，巡航里程8530千米，现场监督检查船舶600艘次，确保航道畅通。强化联合治超，24小时固定治超，出动交通执法人员1688人次，发现违法超限超载车辆177辆，累计卸驳载3744.40吨；开展有效流动治超105次，出动联合执法人员524人次，发现违法超限超载车辆182辆，累计卸驳3263.52吨；治超非现场共寄出超限告知函1227份，非现场处罚案件380件，罚款129.1万元，严格执行“一超四罚”制度，推送“一超四罚”案件644件。严格路航行政执法，开展公路巡查479次，清除非标526块、摊点791个，清除路面污染46处2085.3平方米、堆积28处3404立方米，拆除封闭道口搭接7处149.8米、拆除违法广告设施7块；航道巡查185次，艇巡7次，1.18万千米，清除航道垃圾30处、堆积18处、清除航道遗留物8处、渔网16口。实施科技执法，道路非现场执法抽查全区巡游出租汽车3920辆次，研判疑似非法营运的客运车辆29辆次；水上电子巡航4119次，发布预警67起，对辖区三家非法码头船舶停靠作业行为立案处查3起。累计实施各类交通行政处罚(处理)380起，收缴罚款120万元；新增行政许可310件，延续许可7件。无行政复议变更或撤销、行政诉讼败诉案件。推进“放管服”改革，全年办理行政许可310件，发放各类电子证照2179件；加强和规范事中事后监管，推进“互联网+监管”执法，行政检查事项覆盖76项，覆盖率达90.8%。

【区邮政业发展中心成立】 6月，通州区为全面提升邮政快递行业监管与服务能力，引导邮政快递业在促进通州经济发展和服务惠及民生方面开展新尝试，根据省邮政管理局《关于落实重点涉农市辖区成立县级邮政管理机构有关事项的通知》和南通市邮政管理局《关于商请成立通州区邮政管理机构的函》有关要求，挂牌成立通州区邮政业发展中心。其职能包括为全区邮政管理提供服务保障，提高政府公共服务水平；协助做好邮政业安全监管、统计和应急管理等工作，加快通州邮政行业健康发展；承办邮政管理部门和地方人民政府及主管部门交办的其他事项。 （曹　曜）

水　利

【概况】 2022年，通州区加快水利现代化建设，聚力推进沿江生态景观带建设、中小河流治理、区域治水、生态河道打造、民生水利等建设工程。是年，生态河道建设获省考核优秀等次，区水利局获南通市水污染防治工作先进集体。

【河长制工作】 2022年，通州区加强河长制组织领导，坚持以河长制为引领的治水体系建设，区副总河长通过听取专题汇报，对河长制工作进行部署。印发《2022年通州区河长制重点工作专项考核奖补办法》，将河长制重点工作完成情况纳入对镇街及相关部门年度考核，以划定时间节点方式下发区管河道年度整治任务48项。持续履行好河长责任，全区各级河长累计巡河56017次，累计交办问题4130项，解决问题4002项。探索实施跨界河道协同共治，出台《通州区县界河道协同共治工作方案》，全区有跨界河道70条（段）与周边7个县（市、区）接壤，形成一河一档、制定一河一策，跨界河道联合河长制实现全覆盖。落实整治资金400万元，与南通经济开发区共同编制先锋小海界河整治方案，打通两地跨界水系。推进农村黑臭河道再排查再治理，扎实开展主城区周边问题河道综合治理，投资2000万元完成兴仁横河贯通工程；协调十总、石港镇协同共治老九圩港，落实跨镇区河道有效治理；实施志南北横河综合治理，将该河道纳入通吕运河南部区域治水工程，以改善家纺城水环境状况。试点开展幸福河湖建设。印发《通州区幸福河湖建设实施方案》，以打造“看得见景、望得见水、记得住乡愁”的生态美丽幸福河道为目标，累计投资13928万元，打造骨干河道5条，城市建成区河道5条以及农村河道18条。攻坚河道管理提质增效暨水葫芦专项清理行动。因气候异常，水葫芦大面积爆发，及时召开全区河长办主任会议，专题部署河道管理提质增效暨水葫芦专项清理行动，以岸坡清理、水域清障、水面清洁为目标，清理河道352条（段），清理面积0.58平方千米，有效改善河道引排条件及面貌。推广“以河养河，生态护河”河道管护模式，在刘桥、石港、二甲等镇取得较好成效，刘桥镇等级河道“以河养河”比例达到80%。金新、金沙街道和东社镇开始部分河道“以河养河”试点。

【农村河道疏浚】 2022年，通州区着力实施农村河道疏浚工程，将为民办实事项目办成安心工程，投资1241万元，完成疏浚河道55条（段）、沟塘227处，疏浚土方124万立方米，进一步畅通水系、恢复河道引排能力、改善水环境。

【农村生态河道建设】 2022年，通州区通过整合各类项目资源，科学合理制定方案，改善农村人居环境，促进乡村振兴。超额完成省、市计划任务，建成农村生态河道78.89千米，农村生态河道覆盖率达到39%，在省、市乡村振兴考核中获得满分成绩。

【农村水利建设】 2022年，通州区扎实开展中小河流整治，全面完成13.8千米的亭石河、4.6千米 的九洋河（通州段）整治工程，有效改善河道引排条件、提升水环境面貌。投资6007万元，高标高质启动省重点项目团结河（通州段）二期工程。统筹规划灌区建设，九圩港灌区、余丰灌区、团结灌区3个灌区入选水利部重点中型灌区名录，实现历史突破。九圩港灌区续建配套与节水改造工程项目通过水利部及省水利厅立项审查，并成功立项，项目设计涵盖耕地面积 147平方千米，总投资2.26亿元，争取省以上财政补助资金1.1亿元。

【水土保持工作】 2022年，通州区围绕水利行业强监管、水利工程补短板的总基调，强化水土保持行业监管。引导企业知法守法，提高水土保持意识，主动做好水土保持工作，全区完成水土保持行政许可93项，征收水土保持补偿费260万元，有效提高水土保持管理水平，区水土保持工作再次在全市水利系统考核获优秀等次。利用好政策为企业办实事，累计减免水土保持补偿费287.57万元。投资900万元实施2022年国家水土保持重点工程，治理水土流失面积9平方千米，整治河道6条、新建生态木桩护岸8.27千米、排水涵洞2座。提升项目区水环境质量，推动项目村实施乡村振兴示范村、“三美一高”示范村建设。

【重点水利工程】 2022年，通州区根据“三年计划两年完成”工作要求，投资5800万元，按照百年一遇防洪标准对沿江生态景观带提升改造，多措并举推动沿江生态景观带工程建设，实施小李港闸、公字涵洞、大李港涵洞三座出江涵闸拆除重建，实现示范段全线贯通。投资2230万元，实施1.5千米碾砣港支堤和新捕河闸改造工程，完成对长江（通州段）堤防和穿堤建筑物防洪能力提升改造，增强防洪和供水安全保障能力。按照“实现片区内三级以上及重要的四级河道实现有序流动”治理目标，实施区域治水工程，治水范围211平方千米。实施运盐河支流治理，贯通北排3条，整治四级河8条，新建生态河道1条，促进运盐河片水体流动和水生态恢复。10月，一片区、主城区水系整治工程开工，总投资2500万元。实施通吕运河南部区域治水工程，投资2000万元，结合水环境整治污染攻坚，整治家纺城片区水系，恢复片区内河网纵横联通，并通过协调海门民诚竖河闸站与浒通河北闸调度，改善川姜地区水环境状况。实施平五片区域治水工程，治水面积98平方千米 。结合沿江景观带3座出江涵闸建设，完成通扬运河沿线新建5座控导工程；实施信息化改造工程，实现联合调度试运行功能。对东风船闸上下游全面整治，为平五片与如皋进一步联合调度创造条件。建设

2022年，通州区以生态河道建设为重点，推进骨干河道整治。图为整治后的亭石河
（许　建　摄）

输水生态河道2条。由区水利局牵头组织，各镇（街道）配合拆除重建桥梁工程2项。推进骨干河道水土流失治理项目，以生态河道建设为重点，整村推进、集中治理；投资500万元对九圩港、新捕河（平潮段）部分坍塌河段进行桩板式护岸防护。

【防汛防旱抗台】 2022年，通州区防汛工作全面落实以各级行政首长负责制为中心的各项防汛责任制，调整区级防汛抗旱指挥部成员，落实辖区内江堤和重点防洪城镇防汛抗旱行政和技术责任人，调整区水利局防汛抗旱联络组，指导各镇（街道）建成防汛抗旱指挥机构。建立江堤和涵闸建筑物汛期险情巡查报告制度，成立一支社会化巡堤查险队伍，汛期加强巡堤查险。提升应急能力，各地按照“指挥决策科学化、应急处置规范化、防汛抢险专业化”要求，扎实开展好桌面推演，加强应急处置能力建设。按照“分级储备、分级管理”原则，加强防汛物资储备管理和设备例行维护保养，确保处于良好状态。储块石2027吨、土工布5.25万平方米、编织袋8万只等，其中代南通市级储存块石1027吨、土工布2495.6平方米；各镇（街）各自储备相应防汛物资并进行维护保养。提升防汛防旱信息化应用水平，维护防汛抗旱信息化工程设备，自动采集区内主要河流监测点水位，及时发布水情预警；实现气象雨量数据共享，为科学防汛指挥决策提供依据。维护视频会商系统，实现省、市、区三级防指全天候进行防汛会商。严格落实汛期24小时值班制，加强汛期巡堤查险，加强台风监测预警和水情调控，有效应对第11号台风“轩岚诺”、第12号台风“梅花”袭击，实现台风灾害人员“零伤亡”。

【水资源管理】 2022年，通州区全面构建水资源基础管理体系，持续推进取水工程规范化建设，完成取水工程规范化整治任务35个。在南通市实行最严格水资源管理制度考核中，通州获优秀等次，实现水资源考核九连优。规范水资源有偿使用制度，出台《通州区公共供水企业水资源费征收意见》，征收水资源费1678.08万元。完成水利工程水费征收任务，累计征收573.26万元，其中，农业水费460.47万元，工业水费108.5万元。完善节约用水监督管理，加强计划用水户规范化管理，1.2万吨以上非居民生活用水户纳入计划用水管理，对用水超过计划80%的23家单位发出用水情况警示函，7家单位实行超计划累进加价；对二甲中学、南通江海电容器股份有限公司等2家用水户进行用水审计。做好宣传报道，结合“世界水日”“中国水周”“全国城市节水宣传周”宣传活动，开展节水征文、节水主题班会、节水知识竞赛、节水小卫士等系列活动，悬挂宣传标语200多条，发送手机短信15500条，参加网络“中国普法”民法典竞答活动150多人次；《强化管理 精准监测–江苏南通市通州区地下水超采综合治理见成效》文章在中国水利报刊登，《“滴水不漏”南通通州实现最严格水资源管理制度考核“九连优”》文章在扬子晚报网进行报道，《江苏南通市积极推进水利行业节水型单位创建工作》在“节水中国”官方平台上进行报道。开展省级节水型企业、单位建设，创建水利行业节水型单位1家、节水型企业2家，创建省级节水型学校2家，百威（南通）啤酒有限公司获省级水效领跑者单位命名。江苏华电通州热电有限公司和南通德基混凝土有限公司签订水权交易合同，成为通州首例水权交易，为全市水权交易制度改革积累经验。为实践《地下水管理条例》探索有效途径，成立地下水取水工程登记造册工作小组，完成75眼水井档案信息归档、现场复核、一井一表登记造册。

【依法治水管水】 2022年，通州区坚持把水资源作为最大的刚性约束，积极加强推进水利依法行政，累计出动执法车414车次、执艇法艇63艇次、执法人员1588人次，其中日间艇巡49次，夜间艇巡18次，登船检查51次；办理各类水行政许可申请事项64件，全部按规定办结。开展长江及内河禁止采砂执法巡查、汛前河道综合执法巡查、防汛保安和水文监测环境及设施保护、苏通交界水域联合清江、联合登船检查等活动，组织专项执法巡查，调处水事纠纷33起，立案查处6起，罚款共计28.1万元，案件办结率100%。常态化开展扫黑除恶专项斗争要求，摸排涉砂黑恶势力，发放《中华人民共和国反有组织犯罪法》等法律法规100余份。
（汤宇杰）

生态环境

编 辑 顾新国

综 述

【概况】 2022年，通州区以打好污染防治攻坚战为抓手，以改善生态环境质量为核心，以精准治污、科学治污、依法治污为工作方针，围绕“环境质量提升、源头治理创新、信访形势稳定、环境事故为零”四个目标，推进各项重点工作，着力解决突出生态环境问题，推动区域生态环境质量持续改善。5月，“三线一单”减污降碳协同管控率先成全国试点，系全省唯一县级地区试点。6月，首次获评全省生态环境领域真抓实干成效明显督查激励地方。

【“三线一单”减污降碳协同管控试点】 2022年，通州区以“三线一单”（以生态保护红线、环境质量底线、资源利用上线为基础，编制生态环境准入清单）为遵循，不断拓展源头治理内涵与外延，细化目标、强化考核、夯实门槛，在持续提升生态环境质量的同时，积极申报“三线一单”减污降碳协同管控试点。5月，生态环境部复函同意南通市通州区率先在全国开展“三线一单”减污降碳协同管控试点研究，探索具有通州区特色的实现路径。通州区从生态环境要素出发，坚持用“线”管住空间布局、用“单”规范发展行为，为经济发展规划和地方产业布局提供参照和约束。12月，试点初步成果获生态环境部专家研讨会认可，并在学习强国、中国环境报等主流媒体宣传。

9月9日，通州“三线一单”减污降碳协同管控典型案例研讨会召开

（通州生态环境局 提供）

【生物多样性观测】 2022年，通州区将生物多样性保护融入生态文明建设全过程，通过在五接镇开沙岛、石港风景区挑选热点地区，构建生物多样性观测网络，开展四季生物多样性观测活动，积累和丰富全区生物多样性保护基础大数据。是年，新增观测记录78种，全区生物多样性观测增至1428种。新增记录含维管植物4种、鸟类6种、浮游植物23种、浮游动物42种、大型底栖3种。 （倪 敏）

环境质量

【空气质量】 2022年，通州区空气质量优良天数比例（AQI）为80.8%，其中，细颗粒物（$PM_{2.5}$）年均值26微克/立方米，可吸入颗粒物（PM_{10}）年均值43微克/立方米，二氧化硫年均值9微克/立方米，二氧化氮年均值18微克/立方米，酸雨频率为0。

【水环境质量】 2022年，通州区水环境质量持续保持良好，15个市级以上考核断面水质达优Ⅲ率，达标率均为100%，其中3个断面水质达到Ⅱ类，全面消除劣Ⅴ类断面。

【声环境质量】 2022年，通州区声环境质量总体良好，各功能区噪声昼、夜间年

均值均符合相应功能区噪声标准，昼间噪声总点次达标率为100%，夜间监测总点次达标率为81.2%。城区区域环境噪声昼间等效声级在46.8—68.7分贝，平均声级为55.4分贝，处于一般水平；城区道路交通噪声昼间等效声级在59.5—68.5分贝，加权平均等效声级值65.1分贝，级别强度为一级（好）。（曹煜明）

污染防治

【**水污染防治**】 2022年，通州区坚持治污设施建设与溯源整治两手抓，强化污染防治攻坚与常态长效两手硬，固守考核断面全达标的成果，深入推进“一二三”工程（组织实施“溯源整治”一套方案，协同推进“岸上河里”双向治理，深入推进“考核、补偿、预警”三项机制），实施水污染防治重点工程4类62项，水质污染指数同比改善4.43个百分点，汛期改善13.09个百分点。（刘薇薇）

【**大气污染防治**】 2022年，通州区以持续改善环境空气质量为主要目标，突出源头治理，强化减污降碳协同、臭氧和$PM_{2.5}$防治协同、区域联防联控协同“三大协同”，推进实施大气污染防治工程项目221个，大气污染防治工作任务2835个。全区$PM_{2.5}$年浓度比上年下降5.6%，空气质量改善幅度全市第五。（杨　锋）

【**土壤污染防治**】 2022年，通州区坚持源头管控土壤污染风险，压实土壤污染重点监管单位责任，通过开展土壤污染重点监管单位隐患排查“回头看”和土壤污染防治专项执法检查，11家单位完成隐患排查，5家单位完成“回头看”，40家单位完成自行监测，4家重点监管企业完成周边监测。加强部门联动，保障重点建设用地和农用地安全利用，全年受理土壤污染状况调查报告评审申请57件，重点建设用地和受污染耕地安全利用率均达到100%。实现危险废物智慧监管，794家企业纳入江苏省危险废物全生命周期监控系统，实现危险废物从产生、贮存、转移到利用处置全生命周期监管。（黎丽莎）

环境监管

【**排污许可证核发**】 2022年，通州生态环境局继续采用第三方提前介入技术审核指导的方式，做好排污许可证新申领、变更、延续等日常工作。全年完成排污许可证质量审核106张，单位执行守法报告提交率审核286家，排污单位执行守法报告规范性审核59家。

【**环评总量平衡**】 2022年，通州生态环境局建立污染物总量审批“对话”机制，实行“重大项目上门对话，一般项目集中对话”“专业技术靠前介入，主动指导精准降量”，完成新建项目区域污染物总量平衡85家，引导新建项目通过技术提升减少污染物总量261.55吨，为地区发展腾出环境容量。协调1家纺织企业开展排污权抵押工作，为企业纾困解忧，二押总额达1260万元。（倪　敏）

【**环境信访**】 2022年，通州生态环境局创新建立环境信访“12369工作法”，试点成立“村居环境问题乡贤调解室”，多元化解生态环境问题，环境信访总量和越级访比上年分别下降17.4%和40.1%。是年，通州区环境信访工作位列南通市前茅，通州生态环境局被评为2022年南通市生态环境信访工作先进集体。（沈超群）

【**环保执法**】 2022年，通州区坚持以深入打好污染防治攻坚战为引领，努力践行“依法依规监管、有力有效服务”理念，以改善环境质量为核心，以绿盾亮剑执法行动为主线，紧扣深入打好污染防治攻坚战新任务新要求，统筹推进专项执法行动，全面提升生态环境执法和污染治理能力。全年立案查处环境违法案件477件，下达处罚决定书379件，处罚金额1488万元，其中运用配套办法查处环境违法案件67件（查封扣押58件，行政拘留4件，限产停产4件，涉刑移送公安1件）。（张佳琦）

【**环保宣传教育**】 2022年，通州区持续推进生态环境法治建设，通过组建120名生态普法志愿者队伍，开展“温暖生态，绿色助企”、重点优质企业“体检”“环保助企‘店小二’规范手续促发展”“千人进千企”等生态环境普法系列活动，提高生态环境法制宣传力度、深度和广度，提升社会公众的生态环境保护意识。出动志愿者200余次，通过常态化法治约谈、技术专家现场指导、“量身定做”环保课件等形式，对先锋印染园区、高新区涉气企业、平潮镇、五接镇钢结构企业、餐具集中消毒等行业100余家企业开展普法宣讲活动，优化营商环境。通州生态环境局结合国际生物多样性日、“6·5”世界环境日、民法典宣传月等活动，结对天

6月5日，通州区举行2022年世界环境日主题宣传活动　（通州生态环境局 提供）

晖社区和象屿海装、百威啤酒2家企业共建生态文明。借力减污降碳试点落地，"三线一单"普法课堂送进乡镇。组织环保总监线上培训，刊登"总监说法"专栏，向500家企业发放《民营企业环境法律风险提示手册》，将生态环境普法工作融入日常。（曹　然）

节能减排

【水污染减排】 2022年，通州区实施产业结构升级、工业污染深度治理、污水处理设施新改扩建、管网建设改造、再生水循环利用、生活垃圾渗滤液处理、规模畜禽养殖粪污治理及资源化利用7类20项减排工程，实现化学需氧量、氨氮、总磷、总氮排放总量分别削减396.24吨、137.06吨、17.41吨和167.93吨。（刘薇薇）

【大气污染减排】 2022年，通州区围绕工业企业大气污染治理，实施产业结构升级、能源结构调整、含VOCs产品源头替代、VOCs综合治理、VOCs无组织排放治理、餐饮油烟治理和生物质锅炉低氮改造七大类63项大气主要污染减排项目，实现氮氧化物、挥发性有机物排放总量分别削减604吨和114.55吨。（杨　锋）

【清洁生产】 2022年，通州生态环境局按照《清洁生产审核办法》规定的行业类别，梳理全区"双超双有""高能耗"等应开展清洁生产审核企业名单，按照"强制性清洁生产审核企业两轮清洁生产审核不超过5年"原则，逐步开展，滚动实施，全年有15家企业纳入强制性清洁生产审核、3家企业开展自愿性清洁生产审核，完成中高费项目40个，无低费项目166个，形成各类污染物减排量计22.6吨。（倪　敏）

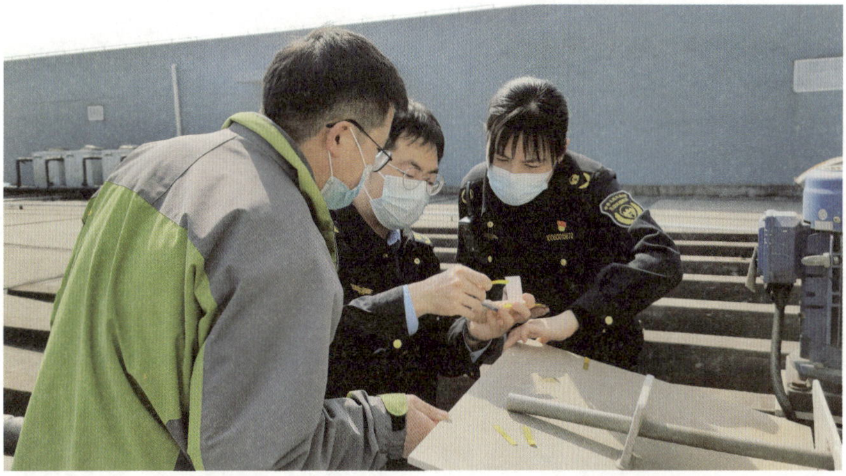

2022年，通州生态环境局聚焦重点涉气企业，推进VOCs整治。图为3月11日监测现场（通州生态环境局 提供）

【节能降耗】 2022年，通州区落实"碳达峰、碳中和"相关要求，强化政策引领，相继出台《通州区"十四五"全社会节能的实施意见》《关于完整准确全面贯彻新发展理念推动高质量发展做好碳达峰碳中和工作的实施意见》，深入推进绿色发展、能耗双控等工作。引导企业提档升级，华新环保成功申报符合环保装备制造业规范条件企业，百威啤酒和乐佳涂料2家企业成功入围省绿色工厂，通达矽钢成功入选工信部工业产品绿色设计示范企业。坚决遏制"两高"(高耗能、高排放)项目盲目发展，开展"两高"项目排查，建立高耗能项目清单化、动态化管理台账，定期梳理项目状态、用能、能效等情况。加强节能监管，组织"双随机、一公开"节能执法检查迎查培训，抽取重点用能企业开展现场监督检查，指导企业开展自查，及时淘汰落后电机。（张周滢）

【公共机构节能管理】 2022年，通州区坚决落实"过紧日子"要求，降低行政运行成本，巩固节约型机关创建成果，推动全区公共机构节能工作高质量发展。持续推进集中办公区域照明系统升级，基本完成区行政中心大楼办公室及电瓶车停车库、市民中心地下车库和区图书馆灯管更换。做好中央空调系统冷冻泵、循环泵设备维护检查保养；加装自来水管路控制开关，及时更换老管，减少跑、冒、滴、漏现象。加强区行政中心、市民中心管理区域的水、电、气定期能耗监测和新型智能开水器的水质参数统计分析。与中网联合(北京)能源服务有限公司、江苏省国电能源公司等多家公司研究洽谈行政中心、市民中心合同能源管理项目，推动节能创新管理。开展"全国节能宣传周""全国节水周"等宣传活动，加大节能低碳宣传力度。组织相关人员报名参加国管局公共机构节能远程培训，加大教育培训力度。继续推动节约型机关创建工作，完成4家单位申报节约型机关创建。（何少华）

科学技术

编辑 马钰

综述

【概况】 2022年，通州区围绕“打造产业创新高地、建设创新硬核区”部署，在南通率先探索成立区科技创新综合党委，探索党建引领企业创新发展新模式、新机制，聚焦壮大创新主体、推进平台载体建设和科技创新成果转化，新增各级创新载体3家、省级以上立项项目5项10家、高新企业157家。是年，蝉联“全国综合实力百强区”。

【政策保障】 2022年，通州区出台《通州区科技创新“十四五”规划》和《关于通州区技术转移奖补办法》，鼓励企业创新，落实惠企政策。实际享受研发费用加计扣除企业445家，加计扣除额21.4亿元，增长92.8%；高企减免税97家3.65亿元，增长31.3%。

2022年通州区新增各级创新载体一览表

表20

序号	名称	承担单位名称
1	通科孵化器	江苏通科高新技术发展有限公司
2	盟星智能科技空间	南通盟创投资有限公司
3	江海创客汇	南通瀚业科技服务有限公司

2022年通州区省级以上立项项目一览表

表21

序号	项目名称	承担单位名称
1	省重点研发计划—产业前瞻与关键技术	江苏深蓝航天有限公司
2	省创新支撑计划—国际科技合作/港澳台科技合作	南通江海电容器股份有限公司
3	省创新支撑计划—乡村产业振兴	通州区东社镇开心田园生态农场
4	省基础研究计划自然科学基金项目	南通市肿瘤医院
5	省创新能力建设计划—技术转移体系建设奖补	江苏韩通船舶重工有限公司 南通山口精工机电有限公司 江苏濠汉信息技术有限公司 南通海立电子有限公司 西派格（南通）电液控制科技有限公司 南通中泰包装科技有限公司

2022年通州区新增高企一览表

表22

序号	企业名称	镇 区	序号	企业名称	镇 区
1	南通威明精工机械有限公司	兴仁镇	7	江苏东源电器集团股份有限公司	十总镇
2	南通汉迪自动化设备有限公司	石港镇	8	南通恒翔机电设备有限公司	兴仁镇
3	南通凯迪自动机械有限公司	平潮镇	9	江苏富浩电子科技有限公司	川姜镇
4	江苏华一机械有限公司	西亭镇	10	南通晋弘钢结构工程有限公司	平潮镇
5	南通市通州兴辰机械有限公司	金沙街道	11	南通安泰风机有限公司	平潮镇
6	南通远征冷冻设备有限公司	兴仁镇	12	南通光合生物技术股份有限公司	平潮镇

续表22

序号	企业名称	镇　区	序号	企业名称	镇　区
13	南通筑友智造科技有限公司	十总镇	46	南通新华装饰工程有限公司	西亭镇
14	南通向日亚精密机电科技有限公司	兴仁镇	47	江苏睿博信息科技股份有限公司	金沙街道
15	南通三喜电子有限公司	兴仁镇	48	南通全技纺织涂层有限公司	先锋街道
16	亿华高新材料(南通)有限公司	兴东街道	49	南通博赢特阔织造有限公司	先锋街道
17	南通海立电子有限公司	平潮镇	50	南通骐骏机械有限公司	兴东街道
18	南通盖宝家纺有限公司	川姜镇	51	南通翔腾机械有限公司	兴东街道
19	南通市飞宇食品科技有限公司	平潮镇	52	海瑞膜科技南通有限公司	兴东街道
20	南通久盛新材料科技有限公司	刘桥镇	53	南通钜盛数控机床有限公司	兴仁镇
21	吉奥璐纺织品(南通)有限公司	西亭镇	54	南通开天自动化科技有限公司	兴仁镇
22	南通帝诚华信实业有限公司	兴仁镇	55	江苏固络卡建筑科技有限公司	东社镇
23	江苏老裁缝家纺工业有限公司	川姜镇	56	南通市通州区创博塑料制品有限公司	二甲镇
24	南通剑烽机械有限公司	东社镇	57	南通市天能电机有限公司	刘桥镇
25	南通欧惠纺织科技有限公司	东社镇	58	南通华禄新材料科技有限公司	石港镇
26	南通佳果纺织工艺品有限公司	东社镇	59	南通如日纺织有限公司	兴东街道
27	南通顺裕包装材料有限公司	二甲镇	60	南通利联机床制造有限公司	刘桥镇
28	江苏佳华机械科技有限公司	刘桥镇	61	南通宏久金属制品有限公司	兴仁镇
29	南通蓝天石墨设备有限公司	刘桥镇	62	南通丰威机械有限公司	二甲镇
30	南通问鼎金属制品有限公司	刘桥镇	63	江苏洁瑞雅纺织品有限公司	刘桥镇
31	南通道崎起重机械有限公司	平潮镇	64	江苏神韵绳缆有限公司	二甲镇
32	江苏瀚高科技有限公司	平潮镇	65	中行测(江苏)检测研究有限公司	先锋街道
33	南通赛翔机电有限公司	平潮镇	66	南通欣颐家纺有限公司	兴东街道
34	南通比邻机电设备有限公司	平潮镇	67	南通弘铭机械科技有限公司	兴东街道
35	南通洛克流体设备有限公司	平潮镇	68	南通福根机械制造有限公司	平潮镇
36	南通创佳机电有限公司	平潮镇	69	南通博朗冷冻设备有限公司	兴东街道
37	江苏宏盛液压机械有限公司	平潮镇	70	南通世发船舶机械有限公司	刘桥镇
38	南通凯锐激光科技有限公司	十总镇	71	南通宇一机械设备有限公司	平潮镇
39	南通银河水泵有限公司	十总镇	72	南通苏通分离工程科技有限公司	东社镇
40	江苏康非特动力科技有限公司	十总镇	73	精劲精密机械南通有限公司	刘桥镇
41	南通通州江华纺织有限公司	石港镇	74	南通航远机械设备有限公司	十总镇
42	南通现代建筑产业发展有限公司	石港镇	75	江苏金太阳家用纺织品有限公司	川姜镇
43	汉摩尼(江苏)光电科技有限公司	五接镇	76	江苏瑞冠智能科技有限公司	兴东街道
44	江苏恒科新材料有限公司	五接镇	77	南通捷晶半导体技术有限公司	兴东街道
45	南通市埃姆福制冷科技有限公司	西亭镇	78	南通东鼎彩印包装厂	十总镇

续表22

序号	企业名称	镇　区	序号	企业名称	镇　区
79	南通华盛高聚物科技股份有限公司	川姜镇	110	江苏里物食品科技有限公司	高新区
80	南通环洋新型建材有限公司	平潮镇	111	旭东汽车零部件制造(南通)有限公司	高新区
81	南通雨奇金属制品有限公司	兴东街道	112	南通龙硕轻合金科技有限公司	高新区
82	南通莱鑫运动用品有限公司	兴仁镇	113	广东鸿图(南通)模具有限公司	高新区
83	南通托普电子材料有限公司	平潮镇	114	江苏博沃汽车电子系统有限公司	高新区
84	南通奥泰光学仪器有限公司	平潮镇	115	南通飞海电子科技有限公司	高新区
85	江苏权正检验检测有限公司	兴东街道	116	南通昊海电器有限公司	高新区
86	南通新艺材料科技有限公司	五接镇	117	江苏通顺动力科技有限公司	高新区
87	南通博洋机电制造有限公司	兴仁镇	118	南通华之磊电子科技有限公司	高新区
88	南通杰玛电机有限公司	刘桥镇	119	南通三本电子有限公司	高新区
89	南通隆彩纺织科技有限公司	先锋街道	120	恩葛智能科技(南通)有限公司	高新区
90	高企达电梯(江苏)有限公司	平潮镇	121	南通星维海威精密机械有限公司	高新区
91	南通安泰新材料科技有限公司	十总镇	122	江苏盟星智能科技有限公司	高新区
92	南通海星电子股份有限公司	平潮镇	123	江苏华存电子科技有限公司	高新区
93	江苏超越新能源科技集团股份有限公司	十总镇	124	南通棉花机械有限公司	高新区
94	南通京通石墨设备有限公司	兴仁镇	125	南通大禹生物技术有限公司	高新区
95	南通通州意达港口机械有限公司	石港镇	126	江苏芯农微电子科技有限公司	高新区
96	南通锦发电缆有限公司	十总镇	127	江苏拓邦环保科技有限公司	高新区
97	南通尚善模塑科技有限公司	西亭镇	128	南通颢比昂信息科技有限公司	高新区
98	江苏通上汽车零部件有限公司	西亭镇	129	江苏新聚环保科技有限公司	高新区
99	江苏深蓝航天有限公司	五接镇	130	南通新华钢结构工程有限公司	高新区
100	南通美莱工业智能科技有限公司	五接镇	131	丹华海洋工程装备(南通)有限公司	高新区
101	南通百盛精密机械有限责任公司	石港镇	132	江苏公爵新能源汽车有限公司	高新区
102	宏雷机械设备(南通)有限公司	五接镇	133	南通井兰生物技术有限公司	高新区
103	南通腾峰光学仪器有限公司	五接镇	134	都看(江苏)数码科技有限公司	高新区
104	南通蓝天彩钢结构工程有限公司	金沙街道	135	南通四方节能科技有限公司	高新区
105	南通中星海洋科技有限公司	高新区	136	江苏康溢臣生命科技有限公司	高新区
106	南通众福新材料科技有限公司	高新区	137	南通西塔自动化科技有限公司	高新区
107	南通大任永磁电机制造有限公司	高新区	138	南通四合不锈钢制品有限公司	高新区
108	南通重矿金属新材料有限公司	高新区	139	江苏筑人网信息科技有限公司	高新区
109	南通普利生物科技有限公司	高新区	140	南通盟鼎新材料有限公司	高新区

续表22

序号	企业名称	镇　区	序号	企业名称	镇　区
141	江苏松田电子科技有限公司	高新区	150	广东鸿图南通压铸有限公司	高新区
142	江苏瑞振压铸有限公司	高新区	151	南通科创建设工程检测有限公司	高新区
143	南通华钰电子科技有限公司	高新区	152	江苏辰星药业股份有限公司	高新区
144	江苏笃行致远新材料科技有限公司	高新区	153	广东鸿泰南通精机科技有限公司	高新区
145	江苏东冠智能科技有限公司	高新区	154	江苏甬金金属科技有限公司	高新区
146	江苏力普电子科技有限公司	高新区	155	南通华勤纺织装饰有限公司	高新区
147	江苏领智健康科技有限公司	高新区	156	江苏睿中轨道交通装备有限公司	高新区
148	江苏宝地管业有限公司	高新区	157	南通金驰机电有限公司	高新区
149	麦克斯流体科技(江苏)有限公司	高新区			

5月13日，2022年通州区高企申报工作业务培训会召开　　（区科技局 提供）

创业创新

【概况】 2022年，通州区健全完善科创企业梯度培育机制，制定《通州区高企培育三年行动方案》。举办高企申报业务培训会，“一对一”精准服务指导。坚持重大产业项目和高成长性科创项目协同发力，深入实施“双招双引”。赴深圳、杭州等地开展科创项目招商活动，精准对接阿里云创新中心等科创资源。高新技术产业产值占规模以上工业总产值的46.5%。

【科创项目】 2022年，通州区组织100多家企业申报市级以上科技计划项目，其中，列入省重点研发计划1项；省国际科技合作1项，资助金额180万元，全市唯一；获第二批南通产业创新“揭榜挂帅”攻坚计划立项1项，参与南通市“荧光涌现”计划，完成揭榜项目认领4项。已认定科创项目招引63个，新认定培育类科创项目22家，科技型中小企业入库评价488家。

【创新平台建设】 2022年，通州区推进科技企业孵化器建设，充分挖掘各镇（区、园、街道）存量闲置厂房资源，为科创项目落地盘活空间。新增国家科技企业孵化器1家、新备案省级众创空间2家。围绕重点产业搭建创新平台，沃太能源与南开大学共建允沃能源科学研究（江苏）有限公司。推进企业研发机构建设，新认定省级以上研发机构11家，推荐22家企业认定市级工程技术研究中心，位列全市第一。高新区汽车零部件获批2022年国家火炬特色产业基地。电子元器件产业入选首批省创新型产业集群建设名单。

【科技创业大赛】 2022年，通州区企业在“通创荟”南通科技创业大赛中获奖3家，其中，圆周率半导体（南通）有限公司获初创企业组三等奖，南通罡丰科技有限公司和南通赛可特电子有限公司获成长企业组三等奖。

产学研合作

【概况】 2022年，通州区先后与浙江大学、上海理工等高校开展十多场线上、线下专题对接活动。9月27日，在江海智汇园成功举办2022年江苏专利（成果）拍卖季高端装备制造产业专场活动，征集高端装备制造领域专利成果839项，挖掘技术需求数近百条，总意向投入金额1.09亿元。全年新增产学研合作项目162项。完成技术合同登记50亿元。

【重大成果转化】 2022年，华存电子获省成果转化项目立项，格雷特、新兴机械、四方冷冻、沃太能源4家企业获得市重大科技成果转化项目立项。

【智力引进】 2022年，通州区加大外国高端人才和专业人才来华工作一站式服务力度，全年共有来华高端专业人才

9月27日，江苏省专利（成果）拍卖季高端装备制造产业专场活动在江海智汇园举办

（区科技局 提供）

72人。亚振家具等8家企业获科技副总认定。

（秦晓慧）

知识产权管理

【概况】 2022年，我区获准江苏省知识产权保护示范区创建立项，系全省第二家获批县（市、区）。知识产权工作真抓实干获省政府督查激励。

【知识产权培育】 2022年，通州区拥有有效注册商标30166件，专利授权量4931件，PCT（专利合作条约）专利申请量17件。万人发明专利拥有量从年初49.55件增长到56.05件，增速位居全市前列。新增通过《企业知识产权管理规范》国标认证企业54家，省知识产权管理贯标绩效评价企业10家，江苏金太阳纺织科技股份有限公司“一种再生纤维素纤维织物抗滑移整理剂、工作液及抗滑移整理工艺”获第23届中国专利优秀奖，江苏甬金金属科技有限公司获评国家知识产权示范企业，四方科技集团股份有限公司、江苏乐尔环境科技股份有限公司、南通海星电子股份有限公司获评国家知识产权优势企业。“二甲蓝印花布”地理标志商标成功注册。

【知识产权保护与应用】 2022年，通州区查处商标侵权案件77件、假冒专利案件11件。入选省奥林匹克执法典型案例1件，市知识产权保护典型案例2件。区市场监管局（知识产权局）报送的《高质量强化知识产权保护》获评全市2022营商环境提升年十佳案例。中国南通（家纺）快维中心在2021年度国家知识产权局知识产权快速协同保护工作绩效考核中列全国第二，通过国家知识产权局外观设计专利权评价报告预审试点验收，系省内唯一。指导96家具有自主知识产权的企业通过专利商标进行质押融资，质押融资金额7.32亿元。

（魏婷婷）

气　象

【概况】 2022年，通州区印发探测环境保护规划，严格按照质量管理体系开展各项工作，气象探测业务质量稳定，气象探测环境持续稳定向好。

【气象预警】 2022年，通州区完成地面加密观测网建设，新建成区域自动气象站9套。全力做好关键性、转折性、灾害性天气过程预警预报跟踪服务，制定印发《通州区气象局重大气象灾害“叫应”实施细则》，建立健全重大天气过程直通式报告机制，通过电视、广播、“南通州”APP、“南通州”微信公众号等媒体及时发布气象预警信息。持续开展面向农机手和新型农业经营主体的“直通式”气象服务，在关键农时联合制作发布农业气象服务专报，提高气象为农服务水平。加强气象、生态环境部门联动，共同发布空气质量预报，提高大气污染气象条件监测预警水平。

【气象监管】 2022年，通州区按照“放管服”改革要求，进一步优化审批流程及办理事项。对易燃易爆危化品共计105家企业实现防雷安全执法监督检查“全覆盖”。按照“双随机、一公开”要求，对防雷重点单位开展联合执法检查2次。规范开展雷电防护装置设计审核和竣工

12月15日，2022南通市通州区省知识产权保护示范区创建推进大会召开

（区市场监督管理局 提供）

验收以及升放气球活动审批，严格落实禁放氢气球规定，加强对升放气球现场的安全巡查和监督，开展重大活动日、节假日以及庆典活动期间重点检查。实行政执法“三项制度”和执法人员持证上岗、资格管理等规定，加强执法检查人员培训和执法工作规范化建设。

【气象科普】 2022年，通州区结合“人民至上、生命至上”主题实践活动，以气象科普进农村、进校园、进社区、进企业等为桥梁，开展“3·23”世界气象日、“5·12”全国防灾减灾日、“安全生产月”等系列气象科普活动，通过微博、微信等新媒体平台广泛宣传气象法律法规和防灾减灾知识。召开全区灾害信息员培训会议，进行气象防灾减灾知识讲解，指导五接镇开沙村创建全国综合减灾示范社区工作。加强与新闻媒体协作，广泛利用报纸、电视、广播、网络、微博、微信等宣传防灾减灾第一道防线作用、气象现代化建设成就等。（周 琦）

防震减灾

【概况】 2022年，通州区编制印发《南通市通州区“十四五”防震减灾规划》，推进重点项目立项实施，不断加强防震减灾能力建设。至年末，全区未发生有感地震。

【地震灾害风险普查】 2022年，通州区制定《南通市通州区地震灾害风险普查实施方案》，申请地震灾害普查经费62.5万元。按照实施方案高质量开展地震灾害普查，对地震工程地质条件进行补充探测，对典型区域人员伤亡修正评估模型进行调查，并按要求录入系统。顺利完成辖区地震灾害风险普查工作任务，9月7日，在省地震局组织召开的视频会议上经专家审查通过验收。

2022年，通州区持续推进防震减灾科普宣传教育“六进”活动。图为防震减灾集中宣传咨询活动走进五接镇开沙村（区住建局 提供）

【地震易发区房屋设施加固工程】 2022年，通州区制定《南通市通州区房屋设施抗震设防信息采集和动态更新机制制工作方案》，建立并运行区房屋设施抗震设防信息采集和动态更新机制，组建工作队伍，组织采集员培训，顺利完成区内房屋设施抗震设防信息首次采集任务。首次采集抗震设防信息包括自2018年10月10日至2021年底完成加固和2020年、2021年度新建、改建、扩建的所有居民小区、大中小学校、医院、农村民居，以及重要交通生命线、电力和电信网络、水库大坝、危险化学品厂库、应急避难场所等10类工程。召开全区既有建筑安全隐患排查整治培训会，按方案开展实施既有建筑排查整治工作。

【震情监视跟踪】 2022年，通州区制定年度震情监视跟踪和应急准备工作方案、鼓励社会人员发现和报告宏观异常工作方案，定期对通州强震台、苏12井、5个宏观观测点进行巡查，节前和特殊时段加强频次，确保观测仪器正常运行、观测资料连续可靠、观测点位在岗尽职。为苏12井安装除湿空调、标准化铭牌，更换上墙制度牌、铜牌，确保观测点位环境整洁。印发《通州区有感地震应急协调机制》，明确信息报送、灾情核查、舆论管控的相关工作要求及职责。

【地震宣传培训】 2022年，通州区高标准开展防灾减灾宣传周、唐山大地震纪念日等各节点系列宣传工作，持续推进防震减灾科普宣传教育“六进”活动，开展应急疏散及救援演练。各镇、各学校结合自身特点广泛宣传，在央广网、新华在线网、省局网站等平台进行报道。（朱栋辉）

教育·体育

编辑 马 钰

综 述

【概况】 2022年,通州区全面贯彻党的教育方针,聚焦立德树人根本任务,举旗定向,培根铸魂。创新开展劳动教育,阳光体育优质覆盖,学校美育城乡并进,"护心育苗"五位一体;提档升级各类教育,聚焦质量,注重内涵;不断提升师资水平,德能并举,强师固本;持续优化办学条件,锚定目标,服务民生;有效改善教育生态,减负提质,"双减双促";释放体育事业活力,健康惠民,落地落实。

【教育研究】 2022年,通州区对35项申报课题进行初评,推荐20项课题送市参评,指导11项课题送省参评。对2021年的46项市级课题、185项区级课题进行通讯开题;对19项省级课题、21项市级课题进行现场开题论证。结合"课堂、课程、课题"三课联动科研文化创新工作实际,设立第二批"研训指导站"(小学、初中学段各3个)。组织站点学校的分管领导座谈,形成研训菜单。通过课堂教学诊断、专项活动跟踪指导、专题讲座引领等形式,开展主题研训指导活动10余次。开展暑期全员信息技术能力提升工程2.0培训,合格率和结项率均达100%。组织全区中小学、幼儿园教师参加省师德师风及法律法规知识网络竞赛,合格率98.9%。组织全区小学教师参加省网络自主选学远程培训,合格率99.3%,位列同批次全省第一。全年共有3人次参加3项国家级培训,3286人次参加47项省级培训,5326人次参加55项市级培训,23595人次参加94项区级培训。

【依法治教】 2022年,通州区教体系统持续推进法治建设,深入落实依法行政、依法治理、依法管理,自觉运用法治思维和法治方式深化改革、推动发展、化解矛盾、维护稳定。区教体系统共有各类行政权力和服务事项70项,完成认定初级教师资格654个、校外培训机构注销和变更30个、批准校车2个。设立4项"一件事"(义务教育阶段学生入学一件事、民办非学历教育机构设立一件事、校车使用许可一件事、幼儿入园一件事)统一办理。办理阳光信访平台信访件357件、市长信箱112件、区委书记信箱交办件22件、其他人民来信8件,办理12345市民服务热线和公众监督1289件。区教体局30名执法监督人员全部完成2022年度行政执法(监督)人员培训考试,28名执法人员通过考试。开展"双随机、一公开"检查,全年检查2次,共检查9家单位;单独检查6次,共检查35家单位。依法做好校外培训机构监管工作,查处并通报5起隐形变异违规培训行为;组织开展校外培训材料和从业人员专项排查,排查机构数118个、材料数123册、从业人员357人。

【五育并举】 2022年,通州区深入推进五育并举工程,协同育人,构建全区五育并举新业态。"三生"(生命、生活、生长)德育引领学校品格提升。成立省级班主任工作室1个,市、区级德育名师工作室8个,区级少先队名辅导员工作室2个。1所学校被评为省级中小学思政育人特色学校,3所学校荣登全省"两红两优"光荣榜。5所学校被确立为南通市首批学科教师培训基地,2个项目在省级验收中获优秀,3个项目顺利通过中期评估:5个项目入围省基础教育内涵项目,大市占比1/5,获省补经费超过200万元。阳光体育优质覆盖。举办全区中小学生啦啦操(线上)比赛,全区45支中小学代表队参赛,"一校一品牌、一校一特色"工作格局进一步彰显。在2022年学生体质健康测试中,合格率始终保持在95%以上。全区新增3所国家级校园足球特色学校(幼儿园)。学校美育城乡并进。组织"喜迎二十大、一起向未来"全区中小学生合唱节,59所学校积极参与;"童声里的中国"优秀作品在全省13个大市巡演,儿童剧《因为爸爸》入选第十一届中国儿童戏剧节线上展。实验小学学生精彩亮相江海国际文化旅游节,120个蕊春娃用歌舞传递爱党爱国爱家乡的心声。"护心育苗"五位一体。5月30日,通州区第二届"魅力南山湖,最美金沙风"中小学生陶艺创作与现场绘画大赛在南山湖小学举行,全区中小学生近300人参赛。全方位编制"一体两翼"防护网,确保学生身心健康;"五位一体,推进全区中小学生心理健康护航行动"获区创新奖;建立全区心理危机闭环处置机制,排查全区4.1万名学生心理危机情况。创成省、市级中小学心理健康教育特色学校各1所,市级特色学校3所,占比居全市第一。劳动教育创新发展。建成69个校内外劳动实践基地。举办通州区首届稻草人节，16所学校获奖。省“十三五”规划重点自筹课题“区域推进义务教育阶段新劳动教育实践探索”在中期验收中被评为“优秀”。《南通日报》专题报道区域新劳动教育创新实践活动。

【教育提质】 2022年，通州区聚焦教育质量，注重教育内涵，全方位推进质量管理。全区新增1所局直公办园、1所市优质园、2所省优质园、1个省基础教育前瞻性项目、5个省基础教育项目。省课程游戏化项目幼儿园接受省级督查，得到省市专家一致肯定。优化线上学习期间学生管理工作，特别关注一线医务人员子女、随迁子女、困难家庭子女以及其他独立在家参加线上学习的学生，确保家校共育协同互补。推进融合教育，进一步完善特殊教育体系，通州区获评“江苏省融合教育示范区”。教育集团化办学全覆盖，推动优质教育资源进一步整合。全区新增五年制高职专业3个、省现代职教体系“3+3”项目3个，获评省优质专业2个；获评省职业教育“双师型”名师工作室1个、班主任工作室1个；获评省级教学成果奖2项，国家级、省级职业教育在线精品课程3项：参加省职业院校教学能力比赛获一等奖2项。入选中成协“区域终身学习发展共同体”试验点5个，获评省社会教育(教学)成果奖1项，省“全民阅读进社区”宣传工作先进单位3家，“省社会教育百强单位”2家，省“社区最美教师”3人。全区14个社区教育中心开展老年人智能技术专项普及培训5000人次。通州区教体局获评省社会教育先进集体。

【优化办学】 2022年，通州区把教育作为最大的民生，加大教育投入，推动城乡办学一体化。升级5G监管系统，实现校车安全行驶全过程监管。“阳光食堂”监管平台使用率100%，实现学校食堂明厨亮灶100%，“互联网+”覆盖率96%的预期目标。设立34个免费视力检测点，服务全区4.8万名学生。3所学校入选省儿童青少年近视防控示范学校(幼儿园)。实施11个校安工程项目，加大“智慧校园”建设力度，更新多媒体教学设备385套，改造校园网2所，14所学校申报创建江苏省智慧校园。是年，全区共发放各类助学资金940.34万元，资助学生14213人次。探索“融合督导”新路径，通州教育督导经验在中国教育报、江苏教育报、学习强国等各类报刊和媒体推介。

【教育生态建设】 2022年，通州区成立“双减”领导小组，建立校外培训机构联合治理联席会议制度。全区义务教育学校学生参与课后服务率98%，中小学“双减”覆盖率100%。充分发挥南通“双减”监管与服务平台作用，推进校外培训机构网格化管理。累计安排1542人次，巡查培训机构2695家次。区教体局先后5次在全市会议上作专题发言，介绍“双减”工作阶段性成果。江苏省委内刊在2022年4月专题推介通州区“双减”工作做法。

【融合党建】 2022年，通州区教体系统积极实施“1+N”(党建+育人、党建+队伍、党建+管理、党建+课程等)融合党建，培植党建书记项目100个，省级党建工作品牌4个，市区级党建工作品牌53个，市级“双带”(党建带头人、教学带头人)型党员教育基地1个，市级党建领航服务站1个。23所学校被评为区级“五星级党建示范点”。

2022年通州区各级各类教育事业一览表

表23

指　标	计量单位	2022年	2021年	为上年比例(%)
一、学校数	所	74	73	101.4
普通中学	所	29	28	103.6
高中	所	5	5	100.0
初中	所	24	23	104.3
小学	所	42	42	100.0
特殊教育学校	所	1	1	100.0
普通中等专业学校	所	1	1	100.0
技工学校	所	1	1	100.0
二、在校学生数	人	95133	92671	102.7
普通中学	人	34917	33658	103.7
高中	人	11490	11417	100.6
初中	人	23427	22241	105.3
小学	人	56012	55077	101.7
特殊教育学校	人	252	239	105.4
普通中等专业学校	人	3893	3602	108.1
技工学校	人	59	95	62.1
三、招生数	人	23147	22816	101.5
普通中学	人	12569	12109	103.8
高中	人	3922	3837	102.2
初中	人	8647	8272	104.5
小学	人	9194	9328	98.6

续表23

指　标	计量单位	2022年	2021年	为上年比例(%)
特殊教育学校	人	62	45	137.8
普通中等专业学校	人	1349	1334	101.1
技工学校	人	—	—	—
四、毕业生数	人	20880	19725	105.9
普通中学	人	11140	10414	107.0
高中	人	3786	3404	111.2
初中	人	7354	7010	104.9
小学	人	8714	8335	104.5
特殊教育学校	人	49	50	98.0
普通中等专业学校	人	947	881	107.5
技工学校	人	30	45	66.7
五、教职工人数	人	8119	7891	102.9
普通中学	人	4142	4072	101.7
小学	人	3449	3273	105.4
特殊教育学校	人	48	48	100.0
普通中等专业学校	人	426	441	96.6
技工学校	人	54	57	94.7
六、专任教师	人	7182	7030	102.2
普通中学	人	3471	3459	100.3
高中	人	1276	1271	100.4
初中	人	2195	2188	100.3
小学	人	3286	3131	105.0
特殊教育学校	人	44	44	100.0
普通中等专业学校	人	347	362	95.9
技工学校	人	34	34	100.0
七、幼儿园数	所	75	75	100.0
在园幼儿数	人	23248	24714	94.1
教职工人数	人	3096	3012	102.8
#专任教师	人	1576	1574	100.1
幼儿园入园率	%	99.5	99.4	—
八、小学适龄儿童入学率	%	100.0	100.0	—
小学毕业生升学率	%	100.0	99.2	—
初中毕业生升学率	%	99.7	99.8	—
小学、初中学生毕业率	%	100.0	100.0	—
九年义务教育普及率	%	100.0	100.0	—

2022年通州区各类教育督导、督查、调研、研讨活动一览表

表24

时间	督导、督查、调研、研讨单位	督导、督查、调研、研讨地点	督导、督查、调研、研讨事项
3月1日	市教体局	南山湖小学、金沙小学	调研"一校一品"创建工作
3月7日	区教体局	线上	"关爱从心开始——校园心理危机干预专题研讨"线上心理沙龙研讨活动
6月13日	区教体局	韬奋小学、兴东小学	通州区第三届"音为有爱、乐系乡村"教学研讨活动
6月16日	区教体局	实验小学	江苏省中小学教研室"教学新时空"小学科学"名师课堂"直播研讨活动

续表24

时间	督导、督查、调研、研讨单位	督导、督查、调研、研讨地点	督导、督查、调研、研讨事项
6月21日	省教育厅	金郊初中、实验小学、通州小学、平潮小学、南通州外国语学校和三家校外培训机构	江苏省教育厅专项督导督查组到通州开展“双减”和规范民办义务教育发展工作督查
6月21日	省教育厅	南山湖小学	调研教师的编制、待遇、职称等问题
6月28日	省教育厅	通州高中、实验小学	调研基础教育、师资建设、“双减”“双创”等工作
9月15日	省教科院基础教育研究所	通州区	调研基础教育内涵建设项目
11月15日	市教育局、南通大学	通州区	调研通州区师范生实习工作
12月16日	省中小学心理健康教育工作专项督导组	通州高中、通州中专	专项督导通州区心理健康教育工作

2022年通州区各级各类教育体育荣誉一览表

表25

受表彰单位(个人)	荣誉名称	表彰单位	时间
原实验小学(现育才中学)学生邱子珺	全国优秀少先队员	共青团中央　教育部　全国少工委	2022年12月27日
特教学校学生龙紫萱	省残运会羽毛球听障青年组女子单打金牌	省残联、省体育局	2022年9月
通州高级中学学生吴朝阳	全国中学生生物学科联赛一等奖	全国中学生生物学竞赛委员会、中国植物学会、中国动物学会	2022年7月
教育体育局	2022年度空军招收飞行学员工作先进单位	中国人民解放军东部战区空军政治工作部、江苏省高校招生委员会	2022年12月1日
西亭高级中学	2022年度空军招收飞行学员工作先进单位	中国人民解放军东部战区空军政治工作部、江苏省高校招生委员会	2022年12月1日
通州区高校招生委员会办公室	江苏省空军青少年航空学校招生工作先进单位	中国人民解放军东部战区空军政治部	2022年11月7日
区招生办马潇潇	2022年度空军招收飞行学员工作先进个人	中国人民解放军东部战区空军政治工作部、江苏省高校招生委员会	2022年12月1日
西亭高中周岗	2022年度空军招收飞行学员工作先进个人	中国人民解放军东部战区空军政治工作部、江苏省高校招生委员会	2022年12月1日
家纺城小学、虹西幼儿园、平潮幼儿园	2021年全国青少年校园足球特色学校(幼儿园)	教育部	2022年2月8日
区教师发展中心	省中小学教师和校长培训工作先进单位	江苏省教师培训中心、江苏教育行政干部培训中心	2022年3月29日
区教师发展中心葛建华	省中小学教师和校长培训工作先进个人	江苏省教师培训中心、江苏教育行政干部培训中心	2022年3月29日
育才中学团委	江苏省五四红旗团委	共青团江苏省委	2022年4月28日
中等专业学校团委	江苏省五四红旗团委	共青团江苏省委	2022年4月28日
实验小学团支部	江苏省五四红旗团支部	共青团江苏省委	2022年4月28日
实验小学邱子珺	“2021‘讲好中国故事’创意传播大赛青少年英语视频创作大赛”一等奖	中国外文出版发行事业局、“讲好中国故事”创意传播大赛组委会	2022年7月

续表25

受表彰单位(个人)	荣誉名称	表彰单位	时间
通州区姜灶中学男子足球队	南通市青少年校园足球联赛(初中组)总决赛	南通市青少年校园足球办公室	2022年7月8—10日
高新区小学机器人社团	2022世界机器人大赛青少年机器人设计大赛南通城市选拔赛,金种子一队荣获MakeX碳锁先锋专业技能挑战赛冠军,金种子四队荣获季军,同时获得四个一等奖和一个二等奖	MakeX机器人挑战赛组委会	2022年7月1日
先锋小学啦啦操团队	江苏省啦啦操俱乐部锦标赛南通站,获自选花球U12组别冠军、双人街舞U28组别亚军	江苏省啦啦操协会	2022年8月7日
家纺城小学周卫鑫	江苏省中小学实验教学技能大赛小学科学组一等奖第一名	江苏省教育厅、江苏省中小学教学研究室	2022年8月10日
通州高级中学、金郊初中、南山湖小学、实验幼儿园	南通市首批家庭教育优秀学校	南通市教育局、南通市妇联	2022年8月
实验小学	“十四五”首批江苏省科学教育综合示范学校	江苏省科学技术协会、江苏省教育厅	2022年9月1日
育才中学邢霞	2022年江苏省班主任基本功大赛一等奖	省教育厅、省中小学教学研究室	2022年9月30日
通州小学三(4)班学生王妙言	南通市2022年“筑梦向未来”中华经典诵读大赛小学组特等奖	南通市语委、南通市教育局	2022年10月18日
通州幼儿园教师蒋睿睿	南通市2022年“筑梦向未来”中华经典诵读大赛教师组一等奖	南通市语委、南通市教育局	2022年10月18日
金沙中学高二(7)班戴徐颖	2022年第七届全省学生“学宪法讲宪法”活动省级决赛高中组一等奖	江苏省学生“学宪法 讲宪法”活动组委员、江苏教育报刊总社	2022年11月6日
金沙中学张慎桢	2022年第七届全省学生“学宪法讲宪法”活动省级决赛优秀指导教师奖	江苏省学生“学宪法 讲宪法”活动组委员、江苏教育报刊总社	2022年11月6日
高新区小学顾佳敏	2022年第七届全省学生“学宪法讲宪法”活动省级决赛二等奖	江苏省学生“学宪法 讲宪法”活动组委员、江苏教育报刊总社	2022年11月6日
通州高级中学沈秋惠	“江苏省高中信息技术青年教师教学基本功大赛”一等奖	省教育厅、省中小学教学研究室	2022年11月18日
平潮高级中学程炜	“江苏省高中信息技术青年教师教学基本功大赛”二等奖	省教育厅、省中小学教学研究室	2022年11月18日
东社镇社区教育中心、五接镇社区教育中心	第二届“江苏省社会教育百强单位”	省成人教育协会	2022年11月
区实验中学张玉婷	江苏省初中综合实践活动青年教师基本功大赛一等奖	省教育厅、省中小学教学研究室	2022年11月24日
通州高级中学张秋霞	江苏省高中综合实践活动青年教师基本功大赛一等奖	省教育厅、省中小学教学研究室	2022年11月24日
通州高级中学唐天行	第36届全国奥林匹克化学竞赛决赛金牌	中国科协青少年科技中心、中国化学会	2022年11月28日
东社镇社区教育中心葛旭进	江苏省首届“最美社区教师”	省成人教育协会	2022年11月29日
兴仁镇社区教育中心葛校琴	江苏省首届“最美社区教师”	省成人教育协会	2022年11月29日
二甲镇社区教育中心龚耀斌	江苏省首届“最美社区教师”	省成人教育协会	2022年11月29日

续表25

受表彰单位(个人)	荣誉名称	表彰单位	时间
金郊初中管天翔、顾天昊	2022年江苏省青少年帆船锦标赛男女混合OP甲组团体赛第二名	省体育局和省教育厅	2022年11月30日
通州高级中学王忆轩	第十九届国际中学生地理奥林匹克竞赛中国大陆地区选拔赛银奖	中国地理学会	2022年11月15日
通州高级中学陆锦昊	第十九届国际中学生地理奥林匹克竞赛中国大陆地区选拔赛铜奖	中国地理学会	2022年11月15日
通州中专课程《南通面塑技艺》《南通剪纸技艺》	入选2022年江苏省“十四五”职业教育首批在线精品课程	江苏省教育厅	2022年12月5日
金沙街道社区教育中心	2022年江苏省“全民阅读进社区”宣传工作一等奖	省成人教育协会	2022年12月26日
兴东街道社区教育中心	2022年江苏省“全民阅读进社区”宣传工作二等奖	省成人教育协会	2022年12月26日
东社镇社区教育中心	2022年江苏省“全民阅读进社区”宣传工作二等奖	省成人教育协会	2022年12月26日
实验小学张正一	新时代江苏好少年	省文明办、省教育厅、团省委、省妇联、省关工委	2022年8月
南通市通州区教育体育局	2018—2021年度全省群众体育先进单位	省体育局	2022年7月14日

2022年通州区各级各类教育活动一览表

表26

活动名称	活动地点(主办单位)	活动时间
实验小学相声节目《内外语》	第十届全国少儿曲艺展演	8月7日
“通州教育这十年——喜迎二十大”新闻发布会	通州区教体局	9月14日
通州区中小学德育工作会议暨基于张謇“大生”思想的“三生德育”区域推进现场会	南山湖小学	9月20日
通州区第二届中小学青年教师教学竞赛活动	通州小学古沙校区	9月22日
通州区特殊教育青年教师基本功大赛	区特教学校	10月29日
通州区2022年“艺术进中考”全员培训	区教育体育局	10月28日
全区教育发展大会	区行政中心	11月10日
通州区镇、街道老年学校授牌暨五接镇老年学校揭牌仪式	五接镇社区教育中心	11月11日
“发现劳动之美”通州区首届稻草人节	实验小学运盐河校区	12月11日

学前教育

【概况】 2022年，通州区有幼儿园75所，设教学班750个，比上年(下同)增加3个，在园幼儿23248人，减少1466人，幼儿园入园率99.5%，增加0.1%。

【“幼小衔接”专题培训】 6月9日，通州区“幼小衔接”专题培训活动在虹西幼儿园举行。实验幼儿园、虹西幼儿园和金桥幼儿园的3位老师，聚焦大班幼儿入学准备的领域经验及身心发展需求，展示集体教学活动。活动提出全区各小学必须处理好零起点与零基础、知识与素养、乐趣与兴趣、自由与规范、衔接与发展之间的关系，缓解家长入学焦虑。

义务教育

【概况】 2022年，通州区有小学42所，设教学班1367个，增加167个，在校学生56012人，增加935人；有特殊教育学校1所，设教学班15个，在校学生252人，减少7人。小学适龄儿童入学率100%，年巩固率100%，学生毕业率100%，小学毕业生升学率100%。全区有初级中学24所，教学班511个，减少45个，在校生23427人，增加1186人。初中教育年巩固率100%，毕业率100%；初中毕业生升学率99.7%。

【金沙小学省品格提升工程结项】 9月20日，省内专家组对金沙小学省品格提升工程《“小善”涵育追锋情——伴·学雷锋50年实践活动的传承与创新》进行

9月,古沙小学建成投用　　（卑多敏 摄）

现场结项调研,参观“伴·学雷锋实践活动基地”。

【实验小学模型代表队省赛获佳绩】7月23—26日,在2022年江苏省青少年航海模型锦标赛上,实验小学“锐力模型队”以总分88分的成绩获得小学男子B组综合团体第一名,在六个项次的单项团体比拼中获得4个第一名。实验小学航模队成立于1996年,以“航空教育”为主体的科技教育已成为“实小生命教育大花园”中的璀璨花枝。

普通高中教育

【概况】2022年,通州区有普通高中5所,教学班248个,增加16个,在校生11490人,增加468人。参加全市中等学校招生统一考试报名6968人,经南通市教育考试院统一组织,被高一级学校录取6152人,录取率88.4%。

【全国中学中职组模拟政协优秀提案】2月1日,共青团中央权益部、全国学联秘书处联合表彰2021年全国模拟政协优秀提案。通州高级中学季柏霖提交的《关于治理噪声污染、打造“安静城市”的提案》被确定为中学中职组“优秀模拟政协提案作品”,是全省唯一。

【省高中物理青年教师教学基本功大赛一等奖】11月7—10日,江苏省高中物理青年教师教学基本功大赛在马相伯高级中学举行。通州高中刘先锋、平潮高中李晓慧获一等奖。刘先锋在闭幕式上作为选手代表作交流展示发言。大赛包括理论考试、教学设计、课件制作、课堂教学、实验、粉笔字和演讲7个项目,全方位考查选手的专业理论素养和操作实践能力,26名选手参赛。

职业教育

【中等职业教育】2022年,通州区职业学校招生1349人,毕业977人,在校生3952人。有教职工510人,专任教师400人,正高级讲师3人。新增五年制高职专业3个、新增省现代职教体系“3+3”项目3个,获评省职业教育“双师型”名师工作室1个、省示范性虚拟仿真实训基地培育项目1个、省职业教育在线精品课程3项、省课程思政优秀教学案例4个。省中职领航学校建设进入迎评验收阶段。获省职业院校教学能力比赛奖项5个,其中一等奖2个,南通市优秀校长、优秀班主任、优秀教师、优秀德育工作者共计6人。获评省“三创”优秀学生7名、优秀学生干部4名、先进班集体3个。获省职业院校创业大赛二等奖1个,省中职学校“文明风采”活动最佳作品5项。

【高等职业教育】2022年,通州区拥有高等职业教育学校1所。江苏联合职业技术学院通州分院承担五年制高职教育,转段进入高职阶段学生318人,高职在籍生628人,毕业生270人。江苏开放大学、奥鹏网络教育(大连理工大学、福建师范大学)基层办学点通州开放大学,承担成人本专科高等教育,本专科招生375人,在籍生1046人,毕业生251人。

【省示范性虚拟仿真实训基地】12月5日,省教育厅公布2022年江苏省示范性虚拟仿真实训基地培育项目,通州中专建筑工程系“智能建造虚拟仿真实训基地”成功入选。该实训基地立足适应建筑产品固定、体积大、生产周期长的特点,以虚拟现实、增强现实、混合现实、人工智能、5G等先进信息技术为基础,打造对接装配式建筑的建筑设计、建筑施工、建筑工程项目管理全生命周期的共享综合型虚拟仿真实训基地与配套教学资源体系。

【校企融合】2022年,南通中专构建“校企合作、订单培养、顶岗实习、双赢共进”的人才培养模式,形成校企协同育人的实训基地共同体。南通中专与企业共同修订人才培养方案,建设生产性实训基地,引进企业生产线,兴建“校中厂”;把教室搬进工厂,课堂设于企业,兴办“厂中校”。南通中专与通州正大农药化工有限公司联合举办“职业教育助力乡村振兴”企业新型学徒制培训班。11月18日,通州中专数控技术应用专业获评南通市产教融合示范专业,通州中专深度融合企业——南通深南电路有限公司获评南通市产教融合示范企业,通州中专产业教授、南通通顺动力科技有限公司总经理曹进获评南通市优秀产业导师。

民办教育

【概况】2022年,通州区拥有民办小学1所,九年一贯制民办学校1所;民办幼儿园37所,其中普惠性民办幼儿园26所,非普惠性民办幼儿园6所,营利性民办幼儿园5所。全区进一步规范民办幼儿园办园行为,联合多部门对37所民办幼儿园开展年检工作。

【社区教育】 2022年，通州区有开放大学1所，镇（街道）社区教育中心14所，社区居民学校224个，全国社区教育示范镇（街道）5个，全国学习型乡镇1个，全国城乡社区教育特色学校2所，全国农村优秀学习型部门、企业5个，全国社区教育品牌项目2个，国家、省百姓学习之星7名；省标准化社区教育中心14个，省标准化居民学校164个，省教育服务“三农”示范基地2个。是年，区教体局获评省社会教育先进集体，东社镇、五接镇社区教育中心被评为省社会教育百强单位。依托开放大学设立通州老年大学，启动实施“通州银龄学堂”计划，构建以区老年大学为龙头、镇街老年学校为主体、村居老年学习点为基础的三级老年教育网络。

【校外教育机构管理】 2022年，通州区校外培训治理工作依法组织、稳慎实施、有序推进，取得实效。推进“无师生违规参加校外培训校园”创建工作，8所学校获评南通市无师生违规参加校外培训校园。联合教体、科技、文广旅、宣传、人社、市场监管、公安等部门及各镇（街道）全覆盖开展常态化巡查，共出动1666人次，对3053家培训机构进行巡查。5月，公布非学科类校外培训机构准入指南。7月，召开非学科校外培训机构分类审批推进会。9月，发布非学科类校外培训机构分类审批办理指南。年末，6家非学科类校外培训机构完成重新登记审批。

招生考试

【中考工作】 2022年，通州考区（含通州湾）7685人报考，设6个考点，255个考场。城区设有才中学、实验中学、金郊初中、通州中专4个考点，200个考场，安排24个学校5925人考试；通西片设平潮高中考点，42个考场，安排通西片5个学校1233人考试；通州湾示范区中考为通州区代办，独立设置考点考场，设置13个考场、安排364人考试。普通高中录取4520人，其中通州高中录取900人、金沙中学录取880人、西亭高中录取880人、平潮高中录取880人、石港中学录取380人、通州湾中学录取600人。中职、中专录取1485人，5年制大专录取476人，乡村教师录取24人，其中小学教育录取15人、学前教育录取4人、音乐教育录取1人、美术教育录取2人、体育教育录取2人。初中毕业生实现应录尽录。

【普通高考】 2022年，通州考区普通高校招生报名4514人（含通州湾考生589人），增加506人；高职提前录取760人，只报名不参加考试22人，最后参加高考考场编排3732人。经省教育考试院批准，设3个考点129个考场，其中，通州高中设68个考场，安排物理—化学—生物、物理—生物—思想政治、物理—生物—地理、物理—化学—地理4个科目组考生2037人；金沙中学设42个考场，安排历史—思想政治—地理、历史—化学—思想政治、物理—化学—思想政治 、历史—生物—思想政治、历史—生物—地理、物理—思想政治—地理6个科目组合考生1227人；通州中专设19个考场，为日语、俄语、西班牙语考生专用考场，安排考生468人。

【自学考试】 2022年，通州区自学考试报名人次2617人。专科本科毕业人数50人。

【成人高考】 2022年，通州区成人高考报名人数为1313人，录取 1062 人。

【飞行学员输送】 2022年 ，通州区高度重视招飞工作，认真做好招飞宣传，高标准严要求进行选拔。7月7日，向空军输送军飞行学员2名。

师资建设

【概况】 2022年，通州区中小学有在职教职工10735人，其中小学3449人，初中2663人，高中1479人，中等职业学校510人，特殊教育学校48所，幼儿园3096人。全年共聘用新教师255名，其中高中师资48名，初中师资37名，小学师资123名，幼儿园师资47名。

【队伍建设】 2022年，通州区全面贯彻落实《南通市中小学教师培养激励办法》，补充专任教师279人，安排乡村定向师范生培养计划94个，首批招募银龄支教教师51名。义务教育学校共流动教师392人，其中骨干教师105人。实施区“古沙师韵1311”名师（校长）培养工程，首批入围83人。表彰第八届“通州好老师”80人、“四有”好教师团队10个，新增省名师工作室1个，省“四有”好教师团队1个，38人获评市优秀教师，26人获评市优秀班主任，5人获评市优秀校长。派出通州高中、通州中专6名骨干教师开展为期三年的“组团式”援陕教育。4月27日，《江苏教育报》区域视窗专版报道通州区新教师“启航”工程；12月10日，《中国教育报》专题刊发通州区名优教师培养新路径。全区7名教师在省青年教师基本功大赛（优课）中获一等奖。西亭高级中学周尔飞获评“江苏好人”。刘桥小学教师李玉平、实验中学学生李菲获评第十三届“感动南通·教育人物”。

【“方舟”好教师团队入选省级重点培育团队】 2022年，通州区强化“方舟”团队建设，通州高级中学党委书记、校长季仲平领衔，有成员18人，跨10门学科、跨各年龄段，成员中有省有突出贡献的中青年专家、南通市学科带头人及青年教师。6月15日，江苏省第二批“四有”好教师省级重点培育团队名单公布，通州高级中学成功入选。

教育督导

【概况】 2022年，通州教育推进融合督导，积极发挥督政、督学、评估监测职能。出台《通州区中小学高质量发展（教育督导工作）考核办法（试行）》和《通州区责任督学挂牌督导考核办法（试行）》，实行“三三三”全天制满负荷工作制度（三分之一时间用于个人承担的挂牌督导工作，三分之一时间用来下基层检查督导，三分之一时间用来进行文字、整理工作）。

【督导队伍管理】 8月，通州区对原有督学队伍进行调整，遴选组建一支由知名校长、名优教师、“两代表一委员”等54人组成的责任督学队伍，并于9月和11

月分别对新督学和全体督学进行业务培训。加强对全区高中、通中、通北、通西、通南、学前6个教育督导责任区及片区督学工作站垂直管理。

【常规督导】 2022年，通州区组织开展教育综合满意度网络调查和督学接待日活动。对西亭小学等5所义务教育中小学校进行综合督导，对金郊初中、金乐小学开展第三方调研性督导评估。对12家幼儿园开展办园行为复评工作，对新建已满三年幼儿园进行综合督导评估。编印《通州教育督导》内刊4期。融合督导的创新实践，先后在《中国教育报》《江苏教育报》及“中国教育督导”“学习强国”等各类报刊和媒体推介。

【专项督导】 2022年，通州区深入开展“双减”“五项管理”“双创”等专项督导8次。分月开展以疫情防控、防范校园欺凌、心理健康教育、教育综合满意度调查“回头看”等挂牌督导10次。在通州中专开展以“职业教育服务地方经济社会发展”为主题的“四个一”行动；通中、通北、通西、通南督导责任区分别在纱场小学、横港小学和赵甸小学、先锋初中举办“包诊制”督导活动；举办以“融合督导助推教育高质量发展”“凸显‘需求督导’，引领学校自主发展”为主题的督学发展科研沙龙2次。

【督导案例】 3月，区督导专干张新国撰写的案例《学生作业管理的“三减”和“三增”》入选全国中小学责任督学挂牌督导优秀案例，成为南通唯一入选案例。

（王亚飞）

全民健身工程建设

【概况】 2022年，通州区投入200余万元开展全民健身场地设施提档升级，督促扶持镇（街道）开展辖区内公共体育设施维修更新，进一步完善全民健身公共服务体系。

【公共体育设施建设】 2022年，通州区镇（街道）、水利、园林绿化等部门联动，新（改）建足球场2片、健身路径20套、健身步道10公里。通过以奖代补，继续扶助镇村加强全民健身场地设施建设管护，全年落实奖补资金100余万元。全区人均体育场地面积达4平方米。

【健身设施信息化管理】 2022年，通州区利用信息化平台，助推全民健身设施提档升级。落实省室外全民健身设施管护专项治理试点要求，开展室外全民健身设施专项清理规范工作，共完成15个镇（街道）105个全民健身场地设施点位核查，清理规范全民健身器材200余件。

群众体育

【概况】 2022年，通州区广泛开展各类丰富多彩的全民健身活动，加大科学健身指导服务，努力增强群众身体素质。是年，被省体育局授予“2018—2021年度全省群众体育先进单位”称号。

【全民健身系列赛事活动】 2022年，通州区承办中国乒协会员联赛（南通站）、“最强乒团”全国业余团体赛（南通站）、第二届长三角自行车公开赛暨第一届环南通联赛、长三角汽摩场地越野邀请赛（南通站）、省二十届运动会职工部乒乓球赛等多项体育赛事。举办“国家体育锻炼标准”达标赛系列活动。联合卫健委，举办第七届全国“万步有约”通州赛区健走激励大赛。

【体育社团】 2022年，通州区共有区级体育社团27个，民办非企业22个，其中AA级体育社团1个，AAA级体育社团5个，AAAAA级体育社团1个。发挥体育社团作用，在“体彩贺岁杯”“全民健身月”期间，举办涵盖足球、羽毛球、太极拳、棋类、篮球、乒乓球、游泳和掼蛋等不同类型体育运动项目的比赛。

【科学健身指导服务】 2022年，通州区充分发挥区级国民体质监测站作用，为3000余名市民开展免费体质监测。组织篮球、足球等项目社会体育指导员、裁判员、教练员培训，新增三级社会体育指导员、教练员、裁判员350人。

竞技体育

【概况】 2022年，通州区加快推进体教融合，加大保障投入，高效推动“一校一品”“一生多能”建设，助力“双减”扎实推进。不断畅通优秀后备人才选拔和输送渠道，大力推动学校阳光体育活动开展。

12月11日，第二届长三角体育节自行车公开赛暨第一届环南通联赛在通州区举行

（区教体局 提供）

【青少年体育】 2022年，通州区以足球、篮球、排球、乒乓球、羽毛球、武术、快乐体操等项目为纽带，形成校校有特色的校园体育发展格局。投入30万元专项用于“一校一品”“一生多能”建设。共创成国家级体育特色学校28所，省级体育特色学校15所。制订全区体育类校外培训机构准入指引，规范审批和监管流程，促进体育类校外培训机构有序发展。

【竞技成绩】 2022年，通州区以人才培养输送为目标，不断提升业余训练综合实力。加大与省市对接，切实做好优秀体育后备人才输送和服务保障。组队参加省县组田径比赛，位居甲级队前列。通州籍运动员严旭获全国青年U系列沙滩排球锦标赛冠军。

【教练及运动员管理】 2022年，通州区加强少体校教练员管理，切实提升教练员执教水平。优化青少年运动员选材网络，少体校小学部新进运动员22人，运动员年龄结构日趋完善。体育竞训管理纳入省级阳光体育联盟综合管理系统，总注册人员153人。

体育产业

【概况】 2022年，通州区拿出切实举措，促进体育消费回补和潜力释放。开沙岛旅游度假区获批全省体育旅游示范基地。

【体育产业扶持】 2022年，通州区积极帮助指导骐骏机械、精华动力、汽摩基地、途居开沙岛露营地等区内体育企业争取年度省体育产业发展专项扶持资金。骐骏机械获得省体育产业专项资助80万元。做好丰宏体育、华通高尔夫等规上体育服务业企业联系服务，两家企业营收增幅位居各县市区前列。

【体育彩票营销及管理】 2022年，通州区强化体育彩票运营能力，加大实体渠道扶持力度，提高系统运行维护及安全防控水平，提升信息管理能力和整体抗风险能力。彩票销量突破2亿元大关，增长15%，继续保持全市前列。

【体育市场规范】 2022年，通州区抓好高危险性体育项目审批监管，认真落实《南通市通州区游泳馆管理办法》和“双随机、一公开”要求，依法整治非法游泳场馆，提高业主依法经营、安全经营意识。卫健委、市场监管局、执法大队等部门加大协同督查频次和力度，常态化组织开展对体育健身场所疫情防控和安全生产检查，确保全区体育健身场馆安全有序运营。

2022年通州区体育事业情况一览表

表27

指　标	计量单位	2022年	2021年	为上年的比例（%）
一、体育场馆数	个	1085	1085	100.0
1. 体委系统场馆数	个	13	13	100.0
#体育场	个	5	5	100.0
体育馆	个	8	8	100.0
2. 其他系统场馆数	个	1072	1072	100.0
二、举办单项比赛次数	次	50	75	66.7
三、举办全民健身活动次数	次	210	350	60.0
#1000人以上活动	次	5	8	62.5
参加活动人数	万人	95	130	73.1
四、专职教练员	人	11	11	100.0
#女性	人	3	3	100.0
社会体育指导员	人	4783	4783	100.0
国家级	人	14	14	100.0
一　级	人	49	41	119.5
二　级	人	1050	980	107.1
三　级	人	3670	3748	97.9
五、参加南通市以上比赛获奖牌数	块	60	64	93.8

（刘吉德）

文　化

编　辑　顾新国

文化艺术

【概况】 2022年，通州区坚持以人民为中心的创作导向，围绕迎接、宣传、贯彻党的二十大这条主线，聚焦群众多样性、多层次、多方面的精神文化需求，实施文化艺术精品工程，推出一批具有影响力的精品力作，用文化艺术的形式书写好通州人民在新时代感恩奋进的伟大成绩和精神风采。

【文艺创作】 2022年，通州区广大文艺工作者深入生活、扎根人民，着力讲好通州故事，潜心创作精品力作，在市级以上各类评选中屡获殊荣。其中，新创小品小戏作品参加国家级展演5部、省级展演2部、市级展演11部，获国家级奖项5项、省级奖项1项、市级奖项6项；新创美术、摄影作品参加国家级展演1部、省级展演10部、市级展演22部，获国家级奖项1项、省级奖项2项、市级奖项7项。

【文艺活动】 2022年，通州区围绕“奋进新征程·建功新时代”喜迎二十大主题，精心组织开展系列文艺活动。3—6月，开展“喜迎二十大·奋进新征程”送戏下乡。7月，开展“喜迎二十大·奋进新征程”艺术展示秀活动。8月，开展“奋进新征程·建功新时代”第二十七届“通州之夜”广场文艺晚会。9月，开展“奋进新征程·建功新时代”通州区第十二届群众广场舞展演。

8月28日，喜迎二十大·奋进新征程——第二十七届“通州之夜”广场文艺晚会通州民歌民舞专场精彩上演　（卑多敏　摄）

2022年通州区部分获奖优秀文艺作品一览表

表28

序号	类别		作品名称	作者	获奖(参展、参演)情况	颁奖单位
1	美术	版画	《暖阳下的街头工匠》	陈鹏刚	2022年全国少数民族美术作品展	中国美术家协会
2			《劳动者》	陈鹏刚	“喜迎二十大 绘就新时代”全省职工书法美术作品展一等奖	江苏省总工会
3			《天窗下的执着》	陈鹏刚	“艺起向未来”——长三角地区书画作品联展	南通市委宣传部、南通市文联、嘉兴市文联等7部门
4			《快乐成长在暖阳下》	陈鹏刚	第五届南通市美术作品大展银奖	南通市委宣传部、南通市文联、南通市文化广电和旅游局

续表28

序号	类别		作品名称	作者	获奖（参展、参演）情况	颁奖单位
5	美术	版画	《暴风雪雨中的护路汉》	陈鹏刚	“南通好通”美术作品展	南通市委宣传部、南通市文联、南通市文化广电和旅游局
6			《巢之恋》	陈鹏刚	南通籍书画名家新作展	南通市委宣传部、南通市文联、南通市文化广电和旅游局
7			《高原情》	陈鹏刚		
8			《盛世阳光一家亲》	陈鹏刚		
9		国画	《童声里的中国》	陈鹏刚	“新时代颂”2022江苏美术摄影主题联展	江苏省委宣传部、省文旅厅、省文联
10			《开沙岛之晨》	李　进		
11			《云山有意》	李　进	“艺起向未来”——长三角地区书画作品联展	南通市委宣传部、南通市文联、嘉兴市文联等7部门
12			《瑰宝2》	华振明		
13		国画	《依山傍水》	李　进	长三角地区美术交流展	南通市委宣传部、南通市文联、嘉兴市文联等7部门
14			《云淡风轻山色远》	李　进	第五届南通市美术大展铜奖	南通市委宣传部、南通市文广旅局、南通市文联
15		油画	《建设者》	华振明	“喜迎二十大　绘就新时代”全省职工书法美术作品展三等奖	江苏省总工会
16			《社区工作者》	华振明	“新时代颂”2022江苏美术摄影主题联展	江苏省委宣传部、省文旅厅、省文联
17			《大汛》	华振明	南通市第四届文学艺术大赛美术类二等奖	南通市委宣传部、南通市文广旅局、南通市文联
18			《老艺人》	华振明	长三角地区美术交流展	南通市委宣传部、南通市文联、嘉兴市文联等7部门
19			《渔村》	华振明	第五届南通市美术作品大展银奖	南通市委宣传部、南通市文广旅局、南通市文联
20			《生命》	华振明	2022南通市油画作品展	南通市委宣传部、南通市文广旅局、南通市文联
21			《溯》	华振明	2022年第四届柳敬亭文学艺术创作大赛美术组新人奖	南通市通州区委宣传部、通州区文广旅局、通州区文联
22		中国画	《遥望大山》	李　进	第三届南通文学艺术创作大赛书画摄影获奖作品展、南通市文艺家工作室书画摄影创作成果展	南通市委宣传部、南通市文广旅局、南通市文联
23			《寒冬素装图》	李　进	南通籍书画名家新作展	南通市委宣传部、南通市文广旅局、南通市文联
24			《遥望大山》	李　进		
25		连环画	《水乡女侠》	陈鹏刚	南通市“喜迎二十大　开启新征程”红色主题融媒体作品大赛三等奖	南通市委宣传部、南通市文广旅局、南通市文联
26	曲艺	小品	《封城之前》	顾学军、张　山、易　彬等	第十二届中国曲艺牡丹奖节目奖	中国曲艺家协会
27			《封城之前》		“喜迎二十大　说唱新时代”全国优秀曲艺作品展演	中国曲艺家协会
28			《一妇当关》	区文化馆	第四届“通州杯”全国曲艺小剧场新作展演	中国曲艺家协会
29			《阳光便利店》	区文化馆	第十五届江苏省五星工程奖	江苏省委宣传部、江苏省文化和旅游厅
30			《封城之前》	顾学军、张　山、易　彬等	“携手共命运一起向未来”南通市优秀抗疫题材艺术作品网络展	南通市委宣传部 南通市文广旅局

续表28

序号	类别		作品名称	作者	获奖(参展、参演)情况	颁奖单位
31	曲艺	小品	《审舅舅》	刘天文、张　山、钱荣泉等	南通市优秀廉政题材原创艺术作品	南通市委宣传部、南通市纪委、南通市文广旅局等四部门
32			《拜见岳母》	区文化馆		
33			《餐馆奇缘》	马跃峰	南通市通州区第四届“柳敬亭奖”文学艺术创作大赛曲艺类“二等奖”	南通市通州区委宣传部、通州区文广旅局、通州区文联
34		南通唱书	《细花细叶细阳伞》	通州歌舞团、通州区剧目工作室	第四届“通州杯”全国曲艺小剧场新作展演	中国曲艺家协会
35		通剧小戏	《瞧这两亲家》	区文化馆	南通市第四届文学艺术创作大赛特别奖	南通市委宣传部、南通市文广旅局、南通市文联
36			《你想要什么》	何婷婷、葛　豪、张　杰等	2022“深圳市青年戏剧月”小戏类“最佳剧目奖”	中国田汉研究会
37		通剧大戏	《瓦匠女人》	黎　化、钱荣泉、张天乐等	江苏省基层文艺院团优秀剧目展演	江苏省文化和旅游厅
38		朗诵	《流调日记》	马跃峰、杨撼宇	“携手共命运一起向未来”南通市优秀抗疫题材艺术作品网络展	南通市委宣传部、南通市文广旅局
39	舞蹈		《蓝》	杨撼宇	“我在南通等你”——2022年南通市群众舞蹈大赛优秀创作奖、优秀编导奖、优秀表演奖	南通市委宣传部、南通市文广旅局、南通市文联等四部门
40			《我在南通等你》	殷晓莉、杨撼宇		
41			《一抹蓝》	杨撼宇	2022南通市艺术舞蹈大赛青少年组优秀编导奖、优秀表演奖	南通市委宣传部、南通市文广旅局、南通市文联
42			《同心同行》	殷晓莉	2022南通市艺术舞蹈大赛成人组优秀编导奖、优秀表演奖	南通市委宣传部、南通市文广旅局、南通市文联
43			《同心同行》	殷晓莉	南通市第四届文学艺术创作大赛舞蹈类二等奖	南通市委宣传部、南通市文广旅局、南通市文联
44			《同心同行》	殷晓莉	南通市通州区第四届柳敬亭文学艺术创作大赛舞蹈类一等奖	南通市通州区委宣传部、通州区文广旅局、通州区文联
45			《我在南通等你》	殷晓莉	南通市通州区第四届柳敬亭文学艺术创作大赛舞蹈类二等奖	南通市通州区委宣传部、通州区文广旅局、通州区文联
46			《果果情》	朱　虹、邓　慧、瞿苏楠、宁静柳等	2022南通市艺术舞蹈大赛优秀表演奖、优秀编导奖	南通市委宣传部、南通市文广旅局
47			《邵多丽》	瞿苏楠、曹苗苗、施　思	2022南通市艺术舞蹈大赛优秀表演奖	南通市委宣传部、南通市文广旅局
48	音乐歌曲		《冬奥爱上北京》	区文化馆	入选学习强国平台	学习强国平台
49	摄影		《乡村蟹王》	高　飞	“乡村振兴 美丽通州”摄影大赛入展奖	南通市通州区委宣传部、通州区文联
50			《实业兴邦》	高　飞	南通市第四届摄影艺术展纪录类铜奖	南通市委宣传部、南通市文广旅局、南通市文联
51	微视频		《春廉》	马跃峰	南通市通州区优秀家风家教故事征集活动三等奖	南通市通州区纪委机关、通州区文广旅局、通州区文联

公共文化

【概况】 2022年，通州区紧扣高质量发展主线，以文化场馆提档升级为抓手，以提升文化服务效能为导向，持续加强公共文化服务体系建设，不断加大文化惠民工程实施力度，增强群众的文化获得感和幸福指数。是年，开展送戏下乡等群众性文化活动1022场，培训基层文艺爱好者1.50万名；新增五星级韬奋书吧1家、四星级韬奋书吧3家、三星级“韬奋书吧”1家。

【文化场馆提档升级】 2022年，通州区以打造“最美公共文化空间”为契机，持续推动区、镇、村三级文化阵地提档升级。其中，通州忠孝博物馆、兴仁镇文体中心、先锋街道周圩村农家书屋被列入江苏省“最美公共文化空间”打造计划；川姜镇综合文化站、平潮镇综合文化站、石港镇睹史院村综合文化服务中心被评为南通市“最美公共文化空间”；先锋街道十六里墩村书吧被认定为五星级“韬奋书吧”，兴东街道土山村、金新街道碧堂庙社区、金沙街道天霞社区3家书吧被认定为四星级韬奋书吧，先锋街道三圩头村书吧被认定为三星级韬奋书吧。平潮镇、五接镇、兴东街道筹措资金，完成对所属综合文化站的整体改造提升。打造具有示范意义和带动作用的特色公共文化体系服务区，五接镇开沙村村史馆、东社镇东平村农耕文化展示馆等一批文化场馆建成开放。

【群众性文化活动】 2022年，通州区以面向基层、服务群众、丰富人民群众精神文化生活、倡导社会文明风尚为目标，持续开展文化惠民活动，满足群众日益增长的文化需求。发挥区文化馆、图书馆及镇（街道）分馆阵地优势，在做好免费开放的前提下，拓展服务群体，延伸服务范围，让文化活动进社区、进校园、进景区、进企业。围绕元旦、春节等传统节日，以及“世界读书日”“国际博物馆日”“文化和自然遗产日”等文化主题日，组织“我们的中国梦”——文化进万家系列活动，举办“古沙墨华”系列美术书法展，开展“金种子”送艺培训等形式多样的活动。发挥院团优势，以通州歌舞团专业国有院团为引领，带动南通僮子戏文化传媒有限公司通剧艺术团、四安通剧团2家民营通剧团及江海艺术团、万年青艺术团、柳敬亭剧社、金种子合唱团等40余支特色业余文艺团队，开展“欢乐江海行”送戏下乡200场、“传承国家非遗·唱响传统戏曲”通剧巡演100场；举办通州区精品剧目演出周、高雅艺术进校园、送戏慰问进军营等活动，提升“送戏下乡”服务质量与服务效能。创新“文化+”模式，与通州万达广场合作举办第二十七届“通州之夜”系列广场文艺晚会，在南山湖水街旅游休闲街区举办“水街19点·乐享南通州”艺术展示活动，推动文旅融合，提升文化服务品质。

2022年，通州区持续推动区、镇、村三级文化阵地提档升级。图为刘桥镇阅读空间
（宋协培　摄）

【公共文化设施】 通州区文化馆　始建于1949年，是政府设立的组织和指导群众文化活动的公益性事业单位。2015年搬迁至通州区朝霞路86号文博中心内，馆内设有小剧场、曹用平艺术馆、86号文化会客厅、顾学军小品工作室、道德讲堂、排练厅、多功能教室等10余个活动用房。连续五次被评为国家一级文化馆，并先后获评全国“服务基层、服务农民”文化建设先进集体、江苏省文化馆总分馆制建设先进集体、江苏省巾帼文明岗和南通市文明单位。2022年，区文化馆精心打造“金种子送艺培训”“水街19点·乐享南通州”“古沙墨华”等文化品牌，其中“通州之夜”获评江苏省五星工程奖服务奖、江苏省优秀群众文化活动品牌。新创艺术作品21件。培育群众文艺团队3个，江海艺术团、万年青艺术团、百花艺术团获评“江苏省优秀群众文艺团队”。

通州区图书馆　始建于1959年，是政府设立的组织和指导群众文化活动的公益性事业单位。2016年搬迁至通州区朝霞路86号，主楼高5层，建筑面积8812平方米，设有图书采编室、成人借阅室、少儿借阅室、报刊阅览室、全国文化共享工程通州支中心（电子阅览室）、3D图文体验室、视障阅览室、多功能展厅、亲子活动中心、学术报告厅、24小时自助借还屋，以及地方文献库、通州名人文库、古籍书库等专题馆藏，是国家一级图书馆、江苏省科普示范基地。2022年，区图书馆秉承人文、开放、绿色、科技的理念，以文化服务供需动态平衡为基点打造“最美公共文化空间”，推动阅读融入市民生活、融入城市血脉，让城市变得更有温度、更富书香气息。是年，新购图书1.67万种、2.72万册，馆藏图书增至42.4万种、88.18万册（含农家书屋新增6.45万册）；外借流通图书48.60万册次，接待读者48.50万人次；新办理借书证0.56万份，持证读者数达12.48万人。

通州忠孝博物馆　原为“通州忠孝文化园”，创建于2006年初，2008年正式开园并免费对外开放，2020年4月正式备案成为国有博物馆。位于通州区东社镇镇区北侧500米，总占地面积10.67公项,建筑面积为1426.12平方米,具有明末清初江南园林建筑风格,是全国首家以“忠孝”为主题的国家AAA级旅游景区。馆内展厅面积为915.44平方米,收藏展品近400件,分为5个固定展览及1个临时展厅。藏品以书法、雕塑、文房、印章为主要特色,涵盖地域人文、军事艺术等内容。先后被命名为江苏省国防教育示范基地、江苏省社科普及示范基地、江苏省社会教育学习体验基地和省级“青年学习社”。2022年,接待参观人数2.72万人。

6月23日,南通市装裱协会主席王建高(右二)在通州区有名的裱画之乡兴仁镇长林桥村给孩子们传授裱画技艺 (卑多敏 摄)

文化遗产传承与保护

【概况】 2022年,通州区有文物保护单位25处,其中市级文物保护单位7处、区级文物保护单位18处。拥有非物质文化遗产项目28个,其中,国家级非物质文化遗产项目1个(童子戏),省级非物质文化遗产项目5个,市级非物质文化遗产项目12个,市级非物质文化遗产扩展项目3个,区级非物质文化遗产项目7个。非物质文化遗产传承人63人,其中省级4人、市级35人、区级24人。

【非物质文化遗产推广】 2022年,通州区编印《通州区非物质文化遗产保护项目宣传册》、沉浸式“AR”非遗体验APP操作手册,举办第十二届“非遗文化周”系列活动,参与万物市集·非遗年、非遗过年dou来播、第十六个“文化和自然遗产日”、南通非遗购物节、第五届大运河非遗美食展等活动,多渠道向外界展示、推广通州非物质文化遗产。继续开展“非遗进校园”活动,开设6个门类“文化传承类”公选课程。

【非物质文化遗产保护】 2022年,通州区持续健全完善非遗四级名录体系,评选出区级非遗项目6个,代表性传承人6名。完成国家级非遗保护项目“童子戏”、省级非遗保护项目“通州民歌”两部纪录片的摄制工作。

通州区文物保护单位一览表

表29

类别	名称	年代	所在位置	保护级别
古遗址	范公堤遗址	宋代	十总镇骑岸五总一带连接到东社镇	通州区级
	包公堤遗址	明代	十总镇地界五总到骑岸	通州区级
古墓葬	御葬坟	南宋	石港镇南后街石港中学内	通州区级
	张朝彦墓	清代	西亭镇西禅寺村	通州区级
古建筑	南山五帝观	清代	金沙街道为民东路朝阳路口	南通市级
	张氏宗祠	清代	金新街道金西初中内	南通市级
	熊氏住宅	清代	二甲镇袁灶居西街120号	通州区级
	张謇祖居	清代	西亭镇状元街1号	南通市级
	钱氏牌坊	清代	二甲镇余西新民街116号	南通市级
	张氏牌坊	清代	二甲镇袁灶居东北街、袁灶小学北	通州区级
	陆家老宅	清代中后期	川姜镇姜灶民主街226号	通州区级
石刻	广济桥牌	清代	石港镇东虹桥路	通州区级
	西亭东桥铭石碑	民国15年(1926年)	西亭镇静车路2号西亭初中内	通州区级
近现代重要史迹及代表性建筑	朱理治故居	清末	二甲镇余西居新民街116号	南通市级
	徐氏“源泰和”店旧址	民国初期	石港镇五隆街32号	通州区级
	实验小学园林	1920年	金沙街道为民东路36号实验小学内	通州区级

续表29

类别	名称	年代	所在位置	保护级别
近现代重要史迹及代表性建筑	张氏墓祠	1924年	金新街道进鲜港村30组“瞿家园”内	南通市级
	沙淦墓	1928年	兴仁镇芦花港村	通州区级
	中共江北特区委员会机关旧址及纪念碑	1940年	兴仁镇四安温桥村五组	南通市级
	谢家渡战斗纪念碑	1942年	东社镇五甲陈墩村	通州区级
	邹韬奋演讲处	1942年	兴仁镇四安韬奋小学内	通州区级
	江一帆烈士墓	1948年	川姜镇姜灶中学内	通州区级
	曹公亭	1984年修缮	平潮镇通扬北路110号	通州区级
	通州区烈士陵园	1986年	金沙街道新金东路44号	通州区级
	渡海亭	1986年修缮	十总镇骑岸老堤南路48号	通州区级

通州区非物质文化遗产一览表

表30

序号	项目名称	项目类别	申报地区或单位	项目级别
1	童子戏	传统戏剧	通州区文化馆、区非遗保护中心	国家级
2	荷花盘子舞	传统舞蹈		省级
3	抬判			
4	西亭脆饼制作技艺	传统技艺	南通西亭脆饼有限公司	
5	石港腐乳酿制技艺		南通新中乳腐酿造公司	
6	通州民歌	传统音乐	通州区文化馆、区非遗保护中心	
7	魏二郎	民间文学		市级
8	跳财神	传统舞蹈		
9	南通木版画	传统美术		
10	石港戏曲谜盘	传统体育、游艺与杂技		
11	太极元功王家手（拳）	游艺、传统体育与竞技	石港镇人民政府	市级
12	木杆秤制作技艺	传统技艺	兴仁镇人民政府	
13	兴仁装裱技艺			
14	正场薰糕制作技艺		南通市康宝食品厂	
15	刘桥菜刀制作技艺		刘桥镇人民政府	
16	石港窨糕制作技艺		石港镇人民政府	
17	石港盆景技艺			
18	平潮红糖京枣制作技艺		平潮镇人民政府	
19	红木雕刻	传统美术	通州区文化馆、区非遗保护中心	市级扩展项目
20	南通蓝印花布印染技艺	传统技艺		
21	南通板鹞风筝制作技艺			
22	排河观庙会	传统民俗	通州区排河道观	区级
23	石港鳊虾制作技艺	传统技艺	通州区石港镇人民政府	
24	石港烧饼制作技艺			
25	兴仁猪头肉烹制技艺		通州区兴仁镇人民政府	
26	刘桥黄氏浆糟酒酿制技艺		通州区刘桥镇人民政府	
27	清荷钩针编织技艺		通州区金沙街道办事处	
28	吴氏中医儿科诊疗法	传统医药	通州吴加芳中医儿科诊所	

文化产业

【概况】2022年，通州区有规模以上文化产业企业78家，比上年增加12家。全年实现营业收入40.6亿元，比上年下降1.6%。从产业类型看，文化制造业实现营业收入25.7亿元，比上年下降8.6%；文化服务业实现营业收入4.7亿元，比上年增长12.7%；文化批零业实现营业收入10.2亿元，比上年增长13.8%。从产业类别看，内容创作生产实现营业收入16.4亿元，比上年下降7.5%；创意设计服务实现营业收入1.4亿元，比上年增长81.3%；文化传播渠道实现营业收入1.6亿元，比上年下降8.1%；文化娱乐休闲服务实现营业收入3916.4万元，比上年下降47.7%；文化辅助生产和中介服务实现营业收入7.3亿元，比上年下降11.1%；文化装备生产实现营业收入2.7亿元，比上年下降17%；文化消费终端生产实现营业收入10.8亿元，比上年增长23.3%。

【文化产业研发】2022年，通州区规模以上文化企业研发费用9931.80万元，比上年增长19.3%，占营业收入比重2.4%。其中，文化制造业研发费用8004.70万元，比上年增长20.4%，占营业收入比重3.1%；文化服务业研发费用1927万元，比上年增长14.7%，占营业收入比重4.1%。

文化市场管理

【概况】2022年，通州区围绕为党的二十大胜利召开营造良好文化环境这一主线，坚持“培育、监管两手抓”的指导方针，让更多体现时代主旋律、健康有益、雅俗共赏、丰富多彩的文化新产品和文化服务占领文化市场，推动文化市场规范有序、平稳繁荣发展。是年，全区有KTV20家，游戏经营场所3家，影院13家，互联网上网服务营业场所32家，注册文艺表演团队1家。

【文化市场监管】2022年，通州区落实落细《关于在市场监管领域全面推行部门联合“双随机、一公开”监管的实施办法》，持续完善“一单两库”管理，按照谁检查、谁负责的原则，建立健全检查对象名录库和执法人员名录库，实现随机抽取、全程留痕。全年组织开展跨部门联合抽查11次，检查市场主体108户，检查结果回填率100%、公示率100%。建立疫情防控应急通信渠道，对文旅行业关注的热点问题进行答疑解惑和正面引导，发放张贴疫情防控宣传图册160余张、易拉宝120余份；组织区文广旅局、公安局、市场监管局、卫健委等部门联合突击检查12轮，出动检查人员280人次，检查单位360余家次，督导对疫情防控措施不完全到位、存在漏洞的行业主体落实整改。对文旅行业和公共服务场所文明创建工作实施常态化检查督导，采取实地检查、反复排查、清单管理、挂牌督办、专人盯办、跨部门“双随机”等措施，督促行业主体落实文明创建责任。

【深化“放管服”改革】2022年，通州区聚焦方便企业群众创业办事，持续优化文旅营商环境，完善调整全省一张网建设、互联网+监管建设、部分事项向乡镇延伸建设和服务事项标准化建设，推动信息共享，探索构建审批、监管、执法工作衔接互通机制，在激发市场主体创新创业的同时，加强事中、事后监管，理顺审批环节和程序。

【艺培机构承接和审批】2022年，通州区全面贯彻国务院办公厅《关于进一步减轻义务教育阶段学生作业负担和校外培训负担的意见》和省市相关文件精神，按照“谁审批，谁监管”“谁主管，谁监管”原则，贯彻落实《通州区中小学文化艺术类校外培训机构监督管理实施意见(试行)》，出台《通州区文化艺术类校外培训机构准入指引(试行)》《通州区文化艺术类校外培训机构业务流程》，推动艺培机构承接和审批工作平稳过渡。（徐晓毅）

融媒体传播

区融媒体中心

【概况】2022年，区融媒体中心把“政治家办报”作为“第一要求”，把“围绕中心、服务大局”作为“第一职责”，把高质量发展作为“第一工程”，在“主流”上下功夫，在“新型”上求突破，稳中求进、守正创新，担当起举旗帜、聚民心、育新人、兴文化、展形象的使命任务，突出学习宣传贯彻党的二十大精神，用镜头记录奋进历程，让正能量充盈舆论空间，把党的声音传播到千家万户。

【专题报道】2022年，区融媒体中心紧紧围绕迎接、宣传、贯彻党的二十大这条主线，通过开设“喜迎二十大”“通州这十年”“航拍新通州”“新时代·新征

7月22日，区融媒体指挥中心举行网络安全应急演练。图为“暴力破解和页面篡改”处置模拟场景
（区融媒体中心 提供）

程 · 新伟业”等栏目，全媒体、多样式做好会前、会期、会后各项宣传工作。推送的《通州干部群众收听收看二十大开幕》新闻在央视《新闻联播》播出。紧扣机关作风建设提升年、营商环境提升年、招商引资突破年等重大活动和乡村振兴、民生实事等重点工作，推出《激情奋斗、创新争先、务实担当——通州干部话精神特质》《通州这十年》《童声里的中国》《万事好通、周到有解》等80多个专题报道，全方位、多角度讲好通州故事。聚焦抗疫，采写刊播“抗疫情、保畅通、促发展”专题宣传报道300多条，传播通州力量，凝聚奋进正能量。

【平台建设】 2022年，区融媒体中心紧跟新型主流媒体发展潮流，加快南通州APP客户端建设，首页首屏设置热点消息、直播、读报、服务、文明实践、视听等栏目，滚动呈现各阶段宣传重点，重要稿件实现首发，并与南通州视频号、公众号、抖音号、微博号和今日头条等一同构成全媒体传播矩阵。是年，《南通州》视频号发布短视频606条，原创短视频占比98%；抖音号5月底重启，108条短视频均为原创，其中，“喜迎二十大 · 航拍新通州”首条飞“阅”南通高新区浏览量达50.1万人次；“南通州”微信号产生10个10万人次浏览量推文；南通州融媒微博账号发布推文近千篇，总点击量超105万人次。

【作品创优】 2022年，区融媒体中心坚持深耕本土资源，精炼民生富矿，实现宣传报道高质量发展。在江苏省广播电影电视协会组织的评选中，儿童剧《永远的追“锋”少年》、创意互动《叮咚！请接收来自“童声里的中国”送出的开学“大礼包”》分别荣获二、三等奖，另有移动直播、融合报道、论文等4件作品获奖。在南通广播电视学会组织的评选中，《倾情唱响时代童声》《运河抒怀 水韵南通》等6件作品获得一等奖，另有专题、短消息、长消息、连续报道、公众性节目等11件作品获得二等奖。在南通市新闻战线“岗位大练兵、技能大比武”中，《童声走过这十年》蝉联一等奖，另有2篇作品分别获二、三等奖。

【鼓劲造势】 2022年，区融媒体中心把对内鼓劲、对外造势作为新闻宣传主基调，强化策划、挖掘亮点，采制的22条稿片登上中央电视台，创历史新高。其中，央视财经频道关注《通州发布66条举措优化提升营商环境“周到有解”呵护企业成长》《江苏南通：筑巢引凤 发展芯片产业》；央视朝闻天下聚焦通州，先后播出《农机无人驾驶 提高夏种效率》《智慧农业助农丰产增收》《绿色烘干 助力秋粮安全储藏》《网络安全进校园 维护青少年身心健康》；央视新闻直播间先后播出《通州：数字赋能 为基层减负增效》《通州：麦田披绿花盛放 生态发展两相宜》《开学第一课：师生唱响“童声里的中国”》；新闻30分播出《一桥飞架南北岸 跨江发展沪苏通》。

2022年度通州融媒体中心融媒获奖作品情况一览表

表31

序号	作品标题（版面）	体裁	颁奖单位	获奖情况
1	永远的追“锋”少年	儿童剧	江苏省广播电影电视协会	二等奖
2	叮咚！请接收来自“童声里的中国”送出的开学“大礼包”	创意互动	江苏省广播电影电视协会	三等奖
3	南通市通州区融媒体中心智能媒资项目	技术类	江苏省广播电影电视协会	科技创新奖三等奖
4	借力全媒体传播体系 塑造主流舆论新格局——通州融媒凸显二十大重大主题宣传凝聚力和引领力	论文	江苏省新闻工作者协会	优秀
5	400万尾（只）鱼蟹苗放流江河	移动直播	江苏省新闻工作者协会、县级融媒专业委员会	二等奖
6	叮咚！请接收来自“童声里的中国”送出的开学“大礼包”	融合报道	江苏省新闻工作者协会、县级融媒专业委员会	三等奖
7	倾情唱响时代童声	专题	江苏省文明办、江苏省广播电视局	少儿精品优秀节目
8	叮咚！请接收来自“童声里的中国”送出的开学“大礼包”	创意互动	南通广播电视学会	一等奖
9	切莫“层层加码”伤了菜农	评论	南通广播电视学会	一等奖
10	手中有粮心不慌 端牢饭碗保安全	评论	南通广播电视学会	一等奖
11	永远的追“锋”少年	儿童剧	南通广播电视学会	一等奖
12	金色田野	优秀栏目	南通广播电视学会	一等奖
13	运河抒怀 水韵南通	电视播音文艺	南通广播电视学会	一等奖

续表31

序号	作品标题(版面)	体裁	颁奖单位	获奖情况
14	深蓝航天 全球第二家成功完成回收复用火箭全部低空工程试验	短消息	南通广播电视学会	二等奖
15	华存电子:国造HC9001“第一芯”问鼎“中国芯”	短消息	南通广播电视学会	二等奖
16	农家小院喜添新党章 “红色”展厅广迎四方友	长消息	南通广播电视学会	二等奖
17	深蓝航天梦	专题	南通广播电视学会	二等奖
18	倾情唱响时代童声	专题	南通广播电视学会	二等奖
19	蓝白情韵 东方之魅	专题	南通广播电视学会	二等奖
20	“数字”赋能乡村振兴	连续报道	南通广播电视学会	二等奖
21	父子徒步从南通州至北通州 历时43天全程1132公里	公众性节目	南通广播电视学会	二等奖
22	张春梅:牵一群“蜗牛”上舞台	对象性节目	南通广播电视学会	二等奖
23	朝鲜战场上的毛岸英	长篇连续节目	南通广播电视学会	二等奖
24	通州新闻	广播播音新闻类	南通广播电视学会	二等奖
25	童声走过这十年	专题	中共南通市委宣传部、南通市新闻工作者协会	“岗位大练兵、技能大比武”一等奖
26	农家小院开办红色展览,51本党章献礼二十大	消息	中共南通市委宣传部、南通市新闻工作者协会	“岗位大练兵、技能大比武”二等奖
27	乡村振兴路上,书记带货忙	消息	中共南通市委宣传部、南通市新闻工作者协会	“岗位大练兵、技能大比武”三等奖

【机构改革】 1月,区融媒体中心根据区委编办《南通市通州区融媒体中心职能配置、内设机构和人员编制规定》,将原有的10个部门优化调整为15个部门(办公室、人力资源部、财务资产部、媒体管理部、经营管理部、新闻采编部、政务服务部、电视节目部、广播节目部、报业出版发行部、新媒体编发部、新媒体运营部、广告信息部、技术保障部、安全播出部)。2月,组织中层职位选聘及一般人员岗位调整。3月初,完成中层职位选聘,一般人员基本到位。本轮改革以“三定方案”落地为契机,坚持在实战中练兵,在破局中选才,优化人才配置,将精干力量向新媒体领域倾斜,一批年富力强、勇挑重担、作风过硬、业务精湛的中青年干部走上中层领导岗位。(冯丽华)

南通报业通州融媒中心

【概况】 2022年,南通报业传媒集团通州融媒中心坚持正确舆论导向,把牢政治站位,统筹做好通州区项目建设、园区改革、特色产业等中心任务的全方位宣传报道服务,做好区属各板块重点工作、特色经验的深度报道和成就展示,做好镇(街)、村居基层工作典型报道工作等。全年用稿800多篇(幅),其中在南通日报头版头条用稿15篇,居南通各县(市、区)之首。

【“向党代会报告·通州篇”主题宣传】 2022年,南通报业通州融媒中心聚焦“向二十大献礼”全媒体主题宣传,主动作为,以12个专题4万余字书写新的赶考之路上的“通州答卷”,全方位展示五年来全区上下以高质量党建引领、保障高质量发展,围绕高水平全面建成小康社会,奋力开拓“强富美高”实践新境界取得的显著成效,在全社会营造迎接、宣传、贯彻中共二十大的浓烈氛围。(任溢斌)

档案工作

【概况】 2022年,通州区以建设“档案强区”为目标,专注发展定力,真抓实干,全面深化档案治理、档案资源、档案利用、档案安全“四个体系”建设,推动现代化档案事业迈上新征程,区档案馆创成江苏省县(市、区)国家综合“规范档案馆”。有档案馆2个,保存档案37.70万卷、59.53万件,其中区档案馆馆藏218个全宗,纸质档案21.70万卷、59.53万件,照片档案4915张,馆藏资料1.52万册。

【档案依法行政】 2022年,通州区持续加强档案执法队伍建设,组织全员开展法治教育,不断提高档案行政执法人员法律素养和依法履职能力,8人成功申领全国档案行政管理执法证,配备2名行政执法监督人员。坚持依法行政,加大日常化指导和常态化监督力度,结合全区机关档案安全工作专项检查、档案工作年度检查等举措,确保各单位档案工作安全、规范有序。

【档案业务指导】 2022年,通州区狠抓档案人才队伍建设,通过业务集中培训、档案继续教育、专业职称评审和学术论文交流等活动,强化档案人才专业技能培养。区档案馆派人“送教上门”,深入区烟草专卖局、江苏有线通州分公司、鑫汇集团、融通集团、南通供销产业园、海星电子、南通四建等国有或民营企业，围绕规范化建档主题现场授课，通过政策解读、答疑解惑、示范辅导，为企业激发创新创造活力奠定档案基础。解锁业务辅导新方式，运用远程授课、线上答疑等模式，对南通四建在外子公司隔空指导，提升档案管理员业务素养和集团档案管理整体水平。实施镇（街道）档案集中整理，全区10个镇、4个街道的档案规范程度实现提升。深入镇村调查研究农村集体产权制度改革工作，参与管理规定制订，为全省农村集体产权制度改革档案管理规范标准提供重要参考。突出重大活动和突发事件档案管理，选派业务人员深入疫情防控指挥部，指导各工作组及专班按照规范要求收集、整理在防控工作中形成的各类材料，并对材料核对把关，确保符合上级部门的督查标准；在区、镇、村三级抓落实的机制下，以点带面全面开展精准扶贫档案工作，通过召开扶贫档案工作推进会、分批组织各镇（街道）进档案馆集中整理等方式，推进扶贫档案整理工作，接收精准扶贫（脱贫攻坚）档案进馆1.13万件。

【档案保管】 2022年，通州区坚持高标准严要求建设高质量综合档案馆，夯实馆藏业务基石，牢固安全保管基础，提升档案科学管理品质。区档案馆持续推进档案精细化管理，健全档案管理记录台账，完善馆藏218个全宗的全宗卷内容及装具，整理印章档案252枚，资料库新增入库报纸、杂志703本（册）。定期开展档案馆安全检查，检查范围包括档案实体、库房环境、消防安全设备、数字档案馆基础设施等。按时接收整理政府信息公开资料并形成电子目录。

【档案开放利用】 2022年，通州区向社会开放档案17.55万卷、50.14万件，服务查档利用6454人次，调取档案8462卷（件），出具档案证明5976份，为增进民生福祉提供档案支撑。区档案馆新增开放档案2.67万件，服务接待群众查阅档案6119人次、调取档案7462卷（件）。发挥长三角地区民生档案异地查询系统、民生档案查询利用服务事项“一网通办”效用，办理跨区域查档服务56例。认真答复市民服务热线档案类咨询问题，处理“12345”联动平台工单2起，回访满意度100%。服务群众查阅政府信息公开文件37人次，答复政府信息公开查阅申请3人次。

【档案信息化建设】 2022年，通州区加快加强档案信息化基础建设，以档案资源信息化为核心，提高档案信息化水平。区档案馆持续优化数据库质量，为出生医学证明档案建立民生专题数据库，录入电子档案11.77万件；校核完成十总镇、石港镇土地确权档案电子目录及数据达30万条，同步完成已录档案数据转换汇总、统计和数据备份工作；完善数据库内电子标签2026张。强化信息安全管理措施，对馆藏电子档案备份载体光盘进行读取鉴定，确保馆藏电子档案数据的有效性和安全性，新增光盘档案148张，存档光盘增至1525张。

2022年，区档案馆推行镇街档案集中整理。图为集中整理场景（区档案馆 提供）

【档案宣传】 2022年，通州区档案系统围绕“喜迎二十大·档案颂辉煌”主题，组织开展“6·9”国际档案日系列宣传活动，普及档案基础知识，为市民提供档案咨询服务；向社会集中开放1996年以来全区形成的文书档案，解决老百姓在民生方面的实际查档需求。收录全区大事记，通过中国通州网站“走进通州”栏目向社会开放。（韩亚楠）

地方志工作

【概况】 2022年，通州区坚持依法治志、守正创新，深入探索和实践新时期地方志工作的发展途径，做细做精做实修志编鉴和资源开发利用工作，履行好存史、资政、育人的社会责任和时代使命。5月，全区镇村志编纂工作启动；12月，《通州年鉴（2022）》出版发行。

【镇村志编纂工作启动】 5月，区政府办公室依据《江苏省“十四五”地方志事业发展规划》《省政府办公厅关于实施镇村志编纂文化工程的通知》和南通市文件精神，制定下发《通州区人民政府办公室关于组织开展镇村志编纂文化工程的通知》。全区所有镇和3个街道（金沙街道、兴东街道、先锋街道），以及2个必修村居（二甲镇余西村、石港镇广济桥社区）全面贯彻落实区政府办通知要求，强化统筹协调，全部于8月形成编纂方案，并基本完成编委会和编纂班子搭建。区地方志办落实通联对接、业务指导，推动镇村志编修有条不紊展开。

【《通州年鉴（2022）》出版发行】 12月，由南通市通州区委、区政府主办，区地方志办主编，中国文史出版社出版的《通州年鉴（2022）》面世发行。该卷年鉴设29个类目、235个分目，收录172幅图片、74张表格。卷首专题图片设数字通州、荣誉通州、年度印记和非遗通州，卷末附附录、索引。全书115.2万字。与2021卷相比，框架设计基本保持基本一致，篇目设置略有调整，新增分目7个（通州名片、金融监督管理、国有资产管理、商品批发零售、住宿餐饮、现代物流、中介服务），优化调整分目18个。（顾新国）

卫生健康

编　辑　杨王军

综　述

【概况】 2022年，通州区坚持以人民为中心的发展思想，统筹疫情防控和卫生健康各项工作，不断推动卫生健康事业高质量发展。是年，兴仁、五接、东社镇通过国家卫生镇创建市级技术评估，二甲镇获评江苏省健康镇，五接镇开沙村、东社镇东平村等8个村（社区）获江苏省健康村（社区）称号。

【健康通州】 2022年，通州区相继印发《2022年健康通州建设重点工作》《健康通州建设年度考核细则》《2022年卫健系统"健康通州"建设重点工作任务（专项行动）分解表》等文件，以规范促发展，以考评促提升。扎实推进健康科普"五进"活动，累计宣讲35场，惠及3000人次。深入推进群众性爱国卫生活动，着力改善全区人居环境，提高人民生产、生活质量和除害防病意识。组织开展全国第34个爱国卫生月暨江苏省第26个健康教育宣传月活动，累计发放张贴宣传材料5000余份，参与线上线下活动3.2万余人次，开展城乡环境卫生集中整治活动300余场次。印发《2022年迎新春消灭越冬蚊虫专项行动方案》《2022年全区除"四害"工作计划》，建立完善区病媒生物防制应急处置队伍。公开招标采购第三方服务机构开展城区四害防治服务项目，城区鼠蚊蝇蟑四害密度得到有效控制。

【智慧医疗】 2022年，通州区各级医疗机构全面使用移动支付、挂号缴费、健康档案调阅、检验报告及电子发票打印等自助服务。基层医疗机构全年使用扫码付成交88.5万笔，自助机和微信挂号缴费70.11万笔，移动支付交易总金额超1个亿。区人民医院电子病历通过电子病历系统应用水平分级5级评价。

【少儿健康成长】 2022年，通州区将少儿健康成长列入民生实事项目，对全区各中小学春季学期4年级及以上非毕业班4万名学生，进行心理健康状况筛查，对筛选出的重点对象进行心理干预。依托区未成年成长指导中心，添置心理服务设备，改造成立区少儿心理咨询中心。完成全区幼儿园2.5万名儿童视力筛查，建立视力健康电子档案，做到幼儿园儿童视筛建档全覆盖。在区妇计中心和4家中心卫生院设立儿童视力康复训练点，采购配备一批弱视康复训练器材，进行儿童视力康复训练门诊改造，有序对筛查出的104名弱视儿童进行弱视康复训练。

【"万步有约"健走赛】 7月11日至10月18日，通州区组织承办第七届"万步

2022年，通州区关爱儿童视力，护航健康成长。图为弱视儿童康复训练

（区卫健委 提供）

有约”健走激励大赛和健康体重大赛，有83个单位511名队员组成35支参赛队伍参赛。赛区活动由区卫健委主办，区教体局协办，区疾控中心承办。通州区获全国优秀健走示范区、全省第七届“万步有约”健走激励大赛精英赛新秀奖及体重大赛第一名；区卫健委、区人社局、区红十字会、区疾病预防控制中心、区医疗保障局获全国优秀健走组织单位奖，区卫健委获第七届“万步有约”健走激励大赛精英赛组织工作先进单位二等奖。（张国彬　邱　雯　张雪梅）

医药卫生体制改革

【概况】2022年，通州区持续改革攻坚，调整区深化医药卫生体制改革领导小组，实行党委、政府主要领导双组长制。强化“三医联动”，进一步完善分级诊疗、分工协作机制，推进“医疗、医保、医药”协同发展。完成镇村一体化改革，加大人才招引培力度，做优家庭医生签约服务，坚定不移推动综合医药卫生体制改革向纵深发展。

【乡村医生岗位聘用】3月，通州区印发《通州区规范乡村医生岗位聘用管理实施方案》，明确适龄在岗乡村医生由镇卫生院（社区卫生服务中心）实行岗位聘用，超龄乡村医生统一办理离职手续后择优返聘。全区聘用适龄乡村医生362名，择优返聘离岗乡村医生321名，另有165名老年乡村医生离岗未再聘用。做好乡村医生社会保障。4月起，镇卫生院（社区卫生服务中心）统一为适龄聘用乡村医生办理“五险一金”，为超龄返聘乡村医生办理从业伤害保险。对参加城乡居民养老保险和符合参保条件未参保的离职乡村医生采取增加工龄补贴给予生活补助，工龄补贴标准提高到1年工龄每月10元。

【人才管理培养】2022年，通州区出台《加强卫生健康人才引进培养工作的实施意见》《卫生人才强基工程实施方案》，通过外引内培、引育结合，缓解高层次人才、基层卫技人员紧缺矛盾。实施上半年招聘和纳入省基层医疗机构公开招聘医学人才通州区岗位招聘，录用各类医务人员83名。区人民医院实施高层次人才招聘，招录医务人员6名。录取农村订单定向医学生37名（其中本科19名，大专18名）。安排2022届农村订单定向医学生岗位23个，其中18名进编。加大人才储备，遴选新一轮后备干部，92名后备人才纳入人才库跟踪培养。做好东西部扶贫协作，选派7名医务人员支援镇巴。

3月，通州区救护车洗消中心建成并投入使用　（区卫健委 提供）

【家庭医生签约】2022年，通州区常住人口家庭医生签约率达65%。至年底，重点人群签约42.44万人，签约率90.10%。其中，孕产妇签约4188人，65岁及以上老年人签约23.81万人，高血压在管签约7.22万人，糖尿病在管签约3.18万人，肺结核在管签约184人，严重精神障碍在管签约4435人，残疾人签约3.07万人，计生特别扶助对象4476人，0—6岁儿童签约2.82万人，贫困人口1.01万人。石港镇草市桥社区党群服务中心建成家庭医生工作室。（于红霞　张晓飞　张国炎）

医政管理

【概况】2022年，通州区坚持以社会服务需求为导向，以公益性为指南，加强医疗能力建设，强化医疗服务保障，不断提升群众就医获得感。全年完成医疗机构校验351家。

【医疗服务能力提升】2022年，通州区筑牢卫生服务网底，加大技术帮扶力度，提升医疗服务品质。申报省级特色科室1个、市级特色科室8个，五接镇卫生院优质服务基层行达国家推荐标准。区中医院建成扬州大学医学院教学医院，季光全国基层中医药传承工作室接受省级验收，脾胃病科、骨伤科申报省中医特色重点专科。平潮中心卫生院通过省五级中医馆验收。区二院与南通口腔医院合作开展口腔特色科室孵化工作。区二院、刘桥中心卫生院消毒供应中心通过南通市验收。兴仁卫生院对照二级医院创建标准，配齐行政职能科室，完成临床科室二级分科。

【癌症及卒中高风险人群筛查】2022年，通州区组织开展癌症高风险人群早期筛查和65周岁以上卒中高风险人群筛查为民办实事项目，筛查癌症高风险人员2196名、卒中高风险人员4119名。

【健康帮扶】2022年，通州区有建档立卡低收入人口1.01万人，签约1.01万人，建档立卡低收入人口家庭医生签约覆盖率为100%。完成建档立卡低收入住院患者江海健康扶贫基金补助申报，救助

70人,发放救助资金25.86万元。全区28家定点医疗机构严格执行建档立卡低收入人口住院“先诊疗后付费”政策,惠及1084人次。实施重点人群免费体检,为5895名建档立卡低收入人口、16312名持证残疾人、2975名计生特别扶助家庭成员免费体检。

【院前急救】 2022年,通州区投资553.3万元建成通州区救护车洗消中心,兴仁卫生院急救分站通过省级验收。累计受理呼救电话14.84万次,有效受理7.87万次,派车18895车次,分别较上年增长18%、18%和14%,急救分站平均3分钟出车率达到99.44%。出动负压救护车接送发热及疑似新冠患者1736人次,确诊患者144人次。

【临床供血】 2022年,通州区组织团体采血102场次,接受无偿献血6526人次,机采血小板496人次,采集血液2.28吨,血小板919个单位。供应临床红细胞1.7万个单位,血浆123.3万毫升,冷沉淀5361个单位,未发生经血传染性疾病。

(张国炎)

公 共 卫 生

【概况】 2022年,通州区加强基本公共卫生服务项目镇村一体化管理,促进公共卫生服务提质增效,保障基本公共卫生服务公平、可及,满足群众健康需求,提高群众满意度和获得感。

【突发公共卫生事件处置】 2022年,通州区发生突发公共卫生事件5起,其中学校传染病暴发疫情2起,新冠肺炎聚集性疫情3起。疫情发生后,区疾控中心及时进行网络报告,区政府、区卫健委和区教体局等部门领导靠前指挥,疫情处置队伍及时赶赴现场,开展调查处置,市专家组对疫情处置工作进行专门技术指导。5起传染病突发公共卫生事件均得到有效控制。

【慢性病管理医防融合试点】 1月,平潮卫生院糖尿病筛查工作站挂牌成立,积极参与中国微循环学会与江苏省基本公共卫生服务技术指导中心联合举办的基层糖尿病两筛三防试点,通过集中义诊、调查问卷、唐人知晓微信小程序推广、门诊调查等方式,对三个村普通人群进行糖尿病一筛工作,累计筛查3782人,筛出糖尿病高危人群1800人,对高危人群进一步检查,实施分类管理。11月,平潮卫生院获江苏省基本公共卫生服务技术指导中心、江苏省基层内分泌特色科室孵化中心《基层糖尿病两筛三防指南》试点积极单位称号。

【学校卫生】 2022年,通州区对辖区内2所幼儿园、7所中小学校,共2500人开展学生常见病和健康影响因素监测,通过健康危险行为专项调查,指导学生常见病干预工作,切实保障和促进儿童青少年健康。9—10月,对全区10—17周岁56484名在校学生进行脊柱侧弯免费筛查。

(张国彬)

基 层 卫 生

【概况】 2022年,通州区按照政府主导、注重实际、保障运行、维护稳定原则,积极推进镇村卫生机构一体化管理,加强基层卫生人才队伍建设,不断优化乡村医生队伍年龄结构,提高村卫生室综合服务能力。

【甲级村卫生室创建】 2022年,通州区对照《江苏省村级卫生室服务能力评价标准》,采取专项督查、定期评估、跟踪管理等方式,扎实推进村卫生室服务能力建设。经市级评估,平潮镇四十里村卫生室和十总镇迎阳村卫生室被评为甲级村卫生室。

【乡村医生公开招聘】 2022年,通州区制定实施《2022年通州区村卫生室公开招聘乡村医生实施方案》,明确招聘岗位、实施主体、报名条件、招聘方法等,全区招聘具备资质人员18名,分配到7个镇18家村卫生室。

【农村医学毕业生上岗】 2022年,通州区制定《2022年通州区农村医学生就业安排意见》,经过资格审核、健康体检、岗位选择、委党组讨论等程序,9月1日,第六批24名农村医学毕业生走上乡村医生岗位。

【乡村医生技能培训】 2022年,通州区根据省卫生健康委下达的基层卫生人才能力提升培训任务要求,选派16名取得执业资格的优秀乡村医生到通州区实训基地进行市级脱产培训,培训时间1个月,进一步提升基层卫生人才能力。

(于红霞)

疾病预防控制

【概况】 2022年,通州区做好以新冠病毒感染、霍乱、肝炎、手足口病、艾滋病、结核病、血吸虫病和人禽流感为重点的传染病防控工作,法定报告传染病16种1483例,其中甲乙类传染病11种957例,报告发病率89.88/10万。全年常住儿童基础免疫接种率卡介苗97.7%,乙肝疫苗95.8%。开展重点人群体检24.1万人,发现疑似肿瘤365例,确诊37例。医疗机构35岁以上人群首诊测血压工作覆盖率100%。高血压、糖尿病患者高危人群登记干预工作正常开展,高血压患者管理人数为7.55万人,2型糖尿病患者管理数为3.42万人,规范化管理率分别为77.1%和74.5%,管理对象血压控制率62.7%,血糖控制率达55.2%。新登记结核病人206例,严重精神障碍患者在册4745人,规范管理4672人,规范管理率98.5%。

【疫苗免费接种】 9月,通州区培训部署2022年60—85周岁老年人23价肺炎球菌疫苗免费接种工作及1—2周岁、4—5周岁儿童水痘疫苗免费接种工作。到年末,老年人23价肺炎球菌疫苗免费接种2.16万人份。适龄儿童水痘疫苗免费接种1.38万人份。

【血吸虫、地方病、寄生虫预防】 2022年,通州区对5个镇16个原历史流行村开展春季查螺,查螺总面积约274万平方米,未发现活钉螺。开展血防询检6550人，查病1402人，均为阴性。开展人群碘营养监测工作，抽取300户居民进行食用盐抽样检测，其中非碘盐15份，不合格碘盐30份，盐碘均数为21.32毫克/千克，碘盐覆盖率为95.0%，碘盐合格率为89.5%，合格碘盐食用率为85.0%，合格碘盐覆盖率为90.3%，200名8—10周岁学生尿碘中位数为150.03微克/升，尿碘水平低于50微克/升的比例为8.0%，儿童甲肿率2.0%，100名孕妇尿碘中位数为103.63微克/升，监测结果表明全区人群碘营养总体处于适宜水平。全年开展疟原虫镜检620人次、RDT检测432人次，未发现阳性病例。11月，开展省级土源性寄生虫病监测项目，在石港镇和兴东街道采集1076份粪便标本，抽取608名学生开展蛲虫监测，监测结果显示，普通人群土源性线虫感染率为0，学生蛲虫感染率4.9%。

【村医麻风病防治竞赛】 2022年，通州区实施提升村医麻风病防治能力项目，经组织动员、宣传培训，14个镇（街道）组成20个代表队，计60名村医参加麻风病防治知识竞赛，通过预赛选拔出6个代表队18名村医进入决赛，最终西亭镇代表队获团队一等奖，平潮镇栖凤居卫生室陆芳医师获个人一等奖。

【国家城市癌症早诊早治第九期项目】 1月24日，通州区国家城市癌症早诊早治第九期项目在西亭镇启动，该次筛查主要在西亭镇九总渡村、龙坝村、草庙村等9个村（居）组织实施。至4月底，对西亭镇11个村居6010人进行防癌风险评估问卷调查，筛查服务点并进行幽门螺杆菌（Hp）、乙型肝炎病毒表面抗原（HBsAg）及大便潜血检测，对筛查出的高危人群2011人进行临床胃肠镜、CT、B超、钼靶等免费检查，检查出确诊癌症7例，疑似病例4例，均进行绿色通道会诊、治疗、随访。

【慢阻肺综合防控项目】 2022年，通州区社区居民慢阻肺综合防控项目在刘桥镇米三桥、长岸、苏池村和刘桥社区4个村（居）开展，完成问卷调查3003人，简易肺功能检测3000人，筛查出慢阻肺高危482人，组织开展讲座2场。10月，联合通大附院对373名慢阻肺高危人群进行后续确诊工作，确诊慢阻肺133名。

【慢性病患者随访管理】 2022年，通州区明确各级医疗卫生机构职责分工，规范高血压、糖尿病患者服务流程，为高血压和糖尿病患者提供标准化、同质化的防治管理服务，引导高血压和糖尿病患者基层首诊，提高慢病患者基层机构就诊率，实现以医带防、以防促医、医防融合效果。至年末，为全区村级卫生室（社区卫生服务站）配备慢病随访包，全面推广慢病电子化随访，实现数字化管理，提升慢性病防治管理整体水平。

【职业病防治】 2022年，通州区企业职业健康体检的总数达3.21万人，比上年增长35%。上岗前体检1.55万人，在岗体检1.60万人，离岗体检658人。发现疑似职业病人34名，申请诊断职业病26人，诊断为职业病2人（为电焊工尘肺和职业性中暑）。完成现存29名尘肺病患者进行电话随访工作。8月，参加国家首次开展的企业职业健康保护行动暨健康素养监测与干预工作，对南通念波服饰有限公司、南通大富豪纺织科技有限公司、宜家环保木业制造（南通）有限公司3家省抽样企业163名员工，做好职业人群健康素养监测与干预。

【重点人群心理健康服务】 2022年，通州区实施老年人认知功能评估及老年痴呆干预行动，对金沙街道城北片217名伴有认知障碍对象，开展免费头颅CT检查、血清人β淀粉样蛋白及血清人磷酸化tau-181蛋白检测；同时发放老年痴呆宣传手册，对家人及认知障碍对象进行痴呆预防及干预健康宣教。11月，对9所城区学校8098名新生进行心理健康筛查，同时选择其中7所学校（含小学、初中、高中、职高）开展心理健康核心知识知晓率调查，知晓率为84.7%。邀请资深心理专家开展线上讲座，为学生及家长普及心理知识，提高其对常见心理问题应对技巧。（张国彬）

新冠肺炎疫情防控

【概况】 2022年，通州区坚持人民至上、生命至上，坚决贯彻“外防输入、内防反弹”总策略和“动态清零”总方针，落实早发现、早隔离、早报告、早治疗“四早”要求，压实属地、部门、单位、个人“四方责任”，迅速扑灭区内局部疫情，以最小范围、最短时间、最低成本控制疫情传播。严格执行国家第九版防控方案和优化防控工作的二十条、“新十条”措施，坚决防止简单化、“一刀切”和“层层加码”。科学精准做好疫情防控各项工作，落实市、区、镇、村“四级”救治体系，规范建设发热门诊，加强生活物资、就医用药、心理疏导等服务保障，全力推进重点人群疫苗接种，最大程度保护人民群众生命安全和身体健康。（代英杰）

【基础设施建设】 2022年，通州区制定《通州区疫情管控人群定点救治方案》，明确各类人群的救治流程。4月启用石港中心卫生院、10月启用二甲中心卫生院作为黄码医院，保障疫情期间群众就医。11月底，紧急启用体育中心方舱医院，从区人民医院、中医院等单位抽调医生11名、护理人员24名，与保安、后勤等工作人员一起，组成90人的方舱队伍，完成收治任务。区救护车洗消中心、方舱医院和3家健康驿站建成并投入使用。乡镇卫生院发热诊室建设全覆盖，乡镇卫生院和村居卫生室配置指氧仪2400只、制氧机241台、氧气瓶760只，实现氧疗服务全覆盖，有效提升基层医疗机构重症“早发现、早诊治”能力。

【全员核酸检测】 2022年，通州区共配备PCR（聚合酶链式反应）基因扩增仪113台，日最大检测能力达9万管，经理论、实践培训共176人取得PCR上岗证。（黄毓毓）

【农村疫情防控】 2022年，通州区充分发挥县、乡镇政府、村民委员会、乡镇卫生院和村级卫生服务站作用，严格落实村组干部、网格员、医务人员对村（社区）

4月1日，通州区开展第二轮全员核酸检测。图为人民公园检测点现场
（宋协培 摄）

老年群体“三包一”负责制。组建村（社区）志愿服务队伍，为空巢、独居老人和残疾人提供应急帮助和服务。乡镇（街道）、村（社区）进一步强化网格管理，认真排查、详细摸清村组内合并基础性疾病的空巢、独居老人、残疾人及孕产妇、孤儿、留守儿童等人员健康情况。密切关注村（社区）中的“一老一小”重点人群，协助其开展健康监测，对于重症病人及时向当地医疗机构反馈、转诊。通过“大排查+铁脚板+电话问询+敲门服务”，织密防疫“一张网”，落实“网格员—村主任—乡（镇）长—县（市、区）长”逐级工作排查责任机制，使“一张日报表”成为获取农村地区重点人群疫情防控工作信息有力抓手。下发《致春节返乡农民朋友的一份倡议书》，维护农村居民身体健康和正常生产生活秩序，保障农业农村经济社会稳定发展。
（王　尧）

【区级机关疫情防控】 2022年，通州区做好疫情防控后勤保障工作，做好办公设备及各类物资配备，常态化做好指挥部的物资采购、伙食供应、会议服务、公务出行、消毒保洁等事宜，保障指挥部有效运转。调集、采购红外成像体温检测仪、酒精、消毒液、口罩等防疫物资，确保区集中办公场所物业、食堂、车队、安保正常运作。协调物业公司及时做好病毒消杀工作，每日对各办公楼宇门厅、楼道、楼梯、卫生间、电梯等公共部位进行消毒消杀。认真落实门岗疫情管控制度，严格执行疫情期间扫码（场所码）查验制度。
（何少华）

【企业疫情防控】 2022年，通州区全面落实“外防输入、内防反弹”的防控策略，贯彻“第九版”、落实“二十条”以及“乙类乙管”动态政策，扎实做好“疫情要防住、经济要稳住”要求。全面摸清辖区各类企业底数，“一企一策”完善各项防控机制，摸排省外来通企业人员，落实分类分级健康管理措施，细化工作方案、应急预案和保障措施。推广应用优秀经验做法，动态完善、细化解读、科学推广“闭环泡泡”生产管理模式。采取“四不两直”检查各辖区企业防控落实情况，对于因疫情影响生产销售的主动上门精准服务，关注企业个性化需求，坚持特事特办、急事急办，为企业打通难点堵点，为企业开设绿色通道、协调生产要素。

【建筑行业疫情防控】 2022年，通州区下发《关于统筹做好2022年春节后全区建筑工地新冠肺炎疫情常态化防控与复工复产工作的预通知》《关于全面强化全区建设工地疫情防控闭环管理的通知》《关于从严做好我区建设工地跨省流动人员疫情防控管理的紧急通知》等14个文件，形成工作督查简报6份，组织工地核酸检测工作42轮次。成立常态化督查小组，进行多轮“四不两直”全覆盖检查。督促工地、物业、房产、水气等重点人群持续做好新冠疫苗接种组织工作。

【学校疫情防控】 2022年，通州区扎实做好学校疫情联防联控各项工作，确保师生员工身体健康和校园安全稳定。先后印发《关于做好全区师生暑假期间科学居家生活的通知》《2022年秋季学期全区中小学幼儿园开学验收工作方案》等20多个指导文件，细致落实全区各级各类学校疫情防控工作。各级各类学校积极开展《新型冠状病毒肺炎防控方案》（第九版）培训工作，累计培训1.07万人，实现全员覆盖。区教体局成立区教体局疫情防控领导小组，下设宣传综合、人员排查、教学指导、学校防护、校外培训机构防控、工作督查等6个工作组，凝心聚力指导好全区150多所学校疫情防控工作。开展师生员工开学前居家健康监测，开设师生核酸检测专场。用心实施线上教学，根据中小幼学生不同阶段学生群体的不同特点，因地因校制宜抓好线上教学指导。区教师发展中心、各教育督导组统筹安排专人进行线上巡课，切实保障线上课堂质量。开展心理援助，制定心理疏导方案，区“心理健康教育专家组”提供小中高三支“心语心愿”心理志愿服务队，26条心理服务热线以及各校“525成长”热线全方位服务于全区学生。开展“线上家访”活动，通过电话、QQ、微信等多样化线上平台开展心理辅导。推出四期心理健康教育微讲座，开发心理微课，供全区学校使用。10月18—23日，区内4所学校出现在校学生的阳性病例或密接，学校防控组立即启动应急响应，及时进行集中隔离、人员排查以及与家长沟通工作。东大幼儿园、高新区小学、袁灶初中、姜灶小学4所学校共有394名师生员工集中隔离，及时控制疫情扩散风险。10月22—23日，通州中专承担2022年全国高等教育自学考试考点任务。区教体局安排多名机关工作人员到一线，做好疫情防控、考点秩序维护等工作，800余名考生顺利参加考试。

【交通口岸疫情防控】 2022年，通州区扎紧“两站一场一码头”“高速卡口和国省干线”防疫关口，抓好快递从业人员管理，筑牢“外防输入”的坚固防线，切实做到“守土有责、守土担责、守土尽责”。全年南通西站累计检查登记来（返）通旅客约58.5万人，现场核酸采样约26.4万人；通州客运站累计检查登记来（返）通旅客约1.6万人，现场核酸采样约0.3万人；南通机场累计检查总人数约24.4万人，现场核酸采样约10.6万人。全面做好进港外轮消杀工作，新世界码头共作业国际航行船舶57艘次，装卸货物132.3万吨。在全区7个高速出入口和7个国省干线恢复设置交通查验点，实施24小时值班值守。严格实行货运车辆通行证制度。交通各查验点位通过“来通州区人员登记”系统对重点地区来（返）通等人员进行登记，该系统自10月上线以来累计推送重点地区来（返）通人员信息约6.2万条。实行快递从业人员持证上岗、持健康码上岗等管理措施。在西亭高速出口、兴仁高速出口、平潮北高速出口3个查验点货车通道设置“好通驿站”，为货车司机提供开水、简餐、应急药品、维修工具和如厕等无接触便利服务。在疫情高峰期间给等待查验的货车司机发放爱心礼包1万份。

【涉外转运疫情防控】 2022年，通州区根据《通州区对接昆山（上海）转运协调组工作方案》，抽调机关、公安、医院、车队、翻译志愿者等人员组建接驳工作专班，24小时随时待命，保障转运“无缝对接”。妥善处置汇川公司281名员工滞留俄罗斯、南通四建公司164名员工滞留马来西亚以及多批次我区居民滞留乌克兰、巴基斯坦、斯里兰卡等一系列涉外突发事件。接收经上海空港口岸入境隔离人员43批次348人。

【支援外地疫情防控】 2022年，通州区先后派出医务人员123人次支援北京、天津、上海、无锡、新疆等地区核酸采样、核酸检测以及医疗救治工作。

【新冠病毒疫苗接种】 2022年，通州区优化服务模式，采取固定接种点与流动接种相结合的方式，在预防接种门诊常规正常开设的基础上，通过深入社区村居、养老院开设临时接种点、疫苗流动接种车下乡，安排接驳专车接送等方式，实现“家门口式”的接种模式。

【流调溯源队伍建设】 2022年，通州区成立由37名疾控专业人员及80名公安人员组成的流调溯源专班，并下设综合协调、信息流转、现场流调、分析研判4个小组，集中攻坚流调溯源。3月上海疫情暴发后，全体流调队员于3月27日转战至通州区公安局一楼大厅集中办公；4月3日，全体人员再次转战至通州区智汇园流调基地集中办公；5月10日，在通州区丽辉国际酒店成立流调基地；10月11日，流调溯源专班迁入通州区北山流调溯源基地，统一食宿，集中办公。开展流调队伍专项业务培训6次，培训725人次。1月、6月、11月分别组织开展新冠肺炎疫情防控桌面推演，公安、卫生及相关部门疫情防控组共200余人参加。

【涉疫数据核查】 2022年，通州区公安局组建数据核查专班及派出所数据核查战队，抽调4名警力常态化24小时轮班，专门负责下发数据和汇总数据，并抽调10名警力机动作战，对市局推送的车辆数据、车主数据及通道查控中登记的来通返通人员数据，按照“一条不漏、一刻不误”的要求，及时承接梳理、下发核查，确保上级数据能够在2小时内实现下发、核查、反馈、管控闭环流程。

【疫情防控督查】 2022年，通州区疫情防控日常督查工作常态长效，下发《关于强化疫情防控督查人员配备的通知》和各类《工作提示》3次，提醒绷紧疫情防控安全弦。4月上旬，成立4个联合督查组，走访金沙、金新等镇（街道）29个村（社区），了解志愿者下沉服务具体情况，督促党员干部主动下沉、积极服务；组建8个专项督查组，对全区48个集中医学观察隔离点基础保障、规范运行、内部管理等内容开展全覆盖督查，发现问题330个，现场督促立行立改。全年编发疫情督查简报101期，下发交办单994份，通报问题2423个；制发疫情防控中的形式主义、官僚主义通报3期，通报曝光7起25人。严查疫情防控工作中形式主义、官僚主义问题，立案7案21人。

【涉疫案件查处】 2022年，通州区坚持“零容忍、重打击、强威慑”的态度，依法查处各类涉疫违法犯罪行为，全力维护疫情防控秩序和社会平安稳定。是年，办理处罚涉疫违法案件1199起。

【医疗物资保障】 2022年，通州区全力做好疫情防控医疗物资保障工作，先后组织采购41次，累计使用疫情防控专项资金7500余万元，采购各类防疫物资2500余万件。区发改委坚决履行医疗物资保障组牵头职能，建立发放工作专班，有序组织向全区14个镇街和学校、交通、隔离等工作专班发放各类物资近2400万件，其中，病毒采样管795.3万套，医用防护口罩N95型200.9万只，医用外科口罩305.5万只，医用防护服71.1万件，一次性隔离衣89.8万件、一次性医生帽115.6万只，防护面屏89.5万只，医用外科手套189.7万副，一次性检查手套102.9万副，医用隔离靴套93.1万双，抗原检测试剂128.5万份，其他防护、消杀、收储等物资200余万件。

【生活物资保障】 2022年，通州区完善疫情期间生活必需品市场供应应急工作预案，建立生活必需品应急保供和储备制度，建立封控管控区物资保障专班，按照风险等级，建立分级保供制度。保障疫情期间生活物资正常供应，及时通知各镇街、相关重点保供单位，根据实际需求申请通行证，最大程度防范疫情传播的同时保障民生物资运输顺畅。对重点保供企业的库存和价格情况每日进行监测，针对保供企业，结合相关政策，发放疫情补贴。每日上报汇总当前封控管控区内群众人数、物资供应情况、物资供应方案等，第一时间向有需求的镇街启动区应急保供程序。4月2日，向平潮镇江海电容器提供应急防疫包500个。为先锋街道提供19批物资。

（黄毓毓）

【商会抗疫行动】 2022年，通州区各商会积极参加抗疫活动。4月，区委统战部、区工商联想方设法筹集500份生活物资，克服重重困难紧急运往上海慰问在沪乡贤。区浙江商会、福建商会、徽商商会、金沙街道、十总镇商会、正华糖酒、巧匠源纺织、纳琳威纳米科技等商会和常执委企业积极捐款捐物，先后到区人民医院、骑岸卫生院、高速卡口、重点村居及核酸采样点慰问一线防疫人员。区装饰装修服务商会、四方冷链、蓝丝羽、金太阳等商会及常执委企业自发组织志愿者队伍，夯实属地防疫力量。上海市通州商会为家乡通州筹集80多万元捐款和物资。

（蒋玉芝）

卫生监督

【概况】 2022年，通州区在医疗服务、公共卫生和职业健康等重点领域，组织开展专项整治23个。完成国家双随机卫生监督检查278家，日常监督检查4135户次，卫生监督协管巡查6871户次，行政处罚84起，其中简易程序38起、移送公安追究刑事责任3起，罚没款141万余元，没收违法所得3.31万元。其中，公共场所26件、消毒2件、医疗26件、母婴保健与计划生育2件、职业14件、餐饮具集中消毒服务单位14件。组织集中业务培训26期，培训940人次，受理投诉举报93件。抽检顾客用品用具样品343份，合格率98.8%；抽检空气质量样品7份，合格率100%；抽检消毒产品3份，合格率100%；游泳池采样28份，合格率85.7%；学校直饮用水抽检18份，合格率100%，消毒餐饮具174件，合格率100%；抽检末梢水样12份，合格率100%。

11月18日，中医院脾胃病科接受省重点专科评审　（区卫健委 提供）

【餐消服务单位卫生监督】 2022年，通州区组织各地对辖区内餐具饮具集中消毒服务单位进行全面排查，在春节、国庆期间开展专项检查。召开通州区餐具饮具集中消毒服务单位信用等级评价启动会，对全区排查的13家单位按信用评价标准进行逐项打分，评出A级1家、B级4家、D级5家，3家无有效工商营业执照不予评级。抽检消毒餐饮具19个批次104件，检测沙门氏菌、大肠菌群项目，合格率100%。对12起违反《中华人民共和国食品安全法》行为分别予以警告行政处罚。制作的《小饭碗·大民生——通州卫监强化卫生监管让百姓用上“放心碗”》获南通市卫生监督微视频宣传作品征集评比优秀奖。

【职业健康监管】 2022年，通州区有序推进职业危害企业摸底核查专项行动，摸底排查存在职业病危害因素的企业1266家，建立基本信息台账并录入系统。开展新增职业病或疑似职业病用人单位执法检查行动，检查单位20家，对4家问题较严重单位予以行政处罚。开展挂牌督办企业专项检查，对辖区内职业健康领域存在重大风险隐患，并被市级挂牌督办的8家企业进行专项检查，通过监督检查，发现问题限期整改，并逐个单位对整改情况进行验收，整改到位单位7家，立案1起，罚款13.4万元。开展职业病危害项目申报专项执法行动，组织卫生院（社区卫生服务中心）通过摸底调查、企业信息核查、日常巡查等方式，督促用人单位进行职业病危害项目申报。双随机检查中，对违法企业采取首违不罚、轻微不罚、集中约谈、下达意见书等措施督促整改，对拒不整改的单位立案处罚8家，罚款16万元。

【医疗乱象专项整治】 2022年，通州区根据国家卫生健康委、网信办等9部门开展医疗乱象专项治理攻坚行动要求，组织开展非法执业行为清零行动。以“依法执业、双随机监督检查、打击非法行医等多项专项整治活动”为抓手，加大对“农贸市场、零售药店、健康养生机构、社会办医医疗机构”等重点领域巡查力度，运用公安“融打平台”快速移送违法线索等举措，充分发挥与公安、市监等部门联动共管作用。查处未取得《医疗机构执业许可证》擅自执业、非医师行医、使用非卫生技术人员从事医疗卫生技术工作、违反医疗器械管理规定、违反抗菌药物临床应用管理规定等涉及医疗违法违规案件20起，向公安、市监移送违法线索3起，罚没款计81万元。

【“双随机、一公开”抽查】 2022年，通州区全面落实“双随机、一公开”抽查机制，在国家卫生健康监督系统平台中及时上报并建立数据库2个，其中完善被监督单位档案1200余家，设定双随机卫生监督员23名。对全区278家“双随机”单位依法开展卫生监督检查和抽检。抽检顾客用品用具样品343份，合格率98.8%；抽检空气质量样品7份，合格率100%；抽检消毒产品3份，合格率100%。对发现问题的6家公共场所单位、2家医疗机构立案查处。（张国彬）

医教科研

【概况】 2022年，通州区坚持深化医教协同、科教并举，加快科技创新体系建设，强化学、专科建设，加大全科医师培养力度，突出基层卫生健康人才培养，大力推动卫生健康科技创新与成果转化，为全区卫生健康事业高质量发展提供强有力的科技与人才支撑。

【科普活动】 2022年，通州区组织开展“2022年度科普宣传周活动”、“七一”专家走基层巡讲、“全国科普日活动”等大型科普活动，累计开展科普宣传项目81个，参与医务人员463名，惠及3.64万人。完成创建科普示范区台账资料收集上报工作。根据全区开展创建2021—2025年全国科普示范区活动工作要求，完成23家医疗卫生单位近五年科普宣传活动台账资料审核、整理。

【继续医学教育】 2022年，通州区规范做好学分登记、审验工作，完成继续教学分审验2600余人。做好继续医学教育备案管理工作，全年备案28个，参训人员2400余人。持续加强医学教育培训，以线上和线下相结合方式开展新冠病毒核酸检测生物安全培训、医院感染预防与控制暨新冠肺炎防控等6项培训，累计培训2566人次。

【国家医师资格考试】 2022年，通州区组织国家医师资格考试现场初审核，网报考生212名，经现场初审核符合报考条件者209人，均通过南通考点办审核。一试和二试通过考生89人，达到南通市平均水平。

【荐才推优】 2022年，通州区推荐南通市第三届医师奖3人，医学人文爱心示范科室1个，医学人文爱心科室1个，医学人文爱心奖3人；南通市医师登台科普秀优秀作品3件，南通市科协“优秀四长”院长1人，南通市第十一届优秀科技工作者1人，南通市“科技工作者在行动”优秀事例7例；南通市医学会、医师协会各学科委员68名。获评全国科普日活动先进集体1个、先进个人2人，科普宣传周活动先进个人1人。

【医学教育】 2022年，通州区外派市级、省级及以上进修65人，接受进修9人。参加成人高等医药院校学习147人。在公开发行的学术期刊上发表论文170篇。组织住院医师规范化培养送培43人，完成培养44人。全科医师规范化培养送培15人，完成培养39人。全科医师转岗培训送培26人，完成培养24人。

【医学科研工作】 2022年，通州区医学类完成科技鉴定成果2项。建成市重点学科3个、市重点学科（建设单位）2个，省重点专科1个、市重点专科31个、市建设专科3个。获市科技局科研立项7项，市卫生健康委科研立项7项，区科技局科研立项3项。新技术引进三等奖3项。组织完成市级以上继续医学教育项目10项。（朱陈丹）

妇幼保健

【概况】 2022年，通州区以贯彻落实省、市“十四五”妇女儿童发展规划为目标，健全妇幼健康服务体系，完善母婴安全保障机制，加强出生缺陷综合防治，做优做实妇幼健康民生实事项目及公共卫生服务项目，为妇女儿童提供高质量全生命周期健康服务，确保妇幼健康各项指标均全面达标。全区孕产妇系统管理率98.0%，0—6岁儿童健康管理率98.1%，孕产妇死亡为0，新生儿死亡率1.7‰，婴儿死亡率2.3‰。

【城乡适龄妇女两癌检查项目】 2022年，通州区妇女“两癌”免费筛查目标任务数为2.84万人，优先保障农村妇女、城镇未就业女性及家政服务员、快递员、送餐员、网约车司机等新就业形态从业女职工。完成宫颈癌检查2.85万人，检出宫颈癌前病变119人，确诊宫颈癌16例；完成乳腺癌检查2.86万人，确诊乳腺癌15例，对所有检出的阳性病例均落实全程管理，加强及时随访与治疗。

【免费婚孕检一站式服务】 2022年，通州区将免费婚前医学检查和免费孕前优生健康检查项目作为特色重点工作加以推进，区两办和区效能办每月跟踪督查项目进展。区妇幼保健计划生育服务中心充分运用省妇幼健康信息系统，为服务对象提供规范、便捷、优质的“一站式”婚孕前优生保健服务，并对所有检出异常者及筛查出风险因素对象均予以咨询指导和后续跟踪服务。是年，完成婚前医学检查4134人次，婚检率为94.0%，完成孕前优生健康检查2009对，任务完成率100.5%。

【免费产前筛查项目】 2022年，通州区进一步规范免费产前筛查技术管理和服务模式，积极推动区人民医院产前筛查机构建设，启动为全区孕妇免费开展产前筛查服务。建册机构、采血机构及产前筛机构严格对照各自工作职责，规范工作流程，积极参与并做好筛查告知、标本采集、标本转运、标本检测及追踪随访等相应工作任务，确保全区产筛网络全覆盖。强化高风险服务对象追踪随访，有效降低严重多发致残出生缺陷发生。是年，完成孕妇产前筛查4825人，产前筛查率95.7%。

【新生儿疾病免费筛查项目】 2022年，通州区开展免费新生儿苯丙酮尿症、甲低症、先天性肾上腺皮质增生症遗传代谢病筛查及新生儿听力筛查项目，由各助产机构配合南通市妇幼保健院做好相关筛查项目目标本采样、信息登录等相关服务工作，对筛查出异常新生儿及时转诊治疗与随访。是年,完成新生儿疾病筛查2178人,筛查率达100%。

【新生儿先天性心脏病筛查项目】 2022年,通州区完善新生儿先天性心脏病筛查工作和管理体系,实现各助产机构新生儿先心筛查全覆盖。区项目管理办加强平时督导与质控,健全完善以各助产机构为筛查机构、通州区人民医院为诊断机构、南通大学附属医院为治疗机构的新生儿先天性心脏病筛查、诊断和治疗一体的儿童健康服务体系。进一步规范转诊流程,落实专人进行随访。新冠疫情防控期间,区人民医院作为区级诊断机构开设"绿色通道",方便儿童复查诊断。全年辖区助产机构完成新生儿先天性心脏病筛查2178人,筛查率100%,确诊先心病15例,阳性病例均得到及时转诊治疗与随访。

【基层医疗机构规范化门诊建设】 2022年,通州区以提升服务内涵为重点,加快基层医疗机构规范化门诊建设力度,全区14家基层医疗卫生机构中,在创成1家省级、8家市级妇幼健康规范化门诊基础上,其余单位创造条件,进一步规范门诊科室布局设置,加强软硬件设施的配备,注重管理质量和服务能力提高,积极创建妇幼健康规范化门诊并申报市级评审验收。11月,十总、兴仁、兴东、先锋镇卫生院(社区卫生服务中心)通过市级妇幼健康规范化门诊评审。

(王玉琴)

2022年通州区主要医疗卫生单位基本情况一览表

表32

序号	单位	年末在职职工人数(人)	其中:卫技人数(人)	占地面积(平方米)	建筑面积(平方米)	年末固定资产原值(万元)	平均开放床位(张)	门急诊人次数(人次)	出院人数(人)
1	人民医院	1158	1087	39803	108424	74921	1350	1605114	52608
2	中医院	521	468	22663	37797	23577	665	682352	21656
3	第二人民医院	200	158	31681	18831	5498	300	105362	1758
4	二甲中心卫生院	168	140	19343	16500	6327	130	169643	2350
5	石港中心卫生院	166	149	20003	24000	13773	152	100896	2589
6	刘桥中心卫生院	118	105	23649	15300	9463	115	71935	822
7	平潮中心卫生院	302	267	17982	21548	11745	266	189351	7364
	合　计	2633	2374	175124	242400	145304	2978	2924653	89147

社 会 生 活

编 辑 顾新国

居民收支

【居民收入】 2022年，通州区居民人均可支配收入49594元，比上年（下同）增长4.7%。其中，城镇居民人均可支配收入61671元，增长4.0%；农村居民人均可支配收入32624元，增长5.5%。城乡居民收入比（以农村居民为1）由上年的1.92：1缩小到1.89：1。

工资性收入占主导地位。2022年，全区居民人均工资性收入29701元，增长5.5%，占人均可支配收入的比重为59.9%，对人均可支配收入增长的贡献率达68.9%，作为居民收入压舱石的作用进一步凸显。其中，城镇居民人均工资性收入增长4.6%，增速比农村低2个百分点。

经营净收入小幅增长。2022年，全区居民人均经营净收入8430元，增长2.4%，增速比上年回落5.5个百分点，占人均可支配收入的比重为17.0%。其中，城镇居民人均经营净收入8534元，增长2.3%；农村居民人均经营净收入8285元，增长2.6%。经营净收入增长得益于全区不断优化营商环境，相继出台多项优惠政策，加大对自主创业、小微企业等扶持力度，居民二、三产业经营净收入保持小幅增长。

财产净收入稳步提升。受经济下行压力影响及面对新冠疫情的反复和不确定性，居民投资更偏谨慎，储蓄理财意愿增强。2022年，全区居民人均财产净收入3542元，增长4.2%。其中，城镇居民人均财产净收入5182元，增长3.0%；农村居民人均财产净收入1237元，增长7.0%。

转移净收入增长稳健。2022年，全区居民人均转移净收入7921元，增长4.6%。其中，城镇居民人均转移净收入10875元，增长3.7%；农村居民人均转移净收入3770元，增长5.9%。

【城乡居民消费】 2022年，通州区居民人均生活消费支出30191元，增长4.2%。

城乡居民消费同步增长。2022年，全区城镇居民人均生活消费支出34677元，增长3.1%；农村居民人均生活消费支出23888元，增长6.0%。农村增速高于城镇增速2.9个百分点。城乡消费比由上年的1.49缩小到1.45。

食品、居住、交通通信、医疗保健消费占比略增。2022年，全区加大保供稳价工作力度，积极做好粮油肉蛋奶等民生物资的生产供应，确保居民基本生活类消费的稳定增长。居民人均食品烟酒支出8800元，增长6.1%，占人均生活消费支出的（恩格尔系数）29.1%，占比比上年提高0.5个百分点，依然是城镇居民最主要的消费内容。人均居住消费支出5416元，增长7.9%，占人均消费支出17.9%，占比比上年提高0.6个百分点。人均交通通信消费支出4978元，增长4.3%，占比比上年提高0.1个百分点。人均医疗保健支出1960元，增长5.2%，占比比上年提高0.1个百分点。城乡居民越来越注重食品营养均衡化、居住舒适化、交通通信便利化、医疗保健专业化，生活水平进一步提高。

衣着消费、教育文化娱乐支出小幅下滑。受疫情影响，居民居家时间长，社交活动的频次减少，对于服装和文化娱乐的消费欲望和消费能力有所下降。2022年，全区全体居民人均衣着消费支出1667元，下降 0.4%；人均教育文化娱乐支出4329元，下降4.2%。 （葛文钰）

人口监测与家庭发展

【概况】 2022年，通州区全面贯彻落实计生惠民政策，发放奖特扶金1.72亿元，覆盖人群达12.88万人。创成省示范性托育机构1家，省普惠托育机构2家，市普惠托育机构3家。新增江苏省老年友善医疗机构优秀单位5家，2家为老服务单位被命名为第四届南通市“敬老文明号”。

【三孩生育政策实施】 2022年，通州区全面贯彻落实《中共中央 国务院关于优化生育政策促进人口长期均衡发展的决定》和《江苏省关于优化生育政策促进人口长期均衡发展实施方案》精神，组织实施好三孩生育政策及配套支持措施，促进人口长期均衡发展。是年，全区办理三孩生育登记74例。

【“一老一小”服务体系建设】 2022年，通州区聚焦“一老一小”服务需求，通过广泛链接社会资源，项目化、规范化推进各类“为老”“为小”服务活动，提升服务质量。落实便利老年人就医举措，推动老年友善医疗机构建设，建成老年友善医疗机构30家，其中创成江苏省老年友善医疗机构优秀单位7家。6月，召开老年协会第二次会员代表大会，总结部署工作。开展老年健康宣传培训系列活动，其中组织智能技术运用培训6524人次。因地制宜、多措并举，加快推进普惠性托育机构建设，新增备案托育机构8家、有效托位数814个；落实备案托育机构水电气、纾困资金等补助政策。创成省示范性托育机构1家，省普惠托育机构2家，市普惠托育机构3家。南山湖儿童成长中心被列入国家首批质量评估试点机构，为全国托育机构质量的提升提供参考依据。

【计划生育扶助】 2022年，通州区足额兑现计划生育各项奖励政策，发放各项计划生育奖励金约1.72亿元，惠及人群约12.88万人。设立南通市通州区红十字“暖心家园”救助项目，2人获得救助。筹集慰问金123.23万元，慰问独生子女死亡伤残家庭、并发症人员、计生困难家庭、重点维稳对象、困难计生工作者4095人次。实施家庭健康保险，计生特殊家庭综合保险理赔率达108.5%，实现“为政府分忧，为群众解难”工作目标。发动人寿保险、人保财险和太平洋保险3家公司志愿者结对帮扶89人次，送慰问金5.34万元。

【“暖心家园”项目建设】 2022年，区卫健委、区计生协坚持从人本服务、亲情牵手、群众需求的务实要求出发，继续打造特殊家庭共享幸福美好生活的“暖心家园”，建成第三批“暖心家园”项目点2家（金新街道狮子桥村和川姜镇磨框镇村党群服务中心）。做好做强“暖心家园”品牌项目，总结推广“暖心家园”帮扶项目典型案例，以点带面，让暖心行动惠及更多计生特殊、困难家庭。金沙街道暖心家园和先锋街道1名志愿者被省卫健委、省计生协联合表彰为省级“暖心家园示范点”和“暖心之星”。

（曹　周　于国庆）

就业创业

【概况】 2022年，通州区城镇新增就业1.2万人、城镇失业人员就业6467人、城乡就业困难人员就业3149人，支持成功自主创业4200人。组织各类就业培训、技能提升培训4.38万人次。

【就业招聘】 2022年，通州区实施就业优先战略，持续开展“线上+线下”招聘活动，扩大就业容量。充分发挥区人力资源市场公共就业服务平台优势，常态化发布招聘活动信息，扩大宣传范围，提高群众的知晓度、参与率。成功举办“春风送温暖 就业送真情”“民营企业招聘月”“服务攻坚促就业，筑梦青春赢未来”等大型主题招聘活动及“就在民企，职在未来”通州区知名企业直播带岗系列活动，在通州万达广场举办户外现场招聘会2场，促进用人单位和劳动者实现用工匹配。全年举办招聘会115场（其中现场招聘会9场，直播招聘会2场），参会企业1733家，发布岗位需求5.57万人。

【就业扶持】 2022年，通州区持续推进职业技能培训，多措并举稳就业保民生。完善职业技能培训管理办法，明确培训补贴标准和质量要求。强化“线上+线下”培训全过程监管，提高技能培训质效。及时发放一次性留工培训补助，为餐饮、零售、旅游、民航和运输5个行业企业减轻负担、稳定生产。鼓励企业开展高技能人才技能培训，提升在岗职工技能水平，增强职业竞争力。拓宽培训工种范围，新增印制电路制造工、多工序数控机床操作调整工、西式烹调师等工种，为劳动者增加更多就业机会。按要求发放技能培训补贴，全年拨付952.48万元，惠及5990人次。

【招工引劳】 2022年，通州区建立健全用工保障服务组织体系和工作机制，全方位编织劳务合作网络，新增甘肃省天水市张家川县、陕西省汉中市镇巴县、河南省濮阳市范县3个劳务合作地。组织辖区优质企业赴外开展劳务对接活动，依托专场招聘会、定期招聘会、网络招聘会等搭建就业平台，提供丰富的就业岗位，扩大人力资源引进规模。全年引进技术产业工人4000名，为通州企业的健康发展提供用工保障。

【大众创业】 2022年，通州区持续深化创业服务，简化办事程序，加大惠民力度，营造更优双创发展生态。通过贷款、贴息扶持、资金奖补等方式扶持创业实体成长，不断提升创业活跃度。在第五届“中国创翼”创业创新大赛江苏省选拔赛暨“创响江苏”创业创新大赛南通市赛中，参赛项目“医药及其中间连续流反应制造新装备新技术项目”获主体赛制造业二等奖。两个大学生项目入选省优秀项目，获取奖励15.24万元。

2月10日，云南省宣威市首批务工人员抵达通州。图为欢迎仪式现场（陈　亮　摄）

【劳动监察执法】 2022年，通州区劳动监察立案受理投诉案件351件，按期结案率100%。作出行政处理决定案件14件，行政处罚决定案件9件，清退非法使用童工8人，以涉嫌欠薪入罪移送公安案件2件。全国根治欠薪线索反映平台流转线索1150件，办结率位于全市前列。以区根治拖欠农民工工资工作领导小组办公室为工作平台，联合行业主管部门和各镇(街道)组织开展线上线下专题培训5次，涉及用人单位570多家、在建工程项目185个。出台通州区工程建设领域农民工工资支付常态化管理机制，落实量化考核，实施动态管理，实地检查项目107个，在建工程项目检查覆盖率达100%。

社会保障

【机关事业单位养老保险】 2022年，通州区有344家单位参加机关事业单位养老保险，参保人数3.06万人，其中在职参保人员1.79万人，退休人员1.27万人。养老保险改革基金征收4.60亿元，基金支出10.56亿元。职业年金征收2.27亿元，转入省中心职业年金归集户2.20亿元。养老保险试点基金征收6023万元，基金支出6073万元。推进机关事业养老保险各类转移接续工作，机关事业单位职工养老保险依托省人社一体化平台实现跨制度、跨统筹区“联网通办”，开启“零跑路”“不见面”社会保险经办服务模式，群众足不出户即可办理业务。开展大学生村官养老保险参保工作，完成全区249名大学生村官参保缴费工作，大学生村官权益得到保障。做好2021年度机关事业单位保险退休工人待遇申领审核和计发补发工作，核定退休中人334人，补发697万元。参与机关事业单位退休人员基本养老金待遇调整13354人(其中省机关事业单位养老保险系统退休人员12510人)，人均月增加212元，增长3.0%，月人均6997.09元；老系统试点退休人员844人，人均每月增加180.24元，增长3.2%，月人均5585元。

【城乡居民基本养老保险】 2022年，通州区城乡居民基本养老保险参保人数(缴费状态)17.40万人，保费收入3.10亿元；领取养老金人数26.70万人，养老金支出11.20亿元，月人均养老金水平343元。26号令被征地农民保障对象累计6.88万人，全年发放待遇2.62亿元；93号令保障对象累计5.59万人，全年发放待遇2.68亿元，劳动年龄段代缴保费1.59亿元。落实惠民为民政策，为7093名困难人员代缴保费70.93万元。补充和完善城乡居民基本养老保险政策，提高全区城乡居保缴费补贴力度，并放宽丧葬补助金领取条件，推动城乡居民共享高质量发展成果。1—6月，全区城乡居民基础养老金标准提高至289元/月，自7月起由289元/月提高至294元/月，惠及全区26.70万人；同时对全区65周岁及以上参保居民予以适当倾斜，其中65—74周岁、75周岁(含)以上的待遇领取人员，基础金每人每月分别高于基础养老金标准5元和10元。积极贯彻落实省被征地农民社会保障办法，全面推动省被征地农民社会保障新办法落地，自省87号文被征地农民社会保障新办法实施以来，全区获批征地项目8个，产生被征地安置人员1464人，其中16周岁以下被征地安置对象158人，16周岁以上被征地保障对象1306人。

【工伤认定】 2022年，通州区受理工伤认定申请2033件，完成工伤认定1897件，调解工伤案件87件。开展劳动能力鉴定5批，完成工伤鉴定806人。

【社保卡发放应用】 2022年，通州区积极应对新冠疫情影响，全面推进社保卡业务“不见面”服务，多部门、多渠道做好社会保障卡申领、补换工作。优化“新生儿出生一件事”服务，通过再造办事流程，升级业务系统，实现公安、人社、卫健、医保新生儿相关数据互联互通。拓展社会保障卡网上办理渠道，市民通过线上申请即可方便快捷地享受社保卡申领、正式挂失解挂和补换卡等服务。指导乡镇(街道)、村(社区)和学校等多渠道开展电子社会保障卡签发工作，完成签发44.4万人。联合社保卡合作金融机构开展第三代社会保障卡的换发工作，累计制卡7.70万张，其中邮寄新生儿社会保障卡883张，网办邮寄社会保障卡330张。

【企业退休人员服务】 2022年底，通州区推进企业退休人员社会化管理服务工作，8.77万企业退休人员全部纳入社会化管理。组织开展企业退休人员关心关爱活动，聚力提升走访慰问服务质效，增强企业退休人员的获得感、满意度，开展春节困难慰问702人，发放28.08万元；高龄慰问5299人，发放117.66万元；重阳节慰问8.34万人，发放834万元；亡故慰问1226人；重病慰问178人。

(王　琴)

社会救助

【特殊困难群体救助帮扶专项排查整治】 2022年，通州区全面贯彻落实《关于江苏省特殊困难群体救助帮扶专项排查整治行动的实施方案》要求，按照“统一部署、统一督查，分类指导、分级负责”工作要求，成立工作专班，全力推进特殊困难群体救助帮扶专项排查整治工作。梳理排查29967人，排查发现问题69件，跟踪帮扶1763人，实现排查清仓见底、整治及时有效、重点对象跟踪帮扶的目标。

【救助认定】 2022年，通州区常态化开展低收入人口认定工作，新增城乡低保对象368户、500人，核减745户、1118人；新增特困供养对象158人，核减313人。在册城乡低保对象5056户、6675名，特困供养对象3263名。

【“低补保”民生实事】 2022年，通州区以温情救助、精准救助为导向，创新开展“低补保”民生实事项目，兜牢基本民生保障底线。聚焦减轻困难群众重特大疾病医疗费用负担，投入184万元为全区15379名困难对象免费提供补充医疗保险救助。

【“城乡低保”提标】 2022年，通州区落实困难群众基本生活保障标准自然增长机制，稳步提升城乡低保标准，由每人每月750元提高至780元。

【困境儿童保障】 2022年，通州区增加财政预算158万元，提高孤儿和事实无人抚养儿童的基本生活保障标准，其中，散居孤儿基本生活保障标准由2070元每人每月，提高到2200元每人每月；低保家庭外的事实无人抚养儿童由1656元每人每月提高至2200元每人每月；重病、重残儿童由1035元每人每月提高至1320元每人每月，困境儿童基本生活保障标准实现全面接轨南通主城区。全区600名困境儿童全部纳入分类保障范围，全年发放生活保障金和各类补贴728.6万元。推进镇(街道)未成年人保护工作站建设，在东社镇建成第二家省级示范性未成年人保护工作站。推进社会福利院、儿童福利院创新转型，成立通州区未成年人保护中心。

【流浪乞讨人员救助】 2022年，通州区开展流浪乞讨救助12人次，其中护送返乡1人，成功寻亲4人。实施精神障碍患者救治救助，19名患者在区第二人民医院接受医疗救助。

养老服务

【养老服务扶持】 2022年，通州区出台《关于调整政府购买居家养老服务补贴办法的通知》，增加年度财政预算1670万元，全区享受政府购买居家养老上门服务增至6万人，政府年度补贴金额达3000万元。按照“免申即享”的原则加强尊老金规范化发放，全年为6.20万名80周岁以上老年人发放尊老金4150万元。

【养老机构服务体系建设】 2022年，通州区利用现有特困人员供养服务设施和本地优质养老资源，因地制宜、分院施策、创新转型，推动川姜敬老院、红星养老院提升具备农村区域性养老服务中心功能，在红星养老院嵌入建设重度失能(失智)特困人员照护供养单元。对照《江苏省城市街道综合性养老服务中心建设及运营规范》，在金新街道建成首家城市街道综合性养老服务中心。

民政社会事务

【社区治理】 2022年，通州区持续发力社区基础设施建设提档升级，向上争取奖补资金220万元，完成先锋街道苏家埭村、兴东街道土山村等6家社区改扩建。推进社区“三有”“三会”协商与基层“有事好商量”议事协商有机融合，推动民主协商与基层民主政治建设有序实践。加强社区治理“一村一品”品牌打造，兴东街道土山村《“乡贤话坊”共“话”基层治理》、兴仁镇徐庄村《“家和”文化引领社区治理》等新型农村社区治理经验在国家级媒体发表。

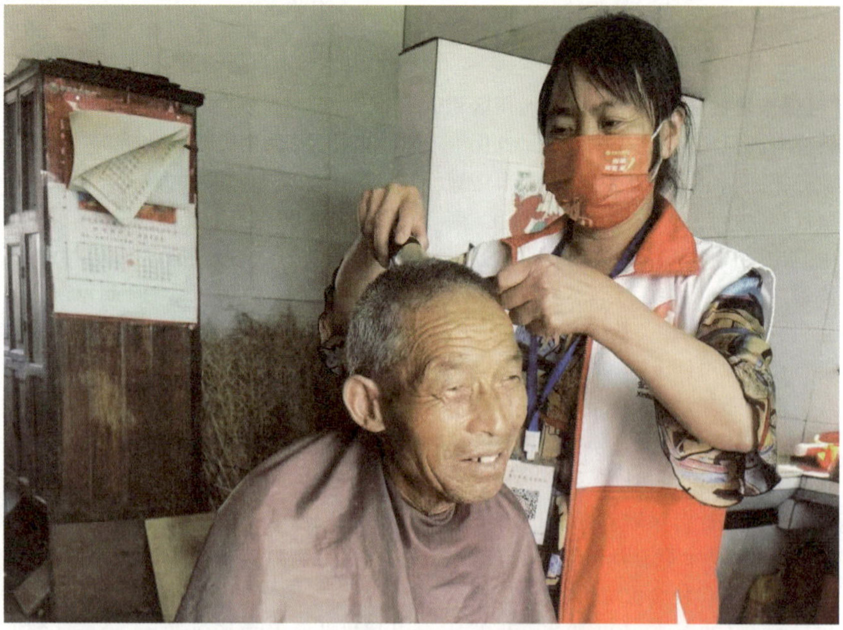

2022年，通州区以特殊困难老年人的养老需求为导向，优化服务流程、强化队伍建设、提高服务质量、开展多元服务，推动居家养老上门服务“高质量”。图为6月20日助老员为服务对象理发
(区民政局 提供)

【社会组织建设】 2022年，通州区严格落实社会组织成立登记、章程核准、年检年报、专项抽查、等级评估、教育培训与社会组织党建“六同步”工作要求，切实加强社会组织党的建设工作“两个全覆盖”。依托区级社会组织发展中心，开展“辞旧迎新·公益暖行”“社会组织心向党”“党建领航·共建联创”等主题活动，促进社会组织党的建设和自身发展。组织开展“社工赋能·微爱通城”—通州区首届社会工作服务站公益微创投，启动首届社会组织领军人才培养工作，社会组织人才队伍建设跃上新台阶。社会组织登记规范有序，全年新增社会组织13家，注销社会组织29家；社会组织年检、等级评估等工作稳步推进。

【婚姻登记】 2022年，通州区严格执行《江苏省婚姻登记工作条例》，稳妥推进“离婚省内通办”改革举措，办理婚姻登记10311对，其中结婚5560对，离婚2815对，补办结婚证书1936对。

【殡葬事业】 2022年，通州区加快殡葬基础设施建设，顺利完成平潮馆改造升级。落实省民生实事项目，持续推进并完成五接镇公益性公墓和金新街道南区安息堂二期项目建设。加强灵车管理，有效治理散埋乱葬等殡葬领域突出问题。

【福利彩票】 2022年，通州区福利彩票发行工作始终坚持“安全运行、健康发展”理念，加大福利彩票公益宣传力度，加强销售网络建设，强化服务意识，实现销售额7482.94万元。弘扬福利彩票“扶老、助残、救孤、济困”发行宗旨，发挥好彩票公益金作用，打造阳光福彩、公益福彩品牌形象。
(黄顺进)

医疗保障

【概况】 2022年，通州区坚持以“待遇政策更优、管理服务更精、改革创新更实”为根本路径，聚焦群众急难愁盼问题，全面推进公平医保、法治医保、安全医保、智慧医保、协同医保、清廉医保“六个医保”建设，让人民群众在高质量发展中享受高品质医保。全区基本医疗保险参保人数95.56万人，其中职工医保参保人数27.61万人，净增1.09万人，参保人员结构持续优化。推进单病种、DRG等医保支付方式改革，减轻群众医疗负担。常态化开展药品集中带量采购，价格招采工作在全市继续保持前列。先行先试长期护理保险工作，通过全流程实践，成功打造照护保险从受理、评定到居家服务申请和辅具服务的“一站式”服务新模式，为全省长期护理保险的全面铺开提供经验。9月，全省深化长期护理保险制度试点工作现场推进会在通州区召开。

9月2日，全省深化长期护理保险制度试点工作现场推进会在通州区举行
（区医保局 提供）

【参保和基金运行】 2022年，通州区基本医疗保险参保人数95.56万人，其中，职工基本医疗保险参保人数27.61万人，城乡居民基本医疗保险参保人数67.94万人；生育保险参保人数21.74万人。职工医疗保险基金收入12.70亿元，基金支出12.28亿元；居民医疗保险基金收入9.71亿元，基金支出11.80亿元。拨付新冠疫苗接种费用862.59万元，核酸检测费用72.42万元，预拨新冠防控费用3000万元。

【健全医保体系】 2022年，通州区建立以镇人民政府、街道办事处为主体，医保、教体、民政、乡村振兴等部门联动的征缴体制，采取“分类指导实施、线上线下结合、帮办代办促进”的“五位一体”征缴措施，做到“村不漏户、户不漏人”，确保参保对象应保尽保、应收尽收。区医保局联合行政审批局，将医保参保登记纳入企业开办服务一件事，参保结构不断优化。完善照护保险制度，根据“统一标准、规范管理、便民利民”的原则，推动照护管理规范化和服务便捷化的提档升级，全市首个“一站式”照护中心——通州区医保“一站式”照护中心于6月20日揭牌。巩固居民“两病”（高血压、糖尿病）门诊用药保障机制，减轻“两病”患者门诊用药负担，门诊用药待遇享受1.7万人次，总费用支出397.94万元。推动“一站式”医疗救助结算服务，落实医疗救助重点对象、肇事肇祸等严重精神障碍患者医疗救治25.13万人次，救助金额3175万元。关注因病致贫、因病返贫的特殊群体，全年救助892人次，救助金额395.19万元。

【经办服务提优】 2022年，通州区有异地联网机构54家，异地联网药店408家，所有中医类定点医疗机构、血透中心和有住院资质的定点医疗机构全部纳入异地联网结算平台，在营业的医保定点零售药店全部纳入省内异地就医、跨省异地就医联网结算平台。高效落实为民办实事之医保服务惠民项目，在各镇（街道）便民服务中心设立医保服务专窗，下沉服务事项19个；在二级以上定点医疗机构设立医保服务站，办理服务事项14个。推进“15分钟医保服务圈”示范点建设，市级验收考核平均分达96.96分，超省级标1.96分，率先建成全市“15分钟医保服务圈”全覆盖县（区）。坚持挖潜增效，首创“提前5分钟”宽时服务机制，为参保人员提前提供窗口经办服务；推行业务速办机制，手工零星报销业务压缩“5个工作日”，减轻参保人员垫付压力。深入开展窗口、网端、热线全渠道创“5星好评”系列活动，“新医保、心服务、馨守护”服务品牌获全区年度优秀效能服务品牌，“医路为民 · 保驾护航”服务制度获全区十佳创新制度提名奖，待遇保障科获全区“为民服务类”科室评分第一名。在全面建成区、镇（街道）、村（社区）三级经办网络线下服务的基础上，持续推广国家异地就医平台、“江苏医保云”APP、“南通医保”APP等线上平台。全年线下办件1.47万件，线上办件3176件。

【支付方式改革】 2022年，通州区发挥医保支付在规范医疗服务行为、调节医疗资源配置中的杠杆作用，定期召开定点机构费用分析会议，常态化分析区内定点机构医保总量执行、基金使用等情况，对费用增长较快、预算执行不力的单位采取预警、约谈、暂缓支付等手段，防范化解医保基金运行风险。学习江苏省医疗保险基金总额预算精算模型，建立健全集体协商谈判机制，完成通州区总额预算管理工作小组的组建并通过通州区医疗机构集体协商分组方案。启动DRG（疾病诊断相关分组）模拟付费运行，5家医疗机构完成信息系统接口改造和数据联调工作。组织试点医疗机构参加业务培训，邀请专家点对点规范指导等方式不断提高医疗机构病案编码质量，引导定点医疗机构规范诊疗服务行为，有效控制医疗费用不合理增长和医保基金支出风险。

【医疗服务保障】 2022年，通州区以标准化、规范化为基本要求，以便民利民为基本原则，建立国家谈判药“双通道”药品供应保障机制，使参保群众使用国谈药“双通道”管理药品实现不见面备案、资料传输、处方流转、复查评估、费用结算、实名制管理等线上经办服务全流程管理。全年全区公立医疗机构在省阳光平台上采购药品7.47亿元，采购医用耗材2.21亿元，药品集采平均完成率达103.79%,耗材集采平均完成率达132.95%。严格落实医疗服务价格动态调整机制,开展新增医疗服务项目执行情况调查工作,开展公立医疗机构病房床位执行情况自查自纠工作,调整公立医疗机构部分临床诊疗类医疗服务项目价格,规范医疗服务价格管理。

【医保基金监管】 2022年,通州区持续巩固医保基金监管高压态势,坚决守护好老百姓的“救命钱”。以学习贯彻《医疗保障基金使用监督管理条例》为主线,组织开展“织密基金监管网·共筑医保防护线”主题宣讲,通过“线上+线下”模式,向定点医药机构工作人员解读政策和常见违规行为注意点。落实省级智能监管、畅通“一号一平台”举报途径,方便群众监督,提升管理质效。6月20日,通州区医疗保险智能监控中心成立。开展门诊特殊病、死亡后刷卡、超限用药、违规收费等专项整治,采取数据分析、投诉举报、病历抽查、现场稽核等方式,实施全方位、全覆盖监管。是年,682家定点医药机构完成新增高清摄像全方位智能系统提质升效改造;处理定点医药机构488家,追回违规费用和违约金784.43万元。 (毛宇菲)

住 房 保 障

【概况】 2022年,通州区认真贯彻落实《江苏省“十四五”城镇住房发展规划》,扎实推进棚户区改造工作,加快安置房建设,扩大公共租赁住房保障范围,发展保障性租赁住房,住房保障覆盖面持续提高。

【棚户区改造】 2022年,通州区围绕省下达年度棚改新开工3500套、基本建成3000套的目标任务,加快推进棚户区改造力度和进度,向上争取奖励资金2500余万元,实际完成新开工棚户区改造安置房3936套,基本建成3180套。

【公租房保障】 2022年,通州区完成发放低保、低收入及中等偏下收入住房困难家庭住房租金补助30户,计24.7万元。推进住房货币化分配工作,审核职工申领购房补贴20户,发放补贴资金27.7万元。规范已购公有住房上市交易行为,严把住房基金使用关。审核房改房上市交易88套。房改房标准价补差18户,补交7.2万元。出具房改核查证明实现跑一次即办,出具房改核查证明130份。

【安置房建设】 2022年,通州区新开工建设安置房(保障房)项目14个,完成新开工安置房建设14743套,总建筑面积200万平方米;竣工交付3449套。

【人才公寓保障】 2022年,通州区聚焦人才驱动发展,以良好人才安居环境优化发展生态,提升高质量发展硬实力。通过盘活存量房源、集中兴建等举措,积极拓展租赁住房供给渠道,筹集租赁型人才公寓200套。

【保障性租赁住房】 2022年,通州区响应国家加快发展保障性租赁住房政策,围绕年度保障性租赁住房2210套的目标任务,加快发展保障性租赁住房,至年末,累计完成2328套。 (高德艳)

住房公积金管理

【概况】 2022年,通州区归集住房公积金19.90亿元,比上年增加8401万元,增长4.4%;新增开户单位304家,新建人数2.08万人,实缴人数增长6704人,基数调整1410家单位5.64万人次,月缴额增加662.34万元,月应缴额15814.13万元。新建人数和净增人数排名居管理部首位。是年底,归集余额45.78亿元,比上年末增加7.18亿元,增长18.6%,累计归集146.7亿元。

【公积金提取】 2022年,通州区有27.50万人次(其中柜台审批提取1.88万人次,逐月还贷25.62万人次)提取住房公积金12.72亿元(其中柜台审批提取7.19亿元,逐月还贷5.53亿元),提取额占同期归集额的63.9%,提取人次比上年增加3.60万人次,增长15.1%。是年底,全区住房公积金累计提取总额100.92亿元,占累计归集总额的68.8%。

【公积金贷款】 2022年,通州区有1366户家庭申请贷款6.38亿元,三级审批1247户家庭5.78亿元,发放贷款1272户5.77亿元,公转商赎回36户673万元。是年底,累计向3.01万户家庭发放住房公积金贷款100.65亿元,贷款余额54.8亿元,个贷比率持续平稳下降至119.7%,年末实现无一户一次逾期的“零逾期”,资产质量继续保持优良。 (邱云霞)

民族宗教事务

【概况】 2022年,通州区有少数民族人口17412人,涉及40个族别,其中户籍人口4362人、流动人口13050人。经批准设立登记的宗教活动场所30处(佛教23处、道教2处、基督教5处),其中寺观教堂4处,经省民宗委编号登记发证的民间信仰活动场所8处。宗教团体3处,分别为区佛教协会、道教协会和基督教三自爱国运动委员会。宗教教职人员69人,其中佛教61人、道教5人、基督教3人。信教群众约2万人。

【民族团结进步】 2022年,通州区以创建“全省民族团结进步示范区”为抓手,围绕解决基层民族工作“有人懂”“有人干”的目标要求,创新工作方法,提升基层民族工作组织力,构建基层民族事务治理新格局。11月,被省民宗委命名为首批“全省民族团结进步示范区”。夯实基层基础,在全省率先探索建立“基层民族工作委员会”,14个村居(社区)和2家企业成立。深化铸牢中华民族共同体意识宣传教育,通过组织开展民族团结进步宣传月和“花开校园石榴红,中华民族一家亲”等主题活动,引导各族群众牢固树立休戚与共、荣辱与共、生死与共、命运与共的共同体理念。实施“情暖红石榴”帮扶计划,在镇(街道)组建“少数民族困难扶持基金”和“红石榴志愿服务队”,帮助1000多名少数民族群众掌握就业技能、75户少数民族家庭解决实际困难。创新民族工作方法,加快民族团结进步基地建设,建成省级“红石榴家园”实践基地6个,数量居南通市之首;打造民族公园,创建“1+1+3”民族团结进步联盟。推进各族群众互嵌式发展创

9月1日，通州区民族宗教工作会议召开　　（区委统战部 提供）

新实践，以江苏恒科新材料、雄邦压铸等民营企业为重点，实施“红石榴就业行动”，吸纳少数民族就业人员2860多名，相关做法获国家民委领导批示肯定。

【宗教领域安全生产】 2022年，通州区持续深化宗教活动场所安全专项整治三年行动，防范化解安全生产重大风险隐患，宗教领域持续保持安全稳定。印发《关于开展全区宗教领域安全工作“百日攻坚”行动的通知》，细化工作任务、明确工作要求，专题开展宗教领域安全工作“百日攻坚”行动。丰富安全宣传教育载体形式，通过观看警示教育片、组织消防知识专题讲座、开展应急安全培训演练等方式，有形有感有效开展安全工作宣传教育，提升宗教团体安全意识。召开春节和冬（残）奥会期间宗教领域安全生产和疫情防控会议，落实巡查督导，加强节假日值班值守，抓好常态化疫情防控。完善隐患排查整改闭环治理常态化机制，开展安全隐患大排查大整改行动，通过市、区、镇“三级复查复核”和宗教活动场所自查自纠，排查整改安全隐患752条，整改完成率达100%。实施自建房安全隐患专项整治行动，2处场所2个安全隐患全部限期整改到位。实施燃气安全使用专项行动，对宗教活动场所燃气使用进行专项排查，完成所有宗教活动场所“瓶改管”或“瓶改电”工作任务。

【宗教团体建设】 2022年，通州区紧紧围绕党的宗教工作基本方针，关心、支持宗教团体建设，构建积极健康的宗教关系，维护和促进宗教和顺的良好局面。把思想建设摆在首位，加强社会主义核心价值观宣传教育，把中华优秀传统文化与教规教义相融合，积极引导宗教与社会主义社会相适应，通过集中组织宗教界人士观看中共二十大开幕盛况、学习中共二十大精神、举办“喜迎二十大·同心向未来”书画展和常态化开展爱国主题教育等活动，不断厚植宗教界爱国主义情怀。强化组织建设，加强对宗教团体的政治领导和工作指导，推行宗教团体和教职人员年度述职制度，促进自我管理、自我约束，推进全面从严治教。强化制度建设，建立健全宗教团体各项规章制度，提高管理水平，进一步规范宗教团体、宗教活动场所的财务行为，加强对宗教团体、宗教活动场所的财务管理和监督，委托第三方会计师事务所分别对辖区3个宗教团体、30个宗教活动场所进行财务审计，并召开宗教领域财务审计通报会，严格落实整改工作。以贯彻落实《宗教事务条例》为重点，以“民族宗教政策法规宣传月”活动为契机，组织开展条例法规宣传、“新安法知多少”知识竞赛等活动，提升教职人员法治素养，推进宗教事务治理和法治化进程。开展“三爱”“崇俭戒奢”主题教育，引导宗教界人士转教风、树新风，推进教风建设。

【民族宗教事务信息化建设】 2022年，通州区面对新时代民族宗教工作信息化、网络化特征更加显现的新挑战，加快推进宗教工作信息化建设。实施“民族宗教管理一张图”智慧管理平台项目，充分运用云计算、大数据、移动互联网等现代信息技术手段，创新管理方式，完善工作机制，深挖民间信仰文化，优化民间信仰场所社会服务功能，统一规范事项标准、优化服务流程、打通数据壁垒、深化在线服务深度和广度，实现管理创新和体制创新互相影响、相互融合，推动民族宗教工作提质增效，不断提升民族宗教事务管理科学化、法治化水平。

（易　莎）

精神文明建设

【概况】 2022年，通州区把培育和践行社会主义核心价值观贯穿精神文明建设始终，以创建全国文明城市为龙头工程，强化思想引领、坚持教育优先、突出典型示范、倡导知行合一，深入推进文明实践、文明培育、文明创建，不断提升市民素质和社会文明程度，为全面推进中国式现代化通州新实践提供思想保证、强大精神力量、丰润道德滋养。是年，培树全国文明镇1个、文明村4个，省级文明单位23家、文明家庭1户，市级文明单位25家、文明家庭3户；江苏好人2名、南通好人5名，区级新时代文明典型10名。

【文明城市建设】 2022年，通州区持续深入开展人文素质提升、城乡环境洁净、市容秩序规范、文明风采展示等专项提升行动，推动创建工作常态化、规范化和制度化。用好“日常巡查、月度考核、季度点评、年度奖惩”推进机制，以“拉网式”检查和重点点位定期督查相结合的方式，通过高密度的巡查督促点位全面达标。在继续实施镇街实施季度夺红旗、亮黄牌评定和重点职能部门分A、B类考核制度的基础上，制定文明城市创建工作考核奖惩办法，从2022年起每年拿出1000多万元作为年度基础工作经费和月度考核奖励经费，激发基层文明创建新动力。

【公民道德建设】 2022年，通州区持续实施公民道德建设工程，弘扬时代新风，培养时代新人，深入推进社会公德、职业道德、家庭美德、个人品德建设，在守正

8月18日,志愿者在建设路和新金路交叉路口开展文明交通劝导志愿服务
(卑多敏 摄)

创新中提升公民素质。组织开展第二届“新时代文明典型”评选和“我推荐我评议身边好人”活动,陆美兰、周尔飞获评江苏好人,孙磊、邵伟、季栋强、陈玲、孙洪箭5人获评南通好人,邢蕾、王剑华等10人获评第二届通州区新时代文明典型。坚持典型引路,将好人事迹融入道德讲堂、诚信讲堂、送戏下乡等活动,传递榜样力量,在全区掀起学习好人高潮。组织开展诚信文化“六进”活动,在全区推进诚信邻里创建的基础上,探索特色诚信建设新途径,在区发改委、区交运局等部门开展“诚信讲堂”“诚实守信一路畅行”主题宣传教育活动,美化诚信文化“小盆景”,让诚信之风渐入人心,绘就通州文明“大图景”。

【群众性精神文明建设】 2022年,通州区把推进农村移风易俗、培育文明乡风作为实施文明村镇创建的抓手,弘扬文明新风尚,传播社会正能量,区级文明镇、文明村占比分别达到75%和81%,建成全国文明镇1个、全国文明村4个。深化文明单位创建,制定文明单位考核管理办法,严格落实文明单位重点工作督查、动态管理等日常考评制度,发挥文明单位在文明城市长效管理中的主力军作用。组织48家省市级文明单位与16家乡村振兴重点帮促村开展“城乡结对 文明共建”活动。深化文明家庭建设,徐锡斌家庭获评江苏省文明家庭和南通市文明家庭,张艳炜家庭、张晶宇家庭获评南通市文明家庭。

【新时代文明实践建设】 2022年,通州区以凝聚群众、引导群众、以文化人、成风化俗为主题,出台《关于深化拓展新时代文明实践中心建设工作方案》,全面拓展新时代文明实践中心(所、站)建设,实现区镇村三级贯通。落实区镇村党政领导“双队长”工作制,构建“1+23+14+N”志愿矩阵,新时代文明实践队伍建设实现全民化。全区注册志愿者人数32.7万,占城镇常住人口的47.9%。坚持品牌建设和典型引领,成功打造“青年说 思想汇”“水街19点乐享南通州”等新时代文明实践品牌,“童声里的中国”、青少年文艺志愿服务队、石港镇渔湾社区获评第七届江苏省学雷锋优秀志愿服务典型,先锋街道新时代文明实践所及金沙街道天熹社区、金新街道狮子桥村、西亭镇草庙村、东社镇香台村等13个社区(村)新时代文明实践站获评市级示范所站。

【未成年人思想道德建设】 2022年,通州区坚持立根铸魂、价值引领、实践育人,持续擦亮“童声里的中国”品牌,各类活动频频打卡央视荧幕,习近平总书记和省市主要领导对童声基地的发展作出重要指示。“童声里的中国”形象大使张正一获评8月“新时代江苏好少年”,金沙小学徐顾恒、南通州外国语学校吴今墨、金郊初中瞿宸等6名同学获评“新时代南通好少年”。区成长指导中心蔡志红、王金星2名志愿者老师获南通市委宣传部、市文明办颁发的十年“童老师”志愿者礼遇奉献奖。 (蒋沛延)

街道·镇

编　辑　杨王军

金沙街道

【概况】 金沙街道位于通州区中心位置。2015年3月撤镇设街道。在南北朝时期为长江与黄海交汇处的南布洲，俗称“古沙”；北宋年间，取“披沙拣金”之义定名金沙。2022年，辖区面积66.17平方千米，耕地面积3679.70公顷辖14个社区、9个村。年末总户数5.16万户，户籍人口12.56万人。年内出生人口632人，人口出生率5.03‰；死亡人口1014人，死亡率8.07‰。实现地区生产总值156.64亿元，比上年增长1.1%；财政收入10.15亿元，比上年下降13.9%，其中地方一般公共财政预算收入5.77亿元，比上年下降11.5%；村级集体可支配收入1242万元。

【基础设施建设】 2022年，金沙街道系统谋划、积极争取，协调开展国土空间分区规划编制和“三区三线”划定，城镇开发边界拓展至13.3平方千米。加快有机更新，完成市民广场、景怡花苑、食品新村等老旧小区改造，统筹解决停车充电、管线道路等问题。配合实施139个老旧小区“飞线”整治，施划停车线1500处，加装电梯5部，“瓶改管”“瓶改电”5000户。牢固树立“一盘棋”思想，积极推进相关安置地块征迁，全力服务区级重大项目建设。

【农业农村】 2022年，金沙街道坚持以点带面，扎实推进金北村持续创建、城东村示范创建，获评区级乡村振兴季度考核红旗单位。新建高标准农田1.07平方千米，港北片项目通过市级验收，特色农业机械化水平超75%。高质量推进农业项目建设，3个千万级项目竣工达产，1个项目成功申报省级绿色粮食种植基地。加快“三美一高”生态宜居美丽乡村建设，完成住房改善100户、分散农户污水治理600家，疏浚河道18.8千米，全力保障金西中心竖河景观提升、十四总港黑臭水体整治工程，高分通过市农村人居环境整治提升镇级评估。街道农产品质量安全监管站获评市首批四星级站点。“整村授信”实现全覆盖，村均收入超120万元。

【经济运行】 2022年，金沙街道大力实施“招商引资突破年”活动，新签约注册5亿元以上项目4个、亿元以上项目1个，到账外资近600万美元，获评全区招商引资工作先进单位；坚持定期调度、专班服务，通大车业、驰舟纺织等项目开工，超额完成全年任务。全面落实稳经济一揽子政策，退税降费2.6亿元，21家企业落实援企稳岗一次性补助，用“真金白银”助企纾困、提振信心；有效投入持续扩

2022年，金沙街道加快推进“三美一高”生态宜居美丽乡村建设。图为新三园村小游园一角

（宋协培　摄）

大,固定资产投资增长13.5%,把住稳中求进支撑点。聚焦商圈建设,净增限上企业12家,社会消费品零售总额增幅全区第二;市场采购贸易、跨境电商加快推进,外贸进出口增幅全区第一。

【科技创新】 2022年,金沙街道积极推进产业倍增行动计划,加快企业"升规升高""数实融合"。新增省四版挂牌企业2家,新认定国家级高新企业5家、科创企业2家,达成产学研项目2个,申报"智改数转"项目6个,1家自主研发企业获区级工程中心认定。引进各类人才47人,人才工作考核名列前茅。

【生态建设】 2022年,金沙街道坚持良好生态是最普惠的民生,常态抓好突出问题治理,中央、省环保督察交办反馈事项全部整改销号。完善秸秆"两禁一用"长效机制,加大涉气污染源监管力度,$PM_{2.5}$平均浓度值位居全区前三。加强水环境长效管理,完成农田退水治理项目,市区考断面达考核目标。持续推进退出地块和汽修企业危废监管处置,土壤环境安全可控。环境信访量大幅下降,办结率达100%。平桥镇村被评为省级生态环保示范村。

【社会治理】 2022年,金沙街道深入推进"五级联动"网格治理体系建设,招录充实专职网格员队伍,优化设置"微网格"1128个;充分发挥网格的触角和探头作用,组织开展"扫街行动""敲门行动";围绕群众"急难愁盼",处置各类案卷、事件3.1万件,网格达标率、满意率、知晓率持续提升,连续3年获评区三星级网格化服务管理先进镇街。着力提升"精快惠"公共法律服务品牌效能,实施"法律明白人"培育工程,街道荣获全市普法先进集体称号;开展社会矛盾风险隐患拉网式大排查大起底大化解专项行动,突出特殊困难群体救助帮扶和妇女儿童权益保障,重拳整治电信网络诈骗、养老诈骗;常态化开展接访下访,街道人民来访接待中心被评为省级"人民满意接待窗口";坚持化解是最好的稳控,解决信访积案18件,圆满完成党的二十大等重点时段安保维稳工作。

【民生保障】 2022年,金沙街道财政民生支出占比超70%,10件民生实事完成年度目标。持续扩面提标,城乡基本养老和医疗保险参保率稳定在98%,发放救助资金3000余万元。优化公共服务,金北学校迁建加快推进,牡丹江路幼儿园建成投用,新增四星级"韬奋书吧"、三星级"韬奋书房"各1家。退役军人服务站获评全省双拥模范单位。在全区率先开展"一窗受理、全科服务",便民服务中心获评市十佳政务服务大厅,金北村入选市百优便民服务站。

【安全生产】 2022年,金沙街道落实安全生产"四化"举措,推动闭环整改、动态清零,开展各类检查230家次,整改问题隐患215处。深入开展公共安全隐患"三清"专项行动,聚焦城镇燃气、自建房安全、危化品安全等重点行业领域,整治违法使用燃气场所近1800处,排查自建房14000余栋,28家涉危化品企业整改到位。加强食品安全网格化监管,守护老百姓"舌尖上的安全"。围绕完善防灾减灾体系,强化应急储备,严格值班值守制度,完善极端天气应对预案。

2022年金沙街道社会经济主要指标一览表

表33

项　目	单位	数量	项　目	单位	数量
行政区域总面积	公顷	6616.5	粮食总产量	吨	17892
行政村	个	9	棉花总产量	吨	—
社区居委会	个	14	油料总产量	吨	2694
年末总人口	人	125583	农机总动力	千瓦	21548
地区生产总值	亿元	156.64	规模工业企业	家	13
第一产业	亿元	3.58	主营业务收入	亿元	5.58
第二产业	亿元	40.39	利税总额	亿元	0.33
第三产业	亿元	112.68	固定资产投资	亿元	27.8
一般公共预算收入	亿元	4.48	注册外资到账	万美元	593.72
农林牧渔业总产值	亿元	5.96	城乡居民基本医疗保险参保	人	43315
农作物播种面积	公顷	4358	城乡居民基本养老保险参保	人	13450

2022年金沙街道行政村(社区)基本情况表

表34

名　称	村(居)民小组数(个)	人口数(人)	耕地面积(公顷)	村集体经济收入(万元)	名　称	村(居)民小组数(个)	人口数(人)	耕地面积(公顷)	村集体经济收入(万元)
进鲜港村	8	7666	296.24	74.92	太山村	30	12000	92.99	78.52

续表34

名　称	村(居)民小组数(个)	人口数(人)	耕地面积(公顷)	村集体经济收入(万元)	名　称	村(居)民小组数(个)	人口数(人)	耕地面积(公顷)	村集体经济收入(万元)
虹西村	55	8400	366.42	60	平桥镇村	63	6500	529.32	65
城东村	24	2187	167.57	234.97	港北村	27	2988	590.54	81.11
新三园村	74	8480	400.66	239	金余村	72	7780	502.09	82.83
金北村	116	12002	733.54	185.05	东市社区	0	3920	0	0
朝阳社区	0	4212	0	0	南山社区	0	4612	0	0
新市社区	0	5691	0	0	育才社区	0	4690	0	0
虹南社区	0	6077	0	0	天虹社区	0	5700	0	0
新村社区	0	3545	0	0	天晖社区	0	3700	0	0
虹西社区	0	3860	0	0	天霞社区	0	2800	0	0
北山社区	0	6618	0	0	天熹社区	0	3458	0	0
安康社区	0	4108	0	0					

（姚玉铃）

金新街道

【概况】 金新街道位于通州城区南部，成立于2015年3月。下辖1个街道办事处、9个社区、21个村。2022年，辖区总面积102.4平方千米，其中耕地面积3380.17公顷。年末总人口16.81万人。2022年实现地区生产总值318.13亿元，增长3.2%；一般公共财政预算收入18.81亿元，比上年下降18.3%。村级集体总收入3107.94万元，村集体经营性收入2526.50万元。

【乡村振兴】 2022年，金新街道围绕“三美一高”，开展农村人居环境整治，推进乡村网红打卡点建设210处，取缔非正规生活垃圾收运车8辆，推进“星级清洁文明户”和“最美庭院”评比活动。扎实开展“厕所革命”，排查农村户厕1.17万座，高标准完成年度改厕任务108座。实施农村河道疏浚工程，疏浚三、四级河道10条段，沟塘57处，动土方20.9万立方米，农村河道长效管护水平在全区保持前列。海界二桥等3座新建农村桥梁顺利竣工。总投资800余万元，对13个村77处农村道路点提升改造。

【社会治理】 2022年，金新街道做好常态化疫情防控，常态化落实分类管控措施，开展60岁以上人群疫苗接种攻坚行动。扎实推进安全隐患整治，完成47个小区燃气整治任务，拆除车库私接管道5148处，回收液化气瓶2934只。推进“瓶改管、瓶改电”工作，完成居民瓶改管6405户，完成餐饮场所“瓶改管、瓶改电”103处。接待群众来访1300人次，配合相关部门处置群体性事件、接待集体上访40次；化解稳定重点信访案件31起，调解各类纠纷1867起。实现对政府热线“12345”工单一门受理、一体派单、联合处置、实时追溯和闭环问效，全年共办理各类工单11686件，解决群众关切的问题。多措并举推进防范养老诈骗工作，开展各类宣传活动1000次，发放、张贴各类宣传品1万册，发布提醒信息25条，全力守护群众财产安全。

【生态文明】 2022年，金新街道常态化做好扬尘整治、油烟净化整治工作，完成工地扬尘问题各级部门交办单72张362个，通过播撒草籽、覆盖防尘网及硬化等措施对黄土裸露区域进行全面整治，共计覆盖裸土面积20万平方米。通过实

2022年，金新街道以推进“三美一高”生态宜居美丽乡村建设为抓手，全面开展水环境质量提升行动，描绘乡村水美画卷。图为姜灶通甲河微水体打造　（卑多敏　摄）

施八项工程，强化八项机制，以“10+1”行动计划建立健全长效常态创建机制，常态化对辖区内88个小区、16190栋楼开展卫生整治，累计清理地下车库246个，清理卫生死角6630处，清运楼道杂物2150车次，清理私占公共区域2230处、私设晒衣架420处，清理绿化带面积66.57平方千米。

【公共服务】 2022年，金新街道实施社会保障兜底工程，落细落实低保、特困供养、临时救助等政策，受理新增城乡居民低保申请82户，低保边缘户43户，单人保15人，特困供养4户。关心关爱“一老一少”群体，发放尊老金人数6842人540.08万元，智慧养老服务覆盖5778人，发放困境儿童生活保障金89名92.49万元，发放孤儿助学金6000元。承办各类文艺演出13场，新建四星级书吧、五星级书吧各1家，四星级书房1家。省级“15分钟医保服务圈”示范点投入使用。

2022年金新街道社会经济主要指标一览表

表35

项　目	单位	数量	项　目	单位	数量
行政区域总面积	公顷	10240.88	粮食总产量	吨	15513
行政村	个	21	棉花总产量	吨	0
社区居委会	个	10	油料总产量	吨	5200
年末总人口	人	168062	农机总动力	千瓦	16506
地区生产总值	亿元	318.13	规模工业企业	家	176
第一产业	亿元	2.74	主营业务收入	亿元	469.29
第二产业	亿元	188.66	利税总额	亿元	32.18
第三产业	亿元	126.73	固定资产投资	亿元	87.85
一般地方预算收入	亿元	18.81	注册外资到账	万美元	13147
农林牧渔总产值	亿元	4.89	城乡居民基本医疗保险参保	人	74119
农作物播种面积	公顷	4911.31	城乡居民基本养老保险参保	人	21768

2022年金新街道行政村（社区）基本情况表

表36

名　称	村（居）民小组数（个）	人口数（人）	耕地面积（公顷）	村集体经济收入（万元）	名　称	村（居）民小组数（个）	人口数（人）	耕地面积（公顷）	村集体经济收入（万元）
金南居	18	8671	0	0	通灵桥村	28	5332	0	1215.68
镇南居	12	7139	0	0	双池头村	31	3739	156.67	882.66
八角亭居	11	6287	0	0	复兴村	42	4502	148.07	1160.93
碧华居	10	3645	0	0	花家渡村	43	8810	232.53	1947.54
碧堂庙居	48	5917	0	1159.84	三姓街村	57	7713	183.13	2423.92
金霞居	31	8862	0	0	狮子桥村	32	4348	0	2159.93
金桥居	16	14962	0	1097.09	朝东圩村	37	4311	219.6	794.44
果园居	36	8208	0	989.76	夏四店村	29	2950	119.95	749.05
华山居	23	4488	0	1404.1	大石桥村	26	2662	133.06	892.92
界北村	31	4072	156.93	953.56	金普村	27	2407	0	1081.30
文山村	28	4194	125.33	807.73	民平村	46	5807	277.47	1043.74
油榨村	42	5178	654.28	885.11	利民	48	6472	294.23	1240.79
张门村	32	3032	0	879.84	正场村	42	5216	96.59	2492.42
邢园村	26	3298	0	943.81	进东村	58	6887	278.4	1036.22
元帅庙村	30	3693	71.67	884.65	麒麟桥村	45	5260	232.26	978.40

（戴佳耀）

兴东街道

【概况】 兴东街道位于通州区西部，东接金沙街道，南至川姜镇，西邻兴仁镇，北为西亭镇。2015年3月撤镇设街道。景点有文天祥纪念馆。2022年，辖区总面积30.5平方千米，耕地面积1392.77公顷。辖1个街道办事处，1个社区，9个村。年内总人口3.20万人，年内出生人口164人，人口出生率5.12‰；死亡人口339人，死亡率10.6‰。实现地区生产总值47.66亿元，比上年增长9.1%；规模以上工业企业28个，规模以上工业总产值14.35亿元，比上年下降21.6%；规模以上工业应税销售13.21亿元，比上年下降20.4%；固定资产投资14.39亿元，比上年增长20.9%；其中建安投资4.5亿元，服务业应税销售41.7亿元，比上年增长9.7%；农业总产值1.92亿元。公共财政预算收入2.38亿元，比上年增长11.7%，村级集体总收入1456.34万元，村集体经营性收入1053.74万元，农民人均纯收入2万元。

【基础设施建设】 2022年，兴东街道便民服务中心完成改造建设，镇中路南段及向阳河大桥完成通车，兴盛路南段拓宽升级完成施工，镇区楼宇亮化、路灯提档、道路升级等一系列惠民工程全面完成，街道面貌焕然一新。完成“幸福出行”工程共计76条道路2.1万平方米。推进河道长效管理，完成25千米“以河养河”，打造卫东河、圩亭河两条生态河道，全长3.3千米。完成兴东小学学生餐厅建设及室外配套工程，完成兴东卫生院病房楼装修和搬迁工作，兴东初中建设列入区“十四五”教育事业发展新建规划。

【经济运行】 2022年，兴东街道完成一般公共预算收入1.38亿元，实现服务业应税销售43.6亿元，规模以上工业应税销售12.8亿元，规模以上工业产值14亿元。完成跨境电商监管中心地磅移位工程，通关时长缩短1小时，全年跨境货物本地通关出口3463万美元，同比增长89%。积极鼓励传统型企业向科技型企业转变，完成高企申报12家，培育“雏鹰”企业6家。主动开展人才招引和服务工作，完成省外人才招引4人、海外人才项目8个，申报“226工程”培养对象4名。全年外资到账1222万美元。成功引进老裁缝智能家居、韬奋印刷两个高品质项目，利用丰泰产业园和权正产业园做好科创项目招引和小微企业培育，完成市科创项目4个，产学研合作项目5个，500万元以上技改项目4个，全面实现产业跨步升级。

【项目建设】 2022年，兴东街道新开工建设亿元以上项目5个（其中，5亿元以上工业项目1个，5亿元以上服务业项目1个）。创通机动车拆解项目通过竣工验收。云海通精密数控设备项目已竣工待验收。东恒盛四星级酒店有序施工。中升汽车产业园初具规模，广汽丰田4S店、雷克萨斯4S店盛大开业，实现销售超亿元。江苏首家本土航空公司京东货运航空10月28日实现首航，填补全省行业空白。投资亿元的兴东变电所项目通过市级审批。

【生态建设】 2022年，兴东街道疏浚河道18条总长5.13千米。积极推进镇村生活污水设施建设，高标准建设机场新村小型集中污水处理设施，新建圩亭河西路550米污水管网，完成分散农户污水处理设施建设518户。实施精细化扬尘管控，多措并举开展秸秆禁烧禁抛工作，稳步落实“散乱污”企业整顿和土壤污染防治，扎实抓好环保督察反馈问题整改，切实提升兴东人民幸福感。

【社会治理】 2022年，兴东街道开展危化企业、建筑施工、校园安全、城镇燃气、食品安全等领域安全检查，发现并整改隐患964条，立案查处违法案件9起，做到隐患排查整改闭环管理。组织辖区216家工业企业完成安全风险报告，做到应报尽报。进一步健全“大数据+网格化+铁脚板”治理机制，新招11名专职网格员，优化设置227个“微网格”，打通基层治理“神经末梢”。强化司法行政服务职能，深入开展主题普法宣传活动10余场。进一步完善“雪亮工程”“平安乡村”“智慧小区”建设，巩固扫黑除恶专项行动成果。深入推进“信访突出问题攻坚化解年”行动，加强矛盾纠纷排查化解和特殊人群管控，畅通群众合理诉求渠道，全力化解信访积案。

【社会事业】 2022年，兴东街道着力构建生活垃圾全程分类体系，全域垃圾分类运行质效不断提升，代表南通市参与农村生活垃圾分类省级试点乡镇（街道）的评估，并获得“优秀”等次。乡村公益医疗互助项目试点初见成效，实现大病重点补，小病也有补，真正让群众广受益、更满意。新建“护苗”工作站、韬奋书吧、“智慧广电”等工程，不断完善文化体系。严密防范和坚决打击渗透破坏、污名抹黑等活动，切实减少负面事件和负面舆情，守牢意识形态主阵地。

【民生保障】 2022年，兴东街道有序推进土山村、孙李桥村乡村振兴先进村创建。统筹抓好农村人居环境集中整治，完成土山村全域旱厕改造。落实惠农奖补资金246万元，积极开展稻油轮作，夯实稳粮保供基础。大力发展村集体经济，深化农村集体产权制度改革和“三资”规范管理，实现村营业收入总额700余万元，完成农业千万元以上投资项目2个。稳步推进城乡居民养老保险续保和医疗保险征收工作，统筹做好各类群体就业帮扶工作，扎实开展街道“五保”、低保、残疾人补贴等各类保障经费发放工作，累计发放各类保障金1100万元。逐步完善养老服务，全年发放尊老金147万元，惠及1600人。做好居家养老服务扩面工作，服务各类老年人2.2万人次。

2022年兴东街道社会经济主要指标一览表

表37

项　目	单位	数量	项　目	单位	数量
行政区域总面积	公顷	3050	粮食总产量	吨	7492
行政村	个	9	棉花总产量	吨	0

续表37

项　目	单位	数量	项　目	单位	数量
社区居委会	个	1	油类总产量	吨	895
年末总人口	人	31976	农机总动力	千瓦	10611
地区生产总值	亿元	47.67	规模工业企业	家	26
第一产业	亿元	1.37	主营业务收入	亿元	13.73
第二产业	亿元	22.97	利税总额	亿元	0.69
第三产业	亿元	23.33	固定资产投资	亿元	14.39
一般地方预算收入	亿元	0.45	注册外资到账	万美元	1223
农林牧渔总产值	亿元	2.42	城乡居民基本医疗保险参保	人	16736
农作物播种面积	公顷	1825	城乡居民基本养老保险参保	人	4995

2022年兴东街道行政村(社区)基本情况表

表38

名　称	村(居)民小组数(个)	人口数(人)	耕地面积(公顷)	村集体经济收入(元)	名　称	村(居)民小组数(个)	人口数(人)	耕地面积(公顷)	村集体经济收入(元)
机场新村	1	755	0	8	双楼村	41	4309	427.8	69.34
土山村	25	3500	146.67	104.32	黄金村	11	1745	54	73.83
孙李桥村	16	3050	57.06	103.99	紫星村	41	4620	224.57	63.94
陆扶桥村	18	3228	155.33	63.44	杨世桥村	31	4506	74	189.72
永庆村	25	3528	146.67	63.1	永护村	27	3096	106.67	66.66

(郭　雨)

先锋街道

【概况】 先锋街道位于南通主城区东拓主方向上，是南通创新区建设中的重要组成部分。2015年2月撤镇设街道。先锋交通、区位优势明显，20千米半径内，港口、机场、铁路等交通要素一应俱全，已融入南通主城区10分钟生活圈、上海1小时都市经济圈，是中国色织名镇、全国小城镇发展水平千强镇、江苏省文明乡镇，主要景点有南通洲际绿博园(国家AAAA级旅游景区)，主要特产为色织布料。2022年，辖区总面积26.54平方千米，其中耕地面积986.72公顷。下辖8个村。年末总户数1.71万户，总人口3.71万人。年内出生人口195人，人口出生率5.3‰；死亡人口348人，死亡率9.4‰。实现地区生产总值57.10亿元，比上年增长1.2%。财政收入2.39亿元，其中一般公共预算收入1.32亿元。村级集体可支配收入917.67万元。

【经济运行】 2022年，先锋街道围绕总部经济、休闲旅游、高端酒店等新兴产业开展重点招商，实现5亿元项目签约1个、10亿元项目签约1个。全年实现新开工亿元以上项目1个。先锋新时代广场建成运营，联华超市、全季酒店2家高端品牌门店落户，希尔顿欢朋酒店获评省四星级旅游饭店。由村股份经济合作组织共同投资兴建的南通锋创家纺科技有限公司，完成注册及股权变更。

【城镇建设】 2022年，先锋街道全力保障上级重点工程项目用地，推进拆迁扫尾和通甲路拆违两大攻坚行动，完成创新区互通变电站地块、北沿江铁路地块拆迁任务。配合市重点工程建设，南通医学中心一期主体竣工。加速推进安置房建设，镇区二期完成基坑施工，润锋二期一标段主体封顶、二标段完成桩基施工，十六里墩四期进行围墙施工和场地平整，秦家埭四期完成分房交付。通甲路便民停车场投入使用，完成青年东路雨水管道改造，加快实施富锋路道路提升工程。常态化开展文明城市长效管理，强化在建工地扬尘及渣土管控，先锋街道、周圩村分获南通市“654”扬尘整治“示范街道”、“示范社区”称号。强压推进突出生态环境问题整治，持续推进人居环境“提质”，镇村整体面貌焕然一新。

【民生服务】 2022年，先锋街道服务配套不断完善，政府办公新址完成搬迁，新便民服务大厅投入使用，先锋派出所、消防站楼建成入驻。全年累计发放失地农民基本生活保障490万元、涉农补贴142.36万元、低保金、尊老金、困境儿童保障金和残疾人两项补贴617.43万元。周圩村部与润锋花苑党群服务站整合提档，苏家埭村投资40多万元改善村民活动阵地，十六里墩村农家书屋获评市五星级韬奋书吧。街道退役军人服务站创成南通市五星级站点，总投资1.1亿元的红星养老院正式运营，先锋敬老院与红星养老院深入合作，实施五保老人市场化集中供养新模式。

【社会治理】2022年，先锋街道严格落实安全生产主体责任，全面摸排对既有建筑安全隐患，大力推进燃气安全隐患排查，常态化开展“百团进万企”等活动，固化“定期联动执法”机制，推动企业自控、行业联防、社会共治。强化村居网格管理，完成各类事件采集上报5129条，服务走访3716次，受理办结工单2250件。畅通群众诉求渠道，办理来信来访55件，调解矛盾纠纷455起。推进平安法治建设，开展法治宣传活动56场，整改隐患问题22条。多措并举做好防诈反诈宣传，挽回群众财产损失100余万元。

2022年先锋街道社会经济主要指标一览表

表39

项　目	单位	数量	项　目	单位	数量
行政区域总面积	公顷	2654.1	粮食总产量	吨	3548
行政村	个	8	棉花总产量	吨	0
社区居委会	个	0	油料总产量	吨	650
年末总人口	人	37126	农机总动力	千瓦	3637
地区生产总值	亿元	57.07	规模工业企业	家	55
第一产业	亿元	0.99	主营业务收入	亿元	34.65
第二产业	亿元	37.18	利税总额	亿元	1.45
第三产业	亿元	18.90	固定资产投资	亿元	11.54
一般地方预算收入	亿元	1.32	注册外资到账	万美元	90
农林牧渔总产值	亿元	1.68	城乡居民基本医疗保险参保	人	20893
农作物播种面积	公顷	1641.5	城乡居民基本养老保险参保	人	7285

2022年先锋街道行政村基本情况表

表40

名称	村(居)民小组数(个)	人口数(人)	耕地面积(公顷)	村集体经济收入(万元)	名称	村(居)民小组数(个)	人口数(人)	耕地面积(公顷)	村集体经济收入(万元)
三圩头村	22	3145	45.47	108.42	花园村	22	2857	38.36	66.27
苏家埭村	15	2320	92.14	112.3	十六里墩村	23	3862	47.27	119.2
永安村	52	6075	288	62	秦家埭村	31	6154	84.97	100
周圩村	44	6312	219.4	123	双盟村	50	6283	171.11	206.2

（花陈雨）

西 亭 镇

【概况】西亭镇位于南通市通州区中部，紧邻通州主城区、南通高新区，是国家批准的15个沿海开放城市南通市的卫星镇、江苏省卫生镇、江苏省生态文明建设示范镇。西亭镇人杰地灵，因古代地处五大盐亭之西而得名，是清末状元、著名实业家、教育家张謇祖居之地。特产有西亭脆饼。2000年，与纱场乡合并成新的西亭镇。2022年，镇域面积69.2平方千米，其中耕地面积3774.4公顷。下辖9个村、2个社区。年末总户数1.94万户，总人口4.80万人。年内出生人口154人，人口出生率3.18‰；死亡人口588人，死亡率12.14‰。实现地区生产总值37.86亿元；规模以上工业企业51个，规模以上工业总产值33.9亿元；工业应税销售31.2亿元；固定资产投资17.25亿元，其中工业投资10.6亿元，新开工千万元以上项目8个，其中亿元项目3个；建筑业总产值14.11亿元；服务业应税销售7.9亿元；农业总产值3.68亿元。财政收入1.01亿元，公共财政预算收入9600万元，村集体经营性收入992.15万元。是年，获评南通市平安法治示范镇、南通市安全生产先进集体等。

【经济建设】2022年，西亭镇实现地区生产总值37.86亿元，完成一般公共预算收入9600万元。新增规上工业企业5家，新增规上服务业企业3家，新增限上批零住餐企业12家。完成规上工业应税销售31.2亿元，工业产值33.9亿元，社会固定资产投资17.25亿元。签约亿元以上制造业项目7个，完成招商项目7个，省外人才项目5个。成功引进总投资5亿元、年产值10亿元的南通中泰纸品项

1月19日，2022年南通市文化科技卫生"三下乡"集中服务活动在西亭镇草庙村举行
(西亭镇 提供)

目。完成多泰电子地块盘活项目并成功招引外资，4家企业进入全区纳税百强。

【镇村建设】 2022年，西亭镇启动断裂板块修复工程，修复农村道路断裂板块116处，安装警示标志、防护栏等安保设施，消除隐患36处。完成通锡绕城高速地块搬迁，310户民居、6家非居单位均签约拆除。有序推进22.9万平方米安置房建设，镇区邻里中心项目主体和配套设施完成竣工验收。全面推进美丽宜居乡村建设，6个发展村庄完成创建任务，累计完成17个发展村庄，完成率达100%。重点做好卫片整治和乱占耕地，交办事项全部完成。

【生态建设】 2022年，西亭镇坚持绿色发展理念，强化责任担当，创新工作方法，调处环境信访73件，调处率达100%。开展秸秆禁烧禁抛工作，大气环境质量明显改善。$PM_{2.5}$年平均值达到时序目标；优良天数占比84.1%，位居全区第三。完成4家单位VOCs综合治理设施改造，开展扬尘管控整治行动。推进水环境治理，疏浚河道2940米，土方5.26万立方米，实施4.9千米生态河道建设工程。开展农村人居环境整治提升五年行动，人居环境工作获南通市进位奖，全区唯一。

【乡村振兴】 2022年，西亭镇启动危桥拆除重建工程，新建6座桥梁、5座涵洞，推进一事一议农路、渠道建设工程，新建农村水泥道路1412米，新建渠道1038米。积极促进农业产业发展，积极培育新型合作农场，新建农业重大项目2个，总投资6200万元。农业现代化成效显著，完成1300亩高标准农田提标项目建设。扎实推进粮食收储工作，西亭镇绿色烘干、秋粮收储工作被央视"朝闻天下"宣传报道。八总桥村入选市级乡村振兴生态宜居先进村培育计划。

【民生保障】 2022年，西亭镇坚持民生优先，以提升群众幸福指数为目标，力促社会保障扩面提质。加快推进规范化、标准化、一体化医疗保障公共服务体系建设，制定医保服务站经办事项清单，着力打造"15分钟医保服务圈"，城乡居民医疗保险参保率始终保持在98%以上。积极践行"以人民为中心"的发展理念，深入开展"村村到、户户进、人人访"集中走访活动，累计走访2.10万人次，梳理问题、意见建议1865个，均得到有效落实。尽心竭力为群众办实事、谋利益，8个民生实事项目按时序完成。

【安全稳定】 2022年，西亭镇严格落实安全生产责任制，未发生亡人安全生产事故，连续第4年获安全生产工作先进集体。充分发挥镇域社会治理现代化指挥中心优势，整合网格化服务管理，优化473个微网格联络员设置，赋能基层治理，网格化服务管理工作考核位列全区第一。加强村居矛盾纠纷和信访排查化解，压紧压实信访工作责任，扎实推进平安法治工作，获评南通市平安法治示范镇。

【市文化科技卫生"三下乡"集中服务活动】 1月19日，由南通市委宣传部(市文明办、新闻出版局)、市教育局、市科技局、市民政局、市司法局、市生态环境局等24家单位(部门)联合举办的南通市文化科技卫生"三下乡"集中服务活动在西亭镇草庙村举行，活动除表演歌舞《南通好通》等文艺节目，还展示通州非遗项目、文创产品，为基层农民群众送知识、送服务、送欢乐，让群众近距离感受文化魅力。

2022年西亭镇社会经济主要指标一览表

表41

项　目	单位	数量	项　目	单位	数量
行政区域总面积	公顷	6920.5	粮食总产量	吨	32711
行政村	个	9	棉花总产量	吨	0.18
社区居委会	个	2	油料总产量	吨	1852
年末总人口	人	47986	农机总动力	千瓦	27611
地区生产总值	亿元	37.86	规模工业企业	家	52
第一产业	亿元	3.68	主营业务收入	亿元	30.91

续表41

项　目	单位	数量	项　目	单位	数量
第二产业	亿元	19.89	利税总额	亿元	1.11
第三产业	亿元	14.29	固定资产投资	亿元	17.25
一般地方预算收入	亿元	0.89	注册外资到账	万美元	160
农林牧渔总产值	亿元	6.77	城乡居民基本医疗保险参保	人	29271
农作物播种面积	公顷	5077.5	城乡居民基本养老保险参保	人	9611

2022年西亭镇行政村(社区)基本情况表

表42

名　称	村(居)民小组数(个)	人口数(人)	耕地面积(公顷)	村集体经济收入(万元)	名　称	村(居)民小组数(个)	人口数(人)	耕地面积(公顷)	村集体经济收入(万元)
西亭社区	39	5678	232	141.96	草庙村	60	5986	436.7	65.8
纱场社区	29	2956	188.6	64.46	同乐村	60	4509	397.3	100.18
八总桥村	49	4064	340.1	129.52	华芦村	52	4164	345.4	93.01
西禅寺村	60	5371	373.1	117.83	亭东村	68	5754	489.3	74.49
九总渡村	29	3499	410.6	70.66	龙坝村	36	3436	313	71.99
李庄村	35	2569	248.3	62.25					

(陈佳任)

二 甲 镇

【概况】 二甲镇位于通州东南部，与海门毗邻。于2000年设镇。二甲位于长江入海口北岸，地处江苏沿江沿海开发和长三角一体化两大国家战略叠加区域。东与海门四甲接壤，南与南通家纺城相通，西与南通国家高新区相连，北与城区金沙相邻。借助空港机场、绕城高速、沿江高铁，迈上经济腾飞快车道，全面融入上海1小时都市圈、生活圈和经济圈。风景名胜有余西古镇、香光寺。先后被评为国家卫生镇，国家综合改革试点小城镇；被江苏省授予健康镇、新型示范小城镇、重点中心镇、文明镇等称号，素有“商贾重镇”“通东明珠”之称。历史名人有曹顶、柳敬亭、朱理治、孙占彪。主要名特优新产品有蓝印花布、木版年画、奇园葡萄。“二甲蓝印花布”经国家知识产权局商标局核准注册，获批国家地理标志证明商标。2022年，辖区总面积66平方千米，耕地面积3482.31公顷。辖4个社区，8个村。年末总户数3.35万户，总人口7.05万人。年内出生人口146人，人口出生率2.07‰；死亡人口415人，死亡率5.9‰。实现地区生产总值51.5亿元，增长1.2%；人均地区生产总值9108元；规模以上工业企业32个，规模以上工业总产值23.29亿元；规模以上工业应税销售20.60亿元；固定资产投资8.15亿元，其中工业投资5.77亿元；建筑业总产值11.18亿元；服务业应税销售14.6亿元；农业总产值4.48亿元，增长4.91%。财政收入9585万元，公共财政预算收入5854万元。城镇居民可支配收入59781元，农民人均纯收入31174元，分别增长1%和1.2%。

【乡村振兴】 2022年，二甲镇余西社区成功申报南通市级乡村振兴治理有效类先进村，计划整合投入资金300万元。余北社区、定兴桥村、六甲镇村、宝云山村盘活闲置资产9处，增加村营收入17.39万元。三甲社区积极申请省市补助资金60万元购置可出租资产，有效增加村营稳定收入。建成2个智慧大棚，推动现代农机向数字化、智能化转型。全面落实惠农政策，发放农业支持保护补贴755.6万元，实际种粮农民补贴面积超2平方千米。高德农产品合作社成功获批江苏省级示范社。大力发展绿色农业、品牌农业，顺天农业申报省级兽药抗菌药减量化行动试点单位。“奇园葡萄”获市优质农产品金奖。

【经济运行】 2022年，二甲镇一般公共预算收入完成5854万元，全面落实稳经济一揽子政策措施，留抵退税1652万元。完成规模以上工业总产值23.29亿元；月度新增规上工业1家，提前完成既定目标。服务业助力明显，应税销售完成14.6亿元，营利性服务业增长36.8%，餐饮业营业额增长33.4%；月度新增规上服务业1家，限上批零住餐3家，居全区前列。固定资产投资8.15亿元，增长10%。经济运行位次稳在全区第二序列。

【科技创新】 2022年，二甲镇发挥企业主体作用，促进创新链与产业链有机融合，万秋实业800万技改、神韵绳缆1090万技改获区级认定。高新技术产业产值完成3.86亿元，占规上工业总产值比重达16.6%。新认定省级“专精特新”企业1家——江苏神韵绳缆南通浦舆电子科技申报市级科创项目，南通新丰威机械科技申报雏鹰企业。新增发明专

9月,二甲监印花布获批国家地理标志证明商标。图为蓝印花布文创产品
(江 荣 提供)

利13件,引进省外创业项目2个、省外人才5名。

【招商引资】 2022年,二甲镇扎实开展“招商引资突破年”活动,组建专职化招商队伍,主动“走出去”敲门招商,把企业“请进来”共赢发展,先后赴上海、苏州、无锡等地开展招商活动26次。全年签约注册亿元项目3个,其中泽拓环保科技顺利拿地,实现近年来工业项目落地“零突破”;新签约亿元项目1个,注册并同步开展前期准备工作;在谈项目6个。新招引流动税源1家。普佳宠物设备7300平方米低效用地提质增效,并获区级认定;盘活项目用地1.33万平方米。

【镇村建设】 2022年,二甲镇着力保障重大基础设施建设,攻克通锡高速(二甲段)堵点10处,完成“三改一迁”94处。投入320余万元开展陈家河周边污水治理和二甲竖河生态环境治理,新建污水主管近2千米,将沿线140户住户生活污水接入市政污水管道。加强农村既有房屋安全隐患排查,累计排查房屋3.5万余户,消除隐患4处。启动镇区道路提升工程,增设交通护栏220米、减速垄355米、警示桩183根、标识标牌40套;维修窨井48处。修缮整治余西生态公园、七甲河闸站小游园。大力推进燃气入户,铺设燃气主管1千米,光明花苑燃气顺利接管。

【生态建设】 2022年,二甲镇采取政府主导、市场运作、疏堵结合方式,打通秸秆规范处置的“最后一公里”。加强渣土扬尘“六类现场”监管,查处违规出入镇区渣土车19辆。推动4家涉气企业加装VOCs废气收集处理设施,2家涉气企业进行NOx深度治理。国三及以下柴油货车提前淘汰任务完成率达100%。系统实施水污染防治工程,对陈年污水管道制定逐年维修、更新计划;检测重点河段支流水质5次,省考断面年度均值达Ⅲ类标准。完成3块建设用地土壤污染风险检测,地块安全利用率达100%。定期开展人居环境“推磨式”检查,严格落实“现场交办、即办即改、举一反三”的环境治理机制,共整改超900条存在问题,完成48.8千米路域环境整治;清理河塘、宅沟、泯沟362条。整治占道经营42家,取缔废品收购点6家。

【社会事业】 2022年,二甲镇以归零心态巩固文明城市长效管理成果,在主要道路增设道旗105面,更新大型公益广告8处,新增墙绘685平方米。阵地建设升级出彩,新时代文明实践所、二甲镇健康公园、镇级图书馆、三甲社区大舞台等文体工程陆续落地。全年开展文明实践活动672次,积极培育星级文明户、文明家庭等、典型模范。持续巩固文化建设工作,累计开展送戏下乡16场,组织传统节日主题活动4次。镇社区教育中心获南通市第四届“敬老文明号”。区别多轮疫情实际,调整专项防控方案。完成“一办十三组”指挥体系平急转换,各工作组“横向”协作、“纵向”到底,公安、市监、医院等部门和单位整体联动。是年,江苏省健康镇创建成功。三甲社区、余西社区获评“江苏省健康社区”。

【民生保障】 2022年,二甲镇城乡居民养老保险续保率达95%以上,城乡居民医疗保险参保率达99%。落实特殊家庭关怀措施,全年新增奖助对象超800人,补助企业退休职工288人。积极开展“情暖通州”“情暖江海”慈善助困活动,148个贫困家庭获救助金12.2万元。及时足额发放民政经费2300余万元。新市社区、三甲社区“残疾人之家”平稳运行,为94名精神残疾人提供免费服药服务,解决30名残疾人辅助性就业。为657户低保特困群体安装燃气泄漏报警装置,确保用气安全。构建和谐劳动关系,维护劳动者合法权益,二甲镇劳动人事调解中心被授予“南通市金牌劳动人事争议调解组织”。结合“人大评议”活动,高标准监督民生实事进程,设立全区首个镇级公交卡业务办理点,10件民生实事项目如期完成。余西社区便民服务站获评市“百优便民服务站”。

【社会治理】 2022年,二甲镇以55个综合网格为基础,建立306个微网格,构建纵向到底、横向到边的四级联动体系。充分发挥“大数据+铁脚板”综合治理成效,线上采集社情民意4647条,受理办结“12345”工单1870件;线下核查违建及机场预警工单403件,确认违建51起,拆除面积超2500平方米。深入开展反诈防诈,辖区电信网络诈骗警情同比下降39%,追赃挽损40余万元。以“信访攻坚年”活动为契机,强化人员管理和积案化解,累计劝返、接访等26批次;化解市级交办件3件;协助化解区领导包案4件,化解率100%。聚焦重点行业和关键领域,扎实开展“安全生产百日攻坚”、公共安全重大隐患"三清"等专项行动，排查整治安全隐患862条，限期整改68家，立案检查12起。压降复工复产事故率，创新"五个一"工作标准。是年，获市安全风险辨识管控报告标准化先进乡镇、区安全生产先进集体。

2022年二甲镇社会经济主要指标一览表

表43

项　目	单位	数量	项　目	单位	数量
行政区域总面积	公顷	6601.7	粮食总产量	吨	9285
行政村	个	8	棉花总产量	吨	1.40
社区居委会	个	4	油料总产量	吨	4060
年末总人口	人	70487	农机总动力	千瓦	19345
地区生产总值	亿元	51.51	规模工业企业	家	32
第一产业	亿元	4.48	主营业务收入	亿元	20.97
第二产业	亿元	23.25	利税总额	亿元	1.39
第三产业	亿元	23.77	固定资产投资	亿元	8.15
一般地方预算收入	亿元	0.52	注册外资到账	万美元	34
农林牧渔总产值	亿元	8.25	城乡居民基本医疗保险参保	人	38193
农作物播种面积	公顷	6128	城乡居民基本养老保险参保	人	12888

2022年二甲镇行政村（社区）基本情况表

表44

名　称	村（居）民小组数（个）	人口数（人）	耕地面积（公顷）	村集体经济收入（万元）	名　称	村（居）民小组数（个）	人口数（人）	耕地面积（公顷）	村集体经济收入（万元）
余西村	42	4443	204.7	88.23	袁南社区	52	7736	299.12	104.63
新市社区	38	6396	28.01	83.81	三甲社区	45	5944	174.76	162.79
垞墩村	62	5991	391.72	118.56	六甲镇村	47	5886	321.52	82.55
余北社区	32	3808	268.72	100.87	定兴桥村	41	5160	291.19	89.58
路中村	50	5081	304.58	75.61	北渾村	53	5078	373.07	99.52
宝云山村	51	5054	303.62	95.08	通运桥村	83	9902	521.3	107.3

（李成帅）

东 社 镇

【概况】 东社镇位于南通市通州区东部，是比较靠近主城区的乡镇，南接二甲镇、东邻通州湾，随着南通新机场、通州湾新出海口重大基础设施项目的落实，东社有着"南空港、东海港"区位新优势。风景名胜有忠孝文化园、忠孝小镇的美誉。历史名人有：陆凤彬、颜纪雄、季广智、曹勇、曹竹兵、杨忠6位将军，中国科学院院士陈达，著名作家海笑、语言学家陆文蔚等名人。主要名特优新产品有成稀大米、乐归农大米、里沟园芦笋等。2022年，辖区总面积115.07平方千米，耕地面积6310.06公顷。辖5个社区、16个村。年末总户数3.51万户，总人口8.56万人。年内出生人口334人，人口出生率3.9‰；死亡人口1079人，死亡率12.6‰。实现地区生产总值50.78亿元，增长1.9%；规模以上工业企业42个，规模以上工业总产值32.27亿元，比上年下降4.9%；工业应税销售28.05亿元，比上年下降8.4%；固定资产投资12.8亿元，其中工业投资11.27亿元，分别比上年下降21.0%和17.4%，新开工亿元项目2个；服务业应税销售5.63亿元，比上年下降3.4%；农业总产值8.39亿元，增长4.9%。财政收入1.76亿元，比上年下降13.8%，公共财政预算收入9016万元，比上年下降14.4%。

【农业生产】 2022年，东社镇新改扩农业项目18个，新增省级示范农场1家，区级示范农场9家，新增玻璃温室2500平方米。坚决扛牢粮食安全政治责任，完成夏秋两季粮食生产面积59.27平方千米，大豆玉米带状复合种植面积0.73平方千米，秸秆机械化还田27.47平方千米。完成农产品质量快检4800个，样品检验合格率达100%。落实强农惠农政策，发放耕地地力保护补贴1153.79万元，种粮补贴211.15万元，救灾资金补助68.28万元，推广购置机具141台套。持续打造东平村市级乡村振兴示范村，

2022年，东社镇全力推进乡村振兴示范村、先进村建设。图为春意盎然的镇域一角
（宋协培 摄）

稳步推进平和村、香台村市级先进村创建，被表彰为强富美高新南通建设乡村振兴先进镇。新增土地流转面积3平方千米，实现村营收入村村达60万元。新增高素质农民教育培训实训基地2家，“成稀”大米获第四届“通州好大米”金奖。

【工业经济】 2022年，东社镇完成一般公共预算收入1.03亿元(其中非税收入520万元)。实现规模工业产值32.27亿元，固定资产投资12.8亿元。新增各类限上企业4家，大个体16家，规上企业6家，高新技术企业5家，完成“智改数转”项目10个。开展“服务企业大走访”活动，落实“一带去、三带回”举措，协调解决企业困难34件。乐尔环保获国家级专精特新“小巨人”企业，苏通分离、惠得成包装获评市级创新型中小企业。全面开展“招商引资突破年”活动，到苏州、嘉兴、舟山等地举办招商引资活动4场，拜访对接企业19家。签约拓美斯新材料、凯露包装等亿元以上项目6个，其中5亿元以上项目2个。实际到账外资130万美元，外贸进出口总额达6.53亿元。新增发明专利27件，专利质押融资4000万元。引进省外博士5名，区“510”人才1名。完善项目“全生命周期”跟踪服务，新开工华新环保扩产、维欧纺织等亿元以上项目2个，完成冠仟新材料、永卓金属、索日新能源等科创项目3个，项目支撑能力和投资关键作用不断增强。鼓励企业技术改造，完成300万元以上技改项目4个，设备投入总额1700万元。

【生态建设】 2022年，东社镇污染防治完成“三区三线”(生态空间、农业空间、城镇空间划定的生态保护红线、永久基本农田和城镇开发边界三条控制线)划定，第二轮中央、省环保督察交办6件信访件全部办结。完成5家水产养殖场生态化改造，3家企业清洁原料替代，1家企业VOCs治理，1家企业无组织排放治理，完成区巡察交办的53家畜禽养殖信访问题整改及“回头看”工作。完善秸秆“两禁一用”(禁烧、禁抛和有效利用)的长效机制，扎实开展扬尘整治专项行动，全年优良天比例、$PM_{2.5}$年均浓度保持全区前列。改善人居环境，落实“河长制”，镇村两级巡河8046次，整改问题299个，清除垃圾247吨，拆除各类网簖14口。统筹推进农村生活垃圾收运处置、农业面源污染治理，实行全域生活垃圾服务外包，新建垃圾分类房2处，回收各类废弃农药包装400余万个，环境品质持续改善。是年，入选南通市首批乡村旅游特色村镇培育单位名录。东平村创成省级“三美一高”(生态美、环境美、人文美、管护水平高)生态宜居美丽乡村。

【社会治理】 2022年，东社镇开展特殊困难群体、侵害妇女儿童权益问题整治，排查特殊困难群体3380人。扎实推进安全生产百日专项整治行动，闭环整改安全隐患381条，安全生产形势总体平稳。

【民生保障】 2022年，东社镇发放低保、五保、优抚、残疾补贴4144.98万元，办理优抚对象优待证2683张，灵活就业人员困难认证205人，发放援企稳岗补助81家，为766户低保特困家庭安装燃气泄漏报警装置。开展中共二十大系列庆祝、宣讲和演出活动120场，举办失业人员职业技能培训9场。庆丰幼儿园创成省级优质幼儿园。庆丰居、东平村获“南通市科普教育基地”称号。镇新时代文明实践站获评区首批示范站，“邻里助餐百家行”入选区十佳志愿服务品牌。

2022年东社镇社会经济主要指标一览表

表45

项　目	单位	数量	项　目	单位	数 量
行政区域总面积	公顷	11507.8	粮食总产量	吨	33278
行政村	个	16	棉花总产量	吨	2.35
社区居委会	个	5	油料总产量	吨	5379
年末总人口	人	85643	农机总动力	千瓦	47844
地区生产总值	亿元	50.78	规模工业企业	家	41

续表45

项　目	单位	数量	项　目	单位	数量
第一产业	亿元	8.39	主营业务收入	亿元	28.43
第二产业	亿元	22.62	利税总额	亿元	2.21
第三产业	亿元	19.77	固定资产投资	亿元	12.80
一般地方预算收入	亿元	0.90	注册外资到账	万美元	130
农林牧渔总产值	亿元	15.32	城乡居民基本医疗保险参保	人	56273
农作物播种面积	公顷	11658	城乡居民基本养老保险参保	人	46268

2022年东社镇行政村（社区）基本情况表

表46

名　称	村（居）民小组数（个）	人口数（人）	耕地面积（公顷）	村集体经济收入（万元）	名　称	村（居）民小组数（个）	人口数（人）	耕地面积（公顷）	村集体经济收入（万元）
东社社区	30	4136	197.63	92.43	新桥村	27	2715	220.60	98.27
杨港社区	25	6013	310.99	131.88	河东村	29	3062	261	127.28
五甲苴社区	36	4846	354	140.41	苴西村	27	2926	224.45	95.14
庆丰社区	43	3519	241.28	92.23	东平村	46	5050	357.92	190.11
白龙庙社区	37	4431	266.46	155.63	福利村	26	2745	219.56	61.68
唐洪村	16	4086	291.66	93.75	滥港桥村	37	2735	173.34	96.51
严北村	30	6995	523.40	177.92	兴隆灶村	61	4315	310.42	111.51
横马村	16	4943	411.29	60.28	平和村	45	4266	296.62	147.68
五马路村	45	4162	361.42	69.07	中和村	40	4923	391.57	136.72
香台村	15	2921	247.16	73.01	陈墩村	40	2770	391.57	83.96
新街村	13	4084	257.72	131.42					

（邱浩华）

十 总 镇

【概况】 十总镇位于通州区北部，处于通州和如东城区中心位置。2015年3月25日，原十总镇、骑岸镇合并设立新的十总镇，成为通州区地域面积最大的镇。素有“南通北花园、上海后花园”之称。先后被评为国家级生态乡镇、国家卫生乡镇、第六批全国“扫黄打非”进基层示范点、江苏省村庄环境整治工作先进集体、省级第六批“味稻小镇”、南通市文明乡镇、南通市法治镇等。主要特产有骑岸大方柿、白玉枇杷、迎阳村小白菜、柏树墩村葡萄等。2022年，辖区总面积133.16平方千米，其中耕地面积7250.8公顷，下辖5个社区、15个村。年末总户数3.33万户，总人口7.56万人，出生251人，死亡1048人。实现地区生产总值6.12亿元，比上年增长2.8%。财政收入1.42亿元，比上年下降23.9%；公共财政预算收入7106万元，比上年下降10.9%；村级集体可支配收入2375.42万元，比上年增长19.7%。

【农业生产】 2022年，十总镇以高标准农田建设为契机，加快推进土地向种田能手流转、向种养大户集中，大力推进农业适度规模经营，全年新建高标准农田2.40平方千米。新增新式农机具258台，新建农机库2个、综合农事服务中心1个。全年新建扩建农业项目23个，其中重大农业项目1个。全市首个智慧植物工厂圆宏万嘉农业基地建成投产，圆宏二期项目建设进度进一步加快。国家地理标志产品骑岸大方柿生产培育链条进一步完善，柿饼、柿子奶茶等衍生产品受到市场一致好评。探索推进首个政策性特色农业保险—骑岸大方柿综合保险，覆盖7个村、1778户，参保骑岸大方柿4452棵，惠农力度进一步加大。“迎扬”“亭石河”大米获第四届“通州好大米”品鉴活动金奖。

【工业经济】 2022年，十总镇有规模以上工业企业32家，工业产值26.54亿元，比上年增长7.4%，其中战略性新兴产业产值3.93亿元，占规模工业产值的14.8%；规模以上工业应税销售24.49亿元，比上年增长6.8%；固定资产投资13.23亿元，比上年增长22.08%，其中工

2022年，十总镇聚焦重点，全力拼抢，在乡村振兴新征程中跑出加速度。图为镇域一角
（十总镇 提供）

业投资10.81亿元，比上年增长21.7%；新开工亿元项目2个；申报高企18家、认定10家，超额完成全年任务。

【项目建设】 2022年，十总镇持续推进续建项目加快建设，全年新开工亿元以上项目2个，其中丰沃新能源技术推广项目（二期）厂房全部封顶，海泰高密度金属陶瓷靶材扩建项目落地建设。宇天高速电梯绳、通利汽车零部件、缝天下高档纺织品、霓涵高端纺织等项目全部竣工投产。

【招商引资】 2022年，十总镇紧扣“一主一新一智”产业定位，聚焦汽车零部件、新能源新材料、智能制造等高端产业，组建完善专业招商团队，全年先后奔赴苏州、上海等重点区域开展招商引资活动。积极参加2022通州平台合作暨产业发展沪上对接会，活动现场签约高端房车智能化改装制造项目，总投资5亿元。新签约注册10亿元以上项目1个、亿元以上项目4个、3500万美元项目1个，总投资达20.75亿元。

【镇村建设】 2022年，十总镇大力推进农路和住房建设，农路提档升级1.7千米，新建农村集居点3处，改造危桥3座，完成农村房屋改善130户。扎实推进中俄东线天然气管道、区域供水平海线工程等项目征迁工作，范堤东苑二期安置房建设项目稳步推进。深入推进农路维修管护工作，岸西线、新跃河路（沧南段及季庄南段）等路段纳入新增循环线路进行重点打造、升级。率先完成新一轮自建房排查工作，全年累计排查经营性自建房648栋，非经营性自建房26713栋，拆除违法建设38起，安全隐患全部整改到位。

【生态建设】 2022年，十总镇始终坚持生态优先绿色低碳发展，全面强化大气污染综合治理和联防联控，一年两季秸秆禁烧禁抛和综合利用工作顺利完成，全年$PM_{2.5}$浓度为26.2微克/立方米，比上年下降10%；大气优良天数比例87.5%，同比增长2.6%；全年大气质量综合排名全区第一。积极推进水体污染防治，全年完成育民村、渡海亭村、迎阳村散户污水治理项目1713户，深入推进“河长制”工作机制，全年专项整治老九圩港黑臭河道1.7千米，新建生态河道14.02千米，重点河道水质稳定向好。强化土壤污染风险管控，坚决整治清退低效供给、低端产能，关闭退出污染企业2家，通过中央环保督察组检查。十总社区入选省“三美一高”（生态美、环境美、人文美，管护水平高）生态宜居美丽乡村。

【社会治理】 2022年，十总镇开展市容环境综合整治80余次，取缔清理违规广告430余处，清理乱堆放350余处，规范店外经营310余处，疏导教育各类流动摊点200余处，镇区经营秩序和街道环境进一步优化。在全区文明城市长效管理季度考核获红旗2面。充分发挥网格化治理体系效用，优化设置“微网格”476个，打通基层治理“神经末梢”。创成省级“人民满意窗口”，全年镇“12345”热线、阳光信访等各类信息平台信访案件办结率100%，群众满意率达98.44%，化解上级交办信访突出问题9件。

【社会事业】 2022年，十总镇持续改善医疗卫生和教育条件，推进镇村卫生系统一体化管理，中小学和学前教育基础设施逐步完善。加强精神文明建设，统筹综合性文化服务中心和新时代文明实践所服务平台建设，“范堤之歌”等民间文艺团体持续活跃，累计开展送戏下乡等文体活动100余场，文化市场健康有序，获评第六批全国“扫黄打非”进基层示范点。大力推进农村公墓规范化建设，持续涵养乡村文明新风。

【民生保障】 2022年，十总镇全年统筹推进年初人代会票决产生的交通出行提升、文化惠民、镇村污水处理设施建设等民生实事项目6件。持续推进各类社会保险、农业保险提标扩面，切实做好被征地农民社会保障，实现应保尽保。持续推动敬老院规范化建设和设施升级，有效构建居家养老、社区养老、机构养老多元体系。完善退役军人服务保障体系，抓好残疾人帮扶工作，帮助下岗失业人员再就业，让更多群体共享改革发展成果。深入推广全民阅读活动116场，鼓励群众创作本土精品艺术，实施体育活动场地和配套设施新建项目，全面丰富乡村文化体育生活。

【党建赋能】 2022年，十总镇以落实“基层党建创优年”为抓手，全面激发红色堡垒战斗作用。党建微电影《三头牛的故事》获南通市“喜迎二十大、开启新征程”红色主题融媒体作品大赛二等奖，区红色主题融媒体大赛一等奖。整合阵地资源，积极推动二爻村史馆、育民村稻米文化馆等特色党建阵地建设，大力推进五星级党群服务中心升级改造。联合市公安局交警支队高速七大队支部委员会、中建通锡高速公路海门至通州段LJ2项目支部委员会，成立全区首家"警地企"党建联盟，常态化开展党建活动。以"村村到、户户访、人人进"工作为契机，持续探索"红网格"基层治理路径方法，不断提高基层治理服务水平。健全红网格"一对一"工作责任制，推动党员干部主动在"红网格"中签订"责任书"、包干"责任田"、服务"责任区"、当好"责任人"。全镇共建综合网格71个，微网格476个，网格支部覆盖100%。

2022年十总镇社会经济主要指标一览表

表47

项　目	单位	数量	项　目	单位	数量
行政区域总面积	公顷	13316.15	粮食总产量	吨	72184
行政村	个	15	棉花总产量	吨	0.40
社区居委会	个	5	油料总产量	吨	1846
年末总人口	人	75566	农机总动力	千瓦	88666
地区生产总值	亿元	61.25	规模工业企业	家	34
第一产业	亿元	8.86	主营业务收入	亿元	24.84
第二产业	亿元	26.36	利税总额	亿元	0.72
第三产业	亿元	26.03	固定资产投资	亿元	13.23
一般地方预算收入	亿元	0.71	注册外资到账	万美元	0
农林牧渔总产值	亿元	16.90	城乡居民基本医疗保险参保	人	47094
农作物播种面积	公顷	9592	城乡居民基本养老保险参保	人	9800

2022年十总镇行政村（社区）基本情况表

表48

名　称	村（居）民小组数（个）	人口数（人）	耕地面积（公顷）	村集体经济收入（万元）	名　称	村（居）民小组数（个）	人口数（人）	耕地面积（公顷）	村集体经济收入（万元）
志新村	49	4640	444.7	150.29	骑北村	34	2732	227.7	87.1
张沙村	53	4382	231.3	85.4	骑岸居	37	3864	205.3	75.81
育民村	41	3400	448.9	181.21	季庄村	30	2708	256.5	104.44
于家坝村	44	4258	420.7	94.27	二爻居	50	4629	386.7	169.56
迎阳村	51	4173	411.3	134.15	渡海亭村	57	4361	546.4	133.5
新雁村	45	3803	421.3	107.48	东场村	43	3433	455.7	177.97
五总居	60	4727	482.7	108.7	沧南居	29	3443	293.9	168.8
双墩村	39	3136	273.3	95.21	柏树墩村	34	4136	351.3	73.38
十总居	29	3786	146.7	128.67	岸西村	35	2911	490	93
上雁村	63	4542	484.7	95	爱民村	39	2502	325.7	86

（丁一倩）

石　港　镇

【概况】 石港镇位于南通市通州区北部，始建于唐代，是一座拥有千年灿烂文化的国家级历史文化名镇，素有"凤凰宝地"之称，地处南通市中轴线上。京剧、武术、书画、盆景作为古镇的"四大特色"世代相传、经久不衰。镇域内AA级渔湾生态景区，以河曲、树繁、草茂、鸟多等特色闻名遐迩。是全国文明村镇、全国小城镇综合发展水平千强镇、中国民间艺术之乡、中国文化艺术之乡、江苏省文明村镇、江苏省卫生镇、江苏省新型示范小城镇、长三角最具魅力旅游特色小镇。2022年，辖区总面积110平方千米，耕地面积5304.05公顷。辖5个社区，10个村。年末总户数2.82万户，总人口6.24万人。年内出生人口183人，人口出生率2.9‰；死亡人口821人，死亡率13‰。实现地区生产总值

79.2亿元，增长4%。农业总产值6.89亿元，增长4.8%。财政收入2.84亿元，比上年下降4.5%，公共财政预算收入1.48亿元，比上年下降1.96%，村级集体可支配收入1795.6万元。

【农业生产】 2022年，石港镇推动农村基础设施提档升级，完成一事一议财政农路38条，9.15千米，新建及拓宽水泥道路2千米，安装路灯177盏，拆建维修泵站6座，重建桥（涵）20座，维修加固桥梁35座。放大"味稻小镇"稻米产业优势，区大米行业质量合作社在石港成立，23家小微企业、个体工商户成为大米质量合作社首批社员单位。全年建成省级现代农业发展资金项目7个，申报重大项目4个。推动新型农业主体提质增量，17家家庭农场申报市、区级两级示范农场，完成烘干机清洁热源改造16家58台。睹史院村被列为省级"三美一高"生态宜居美丽示范村培育村。

【工业经济】 2022年，石港镇完成固定资产投资22.8亿元，其中工业投资20.42亿元，分别增长9.8%和24.1%，新开工亿元以上项目5个；高新技术投资占比达26.9%。规模以上工业企业51个，规模以上工业总产值43.42亿元，增长19.4%；工业应税销售53.4亿元，增长2.1%；服务业应税销售14.3亿元，增长9.3%。完成外贸进出口6.96亿元，实现规上工业应税销售39.5亿元，服务业应税销售14.3亿元，新增规模以上工业企业8家、服务业企业2家，新增批零企业8家。深入开展"营商环境提升年"活动，实行"一企一策""一对一"服务的推进模式，破解企业用地、用工、融资等难题40余个。

【招商引资】 2022年，石港镇始终坚持把"双招双引"作为"一把手"工程来抓。积极探索在资源紧约束条件下项目建设推进机制，盘活闲置企业用地7100平方米。推动园区1期82户拆迁，腾地8.4万平方米。新三能电容器、禾源木业、本乡本土压力阀等5个亿元项目开工。拓玉工艺品、旭佳工程机械等3个项目竣工投产。石港科技产业园聚焦园区"一主一新"产业定位，对接客商60余批次，签约医疗卫生专用无纺布项目、博奥电机生产项目等亿元以上项目9个，其中10亿—50亿元项目3个、5亿—10亿元项目1个，持续充实"项目信息储备库"。成立园区"众创空间"人才孵化基地，引进省外高层次创新人才3人、创业人才13人，促成产学研项目12个。

2022年，石港镇走特色精品路线，引领农业高质量发展。图为睹史院村"圣耕园"鸟瞰
（卑多敏 摄）

【镇村建设】 2022年，石港镇完成中俄东线天然气管道工程（石港段）、颐港家园四期安置地块、二级载体平台搬迁地块搬迁工作，凤凰华庭北侧出让地块完成交地。实施广慧路东延工程、富港路东段辅路、骑四线和海五线等交通项目建设。富港商业街开业招商，激活镇区商业活力。实施老旧小区改造、市民广场翻新、公共厕所改造提升、广慧东路沿线雨污水管网改造等基础设施改造工程，镇区配套功能日趋完善。全年拆除违法建设26起、2000平方米。

【生态建设】 2022年，石港镇深入防治大气污染，开展工业减排、"654"扬尘专项整治、秸秆禁烧及垃圾禁烧、国三以下柴油车淘汰等行动。持续夯实"河长制"，强化水污染治理，完成亭石河、九洋河、新村东二河等河道治理工程，疏浚河道19条，长14.58千米。推进厕所革命和生活污水治理，完成厕所改造566户，污水治理项目1474户，新增垃圾分类宣传亭40个，定时定点投放设施10处，新建厨余垃圾处置终端1处，镇村生态环境质量持续向好。

【社会治理】 2022年，石港镇实行政务服务"集中办理、一站式办结"模式。理顺75项部门事项办事流程，夯实全科政务服务基础，由"一专多能"向"全科全能"转变。全年排查各类矛盾纠纷1054件，化解1023件，化解成功率97.1%。持续推进公共安全重大隐患"三清"（底数清、隐患清、任务清）专项行动，全镇共排查道路安全隐患58处，完成整改55处，完成整改率94.8%，基层消防安全隐患25处，群租房、厂租房安全隐患27处，整改完成率皆为100%。

【社会事业】 2022年，石港镇常态化开展疫情防控，提高新冠疫苗接种率，筑牢全民免疫屏障。改善五窑幼儿园教育教学环境，提升石港基础教育水平。深入开展"红十字博爱送万家"活动，成立石港镇首个企业红十字会。完成文化惠民工程"欢乐江海行"送戏下乡23场。石港烧饼和石港鳊虾制作技艺入选第六批通州区非遗传承项目。歌曲《石港中学我的校园》获区第四届"柳敬亭奖"音乐类优秀奖。

【民生保障】 2022年，石港镇举办第六届现场招聘会，提供工作岗位1200多个。在全区率先成立社保费征缴争议处理中心，全年合计缴费人数7188人，续保率占95%以上，参保率99%以上。创建“15分钟医保服务圈”市级示范点，打造“一中心多站点”服务模式。完成全镇退役军人、优抚对象优待证申办，建档立卡。常态化开展各类社会救助，及时发放扶助金3132万元。

2022年石港镇社会经济主要指标一览表

表49

项　目	单位	数量	项　目	单位	数量
行政区域总面积	公顷	11014.9	粮食总产量	吨	68266
行政村	个	10	棉花总产量	吨	0
社区居委会	个	5	油料总产量	吨	2119
年末总人口	人	62481	农机总动力	千瓦	83190
地区生产总值	亿元	79.25	规模工业企业	家	60
第一产业	亿元	6.89	主营业务收入	亿元	41.68
第二产业	亿元	38.41	利税总额	亿元	2.62
第三产业	亿元	33.95	固定资产投资	亿元	22.78
一般地方预算收入	亿元	1.48	注册外资到账	万美元	1246
农林牧渔总产值	亿元	12.80	城乡居民基本医疗保险参保	人	32125
农作物播种面积	公顷	12280	城乡居民基本养老保险参保	人	7714

2022年石港镇行政村（社区）基本情况表

表50

名　称	村（居）民小组数（个）	人口数（人）	耕地面积（公顷）	村集体经济收入（万元）	名　称	村（居）民小组数（个）	人口数（人）	耕地面积（公顷）	村集体经济收入（万元）
四港村	58	5345	737.33	152.4	石西社区	32	2947	214.33	82.28
江海村	56	5172	621	151.13	花市街村	55	4539	320.93	154.85
金庄社区	34	3936	322.13	83.98	乐观村	50	4263	381	88.56
志田村	58	5821	558.60	137.64	新貌村	62	5065	488	87.73
睹史院村	41	3962	355.47	172.58	马道村	55	4925	433.33	183.56
北渡村	51	3810	478.40	148.08	草市桥社区	18	2946		
石东村	39	3537	310.20	147.34	广济桥社区	25	3539		
渔湾社区	22	2565	83.33	65.08					

（顾斐斐）

刘桥镇

【概况】 刘桥镇位于南通市区北翼，东与石港、兴仁相邻，西与平潮、陈桥接壤，南连兴仁、幸福，北临如东、如皋，是中国民间文化艺术之乡、南通哨口板鹞制作技艺传承基地。1984年建镇。古时刘桥一带多植石榴树，故名榴村，后因一位刘姓商人为造福当地百姓，建造一座桥，取名刘桥，遂逐渐演绎为如今的刘桥镇。境内交通便捷，通刘公路直抵南通，沿海高速贯穿南北且在镇区设有出入口，九圩港横贯东西，锡通高速穿境而过。历史悠久、人杰地灵，以灯谜、楹联和风筝闻名，名人有刘坚、费举千、金振林、刘嵩樵、高文杰、周广泉、刘贯初、宋问渔、丁立松等。特产有南通市第三批非物质文化遗产“刘桥菜刀”。2022年，镇域总面积107平方千米，耕地面积5701.48公顷。下辖2个社区、10个村。年末总户数2.79万户，总人口7.2万人。年内出生人口279人，人口出生率3.9‰；死亡人口963人，死亡率13.3‰。实现地区生产总值67.04亿元，比上年增长1.1%；人均地区生产总值9.29万元，比上年增长2.3%。财政收入1.93亿元，比上年下降22.2%，其中一般公共财政预算收入1.01亿元，比上年下降23.1%。村级集体可支配收入1971.86万元。

【农业生产】 2022年，刘桥镇新增土地流转面积0.59平方千米，完成1.3平方千

2022年，刘桥镇持续加大基础设施建设力度，推动群众生产生活条件改善。图为刘桥镇秀水园体育广场一角（卑多敏 摄）

米高标准农田财政资金项目、生态河道项目、农业水价综合改革项目、清洁小流域项目及一事一议财政奖补项目建设。8家规模主体获国家农产品品牌商标，1家家庭农场获绿色农产品认证证书。“蒋一大米”“瑞夕大米”获“通州好大米”荣誉称号。被评定为区级示范家庭农场18家，被评为省级农民合作社示范社1家。成功创成南通市农机网格化监管模块运行试点镇，完成1个省级“蔬菜生产机械化装备与技术推广应用”项目，成功申报蒋一村省级“无人化”农场和徐园村市级“无人化”农场及蒋一村市级“全程机械化+综合农事”服务中心。

【工业经济发展】 2022年，刘桥镇完成规上工业产值33.52亿元，规模工业应税销售30.45亿元，服务业应税销售15.67亿元，固定资产投资21亿元，限上单位零售额39.8亿元。签约注册亿元以上工业项目6个，新开工亿元项目3个，完成千万元以上农业重大项目4个，新增规上工业企业5家，批零住餐企业8家。盘活用地2宗，完成技改项目8个。新申报高新技术企业17家，签订产学研项目5个，引进省外高层次人才5名，成功申报区“510英才计划”1名，新增专利授权82个。

【镇村建设】 2022年，刘桥镇加快基础设施建设，英雄大桥竣工通车，博学路贯通并实现简易通行，创业路西段大修工程完成，英雄公交停车场建成使用，江海河、角通线沿线新建5个标准化站亭，绕城高速安置小区配套工程按时序进行。完成镇区含新联21.95千米雨污水管线测绘和10千米机器人雨污水管线排查，通过“一张图”把脉全镇“带病”管网。1367户分散农户生活污水治理和1.25千米污水管网全部竣工。落实文明城市长效管理，加强镇区经营秩序、交通秩序和卫生秩序综合治理。着力提升被撤并镇区环境，新联公厕改造竣工并投入使用，做到基本公共服务均等化。

【生态建设】 2022年，刘桥镇持续打好污染防治攻坚战，完成原新联达新建材公司弃土处置和恒盛幕墙等企业污水纳管工作。淘汰注销4家企业非道路移动机械，提标改造10家企业废气处理设施。开展铸造行业专项整治，14家铸造企业均完成整改，淘汰42辆国三及以下标准柴油货车。完成陈龙港断面水质监测点位改造，完成夏秋两季禁烧禁抛和秸秆综合利用工作。推进扬尘整治“654”专项行动，强化绕城高速渣土运输管控。高效处置环保交办件，全年办结中央二轮环保督察交办1件、省二轮环保督察交办2件，协助环保三分局查处污染环保案件1宗；受理环保系统交办信访101件、“12345”及污染防治攻坚平台信访72件，有效期内办结率达100%。

【社会治理】 2022年，刘桥镇开展“信访突出问题攻坚化解年”专项行动，全年共化解信访积案3件，初信初访案件3件。持续打击整治养老诈骗，集中开展侵害妇女儿童权益问题排查整治、加强严重精神障碍患者服务管理排查整治和整顿基层社会治理方面短板弱项三个专项行动，全镇380名严重精神障碍患者全部录入平台。持续开展既有建筑领域、燃气安全领域、在建工程领域、道路交通领域、危化品及冶金工贸等领域安全生产专项排查与整治。排查隐患1432条，整改1428条，立案16起，罚款12.81万元。

【社会事业】 2022年，刘桥镇举办刘桥镇第26届线上风筝节、“喜迎二十大唱响新时代”歌咏会等各类文化活动30余场次。完成刘桥镇文联和残联换届选举。努力提升教育水平，刘桥镇第一幼儿园创成南通市级优质园。深化殡葬改革，全年迁坟1074座，投资20余万元对三角渡公墓进行改扩建。全区首家完成镇人武部和退役军人服务站“部站融合”建设。全年征集大学生新兵22人，大学毕业生率达91%。着力打造爱国主义教育基地，投资100余万元的万愿楼烈士陵园提档升级改造工程竣工。在全区率先出台农村宅基地和住房建设管理办法，142户农房条件得以改善。

【民生保障】 2022年，刘桥镇新纳入农村低保27户31人，取消因家庭人口变化、收入变化导致不符合农村低保五保家庭57户83人。加大特殊困难群体救助力度，发放各类民政经费2740余万元。政府购买智慧养老服务，5327名老年人享受到居家养老上门服务。完成全区退役军人全国优待证申领试点工作。着力推动镇村“五星级”退役军人服务站创建，在全镇设立八家双拥示范点。扎实推进农保转企保、江苏医惠保一号和“15分钟医保服务圈”示范点建设工作。

2022年刘桥镇社会经济主要指标一览表

表51

项　目	单位	数 量	项　目	单位	数 量
行政区域总面积	公顷	10729.58	粮食总产量	吨	67451
行政村	个	10	棉花总产量	吨	0
社区居委会	个	2	油料总产量	吨	1760
年末总人口	人	72191	农机总动力	千瓦	84378
地区生产总值	亿元	67.04	规模工业企业	家	54
第一产业	亿元	6.41	主营业务收入	亿元	30.99
第二产业	亿元	33.48	利税总额	亿元	2.58
第三产业	亿元	27.14	固定资产投资	亿元	21.12
一般公共预算收入	亿元	0.88	注册外资到账	万美元	30
农林牧渔业总产值	亿元	12.11	城乡居民基本医疗保险参保	人	39392
农作物播种面积	公顷	10731	城乡居民基本养老保险参保	人	12771

2022年刘桥镇行政村（社区）基本情况表

表52

名称	村（居）民小组数（个）	人口数（人）	耕地面积（公顷）	村集体经济收入（万元）	名称	村（居）民小组数（个）	人口数（人）	耕地面积（公顷）	村集体经济收入（万元）
刘桥社区	84	12260	585.49	398.22	新中村	44	4954	399.75	113.98
慎修村	52	5600	411.25	113.48	新联社区	54	6459	484.17	115.07
徐园村	81	8479	648.31	230.78	长岸村	49	5510	475.45	141.12
英雄村	51	5160	438.55	164.03	尹家园村	52	5282	472.06	104.65
苏池村	49	5058	471.63	111.27	米三桥村	32	3165	384.16	113.64
蒋一村	45	5093	420.61	168.35	极孝村	50	5171	510.05	197.27

（胡　舒）

平 潮 镇

【概况】 平潮镇位于通州区西部，是南通市区融入苏南、辐射苏北的重要门户。历史悠久，古称单家店，清道光年间，因知县率民众加固江堤，免受江潮侵袭，平息白蒲与单家店争地纠纷，故改名平潮。2015年原平潮镇与原平东镇合并，设立新的平潮镇。区位优越，南濒长江，与苏州张家港市隔江相望，东与通州区刘桥镇、崇川区陈桥街道和港闸经济开发区仅隔一河（通扬运河）一港（九圩港）一桥（马蹄桥）一闸（南通九圩港闸）相连，西邻五接镇，北与如皋市九华镇、白蒲镇接壤。交通便捷，通扬运河、沪陕高速、锡通高速、新长铁路、沪苏通铁路，地铁一号线等主要交通干线穿境而过，构成平潮独特的立体交通大走廊，与长江经济带紧密联系在一起。平潮颇具江南鱼米之乡特色，风景秀美，人杰地灵，拥有曹公亭、通明宫、接引庵等名胜古迹，涌现曹顶、马淮、吴敬德等历史名人，地方特产红糖京枣名扬四方，故昔有“栖凤宝地”美称，今有“江海明珠”之誉。2022年，镇域总面积109.6平方千米，耕地面积4966.45公顷。辖6个社区，20个村。年末总户数4.44万户，总人口12.1万人。年内出生人口521人，人口出生率2.9‰；死亡人口1271人，死亡率19.1‰。实现地区生产总值211.68亿元，增长3.7%；人均地区生产总值17.49万元，增长4.92%；服务业应税销售17.16亿元，增长26.1%；农业总产值8.64亿元，增长60.0%。财政收入37.33亿元（其中政府性基金27.65亿元），增长62.7%。公共财政预算收入5.09亿元，增长25.4%。村级集体可支配收入2108.11万元。

【农业生产】 2022年，平潮镇持续巩固四十里村示范村创建成果，创成全国绿色食品原料（水稻）标准化生产基地。以九圩港村入选市级生活富裕类先进村培育为契机，多措并举增加村营收入，23个村村营收入均达60万元以上，整村授信服务实现全域覆盖。新建高标准农田5.73平方千米，完成土地增减挂钩和占补平衡0.31平方千米。

【工业经济发展】 2022年，平潮镇继续完善经济运行调度机制，深入开展“服务企业大走访”活动，帮助企业突破产业链、供应链、运输链难题，规模以上工业企业82个，规模以上工业总产值110

亿元，增长18.6%；工业应税销售118亿元；固定资产投资47.3亿元，其中工业投资6.88亿元，新开工亿元以上项目4个，对全区经济贡献份额进一步提升。对标优化营商环境66条举措，深入落实各项惠企政策，新增规上工业企业8家、批零住餐企业9家。

【科技创新】 2022年，平潮镇不断强化企业创新主体地位，江海股份获省技术标准创新基地和"江苏制造突出贡献奖"，海星电子获省长质量奖提名奖，格雷特起重机械获评省"专精特新"企业，山口精工通过全市"智改数转"项目认定。优化"双创"环境，累计上报研发经费6.92亿元，完成科技型中小企业评价49个，新增发明专利32项，实施产学研合作项目9项。放大人才集聚效应，申报海外人才20人，省"双创计划"2人，入选国家级人才2人，实现零的历史性突破、占全区总量三分之一。

【产业项目】 2022年，平潮镇围绕全区"1+3+N"产业承载体系，系统谋划二级载体平台规划建设，腾出工业用地约0.53平方千米。大力实施"招商引资突破年"活动，加大产业链招商、以商引商、驻点招商力度，全年赴长三角、珠三角等地外出招商10次。新签约亿元以上制造业项目5个，5亿元及以上项目2个。完成固定资产投资47.3亿元，增长18.2%。海星电子新能源用高性能电极箔、江海股份高可靠铝电容器、飞云家居二期、鹏通新能源二期等项目开工建设，一批新的增长点正加速形成。支持企业投资技改，完成技改项目12个，累计投资达2.3亿元。

【镇村建设】 2022年，平潮镇加快"三美一高"生态宜居美丽乡村建设，大力推进农村人居环境整治提升，农村环境面貌得到大幅改善。深入推进"四好农村路"（建好、管好、护好、运营好）建设，修建农路1.8千米，农桥4座，农民出行更加便利。投资1400余万元实施2159户农村散户生活污水治理项目，完成130户农村户厕改造。持续开展文明城市长效管理，加大镇区经营秩序整治力度，拆除楼顶和墙体广告牌37处，镂空字223处。始终保持控违拆违高压态势，拆除新增违建31起、存量违建9起，总面积超3000平方米。推进废品回收站点专项整治行动，取缔75家，规范33家。

【生态建设】 2022年，平潮镇全面完成第二轮中央生态环保督察交办8件、省生态环保督察交办6件突出问题闭环整改。狠抓环境质量"提质增优"六大攻坚行动，着力防治大气污染，加强船舶钢结构企业排放、VOCs"定量化"减排、秸秆禁烧等管控力度，完成"国三"及以下柴油货车淘汰任务，空气质量优良天数和$PM_{2.5}$浓度实现"一升一降"。对45处入江支流排口开展分类整治，四个考核断面均达优Ⅲ类标准。用好督办催办制度，调处办理各类环境信访260余件，依法处置40余起环境违法案件。破获平东R1地块有毒有害垃圾偷倒案。

【社会治理】 2022年，平潮镇深入实施"精网微格"工程，优化设置135个综合网格、840个微网格，夯实专职网格员、微网格员队伍，打通基层治理"神经末梢"。深化"信访突出问题攻坚化解年"活动，化解各类矛盾、信访近1700件，圆满完成中共二十大安保维稳任务。重拳整治电信诈骗、养老诈骗，发案量、发案金额连续2年实现大幅下降。

【社会事业】 2022年，平潮镇推进规范化、标准化、一体化医疗保障体系建设，构建"15分钟医保服务圈"。加快完善"一老一小"服务体系，城乡基本养老保险和基本医疗保险参保率达98%。平东敬老院改造工程完成，平潮、平东敬老院合并运营，实施新坝幼儿园、赵甸幼儿园硬件设施提升改造。深入开展特殊困难群众排查行动，高度关注精神障碍患者、妇女儿童及残疾人权益保障，发放各类救助补助资金2600余万元。加强城乡低保动态管理，坚决做到应保尽保、应退尽退。进一步擦亮"潮为民360"品牌，镇便民服务中心获评南通市"百优便民服务中心"。

【安置房建设保障】 2022年，平潮镇始终把安置房建设作为"头号民生工程"，全年实施安置房项目9个，房源1.1万余套，滨江三期（一批次）交付分房，城东一期、文峰一期主体封顶，至年底整体竣工。储备的7个安置房项目按时序开展搬迁扫尾、规划设计等前期工作。积极协调职能部门，打通堵点环节，系统解决安居群众"办证难"问题。

【重点工程】 2022年，平潮镇加速融入"南通好通"发展格局，西站大道高架1年内建成通车，实现平潮人"高架梦"，南通轨道交通1号线开通运营，进一步彰显"平潮速度"。新开搬迁项目5个，总面积约30万平方米，全力保障北沿江高铁、通皋大道二期等重点工程如期开工，226省道、通扬运河改线加快推进。"支持南通平潮科技创新区加快开发建设"写入市政府工作报告，平潮成为全市重点打造的"城市副中心"。

2022年平潮镇社会经济主要指标一览表

表53

项　目	单位	数量	项　目	单位	数量
行政区域总面积	公顷	10960	粮食总产量	吨	43306
行政村	个	20	棉花总产量	吨	0
社区居委会	个	6	油料总产量	吨	2225
年末总人口	人	120884	农机总动力	千瓦	56741

续表53

项　目	单位	数量	项　目	单位	数量
地区生产总值	亿元	211.68	规模工业企业	家	81
第一产业	亿元	5.14	主营业务收入	亿元	99.78
第二产业	亿元	122.17	利税总额	亿元	12.61
第三产业	亿元	84.37	固定资产投资	亿元	47.36
一般地方预算收入	亿元	4.26	注册外资到账	万美元	922
农林牧渔总产值	亿元	9.20	城乡居民基本医疗保险参保	人	60709
农作物播种面积	公顷	8498	城乡居民基本养老保险参保	人	18467

2022年平潮镇行政村（社区）基本情况表

表54

名称	村（居）民小组数（个）	人口数（人）	耕地面积（公顷）	村集体经济收入（万元）	名称	村（居）民小组数（个）	人口数（人）	耕地面积（公顷）	村集体经济收入（万元）
团结社区	—	—	—	—	花坝村	30	3201	164.65	61.78
民主社区	25	3150	—	—	湾子头村	44	4790	202	78.19
栖凤社区	36	3557	—	—	四十里村	31	4179	238.83	117.55
桃郚社区	9	3323	9.79	66.59	吉坝村	46	5317	227.51	72.83
新三十里社区	27	5602	256.4	90.26	颜港村	50	4943	206.65	66.83
赵甸社区	39	6286	396.6	70.28	新坝村	42	4356	263	84.77
九圩港村	32	4473	105.27	155.36	三港村	29	3966	250.02	167.58
云台山村	40	5495	110.6	109.4	任口村	31	3323	211.4	70.64
老墩村	26	3125	133.33	67.06	平东村	39	7562	29.76	118.03
赵坊村	31	4225	222.05	64.28	国道村	16	6301	325.37	75.34
平西村	52	7066	194.44	166.17	新生村	34	5465	323.93	69.75
三官殿村	21	3562	89.67	82	金桥村	30	6183	497.54	80.34
团圆村	20	2685	109.03	60.1	甸北村	29	6354	398.61	112.98

（谷纪伟）

五　接　镇

【概况】 五接镇地处南通市通州区西部沿江，北与如皋九华、长江镇接壤，南临长江与张家港隔江相望，东与平潮镇接壤，紧邻南通主城区。2000年10月，由原五接、李港二乡合并设立五接镇。2013年1月，南通开沙岛旅游度假区被批准为省级度假区开沙岛旅游度假区主要有中国乒乓球通州训练基地、途居房车露营基地、江心寺、典园山庄、长江高尔夫俱乐部、南通洲际梦幻岛等旅游景点。全国综合实力千强镇。2022年，镇域面积80.65平方千米，其中耕地面积1709.02公顷。下辖8个村、2个居委会。年末总户数1.56万户，总人口3.80万人。年内出生人口180人，死亡人口366人。实现地区生产总值71.85亿元，比上年增长6.9%；财政收入92733万元，比上年增长 23.9%，公共财政预算收入47631万元，比上年增长25%，村级集体可支配收入1183.35万元。

【农业生产】 2022年，五接镇推进农业产业“接二连三”融合发展。开沙岛特色农业产业园列入市级重点农业项目，“一园、一场、三中心”建设换挡提速。与南通沿江农科所深入合作，扎实推进开沙岛系列农产品品牌建设。王进粮食种植家庭农场通过省级“全程机械化+综合农事”服务中心建设验收，复成村绿色大米申报通过省级核查。农业规模主体入网率达100%，农产品实现质量、安全、美誉“三提升”。示范引领整体推进。天后宫村、李港村市级乡村振兴示范村、先进村创建完成投入超900万元，团结河护岸工程、老小区围墙建设等重点项目加快建设，五大类20个重点项目有序推进。

【工业经济发展】 2022年，五接镇规模以上工业企业45个，规模以上工业总产值234亿元，增长31.1%；工业应税销售229亿元，增长21.9%；固定资产投资71.19亿元，新开工千万元以上项目2个，其中亿元项目2个；服务业应税销售32.28亿元，增长7.2%。外资到账202.68万美元。新增规上企业8家，新增省级专精特新中小企业2家。

【科技创新】 2022年，五接镇注重产智融合。积极推动企业、学校双向对接。全镇有效高新技术企业21家，新增申报10家。企业技术合同认定登记金额7亿元。企业研发投入达7.4亿元。保护创新成果转化，辖区企业实现留抵退税10亿元以上。韩通重工成功转型风电装备制造，创新链与产业链加快融合。恒科新材料获评全国纺织行业低碳企业，深蓝航天霍亮团队获评南通市“江海英才”一等奖。

【招商引资】 2022年，五接镇牢固树立“抓项目就是抓发展、谋项目就是谋未来”意识，充分用好“拿地即开工”推进机制，以“零等待”推进项目建设“加速跑”。投资125亿元康辉新材料项目部分工程启动建设。全年新开工项目2个，在建亿元以上项目2个。其中，包括五亿元以上重大项目2 个。转化达产项目2个，盘活项目用地1.42万平方米，经济增长后劲十足。赴上海、深圳等热点城市开展项目洽谈活动，新签约亿元以上项目4个，其中5亿元以上2个，引进外资202.68万美元。

【开沙岛旅游产业】 2022年，开沙岛综合服务中心验收交付，洲际梦幻岛一季度开园准备工作有序推进，长三角文旅新地标加快形成。成功举办WTT最强乒团乒乓球比赛等国家级体育赛事。开沙岛旅游度假区全年累计接待游客突破150万人次，营收总额突破3亿元，获评省体育旅游示范基地，开沙村入选江苏省乡村旅游重点村。

【镇村建设】 2022年，五接镇以“三区三线”划定成果为基础，主动融入南通市沿江沿海生态景观带建设规划，统筹推进沿江片区详细规划和村庄规划编制工作，科学界定村庄发展用地布局，新增建设项目空间流量指标0.14平方千米。2021年耕地占补平衡项目2.83万平方米区定任务实施完成，建设用地增减挂钩项目6.23万平方米通过区级验收，用地保障得到加强。

【生态建设】 2022年，五接镇强化绿色发展、生态发展，加快农田水利设施建设，疏浚河道3.9千米，完成桥梁安全整治200余座。推进垃圾分类管理，滨江花苑、五接花苑启动“三定一督”四分类垃圾投放试点。实施强村计划，村集体资产稳步增长，天后宫村连续三年收入超200万元。开展钢结构行业环保整治工作，全面取缔露天焊接、喷涂作业。淘汰国三以下车辆、机械14台。开展秸秆禁烧、餐饮油烟整治，全年空气优良天数比例达83%以上，获评南通市“扬尘整治‘654’专项整治示范乡镇”。完成2100户分散农户生活污水纳管工程，东沙污水处理厂改扩建项目开工，全镇生活污水处理覆盖率近60%。严厉打击环境违法行为，立案处罚环境违法案件27起。镇街管理常态长效，深入开展集镇“三个秩序”综合整治。大李港菜市场改造提升项目基本完成，恒力之家附近流动摊点统一入驻临时疏导点。优化控违治违工作机制，拆除新发及存量违法建设18起，规范拆除户外广告500多处，压实“门前三包”责任。部门协同、条线联动，开展渣土运输专项检查，打击各类交通建设领域违规违法行为。国家级卫生镇创建通过市级评估。以改善农村人居环境为目标，投入180余万元高标准打造平五西路、馨源路，构筑“全镇大循环、各村小循环”美丽图景。做好大李港生态河道建设、小李港界河整治，清杂整坡1.4千米，补绿增绿2000平方米，农村人居环境考核居全区前列。

【社会治理】 2022年，五接镇在40个综合网格基础上，精细划分263个“微网格”，以提升服务实效。全力化解重大涉稳群体和事项，矛盾纠纷调解率达100%、化解成功率98%以上，实现省级以上初访“清零”，完成中共二十大期间安保维稳任务。扎实推进“八五”普法，建成沿江生态景观带法治文化公园。广泛开展防范非法集资和电信诈骗专项宣传。全面开展安全生产专项行动、重点领域安全隐患“百日清零”专项攻坚和重大隐患“三清”专项检查，安全生产3年专项整治行动完成。构建应急协同机制，提升防灾减灾救灾能力。开展“厚植为民情怀，提高执法水平”主题教育，实现一线执法人员法律培训全覆盖。严格落实法律顾问制度，加强对重大行政决策和政府规范性文件合法性审查，全镇行政复议发案率、败诉率实现双下降。深入抓好政务公开，依申请公开及时答复率100%。开沙村获全国民主法治示范村。自觉接受人大监督，完成民生实事项目。以便民服务中心为载体，着力打造“一站式”政务服务平台，公安、市监等12家单位划入、进驻，全镇81项公共服务事项网上可办、跨区域通办，梳理公布“代办帮办”事项20项，打造“皆为民”政务服务品牌。省“15分钟医保服务圈”示范点通过初次验收。畅通党政领导接访接待、民情恳谈、法律援助等诉求渠道，多方解决群众诉求。12345工单按时办结率100%、满意率达99%以上。

【民生保障】 2022年，五接学校工程主体封顶，推进智能化设备和教育装备采购，新李港幼儿园装修完成，全镇教育资源实现飞跃。五接镇开展特殊困难群体救助帮扶专项排查整治行动，扎实做好城乡低保、“五保”等困难家庭临时救助及生活兜底工作，全年发放各类救助金1197万元。强化就业优先导向，跟踪服务上百家企业用工需求，核发就业困难人员社会保险补贴82万元。受理并成功调处各类欠薪纠纷48件，切实保障农民工群体合法权益。10月，民进南通市第一人民医院支部会员工作室落户五接镇卫生院，每月定期安排相关科室民进会员到卫生院开展门诊、带教，实现精准帮扶，使百姓享受到更高质量医疗资源。

2022年五接镇社会经济主要指标一览表

表55

项　目	单位	数量	项　目	单位	数量
行政区域总面积	公顷	8065.89	粮食总产量	吨	18256
行政村	个	8	棉花总产量	吨	—
社区居委会	个	2	油料总产量	吨	490
年末总人口	人	37950	农机总动力	千瓦	21971
地区生产总值	亿元	71.85	规模工业企业	家	48
第一产业	亿元	1.28	主营业务收入	亿元	210.55
第二产业	亿元	50.67	利税总额	亿元	7.74
第三产业	亿元	19.90	固定资产投资	亿元	71.19
一般地方预算收入	亿元	1.89	注册外资到账	万美元	203
农林牧渔总产值	亿元	2.59	城乡居民基本医疗保险参保	人	20330
农作物播种面积	公顷	2946	城乡居民基本养老保险参保	人	7076

2022年五接镇行政村（社区）基本情况表

表56

名　称	村（居）民小组数（个）	人口数（人）	耕地面积（公顷）	村集体经济收入（万元）	名　称	村（居）民小组数（个）	人口数（人）	耕地面积（公顷）	村集体经济收入（万元）
李港村	34	5049	214.47	138.92	老木厂村	25	3024	158.05	106.76
桃园村	45	5706	288.07	129.05	袁三圩村	25	3971	186.96	118.97
开沙村	12	1577	85.2	222.35	复成村	50	7683	340.87	135.01
天后宫村	44	6157	248.07	215.74	五接社区李港社区	—	773	—	—
张大圩村	31	4010	187.33	116.5					

（马正祥）

兴　仁　镇

【概况】 兴仁镇位于南通市通州区西南首。古称“新地”，意寓新兴福祥之地。连续多年入选全国综合实力千强镇，先后获评江苏省科技工作先进镇、江苏省教育先进镇、江苏省体育先进镇、江苏省群众文化先进镇等。2022年，辖区总面积77.56平方千米，耕地面积3447.01公顷。下辖3个社区，16个村，总人口7.45万人。实现地区生产总值125.81亿元，增长1.3%；人均地区生产总值16.89万元，增长2.3%；规模以上工业企业87个，规模以上工业总产值102亿元；规上工业应税销售90亿元；新开工亿元项目3个；服务业总产值37亿元；农业总产值3.18亿元。财政收入4.97亿元，一般公共财政预算收入2.4亿元，村级集体收入2708.56万元。

【农业生产】 2022年，兴仁镇申报项目农业2个，投资5000余万元新建高标准农田0.55平方千米，申报南通市级示范家庭农场1家，通州区级示范家庭农场4家。濠河米厂、大利家庭农场2家单位申报大米绿色食品。阚庵东村市级乡村振兴示范村、温桥村市级乡村振兴先进村培育工程有序推进，温桥村省级特色田园乡村建设通过南通市验收。

【工业经济发展】 2022年，兴仁镇对标落实优化营商环境举措66条，深入开展“服务企业大走访”活动，镇领导点对点挂钩、面对面协调，助力企业突破产业链、供应链、运输链难题。实施产业倍增行动，加快“个转企、小升规、规转强”，全年新培育三类规上企业11家，宏德股份于4月成功上市，通达矽钢获评“全国制造业单项冠军示范企业”。

【科技创新】 2022年，兴仁镇持续优化“双创”环境，引培高层次人才4名，实施产学研合作项目12项。大力支持企业技术创新，新增省级“专精特新”企业5家，申报高新技术企业19家，科技型中小企业入库38家，2家企业被认定为南通市雏鹰瞪羚企业，2个项目被认定为科创项目，工业战略新兴产值占工业总产值比重提升14个百分点，高新技术产业产值占规上工业产值比重提升

15.3个百分点。

【招商引资】2022年,兴仁镇大力实施"招商引资突破年"行动,完善招商组织、队伍管理、项目预审等制度举措,招商精准度、成熟度不断提高,全力以赴招引项目、服务项目。全年赴长三角、珠三角等地外出招商4次,签约并注册亿元以上项目4个。支持企业投资技改,全年完成技改项目28个。制度化跟踪项目推进情况,切实做好调度服务,加速项目转化,全年新开工亿元以上项目3个。

【镇村建设】2022年,兴仁镇持续优化镇区交通格局,完成创业路、太平路1期工程,实施新地东路拓宽改造,同步完成路灯、绿化等配套工程。积极争取、统筹资金600余万元,实施新地西路大桥重建工程。完成农村桥梁除险安康行动,改建桥梁15座,维修桥梁177座。开展"水美兴仁"专项行动,高标准完成镇区水质提升工程,建设生态河道2.8千米,整治河道31条、沟塘82处。

【生态建设】2022年,兴仁镇深入打好污染防治攻坚战。持续推进生态环境"两减六治三提升""263""三河三行业""散乱污"整治专项行动和空气质量联动整治行动,空气质量优良天数比持续上升,$PM_{2.5}$年均浓度明显下降。全面落实"河长制",市考以上断面水质优Ⅲ比例达100%。新建污水管道4条,总长6.4千米,超额完成农村散户污水处理任务,受益户达675户,污水收集治理能力进一步加强。

【社会治理】2022年,兴仁镇推行"多网融合",优化设置"微网格"424个,打通基层治理"神经末梢"。深入开安全生产百日整治攻坚行动、公共安全重大隐患"三清"专项整治行动,整治安全隐患554处。在全区率先完成464户特困群体燃气泄漏安全保护装置安装,整治违规使用燃气435处,整治道路安全隐患80处。排查自建房图斑4.5万个,完成润创超市等经营性自建房安全隐患整治。

【社会事业】2022年,兴仁镇持续推进文教卫生提档工程,小花蕾幼儿园、兴仁幼儿园通过省级优质园创建考核,普及优质教育供给。国家级卫生镇创建全面推进,卫生环境持续提升。完善退役军人服务保障体系,统筹资源,建成镇级慰烈园。

【民生保障】2022年,兴仁镇积极关注群众就业民生大事,帮助企业职工渡过难关,困难职工认定跟踪1010人。积极拓宽就业渠道,完成249家企业用工供需求调查,举办、参与线上、线下招聘会16批次,加大高校毕业生就业促进工作,就业率达95%以上。加快社会保障扩面提标,城乡基本养老保险和基本医疗保险参保率达98%。深入开展特殊困难群众排查行动,建立健全困难群众档案,综合利用各类救助渠道开展临时救助48人次,发放救助资金12.5万元。

【宏德特种部件主板上市】4月,江办宏德特种部件股份有限公司在兴仁镇举办上市敲钟仪式,成功登陆深交所主板上市。公司位于兴仁镇戚桥村四组,主要经营机电设备等,全年营业收入7.02亿元,税收1600万元。兴仁镇本土主板上市企业达3家,上市企业增至4家。

【通达矽钢获国家级制造业单项冠军示范企业】11月,工信部公示第七批国家级制造业单项冠军企业(产品)名单,南通通达矽钢冲压科技有限公司获国家级制造业单项冠军示范企业。公司位于兴仁镇阚庵东村,是全国最大电机、发电机、新能源汽车电机定转子冲片和铁心的专业生产企业之一,占地面积近21万平方米,总资产达15亿元,全年营业收入11.14亿元,税收1800万元。

2022年兴仁镇社会经济主要指标一览表

表57

项目	单位	数量	项目	单位	数量
行政区域总面积	公顷	7755.76	粮食总产量	吨	27838
行政村	个	16	棉花总产量	吨	0
社区居委会	个	3	油料总产量	吨	2839
年末总人口	人	74481	农机总动力	千瓦	33885
地区生产总值	亿元	125.81	规模工业企业	家	87
第一产业	亿元	3.18	主营业务收入	亿元	91.15
第二产业	亿元	85.61	利税总额	亿元	6.85
第三产业	亿元	37.02	固定资产投资	亿元	18.81
一般地方预算收入	亿元	2.44	注册外资到账	万美元	0
农林牧渔总产值	亿元	6.03	城乡居民基本医疗保险参保	人	34442
农作物播种面积	公顷	6002.6	城乡居民基本养老保险参保	人	9310

2022年兴仁镇行政村(社区)基本情况表

表58

名　称	村(居)民小组数(个)	人口数(人)	耕地面积(公顷)	村集体经济收入(万元)	名　称	村(居)民小组数(个)	人口数(人)	耕地面积(公顷)	村集体经济收入(万元)
兴仁社区	14	5517	39.6	107.58	酒店社区	29	4782	168.73	158.1
横港社区	26	3999	202.40	196.64	兴仁村	19	2215	99.00	120.5
芦花港村	25	2902	161.77	82.5	葛长路村	25	2664	149.01	104.6
三庙村	23	4012	85.92	136.7	孙家桥村	24	4735	46.33	92.18
徐庄村	12	3401	58.67	200	李家楼村	17	2321	104.82	90.15
太阳殿村	35	3899	217.87	111.07	长林桥村	34	3546	176.53	234.8
丁涧店村	29	4150	234.04	231.93	徐家桥村	29	3270	228.40	130.29
戚家桥村	27	3617	222.93	126.74	阚庵东村	34	4750	281.33	135.91
阚家庵村	52	5590	346.53	235.97	温桥村	36	4351	262.33	99.77
韩家坝村	38	4760	351.13	113.13					

(李希熙)

川　姜　镇

【概况】 川姜镇地处通州南部,镇域面积49.87平方千米,耕地面积约1404.13公顷。下辖2个社区、14个村,户籍人口5.66万人。年内出生人口254人,人口出生率4.5‰;死亡人口538人,死亡率9.5‰。川姜镇以家纺闻名,多年蝉联"中国家纺名镇"荣誉称号,2019年跻身省经济发达镇行列,2022年位列"全国综合实力千强镇"483名。是年,实现地区生产总值159.21亿元,完成财政收入6亿元,一般公共预算收入2.22亿元。规模以上工业企业104家,规模以上工业总产值77.34亿元;完成规模以上工业应税销售64.93亿元,服务业应税销售62.06亿元,制造业投资34.83亿元。村级集体可支配收入3279万元。

【科技创新】 2022年,川姜镇实施产业倍增行动计划,新增各类规上企业28家。推动区直播电商扶持政策出台,加快建设中国南通家纺直播生态产业园。推进家纺企业"智改数转",技改总投入超2000万元。深化产学研合作,实施产学研合作项目3个,新增省级企业研发中心1家,新认定高新技术企业3家,研发总投入达2.1亿元。申报海外高层次人才15名,引进省外高层次人才5名,入选市"226高层次人才培养工程"1名。首次线上举办第十五届中国(川姜)画稿交易会,提交有效意向书近5000份。

【招商引资】 2022年,川姜镇高质量开展"招商引资突破年"活动,组建专业招商队伍,赴深圳、南京等地开展项目洽谈、宣传推介工作,举办招商活动2场,签约亿元以上项目8个。注册外资实际到账1906.1万美元。川姜镇获年度区招商引资先进集体称号。

【项目建设】 2022年,川姜镇高效推进重大项目建设,全区二季度项目集中开工仪式在川姜成功举办。新开工亿元以上项目4个,凯佳、中通项目封顶,唐正、忆阑珊项目建设竣工,工业综合体项目土地顺利摘牌。获年度区项目建设先进集体。

【镇村建设】 2022年,川姜镇科学划定全镇"三区三线"范围,扎实推进14个村(居)村庄规划编制。有序开展志南北横河、新江海河和北沿江铁路拆迁工作,完成川姜花苑、川姜小学征地报批,磨框四期竣工分房。

【生态建设】 2022年,川姜镇实施《家纺城雨污分流三年行动方案》,完成5个片区雨污分流。新建五洲路污水管网2.65千米,疏浚雨污管网11千米、雨污水井440余座。完成川北、保障、志浩农村散户生活污水接管888户,实现"双60%"达标。完成两轮中央环保督察整改,稳妥处置环保信访111件。实施志南北横河、志南中横河专项治理行动,市考以上断面水质达Ⅲ类。淘汰国三及以下排放标准柴油货车137台,$PM_{2.5}$平均浓度有效改善。高标准推进义成村生活富裕类先进村建设,志浩村创成"三美一高"示范村。

【社会治理】 2022年,川姜镇深入开展安全生产大检查、公共安全重大隐患"三清""利剑行动"回头看等专项行动,排查整改隐患732条。建成市场区域撬装式消防站。扎实推进"信访攻坚化解年"活动,办结各类信访件320件,化解矛盾纠纷1047起。区首个商会商事调解中心在川姜镇挂牌成立。是年,川姜镇获评区安全生产和政法工作先进集体。镇人民调解委员会获评市优秀调委会。

【社会事业】 2022年,川姜镇完善平战结合、高效联动的防疫机制,快速精准做好核酸检测、流调溯源、隔离转运等工作,全年接种新冠疫苗4.6万针次。统筹做好迎接中共二十大和中共二十大精神学习宣传系列活动,常态化开展党史学习教育,用接地气有温度的话语传播党的好声音。镇新时代文明实践所被评为区示范所。

【民生保障】 2022年,川姜镇始终聚焦群众期盼,完成民生实事项目8项。开展特殊困难群体救助帮扶和妇女儿童权益保障问题专项排查整治行动,发放各类补贴救助1085万元、尊老金243万元,完成112户低保特困户可燃气体报警仪安装。高标准通过市级"15分钟医保服务圈"示范点考核验收。

2022年川姜镇社会经济主要指标一览表

表59

项　目	单位	数量	项　目	单位	数量
行政区域总面积	公顷	4987.3	粮食总产量	吨	6749
行政村	个	14	棉花总产量	吨	0
社区居委会	个	2	油料总产量	吨	1131
年末总人口	人	56581	农机总动力	千瓦	1533
地区生产总值	亿元	159.21	规模工业企业	家	119
第一产业	亿元	1.82	主营业务收入	亿元	70.08
第二产业	亿元	69.83	利税总额	亿元	3.39
第三产业	亿元	87.57	固定资产投资	亿元	56.34
一般地方预算收入	亿元	2.22	注册外资到账	万美元	1906
农林牧渔总产值	亿元	3.16	城乡居民基本医疗保险参保	人	36678
农作物播种面积	公顷	2345.9	城乡居民基本养老保险参保	人	11455

2022年川姜镇行政村(社区)基本情况表

表60

村(居)	村(居)民小组数(个)	人口数(人)	耕地面积(公顷)	村集体经济收入(万元)	村(居)	村(居)民小组数(个)	人口数(人)	耕地面积(公顷)	村集体经济收入(万元)
川港社区	29	5997	79.19	153.01	启江村	25	3744	113.75	75.31
姜灶社区	41	6070	77.73	117.98	双桥村	18	2396	19.04	211.95
志浩村	13	2394	0.00	94.42	三合口村	23	2904	54.13	151.01
志南村	27	3736	61.95	172.88	磨框镇村	32	4091	25.62	243.88
川北村	22	2747	112.44	97.53	义成村	28	2745	48.70	227.51
川南村	42	4731	261.06	113.12	姜川村	31	4286	88.73	158.67
保障村	18	1858	96.75	60.21	望海台村	28	3004	114.24	144.39
斜桥村	26	2885	129.79	88.88	三圩埭村	31	2993	121.01	77.73

(周清清)

人物·荣誉

编　辑　顾新国

新任区领导简历

【张建华】 男，江苏南通人，1968年9月出生，1988年11月加入中国共产党，研究生文化程度。1986年8月在海门县余东中心小学参加工作，历任海门县余东中心小学教师、教导副主任（1988年6月南京师范大学汉语言文学专业自考大专毕业）。1992年9月任海门县余东中心小学副校长。1993年1月调海门县人民政府办公室工作。1994年7月起，历任海门市人民政府办公室秘书、综合科科长、副主任。1999年12月任海门市正余镇党委副书记、人民政府镇长。2000年9月任海门市正余镇党委书记（2002年6月南京师范大学汉语言文学专业自考大学毕业；2001年8月至2003年12月在中央党校法律专业在职大学学习；2003年2月至2004年7月在省委党校政治经济学专业研究生学习）。2006年6月任海门市委常委、市委办公室主任，2007年5月兼任海门市委秘书长，2007年11月兼任海门市滨海工业新区党工委书记。2008年8月任海门市委常委、市委秘书长、市委办公室主任，滨海新区党工委书记，2009年9月兼任海门市人民政府副市长。2010年2月任海门市委常委、市人民政府副市长，滨海新区党工委书记。2010年9月任海门市委常委、市人民政府常务副市长，滨海新区党工委书记，2011年1月不再兼任海门市滨海新区党工委书记。2013年12月任南通市人民政府副秘书长（正处级）。2017年1月任南通市委副秘书长（正处级），2017年2月任南通市委副秘书长、办公室主任。2018年12月任如皋市委书记，2020年4月兼任如皋经济技术开发区党工委书记。2020年12月任南通经济技术开发区党工委书记。2021年9月任南通市委常委，南通经济技术开发区党工委书记。2022年3月任南通市委常委，通州区委书记，南通高新技术产业开发区党工委书记。

【陈艳梅】 女，江苏南通人，1967年8月出生，1987年7月加入中国共产党，研究生文化程度。1987年8月在南通县职业学校参加工作。1991年8月任西亭镇人民政府文卫助理。1992年12月起，历任通州市妇联副部长、部长。1994年10月起，历任金西乡人民政府乡长助理、副乡长（1993年1月至1995年12月在省委党校经济管理专业大学学习）。1998年2月任通州市妇联副主任科员。1998年10月任通州市妇联副主席、党组成员。2002年10月任刘桥镇党委副书记、人民政府镇长（2000年8月至2002年12月在中央党校法律专业大学学习）。2003年11月任刘桥镇党委书记。2006年12月任通州市人民政府市长助理、党组成员，刘桥镇党委书记。2007年3月任通州市人民政府市长助理、党组成员，市建工局局长。2007年12月任通州区（市）人民政府副区（市）长、党组成员。2011年6月任通州区委常委，通州区人民政府副区长、党组成员（2008年9月至2011年7月在省委党校区域经济学专业研究生学习）。2016年7月任通州区政协党组书记。2017年1月任通州区政协主席（2017年1月12日政协南通市通州区第十三届委员会第一次会议选举）、党组书记。2021年7月任通州区政协主席、党组副书记。2022年1月任通州区人大常委会主任（2022年1月14日通州区第十七届人民代表大会第一次会议选举）、党组书记。2022年7月晋升一级调研员。

【葛锦坤】 男，江苏南通人，1964年12月出生，1993年7月加入中国共产党，大学文化程度。1984年7月在南通县畜牧兽医站参加工作。1989年12月起，历任南通县畜牧兽医站副站长、场长、通州市（南通县）多种经营管理局技术推广中心办公室副主任、主任。1994年12月起，历任通州市人民政府办公室秘书、副科长、科长、副主任科员、副主任、法制办公室主任。2002年11月任通州市平潮镇党委书记，2005年8月明确通州市内副处级（2002年9月至2004年12月在省委党校经济管理专业大学学习）。2006年6月任通州市委常委、平潮镇党委书记。2006年10月任通州市委常委、市委办公室主任。2008年2月兼任通州经济开发区党工委书记。2009年5月任通州市委常委、市委办公室主任。2010年4月任海安县委常委、组织部部长。2011年6月任南通市港闸区委常委，区人民政府常务副区长。2012年7月兼任南通市市北新城党工委书记。2016年5月任南通市旅游局局长、党组书记。2019年1月任南通市文化广电和旅游局局长、党组书记。2019年2月兼任南通市文物局局长。2020年12月晋升一级调研员。2021年7月任通州区政协党组书记，一级调研员。2022年1月任通州区政协主席（2022年1月13日政协南通市通州区第十四届委员会第一次会议选举）、党组书记，一级调研员。

【张连清】 男，江苏南通人，1977年10月出生，2004年6月加入中国共产党，研究生文化程度。1997年8月起，历任通州市金沙小学教师、总务副主任（2001年9月至2004年7月在南通师范学院小学教育专业大专学习）。2006年1月任通州市兴仁镇人民政府镇长助理。2008年2月任通州区（市）兴仁镇人民政府副镇长（2005年9月至2008年11月在中央广播电视大学小学教育专业大学学习）。2011年1月任通州区二甲镇党委副书记（2010年9月至2013年7月在省委党校政治经济学专业研究生学习）。2013年8月任通州区二甲镇党委副书记、人民政府镇长。2015年4月任通州区二甲镇党委书记、人大主席，2016年1月不再兼任通州区二甲镇人大主席。2017年11月任南通高新技术产业开发区党工委委员、管委会副主任，2017年12月兼任通州区金新街道党工委书记。2021年11月任通州区人民政府党组成员（保留副处职）。2022年1月任通州区人民政府副区长（2022年1月14日通州区第十七届人民代表大会第一次会议选举）、党组成员。2022年6月晋升三级调研员。

【孙　康】 男，江苏如皋人，1977年6月出生，2001年9月加入中国共产党，大学文化程度。1997年12月起，历任如皋市公安局柴湾派出所办事员、副所长、所长（1997年9月至2000年7月在省委党校干部经济管理专业大专学习；2002年8月至2004年12月在中央党校函授学院法律专业大学学习）。2006年12月任如皋市柴湾镇党委副书记、市公安局柴湾派出所所长。2009年1月起，历任如皋市公安局九华中心派出所教导员、所长。2010年12月任如皋市九华镇党委副书记、市公安局九华中心派出所所长。2014年12月任如皋市九华镇党委副书记、人民政府镇长（2012年9月至2017年6月在北京大学继续教育学院法学专业大学学习）。2020年1月任如皋市江安镇党委书记。2021年5月任海安市副市长、党组成员，2021年6月兼任海安市公安局局长、党委书记、督察长，市委政法委副书记，四级高级警长。2022年12月任通州区人民政府副区长（2022年12月28日通州区第十七届人民代表大会常务委员会第九次会议选举）、党组成员，区公安局局长、党委书记，区委政法委副书记，三级高级警长。

【卓果吉】 女，青海尖扎人，1974年4月出生，1998年1月加入中国共产党，大学文化程度。1997年9月在青海省黄南州尖扎县能科乡参加工作。2006年6月起，历任青海省黄南州尖扎县贾加乡副乡长、党委副书记。2011年6月任青海省黄南州尖扎县能科乡人大主席。2016年7月任青海省黄南州尖扎县马克唐镇党委副书记、人民政府镇长。2019年11月晋升一级主任科员。2020年5月任青海省黄南州尖扎县马克唐镇党委书记、四级调研员。2021年4月任青海省黄南州尖扎县马克唐镇四级调研员。2021年5月提名为青海省黄南州尖扎县人大常委会副主任人选。2021年7月任青海省黄南州尖扎县人大常委会副主任（2021年7月16日青海省黄南州尖扎县第十七届人民代表大会第一次会议选举）。2022年7月任通州区人民政府副区长（挂职）（2022年7月27日通州区第十七届人民代表大会常务委员会第五次会议选举）。

【隋唯帅】 男，辽宁辽阳人，1984年10月出生，2011年6月加入中国共产党，研究生文化程度。2007年8月在辽宁省辽阳市河务处参加工作。2011年8月起，历任辽宁省辽阳市河务处建设科副科长、科长（2016年12月取得沈阳农业大学农业推广硕士学位）。2018年8月任辽宁省辽阳市水利事务服务中心正科级干部。2019年9月任辽宁省辽阳市防汛抗旱河务服务中心正科级干部。2020年6月任辽宁省辽阳市防汛抗旱河务服务中心河道工程建设科科长。2020年9月任辽宁省辽阳市双河生态建设示范区管理委员会党组成员、副主任。2022年9月任通州区人民政府副区长（挂职）（2022年9月27日通州区第十七届人民代表大会常务委员会第七次会议选举）。

【严少标】 男，江苏南通人，1965年4月出生，中国民主促进会会员，大学文化程度。1988年8月在江苏省西亭高级中学参加工作。1994年8月起，历任江苏省西亭高级中学教务处主任助理、教务处副主任（主持工作）、教务处主任、副校长。2008年9月任通州区（市）刘桥中学校长。2010年9月任江苏省西亭高级中学校长。2016年5月任南通市体育局副局长。2022年1月任通州区政协副主席（2022年1月13日政协南通市通州区第十四届委员会第一次会议选举）。2022年6月晋升三级调研员。

【华　璇】 女，江苏南通人，1975年6月出生，大学文化程度。1997年9月在通州经济技术开发区规划局参加工作（2003年3月至2005年10月在江苏广播电视大学工程管理专业大学学习）。2010年1月起，历任南通高新技术产业开发区（通州经济技术开发区）规划局副局长、副局长（主持工作）。2015年6月任南通高新技术产业开发区建设局（规划建设局）副局长。2018年8月任南通高新技术产业开发区投资建设服务中心主任、建设局副局长（2020年9月至2021年8月挂职任南通市市政和园林局总工程师）。2022年1月任通州区政协副主席（2022年1月13日政协南通市通州区第十四届委员会第一次会议选举）。

（孙洁蕾）

新闻人物

【朱　达】 男，汉族，1965年12月出生，中共党员，大专学历，区公安局二甲派出所一级警长。自1999年部队转业参加公安工作以来，他始终扎根基层一线。先后获评全国优秀人民警察、中国好人、我心中的警察英雄、全省政法系统先进典型、全市政法系统平安卫士，荣立个人一等功和二等功各1次。2022年5月，被人力资源和社会保障部、公安部授予“全国特级优秀人民警察”荣誉称号。

【张继秋】 男，汉族，1985年11月出生，中共党员，大学学历，区公安局刑事警察大队副大队长兼技术中队中队长。他把枯燥乏味的指纹比对工作当作乐趣，沉迷于其中刻苦钻研，积极探索，苦中求乐，通过一枚枚小指纹洞察大乾坤，以自己的方式默默守护人民的安宁、正义的伸张。曾连续三年被公安部五局表彰为优秀指纹员；2018年，荣获全省公安机关比武竞赛第一名，并入选全省指纹专家人才库；先后获评江苏好人、全省全警练兵竞赛活动业务标兵、全省公安“百优刑警”，荣立个人二等功2次、三等功1次。2022年5月，被公安部授予“全国优秀人民警察”荣誉称号。 （张正磊）

【张峥峰】 女，汉族，1976年11月出生，中共党员，硕士研究生学历，正高级经济师，南通四建集团有限公司党委书记、董事，南通市第十三次党员代表大会代表、南通市第十三届政协委员。先后获评江苏省首批特级“两新”组织党务工作者、江苏省三八红旗手、南通市劳动模范。她坚持党建、工程双“鲁班”并重，夯实“党建带跑工程、工程促进党建”的组织基础。在全国建设行业率先提出打造“党建鲁班奖”，成功创建“组织架构健全、机构有效运转、管理方法得当”党建“南通四建模式”；2021年6月，集团党委被中共中央表彰为“全国先进基层党组织”，个人在北京受到习近平总书记亲切会见。坚持以党建带动工青妇等群团工作，集团工会获评全国模范职工之家，团委被评为全国五四红旗团委。组织近10万名四建人在长三角、京津冀和“一带一路”等地区建设上千个精品工程，集团在全省民营建筑企业中第一个被省政府授予江苏省质量奖，第一个获评全国文明单位，唯一被住建部表彰为全国住建系统抗疫先进集体，连续多年位列南通市十大税收贡献民营企业。心系慈善公益事业，近三年来带领集团捐款捐物逾3000万元，相关做法入选全国工商联《全国民营企业社会责任优秀案例》。2022年3月，被中华全国妇女联合会授予“全国巾帼建功标兵”称号。 （保丽华）

道德楷模

江苏好人

【陆美兰】 女，1963年1月出生，先锋街道秦家埭村31组村民。刚过花甲的她一生平平淡淡，结婚30多年来，几十年如一日照顾瘫痪在床的丈夫，无微不至照顾体弱多病的公婆，面对常人难以承受的压力，任劳任怨，坚强、乐观地面对，用自己的淳朴、善良和担当感染着身边的每一个人，续写中华民族传统美德。2022年8月，入选“江苏好人榜”。

【周尔飞】 男，1976年1月出生，中共党员，江苏省西亭高级中学援藏英语教师。2017年，他自愿奔赴雪域高原播撒教育情怀，期满后为助力藏族孩子们圆梦大学，又主动申请延期支教两年。2020年，他所带毕业班中有两个藏文理科班在高考中分获同类班级第一名和第三名。2021年，他任教的汉文17班在高考中再创佳绩，英语均分109.8分，最高分140分，居拉萨市直高中第一名。支教期间，他积极发挥“传、帮、带”作用，指导当地教师，助力教学教研，使拉萨江苏实验中学英语组获拉萨市级及以上奖项的教师比例明显增加。2022年8月，入选“江苏好人榜”。

南通好人

【邵　伟】 男，1992年6月出生，31609部队58分队政治指导员，2022年一季度见义勇为“南通好人”。2021年10月10日18时许，探亲返乡的邵伟正和岳父在车库干活，忽闻外边一声闷响，并伴有微弱呼救声，冲出车库一看，一辆家用小轿车正在斜对过路口边的鱼塘中慢慢下沉。他迅速冲过去，跳进水塘，发现车内有3人，且水已经淹到脖子，情况非常危急。他试图打开车门救人未果，于是拼命用手敲击玻璃，仍无济于事。情急之下，他掰下雨刮器，利用其尖角击碎车窗，成功救出被困群众，但他双手却开放性损伤、右手无名指和小拇指肌腱断裂。

【孙　磊】 女，1998年12月出生，共青团员，通州区俞瑞芳诊所护士，2022年一季度见义勇为“南通好人”。2021年12月14日晚上，一名60多岁的老人意外休克倒地，危急时刻，她挺身而出，俯身给老人进行心肺复苏，因为抢救及时，老人终于转危为安。

【季栋强】 男，1998年4月出生，共青团员，通州区梦之翼青年志愿者服务队队长，2022年二季度助人为乐“南通好人”。2016年创办通州区梦之翼青年志愿者服务队，服务队以弘扬雷锋精神、创建美好家园为服务宗旨，围绕关爱老人、秸秆禁烧宣传、疫情防控等活动，牵头组织开展各类志愿服务活动百余场，志愿服务时长达1.02万小时。加强对志愿者教育引导，弘扬具有东社特色的忠孝文化，培养出热心公益、甘于奉献的优秀青年近百名。

【陈　玲】 男，1993年3月出生，金新街道金泰花园居民，2022年三季度助人为乐“南通好人”。从2011年起，热心公益事业的他14次参加无偿献血活动，献血量达5600毫升。2015年6月19日，他报名采样加入造血干细胞志愿者行列，分别于2021年10月21日和2022年3月16日收到省造血干细胞资料库发来的通知单，均坚定同意捐献造血干细胞。2022年5月24日，他成为全国第13294例、全省第1034例、南通第62例、通州第10例造血干细胞成功捐献者。

【孙洪箭】 男，1968年5月出生，中共党员，南通天泰粮食种植专业合作社理事长，2022年四季度诚实守信“南通好人”。自合作社创办以来，他始终把诚信作为根本，严格把控生产流程，对原料及产品严格筛选把关，确保质优价廉，品种纯正。为让普通老百姓吃得上优质大米，合作社的大米售价多年未有明显涨幅，其创建的“石港”“渔湾水乡”两个大米品牌广受消费者欢迎。他从不拖欠在合作社帮忙的农户工资，按时兑付土地流转费，以低于市场价的价格为种田大户提供品牌农资和农机服务，并毫不保留传授生产经营经验给别人。诚信经营成就合作社发展，由他创办的南通天泰粮食种植专业合作社从全区300多个农民专业合作社中脱颖而出，成为同行中的佼佼者。2017年，南通天泰粮食种植专业合作社获评“江苏省诚信经营优秀企业”，个人荣获“江苏省诚信企业家”称号。

通州区新时代文明典型

【武国胜】 男，1984年3月出生，中共党员，区卫生健康委员会一级科员。疫情发生以来，他始终冲锋在抗击疫情一线，负责信息汇总、物资协调、核酸单混采系统紧急上线等工作。2022年4月3日22时许，在回家途中突发脑出血，一直中度昏迷。2022年12月，获评第二届通州区新时代文明典型。

【邢　蕾】 女，1975年2月出生，中共党员，区公安局治安大队户政中队中队长。一直从事窗口服务工作的她，不管在车管所还是在户籍窗口，都带着女警独有的细致、热情、耐心、柔美，坚持微笑接待，热情服务，细心解难，是群众眼中的“微笑天使”。先后荣立市、区三等功各1次，并获区政府嘉奖、公安局嘉奖及其他各类表彰多次。2022年12月，获评第二届通州区新时代文明典型。

【曹冲冲】 男，1992年12月出生，金沙街道综合行政执法局执法辅助人员。2022年4月17日，曹冲冲在第一集贸市场周边进行市容巡查中，捡到一个被遗落的灰色钱包，里面有现金若干和身份证等证件。在原地等待失主未果的情况下，他前往属地派出所寻求民警帮助，通过身份证号码查询到失主联系方式，帮助失主拿回钱包，并婉拒失主上门感谢。2022年12月，获评第二届通州区新时代文明典型。

【孙洪箭】 见南通好人介绍。

【邵　伟】 见南通好人介绍。

【孙　磊】 见南通好人介绍。

【陈　玲】 见南通好人介绍。

【高淑芬】 女，1947年5月出生，五接镇桃园村35组村民，通州区首届“美丽女性”。她的儿子儿媳都是听障人士，儿媳后患癫痫，发病时满身的呕吐物和大小便都由她收拾，婆婆瘫痪在床几十年如一日照顾有加。丈夫患肝病住院治疗，高淑芬还得两头跑。为偿还丈夫治病欠下的外债，她当起厨师，用爱和坚强撑起一个完美的家。2022年12月，获评第二届通州区新时代文明典型。

【王　灵】 女，1975年10月出生，中共党员，区医疗保障局稽查大队副大队长。先后获评通州区城乡居民“两险”网格化管理工作先进个人、区医疗保障局医保基金监管工作先进个人；家庭先后获评南通市五好家庭、通州区最美家庭。2022年12月，获评第二届通州区新时代文明典型。

【王剑华】 男，1965年6月出生，中共党员，民进会员，南通高新区金欣佳园居民。他身残志坚，用笔墨书写精彩人生，用公益彰显生命之光，积极参加“励志教育校园行”社会服务主题活动，相继在李港小学、海晏小学、金乐小学、二甲中学、文山初中等中小学演讲励志事迹，现场进行口书表演，激励广大青少年立志向、有梦想，感恩时代，珍惜幸福，自强自立，积极向上。先后荣获全国书法大赛二等奖，南通市文明新风典型；受聘为国务院国宾礼特供艺术家。2022年12月，获评第二届通州区新时代文明典型。

荣　誉

集体荣誉

2022年4月至2023年3月通州区受南通市以上党政军群机关表彰的先进集体一览表

表61

获奖单位	荣誉称号	表彰单位	表彰时间
南通新华建筑集团有限公司	工程建设企业5星级企业	中国施工企业管理协会	2022年6月
南通四建集团有限公司	信用星级证书	中国施工企业管理协会信用评价工作委员会	2022年6月
区人民法院兴仁人民法庭 区公安局刑警大队一中队 区公安局兴仁交警中队	全国青年文明号	全国创建青年文明号活动组委会	2022年8月
南通新华建筑集团有限公司	工程建设AAA级信用企业	中国施工企业管理协会	2022年8月
南通四建集团有限公司	2022年中国民营企业500强	中华全国工商业联合会	2022年9月
通州建总集团有限公司	2021年中国企业500强	中国企业家联合会、中国企业家协会	2022年9月

续表61

获奖单位	荣誉称号	表彰单位	表彰时间
南通新华建筑集团有限公司 江苏通州四建集团有限公司	AAA级信用等级企业	中国建筑业协会	2022年9月
南通四建集团有限公司 南通新华建筑集团有限公司	2022年度工程建设诚信典型企业	中国施工企业管理协会	2022年10月
南通四建集团有限公司	全国职工新《安全生产法》知识竞赛答题活动优秀组织单位	全国“安康杯”竞赛组委会	2022年11月
五接镇开沙村	全国民主法治示范村(社区)	司法部、民政部	2022年12月
区卫健委 区人社局 区红十字会 区疾病预防控制中心 区医疗保障局	全国优秀健走组织单位奖	中国疾控中心慢病中心	2022年12月
区人大常委会办公室	2022年全国工会职工书屋示范点	全国工会职工书屋建设领导小组办公室、全国总工会宣传教育部	2022年12月
区卫健委	2022年度全国避孕药具不良反应监测工作先进单位	国家卫生健康委计划生育药具不良反应监测中心	2023年1月
十总镇	全国“扫黄打非”基层示范点	全国“扫黄打非”工作小组办公室	2023年2月
区卫健委	2022年度全国抗肿瘤药物临床应用监测网数据质量优秀单位	国家癌症中心	2023年3月
区公安局开发区派出所	全省公安机关庆祝建党100周年安保维稳工作成绩突出集体	江苏省公安厅	2023年5月
区公安局刑事警察大队一中队	全省优秀基层单位	江苏省公安厅	2022年7月
区法院民事审判第一庭 区税务局第一税务分局特服号	江苏省巾帼文明岗	江苏省城镇妇女巾帼建功活动领导小组、江苏省妇女双学双比竞赛活动领导小组、江苏省妇女联合会	2022年7月
南通四建集团有限公司 南通新华建筑集团有限公司 通州建总集团有限公司 江苏通州四建集团有限公司	2021年度江苏省建筑业百强企业(综合实力类)	江苏省住房和城乡建设局、江苏省统计局、江苏省商务局	2022年7月
南通四建集团有限公司	2021年度江苏省建筑业百强企业(建筑外经类)	江苏省住房和城乡建设局、江苏省统计局、江苏省商务局	2022年7月
通州建总集团有限公司	2022年江苏企业100强(第38名)	江苏省企业联合会	2022年9月
区人大常委会机关	全省人大系统先进集体	江苏省人大常委会办公厅、江苏省人力资源和社会保障厅	2022年10月
南通新华建筑集团有限公司 江苏通州四建集团有限公司	2020—2021年江苏省守合同重信用企业	江苏省企业信用管理协会	2022年10月
区中医院	江苏省第二届出生缺陷防治科普作品征集大赛表演类二等奖	江苏省妇幼保健院、江苏省出生缺陷防治管理中心	2022年10月
区公安局先锋派出所	全省公安机关党的二十大安保维稳工作成绩突出集体	江苏省公安厅	2022年12月
区卫健委	江苏省第七届“万步有约”健走激励大赛组织工作先进单位二等奖	江苏省预防医学会	2022年12月
二甲镇	省健康镇	江苏省爱国卫生运动委员会办公室、健康江苏建设领导小组办公室	2022年12月

续表61

获奖单位	荣誉称号	表彰单位	表彰时间
五接镇开沙村 五接镇袁三圩村 东社镇东平村 东社镇香台村 平潮镇三官殿村	省健康村	江苏省爱国卫生运动委员会办公室、健康江苏建设领导小组办公室	2022年12月
二甲镇三甲社区 二甲镇余西社区 东社镇东社社区	省健康社区	江苏省爱国卫生运动委员会办公室、健康江苏建设领导小组办公室	2022年12月
区人防办	全省县(市、区)人防工作先进单位	江苏省人民防空办公室	2022年12月
金新司法所党支部	深化司法所党支部“双争双创”活动表现突出单位	江苏省司法厅政治部	2022年12月
二甲镇卫生院 刘桥镇卫生院 西亭镇卫生院	2022年江苏省老年友善医疗机构	江苏省卫生健康委员会、江苏省中医药管理局	2022年12月
区人民医院 区中医院 兴东街道社区卫生服务中心 十总镇骑岸卫生院 兴仁镇兴仁卫生院	江苏省老年友善医疗机构优秀单位	江苏省卫生健康委员会、江苏省中医药管理局	2022年12月
南通四建集团有限公司 南通新华建筑集团有限公司	江苏省建设经济会计学会2020-2021年度先进单位	江苏省建设经济会计学会	2022年12月
区法院立案庭	全省法院立案信访工作先进集体	江苏省高级人民法院	2023年1月
区法院执行局	全省法院“优化法治营商环境执行年”1+4专项行动先进集体	江苏省高级人民法院	2023年1月
区司法局	全省司法行政为民先进集体	江苏省司法厅	2023年1月
区住建局(地震局)	2022年度全省县级防震减灾优秀单位	江苏省地震局	2023年1月
区住建局(地震局)	2022年度全省县级防震减灾公共服务工作先进单位	江苏省地震局	2023年1月
通州后续照管工作站	2022年度后续照管工作成绩突出集体	江苏省戒毒管理局	2023年2月
江苏通州四建集团有限公司	2022年度出省建筑施工先进集体	江苏省住房和城乡建设厅	2023年2月
区司法局 区人大常委会 区人民法院 区教育体育局 区水利局 区行政审批局 金沙街道办事处 五接镇人民政府 兴东街道土山村	全市“七五”普法工作优秀集体	南通市法治宣传教育领导小组	2022年5月
通州建总集团有限公司 南通四建集团有限公司 南通新华建筑集团有限公司	2020—2022年南通市建筑业二十强纳税企业	南通市人民政府	2023年2月
南通四建集团有限公司 通州建总集团有限公司 南通新华建筑集团有限公司	2020—2022年南通市建筑业杰出企业	南通市人民政府	2023年2月

续表61

获奖单位	荣誉称号	表彰单位	表彰时间
南通长城建设集团有限公司 江苏通州四建集团有限公司 江苏通州二建建设工程有限公司 南通通博设备安装集团有限公司 南通扬子设备安装有限公司 华东建设安装有限公司 南通承悦装饰集团有限公司 南通新华钢结构工程有限公司	2020—2022年南通市建筑业优秀企业	南通市人民政府	2023年2月
区发改委 区交通运输局 区卫健委 区市场监督管理局 金新街道办事处 五接镇人民政府 川姜镇人民政府 石港镇人民政府 平潮镇人民政府 石港镇四港村村民委员会 刘桥镇徐园村村民委员会 平潮镇九圩港村村民委员会 兴仁镇徐庄村村民委员会	2022年度“强富美高”新南通现代化建设先进集体	中共南通市委员会、南通市人民政府	2023年3月

个人荣誉

2022年4月至2023年3月通州区受南通市以上党政军群机关表彰的先进个人一览表

表62

姓　名	所在单位	荣誉称号	表彰单位	表彰时间
张继秋	区公安局刑警大队技术中队	全国优秀人民警察	公安部	2022年5月
朱　达	区公安局二甲派出所	全国特级优秀人民警察	人力资源和社会保障部、公安部	2022年5月
徐宏均 吴勉和 张维国	南通新华建筑集团有限公司	2022年工程建设诚信项目经理	中国施工企业管理协会	2022年10月
王锦锦 李晓浩	区妇幼保健计划生育服务中心 区人民医院妇产科	2022年度全国避孕药具不良反应监测工作先进个人	国家卫生健康委计划生育药具不良反应监测中心	2023年1月
张峥峰	南通四建集团有限公司	江苏省三八红旗手	江苏省妇女联合会	2022年4月
陆袁洲	区人民医院	江苏省五一劳动奖章	江苏省总工会	2022年4月
瞿　剑	南通新华建筑集团有限公司	江苏省文明职工	中共江苏省委宣传部、江苏省文明办、江苏省总工会	2022年4月
魏　剑	区公安局刑事警察大队	三等功	江苏省公安厅	2022年5月
钱　亮	区公安局东社派出所	嘉奖	江苏省公安厅	2022年5月
王强强	区公安局法制大队	全省公安机关执法办案管理中心建设应用成绩突出个人	江苏省公安厅	2022年7月
吴亚楠	区公安局指挥中心	嘉奖	江苏省公安厅	2022年7月

续表62

姓　名	所在单位	荣誉称号	表彰单位	表彰时间
吴佳佳	区交通运输局	全省交通运输行业优秀共产党员	中共江苏省交通运输行业委员会	2022年7月
张卫国 陈锦锋	南通四建集团有限公司 江苏通州四建集团有限公司	2020—2021年江苏省建筑业优秀总工程师(技术负责人)	江苏省建筑行业协会工程建设质量与技术管理分会	2022年8月
邱　雨	区公安局政治处	嘉奖	江苏省公安厅	2022年10月
费金宣	石港法律服务所	全省工作成绩突出村(居)法律顾问	江苏省司法厅	2022年12月
蒋　超	南通综艺投资有限公司	江苏省先进会计	江苏省财政厅	2022年12月
赵勇杰 金玉林 范宜兵	南通新华建筑集团有限公司 江苏通州四建集团有限公司 江苏通州四建集团有限公司	2021年江苏省优秀建造师	江苏省建筑行业协会建造师暨项目经理工作委员会	2022年12月
赵勇杰 曹云虎 徐恩喜 高芝华	南通新华建筑集团有限公司 江苏通州四建集团有限公司 江苏通州四建集团有限公司 江苏通州四建集团有限公司	江苏省优秀项目经理	江苏省建筑行业协会建造师暨项目经理工作委员会	2022年12月
施向东	区委老干部局	全省优秀老干部工作者	中共江苏省委组织部、中共江苏省委老干部局、江苏省人力资源和社会保障厅	2022年12月
杨鹏程	区公安局治安大队	全省公安机关党的二十大安保维稳工作成绩突出个人	江苏省公安厅	2022年12月
臧荣和	江苏通州四建集团有限公司	江苏省建设经济会计学会2020—2021年度先进单位	江苏省建设经济会计学会	2022年12月
朱永华	区交通运输局	全省深化货车司机群体党建试点工作先进个人	中共江苏省交通运输行业委员会	2023年1月
周琴琴	区司法局	全省“法律明白人”培育工作成绩突出个人	江苏省司法厅	2023年1月
张　锋	区人民医院康复科	2022年度疫情防控工作先进个人	江苏省康复医学会	2023年1月
吴金国	区人力资源和社会保障信息中心	全省人力资源社会保障系统2022年重点工作成效明显的个人	江苏省人力资源和社会保障厅	2023年2月
任　义	通州后续照管工作站	2022年度后续照管工作成绩突出个人	江苏省戒毒管理局	2023年2月
陆新华 秦卫军 陈　彬	江苏通州四建集团有限公司	2022年度出省建筑施工先进个人	江苏省住房和城乡建设厅	2023年2月
张　涛 吴欣欣 吴新建 秦　伟 俞　婕 郭成龙 刘佳丽 李平凡 马维新 邱红梅 王秋凤	区人民检察院 区委宣传部 区人社局 南山湖小学 金沙司法所 金新司法所 先锋司法所 石港司法所 刘桥司法所 东社司法所 西亭司法所	全市“七五”普法工作优秀个人	南通市法治宣传教育领导小组	2022年5月

续表62

姓 名	所在单位	荣誉称号	表彰单位	表彰时间
张连清 孙卫锋 刑智峰 陈春雷 张丽华 季 亮 王小倩 严 巍 黄林玉 张 梅 张俊成 栾爱春 徐小红 刘 峰 刘春辉 陆志平 瞿丽华 曹秀春	区人民政府 区委组织部 区人力资源和社会保障局 通州生态环境局 区统计局 区信访局 通州区水务有限公司 金沙街道党工委 兴东街道农业农村和社会事业局 西亭镇财政局 区公安局先锋派出所 江苏省西亭高级中学 金新街道三姓街村 金沙街道金北村 五接镇天后宫村 二甲镇袁南社区 东社镇严北村 十总镇二爻社区	2022年度"强富美高"新南通现代化建设先进个人	中共南通市委员会、南通市人民政府	2023年2月
耿裕华 张红军 徐宏均	南通四建集团有限公司 通州建总集团有限公司 南通新华建筑集团有限公司	2020—2022年南通市建筑业杰出企业家	南通市人民政府	2023年2月
张学明 邵亚新 周志明 邱少波 朱泉军 王国祥 俞国兵 瞿羌军 王跃翔	南通长城建设集团有限公司 江苏通州四建集团有限公司 江苏通州二建建设工程有限公司 南通通博设备安装工程有限公司 南通扬子设备安装有限公司 华东建设安装有限公司 南通承悦装饰集团有限公司 江苏达海智能系统股份有限公司 南通新华钢结构工程有限公司	2020—2022年南通市建筑业优秀企业家	南通市人民政府	2023年2月

《通州年鉴(2022))》补遗

2021年4月至2022年3月通州区受南通市以上党政军群机关表彰的先进集体一览表

表63

获奖单位	荣誉称号	表彰单位	表彰时间
区市场监督管理局	2021年度调查工作突出贡献单位	中国个体劳动者协会	2022年3月
区人民医院	2022年度全国抗肿瘤药物临床应用监测网数据质量优秀单位	国家癌症中心	2022年3月

2021年4月至2022年3月通州区受南通市以上党政军群机关表彰的先进个人一览表

表64

姓 名	所在单位	荣誉称号	表彰单位	表彰时间
张峥峰	南通四建集团有限公司	全国巾帼建功标兵	中华全国妇女联合会	2022年3月
邵亚兵	江苏通州四建集团有限公司	2021年度出省施工先进个人	江苏省住房和城乡建设厅	2022年2月
徐宏均	南通新华建筑集团有限公司	南通市建筑业杰出企业家	南通市人民政府	2021年4月

附　　录

编　辑　顾新国

组织机构及负责人名录

中共南通市通州区委员会

书　　记：陈永红(3月免)
　　　　　张建华(3月任)
副 书 记：王少勇
　　　　　成小红(8月免,女)
　　　　　徐林锋(8月任)
常　　委：陈永红(3月免)
　　　　　张建华(3月任)
　　　　　王少勇　成小红(8月免,女)
　　　　　徐林锋　高洪军
　　　　　高　康(11月免)
　　　　　樊小燕(女)　王瑜彬
　　　　　佘德华　施骁毅　陈金祥
　　　　　张小忠(11月任)

南通市通州区人大常委会

1月10日至14日，召开南通市通州区第十七届人民代表大会第一次会议，并进行换届选举。

主　　任：陈　斌(1月届满)
　　　　　陈艳梅(1月当选,女)
副 主 任：瞿云峰(1月届满)
　　　　　葛　涛(1月届满)
　　　　　朱卫民　曹建新(1月当选)
　　　　　李均华(1月当选)
党组书记：陈　斌(1月免)
　　　　　陈艳梅(1月任,女)
党组副书记：瞿云峰(1月免)
　　　　　吴建均
　　　　　张　勤(1月届满,女)
　　　　　华　璇(1月当选,女)
党组书记：葛锦坤
党组副书记：陈艳梅(1月免,女)
　　　　　　陈伟平　施骁毅
秘 书 长：徐　蔚
副秘书长：顾晓明

南通市通州区人民政府

区　　长：王少勇
副 区 长：徐林锋(常务,8月辞)
　　　　　佘德华(常务,8月任)
　　　　　曹建新(1月届满)
　　　　　刘学军(1月届满)
　　　　　殷雅竹(8月挂职期满,女)
　　　　　陈　兵　陆忠华
　　　　　张连清(1月当选)
　　　　　包海宁(12月辞,女)
　　　　　孙　康(12月任)
　　　　　袁天明　张斌辉(女)
　　　　　张福海(5月挂职期满)
　　　　　卓果吉(7月任,挂职,女)
　　　　　隋唯帅(9月任,挂职)
党组书记：王少勇
党组副书记：徐林锋(8月免)
　　　　　　佘德华(8月任)
党组成员：许　诺(8月任,挂职)

政协南通市通州区委员会

1月9日至13日，召开政协南通市通州区第十四届委员会第一次会议，并进行换届选举。

主　　席：陈艳梅(1月届满,女)
　　　　　葛锦坤(1月当选)
副 主 席：陈伟平　季　平(1月届满)
　　　　　顾建军(1月届满)
　　　　　李均华(1月届满)
　　　　　严少标(1月当选)
　　　　　刘学军(1月当选)

中共南通市通州区纪律检查委员会

书　　记：陈金祥(兼)
副 书 记：赵建峰　钱　澄(1月任,女)
常　　委：陈金祥　赵建峰
　　　　　钱　澄(1月任,女)
　　　　　王　强　曹文峰　王益锋
　　　　　王烨峰(12月任)

南通市通州区监察委员会

主　　任：陈金祥(1月当选,兼)
副 主 任：赵建峰　钱　澄(2月任,女)
委　　员：陈金祥　赵建峰
　　　　　钱　澄(2月任,女)
　　　　　王　强　张徐华(8月免)
　　　　　王烨峰(12月免)
　　　　　曹文峰(12月任)
　　　　　曹　忠(12月任)

区委工作部门及直属机构

办公室

主　　任：陈　兵(兼)

副 主 任：蒋建伟（4月任）
蒋建军　昝智强
江鑫鑫
顾亚明（1月任，挂职）

区纪委监委派驻区委办公室纪检监察组

组　　长：陆　锋（1月任）

区委国家安全委员会办公室

主　　任：徐林锋（8月兼任）
常务副主任：朱晓明（12月任）

区委机要局

局　　长：蒋建伟（4月免）
专职副局长：康建锋（7月逝世）

区委保密委员会办公室（国家保密局）

主任（局长）：蒋建伟（兼，4月免）

区国家保密局

专职副局长：沈明晖

区国家密码管理局

局　　长：蒋建伟（兼，4月免）

区档案局

局　　长：陈　兵（兼）
专职副局长：吴永淮

区委督查室

主　　任：章灵芝（女）

组织部

部　　长：施骁毅（兼）
常务副部长：姜卫国（8月免）
刘　亮（8月任）
副 部 长：曹邢彬
卫志云（女）
顾慧辉（女）
部务委员：吴　健　刘小冬

区纪委监委派驻区委组织部纪检监察组

组　　长：吴小兰（女）

区公务员局

局　　长：曹邢彬（8月兼任）

区委非公有制企业和社会组织工作委员会

书　　记：卫志云（兼，8月免，女）
顾慧辉（8月兼任，女）
专职副书记：冯　静

区委党建工作领导小组办公室

主　　任：顾慧辉（8月兼任，女）
专职副主任：冯　静（12月兼任）

区委区级机关工作委员会

书　　记：卫志云（8月兼任，女）
专职副书记：
纪监工委书记：郑洪斌

区委考核工作委员会办公室

专职副主任：孙　晖（12月任）

区人才工作办公室

主　　任：曹邢彬（8月兼任）
专职副主任：

宣传部

部　　长：樊小燕（兼，女）
副 部 长：曹荣琪
陈建华
吴志祥

区纪委监委派驻第六纪检监察组

组　　长：袁卫东

区精神文明建设指导委员会办公室

主　　任：吴志祥（兼）
专职副主任：丁　莉（女）

区委网络安全和信息化委员会办公室

专职副主任：徐　亮

区新闻出版局（区版权局）

局　　长：曹荣琪（兼）
专职副局长：范　权

区互联网信息办公室

主　　任：陈建华（兼）

统战部

部　　长：施骁毅（兼）
常务副部长：张颖倩（女）
副 部 长：樊　珂（12月免）
曹莉萍（女）
喻迎春（12月任）

区民族宗教事务局

局　　长：张颖倩（兼，女）
专职副局长：顾　斌
副 局 长：徐　锋（8月任，挂职）

区政府侨务办公室

主　　任：
专职副主任：喻迎春

政法委员会

书　　记：佘德华（兼，8月免）
徐林锋（8月兼任）
副 书 记：包海宁（12月免，兼，女）
孙　康（12月兼任）
何新华（常务，8月免）
张　显（常务，12月任）
朱晓明（12月免）
彭道新（兼）

区纪委监委派驻第七纪检监察组

组　　长：葛　俊
政治处主任：杨　慧（女）

区委国家安全委员会办公室

主　　任：张　显（兼，12月免）
副 主 任：王晓梅（12月免，女）
邱建华（12月免）
朱永宁（12月免）
周晓兵（12月免）

研究室

主　　任：吴　昊
副 主 任：昝　强

区委全面深化改革委员会办公室

专职副主任：郑述隆

机构编制委员会办公室

主　　任：邱天擎
副 主 任：陆卫华

区事业单位登记管理局

局　　长：邱天擎（兼）
专职副局长：

台湾工作办公室（区政府台湾事务办公室）

主　　任：蒋建军
副 主 任：蒋　波

巡察工作办公室

主　　任：王　强（4月任）
副 主 任：姜美娟（女）

第一巡察组

组　　长：王佳蓓（女）
副 组 长：崔　平　吴　凤（女）

第二巡察组

组　　长：曹任娟（女）
副 组 长：季　然（女）

第三巡察组

组　　长：胡祝平
副 组 长：马秀荣　张　琴（女）

第四巡察组

组　　长：杨洪杰（1月免）
副 组 长：杨金华　袁　莉（女）

老干部局

局　　长：曹邢彬（8月免）
卫志云（8月任，女）
副 局 长：曹江梅（主持日常工作，女）
施向东（8月免）
严　彬（12月任）

区委离退休干部工作委员会
书　　记:曹邢彬(兼,8月免)
　　　　卫志云(8月兼任,女)
专职副书记:陈雪连

党校
校　　长:施骁毅(1月兼任)
副 校 长:陈国华(常务)
　　　　黄亚南
　　　　任　建
组 织 员:郑　州(女)

行政学校
校　　长:徐林锋(兼,9月免)
　　　　佘德华(9月兼任)
副 校 长:陈国华
　　　　黄亚南
　　　　任　建

档案馆
馆　　长:季　亚
副 馆 长:张　强
　　　　谢国志

人大工作部门

区人大常委会
党组成员:瞿祖平
　　　　周建清(1月任,8月免)
　　　　丁亚军(10月任)

办公室
主　　任:周建清(2月任,9月免)
　　　　丁亚军(10月任)
副 主 任:易卫东
　　　　张危微(女)
区纪委监委派驻第二纪检监察组
组　　长:张慧超
研究室
副 主 任:
老干部服务科
科　　长:周　丹(女)
信访督办科
科　　长:

财政经济工作委员会
主　　任:曹红军(2月免)
　　　　沈凯军(2月任)
副 主 任:曹玉筠(女)

监察和司法工作委员会
主　　任:张进荣(2月免)
　　　　林　峰(2月任)
副 主 任:张晓燕(女)

人事代表工作委员会
主　　任:姜子国(2月免,退休)
　　　　姚　忠(2月任)
副 主 任:王晓霞(女)

环境资源城乡建设工作委员会
主　　任:丁俊荣
副 主 任:崔红星(2月免)

教科文卫工作委员会
主　　任:崔红星(2月任)
副 主 任:徐建锋

农业和农村工作委员会
主　　任:张菊兰(2月免,女)
　　　　倪建东(2月任)
副 主 任:徐雪松

民宗侨台工作委员会
主　　任:张武军
副 主 任:蔡　辉

专职委员:陆建兵(1月届满)
　　　　夏季兵(1月届满)
　　　　陈超平
　　　　丁建荣
　　　　黄春玉
　　　　曹　辉
　　　　吴广进
　　　　张菊兰(1月任)
　　　　周建清(9月任)

机关党组
书　　记:周建清(4月任,8月免)
　　　　丁亚军(10月任)
成　　员:曹红军(1月免)
　　　　姜子国(1月免,退休)
　　　　张菊兰(1月免,女)
　　　　张进荣(1月免)
　　　　张武军
　　　　沈凯军(4月任)
　　　　林　峰(4月任)
　　　　姚　忠(4月任)
　　　　崔红星(4月任)
　　　　倪建东(4月任)

区政府工作部门及直属机构

办公室
主　　任:王晓亮
副 主 任:周建清(兼,1月免)
　　　　彭道新(兼)
　　　　吴志祥(1月免)
　　　　李晓东
　　　　郭　攀
　　　　张雪兵(1月任)
党组书记:王晓亮
党组成员:陆　锋(1月免)
　　　　施金花(女)
　　　　金俊杰(1月任)
　　　　李晓东(12月任)
　　　　郭　攀(12月任)
　　　　张雪兵(12月任)
区纪委监委派驻区政府办公室纪检监察组
组　　长:陆　锋(1月免)
　　　　金俊杰(1月任)
区政府督查室
主　　任:施金花(女)
区政府研究室
主　　任:王晓亮(兼)
专职副主任:张雪兵(1月免)
区政府外事办公室
主　　任:王晓亮(兼)
区委外事工作委员会办公室
专职副主任:姜一春(女)

发展和改革委员会
主　　任:倪健忠
副 主 任:徐琳琳(1月免)
　　　　施卫东　顾圣亮
　　　　季玉华(女)
　　　　高　燕(1月免,女)
　　　　王　燕(女)
　　　　张国强
　　　　陈金菊(8月挂职期满,女)
党组书记:倪健忠
党组副书记:施卫东(12月任)
区工业和信息化局
局　　长:倪健忠(兼)
专职副局长:
区粮食和物资储备局
局　　长:倪健忠(兼)

教育体育局

局　　长：丁　华
副 局 长：刘　新　胡清华
葛红玲（女）
吴伯军　季拥军
党组书记：丁　华
党组副书记：薛小玉（女）
葛青松
李　达（8月任，挂职）
党组成员：王笑梅（女）
严蔚民

区纪委监委派驻第十纪检监察组

组　　长：严蔚民

区委教育工委

书　　记：丁　华（兼）
专职副书记：薛小玉（女）

区政府教育督导室

主　　任：丁　华（兼）
专职副主任：葛青松

科学技术局

局　　长：姚　忠（1月免）
姜小国（2月任）
副 局 长：高　燕（1月任，女）
张俊铭
邓娟珍（8月挂职期满，女）
党组书记：姜小国
党组副书记：高　燕（女）

公安局

局　　长：包海宁（12月免，兼，女）
孙　康（12月任，兼）
政　　委：倪　军
副 局 长：曹群英（女）
王　东　葛伟峰
邱　兵　李　祥
赵小波（11月任）
任小锋（12月挂职期满）
督 察 长：包海宁
党委书记：包海宁（12月免，兼，女）
孙　康（12月任，兼）
党委副书记：倪　军
曹　勇（挂职）
曹群英（女）　王　东
党委委员：解林见
朱　俊（挂职）
曹　军

区纪委监委派驻区公安局纪检监察组

组　　长：曹　军

民政局

局　　长：林　峰（1月免）
张　明（2月任）
副 局 长：徐建国
卞晓娟（女）
丛春明（9月免）
党组书记：张　明

司法局

局　　长：刘玉贤
副 局 长：曹茂龙　姜志亮
章　婷（女）
陈海兵
政治处主任：董秋彤（女）
党组书记：刘玉贤
党组副书记：曹茂龙（12月免）

区委全面依法治区委员会办公室

主　　任：佘德华（兼，8月免）
徐林锋（8月兼任）
专职副主任：徐　健

财政局

局　　长：周　鉴（1月免）
吴雪华（2月任）
副 局 长：吴巧俏（1月免，女）
蒋惠珍（女）
徐　静（女）
陈汝军
党组书记：吴雪华
党组副书记：张　芳（女）
党组成员：季恺成（12月任）

区纪委监委派驻区财政局纪检监察组

组　　长：季恺成（12月任）

区政府国有资产监督管理办公室

主　　任：周　鉴（兼，4月免）
吴雪华（4月兼任）

人力资源和社会保障局

局　　长：李　锐
副 局 长：曹　玮（1月免）
吴卫东　季　成
何　静（女）
周　波（8月挂职期满，女）
党组书记：李　锐

住房和城乡建设局

局　　长：丁亚军（11月免）
副 局 长：蔡世杰　徐志宏
曹云峰
总工程师：丁舜锋
党组书记：丁亚军（10月免）
党组成员：姚　斌　张东华

区纪委监委派驻第十二纪检监察组

组　　长：张东华

区人民防空办公室

主　　任：丁亚军（兼，11月免）
专职副主任：朱剑锋

区地震局

局　　长：丁亚军（兼，11月免）

城市管理局

局　　长：顾军峰
副 局 长：王玉华　周　冲
曹林峰　徐敬国
党组书记：顾军峰

区综合行政执法局

局　　长：顾军峰（兼）

交通运输局

局　　长：丁明新（1月免）
吴佳佳（2月任）
副 局 长：张　明（1月免）
花云霞（女）
陆志方
总工程师：曹杨国
党组书记：吴佳佳

水利局

局　　长：陈晓飞
副 局 长：倪建东（1月免）
朱德礼
纪鹏程
曹永平
总工程师：葛江华
党组书记：陈晓飞
党组成员：陈国祥　王林源
张　帆　葛江华

区纪委监委派驻第十三纪检监察组

组　　长：张　帆

农业农村局

局　　长：马　锋
副 局 长：张达世
姚　冰（女）
花继东　赵　坚
总农艺师：马小莉（挂职，女）
党组书记：马　锋
党组成员：王晓春（12月任）

区纪委监委派驻区农业农村局纪检监察组
组　　长：王晓春(12月任)
乡村振兴局
局　　长：马　锋(兼)
专职副局长：陈巧云(女)
区委农村工作领导小组办公室
专职副主任：施亚兴(女)

商务局
局　　长：金泽林(1月免)
　　　　　葛　锋(2月任)
副 局 长：叶佳佳(女)
　　　　　严卫华(女)
　　　　　顾彬斌
　　　　　张启军
党组书记：葛　锋
党组成员：顾　华
区纪委监委派驻第九纪检监察组
组　　长：顾　华

文化广电和旅游局
局　　长：许易峰(1月免)
　　　　　高宏彬(2月任)
副 局 长：丁　燕(女)
　　　　　吴兴林　曹卫康
　　　　　张亚辉
总工程师：李　仲(女)
党组书记：高宏彬

卫生健康委员会
主　　任：匡咏梅(女)
副 主 任：刘永杰
　　　　　吕　英(女)
　　　　　顾晓虎
　　　　　范　玲(女)
党组书记：匡咏梅(女)
党组成员：卞玉梅(女)
　　　　　冯　霞(女)
区纪委监委派驻第十四纪检监察组
组　　长：卞玉梅(女)

退役军人事务局
局　　长：周东生
副 局 长：宋红军
　　　　　成建荣(1月免)
　　　　　曹永锋
　　　　　宋松青(7月兼任)
党组书记：周东生

应急管理局
局　　长：王志清(12月免)
　　　　　曹茂龙(12月任)
副 局 长：杨　峰
　　　　　施永兵
　　　　　单晓琛
总工程师：施洪春
党委书记：王志清(12月免)
　　　　　曹茂龙(12月任)
区安委办专职副主任：段水梅

审计局
局　　长：沈凯军(1月免)
　　　　　徐琳琳(2月任)
副 局 长：顾　霞(9月免,退休,女)
　　　　　顾建荣　顾　钰
总审计师：曹　阳
党组书记：沈凯军(1月免)
　　　　　徐琳琳(1月任)
党组副书记：季海燕(挂职,女)
区委审计委员会办公室
专职副主任：鲍炜璐(女)

行政审批局
局　　长：李焱明
副 局 长：葛振军　王铁峰
　　　　　张志林　司红林
党组书记：李焱明
党组成员：王建兵(9月免)
区政务服务管理办公室
主　任：李焱明(兼)
专职副主任：

市场监督管理局
局　　长：曹　勇(1月免)
　　　　　刘笑峰(2月任)
副 局 长：刘笑峰(1月免)
　　　　　易　建
　　　　　孙　昱(女)
总工程师：丁锦同
食品安全总监：姜丽均(女)
党组书记：刘笑峰
党组成员：许志锋
区纪委监委派驻第十六纪检监察组
组　　长：许志锋
区知识产权局
局　　长：曹　勇(兼,1月免)
　　　　　刘笑峰(1月兼任)
专职副局长：邱一真

统计局
局　　长：陈　刚
副 局 长：沈洪清　朱异玲(女)
总统计师：张国峰
党组书记：陈　刚

医疗保障局
局　　长：陈　雨
副 局 长：施晓灵(女)
　　　　　曹　玮(1月任)
党组书记：陈　雨
党组副书记：曹　玮
党组成员：张建明

信访局
局　　长：丁华斌(1月免)
　　　　　顾亚明(2月任)
副 局 长：朱向陌　孙建新
　　　　　卑圣君
信访督查专员：沈裕龙　季　亮
党组书记：顾亚明
区委信访局
局　　长：顾亚明(1月任)

地方金融监督管理局
局　　长：秦瑞作
副 局 长：周宇春
党组书记：秦瑞作
区政府金融工作办公室
主　　任：秦瑞作(兼)

接待办公室
主　　任：秦　锋
副 主 任：朱朝霞(女)

党史工作办公室
主　　任：王　飞(12月免)
副 主 任：沙　宁
区地方志编纂委员会办公室
主　　任：王　飞(兼,12月免)

融媒体中心
主　　任：丁晓峰
副 主 任：王云峰　曹　军
区广播电视台
台　　长：丁晓峰(兼)

区域治理现代化指挥中心
主　　任：周建清(1月免)

彭道新(1月任)
副 主 任:曾玉娟(女)　黄晓林
王　莉(女)
党组书记:彭道新

机关事务服务中心
主　　任:高宏彬(1月免)
秦　锋(1月任)
副 主 任:曹　军　丁华周
张晓军　徐茂军
党组书记:秦　锋

社会矛盾纠纷调处中心
主　　任:曹茂龙
副 主 任:宋建锋　陈木均

政府投资项目工程建设中心
主　　任:方伶俐(女)
副 主 任:姜　健　张蔚华
总工程师:季克锋

园林绿化管理中心
主　　任:张　赟(女)

中国乒乓球通州训练基地
主　　任:
副 主 任:徐建伟(主持日常工作)

党员干部现代远程教育办公室
主　　任:严　彬(12月免)

干部信息管理中心
主　　任:张益峰

互联网新闻中心
主　　任:

机构编制研究评估中心
主　　任:

对外交流服务中心
主　　任:胡益军

企业公有资产管理办公室
主　　任:徐琳琳(兼,1月免)
副 主 任:

教师发展中心
主　　任:陈汉兵

生产力促进中心
主　　任:吴晓涛

国有资本管理中心
主　　任:张　芳(女)
副 主 任:邢培华　张钰艳(女)

国库集中支付中心
主　　任:任　辉(女)

人才服务中心
主　　任:

人力资源和社会保障综合执法大队
大 队 长:邢智峰
教 导 员:沈　梅(女)

住房建设服务中心
主　　任:姚　斌
副 主 任:王　昕　陆　洋
鲍海兵

住房保障和房产服务中心
主　　任:姜晓波

市政公用事业服务中心
主　　任:丁舜锋
副 主 任:陆　明　胡海斌
蔡　忠

城市建设管理综合执法大队
大 队 长:喻建华(1月任)
教 导 员:姜鑫锴(1月任)

交通运输综合执法大队
大 队 长:邵锦林
教 导 员:袁海曙

沿江开发办公室
主　　任:陈国祥
副 主 任:王林源　丁　杨
王建锋

农林综合执法大队
大 队 长:周宜彬
教 导 员:潘培新

农林技术推广中心
主　　任:

投资服务中心
10月,经区委常委会研究,决定撤销中共南通市通州区投资服务中心党组。
主　　任:葛　锋(4月免)
孙振坚(4月任)
副 主 任:于海燕　张卫华
成　瑶(女)
王　展(挂职)
邓志强(挂职)
钱银进(8月挂职期满)
党组书记:葛　锋(4月免)
孙振坚(4月任,10月免)

文化市场综合执法大队
大 队 长:曹智锋
教 导 员:杨小兵

疾病预防控制中心
主　　任:冯　霞(女)

卫生监督所
所　　长:王国清

安全生产督查大队
大 队 长:施洪春

公共资源交易中心
主　　任:王建兵(8月免)

综合检验检测中心
主　　任:赵　辉

医疗保险基金管理中心
主　　任:

政协工作部门

区政协
党组成员:陈　炎　徐　蔚

办公室
主　　任:钱晓新
副 主 任:瞿宝祥　王海锋
区纪委监委派驻区政协机关纪检监察组
组　　长:金俊杰(1月免)
邱玲艳(1月任,女)
老干部服务科
科　　长:孙崇兰

提案委员会

主　　任：赵国明(1月免)
　　　　　王　飞(12月任)
副 主 任：沈　杰

委员工作委员会

主　　任：易天明(1月免)
　　　　　姜　华(1月任)
副 主 任：王淑平(1月免,女)
　　　　　李　菁(1月任)

经济科技委员会

主　　任：李　忠(1月免)
　　　　　杨洪杰(1月任)
副 主 任：江　华

农业农村委员会

主　　任：姜　华(1月免)
　　　　　吴进华(12月任)
副 主 任：李　菁(1月免)
　　　　　王淑平(1月任,女)

教文卫体和文史委员会

主　　任：许易峰(1月任)
副 主 任：顾红燕(女)

环境资源和城乡建设委员会

主　　任：张剑冰(1月免)
　　　　　丁明新(1月任)
副 主 任：凌　飞

社法民宗和港澳台侨委员会

主　　任：花建山(1月免)
　　　　　顾晓明(12月任)
副 主 任：瞿　勇

专职常委：张晓飞
　　　　　钱国华(1月届满)
　　　　　包良均
　　　　　金泽林(1月任)
　　　　　赵国明(1月任)
　　　　　姜卫国(8月任)
　　　　　樊　珂(12月任)

机关党组

书　　记：徐　蔚
副 书 记：钱晓新(4月任)
成　　员：赵国明(1月免)
　　　　　姜　华
　　　　　李　忠(1月免)
　　　　　金俊杰(1月免)
　　　　　邱玲艳(1月任,女)
　　　　　杨洪杰(4月任)
　　　　　许易峰(4月任)
　　　　　丁明新(4月任)

南通高新技术产业开发区

党工委书记：陈永红(3月免)
　　　　　张建华(3月任)
党工委副书记：王少勇
　　　　　高洪军(常务,正处职)
　　　　　张　灵
　　　　　刁玉芬(女)
管委会主任：王少勇
管委会副主任：张　灵(常务,正处职)
　　　　　包云祥　陈东兵
　　　　　沈新宇　施　璐
　　　　　顾本勇
　　　　　李晓军(6月任)
　　　　　廖华波(8月挂职期满)
纪工委书记：王海兵
党工委委员：周　飞(11月挂职期满)

党政办公室

主　　任：施晓辉
副 主 任：曹　伟

组织人事局

局　　长：袁利忠
副 局 长：邱学国

经济发展局

局　　长：孙振坚(1月免)
　　　　　周国栋(1月任)
副 局 长：季胜忠　刘永华
　　　　　王文涛(9月任,挂职)

科技和人才局(知识产权局)

局　　长：姚晓兰(女)
副 局 长：吴小昊
　　　　　谢冬梅(女)　张　宇
　　　　　高　乐(8月挂职期满)
　　　　　王　强(8月挂职期满)
　　　　　李　锋(9月任,挂职)

财政局

局　　长：吴雪华(1月免)
　　　　　吴巧俏(1月任,女)
副 局 长：季　彬(9月免)
　　　　　刘　瑾(女)
　　　　　蔡　娟(女)

建设局

局　　长：张新林
副 局 长：华　璇(1月免,女)
　　　　　高　荣
　　　　　朱晓庆(女)

招商局

局　　长：蒋林华
副 局 长：昝建斌
　　　　　顾春峰
　　　　　葛　健
　　　　　钱玉龙
　　　　　马国威(8月挂职期满)

投资促进局(重大项目办公室)

局长(主任)：徐刘波
副局长：

安全生产监督管理局

局　　长：吴鹏云
副 局 长：刘　宸　朱建忠

行政审批局

局　　长：蔡劲松
副 局 长：管宏页(女)

纪工委

副 书 记：道宗明

工会

主　　席：王霄峰
副 主 席：

团工委

书　　记：李楼进
副 书 记：

妇联

主　　席：
副 主 席：

人武部

部　　长：葛震宇
副 部 长：陈　炎

科技新城管理办公室

主　　任：邱　智
副 主 任：姜锦华（女）
　　　　顾　婷（女）
　　　　王　晨（8月挂职期满）

南通空港产业园管理办公室

主　　任：曹建新（兼）
副 主 任：吴进华（主持日常工作）
　　　　夏　伟
　　　　陈永东

投资建设服务中心

主　　任：华　璇（1月免，女）
副 主 任：王　展
　　　　邓志强
　　　　王红梅（女）

人才服务中心

主　　任：费　平
副 主 任：曹　劼
　　　　李志杰

南通市自然资源和规划局高新区分局

局　　长：卢　俊
副 局 长：瞿小辉
　　　　张新春
　　　　赵云清
规 划 师：朱佳轩

江苏省南通开沙岛旅游度假区管理办公室

党工委书记：
党工委副书记：孙伟俊
　　　　刘　俊
　　　　钱　宏（挂职）
办公室主任：孙伟俊
办公室副主任：徐美云（女）
　　　　曹海戎（3月挂职期满，女）
　　　　许文祥

江苏省通州现代农业产业园区管理办公室

专职副主任：陈妍池（女）

石港科技产业园

党工委书记：施骁毅（1月兼任）
党工委副书记：顾　灏　王　冬
　　　　何新军（3月挂职期满）
管委会主任：顾　灏
管委会常务副主任：王　冬
党工委委员：

南通家纺城

家纺知识产权快速维权中心

主　　任：陈　前
副 主 任：张洪伟　严恩海

通州区人民法院

院　　长：黄　卫（1月当选）
副 院 长：黄　卫（1月免）
　　　　施为民（3月免）
　　　　喻锋新（正科职）
　　　　陈宗林　姜　华
　　　　谷昔伟（11月挂职期满）
专职委员：季　忠　俞妙琴（女）
党组书记：黄　卫
党组副书记：喻锋新
政治部主任：王端炜
执行局局长：李振男

通州区人民检察院

检 察 长：罗海妹（1月当选，女）
副检察长：罗海妹（1月免，女）
　　　　王　栋（9月免）
　　　　金志锋
　　　　王立新
专职委员：徐卫红（女）
　　　　姚　峰（挂职）
党组书记：罗海妹（女）
党组副书记：王　栋（8月免）
党组成员：丁建国（8月免）
　　　　邱　楠（挂职）
政治部主任：杨建新
区纪委监委派驻第十八纪检监察组
组　　长：丁建国（8月免）

通州区人民武装部

部　　长：张小忠
政　　委：高　康（9月免）
　　　　蔡超群（9月任）
第一书记：陈永红（兼，3月免）
　　　　张建华（4月兼任）
党委书记：高　康（9月免）
　　　　蔡超群（9月任）
党委副书记：张小忠

人民团体

总工会

主　　席：葛红俊（女）
副 主 席：徐　飞
　　　　徐浩兵
　　　　季冰冰（挂职）
　　　　赵勇前（兼）
　　　　施水红（兼，女）
党组书记：葛红俊（女）
党组成员：王　飞
区纪委监委派驻第十五纪检监察组
组　　长：王　飞

团委

11月，召开共青团南通市通州区第十八次代表大会，并进行换届选举。

书　　记：曹佳楠（10月任，女）
副 书 记：顾马煜（10月免）
　　　　曹佳楠（10月免，女）
　　　　杨鹏飞（挂职，10月正式任职）
　　　　章志祥（10月任）
　　　　石嘉豪（10月任，挂职）
　　　　张俊达（10月任，挂职）
　　　　金丹丹（兼，女）

妇联

主　　席：王晓燕（女）
副 主 席：王　霏（女）
　　　　冯　楠（女）
　　　　吴静静（挂职，女）
　　　　宋晨晨（兼，女）
党组书记：王晓燕（女）

科协

主　　席：孙振坚
副 主 席：李国新　王秉坤
　　　　张　瑞（挂职，女）
　　　　施卫东（兼）

胡清华(兼)
刘永杰(兼)
袁宏亮(兼)
赵　坚(兼)
党组书记：孙振坚

社科联

主　　席：姜卫军
副 主 席：陈泉江
季玉华(兼，女)
易卫东(兼)
顾圣亮(兼)
吴　昊(兼)
施金花(兼，女)

文联

11月，召开区文学艺术界联合会第十一次代表大会，并进行换届选举。

主　　席：许　君(女)
副 主 席：丁晓峰(10月提名，11月当选，兼)
赵勇前(兼)
张　锋(兼)
葛红玲(10月提名，11月当选，兼，女)
李春芳(10月提名，11月当选，兼，女)
邱永康(10月提名，11月当选，兼)

侨联

主　　席：钱　兵
副 主 席：陈爱华(女)
黄　荣(兼)
蒋　忠(兼)
黄国培(兼)

工商联

主　　席：张斌辉(兼，女)
副 主 席：曹莉萍(常务，女)
张晓伟
耿裕华(不驻会)
陆　军(不驻会)
赵　峰(不驻会)
魏　进(不驻会)
周　健(不驻会)
季广新(不驻会)
孙　燕(不驻会，女)
党组书记：曹莉萍(女)
党组成员：保　健

总商会

会　　长：张斌辉(兼，女)
副 会 长：曹莉萍(常务，女)
张晓伟
丁　健(不驻会)
王建春(不驻会)
董赵勇(不驻会)
曹剑忠(不驻会)
柳敦雷(不驻会)
周小兵(不驻会)
陆维祖(不驻会)
邱少波(不驻会)
谢一峰(不驻会)
包卫彬(不驻会)
袁宏亮(不驻会)
张明亮(不驻会)
王跃翔(不驻会)
袁红星(不驻会)
胡文彪(不驻会)
虞素平(不驻会，女)
杨金晶(不驻会)
曹　伟(不驻会)

残联

11月，召开区残疾人联合会第七次代表大会，并进行换届选举。

理 事 长：张友奎
副理事长：仇星煜
姜益南(10月提名，11月当选，女)
顾小飞(10月提名，11月当选，兼)
党组书记：张友奎

红十字会

名誉会长：
会　　长：张劲松(兼，1月免)
陈　兵(1月任，兼)
副 会 长：邵　菊(常务，女)
陈建芳(女)
袁玉华(12月任，挂职)
蒋建军(12月提名，兼)
胡益军(12月提名，兼)
姜卫国(兼，8月免)
刘　亮(12月提名，兼)
吴志祥(12月提名，兼)
张颖倩(12月提名，兼)
张　显(12月提名，兼)
丁　华(兼)
倪　军(兼)
张　明(12月提名，兼)
吴雪华(12月提名，兼)
匡咏梅(兼，女)
施金花(届满不再提名，兼，女)
秘 书 长：王玉梅(女)
党组书记：邵　菊(女)
党组成员：王玉梅(女)
邵晓明(12月任)

法学会

会　　长：佘德华(兼，8月免)
徐林锋(8月兼任)
专职副会长：陈晓峰
副 会 长：何新华(兼，8月免)
张进荣(兼，1月免)
花建山(兼，1月免)
刘玉贤(兼)
王　栋(兼，8月免)
葛伟峰(兼)
季　成(兼)
曹云峰(兼)

垂直及双重管理单位

中国人民银行通州支行(国家外汇管理局通州支局)

行长、局长：曹建平
副 行 长：李锡芳　张艳萍(女)
党组书记：曹建平
纪检监察组长：李锡芳(兼)

中国工商银行股份有限公司南通通州支行

行　　长：王　忠
副 行 长：许瑞静(女)
陈尔雷　孙国平
党委书记：王　忠
党委副书记：许瑞静(女)
纪委书记：葛建平

中国农业银行股份有限公司南通通州支行

行　　长：曹佳玲(女)
副 行 长：季任春　包向荣
万　佳　蒋晓亮(女)
党委书记：曹佳玲(女)
纪委书记：季任春

中国建设银行股份有限公司南通通州支行

行　　长: 李　罡
副 行 长: 殷鲁宁(女)　姜勇军
合 规 官: 王志彬
党委书记: 李　罡
纪委书记: 王志彬

中国银行股份有限公司南通通州支行

行　　长: 王　浩
副 行 长: 郑晓霞(女)
　　　　　朱　亮　王春林
　　　　　朱　颖(女)
党总支书记: 王　浩

中国农业发展银行南通市通州支行

行　　长: 焦　龙
副 行 长: 黄　琪(女)
　　　　　徐　洋(女)
支部书记: 焦　龙

中国人民财产保险股份有限公司通州支公司

经　　理: 曹星宇
副 经 理: 王建南
　　　　　李劲松
党支部书记: 曹星宇

中国人寿保险股份有限公司通州支公司

总 经 理: 胡海明
副总经理: 潘春花(女)
党支部书记: 胡海明

南通市通州自然资源和规划局

局　　长: 俞　华
副 局 长: 顾为民
　　　　　张卫东
　　　　　季云忠(12月免)
　　　　　黄建明　邹秦川
总规划师: 于金羽(1月任)
党组书记: 俞　华

南通市通州林业局

局　　长: 俞　华(兼)

税务局

局　　长: 王海燕(女)
副 局 长: 林海平(8月任)
　　　　　秦丽华(8月免)
　　　　　姚筱煜　杨贤琳(女)
　　　　　周志均　盛雅彬
党委书记: 王海燕(女)
纪检组长: 孙志华(11月免)
　　　　　王丛炜(11月任)

南通市通州生态环境局

局　　长: 张　健
副 局 长: 邱少波
　　　　　袁晓娟(女)
　　　　　吴东强
　　　　　施卫华
党组书记: 张　健
党组成员: 左志山
总工程师: 王　成

邮政局

总 经 理: 吕　静(女)
副总经理: 陈小莉(女)
　　　　　张　炜
　　　　　吴　杰
党委书记: 吕　静(女)
纪委书记: 陈小莉(女)

中国电信股份有限公司通州分公司(电信局)

总经理(局长): 张　伟
副总经理(副局长): 潘　海
　　　　　　　　　张　俊(4月免)
　　　　　　　　　李云中
　　　　　　　　　朱　剑(4月任)
党委书记: 张　伟
纪委书记: 李云中

区供电公司

总 经 理: 朱富云(10月免)
　　　　　李云鹏(10月任)
副总经理: 李云鹏(10月免)
　　　　　钱　锋(10月任)
　　　　　徐志鹏
　　　　　徐　冰
　　　　　张伟杰
　　　　　张　迈(5月任)
党委书记: 李云鹏(10月免)
　　　　　钱　锋(10月任)
党委副书记: 朱富云(10月免)
　　　　　　李云鹏(10月任)
纪委书记、工会主席: 尤玲玲(女)
党委委员: 苏　剑(5月免)

气象局

局　　长: 顾录泉
副 局 长: 刘　刚
　　　　　陈建军(4月免,女)
党组书记: 顾录泉
纪检组长: 陈建军(女)

南通市烟草公司通州分公司(区烟草专卖局)

经理、局长: 徐程娟(女)
副 局 长: 周　建
副 经 理: 施珊珊(女)
　　　　　郭锦成(2月任)

新华书店

经　　理: 成煜林
副 经 理: 陈　枭

区经济实体单位

供销合作总社

主　　任: 胡劲武
副 主 任: 金建峰(1月免)
　　　　　包晓炜
　　　　　帅剑锋
　　　　　瞿仪晨
党组书记: 胡劲武

镇(街道)党(工)委、人大、政府(办事处)、纪(工)委

金沙街道

书　　记: 严　巍
副 书 记: 季　良
　　　　　徐卫国
　　　　　顾马煜
人大工委主任: 吴广进(2月免)
　　　　　　　凌　健(2月任)
人大工委副主任: 曹　鹏
主　　任: 季　良
副 主 任: 何　俊(11月免)
　　　　　张可嘉
　　　　　蔡小芳(女)
　　　　　陈　华
　　　　　何俊杰
　　　　　孙连文(1月任,4月免)
　　　　　丁　伟(8月挂职期满)
纪工委书记: 陈晓红(女)
组织委员: 朱怡颖(女)
宣传委员: 严　瑛(女)
统战委员: 管海燕(女)
政法委员: 陆　啸
党工委委员、人武部部长: 刘　辉

党工委委员:刘建飞(挂职,城北派出所所长)
宋宇飞(挂职,城中派出所所长)

金新街道

书　　记:顾本勇
副 书 记:王翕金
王　斐
解君辉(4月挂职期满)
邓星林(挂职,姜灶派出所所长)
何鹏程(10月任,挂职)
人大工委主任:顾亚明(2月免)
张为民(2月任)
人大工委副主任:王　建
主　　任:王翕金
副 主 任:吴成梓
张晓维
高　峰
王鲁苏
蒲棋书(11月任,挂职)
纪工委书记:赵晓云(女)
组织委员:吴　佐
宣传委员:朱　燕(女)
统战委员:严人凌(女)
政法委员:倪晓峰
党工委委员:陈　炎　樊朝伟
江　磊(挂职,开发区派出所所长)
孙在朝(挂职,城西派出所所长)

兴东街道

书　　记:吴进华(12月免)
副 书 记:吴　杨(主持党工委日常工作,12月任)
陈永东(12月任)
黄严帅(4月挂职期满)
刘　杰(8月挂职期满)
人大工委主任:邢建均(10月免)
主　　任:吴佳佳(1月免)
副 主 任:娄　光
丁宏林
戴中华
喻晓康
张豪华
施晓健(女)
纪工委书记:褚小燕(女)
组织委员:姜益南(10月免,女)
宣传委员:周思源(女)
统战委员:王峰艳(女)
政法委员:王　磊
党工委委员、人武部部长:朱慎清

先锋街道

书　　记:钱道锋
副 书 记:葛　昊
曹元元
朱　锋(挂职,骑岸派出所所长)
人大工委主任:马迎霞(2月免,女)
吴其春(2月任)
主　　任:葛　昊
副 主 任:徐晓峰　张振兵
江　敏　徐　翔
马建芳(女)
纪工委书记:吴　尉(女)
组织委员:朱　丽(8月免,女)
宣传委员:葛建林
统战委员:丁娇杨(女)
政法委员:张　华
党工委委员、人武部部长:张乃胜
党工委委员:曹跃华(挂职,先锋派出所所长)

西亭镇

书　　记:唐　锋
副 书 记:杨　磊　陈小兵
杨　瑾(8月挂职期满)
人大主席:姜春雷
镇　　长:杨　磊
副 镇 长:王冬明　朱泽华
张元鸿　邱伟佳
纪委书记:吴德水
组织委员:葛晓淏
宣传委员:季　飚(女)
统战委员:程　森(女)
政法委员:陈季卫
党委委员、人武部部长:郭洪涛
党委委员:王利民(挂职,西亭派出所所长)

二甲镇

书　　记:丁志岗
副 书 记:姜铮莉(女)
季　琳(女)
徐一然(8月挂职期满)
汤晟炜(挂职)
人大主席:吴红星
镇　　长:姜铮莉(1月当选,女)
副 镇 长:刘少华　王亚春
季小雄
黄国祥(1月当选)
朱徐峰(1月当选)
纪委书记:顾健丽(女)
组织委员:张　燕(女)
宣传委员:沈　杰
统战委员:王桂英(女)
政法委员:潘江华
党委委员、人武部部长:费志强
党委委员:蒋海钰(挂职,二甲派出所所长)

东社镇

书　　记:曹顾涌
副 书 记:吴　杨(12月免)
黄页舟(12月任)
王志伟(12月免)
徐一然(8月挂职期满)
人大主席:徐　华(1月当选)
镇　　长:吴　杨(12月免)
黄页舟(12月提名)
副 镇 长:张启国　张小伟
孙淑慧(女)
吴卫荣(1月当选)
纪委书记:曹　锋
组织委员:姚杜娟(女)
宣传委员:袁　飞
统战委员:高　颖(女)
政法委员:吴卫军
党委委员、人武部部长:朱汉斌
党委委员:葛春荣(挂职,东社派出所所长)

十总镇

书　　记:龚志军
副 书 记:钱　亮(女)
顾　峰(女)
王　晨(8月挂职期满)
人大主席:葛坚强
镇　　长:钱　亮(女)
副 镇 长:陈　熹(1月当选)
徐　建
成晓锋(1月当选)
黄双花(1月当选,女)
纪委书记:钱远征

组织委员：沈松宇
宣传委员：姜吉庆
统战委员：张　睿（女）
政法委员：施建飞
党委委员、人武部部长：吴志权

石港镇

书　　记：顾　灏
副 书 记：王　冬
　　周澜涛
　　陈金菊（8月挂职期满，女）
人大主席：李　锋（1月当选）
镇　　长：王　冬
副 镇 长：郭　杰
　　陈　冰（女）
　　朱小祥
　　陆鑫鑫（1月当选，女）
纪委书记：范燚燚（女）
组织委员：任秋奕（女）
宣传委员：杨　梅（女）
统战委员：顾朱剑
政法委员：严程峰
党委委员、人武部部长：邵峰清
党委委员：王小兵（挂职，石港派出所所长）

刘桥镇

书　　记：陈建烽
副 书 记：丁光南
　　曹春玉（女）
　　杨　瑾（8月挂职期满）
人大主席：李　斌
镇　　长：丁光南
副 镇 长：陆　建　汤恺敏
　　孟镇勋
　　高　丽（女）
纪委书记：邢徐军
组织委员：丁鹏鹏
宣传委员：郭振军
统战委员：邱　浪
政法委员：朱　丽（女）
党委委员、人武部部长：刘　新
党委委员：严百灵（挂职，刘桥派出所所长）

平潮镇

书　　记：张卫忠
副 书 记：陈永刚
　　黄　炜（女）　黄乐乐
　　施　峻（挂职，骑岸派出所教导员）
　　陈宇恒（8月挂职期满）
　　黄页舟（12月挂职期满）
人大主席：纪建峰（1月当选）
人大副主席：夏育华
镇　　长：陈永刚
副 镇 长：浦晓东
　　祁昌海
　　李　太
　　李国建
　　魏佳喜（1月当选）
　　朱　峰（1月当选）
纪委书记：施晨飞
组织委员：倪彦杰
宣传委员：许　铭
统战委员：朱钧泷
政法委员：陆修远
党委委员、人武部部长：李　钢
党委委员：纪建峰（兼）
　　成鹤银（挂职，平潮派出所所长）

五接镇

书　　记：孙伟俊
副 书 记：刘　俊
　　徐美云（女）
　　陈宇恒（8月挂职期满）
人大主席：孙清建
镇　　长：刘　俊
副 镇 长：孙志凤
　　赵　楠
　　程金锋
　　张钰鹏
纪委书记：潘栋全
组织委员：张　群（女）
宣传委员：肖　燕（女）
统战委员：黄建锋
政法委员：黄丽娟（女）
党委委员、人武部部长：胡小涛

兴仁镇

书　　记：王　勇
副 书 记：徐林冲
　　徐　钰（女）
　　刘　杰（8月挂职期满）
人大主席：马迎霞（1月当选，女）
镇　　长：徐林冲
副 镇 长：何　莹
　　葛鉴洲（1月当选）
　　张国民
　　陈　佳（1月当选，女）
纪委书记：杨　霞（女）
组织委员：胡小波
宣传委员：冯冬华
统战委员：陆倩文（女）
政法委员：葛小龙
党委委员、人武部部长：吴　勇
党委委员：陈　发（挂职，兴仁派出所所长）　徐　威（挂职）

川姜镇

书　　记：王瑜彬
副 书 记：王钰华（女）
　　顾建峰
　　陈超平（挂职）
　　马国威（8月挂职期满）
人大主席：龚　卫
镇　　长：王钰华（女）
副 镇 长：陆迎辉（女）
　　李泽民　戴晓晨
　　李小辉（1月当选）
纪委书记：周　凯
组织委员：季　鹏
宣传委员：周卫建
统战委员：黄金宇（女）
政法委员：李永亮
党委委员、人武部部长：顾建兵
党委委员：任　华（挂职，川港派出所所长）

部分事业单位

江苏省通州高级中学

校　　长：季仲平
副 校 长：秦志强（8月免）
　　张圣兵　巫灿烨（女）
　　何忠锋
　　张春明（8月任）
党委书记：季仲平
党委副书记：秦志强（8月免）
　　张圣兵（8月任）
纪委书记：翟新民

江苏省通州中等专业学校（江苏广播电视大学通州学院）

校　　长：姜汉荣
副 校 长：张劲松

顾　强(1月免)
高　飞　陆海锋
王晓红(1月任)
党委书记：姜汉荣
党委副书记：张劲松　顾　强
纪委书记：顾　强

江苏省西亭高级中学

校　　长：周　岗
副 校 长：任益南　季志锋
栾爱春　王　进(9月任)
党委书记：周　岗
纪委书记：王　进

江苏省平潮高级中学

校　　长：孙　钢
副 校 长：邵　良　张　杨
吴　军
吴国华(9月任)
党委书记：孙　钢
纪委书记：夏永明

金沙中学

校　　长：李　达(9月免)
薛　军(9月任)
副 校 长：薛　军(8月免)
刘新军　管建新
蔡国锋(9月任)
党委书记：李　达(8月免)
薛　军(8月任)
党委副书记：
纪委书记：蔡国锋(8月免)
周玉霞(8月任，女)

石港中学

校　　长：顾锋杰
副 校 长：黄建军　俞　华
盛永杰
党总支书记：顾锋杰

乒乓球运动学校

校　　长：王寿兵
副 校 长：蒋兴锐(9月免)
吕晓飞
党支部书记：王寿兵

南通市通州卫生职工中等专业学校

校　　长：李发新
副 校 长：季春雷
党支部书记：李发新
党支部副书记：季春雷

人民医院

董 事 长：易　昕
院　　长：
副 院 长：施　庆　徐　洪
殷　乐(女)
党委书记：
党委副书记：施　庆
纪委书记：施　庆

中医院

院　　长：秦晓纲
副 院 长：曹亦军　李春芳(女)
王传兰(女)
党委书记：曹亦军
党委副书记：秦晓纲
纪委书记：

国家统计局通州调查队

队　　长：严春燕(女)
副 队 长：江向荣(1月任，挂职，女)
李倩垚(5月任，女)
党组书记：严春燕(女)
党组成员：施方明(9月免)
石荣杰(1月免，挂职)
李倩垚(5月任，女)
孙路军(9月任)
纪检监察组组长：施方明(9月免)
孙路军(9月任)

地产发展中心

主　　任：施向蓉(女)

土地储备中心

主　　任：刘旭峰

不动产登记交易中心

主　　任：

部分国有企业

南通市鑫汇控股集团有限公司

董 事 长：沈　杰(4月免)
总 经 理：周　沐
副总经理：赵春涛　瞿淑娟(女)
财务总监：
党委书记：沈　杰(4月免)
党委副书记：周　沐
纪委书记：袁　伟(女)

南通圆宏控股集团有限公司

董 事 长：李晓东
副董事长：张　勇(11月免)
副总经理：张　勇(11月免)
吴尤宏　卞新明
韩小国
财务总监：周　伟
党委书记：李晓东
纪委书记：于　荣

南通融通控股集团有限公司

董 事 长：季　平
总 经 理：金志锋
副总经理：司晓峰　保　飞
胡文然
财务总监：胡海霞(女)
党委书记：季　平
纪委书记：施志军
党委委员：陈　杰

南通金沙湾建设发展有限公司

董 事 长：季　平
总 经 理：朱雪平(女)
副总经理：赵　军(4月免)
蒋松华
董　　事：朱雪平(女)
吴晓东(7月免)
胡海霞(女)
财务总监：胡海霞(女)

南通高新控股集团有限公司

董 事 长：张单华(4月免)
总 经 理：张单华(4月免)
副总经理：朱雪平(女)
吴晓东(6月免)
丁志伟(4月免)
财务总监：赵　军(4月任)
董　　事：朱雪平(女)
吴晓东(6月免)
丁志伟(4月免)

南通一诺城镇建设开发有限公司

执行董事、总经理：陈　杰

会议报告

稳字当头　敢字发力
全面推进中国式现代化通州新实践

——在区委十三届五次全会上的讲话

（2023年1月10日）

张建华

同志们：

这次全会的主要任务是，以习近平新时代中国特色社会主义思想为指导，全面贯彻落实党的二十大精神，按照中央经济工作会议和省委、市委最新部署要求，回顾总结2022年工作，研究部署今后一个时期和2023年工作任务，动员全区上下坚定拥护"两个确立"，坚决做到"两个维护"，坚持稳字当头、稳中求进，敢作敢为、善作善成，加快打造新高地、建设硬核区，努力争当全市高质量发展排头兵，在新征程上全面推进中国式现代化通州新实践。

下面，根据区委常委会讨论的精神，我讲四个方面意见。

一、增强"挑重担、扛重责"的使命感，推动全区经济社会发展取得新成效

刚刚过去的一年，面对复杂严峻的外部环境和多重超预期的困难挑战，全区上下以迎接党的二十大、学习宣传贯彻党的二十大精神为主线，全面落实"疫情要防住、经济要稳住、发展要安全"的重大要求，坚决做到"两个统筹"，争挑重担、勇扛重责，切实推动全区改革发展稳定和党的建设各项工作取得新成效。预计全年实现地区生产总值1670亿元，增长2.8%；一般公共预算收入82.8亿元，增长7.9%。

*一是疫情防控精准有效。*坚持人民至上、生命至上，坚决贯彻"外防输入、内防反弹"总策略和"动态清零"总方针，落实"四早"要求、压实"四方责任"，迅速扑灭区内局部疫情，努力以最小范围、最短时间、最低成本控制疫情传播。积极应对疫情新形势、新变化，严格执行国家第九版防控方案和优化防控工作的二十条、"新十条"措施，坚决防止简单化、"一刀切"和"层层加码"。科学精准做好疫情防控各项工作，落实"四级"救治体系，规范建设发热门诊，加强生活物资、就医用药、心理疏导等服务保障，全力推进重点人群疫苗接种，最大程度保护人民群众生命安全和身体健康。树牢"一盘棋"思想，先后派出医务人员129人次支援上海、新疆、连云港、无锡等地抗疫，为全国全省抗疫大局贡献通州力量。

*二是经济运行稳步回升。*用好国家、省市政策工具箱，出台"48+7"惠企措施，累计减税降费和退税缓税超过50亿元。深入落实"营商环境提升年"各项举措，按照"一带去三带回"要求，扎实开展"服务企业大走访"，帮助企业解决各类难题，全年新实施"智能化改造、数字化转型"项目295个，新增四上企业255家，规上工业增加值、应税销售分别增长8.5%和3.5%。加大金融支持力度，宏德股份登陆深交所创业板，新增制造业贷款50亿元，增幅35.2%，全市第一。优化利用外资结构，制造业外资占比提升至50%。推动服务业加快复苏，举办"南通州·欢乐购"等特色文旅融合惠民活动，发放各类消费券1000万元。

*三是产业创新持续深化。*积极构建项目全生命周期管理体系，优化重组招商队伍，百亿级高德电子、康辉新材料、50亿级康源电子等一批重大项目成功落户。完善项目建设"定期观摩、专班推进"机制，新开工重大项目19个。系统谋划产业承载平台建设，石港、金沙、平潮基本完成规划、拆迁等前期工作，南通高新区汽车零部件产业获评国家火炬特色产业基地、电子元器件产业入选首批省创新型产业集群建设名单。研究制定支持科技创新系列措施，新认定高新技术企业157家，高新技术产业产值占比提升3.9个百分点，新增国家级专精特新"小巨人"企业2家，国家级制造业单项冠军企业1家。持续推进质量强区建设，获评首批国家知识产权强县建设示范县（市、区）。持续优化创新创业环境，成功举办第十八届高洽会，承办省创新创业大赛总决赛，新增国家级科技企业孵化器1家、省级众创空间2家，全年新引进科创项目63个、高层次人才94名。

*四是城乡品质有效提升。*科学编制国土空间分区规划，完成"三区三线"划定，城镇开发边界拓展至165平方公里。北沿江高铁顺利开工，南通新机场进入实质性推进阶段，江海大道东延工程全线贯通，西站大道二期高架正式通车，南通轨交1号线开通运营。深化文明城市长效管理，改造老旧小区4个，新增机动车停车泊位750个，完成"瓶改管""飞线"整治年度任务。扎实推进农业高质量发展，新改建高标准农田3.4万亩，超额完成粮食生产任务。推进省级农业生产全程全面机械化示范区建设，新建"无人化农场"4个，特色农机化水平提高到72%。加快乡村振兴示范村、先进村建设，徐园村创成省特色田园乡村，村均集体收入达120万元。深入打好污染防治攻坚战，突出抓好环保督察反馈问题整改，$PM_{2.5}$浓度下降4.3%，市考以上断面

水质优Ⅲ率保持100%。积极稳妥推进碳达峰碳中和，减污降碳协同增效等工作获省政府督查激励。

*五是民生福祉切实增进。*加大减负稳岗扩就业力度，新增城镇就业1.2万人、创业4200人，服务新就业群体相关做法被央视报道。全体居民人均可支配收入达49849元，增长5.3%，城乡人均可支配收入比缩小到1.9:1。召开全区教育发展大会，稳步推进教育改革发展措施落地见效，新改扩建中小学、幼儿园7所，义务教育学校教师配置更趋均衡。强化医疗、医保、医药“三医联动”，优化医疗资源布局，改革村卫生室管理体制，不断提升医疗服务水平。加快“一老一小”关爱服务体系建设，居家养老服务扩面提标，南山湖儿童成长中心被列入国家首批质量评估试点机构。实施“精网微格”工程和“红网格、通通建”全域试点，社会治理能力不断提升。扎实开展社会矛盾风险隐患拉网式大排查大起底大化解，妥善处置房地产、劳资纠纷等领域突出信访问题，圆满完成党的二十大维稳安保重大政治任务。开展特殊困难群体救助帮扶和妇女儿童权益保障问题专项排查整治行动，有效维护弱势群体合法权益。深入开展安全生产专项整治、公共安全重大隐患“三清”专项行动，事故起数、死亡人数实现双下降。政治安全、扫黑除恶、打诈防诈、食药安全、司法体制改革、退役军人事务等工作有效开展，社会大局保持和谐稳定。

*六是党的建设不断加强。*统筹做好迎接党的二十大各项工作，举办“通州这十年—喜迎二十大”大型融媒体新闻活动，为党的二十大胜利召开营造浓厚氛围。二十大闭幕后，广泛开展宣传宣讲，推进新时代党的创新理论深入人心。全力配合做好省委巡视工作，自觉接受“政治体检”，高质量抓好反馈问题整改。大力弘扬社会主义核心价值观，持续夯实意识形态基层基础，“童声里的中国”少儿创研活动获习近平总书记亲切勉励。深入开展“机关作风建设提升年”活动，凝练总结、深入践行“激情奋斗、创新争先、务实担当”通州干部精神特质，全面提振党员干部精气神。扎实推进“党建领航、镇村夺旗”专项行动，综合研判、调优配强村（社区）党组织书记，基层党组织引领发展能力有效增强。持续强化正风肃纪反腐，一体推进不敢腐、不能腐、不想腐，有力维护和巩固风清气正的政治生态。全力支持人大、政协履职尽责，人大全力打造践行全过程人民民主的通州样板，获评全省人大系统先进集体；政协务实开展“有事好商量”等协商民主工作，得到省政协主要领导的充分肯定。创成首批全省民族团结进步示范区，支持民盟、民进成立基层委员会，圆满完成团委、文联、残联换届工作，人武、老干部、关心下一代等工作取得新进展。

过去的一年是党和国家历史上极为重要的一年，也是通州改革发展历程中极不寻常的一年。面对复杂多变的外部环境和艰巨繁重的各项任务，全区上下牢记使命、勇扛重责，保持了平稳健康的经济环境、国泰民安的社会环境、风清气正的政治环境，成绩来之不易。这根本在于习近平总书记作为党中央的核心、全党的核心掌舵领航，在于习近平新时代中国特色社会主义思想的科学指引，是党中央和省委、市委坚强领导的结果，是全区各级党组织和广大党员干部团结奋斗的结果。在此，我代表区委向同志们表示衷心的感谢！

二、深刻领悟“两个确立”的决定性意义，自觉用党的二十大精神统一思想和行动

党的二十大是在全党全国各族人民迈上全面建设社会主义现代化国家新征程、向第二个百年奋斗目标进军的关键时刻召开的一次具有里程碑意义的大会，为新时代新征程党和国家事业发展、实现第二个百年奋斗目标指明了前进方向、确立了行动指南。学习宣传贯彻党的二十大精神，事关党和国家事业继往开来，事关中国特色社会主义前途命运，事关中华民族伟大复兴，是当前和今后一个时期的首要政治任务。我们要按照中央和省委、市委的部署要求，在学懂弄通、知行合一、常悟常进上下功夫，自觉用党的二十大精神统一思想、统一意志、统一行动。

*一要学深悟透“五个牢牢把握”重要要求，深刻认识党的二十大的精神实质和丰富内涵。*坚决贯彻习近平总书记“五个牢牢把握”和“全面学习、全面把握、全面落实”的重要指示，深入学、反复学，读原文、悟原理，持续拓展深度、延伸广度，真正理解习近平新时代中国特色社会主义思想的核心要义、精神实质、丰富内涵和实践要求。要深刻认识党的二十大主题和主要成果，更好地理解把握我们党在新征程上举什么旗、走什么路、以什么样的精神状态、朝着什么样的目标继续前进，准确把握党的二十大的“灵魂”和党和国家事业发展的“总纲”。要深刻认识新时代十年伟大变革的深远历史意义，坚定“四个自信”，坚持道不变、志不改，始终沿着习近平总书记指引的方向砥砺前行。要深刻认识习近平新时代中国特色社会主义思想的世界观和方法论、贯穿其中的立场观点方法，牢牢把握“两个结合”和“六个必须坚持”，做到学思用贯通、知信行合一，自觉用党的创新理论武装头脑、指导实践、推动工作。要深刻认识中国式现代化的中国特色和本质要求，牢牢把握推进中国式现代化的重大原则，在新征程上全面推进中国式现代化通州新实践。要深刻认识党的中心任务和未来五年统筹推进“五位一体”总体布局、协调推进“四个全面”战略布局的重大部署，全面对标对表、创新工作举措，更好地扛起“争当表率、争做示范、走在前列”光荣使命，谱写“强富美高”新通州现代化建设新篇章。要深刻认识以党的自我革命引领社会革命的重要要求，坚决扛起“全面从严治党”政治责任，把严的基调一贯到底，确保党不变质、不变色、不变味，始终成为现代化建设的坚强领导核心。要深刻认识江山就是人民、人民就是江山的根本政治立场，更加自觉践行以人民为中心的发展思想，把为民造福作为最大政绩，扎实推进共同富裕，团结带领群众开创更加美好的未来。要深刻认识统筹发展和安全的重大原则，完整准确全面贯彻总体国家安全观，坚持以新安全格局保障新发展格局，增强忧患意识、树牢底线思维，下先手棋、打主动仗，守牢安全稳定底线。要深刻认识“三个务必”的谆谆教导和团结奋斗的时代要求，弘扬伟大建党精神，增强斗争精神、提高斗争本领，以团结凝聚力量、以奋斗成就伟业，努力交出不负历史、不负时代、不负人民的通州答卷。

二要深刻领悟“两个确立”决定性意义，以实际行动坚定拥护“两个确立”、坚决做到“两个维护”。学习贯彻党的二十大精神，最重要最根本的是要深刻领悟“两个确立”的决定性意义，深刻理解其历史逻辑、理论逻辑、实践逻辑，切实增进政治认同、思想认同、理论认同、情感认同，以实际行动和实际成效拥护“两个确立”、做到“两个维护”。要深刻领悟，“两个确立”是党的十八大以来发生伟大变革、取得历史性成就的决定性因素，是新时代十年最大政治成果、最重要历史经验、最客观实践结论。要深刻领悟，“两个确立”对全面建设社会主义现代化国家、全面推进中华民族伟大复兴、实现党的第二个百年奋斗目标具有决定性意义，是我们应对一切不确定性的最大确定性、最大底气、最大保证。要深刻领悟，“两个确立”是走好新的赶考之路必须始终坚持的重大政治原则，也是必须全面贯彻的重大实践要求。现在，“两个确立”已经成为全党全军全国各族人民的高度共识和共同意志，我们要更加坚定地忠诚核心、信赖核心、紧跟核心、维护核心，坚决维护党中央权威和集中统一领导，学深悟透笃行习近平新时代中国特色社会主义思想，不断提高政治判断力、政治领悟力、政治执行力，胸怀“两个大局”、牢记“国之大者”，做到政治上绝对忠诚、思想上高度统一、意志上更加坚韧、行动上坚决有力，紧密团结在以习近平同志为核心的党中央周围，步调一致向前进，不断夺取新的伟大胜利。

三要全面推进中国式现代化通州新实践，在新征程上更好地“扛起新使命、谱写新篇章”。党的二十大深刻阐述了中国式现代化的中国特色和本质要求，作出了“两步走”的战略安排，明确了未来五年“五位一体”总体布局和“四个全面”战略布局的目标任务，发出了全面建设社会主义现代化国家、全面推进中华民族伟大复兴的动员令。站在新的历史起点上，我们要全面对标对表党的二十大精神，按照省委、市委的最新部署要求，在提升综合发展实力、人民生活品质、生态环境质量、社会文明程度、共同富裕水平、社会治理效能上不断赋予新的内涵，全面推进中国式现代化通州新实践，努力交出不负总书记重托、不负通州人民期待的时代答卷。要在抢抓机遇中坚定信心。虽然当前经济恢复的基础尚不牢固，需求收缩、供给冲击、预期转弱三重压力仍然较大。但从全国大局来看，我国经济韧性强、潜力大、活力足，各项政策效果持续显现，今年经济运行有望总体回升。从通州自身来看，长江经济带、长三角一体化发展等诸多国家战略交汇叠加，南通新机场、北沿江高铁、通苏嘉甬高铁等战略性交通基础设施取得实质性进展，通州正面临着重大战略加快落地、交通格局加快突破、经济地理加快重塑的三大机遇。我们要积极抢抓时间窗口，立足全局、提前谋划，主动作为、全力拼抢，争取更多资源要素向通州集聚，切实把潜在机遇转化为实实在在的发展胜势，在新一轮跨越发展中续写辉煌、演绎精彩。要在攻坚克难中保持定力。在看到机遇的同时，我们也要清醒认识到面临严峻的风险挑战：从产业发展看，三大主导产业占规上工业总产值比重不足40%，项目不丰、投资不足的短板较为突出，上下游配套项目集聚效应不明显，重特大产业项目匮乏，与周边县（市、区）差距较大。从创新能力看，全区高新技术企业仅占全市的12.5%，高新技术产业产值占比低于全市平均水平2.01个百分点，发展新动能新优势塑造不明显。从城乡发展来看，建成区面积仅41平方公里，城市发展规模整体偏小，基础设施建设较为滞后，城乡发展不平衡问题依然突出。从群众期盼来看，富民增收举措不够多、不够实，全体居民人均可支配收入低于全市平均水平，优质教育、医疗资源总量偏少、分布不均的结构性问题亟待破题。这些问题，就是我们前进道路上的“娄山关”“腊子口”，我们必须立足总量、质量、速度、特色等维度，拿出更快的工作节奏、更大的工作力度、更实的工作举措，持之以恒、久久为功，奋力开创高质量发展新境界。要在真抓实干中锤炼作风。面对新起点、新形势、新任务，我们要准确识变、科学应变、主动求变。但是从一些单位和党员干部的作风上，我们依旧看到的是“没有变”：精神萎靡没有变，做一天和尚撞一天钟；斗志消沉没有变，完全失去“抢”的意识、“争”的劲头、“拼”的胆识；能力不足没有变，缺乏系统思维、创新精神，不能创造性开展工作。实干是作风建设最有力的宣言，全区上下要大力弘扬敢字当头、真抓实干的工作作风，困难面前要敢闯敢试、敢为人先，该干的工作，顶着压力也要干；风险面前要敢作敢为、敢于应对，该担的责任，冒着风险也要担；矛盾面前要敢抓敢管、敢于碰硬，该解的难题，迎着挑战也要上，只为成功找方法，不为困难找借口，全力以赴干出让组织放心、让群众满意的业绩。

关于深入学习贯彻党的二十大精神在新征程上全面推进中国式现代化通州新实践的具体部署，区委以《决定》的形式作了明确，全会审议通过后，要坚决贯彻、狠抓落实，不断开创通州现代化建设各项事业新局面。

三、坚定不移推动高质量发展，确保中国式现代化通州新实践开好局起好步

2023年是全面贯彻落实党的二十大精神的开局之年，也是通州现代化建设的关键之年，做好全年工作意义重大。总体要求是：坚持以习近平新时代中国特色社会主义思想为指导，全面贯彻落实党的二十大精神，按照中央经济工作会议和省委、市委最新部署要求，坚持稳中求进工作总基调，完整准确全面贯彻新发展理念，服务构建新发展格局，以推动高质量发展为主题，更好统筹疫情防控和经济社会发展，更好统筹发展和安全，敢作敢为、善作善成，努力在产业转型、科技创新上实现新突破，在城乡品质、民生幸福、干部作风上实现新提升，加快打造新高地、建设硬核区，努力争当全市高质量发展排头兵，确保中国式现代化通州新实践开好局起好步。

2023年经济社会发展主要预期目标是：地区生产总值增长6%，一般公共预算收入增长8%以上，全社会研发投入占比达2.97%，固定资产投资增长6%，社会消费品零售总额增长6.5%，外贸进出口、实际利用外资保稳提质，居民人均可支配收入增长与经济增长保持同步。着重抓好八个方面工作：

一是推动经济稳中有进。把稳增长放在更加突出的位置，坚持以质取胜、以量变积累实现质变，不断增强市场信心，推动经济量质齐升。持续扩大有效投资。以推动产业集聚集约发展为目标,扎实开展三支招商队伍赛马制招商,健全重大项目落户研判机制,坚持先进制造业和现代服务业并重,紧盯重特大项目、科创人才项目和外资项目,确保新落户重大项目30个以上,百亿级项目招引实现新突破。推行项目全生命周期服务,建立健全扁平化协调模式,及时化解项目建设中出现的问题,确保康源、利元亨等30个重大项目开工建设。引导支持企业加大技改投入,积极开展"智能化改造、数字化转型",确保新实施制造业技改项目100个。全力恢复扩大消费。针对居民消费升级需求,不断完善消费供给体系,培育、提升万达、南山湖水街等重点商圈、特色街区,加快消费扩容提质。积极推进"一刻钟便民生活圈""农村3公里生活圈"建设,提升群众消费便利度。顺应"数字消费"趋势,培育发展垂直电商、社区社群电商等新模式新业态,促进线上线下消费加速融合。继续开展"南通州欢乐购"活动,精准发放消费补贴,加快唤醒城市活力和"烟火气"。深度挖掘文旅资源,打造一批特色文旅消费品牌,形成多点支撑的消费增长格局。切实提升开放水平。更大力度促进外资稳存量、扩增量,积极引导外资向重点产业领域聚集,鼓励外企在通设立功能性机构,切实提升制造业利用外资的质量和占比。加快推动传统外贸出口企业从规模扩张向质量提升、技术升级拓展,鼓励外贸企业出国参展洽谈,助力企业抢订单、拓市场、保份额。充分发挥市场采购贸易方式国家级试点和省级跨境电商产业园优势,支持企业加快发展面向"一带一路"、RCEP等新兴市场的海外仓业务,推动对外贸易稳规模、优结构。

二是筑牢实体经济根基。始终把制造业作为实体经济高质量发展的主体,以实施产业转型突破行动为抓手,不断提升产业集聚度和竞争力,着力打造现代化产业新高地。构建现代化产业体系。加快传统产业转型升级,鼓励推广新技术、新业态、新模式在家纺产业的应用,着力向"微笑曲线"两端延伸;抢抓基建行业"大洗牌"机遇,引导建筑企业瞄准绿色化、数字化、智能化方向转型,积极占领市场制高点。做大做强主导产业,推动新一代信息技术产业加快向集成电路零部件、半导体光电等领域拓展;汽车及零部件产业与电子信息、新能源、新材料等产业深度融合,向储能装备、汽车电子、系统集成等领域延伸;智能装备产业加快向数字化、集成化、高端化升级。建设产业梯次承载平台。加快构建以高新区为龙头、重点镇(街道)为支撑的产业承载体系。对标苏南先进园区,继续深耕重大项目和科创项目,全力推动南通高新区发挥更强龙头带动作用,确保全省高新区综合评价排名稳中有进。大力整合资源、突出特色产业,加快石港、金沙、平潮等平台出形象,推动五接、川姜、兴东等平台巩固提升,不断提高产业承载力和竞争力。支持其余镇街大力盘活资源、积极挖掘潜力,加快破解项目建设瓶颈,不断形成新的经济增长点。打造区域一流营商环境。落实好国家、省市扩内需、稳增长一系列政策措施,深入开展服务企业大走访,切实为企业解难题、办实事,大力提振市场主体信心,让通州企业家坚定自信的走实体经济道路。制定营商环境政策升级版,推动"一件事一次办""套餐办"等拓面提质,强化企业分级分类监管,进一步推行柔性执法,打响"万事好通、周到有解"营商服务品牌。提高金融服务实体经济能力,鼓励支持企业上市挂牌,确保新增制造业贷款70亿元,上市挂牌企业1家、入轨企业3家以上。积极营造良好的法治环境,构建亲而有度、清而有为的政商关系,在全社会营造尊重爱护企业家的良好氛围。

三是提升创新能力水平。始终坚持科技是第一生产力、人才是第一资源、创新是第一动力,强化教育、科技、人才的基础性、战略性支撑,开辟发展新领域新赛道,塑造发展新动能新优势。办好人民满意教育。支持教育优先发展,多措并举推动教育高质量发展,着力打造现代化教育强区。落实立德树人根本任务,坚持"五育并举",持续打好"双减"攻坚落实战,推动各级各类教育优质均衡发展。加快推进金北学校异地新建、平潮实验初中迁建、川姜小学新建项目以及五接学校、金沙湾学校建设,不断优化区域教育资源配置。加强师德师风建设,培养高素质教师队伍,弘扬尊师重教社会风尚。大力引育科创企业。整合区属国有公司的科技板块资源,加快筹建科创人才集团。围绕重点城市、重点高校,布局一批"科创飞地",集聚一批技术含量高、爆发力强的创新型项目,力争新引进科创项目100个以上。规划建设一批科创载体,深入推进集成电路零部件产业园、光电产业园等专业园区建设,加快科创项目产业化步伐。加大科技型、成长型企业培育力度,确保新认定高新技术企业150家以上。引导企业加大研发投入,鼓励企业走"专精特新"发展道路,大力培育行业"单项冠军"。实施创新平台建设提升行动,做强做优江海智汇园、江海圆梦谷等重点孵化载体,努力成为南通沿江科创带科技成果产业化的首要承载地。打造人才发展高地。进一步优化人才政策体系,积极招引掌握先进核心技术和具备市场开发能力的创新创业人才(团队)。建立健全重点产业双创人才需求目录和科技成果转化项目清单,推动科技人才供需精准对接。持续优化创新发展政策体系,加大政府投资基金支持力度,设立专项科技贷款风险补偿资金池,为人才企业提供全生命周期的科技金融支持。加快高端人才社区规划建设,集成教育、医疗等优质资源,完善人才服务体系,为人才在通州创新创业提供优良环境。

四是优化城镇发展格局。扎实推进以人为核心的新型城镇化,持续优化城市组团的空间形态、发展业态、功能质态,加快构建"一体两翼"城市发展新格局,高水平打造南通城市副中心。提升中心城区品质。积极抢抓南通新机场、北沿江高铁等重大基础设施开工建设机遇,推动金沙湾新区、新机场临空经济区联动开发。稳步推进金沙湾新区开发,加快扬子江大桥、文体中心体育馆等配套基础设施建设,精心扮靓"城市新客厅"。围绕城市更新三年行动,有序开展老旧小区改造,渐进式改造完善停车、充电桩等小区配套和市政管网、防灾减灾等基础设施,不断提高城市吸引力和群众获得感。加快城镇发展步伐。以川姜、平潮为重点,加快构建新型城镇体系。平潮镇依托高铁、地铁优势,统筹重点配套工程建设,积极招引总部经济、创新项目等高端业态,打造通州西部产业集聚的创新高地。川姜镇要深化“一中心三基地”建设，加快完善品质居住、文体娱乐、商务会展等配套功能，着力培育高品质商圈和特色商业街区，栽好近悦远来“梧桐树”，打造产城融合新标杆。其他镇街要集中资源、发挥优势，统筹优化生产、生活、生态空间布局，因地制宜打造一批产业重镇、生态集镇、旅游名镇。精细管理服务城市。扎实开展城市环境综合整治行动，依法依规整治交通秩序混乱、占道经营、违章搭建等行为，努力让路更畅、街更净、城更美。深化文明城市长效管理，建立健全城管、公安、市监等职能部门联勤联动机制，确保群众身边小事看得见、管得了。依托大数据赋能城市治理，完善网格化管理体系，着力推进城市管理智慧化。探索“社区党建+小区物业”管理模式，着力建设和谐美丽社区，不断增强群众参与城市建设管理的使命感和责任感。深化城市管理执法体制改革，坚持既规范管理、又方便群众，健全人性化、柔性化执法模式，让城市管理有力度更有温度。

*五是加快乡村全面振兴。*坚持农业农村优先发展，全力打造具有时代特点、通州特色的乡村振兴样板。持续打造优势产业。高度重视粮食安全，落实最严格的耕地保护制度，持续加强粮食和重要农产品稳产保供。抓好农田水利及高标准农田建设，改造提升高标准农田3.6万亩，夯实农业产业基础。深入实施产业提升工程，确保完成农业农村重大产业项目20个。持续做大做强农业龙头企业，推动农业一二三产融合发展。完善管理运营架构，启动服务中心建设，推动省级现代农业产业高质量发展示范园实质化运作。提高乡村建设水平。坚持以点带面、示范引领，巩固提升乡村振兴示范村和先进村培育成果，积极创建省级特色田园乡村。加快补齐镇村道路、桥梁、燃气等基础设施短板，推动城乡基础设施互联互通。深入开展农村人居环境整治提升五年行动，提高卫生户厕普及率、生活污水治理率和生态河道建设率，加快推进“三美一高”生态宜居美丽乡村示范建设。加强农村宅基地和农房建设管理，积极争创省农村人居环境整治提升示范县(市、区)。激发农业农村活力。深入开展新型职业农民培训认定，培育壮大农民合作社、家庭农场等新型农业经营主体，引导农民在家门口就业创业。拓展农村承包地、集体产权等改革的广度和深度，探索物业租赁、资产盘活、“飞地”经济等新发展路径，实现村营收入60万元以上村全覆盖。推进农业社会化服务试点，提高农业机械化水平，推动农业生产专业化、高效化、社会化。

*六是着力建设美丽通州。*牢固树立和践行绿水青山就是金山银山的理念，坚持降碳、减污、扩绿、增长协同推进，实现高水平保护与高质量发展良性互动，努力建成美丽中国的通州样板。狠抓环境质量提升。突出精准治污、科学治污、依法治污，持续深入打好污染防治攻坚战，有效提升环境质量。全面深化河长制，持续实施区域治水工程，强化重点断面溯源整治，全力攻坚汛期水质达标，确保所有市考以上断面稳定优Ⅲ。抓好夏季臭氧污染、秋冬季$PM_{2.5}$污染专项整治，推动挥发性有机物和氮氧化物协同控制，全时全域保障空气质量。加强土壤污染源头防控，全面消除重点园区、企业环境安全隐患。提升生态保护水平。以生态保护红线为重点，坚持山水林田湖草沙一体化保护和系统治理，全面加强生态修复，切实提升生态系统多样性、稳定性、持续性。坚定不移抓好长江大保护，建设高水平的沿江生态景观带，打好长江十年禁渔持久战。大力开展幸福河湖建设，保护河道文化和景观资源，营造多样化的滨水空间。持续推进林长制，新增造林绿化150亩，低效林改造、退化林修复1000亩，构筑绿色生态屏障。推动绿色低碳发展。贯彻落实“双碳”要求，积极培育低碳经济、循环经济。大力发展光伏、地热等清洁能源，开发储能、节能等新技术，鼓励企业优先使用清洁能源，推动绿色能源与产业发展深度融合。强化“三线一单”和园区规划、项目环评约束，严把项目准入关，坚决遏制“两高”项目盲目发展，坚决淘汰转型无望、低端低效产能。

*七是大力保障改善民生。*坚持以人民为中心的发展思想，最大力度保障和改善民生，在高质量发展中创造高品质生活、在共同奋斗中促进共同富裕。持续推进富民增收。落实就业优先战略，推动创业带动就业，突出抓好高校毕业生、农民工、退役军人等重点群体就业，确保新增城镇就业1.2万人以上。坚持多劳多得，鼓励勤劳致富，促进机会公平，增加低收入者收入，扩大中等收入群体，加快形成“橄榄形”的收入分配结构。健全覆盖全民、统筹城乡、公平统一、安全规范、可持续的多层次社会保障体系，持续扩大社会保险覆盖面。巩固拓展脱贫攻坚成果，强化社会救助，建立健全弱势群体“主动发现”机制，兜牢社会保障底线。着力建设健康通州。深化医药卫生体制改革，完善分级诊疗制度，加快区域医共体建设，提高医疗卫生服务水平。促进优质医疗资源扩容和均衡布局，加快金沙湾医学综合体建设，推进平潮中心卫生院、城南社区卫生服务中心异地新建和第二人民医院扩建，支持兴仁卫生院创建二级医院。更加科学、精准、高效抓好新冠病毒感染防治工作，最大限度保护人民生命安全和身体健康，最大限度减少疫情对经济社会发展的影响。聚焦“一老一小”，完善生育支持政策举措，加快养老服务体系建设，满足多层次、多样化需求。深入开展健康中国行动和爱国卫生运动，倡导健康生活方式。提高社会文明程度。以宣传贯彻党的二十大精神为重点，继续实施文化惠民工程，大力开展“欢乐江海行”“童声里的中国”等文化活动，不断提升公共文化品牌的知名度、影响力和辐射力。持续推进“通剧”振兴工程，打造一批群众喜闻乐见的精品力作，擦亮“中国曲艺之乡”文化名片。整合提升全区各类文旅资源，打造以通州张謇历史遗迹为主要内容的文化旅游路线，全力推进省级全域旅游示范区建设，让“通天下，州如画”品牌更加靓丽。

*八是提高社会治理效能。*深入贯彻落实总体国家安全观，主动防范化解各类风险挑战，努力以新安全格局保障新发展格局。建设更高水平平安通州。以省级安全发展示范城市创建为契机，全面压实各方安全生产责任，大力实施“四化”举措，不断完善安全发展制度体系。深化社会治安防控体系，扎实推进新一代雪亮技防“护通工程”建设，强力整治社会治安突出问题，让人民群众安全感更有保障。常态化开展食品药品安全监管，严厉打击哄抬物价等违法行为，

坚决护佑人民生命安全和身体健康。打造更高效能治理体系。深入实施“精网微格”工程，建好用好区镇村三级“社会治理综合服务中心”，持续推进区域社会治理现代化。针对重大风险隐患排查化解，深化巩固“到进访”活动成果，开展多部门联动共治，努力构建上下联动、左右协同、内外互动的基层社会治理新格局。充分发挥“有事好商量”协商议事作用，使之成为基层治理的重要平台、群众表达诉求的重要途径。严格落实领导信访包案制度，积极创建全国信访工作示范县(市、区)，营造更加和谐稳定的社会环境。推进更高品质法治建设。持续推进“法润通州+”“一镇一品”品牌建设，大力实施“法治文化+”行动，不断激发法治建设活力。落实“谁执法谁普法”责任制，高标准通过“八五”普法中期考核。加强法治人才队伍建设，为政府科学决策提供法律保障。深化基层综合执法改革，完善基层执法体制机制，切实提升基层依法行政能力。坚持“排防结合，预防为主”，开展行政争议矛盾纠纷滚动排查，确保实现行政争议发案量和败诉率“双下降”。

四、以党的自我革命引领社会革命，为建设现代化新通州提供坚强保证

谱写现代化建设新篇章，根本在于坚持党的领导，关键在于加强党的建设。全区各级党组织要全面落实党的二十大对深入推进新时代党的建设新的伟大工程的新部署新要求，弘扬伟大建党精神，纵深推进全面从严治党，确保党始终成为通州现代化建设坚强领导核心。

*一要永葆绝对忠诚的政治自觉。*坚持以党的政治建设为统领，深刻领悟“两个确立”的决定性意义，切实增强“四个意识”、坚定“四个自信”、做到“两个维护”，坚决维护党中央权威和集中统一领导，不断提高政治判断力、政治领悟力、政治执行力。深刻认识习近平新时代中国特色社会主义思想的世界观方法论和贯穿其中的立场观点方法，牢牢把握“两个结合”“六个必须坚持”，更加自觉用以武装头脑、指导实践、推动工作。认真践行社会主义核心价值观，不断完善新时代文明实践中心(所、站)建设，提升全社会文明程度。牢牢掌握党对意识形态工作领导权，全面落实意识形态工作责任制，巩固壮大奋进新时代的主流思想舆论。支持人大、政协依法履职，做好统战、人武、群团等工作，充分调动一切积极因素，凝聚高质量发展强大合力。

*二要强化干事创业的鲜明导向。*坚持新时代好干部标准，以弘扬和践行新时代通州干部精神特质为指引，做深做实干部政治素质考察，从严把好政治关、廉洁关，全力锻造一支敢打敢拼、能征善战的干部队伍。加强干部斗争精神和斗争本领养成，着力增强防风险、迎挑战、抗打压能力，切实练就干事成事的宽肩膀、硬本领。抓好后继有人这个根本大计，选派优秀年轻干部在改革发展稳定一线“摔打”磨练，在推进发展、破解难题、服务群众中提升能力、增长才干。坚持严管和厚爱相结合，加强干部全方位管理和经常性监督，落实“三个区分开来”，完善担当作为激励保护机制，优化干部考核评价体系，推动干部能上能下、能进能出，在新时代新征程上勇于担当、敢为善为。

*三要打造固本强基的战斗堡垒。*坚持大抓基层的鲜明导向，以提升政治功能和组织功能为重点，深入实施基层党建“深根工程”，项目化清单化推进基层党建重点任务落实落细，推动基层党组织全面过硬、全面进步。扎实推进抓党建促乡村振兴，以区镇村三级“书记项目”为牵引，激发乡村振兴新活力。推行党群服务中心星级化管理，构建智慧党建信息化矩阵，完善红网格运行机制，切实把党的政治优势、组织优势转化为基层治理效能。深化行业党建高质量发展三年行动，创新新经济组织、新社会组织、新就业群体党建工作体制机制，把基层党组织打造成现代化建设的强力引擎。坚持把村(社区)党组织书记、基层党务工作者“两支队伍”建设作为关键抓手，深入实施“雁阵工程”，激活干事“关键力量”。

*四要巩固风清气正的政治生态。*加快省委巡视反馈意见整改落实，深挖根源、建章立制，确保改到位、改彻底，以整改实际成效体现政治忠诚、政治担当。充分发挥巡察“利剑”作用，持续提升巡察质效。锲而不舍落实中央八项规定精神，持续深化纠治“四风”，重点纠治形式主义、官僚主义，严防享乐主义、奢靡之风反弹回潮，推动作风建设常态长效。完善权力监督制约机制，突出对“一把手”和领导班子监督，以管住“关键少数”引领带动“绝大多数”。坚持以严的基调强化正风肃纪，综合运用“四种形态”，抓早抓小、防微杜渐，使广大党员干部知敬畏、存戒惧、守底线。着力打造更高水平的廉洁通州，加强新时代廉洁文化建设，一体推进“三不腐”同时发力、同向发力、综合发力，严查重点领域、关键环节和群众身边腐败问题，始终保持高压震慑态势，推动政治生态持续向好。

同志们，新时代赋予新使命，新征程呼唤新担当。让我们更加紧密地团结在以习近平同志为核心的党中央周围，在省委、市委的坚强领导下，踔厉奋发、勇毅前行，在新征程上全面推进中国式现代化通州新实践，以永不懈怠的精神状态和一往无前的奋斗姿态走好新的赶考之路!

政府工作报告

——2023年1月2日在区第十七届人民代表大会第二次会议上

区长 王少勇

各位代表：

现在，我代表区人民政府向大会报告工作，请予审议，并请各位政协委员和其他列席人员提出意见。

一、2022年工作回顾

过去一年，我们深入学习贯彻习近平新时代中国特色社会主义思想，在市委、市政府和区委的坚强领导下，在区人大、区政协的监督支持下，以迎接党的二十大、学习宣传贯彻党的二十大精神为主线，以推进高质量发展为主题，坚持稳字当头、稳中求进、以进促稳，高效统筹疫情防控和经济社会发展，统筹发展和安全，推动各项工作取得新成效。预计（下同）完成地区生产总值1670亿元，同比（下同）增长2.8%；一般公共预算收入82.8亿元，增长7.9%。蝉联"全国综合实力百强区""全国投资潜力百强区"和"中国工业百强区"，入围全国消费品工业"三品"战略示范城市[1]。

一是疫情防控扎实有效。快速高效处置疫情。强化部门协同、区块联动，抢抓"时间窗口""点对点"精准处置区内局部疫情，努力以最小范围、最短时间、最低成本实现最大防控效果。先后组织医务人员129人次驰援国内风险地区，上万名医务人员、机关干部、公安干警辅警、镇村干部下沉一线，全区群众众志成城、同心抗击疫情，以暖心服务彰显城市温度。多措并举提升能力。深入落实国务院联防联控机制和省应急处置能力清单要求，建成健康驿站3处、储备隔离房间6642间，方舱医院、洗消中心建成投用。单日核酸检测能力达9万管。新冠疫苗全程接种率98.6%，60岁以上人口接种率超96%。优化落实防控措施。严格执行上级疫情防控方针政策，精准施策促进防控政策平滑转换。注重常态精准防控和局部应急处置相结合，做好重点人群健康服务管理。积极应对疫情新形势、新变化，持续优化分级诊疗救治体系，设置发热门诊7处，加强医药物资储备供应，全力保障人民群众就医用药需求。

二是经济运行稳中向好。全力稳住经济大盘。用好国家、省市政策工具箱，制定出台"48+7条"惠企政策[2]，推动政策红利"应享尽享"，减税降费和退税缓税超50亿元。完善经济运行调度机制，深入开展"服务企业大走访"活动，落实"一带去、三带回"举措，破解产业链、供应链难题，规上企业在全市率先复工复产。规上工业增加值、应税销售分别增长8.5%、3.5%。工业用电量增长5.3%。加强政银企对接，引导金融机构加大信贷支持力度，制造业贷款增幅35.2%，全市第一。加快培育市场主体。大力实施产业倍增行动计划，加快企业"升规升高""数实融合"。新增规上工业企业110家，新认定高新技术企业157家，高新技术产业产值占比46.1%。新增智能化改造、数字化转型项目295个、省星级上云企业35家，恒科新材料获评省智能制造示范工厂。通达矽钢获评国家制造业单项冠军，乐尔环境、华存电子获评国家专精特新"小巨人"，海星电子获省长质量奖提名奖。新增国家知识产权优势企业3家、示范企业1家，甬金金属通过"江苏精品"认证。建筑业产值2380亿元，8家建筑企业入围省百强。宏德股份登陆深交所创业板，帕科医疗新三板挂牌，资本市场通州板块再添新军。积极推动消费升级。大力发展夜间经济、直播经济，组织"南通州·欢乐购"等系列消费促进活动，推动社会消费平稳复苏。新增限上批零住餐企业120家、规上服务业企业25家。完善楼宇经济高质量发展政策，新增亿元楼宇1个。

三是项目建设加快突破。项目引推质效提升。大力实施"招商引资突破年"活动，优化重组招商队伍，百亿级高德电子、康辉新材料、50亿级康源电子等重大项目签约落户。新注册重大项目52个，总投资超450亿元。推行项目建设"定期观摩、专班推进"机制，新开工重大项目19个，四方冷链装备等17个省市重大项目加快推进，恒力三期竣工投产。改革创新持续深化。优化营商环境66条举措，打响"万事好通·周到有解"服务品牌。深化"放管服"改革，推进政务服务"跨省通办""一件事一次办"，企业注册半日办结率超95%。创新实施预先审、承诺制项目审批模式，"拿地即开工"试点破题，跑出项目建设"加速度"。研究制定支持科技创新系列措施，优化"双创"环境，引培高层次人才94名。实施产学研合作项目140项，新认定省级以上研发机构11家。成功举办第十八届高洽会，承办省创新创业大赛总决赛。发挥知识产权"驱动力"，新增有效发明专利520件，增长9.5%，获评中国专利优秀奖1件，知识产权工作获省政府督查激励。主导参与国际、国家、行业标准11项，江海电容器获省技术标准创新基地和"江苏制造突出贡献奖"。载体功能有效增强。高新区创新资源加速集聚，汽车零部件产业获批国家火炬特色产业基地，电子元器件产业入选省首批创新型产业集群建设名单。通科科技企业孵化器跻身"国家队"。系统谋划"二级载体平台"[3]，推动镇级工业集聚区提档升级，优化整合，加速构建"1+3+N"产业承载体系。坚持要素跟着项目走，完善产业项目质量综合评价体系，加快腾笼换鸟，盘活存量闲置用地542亩。

四是城乡统筹纵深推进。交通枢纽提速提档。加速融入南通"好通"发展格局，有力保障北沿江高铁、绕城高速等重大交通工程。西站大道高架、江海大道东延全面贯通，金沙湾大桥建成通车，轨交1号线开通运营。通吕运河、新江海河航道整治加快推进，着力构建内畅外联的立体综合交通网络。城市功能日臻完善。高质量开展国土空间分区规划编制和“三区三线”[4]划定，城镇开发边界拓展至165平方公里。加快城市更新步伐，实施区级城建重点项目40个。实施景怡花苑、市民广场等老旧小区改造，推进安置及保障房项目30个，为8个小区加装电梯25台。“瓶改管”“瓶改电”1.9万户。新增机动车停车泊位750个。获评省首批城乡公交一体化达标县（市、区）。深化文明城市长效管理，加强背街后巷整治，城市管理日趋精细。乡村振兴步伐加快。新（改）建高标准农田3.4万亩，特色农机化水平达72%。深入实施农业生产“三品一标”提升行动，16个农产品获绿色食品证书。省现代农业产业高质量发展园获批建设。加快“三美一高”[5]生态宜居美丽乡村建设，建成农村生态河道26条76公里，完成农村生活污水治理1.4万户。深入实施区域治水工程，区域治水覆盖率超50%。新建“四好”农村路15公里、改造农桥11座。第二批24个市乡村振兴示范村（先进村）加快建设，徐园村创成省特色田园乡村。因村制宜壮大村集体经济，9宗集体建设用地上市成交，“整村授信”服务实现全覆盖，村均集体收入达120万元。

五是民生福祉持续提升。社会保障更加完善。财政民生支出占比78.1%，“10+2”民生惠民实事完成年度目标任务。精准对接“用工”“就业”需求，新增城镇就业1.2万人、创业4200人，城镇登记失业率控制在3%。完善建筑领域农民工工资支付监管机制。加快社会保障扩面提标，城乡基本养老和基本医疗保险参保率稳定在98%以上，实现异地医保就医刷卡结算。发放城乡低保等救助补助资金2.1亿元。全体居民人均可支配收入增长5.3%。退役军人服务保障体系加快完善。生态环境更加优化。深入打好污染防治攻坚战，扎实做好突出生态环境问题整治，高效推进第二轮中央、省环保督察交办及反馈事项整改。推进区域协同治气，狠抓环境质量“提质增优”六大攻坚行动[6]，完善秸秆“两禁一用”长效机制，$PM_{2.5}$年均浓度保持全省前列。紧盯重点断面溯源排查整治，市考以上断面水质达标率和优III率实现双“100%”。坚决落实“共抓大保护、不搞大开发”，加快沿江生态长廊建设，重现长江“水清鱼跃，沙鸟翱翔”生态场景。减污降碳协同增效等工作获省政府督查激励。公共服务更加均衡。牡丹江路幼儿园、古沙小学建成投用，五接学校、金北学校加快推进。集团化办学实现全覆盖，教育人才资源配置更加均衡。深入开展儿童青少年近视防控服务认证国家试点。健康通州建设扎实推进，新增省健康镇1个、健康村（社区）8个。南通医学中心一期主体竣工。打造“精微照护”品牌，建成全市首家“一站式”照护中心[7]。“15分钟医保服务圈”实现区域全覆盖。加快完善“一老一小”服务体系，红星养老院建成投用，新增省示范性普惠托育机构3家。为6万名老人购买居家养老上门服务。张公祠布展完成，张謇祖居修缮加快推进。深入开展党的二十大系列庆祝、宣讲活动，厚植爱党爱国情怀，激发团结奋进动力。“童声里的中国”唱响全国，获习近平总书记亲切勉励。

六是社会大局和谐稳定。严守公共安全底线。落实安全生产“四化”举措[8]，推动隐患闭环整改、动态清零，各级巡查督导交办问题全部整改销号，安全生产事故起数和亡人数持续下降。深入开展公共安全重大隐患“三清”专项整治行动[9]，群租房“123”慧安居工程[10]全市推广，交通亡人事故下降34.5%。强化应急储备，完善极端天气应急预案，防灾减灾体系更加完善。高分通过省食品安全示范城市动态跟踪评价。防范化解重大风险。优化国有资本投资管理机制，严控债务增量，化解债务存量，债务规模、债务率、综合成本持续“三下降”。保持打击非法金融风险高压态势，金融生态环境综合评估保持全省前列。加快社会治理创新。圆满完成党的二十大等安保任务。实施“精网微格”工程，夯实专职网格员队伍，优化设置“微网格”8518个，打通基层治理“神经末梢”。强化矛盾纠纷排查化解，坚持带着感情和责任把群众合理诉求解决好，重复访治理和省攻坚件报结率100%。配合落实人大在全省率先开展民生实事项目下沉网格监督机制，支持“有事好商量”协商议事工作。获评全省首批民族团结进步示范区。深化平安通州建设，实施“新一代雪亮技防工程”，重拳整治电信网络诈骗、养老诈骗。开沙村获国家民主法治示范村。深化新时代文明实践，高标准优化文明创建，涵养文明新风，22人次获评国家、省市先进典型，好人好事成为城市靓丽风景线。

各位代表！打铁必须自身硬。一年来，我们始终坚持把政治建设摆在首位，坚定捍卫“两个确立”、坚决做到“两个维护”，自觉接受、全力配合做好省委巡视“政治体检”，扎实做好各类巡视巡察问题整改。深入开展“机关作风建设提升年”活动，坚决纠正形式主义、官僚主义，更大力度“精文减会”，让基层干部轻装上阵，抓好落实。严格执行“三重一大”制度，优化行政决策流程，规范行政执法行为，高标准完成“厚植为民情怀、提高执法水平”主题教育。自觉接受人大法律监督、工作监督和政协民主监督，高质量办理人大代表议案建议328件、政协委员提案287件。树牢“过紧日子”思想，“三公”经费压降3.1%。严格落实中央八项规定及其实施细则精神，完善抓早抓小预防机制，政府系统党风廉政建设进一步加强。与此同时，大力支持群团组织发挥作用，获评第二批全国科普示范县（市、区）。民族宗教、对台侨务、对口协作、档案、气象、地方志等工作加快发展，慈善、扶残助残、红十字、关心下一代等工作取得新业绩。

各位代表，过去一年，面对经济下行压力和疫情冲击影响，我们以非常之举应对非常之势，取得的成绩实属不易。这离不开区委的统揽全局、科学决策，离不开全体人大代表和政协委员的监督支持、鼎力相助。特别是在抗击新冠疫情面前，全区干部群众主动请战、同心抗疫，构筑起坚固防线，在各自岗位上把平凡做成了不起！在此我谨代表区人民政府，向全区人民，向区人大代表、政协委员和离退休老同志，向各民主党派、工商联、人民团体和无党派人士，向驻通部队、武警官兵、消防救援指战员，向所有关心支持参与通州建设的社会各界人士，致以崇高的敬意和衷心的感谢！

在肯定成绩的同时，我们也清醒认识到，政府工作还有一些差距和不足，主要表现在：经济稳健运行的基础尚不牢固，龙头型项目不多，资源利用水平还有较大提升空间；教育、医疗、养老等公共服务供给还不够均衡，共同富裕还需加快步伐；生态环保、安全生产等风险隐患仍未见底清零，社会治理领域还有一些短板，等等。对此我们将采取有力措施，切实加以解决。

二、2023年工作思路

各位代表，党的二十大为新时代新征程党和国家事业发展、实现第二个百年奋斗目标指明了前进方向、确立了行动指南。学习贯彻党的二十大精神是当前和今后一个时期的首要政治任务。我们将坚决贯彻“五个牢牢把握”和“全面学习、全面把握、全面落实”的重要指示，深刻领悟“两个确立”的决定性意义，进一步弘扬新时代通州干部精神特质，全面推进中国式现代化通州新实践，奋力开辟高质量发展新境界，让中国式现代化在通州大地充分展现可观可感、生动精彩的现实图景。

*新时代新征程，我们必须保持“激情奋斗”的精神状态。*当前世界之变、时代之变、历史之变正以前所未有的方式展开，我国经济恢复的基础尚不牢固，宏观环境的不确定性不稳定性因素明显增多。我们必须主动识变应变求变，切实增强机遇意识和风险意识，做好打硬仗、啃硬骨头的充分准备，更大力度迎战风雨、提速竞跑，以主动作为的奋斗姿态，再创一个激情涌动、奋勇拼搏的燃情岁月。

*新时代新征程，我们必须锻造“创新争先”的过硬本领。*党的二十大描绘了中国式现代化的美好愿景，省市区委明确了具体要求和实施路径。我们必须扛起时代使命，练就过硬本领，提振“敢为人先”的进取精神，挺起“起而行之”的硬核肩膀，打造更多的特色、亮点和示范，推动各项工作领先领跑、出新出彩。

*新时代新征程，我们必须弘扬“务实担当”的实干作风。*长三角一体化等国家战略深入实施，北沿江高铁等加快推进，交通格局的大变迁正带来经济地理版图的深刻变化，助推通州从物理整合催生化学融合，迸发出巨大的发展新动能。机遇稍纵即逝。我们必须以“功成不必在我”的襟怀和“建功必定有我”的担当，把细致极致作为标准，把夺标夺冠作为追求，脚踏实地、精准发力，把握当下每一天，成就跨越新一年，全力推动高质量发展破浪前行、再攀高峰。

今年政府工作总体要求是：坚持以习近平新时代中国特色社会主义思想为指导，全面贯彻党的二十大精神和中央经济工作会议精神，深入贯彻习近平总书记对江苏工作重要指示精神和中央、省市区委决策部署，坚持稳中求进工作总基调，完整准确全面贯彻新发展理念，服务构建新发展格局，以推动高质量发展为主题，更好统筹疫情防控和经济社会发展，更好统筹发展和安全，敢作敢为、善作善成，努力在产业转型、科技创新上实现新突破，在城乡品质、民生幸福、作风效能上实现新提升，加快打造新高地、建设硬核区，推动中国式现代化通州新实践开好局起好步。

今年全区经济社会发展主要预期目标是：地区生产总值增长6%，一般公共预算收入增长8%以上，全社会研发投入占比达2.97%；固定资产投资增长6%；社会消费品零售总额增长6.5%；城乡居民人均可支配收入与经济增长保持同步；生态环境质量持续改善，单位GDP能耗、主要污染物排放完成市下达任务。

三、2023年主要工作

今年是全面贯彻落实党的二十大精神的开局之年，是实施“十四五”规划承上启下的关键一年，做好全年工作意义重大。为实现上述目标，按照中央、省市和区委部署要求，我们将着力抓好八个方面工作：

一、突出扩量提质，着力打造产业创新高地。

坚持把“优质态”“强产业”“增效益”作为关键抓手，强健实体经济筋骨，全力争当高质量发展开路先锋。

*推动市场主体做大做强。*鼓励企业深耕主业、聚焦实业，推动龙头做大做强、中等做精做尖、小微做优做活，新增规上工业企业140家、应税销售超百亿企业实现再突破。优化上市举措，新增上市企业1家、新三板挂牌2家。强化数字技术集成应用，新增省智能车间（工厂）3家。创成省市质量奖、江苏精品各1个。加快生活性服务业向高品质和多样化转型。完善企业家座谈会制度，纵深推进“出青胜蓝”创二代培育工程，打造一支有能力、有情怀、有素养的新时代通州企业家队伍。

*推动主导产业补链强链。*深入实施产业倍增计划，推动“3+2”重点产业“串珠成链”“聚链成群”。大力引培“一主一新一智”细分领域头部企业，打造产业地标，产值占比提升3个百分点。抢抓“新技术、新业态”发展机遇，推动家纺产业链“前延后伸”，打造国际先进、国内一流的纺织产业高地。现代建筑加快向精益建造、数字建造转型，施工产值突破2500亿元。积极布局新兴产业新领域、新赛道，聚焦人工智能，精准导入领军团队和成长性企业，抢占未来发展制高点。

*推动创新要素集聚集成。*坚持“育新苗”“移大树”并重，加大科创项目招引，推动创新链、产业链深度融合，新认定国家高新技术企业超150家、专精特新“小巨人”2家。深化产学研协同创新，实施产学研合作140项。推进高新区创新资源汇聚、创新成果转化、创新生态优化，加快建设国家级创新型特色园区。强化知识产权保护运用，新增贯标备案企业30家，万人发明专利拥有量达56件。聚焦产业精准引才育才，引培高层次创新人才100名、应用型人才1000名以上，让更多“千里马”在通州奋斗出彩。

二、突出项目攻坚，着力积蓄强劲发展动能。

坚持项目引领，坚定不移扩大有效投资，高效配置资源，提升载体能级，厚植高质量发展根基。

*精准发力抓实项目招引。*优化招商机制，强化“一把手”带头作用，夯实园区主体地位和产业部门招商责任，完善

“点线面”招商体系。深化“产业链”招商，系统编制“产业链图谱”，推动优势产业强链、新兴产业建链。更大力度“走出去、请进来”，设立境外招商联络处，更高频次对接欧美、日韩，更深层次融入长三角一体化，全年新注册重大产业项目50个以上，百亿级项目再突破。完善招商引资信息共享机制，拓展以商引商、资本招商等路径，不断提升专业招商水平。

紧张快干加速项目转化。坚持精力向项目集中、重心向项目倾斜，全力冲刺全市项目建设考核第一方阵。提速项目建设，大力推行预审联审、前置服务，全年新开工重大项目30个，康辉新材料等20个项目列入省市重大项目计划。鼓励现有企业加大技改投入，新实施制造业技改项目100个。推行项目全生命周期管理，完善季度拉练、督查通报推进机制，加快转化达产，迅速形成新的增长点。

多措并举提升载体能级。加快完善“1+3+N”产业承载体系。高新区突出“高”“新”定位，高效集聚创新资源，深度融入沿江科创带建设，实现国家、省综合排名持续争先进位。系统推进二级载体平台，坚持基础设施和项目引推同步发力，形成配套完善、错位发展的特色产业园区。注重向存量要空间、向集约要效益，推动镇级工业集聚区优化整合，提升产业含金量、含新量、含绿量。坚持“亩均论英雄”，深化土地利用绩效评价，鼓励低效工业用地升级改造，盘活存量低效用地超500亩。

三、突出区域协调，着力增创开放融合优势。

抢抓长三角一体化等战略机遇，加快互联互通、开放合作，更大力度接轨上海、融入苏南，努力让“上海北”成为“北上海”。

在融合联通上加快步伐。全力抓好上海大都市圈空间协同规划落地实施，加快打造规划衔接、产业协同、设施互通、民生共享的同城化样板。优化交通“大通道”“微循环”，协同推进南通新机场、北沿江高铁、南通东站等重大工程，做好江海快线、如通苏湖城际铁路[11]等前期研究。保障绕城高速、沪陕高速扩建、226省道通州段开工建设，织密交通路网。实施通扬运河改线提升工程，建成通州大桥、正场大桥，打造“公铁空水”综合立体交通枢纽。

在开放合作上拓展空间。坚持有效市场、有为政府协同发力，全力融入全国统一大市场，打造长三角一体化重要支点。优化利用外资结构，大力引进外资项目，推动外资企业利润转投、增资扩产，实际利用外资制造业占比超50%。加快外贸“优进优出”，推动市场采购贸易与跨境电商融合发展，支持设立海外仓，推动更多产品走出国门，进出口总额增长3.1%。鼓励现代家纺、建筑等龙头企业抱团出海，拓展多元国际市场，新增境外投资1500万美元，外经营业额8000万美元。

在营商环境上创树品牌。深化审批制度改革，更大力度推行“拿地即开工”，扩大“万事好通·周到有解”品牌影响力。加快一体化在线政务服务平台建设，以数据共享优化办事流程，推动更多事项“一窗通办、一次办好”。多路径畅通企业诉求表达机制，强化惠企政策集成供给，确保市场主体“应享快享”“应享尽享”。常态化组织政银企对接，引导金融机构精准浇灌，新增有效信贷150亿元以上。坚持有求必应、无事不扰，进一步规范涉企检查、考评活动，实施包容审慎监管，加快构建“亲”“清”政商关系。

四、突出精建细管，着力彰显现代城市品质。

坚持以人为核心的城镇化，加快基础设施和公共服务一体化，提升城市宜居宜业宜游水平，打造近悦远来的魅力城市。

精心规划优化城市布局。深入落实国土空间总体规划，完善控制性详规，精心塑造城市空间。坚持开发与保护并重，强化规划刚性约束，一张蓝图绘到底，全力营造城绿相依、古今对话的城市发展格局。主动对接南通新机场，超前谋划临空经济区，加速“港产城一体化”，高标准规划面向未来的国际航空都市区。加快平潮科技创新区开发建设，以产业带动人口导入，集聚人气商气，打造“三生融合”[12]西部门户。

精致建设完善城市功能。以工匠之心雕琢城市细节，科学有序实施城建工程。改造佳苑西区等老旧小区，加快金乐中路等工程建设。提标改造城市地下管网，启动平海线区域供水管网工程。坚持“见缝插绿”，实施通吕运河两岸及金乐中心竖河环境提升工程，新增公共绿地65公顷、城市绿廊4.5公里，让市民出门见景、移步入园，转角遇见美、触手可及“小确幸”[13]。加强预期引导，支持刚性和改善性住房需求，促进房地产市场平稳健康发展。

精细管理提升城市气质。聚焦群众所需所盼，持续推进文明创建民心工程。加强智慧城市顶层设计，深入开展交通秩序、立面空间等专项整治，将精细管理落实到每个时段、每个细节。持续提升小区物业管理水平，引导业委会规范运作，建成省示范物业管理项目及宜居示范居住区各1个。有序推进生活垃圾分类，新增“三定一督”[14]小区超50个。新增公共停车泊位750个，试点推行机关事业单位、住宅小区错时开放停车，缓解停车难题。

五、突出强农惠农，着力推进乡村全面振兴。

坚持农业农村优先发展，畅通城乡要素流动，推动乡村产业、人才、文化、生态、组织振兴，加快共同富裕步伐。

促进农业更加高质高效。高标准推进省现代农业产业示范园建设。严守耕地红线，提高农业综合生产能力，建成省高标准农田整体推进示范区、省农业生产全程机械化示范区。引培农业重大项目20个、市级以上家庭农场10家，争创全国“两品一标一基地”[15]。拓展“整村授信”规模，引导金融“活水”“贷”动乡村振兴。推动农业规模化发展、园区化转型，发展直播带货新模式，加快农业“接二连三”，提升通州农产品市场占有率和享誉度。

促进乡村更加宜居宜业。顺应村庄演变趋势，完善镇村布局规划，合理安排建设任务，让公共投入更精准、更可感。新建“四好”农村路31公里，改造农桥17座，争创全国“四好”农村路示范区。加大农村生活污水治理力度，建设生态河道70公里，改造户厕8000座。统筹推进示范村（先进村）创建，融入现代元素、留住美丽乡愁，创成省特色田园乡村2个，加快形成各美其美、美美与共的现代田园风貌。

促进农民更加富裕富足。落实产业强村、村企联建等强村措施，增强村集体自我发展能力。深化农村公共空间治理，加快村集体经营性建设用地入市改革试点，盘活农村"沉睡资源"。加强农业信息化建设，提高气象预警能力，完善农业保险制度，保障农民合理收益。加大新型职业农民、能工巧匠培育力度，鼓励乡贤回乡创业，多路径拓展农民增收渠道。持续推进乡村移风易俗，涵养文明乡风、淳朴民风，实现物质富裕、精神富足。

六、突出生态优先，着力守护美丽通州底色。

高标准推进生态文明建设，深入打好污染防治攻坚战，全面推动绿色低碳转型，让通州天更蓝、水更清、空气更清新。

全力推进污染防治攻坚。抓好第二轮中央、省环保督察交办问题、反馈意见整改。严格落实大气管控联防联控机制，深入开展工业、交通、扬尘源污染等专项整治，实现$PM_{2.5}$和臭氧浓度"双控双减"。深化河长制，推进河岸共治，加快推进"333"污水处理提质增效精准攻坚，提升城乡污水处理设施运营质效，确保市考以上断面达标率100%。强化土壤分类管控和污染源头治理，开展无废城市创建，提高土壤安全利用水平。

全力加快绿色转型步伐。深化"三线一单"减污降碳协同管控。聚焦"碳达峰、碳中和"，开展节能降碳、用能设备能效提升行动，大力创建绿色工厂，完成碳排放总量和强度"双控"目标。加快推进屋顶分布式光伏开发国家试点。坚定不移推进长江大保护，深入打好"十年禁渔"持久战。强化全民生态意识，推进绿色出行、绿色居住、绿色消费，让绿色低碳生活成为社会新风尚。

全力优化环境监管机制。加强刑事司法和行政执法联动衔接，保持严打高压态势，持续巩固环境整治成果，严防"散乱污"企业回潮。完善过程监管和双向反馈机制，畅通环境问题发现渠道，强化环境信访案件办理，及时消除风险隐患。加快完善以排污许可证为核心的固定污染源执法监管体系，提升环境监管信息化水平，促进环境保护"常"防"长"治。

七、突出共建共享，着力增强民生幸福质感。

坚持人民至上，注重以"小切口"推动"大变化"，加快完善多层次公共服务保障体系，把群众对美好生活的向往不断变为现实。

让社会保障更充分有力。扎实做好高校毕业生、退役军人等重点群体稳就业工作，新增就业创业1.5万人以上。推进社保扩面提标，城乡基本养老保险参保率超98%。强化退役军人服务保障，擦亮"通通优军"品牌。加快推进"医保便民药店"建设。提高城乡低保、特困人员供养标准和残疾人保障水平，推动社会救助向相对贫困家庭延伸，兜牢基本民生保障底线。加大保障性住房供给力度。

让社会事业更优质均衡。扩大优质教育资源供给，建成金北学校、五接学校，加快金沙湾学校等新建工程。扎实开展"古沙师韵1311"名师（校长）培养工程[16]。一体抓好"双减"和课后服务，让更多孩子接受更好教育。做优区域医共体，加快区第二人民医院扩建、城南社区卫生服务中心等工程建设。启动省级健康县区创建，新增国家卫生镇2个、省健康镇1个。更加关注"一老一小"，推动街道综合性养老服务中心建设，加快示范性幼儿园创建，让老有颐养、幼有优育落到实处。

让社会文明更启智润心。狠抓文明城市长效管理，注重市民文明习惯养成，确保高分通过全国文明城市复审。深入推进文化惠民工程，加快金沙湾文体中心建设，用好文化礼堂、百姓舞台。加强历史遗存修缮保护，提升张謇历史文化品牌影响力。完善城乡公共阅读服务体系，拓展"书香通州"品牌内涵。大力践行社会主义核心价值观，广泛开展道德模范、身边好人评选，让崇德向善、见贤思齐浸润人心。

各位代表，民生连着民心。我们将持续抓好民生实事项目落实。今年经过前期公开征集和反复研究论证，梳理形成12项民生实事候选项目，提请本次大会票决。项目确定后，我们将实行专班推进、强化过程管理，确保以实实在在的工作成效，兑现承诺、取信于民。

八、突出风险防控，着力提升社会治理效能。

以"时时放心不下"的责任感，强化底线思维、风险意识、问题导向，努力实现高质量发展和高水平安全良性互动。

加快提升公共卫生水平。加强医疗救治能力建设，完善公共卫生体系，有效遏制重大传染性疾病传播风险。坚持科学防治、精准施策，平稳有序推进新型冠状病毒感染"乙类乙管"。围绕"保健康、防重症"，采取相应措施，最大程度保护人民生命安全和身体健康，最大限度减少疫情对经济社会发展的影响。深入开展爱国卫生运动，倡导文明健康生活方式。

坚决守牢安全生产底线。坚持用"大概率"思维应对"小概率"事件，全力排查整治安全隐患，推动安全生产形势稳定向好。完善安全监管常态长效机制，加强公共安全应急救援能力建设，推进"四化"举措提质扩面，高标准创成省安全发展示范城市。从严抓好食品药品监管，确保高分通过省食品安全示范城市复评。

全力筑牢社会稳定基石。推进社会治理综合服务中心建设，建强网格员队伍。推进"全国信访工作示范区"创建，完善矛盾纠纷多元化解机制，制度化"下访""接访"，维护群众合法权益。全力保障"人大代表日"活动，用好"有事好商量"协商议事平台。巩固政法队伍教育成果，加强快速反应能力建设，依法严厉打击犯罪活动，建成更高水平平安通州。

四、切实加强政府自身建设

各位代表，党的二十大描绘了中国式现代化的美好前景，我们将坚持"一流标准"，保持"一等状态"，加压奋进、创新实干，以"团结、务实、高效、担当、廉洁"的有为政府，加快把美好前景变成现实图景。

永葆绝对忠诚的政治品格。坚持以党的二十大精神统一思想、统一行动、引领发展。坚定拥护"两个确立"，坚决做到“两个维护”，以实干践行使命，以担当诠释忠诚。高效落实上级和区委决策部署，胸怀“国之大者”，知责于心、担责于行，努力以辛勤指数换取高质量发展指数和群众满意指数。

厚植施政为民的初心情怀。坚持人民至上，践行为民宗旨，确保新增财力优先保障改善民生。深化法治政府建设，完善行政决策程序，规范行政执法行为，不断提升政府公信力执行力。自觉接受人大、政协和社会各界监督，主动向人大报告、政协通报工作，认真办理人大代表议案、建议和政协建议案、委员提案。

锤炼担当落实的过硬作风。大力弘扬“崇尚实干，狠抓落实”工作作风，勇当先锋、敢打头阵，持续激发创新争先的创业热情。强化精准思维，做到谋划时统揽大局、操作中细致精当，以绣花功夫把工作做扎实、做到位。坚持对标对表，矢志争先进位，更大力度锻长板、补短板、创特色，推动工作提质增效，再上台阶。

树牢清正廉洁的良好形象。坚决执行中央八项规定及其实施细则精神，持之以恒纠“四风”、转作风、提效能。从严从实抓好预算执行，深入开展债务瘦身行动，严控“三公”经费和一般性支出，提高财政资金使用绩效，做到减支不减事、增效办成事。强化规则、程序、标准意识，加强对重点领域、关键环节的监督管理，以零容忍态度严防小微权力“任性”作为，全力营造风清气正的政治生态。

各位代表，使命重在担当、实干成就辉煌。让我们更加紧密地团结在以习近平同志为核心的党中央周围，深入学习贯彻落实党的二十大精神，在市委、市政府和区委的坚强领导下，踔厉奋发、勇毅前行，更好“扛起新使命、谱写新篇章”，为全面推进中国式现代化通州新实践而团结奋斗！

《政府工作报告》有关词语释义

1. 全国消费品工业“三品”战略示范城市：由工业和信息化部组织评选，旨在通过消费品“增品种、提品质、创品牌”，推动消费品工业转型升级，提升市场竞争力。入选城市一般是消费品工业基础较好、实施“三品”战略实力较强的城市。

2. “48+7条”惠企政策：《关于帮助市场主体着力稳定经济增长的若干政策措施》(稳增长48条)和《关于帮助因疫情影响暂停营业的市场主体纾困解难的若干政策》(纾困解难7条)。

3. “二级载体平台”：在石港镇、平潮镇和金沙街道3个片区规划建设产业发展集聚区，加快形成与南通高新区功能配套、产业互补的重要载体。

4. “三区三线”：指农业空间、生态空间、城镇空间；永久基本农田保护红线、生态保护红线、城镇开发边界线。

5. “三美一高”：生态美、环境美、人文美、管护水平高。

6. 环境质量“提质增优”六大攻坚行动：大气污染防治攻坚、重点国考断面“增III消劣”、农村生活污水治理设施规范运行提升、生态环境基础设施建设年度达标提升、环境安全隐患排查整治、强化生态环境执法保障等六大专项行动。

7. “一站式”照护中心：为参保人员提供照护保险申请、受理、评定等服务，实现“一站式”办理，“一次性”办结。

8. 安全生产“四化”举措：制度化管理、实时化监控、自动化阻隔、现代化救援。

9. 公共安全重大隐患“三清”专项整治行动：开展道路交通、群租房和出租厂房、基层消防三大领域专项整治，确保底数清、隐患清、任务清。

10. 群租房“123”慧安居工程：“1”是研发群租房安全管控实战应用平台；“2”是制定职能部门职责任务清单、群租房屋安全体检清单；“3”是开展人房底数动态排摸、不合格房屋动态整治、安全隐患动态清零三大行动。

11. 如通苏湖城际铁路：长三角都市圈城际铁路，起自如东，经通州、常熟、浙江湖州等地，全长290公里，时速160公里。

12. “三生融合”：生产、生活、生态融合发展。

13. “小确幸”：心中隐约期待的小事刚好发生在自己身上的那种微小而确实的幸福与满足。

14. “三定一督”：垃圾分类投放定时、定点、定人督导。

15. “两品一标一基地”：绿色食品、有机农产品、农产品地理标志、全国绿色食品原料标准化基地。

16. “古沙师韵1311”名师(校长)培养工程：《通州区中小学教师队伍建设“古沙师韵1311”名师(校长)培养工程行动计划》(通委教〔2022〕11号)，明确用8年时间遴选和培养1000名区级学科类骨干教师、300名区级及以上卓越教师(校长)、10名教育家型教师和10名领航校长。

文件选编

关于推动通州教育高质量发展的实施意见

一、指导思想

高举中国特色社会主义伟大旗帜，以习近平总书记关于教育的重要论述为遵循，以加强党对教育工作的全面领导为统领，以推动教育高质量发展为主题，以深化教育领域供给侧结构性改革为主线，发展素质教育，促进教育公平，在新的起点上建设与通州经济社会发展相匹配的高质量教育体系，充分发挥教育对人力资源培养、人口要素吸附和产业转型升级的支撑效应，全力"打造新时代崇学通州，建设现代化教育强区"，为推动通州高质量发展走在前列贡献教育力量。

二、总体目标

到2025年，基本建成充满活力、富有效率、更加开放、科学发展的高质量教育体系，教育资源能充分满足群众的入学需求，区域教育规划布局更加科学、合理，城乡学校办学条件达到教育现代化标准。师资结构全面改善，名师培养形成梯队，教师职称制度改革不断深化。立德树人、"五育"并举、学科育人的有效机制全面建成，"双减"目标按期达成，学业负担明显压降，学校教育生态、课堂教学样态不断优化，学前教育更加普及普惠，义务教育更加优质均衡，高中教育、职业教育更加富有竞争力，终身教育体系更加完善，教育质量三年迈上新台阶，形成"南通居前列、江苏有地位、全国有影响"的新时代"崇学通州"品牌。人民对教育的满意度不断提升，教育发展总体水平、教育现代化监测综合得分显著进步，创成"全国义务教育优质均衡发展县（市、区）""全国学前教育普及普惠区"。

三、主要措施

（一）坚持优先发展战略，以全局性改革引领教育强区建设

1. 深化教育体制机制改革。转变教育治理方式，进一步推进管办评分离，形成政府宏观管理、学校自主办学、社会广泛参与的教育治理格局。

（1）落实教育发展职责。切实把教育发展摆在更加突出的位置，确保规划优先，在制定实施经济社会发展总体规划和区域、产业、城市建设等专项发展规划时，统筹考虑、超前谋划，优先安排教育。加快教育管理体制改革，不断激发教育活力。全面落实"以县为主"的管理体制，厘清区镇两级政府的基础教育发展职能，突出教育行政部门扎口主管作用，健全制度、落实责任、协同推进。坚持"以县为主、县乡共建"，改革完善学前教育管理体制。明确基层党委、政府履行教育的基本职责，建立镇（街道）履行教育职责督导评估机制，启动学前教育、义务教育示范镇（街道）建设工作。

（2）加大教育投入力度。财政资金优先保障教育投入，确保一般公共预算教育经费和生均一般公共预算教育经费逐年只增不减，教师工资和学生人均公用经费逐步增长，确保财政性学前教育经费占同级财政性教育经费中的比例超5%，教育费附加足额征收并全部用于教育。认真落实"四个倾斜"，教育经费向农村经济薄弱地区倾斜，向教育薄弱环节倾斜，向特殊困难学生倾斜，向建设高水平教师队伍倾斜。完善多元投入机制，积极争取中央、省、市级补助，实行逐项追踪落实制度。倡导社会各界支持教育，引导优秀在外人士反哺家乡教育，争取更多的社会资金投向教育事业。

（3）推进校园综合治理。坚持依法治教、依法行政，保障和促进学校自主办学，构建政府和学校管办分离、学校与家庭良性互动的现代教育治理体系。树牢安全发展理念，坚持生命至上，以平安校园创建为抓手，压实主体责任，抓实常态化考核，有效防范各类校园安全事故，切实保障校园安全稳定，创成江苏省高质量平安校园建设县（市、区）。建立立体化、法治化、专业化、智能化的校园安全风险防控体系，定期排查校园重大风险隐患，推动重点工作联动融合，及时妥善处置各类涉校涉生突发性、群体性事件，确保校园秩序稳定向好。以防范"校园欺凌"与校园及周边治安长效治理为抓手，持续整治校园周边治安乱点，积极开展预防青少年犯罪工作。

2. 推动城乡教育一体发展。坚持面向未来，着眼长远，前瞻性规划布局学校建设，缩小城乡差距，实现公平而有质量的教育。

（1）优化城区学校布局。加强城区教育基础情况的分析和研究，对"十四五"期间城区学校（园）布局进一步修改完善，常态化开展布局规划修编，确保规划科学合理，符合区域发展需求。科学推进城区教育资源建设，制定年度建设计划和实施方案，按照先急后缓、先易后难的原则，有序推进学校建设。提前谋划规划建设学校土地、立项等前期工作，提高建设时效。加快在建学校建设力度，排定时序进度，确保尽快开工建设。将"学校布局规划推进落实"列入高质量发展考核，保障教育资源建设有效落实。

（2）强化乡村学校建设。科学推进义务教育学校标准化建设，全面改善义务教育薄弱学校基本办学条件，实现区域校际资源均衡配置。围绕"既美又优"的乡村学校建设目标，加强义务教育小规模学校建设，提升办学质效，办好老百姓家门口的学校。全面摸清小规模学校底数，逐一分析学校实际情况，按照"缺什么、补什么"的原则，聚焦硬件建设、设施设备配套、平安校园建设和校园文化

打造，研究制定办学条件改善方案，做到“一校一案”。落实小规模学校扶持政策，分别按照初中400名学生、小学500名学生为基数对小规模学校核定公用经费。以五窑小学和亭西小学为试点，全面推进乡村特色学校建设，确保两年内基本实现校园环境“小而美”、设施设备“精而全”。

（3）提升信息装备水平。落实南通教育信息化2.0行动计划，建设“互联网+教育”公共服务体系，用好南通教育智慧云、“慧学南通”等平台，创新信息时代教育治理，推进新一代信息技术在教育教学中的应用，建设“智慧教育示范学校”“智慧教育示范区”，以信息化助推教育现代化。以标准化与特色发展为目标，“一校一案”制定装备发展中长期规划，在装备配置标准上，适当向农村学校倾斜，推动城乡教育资源共享、优势互补。

3. 扩大优质教育资源供给。合理规划学校服务半径，科学分布教育资源，保障学生就近入学，构建城乡学校发展共同体。

（1）有序落实规划建设。加快推进优质教育资源建设，不断加大重点区域教育资源供给力度，缓解学位紧张局面，更好满足人民群众教育需求。科学制定年度学校建设规划，提前谋划，根据财政承受能力分步实施，逐年推进，不断提升教育资源配置水平。抓紧实施金北学校迁建和金沙湾学校、五接学校等在建项目，加速推进川姜小学、杏园小学、兴东初中新建，平潮实验初级中学迁建等学校建设项目，力争尽早投入使用。（见附件1）

（2）全方位推进集团化办学。积极创新办学体制和管理机制，全方位实施集团化办学，推动基础教育优质化、集约化、多样化发展。推进学前教育集团化办学改革，以“1+N”形式（“1”即一所局直幼儿园，“N”为7—8所乡镇公办园和民办园）实现幼儿园教育集团全覆盖。按照“强弱结合、规模适度”的原则，组建15个中小学“紧密型”教育集团，优化运作模式，放大优质教育资源辐射效应，实现优质教育资源均衡调配。以集团为单位，推行集团学校班子统一管理、资源统一配置、师资统一调配、教学统一安排、考核统一组织，促进抱团发展，切实带动薄弱学校质量提升。（见附件2、3）

（二）坚持党建领航战略，以基础性工程支撑教育强区建设

4. 加强党对教育工作的全面领导。落实新时代党的建设总要求，坚持党管办学方向、党管教育改革，充分发挥党委总揽全局、协调各方的领导核心作用，健全完善党委统一领导、党政齐抓共管、部门各负其责的教育领导体制。完善区委教育工作领导小组工作机制，强化区委教育工委职能。推动教育系统全面从严治党向纵深发展，建立健全党建工作考核制度和述职评议制度，完善教育和党建“双督导”机制，严格落实意识形态工作责任制，牢牢把握教育领域意识形态工作正确方向。全面推行中小学校党组织领导的校长负责制，区委教育工委牵头，区委组织部、编办、学校党组织属地镇（街道）党（工）委共同推进，全面加强教育系统党的建设。

5. 锻造立德树人的坚强战斗堡垒。建立健全符合中小学特点的党建制度体系，把学校党组织的领导落实到把方向、管大局、作决策、抓班子、带队伍、保落实的全过程、各方面，不断强化党组织在立德树人中的战斗堡垒作用。实施“领航工程”，建设“三强三优”型学校领导班子，深入推进教师党支部书记“双带头人”培育计划，努力培养一批教育家型书记、校长。实施“强基工程”，严格“三会一课”，创新“主题党日”，充分发挥教育系统党建教育基地的阵地作用，不断增强党内组织生活的政治性、时代性、原则性。

6. 擦亮培根铸魂的党建工作品牌。大力实施党建工作创新工程，深入推进融合党建，构建“党建+管理”“党建+队伍”“党建+教学”等“1+N”党建工作体系。创新创优党建工作品牌，进一步拓展区委教育工委“优教为民”党建服务品牌的工作内涵，探索“一校一品”党建文化建设路径，打造100个体现时代性、创新性、融合性的学校书记党建项目，用“品牌理念”抓学校党建，用“书记项目”促立德树人，形成党建引领教育改革发展的生动局面。

（三）坚持人才强教战略，以突破性举措推动教育强区建设

7. 深化教师管理改革。全面贯彻落实《南通市中小学教师培养激励办法》，不断提升教师的政治地位、社会地位、职业地位，吸引和稳定优秀人才从教。

（1）优先保障教育发展所需师资。统筹中小学教职工编制管理，建立教职工编制管理动态调整机制，提高教职工编制配置效益。按规定比例落实城乡统一的中小学教职工编制标准，结合教育发展实际需要，每1—2年核定一次学校教职工编制，并按不超过9%的比例适当增加专任教师编制。根据全区事业编制总量和财政收入等情况，参照省教育现代化监测指标，提高专任教师编制配备比例。深化“县管校聘”改革，加强师资统筹调配，提高教职工编制使用效益。拓宽选人视野，优化配套政策，更大力度引进和招录高层次优秀教育人才。支持省四星级普通高中、省现代化示范职业学校等优质学校自主招聘优秀教师，学校可按相关规定直接面试签约。提前落实新建学校师资刚需和阶段性必需编制计划，及时储备必要师资。

（2）切实提高教师工资待遇。完善教师工资收入增长机制，按照国家和省有关规定，建立中小学教师与当地公务员工资收入增长长效联动机制，核定绩效工资总量时统筹考虑当地公务员实际收入水平。落实上级“双减”政策，把用于教职员工课后服务补助的经费额度作为专项经费予以单列，专门用于参与课后服务教职员工的分配。在落实乡镇工作人员补贴政策的基础上，按照不低于20%的比例提高小规模乡村学校教师的补贴发放标准。对于优秀高层次教育人才专项计划招录的教师，五年内分别给予博士30万元、硕士12万元奖励和最高20万元、最高10万元一次性购房补贴，同时享受最高4倍住房公积金贷款，并优先安排入住人才公寓等一系列优惠政策。

（3）畅通教师职称、岗位晋升通道。根据实际需要，全区学校教师岗位设置比例执行省定最高标准，各学段中级和初级教师岗位可贯通使用；实施全区正高级教师三级、四级岗位统筹管理，定期组织岗位晋升考核；在核定的岗位总量内，统筹5%的高级专业技术岗位，用于解决岗位特别紧缺学校（单位）和交流轮

岗教师晋升；设置特设岗位，用于援疆援藏援青、高层次人才引进以及紧缺学科教师的超岗聘用；教科研训部门各层级从事教学科研的专业技术岗位可贯通使用。落实乡村教师参评职称、评先评优等激励政策。每年定期汇总达到国家法定退休年龄延退的女教师名单，及时释放相应的岗位职数。鼓励知名教育专家长期从教，按照国家和省有关规定，经教育、人社部门批准，可延缓退休且不占岗位职数。

8. 打造名优师资队伍。把加强教师队伍建设作为一项重大政治任务和民生工程切实抓紧抓好，区委常委会、区政府常务会议每年至少研究一次教师队伍建设工作。

（1）加大教师招聘力度。深入实施区高层次优秀教育人才引进项目，吸引外地优秀毕业生来通从教。鼓励通州籍优秀学子报考知名师范院校，毕业后回乡从教。每年专门招录一批"双一流"建设高校研究生，按规定享受相应政策。加强校地合作，深入实施乡村教师定向师范生计划，着力打造"下得去、留得住、教得好、有发展"的乡村教师队伍。统筹教师补充计划，着力解决部分学科教师紧缺的问题，进一步优化教师学科结构。

（2）健全选任交流机制。选优配强学校党政领导班子，严格日常管理，加强考察研判，激励创先争优。打造高素质、专业化校长队伍，对有培养潜力的优秀年轻同志，通过异校挂职、到区教育体育局机关科室上挂锻炼等方式加大培养力度。择优遴选一批年纪轻、有拼劲、潜力大、专业素养好的学校中层干部，列入优秀年轻干部库，通过集中培训、多岗位历练、承压式锻炼，提升综合素养。完善义务教育学校教师交流制度，加大城乡交流力度，积极推进集团化办学和城乡教师"组团式"交流，促进城乡学校结对共建、资源共享。

（3）促进教师专业发展。深入实施"古沙师韵1311"名师（校长）培养工程（用八年左右时间，在全区中小学遴选和培养1000名左右区级学科类、德育类骨干教师，300名左右区级及以上卓越教师、校长，10名左右教育家型教师和10名左右领航校长），加强名师工作室和乡村骨干教师培育站建设，促进新生代名师快速成长。发挥教师发展中心主体职能，精心指导校本研修，提升教育教学质量。加大师训力度，办好校长培训班和中青年干部高质量发展研修班，切实提升骨干队伍能力水平。探索建立专兼职研训员培训培养制度，进一步优化中小学研训员遴选补充机制。教师培训经费按每年不少于教师工资总额（含绩效工资）的1.5%纳入区级财政预算，各中小学、幼儿园和中职学校按年度公用经费预算总额的8%安排校内教师培训经费。支持在职教师学习深造，提升学历水平，鼓励专任教师参加在职进修并获得教育教学类研究生以上学历或者学位，学校可统筹安排从教满5年的教师赴高校进修学习。

9. 强化师德师风建设。将师德师风作为教师素质评价的第一标准，作为教师资格定期注册、教师岗位聘任、职称晋升、评优奖励的前置条件。

（1）健全师德考核制度。深入贯彻新时代幼儿园、中小学教师职业行为十项准则。建立教师个人信用记录，完善监督举报、诚信承诺、失信惩戒机制，推动师德建设常态化、长效化。推行师德考核负面清单制度，划定行为底线。持续推进教育系统作风建设，建立常态化督导巡查制度。运用信息化手段优化师德评价机制，建立覆盖全员的"师德档案库"。

（2）大力培树师德典型。对在全区教育工作中作出重要贡献、表现突出的，优先推荐参评国家、省部级及厅市级表彰，给予及时奖励或通报表扬。从2023年起，区委、区政府每三年遴选认定并通报表扬10名优秀教师和校长，授予"园丁奖"称号；定期遴选认定一批通州区"优秀教学成果"。区委教育工委、区教育体育局每年遴选认定10名"优秀校长"、30名"优秀班主任"、60名"优秀教师"，并从中优先推荐区级及以上先进工作者或"五一"劳动奖章等；每两年遴选认定100名通州区学科带头人、220名通州区骨干教师、100名通州区教坛新秀（任期均为四年）。鼓励建立教育基金，用于激励优秀教师和团队，捐赠单位或个人依法享受相关税收优惠政策。（见附件4）

（3）从严从实监督管理。坚持"严"的主基调，加强党纪法规和典型案例宣传教育，对师德突出问题持续开展专项整治，严肃查处师德失范行为，公开曝光典型案例，将教育引导、从严监督、刚性执纪一体化推进，打好师德师风建设"组合拳"。严格落实学校师德师风建设主体责任，建立师德师风建设责任追究机制。坚持"一案双查"，对师德师风建设不力、问题较多的单位负责人严肃问责。

（四）坚持质量兴教战略，以系统性思维深化教育强区建设

10. 突出"五育"并举，提升立德树人质量。坚持用社会主义核心价值观铸魂育人，完善思想政治工作体系，推进中小学思想政治教育一体化建设。将德育融入教育教学全过程，用好红色资源，打造"三生德育"区域品牌。加强民族团结进步教育，深入推进"民族团结进步进校园"活动，铸牢中华民族共同体意识。创新发展素质教育的有效途径，深化育人模式改革和课程教学改革，切实减轻中小学生过重课业负担，保证学生有充足的睡眠时间和课外活动时间。深入实施学生体质健康提升行动，加强和改进美育工作，推进高雅艺术进校园，每年评选出一批"童声里的中国"实验学校，在学校教育高质量发展考核中予以加分。到2025年，学生对学校提供的多样化和选择性课程满意度达90%，中小学生学业合格率、体质健康测试合格率均达95%以上。学生素质综合评价优良率达95%的中小学校比例达95%以上。大力实施中小学生眼睛"明亮工程"，确保学生近视率每年降低1%以上，力争到2025年中小学生近视率控制在62%以下。开足开好心理健康教育课，实施"心理护航"工程，引导学生涵养积极乐观的心态。把劳动教育纳入人才培养全过程，贯通各学段，全面优化学校、家庭、社会"三位一体"教育协同机制。

11. 突出普及普惠，提升学前教育质量。聚焦"调优规划、创优园所、建优课程、培优师资"，扎实推进学前教育优质均衡发展。建立以区为主、镇街共建、覆盖城乡、均衡发展的学前教育公共服务体系，增加优质学前教育资源供给，有序回购民办园，分类治理非法幼儿园，确

保公办园在园幼儿占比超65%，省市优质园占比超90%。优化幼教师资队伍，开展公办幼儿园人员编制备案制管理试点，配齐配足“两教一保”，确保持证上岗率100%。建立“幼小协同科学衔接”长效机制，着力做好省级幼小衔接实验区试点工作。创成省级、国家级“学前教育普及普惠区”，推动区域学前教育追赶超越、加快发展。

12. 突出优质均衡，提升义务教育质量。健全城乡义务教育一体化发展机制，结合人口流动和新生儿出生趋势，动态调整义务教育学校施教区，确保“就近入学”。顺应时代发展需求，结合城乡学校不同生源特点，探索指向“实效”的课堂教学改革路径，优化“立学课堂”的校本化实施。完善办学管理指导和教科教研指导，探索实施综合评价和增值评价，激发农村、偏远地区学校发展动能。深化“双减”工作实践，规范义务教育学校办学行为，推进学校课堂教学提质增效，提高中小学课后服务品质，切实减轻学生过重课业负担。坚持“文化立校”，深入推进省级基础教育内涵项目建设，三年内确保创成省级、国家级“义务教育优质均衡发展县(市、区)”。

13. 突出创先争优，提升高中教育质量。聚焦育人方式改革，建立健全选课走班、学生发展指导和综合素质评价机制，提升学生学科核心素养。创新普通高中拔尖人才和特长人才培养模式，对接双一流大学，落实导师制，壮大高分段群体，推动数量更多、素质更好的拔尖人才和特长人才脱颖而出。落实新课标，研究新高考，充分发挥学科工作室研训指导功能，推进精致管理，强化质量考评机制，发挥考核杠杆作用，扎实提升教学质量，高考成绩进入南通第一方阵。推进普通高中多样化特色发展，通州高级中学创成江苏省高品质示范高中，西亭高级中学、金沙中学、平潮高级中学创成江苏省高品质特色高中，石港中学建成江苏省四星级高中，实现区内省四星级高中全覆盖。

14. 突出产教融合，提升职社教育质量。构建现代职业教育体系，大力培育适应新技术和产业变革需要的高素质技术技能人才。围绕通州重点产业布局，动态调整专业设置，提高职业教育与行业企业人才需求的契合度，深度融入长三角职业教育一体化协同发展。深化教师教材教法改革，落实“岗课赛证”综合育人，有效实施1+X证书制度。推进产教融合、校企合作，落实现代学徒制和企业新型学徒制，每年培育产教融合型企业3—5个。加快优秀中职学校、优质专业建设，建成1所省级优秀中职学校和5—10个省级优质专业。完善职业教育经费投入机制，落实省关于中等职业学校生均财政公用经费达到当地普通高中1.5倍的标准。构建服务全民的终身学习教育体系，发挥通州开放大学的办学优势，打造学历教育与非学历教育、学校教育与城乡居民自主学习的多样形态。发展老年教育，完善老年人社区学习网络。深化社区教育特色基地、品牌项目建设，促进社区教育多元优质发展。

15. 突出融合发展，提升特殊教育质量。加快健全特殊教育体系，切实保障有特殊需要的儿童青少年平等接受教育的权利。学前特需幼儿入园率达85%，义务教育阶段特殊教育全覆盖，送教上门学生不超过适龄残疾学生总数的5%，提升“行走之光”品牌效应。完善特殊教育保障机制，特殊学生生均公用经费按普通学生生均公用经费基准定额10倍以上拨付。发展以职业教育为主的高中阶段特殊教育，探索普职特融通，让完成义务教育且有意愿的特需学生都能接受适合的中等职业教育，入学率不少于80%。加大资源教师培训力度，落实津贴补助，提高融合教育水平。试点特教班建设，全面完成南通市四星级融合教育资源中心的建设目标。建成省级融合教育示范校3—5个，创成高标准江苏省融合教育示范区。

16. 突出规范有序，提升民办教育质量。加强民办学校党建工作，推动民办学校党的组织和党的工作全覆盖。依法规范民办教育发展，坚持教育公益性，原则上不得审批设立新的民办义务教育学校(含民办九年一贯制学校、十二年一贯制学校和完全中学)，严格控制民办义务教育学校的招生规模。加强非学科类校外培训机构的审批监管，全面规范校外培训机构培训行为，不再审批新的面向学龄前儿童的校外培训机构、面向义务教育阶段学生和普通高中学生的学科类校外培训机构。鼓励社会资本以多元主体、多种方式捐资、出资举办非义务教育阶段民办学校，重点支持民办职业教育发展。加强民办学校监管，依法组织对民办学校的监督检查和督导评估。强化民办学校招生、收费等规范管理，建立健全民办学校风险防范机制，探索民办学校退出机制，强化民办学校年检工作，营造民办教育规范有序发展的良好氛围。

四、组织保障

(一)加强组织领导。充分发挥区委教育工作领导小组作用，研究部署、统筹推进重点工作，协调解决重大问题，将党的集中统一领导贯穿教育高质量发展的各方面、各环节。落实教育优先发展战略，确保发展规划优先安排教育、财政投入优先保障教育、公共资源优先配置教育，形成建设教育强区的强大合力。

(二)加强工作推进。各镇(街道)、各部门要将教育高质量发展作为重要议题，系统研究、综合施策，加快完善配套政策，积极支持和推动教育高质量发展。加强教育改革成果培育与推广，总结提炼改革经验并转化为教育政策。宣传部门和新闻媒体要坚持正确舆论导向，推动形成更加有利于新时代通州教育高质量发展的社会环境和舆论氛围。

(三)加强考核问效。突出教育强区建设，将学前教育普及普惠发展水平、义务教育优质均衡发展水平以及教育装备投入水平纳入区、镇(街道)高质量发展考核。完善区政府教育督导委员会考评镇(街道)人民政府(办事处)依法履行教育职责的督导机制，发挥教育督导的督政、督学、评估监测功能，贯通考核激励、干部选任、评先评优，强化督导结果运用，确保推动教育高质量发展的各项举措有谋划、有部署、有落实、有成效。

附件：1. 通州区规划学校情况一览表(2023—2025年)

2. 通州区中小学教育集团安排一览表

3. 通州区学前教育集团安排一览表

4. 通州区各类优秀人才专项奖励一览表

附件1　通州区规划学校情况一览表(2023—2025年)

类别	序号	名　称	选　址	占地(亩)	规模	投资(万元)	是否符合规划	备　注
幼儿园	1	银河幼儿园	金沙街道竖石河西、银河路北、毓秀山路东	15	4轨	3000	是	不含征地
	2	夏四店幼儿园	金新街道夏四店小区	8	3轨		是	小区配建
		2023年小计		23		3000		
	3	袁灶幼儿园	南通新机场规划片区内	10	3轨			根据新机场规划适时迁建
	4	平潮栖凤花苑幼儿园	平潮镇栖凤花苑小区	10	3轨	2000	是	
	5	川姜镇姜川花苑幼儿园	川姜镇姜川花苑小区	10	3轨	2000	是	
		2024年小计		30		4000		
	6	平潮滨江花苑幼儿园	平潮镇滨江花苑小区	10	3轨	2000	是	
	7	川姜磨框小区幼儿园	川姜镇磨框小区	10	3轨	2000	是	
	8	先锋第四幼儿园	先锋街道中创区东区	10	4轨			根据中创东区控规适时启动
		2025年小计		30		4000		
		合计		83		11000		
小学	1	杏园小学	金新街道金霞路东、杏园路南	45	5轨	13000	部分符合	
	2	川姜小学	川姜镇世纪大道北、金浩路西	116	12轨	35000	是	
	3	亭西小学	西亭镇草庙村,原址扩建	15	1轨	2000	是	
	4	五窑小学	石港镇四港村,原址改建	25	2轨	300	是	
		2023年小计		201		50300		
	5	韬奋小学	兴仁镇酒店路南、人民路东	60	6轨	12000	是	迁建
		2024年小计		60		12000		
	6	正场小学	金新街道钟秀东路南侧	75	8轨	15000	是	迁建
	7	平潮第二小学	平潮镇平东大道东、芦港河北	60	6轨	12000	是	
	8	先锋第二小学	先锋街道世纪大道北、青年路南、富锋路东	60	6轨			根据中创东区控规适时启动
		2025年小计		195		27000		
		合计		456		89300		
初中	1	兴东初中	兴东街道东飞路南、镇中路西	40	4轨	6000	是	
	2	平潮实验初中	平潮镇文峰路北、安泰路西	75	12轨	26500	是	迁建
		2023年小计		115		32500		
	3	姜灶中学	川姜镇姜灶社区,原址扩建	100	16轨	5000	是	
	4	袁灶初中	南通新机场规划片区内	40	6轨			根据新机场规划适时迁建
		2024年小计		140		5000		
	5	四安中学	兴仁镇酒店社区,原址改扩建	60	6轨	2000	是	
	6	先锋初中	先锋街道通海路西、通甲路北	60	6轨			根据中创东区控规适时迁建
		2025年小计		120		2000		
		合计		375		39500		
高中	1	石港中学	石港镇草市桥社区,原址扩建	120	10轨	4000	是	
		2024年小计		120		4000		
	2	平潮高级中学	平潮镇兴业路南、安泰路东	140	16轨	40000	是	迁建
	3	新建高中		140	16轨			完成选址
		2025年小计		280		40000		
		合计		400		44000		
总　计				1314		183800		

附件2 通州区中小学教育集团安排一览表

类别	序号	教育集团	牵头学校	成员学校
小学教育集团	1	实验小学	实验小学	南山湖小学、金乐小学、正场小学、实验小学运盐河校区、金北学校小学部、五接学校小学部(在建)、川姜小学(拟建)
	2	通州小学	通州小学	西亭小学、通州小学古沙校区、纱场小学、金余小学、亭西小学、英才小学、金沙湾学校小学部(拟建)
	3	金沙小学	金沙小学	张謇学校、金沙小学银河校区、唐洪小学、东社学校小学部、忠义小学、庆丰小学
	4	高新区小学	高新区小学	袁灶小学、理治小学、兴东小学、五甲小学、余北小学、五总小学、杏园小学(拟建)
	5	石港小学	石港小学	十总小学、石南小学、五窑小学、骑岸小学、二窎小学
	6	兴仁小学	兴仁小学	韬奋小学、刘桥小学、新联小学、英雄小学、横港小学
	7	平潮小学	平潮小学	五接小学、李港小学、平东小学、赵甸小学、新坝小学、南通州外国语学校
	8	川港小学	川港小学	家纺城小学、姜灶小学、先锋小学
初中教育集团	1	育才中学	育才中学	文山初中、川港中学、杨港初中、少体校、五接学校初中部(在建)、金沙湾学校初中部(拟建)
	2	实验中学	实验中学	袁灶初中、东社学校初中部、十总中学、金北学校初中部、先锋初中
	3	金郊初中	金郊初中	二甲中学、二窎中学、姜灶中学、西亭初中
	4	平潮实验初中	平潮实验初中	平潮初中、刘桥中学、新联中学、新坝初中
	5	兴仁中学	兴仁中学	四安中学、石港中学初中部、骑岸初中
高中教育联盟	1	通州高级中学	通州高级中学	西亭高级中学
	2	金沙中学	金沙中学	平潮高级中学、石港中学

附件3 通州区学前教育集团安排一览表

学前教育集团	序号	牵头幼儿园	成员学校	备注
实验幼儿园教育集团	1	实验幼儿园	金缘幼儿园、童乐幼儿园、五窑幼儿园、平潮幼儿园	公办
			蓓蕾幼儿园、皇都宝贝幼儿园、姜灶幼儿园、姜灶花苑幼儿园	民办
	2	金桥幼儿园	城西幼儿园、兴仁镇小花蕾幼儿园、兴东幼儿园、英雄幼儿园	公办
			东大幼儿园、五接幼儿园、唐洪幼儿园、爱比希幼儿园	民办
	3	金洲幼儿园	先锋幼儿园、新坝幼儿园、育才幼儿园、十总幼儿园	公办
			西亭幼儿园、城北幼儿园、阳光城堡幼儿园	民办
	4	运盐河幼儿园	石港幼儿园、城东幼儿园	公办
			尚德幼儿园、城区幼儿园、余北幼儿园、贝悠儿幼儿园、南通州外国语学校附属幼儿园	民办
	5	杏园路幼儿园	五甲幼儿园、赵甸幼儿园、金泰幼儿园	公办
			启迪幼儿园、五总幼儿园、川港幼儿园、大地幼儿园	民办

续表

学前教育集团	序号	牵头幼儿园	成员学校	备注
通州幼儿园教育集团	6	通州幼儿园	庆丰幼儿园、兴仁幼儿园、李港幼儿园、袁灶幼儿园	公办
			新联幼儿园、金余幼儿园、兴仁镇中心幼儿园、艺美幼儿园	民办
	7	虹西幼儿园	西亭镇龙坝幼儿园、四安幼儿园、韬奋幼儿园、刘桥镇第一幼儿园	公办
			阳光幼儿园、金西幼儿园、刘桥幼儿园、志新幼儿园	民办
	8	洞庭湖路幼儿园	东社幼儿园、滨江新区幼儿园、家纺城幼儿园	公办
			京师宝贝幼儿园、忠义幼儿园、二窎幼儿园、未来之星幼儿园	民办
	9	牡丹江路幼儿园	高新区幼儿园、骑岸幼儿园	公办
			南山湖幼儿园、春晖幼儿园、平东幼儿园、亚东幼儿园	民办

附件4　通州区各类优秀人才专项奖励一览表

序号	类　别	奖励发放标准
1	国家“万人计划”教学名师、享受国务院特殊津贴专家等高层次教育人才	按国家资助标准配套奖励
2	“苏教名家”培养对象(培养期内)	经考核合格,按每人每年7.2万元发放(按就高原则,不重复发放)
3	江苏省特级教师、省“教学名师”等省级优秀人才	经考核合格,按每人每年6万元发放(按就高原则,不重复发放)
4	通州区“园丁奖”	按每人1万元标准发放一次性奖励
5	通州区“优秀校长”“优秀班主任”“优秀教师”	分别按每人0.5万元、0.3万元、0.3万元标准发放一次性奖励
6	任期内南通市学科带头人、骨干教师、教坛新秀(含德育)	经考核合格,分别按每人每年1.8万元、1万元、0.48万元发放
7	任期内通州区学科带头人、骨干教师、教坛新秀(含德育)	经考核合格,分别按每人每年0.96万元、0.48万元、0.24万元发放

(通发〔2022〕31号)

通州区全民科学素质行动规划

(2021—2035年)

一、前言

科学素质是国民素质的重要组成部分,是社会文明进步的基础。公民具备科学素质是指公民崇尚科学精神,树立科学思想,掌握基本科学方法,了解必要科技知识,并具有应用其分析判断事物和解决实际问题的能力。党中央、国务院历来对全民科学素质工作高度重视,习近平总书记强调"科技创新、科学普及是实现创新发展的两翼,要把科学普及放在与科技创新同等重要的位置。没有全民科学素质普遍提高,就难以建立起宏大的高素质创新大军,难以实现科技成果快速转化。"这为我区新发展阶段下推进公民科学素质建设高质量发展提供了根本遵循和战略指引。

《全民科学素质提升行动计划纲要(2006—2010—2020年)》颁布实施以来,特别是党的十八大以来,我区深入贯彻习近平总书记对全民科学素质工作的重要论述和对江苏工作的重要指示要求,按照区委、区政府的决策部署,坚持"政府推动、全民参与、提升素质、促进和谐"的方针,充分发挥区全民科学素质工作领导小组职能作用,不断完善现代公民科学素质建设的组织体系、基础设施、条件保障和监测评估机制等,以重点人群行动带动全民科学素质持续提升,科普公共服务能力明显增强,科学教育、传播与普及取得长足发展,全民科学素质工作取得了明显成效,呈现出与我区经济社会发展相协调的良好局面,为新时代我区全民科学素质工作奠定了坚实基础。

但同时我们也清醒地看到,与人民群众日益增长的美好生活需求相比,我区全民科学素质工作仍存在一些问题和不足,主要表现在:公民科学素质总体水平与苏南地区以及周边县(市、区)相比还有一定差距,城乡、区域之间以及不同年龄群体之间发展不平衡的状况改善不够显著;对全民科学素质工作重要性认识还不到位,落实"科学普及与科技创新同等重要"的体制机制和保障条件不够完善;科普信息化建设相对薄弱,科普资源供给不够完善;基层科普服务能力有待提升等。

当前通州正在奋进现代化的起步阶段,深入实施公民科学素质建设、全面提升公民素质是我区实现经济社会高质量发展的先决条件,是提升公众终身学习能力、增创未来竞争新优势的迫切需要,是打造高素质创新大军、支撑构建新发展格局的重要途径,也是加强和创新社会治理现代化、把握发展主动权的战略选择。

二、指导思想、基本原则和主要目标

(一)指导思想

以习近平新时代中国特色社会主义思想为指导,全面贯彻党的十九大和十九届历次全会精神,认真落实习近平总书记对全民科学素质工作和对江苏工作系列重要指示要求,以提高全民科学素质、服务高质量发展为目标,以践行社会主义核心价值观、弘扬科学精神为主线,以优化科普服务供给为重点,着力打造"政府主导、社会协同、全民参与、普惠共享"的公民科学素质建设生态,营造热爱科学、崇尚创新的社会氛围,提升社会文明程度,为切实履行"争当表率、争做示范、走在前列"光荣使命、奋力谱写"强富美高"新通州现代化建设新篇章提供有力支撑。

(二)基本原则

——突出价值引领。践行社会主义核心价值观,弘扬科学精神和科学家精神,传播科学思想观念和行为方式,加强理性质疑、勇于创新、求真务实、包容失败的创新文化建设,坚定创新自信,营造崇尚创新的浓厚社会氛围。

——坚持协同推进。强化组织领导、政策支持、投入保障,激发科研机构、学校、企业、基层组织、科学共同体、社会团体等多元主体活力,增强全民参与公民科学素质建设的积极性,构建政府、社会、市场等多方协同推进的社会化工作大格局。

——优化服务供给。破除制约科普高质量发展的体制机制障碍,创新组织动员机制,强化政策法规保障,突出服务基层,推动科普内容、形式和手段等创新提升,提高科普的科学性和趣味性,满足全社会对高质量科普的需求。

——扩大开放合作。突出区域优势,立足国际视野,在公民科学素质国内外交流中增进开放互信、深化创新合作、推动资源共享,共同应对区域性、全球性科技治理挑战,畅通形成内外联动、多向互济的科学素质开放合作新局面。

(三)主要目标

2025年目标:全区科学教育、传播与普及的基础设施体系更加公平普惠,公民科学素质建设的组织实施、机制体制、条件保障等体系更加完善,科学精神在全社会广泛弘扬,崇尚创新的社会氛围更加浓厚,"科学普及与科技创新同等重要"的制度安排基本实现,各人群科学素质发展更为均衡,全社会文明程度实现新提高。

2035年远景目标:全区公民科学素质水平全面提升,城乡和区域之间发展差距显著缩小,科普公共服务均等化基本实现,科普服务社会治理的体制机制更加完善,科普公共服务的获得感和幸福感明显提升,科学文化软实力显著增强,创新生态建设实现新发展,开放合作、共建共享的全民科学素质工作格局更为完善,为通州率先基本实现社会主义现代化提供坚实支撑。

三、重点任务

"十四五"时期,着力开展青少年、农民、产业工人、老年人以及领导干部和公务员等五大重点人群科学素质提升行动,着力抓好科技资源科普化、智慧科普、科普基础设施提质、基层科普赋能、科学素质促进融合等五大科普基础工程,扬长补短、固本培元,推动科普理念、科普内容、传播方式和服务模式等全面创新,构建主体多元、手段多样、供给优质、机制有效的全域、全时公民科学素质建设体系。

（一）实施青少年科学素质提升行动

1. 加强校内青少年科学教育。将落实立德树人、弘扬科学精神贯穿于中小学校育人全链条。在幼儿园保教工作中融入科学启蒙和生活技能教育内容。深化义务教育阶段科学课程教学改革，构建提升素质教育的课程体系和综合评价体系，将综合实践能力纳入学生学业质量标准进行考核。在普通高中科学与技术领域课程标准中明确学科素养和学业质量要求，普通高中要开足通用技术课，开设科学相关学科选修课，广泛开展科学创新与技术实践跨学科探究活动，扎实有序推进普通高中与高校协同开展拔尖创新后备人才培养行动计划。加强农村中小学校科学教育设施建设和配备，加大科学教育活动和资源向农村倾斜力度。扶持和鼓励中小学校和职业（技工）学校建立一批特色鲜明的“青少年科学俱乐部”“青少年技能角”“青少年科学工作室”和“名师工作室”。加强职业学校科技创新教育，支持在校学生大力开展各类科技创新实践，增强学生创新能力、职业技能和就业创业能力。到2025年，全区力争创建2所“省科学教育综合示范学校”、建立2个“科学、技术、工程和数学教育”创新实践基地。〔责任单位：区教育体育局、区人力资源社会保障局、团区委、区科协、区关工委等，南通高新区管委会、各镇（街道）人民政府（办事处）〕

2. 完善校内外科学教育联动机制。切实利用科技（科普）场馆、博物馆、高校、科研机构和企业实验室、科普教育基地、新时代文明实践中心、劳模创新工作室等资源，加强青少年科普体验阵地建设，创新中学生科技课题研究、科普研学、夏（冬）令营等方式方法，深入开展学校科技节、科技专家进校园、科技馆进校园、学生进高校和科研机构（实训基地）开放日、高校科学营、少年科学院、科学博览会等探究性、启发性、创新性科学教育活动，引导青少年通过参与、调查、体验、实践、劳动和动手制作、创作等方式，激发好奇心与想象力、增强科学兴趣、创新意识和创新能力。结合“双减”工作，充分利用中小学校课后服务，丰富服务形式与内容，广泛开展科技类实践活动，鼓励学校邀请家长共同参与，协同育人，探索利用校外资源开展实践研学活动的新模式。通过制定标准、规范运行、严格考核，推荐一批校外“青少年科学工作室”“青少年技能馆”和“青少年科普研学实训基地”，促进校内科学教育与校外科普活动有效衔接。完善科学教育质量评价和青少年科学素质监测评估，将中小学校科学教育活动纳入学校工作考核内容。〔责任单位：区教育体育局、区科技局、区人力资源社会保障局、区科协、团区委、区关工委等，南通高新区管委会、各镇（街道）人民政府（办事处）〕

3. 拓展青少年科学教育方式。充分发挥区青少年科技辅导员协会等科技团体作用，利用青少年科技创新大赛、金钥匙科技竞赛、青少年科技模型竞赛、“智能杯”小巧手比赛、青少年科技创新后备人才培育计划、“领航杯”教育信息化应用能力提升实践活动、青少年技术技能大赛等平台引导科技创新后备人才培育培养。持续开展“通州区青少年科技创新政府奖”评选。加强优质科学教育资源开发利用，推进科学基础课程、科学史等科学素质类在线开放课程建设。深度开发科技创新、科普宣传数字化推广应用，推行场景式、体验式、沉浸式等学习方式，用好“名师空中课堂”“云上科学课堂”“云科创”等线上教育平台，引导青少年正确合理使用信息资源、培养终身学习习惯。创新拓展家庭科学教育传播渠道及方式方法，把科学家教纳入“五好家庭”等创建标准。推动科学教育资源均衡发展，重点扶持农村特别是农村留守青少年开展科普教育、创新指导、心理疏导、应急避险技能培训等志愿服务。〔责任单位：区教育体育局、团区委、区妇联、区科协、区委宣传部、区应急局、区关工委等，南通高新区管委会、各镇（街道）人民政府（办事处）〕

4. 提高教师科技创新教育能力。将科学教育和创新人才培养作为教师培养重要内容，加强新科技知识技能、科学精神、科技创新能力等培训，提高中小学教师科学素质。规范科技教育辅导员培训和管理，全区每年举办一到两次科技辅导员专题培训。加大对学校专兼职科技辅导员的支持力度，在职称评定、享受待遇、评价考核、激励奖励、外出培训、继续教育、带队参加活动等方面给予政策倾斜。〔责任单位：区教育体育局、区人力资源社会保障局、区科协、团区委等，南通高新区管委会、各镇（街道）人民政府（办事处）〕

（二）实施农民科学素质提升行动

1. 培育高素质农民。分层次开展农民职业技能培训、学历教育和小农户科学素质培训，举办面向农民的技能大赛、农民科学素质网络竞赛、乡土人才创新创业大赛、农产品电子商务万人培训等活动，提升农民科学素质与生产经营能力，每年培育高素质农民1500名。面向服务农业农村的科技工作者、科普工作者、农技推广人员、科技辅导员、农技协领班（办）人、家庭农场主、合作社带头人、农村实用人才、乡土人才、农村电商技能人才、农村妇女等群体，通过专业培训、技术交流、创新创业辅导等方式，每年培育乡村科技人才30名，带动农民依靠科技增收致富、提高生活品质。〔责任单位：区农业农村局、区妇联、区科协等，南通高新区管委会、各镇（街道）人民政府（办事处）〕

2. 加强农村科普与科技服务。深入开展文化科技卫生“三下乡”、院士专家科普乡村行等活动，充分发挥专业技术学会（协会）等社会组织的作用，普及绿色环保、卫生健康、防灾减灾、应急避险、移风易俗等科学理念和科技知识，推广先进适用技术，提升乡村文化品质，推动农民养成科学健康文明的生产生活方式。深化基层农技推广体系改革，完善现代农业产业技术体系，实施农业重大技术协同推广计划，组织农技推广人员包村联户，每年组织30名农技员进村入户开展技术指导，培育200个农业科技示范主体。引导科普资源向重点帮促地区倾斜，组织科技专家深入基层开展科学普及、技术指导、示范推广等结对帮促服务，助力乡村全面振兴。〔责任单位：区科协、区委宣传部、区农业农村局、通州自然资源和规划局、通州生态环境局、区住房城乡建设局、区水利局、区卫生健康委、区应急局、区气象局等，南通高新区管委会、各镇（街道）人民政府（办事处）〕

3. 健全农村科普服务条件与体系。推动农村科普设施与文体、教育设施融合建设，加强农村学校科技场馆建设，提升流动科普设施在农村的运行效能，培育农村科普示范基地、科技推广示范基地、科技服务超市、星创天地等农村科技社会化服务载体平台。鼓励科研机构、科技型企业、合作社以及农技协等专业技术学会(协会)开展乡村振兴科技服务，推广科技小院、专家大院、院(校)地共建等农业科技社会化服务模式。深入推行科技特派员制度，支持家庭农场、合作社、农技协等通过建立示范基地、田间学校等方式开展科技示范。支持农技协与供销合作社、农民专业合作社等农业服务主体融合发展，开展新型农业社会化服务组织培育和服务体系建设。推广运用“科普中国”、江苏“科普云”、“农技耘”等科普信息化服务平台，完善移动端传播体系，培训农民手机应用技能，持续建设农村基层科普队伍。〔责任单位：区农业农村局、区科技局、区教育体育局、区科协等，南通高新区管委会、各镇(街道)人民政府(办事处)〕

(三)实施产业工人科学素质提升行动

1. 构建科学教育培训体系。按照知识型、技能型、创新型产业工人大军建设要求，加快推进职业培训市场化、社会化、多元化改革，建立各类主体平等竞争、产业工人自主参加、政府购买相关服务的技能培训机制，形成覆盖广泛、形式多样、运作规范，企业、院校、社会组织共同参与的职业培训和技能人才培养体系。在职前教育、职业培训、考核鉴定中融入绿色发展、安全生产、防灾减灾、心理健康等科学素质内容。引导支持企业、社会组织等加大职业教育和培训投入，强化技工院校培养高技能人才的主渠道作用，推进建设一批高水平高质量技师学院，打造校企发展共同体。〔责任单位：区人力资源社会保障局、区总工会、区应急局、通州生态环境局、区卫生健康委等，南通高新区管委会、各镇(街道)人民政府(办事处)〕

2. 推进产业工人教育培训。实施专业技术人才知识更新工程，完善继续教育制度，提升综合素质和创新创造能力。发挥科技社团在专业技术人员继续教育中的重要作用，帮助开展技术攻关、解决技术难题，参与跨行业、跨学科学术研讨和技术交流活动。加大进城务工人员职业培训力度，大力开展“求学圆梦行动”等活动，每年帮助200名农民工和一线职工提升学历，依托企业和科普机构、女职工康乃馨服务站、妇女之家、科技工作者之家等载体平台，促进进城务工人员提高科学素质、增强就业本领、提升生活品质。支持技工院校面向企业职工、就业重点群体大力开展技能培训，加强校企合作，高质量开展企业新型学徒制培训。推动相关平台企业做好快递员、网约工、互联网营销师等群体的科学素质提升工作。〔责任单位：区人力资源社会保障局、区总工会、区科协、区妇联等，南通高新区管委会、各镇(街道)人民政府(办事处)〕

3. 提升产业工人职业技能。全面实施职工素质建设工程，扩大各类技术技能竞赛、岗位练兵、技能培训覆盖面。打造劳动和技能竞赛、“安康杯”竞赛等品牌活动，强化百万技能人才技能竞赛岗位练兵、江苏技能状元大赛、江苏人才创新创业大赛、城乡妇女岗位建功、创新方法大赛等群众性劳动比武活动社会效应。围绕智能装备制造等重点领域发展需求，实施“英才名匠”培训计划、高技能人才“青苗计划”和青年高技能人才培养“匠人匠心”计划，在省市内外交流合作中促进全区产业工人互学互鉴、提升技能。每年培养培训5000名技能劳动者、1500名高技能人才、1–2名企业首席技师，建设1–2个技能大师工作室。〔责任单位：区人力资源社会保障局、区总工会、区应急局、区住房城乡建设局、团区委、区妇联、区科协等，南通高新区管委会、各镇(街道)人民政府(办事处)〕

4. 营造创新创造浓厚氛围。深入开展“中国梦·劳动美·幸福路”主题教育，在产业工人中大力宣传新发展理念，弘扬科学精神和工匠精神，加强科普宣传，激发创新创造活力。弘扬企业家精神，提高企业家科学素质，引导企业家踊跃探索引领创新发展、推动提升产业工人科学素质，探索建立企业科技创新和产业工人科学素质共同提升的良性机制。〔责任单位：区总工会、区人力资源社会保障局、区科技局、区科协等，南通高新区管委会、各镇(街道)人民政府(办事处)〕

(四)老年人科学素质提升行动

1. 提高老年人信息素养。按照个体互助与组织推进相结合、自发分散与统一集中相结合、基本保障与按需服务相结合的原则，开展老年人智能手机运用大赛等活动，向老年人普及智能技术知识与技能，让广大老年人更好更快适应并融入智慧社会。推进区老年科技大学品牌建设，探索与科技馆共建共享方式，研发老年人相关课程，按需设课、互动教学，基本建立教师志愿者和立足社区老科协学员招收机制，提升老年科技大学覆盖面和影响力。〔责任单位：区委老干部局、区发展改革委、区科技局、区卫生健康委、区科协、区民政局等，南通高新区管委会、各镇(街道)人民政府(办事处)〕

2. 加强老年人健康科普服务。加大在电视、广播、报刊等主流媒体以及社区科普e站、“科普南通”“南通州科协”微信公众号等各级各类媒体平台的老年人科普宣传力度，开展针对老年人的医疗健康、心理辅导、智能信息、应急处置、反网络谣言、反诈骗等专题科普活动，丰富老年人精神文化生活。依托综合连续、覆盖城乡的老年健康服务体系，在社区卫生服务机构、党群服务阵地、科普园地以及适老化设施改造建设中，增强老年常见病和慢性病防治、反诈骗等科普内容与功能。提高科普设施服务适老化程度，提供更多适老化科普线下服务、智能应用。〔责任单位：区委老干部局、区卫生健康委、区民政局、区妇联、区科协、区文广旅局、区融媒体中心等，南通高新区管委会、各镇(街道)人民政府(办事处)〕

3. 实施银龄科普行动。发动各类科技志愿服务团队深入社区、农村，常态化开展助老类科技志愿服务活动，让老年人老有所依、老有所乐、老有所学。发挥老干部、老战士、老专家、老教师、老模范等基层“五老”的智力优势，坚持自愿参加、就地就近、量力而行、主动作为，组建理论宣讲、文化服务、医疗健康和科技科普等类别志愿服务队，依托社区科普大学、社区科普讲师团、老年科技大学等，开展科普报告、技术服务、技能培训、健康咨询等形式的科普行动，打造富有特色、群众喜爱的银龄科普志愿服务品牌。〔责任单位：区委宣传部(区文明办)、区委老干部局、区科技局、区民政局、区卫生健康委、区科协、区文广旅局、区妇联等，南通高新区管委会、各镇（街道）人民政府（办事处）〕

（五）领导干部和公务员科学素质提升行动

1. 完善教育推进机制。加强领导干部和公务员科学素质教育培训，党校、行政学院和干部教育培训机构合理安排教学内容和课时，在培训教材中充实科学教育内容，组织相关课题研究，突出科学理论、科学方法、科技知识培训以及科学精神、科学思想的培养，切实增强其贯彻落实新发展理念的自觉性和科学决策的能力。调动领导干部和公务员提高自身科学素质的积极性和主动性，增强终身学习和科学管理的能力，重点加强镇（街道）党政领导干部、各部门科技行政管理干部、科研机构负责人和国有企业、高新技术企业技术负责人的科学素质教育培训。〔责任单位：区委组织部、区科协等，南通高新区管委会、各镇（街道）人民政府（办事处）〕

2. 创新学习渠道载体。运用好“学习强国”“科普中国”“南通市干部网络学院”等平台，创新开展网络化、智能化、数字化教育培训，扩大优质科普资源覆盖面，满足多样化学习需求。深入开展科技科普教育，通过科学家精神宣讲、院士专家科普报告以及实地参观考察科技场馆、科研场所、高科技企业等多种方式，鼓励引导领导干部和公务员积极参与科普活动、参加科技志愿服务，带头讲科学、学科学、弘扬科学精神。〔责任单位：区委组织部、区科技局、区科协等，南通高新区管委会、各镇（街道）人民政府（办事处）〕

3. 完善考核激励机制。健全干部考核评价机制，强化党政领导干部、企事业单位负责人选拔任用中的科学素质要求，引导激励其学习科技知识、提升科学素质。发挥领导干部和公务员在提升全民科学素质中的引领示范作用，对有突出贡献的领导干部和公务员予以适当奖励激励。〔责任单位：区委组织部等，南通高新区管委会、各镇（街道）人民政府（办事处）〕

（六）实施科技资源科普化工程

1. 建立完善科技资源科普化机制。建立科技人才、科技载体、科技条件、科技成果、科技服务等科技资源科普化机制，完善科技资源科普化服务体系。引导科研机构、企业和社会研发组织等科技资源主体参与科技资源共建共享，融合拓宽科技资源科普化渠道，加大科技资源科普化政策规划、项目经费、基础设施建设等投入。支持科技人才参与科技资源科普化工作，引导各行业科技人才面向社会公众开放公共科技资源、开发优质科普资源、开展多种形式科普活动。〔责任单位：区科技局、区教育体育局、区科协等，南通高新区管委会、各镇（街道）人民政府（办事处）〕

2. 实施科技资源科普化专项行动。遵循优质高效、安全有序原则，拓展科学仪器设备等科技条件资源和科技创新基地、科技企业孵化器等科技载体资源的科研科普功能，支持科研机构、企业、社会研发组织将大型实验室、科研设施设备转化为科普设备和科普基地，面向社会公众开放，鼓励相关单位设立科普工作岗位，强化科研资源集约利用。实施学术资源科普化工程，提高非涉密科技成果、学术交流成果向科普资源的转化率。充分挖掘通州地域文化中的科技元素和现代文明中的科学底蕴，促进科普与教育、文化、旅游等深度融合，构建独具特色的通州科学文化。推动科普产业发展，利用科技金融、技术转移等科技服务资源赋能产业发展，开展“产业+科普”行动，促进科普旅游、影视、文化创意、展教品等业态发展，持续打造一批科普产品研发基地。〔责任单位：区科技局、区教育体育局、区文广旅局、通州自然资源和规划局、通州生态环境局、区住房城乡建设局、区水利局、区农业农村局、区市场监管局等，南通高新区管委会、各镇（街道）人民政府（办事处）〕

3. 增强科技工作者社会责任。弘扬科学家精神，积极参与老科学家学术成长资料采集工程，打造一批科学家精神教育基地。加强科研诚信和科技伦理建设，深入开展全国科技工作者日、科学道德和学风建设宣讲等主题宣传教育、榜样示范活动，引导广大科技工作者践行科学精神、坚守社会责任。加强科学传播专家队伍建设，培育高层次科技志愿服务者和组织。鼓励支持高端科技人才开展高新技术科普报告，加强科普方法和科学传播能力等培训，培育更多优秀科普创作者和科普传播者，针对社会热点、科技焦点问题主动发声、科学辟谣。〔责任单位：区科技局、区教育体育局、区科协等，南通高新区管委会、各镇（街道）人民政府（办事处）〕

（七）实施科普信息化提升工程

1. 加大科普创作支持力度。组织开展省“科普创作出版扶持计划”，支持面向世界科技前沿、经济主战场、国家重大需求、人民生命健康等重大题材、重大科技成果普及以及科幻、动漫等重要选题科普创作；支持科研人员开展科普创作，加大科普创作人才培养，支持建设一批科普创作基地；鼓励文艺工作者开展科普创作，组织参加省优秀科普作品评选、科普公益作品大赛、科普摄影大赛、长三角科普课件大赛等科普创作品牌活动。开展优秀科普作品全民阅读活动，提高学校图书馆中科普图书的馆配数量和质量。繁荣科幻创作，推动有条件的中小学校成立科幻社团组织，举办青少年科普科幻作文大赛等活动，推动科幻产业发展。〔责任单位：区科技局、区委宣传部、区文广旅局、区教育体育局、区科协、团区委等，南通高新区管委会、各镇（街道）人民政府（办事处）〕

2. 提升全媒体科学传播能力。加大科普资源开发力度，进一步推动建立科普资源共建共享机制，加大科普资源集成、开发和配送力度，推动“科普中国”、江苏“科普云”等优质资源的落地运用，形成各类机构共同参与、协同联动的科普资源内容生产格局，切实提升科普资源科学性、趣味性、体验性。充分发挥报刊、广播电视等传统媒体作用，加快传统媒体与新媒体融合发展，打造全媒体、全平台科学传播矩阵，提升科普媒体传播能力。组织开展媒体从业人员专题培训，提升大众传媒从业者的科学素质和科学传播能力。〔责任单位：区委宣传部、区文广旅局、区科协、通州自然资源和规划局、通州生态环境局、区卫生健康委、区应急局、区市场监管局、区住房城乡建设局（区人防办）、区气象局、区融媒体中心等，南通高新区管委会、各镇（街道）人民政府（办事处）〕

3. 推进科普数字化发展。鼓励扶持

新基建下的智慧科普设施建设，新建科普基础设施搭建5G网络、大数据、区块链等数字化平台，重点布局人工智能、远程医疗、云计算等新一代信息技术科普应用场景，提升科普数字化服务水平和全民数字技能。鼓励支持已有科普基础设施积极融合应用新技术手段，开展科普需求感知分析、用户分层、情景应用，针对不同区域、行业、年龄人群开展科普资源内容精准推送、智慧服务，推动传播方式、组织动员、运营服务等创新升级。强化科普信息落地应用，与智慧教育、智慧交通、智慧社区、城市大脑等深度融合。〔责任单位：区科技局、区发展改革委、区教育体育局、区民政局、区科协、区交通运输局、区区域社会治理现代化指挥中心等，南通高新区管委会、各镇（街道）人民政府（办事处）〕

（八）实施科普基础设施建设工程

1. 优化科普设施建设布局。按照普惠共享、分类施策、精准泛在、协同增效的要求，构建以综合性科技场馆为龙头，以专业科普场馆、网上科普馆、流动科技馆、社区科普馆为骨干，以各类科普基地为支撑，以基层科普设施为补充的现代科技场馆体系。政府切实履行区、镇（街道）两级科技场馆建设等科普基础设施基本公共服务兜底责任，并充分发挥市场机制作用，建立健全多方参与、多元投入、上下联动的保障体系。〔责任单位：区发展改革委、区科技局、区财政局、区文广旅局、区科协、通州自然资源和规划局、通州生态环境局、区住房城乡建设局（区人防办）、区水利局、区农业农村局、区市场监管局、区气象局等，南通高新区管委会、各镇（街道）人民政府（办事处）〕

2. 推进科技场馆建设。推动特色科普场馆建设，实体科技馆汇聚科学教育、科学家精神教育、前沿科技体验、公共安全健康教育等功能并提升服务水平。推动中国科技馆项目有效运行，常态化开展流动科技馆、科普大篷车等巡展换展，推动农村中学科技馆规范化运行。鼓励有条件的科研机构、企业、社会组织、个人兴建各类专业科普场馆，提供分众化、特色化科普展教服务。开展科普场馆评估认证、年度绩效考评和展教资源交流共享。〔责任单位：区发展改革委、区科技局、区科协、区教育体育局、区文广旅局、区住房城乡建设局等，南通高新区管委会、各镇（街道）人民政府（办事处）〕

3. 强化科普基地建设。修订完善科普教育基地认定管理办法，鼓励支持卫生健康、应急管理、食品药品、人防、防震减灾、气象等行业部门建立专业科普教育、研学基地，加强自然资源、生态环境、水情教育、人文社科等各类科普基地间交流协作。推进图书馆、文化馆、博物馆、青少年宫等公共科学文化设施拓展科普服务功能、丰富科普活动内容，引导促进公园、自然保护区、风景名胜区、机场、车站、电影院等公共场所强化科普服务功能。利用既有工业遗产和闲置淘汰生产设施，开发建设科技博物馆、工业博物馆、安全体验场馆和科普创意园，支持科研机构、企业等利用自身科技资源建设未来科技体验基地。加强科普资源研发基地建设，推动科普机构、科研机构、出版单位、企业联合协作，构建多元化科普研发生态。到2025年，认定区级科普教育基地30家，争创一批国家级、省市级科普教育基地。〔责任单位：区科技局、区科协、区文广旅局、区教育体育局、通州自然资源和规划局、通州生态环境局、区水利局、区卫生健康委、区应急局、区市场监管局、区住房城乡建设局（区人防办）、区气象局、区社科联等，南通高新区管委会、各镇（街道）人民政府（办事处）〕

4. 推进科普基础设施普惠开放。构建“馆校结合”长效机制，推动科技场馆和科普基地的优质科普资源、活动、项目与学校科学教育双向融通。加强公益性引导，支持科研机构、企业、科技社团的科普场馆、展览馆、标本室、陈列室、天文台、野外台站、实验室、生产设施等科普基础设施面向公众常态、定期、公益开放，鼓励经营性科普场馆、科普教育基地面向公众优惠开放。支持开展关爱弱势群体的公益科普活动。支持科普场馆与图书馆等文化场馆建立长效合作机制，推动科普展陈资源、科教活动、数字科普资源入驻各类公共文化服务场所。〔责任单位：区科技局、区教育体育局、区科协、区文广旅局、区妇联等，南通高新区管委会、各镇（街道）人民政府（办事处）〕

（九）实施基层科普能力提升工程

1. 建立应急科普宣教协同机制。要坚持经常性宣传教育与集中式应急宣传相统一，利用已有设施完善应急科普宣教平台，组建专家委员会，纳入突发事件应急工作整体规划和协调机制。建立完善应急科普部门协同机制，建设应急科普宣教资源数据库，对突发生态环保、卫生健康、防灾减灾等重大事件社会舆情进行智慧化、网络化监督引导，及时做好政策解读、知识普及和舆情引导等工作。有效开展防灾减灾、应急避险等主题科普宣教活动，全面推进应急科普知识进企业、进农村、进社区、进学校、进家庭，统筹各类资源和力量直达基层开展应急科普。建立应急科普专家队伍，提升应急管理人员和媒体人员的应急科普能力。〔责任单位：区应急局、区委宣传部、区科技局、区科协、区教育体育局、通州生态环境局、区卫生健康委、区农业农村局、区住房城乡建设局、区气象局、区总工会、区妇联等，南通高新区管委会、各镇（街道）人民政府（办事处）〕

2. 健全基层科普服务体系。构建区域统筹协调、镇域组织落实的联动协作机制，依托新时代文明实践中心（所、站）、党群服务中心、社区服务中心（站）、文化设施等建设科普阵地，面向基层开展“院士专家科普基层行”、科技志愿服务、主题科普活动等科普服务，推动科普资源下沉、工作重心下移。健全镇（街道）、村（社区）等基层科普组织，切实发挥教育、医疗卫生、农业技术推广等领域的机构负责人和科技型企业家在基层科技工作者队伍中的引领作用。依托科研机构、科技型企业、科技媒体、科学共同体和社会组织等，建立健全各级各类科技志愿服务制度，组建科技志愿服务团队，大力发展科技志愿者和科普信息员队伍，加强基层专兼职科普人员能力培训，推进科技志愿服务专业化、规范化、常态化发展和精准化对接，完善科技志愿服务嘉许激励等制度。〔责任单位：区科协、区委宣传部、区委组织部、区教育体育局、区科技局、区农业农村局等，南通高新区管委会、各镇（街道）人民政府（办事处）〕

3. 提升基层科普服务供给能力。进一步完善科普示范引导体系，积极争创全国、省级科普示范区。扎实实施“基层科普行动计划”，创新支持方式，加大资金统筹，切实保障投入。持续广泛开展全国科普日、科技活动周（科普宣传周）、低碳日、爱国卫生月、食品安全宣传周、防灾减灾日、宪法宣传日、世界气象日等各级各类主题科普活动，大力培育全民科学素质大赛等特色科普品牌活动，提升公民科学素质和生活生产技能。鼓励有条件的地区开展全领域行动、全地域覆盖、全媒体传播、全民参与共享的全域科普行动。〔责任单位：区科协、区委宣传部、区科技局、区司法局、通州自然资源和规划局、通州生态环境局、区住房城乡建设局（区人防办）、区水利局、区卫生健康委、区应急局、区市场监管局、区气象局等，南通高新区管委会、各镇（街道）人民政府（办事处）〕

（十）实施科学素质开放合作工程

1. 拓展交流空间。充分调动政府、社会等多方积极性，聚焦科技赋能产业、科普惠及民生等重大议题，积极参与长三角科技论坛等活动，加大科普场馆、科技志愿服务、青少年科技创新等方面交流，积极推动参与长三角区域一体化、长江经济带发展、“一带一路”交汇点建设，构建多层次、宽领域、广范围科技人文交流体系。〔责任单位：区科技局、区科协、区委宣传部、区教育体育局、区文广旅局等，南通高新区管委会、各镇（街道）人民政府（办事处）〕

2. 丰富合作内容。建立完善科研机构、科技社团、科技型企业、科技工作者等与省内外、港澳台、国外重点国家（区域）以及关键科技组织的对话合作机制，就科技资源科普化、科普资源共享、人才培训、智库建设等开展务实合作，推动科创资源科普化运用，提高我区对国内外优质科普资源的吸纳再创新能力。〔责任单位：区科协、区教育体育局、区科技局、区委宣传部、区文广旅局等，南通高新区管委会、各镇（街道）人民政府（办事处）〕

3. 推动共建共享。建立多样化科普创新合作平台，支持通州优秀科技人才、团队，深化与省内外、海外知名高校、科研机构、社团组织、企业、科技工作者的公民科学素质建设交流合作，围绕科技发展、公民科学素质建设共性问题开展研究，深化科技抗疫等领域合作，共建科技研发机构、分享科技前沿成果，发展科普产业、开展科普活动。〔责任单位：区科协、区科技局、区卫生健康委等，南通高新区管委会、各镇（街道）人民政府（办事处）〕

四、组织实施

（一）加强组织领导

区人民政府统一领导本规划实施工作，将公民科学素质发展目标纳入国民经济和社会发展规划，加强全民科学素质工作督促检查。区各部门将本规划有关任务纳入相关工作规划和计划，认真履职、协同配合。区科协发挥综合协调作用，牵头沟通联络、搭建联动平台，把握实施时序进度，协调区有关部门形成工作合力、共同推进公民科学素质建设。〔责任单位：区全民科学素质工作领导小组各成员单位〕

（二）保障经费投入

区各有关部门统筹考虑和落实科普经费。区人民政府按规定安排经费支持科普事业发展，将科普经费列入同级财政预算，逐步提高科普投入水平，建立与经济社会发展相适应的科普经费保障机制。大力提倡个人、企业、社会组织等社会力量采取设立科普基金、资助科普项目等方式为公民科学素质建设投入资金，建立完善以政府投入为主体，企事业单位、社会组织和个人等社会力量参与科普事业的多元化投入机制。〔责任单位：区财政局，南通高新区管委会、各镇（街道）人民政府（办事处）〕

（三）注重监测评估

完善全民科学素质工作评估制度，落实国家新时代公民科学素质标准，定期开展公民科学素质监测评估、科学素质建设能力监测评估，强化督促检查与工作交流，查找薄弱环节，解决突出问题，全面推进各项重点工作。〔责任单位：区科协、区科技局，南通高新区管委会、各镇（街道）人民政府（办事处）〕

（四）完善激励机制

根据国家、省、市、区有关规定，对在公民科学素质建设中做出突出贡献的集体和个人给予表扬和奖励。鼓励社会力量设立科普奖项。〔责任单位：区委组织部、区人力资源社会保障局、区科技局、区民政局、区科协，南通高新区管委会、各镇（街道）人民政府（办事处）〕

（通政发〔2022〕12号）

通州区“十四五”卫生健康事业发展规划

一、规划背景

（一）发展基础

“十三五”期间，全区卫生健康系统坚持以习近平新时代中国特色社会主义思想为指导，全面落实“五位一体”总体布局，以“健康通州”建设为核心，坚持“共享、均衡、创新、协调”发展理念，持续深化医药卫生体制改革，紧紧围绕全区经济建设和社会发展大局，及《南通市通州区“十三五”卫生计生事业发展规划》确定的目标任务，锐意改革，开拓创新，团结拼搏，务实奋进，各项工作有序推进并取得明显成效。全区人均预期寿命达83.19岁，孕产妇死亡率、婴儿死亡率分别控制在0/10万、1.59‰，人群主要健康指标高于全省平均水平。

健康通州建设实现新作为。区政府出台落实健康中国行动推进健康通州建设的实施方案，大力推进农村户厕改造，“十三五”期间，累计改造卫生户厕89699座，全区农村卫生户厕普及率达到99.5%；新增国家卫生镇2个、省卫生镇2个、省卫生村112个；新增省健康镇2个、健康村（社区）35个。2020年，刘桥镇创建国家卫生镇通过省级评估；实现省级卫生村全覆盖。

公共卫生服务取得明显成效。有效防控新型冠状病毒肺炎、H7N9流感、寨卡病毒病等突发传染病疫情。加快公共卫生体系建设，全区甲乙类传染病年发病率降至120/10万以下，儿童预防接种标准化门诊建成率100%。省级慢性病综合防控示范区、卫生应急工作示范区通过5年复评，实现市级卫生应急规范化镇建设全覆盖。

医疗服务体系建设不断完善。形成以区、镇、村三级公立医疗卫生机构为主体、民营医疗机构为补充的医疗服务网络。8个镇级医疗机构提标改造工程投入使用。完善院前急救体系建设，独立“指挥型”区120急救指挥中心正式投入运行。完成妇幼保健和计划生育技术服务资源优化整合，组建了区妇幼保健计划生育服务中心。农村区域医疗卫生中心建设有序展开，建成石港、平潮两家省级农村区域性医疗卫生中心。社会办医总量不断壮大，新增社会办医院6家，新增床位544张。

医疗服务能力不断提高。区人民医院累计建成市级重点学科2个、市级临床重点专科19个。依托区人民医院，建成卒中、胸痛、创伤、妇儿危急重症等区域性医疗救治中心。区人民医院建成三级乙等综合医院，成为南通大学附属通州医院。区第二人民医院建成二级乙等精神病医院。平潮中心卫生院建成二级甲等综合医院，二甲中心卫生院、石港中心卫生院通过二级乙等综合医院复评审。全区建成省级基层特色科室1个，市级基层特色科室19个；86.7%的卫生院建成“省示范卫生院”，其中，“十三五”期间，新增省示范卫生院3家。累计建成省示范村卫生室53家，占全区村卫生室总数的25.5%，其中，“十三五”期间新增42家。

医药卫生体制改革获得新进展。完成区中医院职工股股权流转，实现政府完全举办。优化医疗资源结构布局，建立了以区人民医院、区中医院为龙头的两大区域医联体。同时，先锋街道社区卫生服务中心与南通市第一人民医院、川姜镇卫生院与通大附院、兴仁镇兴仁卫生院与南通市第三人民医院建立医联体。全面启动家庭医生签约服务，全区组建以全科医生为核心的家庭医生团队131个，签约周期内区内全人群签约率61.88%，重点人群签约率78.93%。取消从业人员预防性体检和公共场所监测收费。高标准开展双随机一公开、专项整治和日常卫生监督工作，全面实行卫生监督执法全过程记录。

中医药服务能力不断增强。区中医院建成6个南通市重点专科，肛肠科为南通市重点专科建设科室。区人民医院中医科被列入省第三批综合医院示范中医科建设单位。实施基层中医药服务能力提升工程，镇级医疗卫生机构中医馆实现全覆盖。全区通过国家中医药管理局“全国基层中医药工作先进单位”复核验收。启动区中医院异地新建项目，规划床位1000张。区中医院与省中医院、上海中医药大学附属岳阳中西医结合医院协作正式运行。

区域健康信息平台建设有序推进。实施区域卫生专网线路工程建设，区、镇、村三级有线网络全覆盖，初步建立基础信息、医疗服务、公共卫生、药品监管、健康服务、综合管理6大类业务系统，区域健康信息平台与省、市健康信息平台互联互通，实现纵向数据交换和共享利用，通过省分级评价四级标准测评，位列全省第一方阵。实现微信和支付宝扫码付、自助查询检验体检报告和居民电子健康档案基层全覆盖，真正做到“让数据多跑路、群众少跑腿”。

通州区“十三五”规划主要指标完成情况

表1

类　别	序号	指　标	单位	2020年完成情况	2020年规划目标
健康水平	1	人口平均期望寿命	岁	83.19	≥80
	2	孕产妇死亡率	1/10万	0	≤5
	3	婴儿死亡率	‰	1.59	≤4
	4	5岁以下儿童死亡率	‰	2.65	≤6

续表1

类　别	序号	指　标	单位	2020年完成情况	2020年规划目标
疾病防控与爱国卫生	5	以镇(街道)为单位适龄儿童免疫规划疫苗接种率	%	97.1	≥ 97
	6	肺结核发病率	1/10万	21.2	≤ 30
	7	因心脑血管疾病、癌症、慢性呼吸系统疾病和糖尿病导致的过早死亡率	%	8.94	比2015年(12.93)降低10%
	8	登记在册的严重精神障碍患者管理率	%	97.36	≥ 90
	9	居民健康素养水平	%	27.52	≥ 24
	10	农村无害化卫生户厕普及率	%	99.5	≥ 95
	11	3岁以下儿童系统管理率	%	97.26	≥ 90
	12	孕前优生健康目标人群覆盖率	%	100	≥ 90
	13	食品安全风险监测食品类别的覆盖率	%	100	100
资源配置	14	每千人口执业(助理)医师数	人	2.42	≥ 2.5
	15	每千人口注册护士数	人	2.48	≥ 3.14
	16	每万人口全科医生数	人	6.46	3.5
	17	每千人口医疗机构床位数	张	5.78	6
医疗保障	18	个人卫生支出占卫生总费用的比重	%	23.6	≤ 28
	19	居民电子健康档案规范化建档管理率	%	92.29	≥ 85
智慧健康	20	县级以上医院面向基层远程医疗服务比例	%	100	90

（二）机遇和挑战

党的十九届五中全会作出了“全面推进健康中国建设”战略部署。省第十四次党代会明确了“十四五”期间实现“医疗服务水平迈上新的台阶”的目标，要求“健康江苏建设更高质量惠及全体人民”，人民健康摆在了经济社会发展和社会主义现代化建设的基础性和支撑性地位。长三角一体化、长江经济带发展、“一带一路”建设等多重国家战略机遇在通州交汇叠加，南通新机场建设、北沿江高铁获批更加凸显“通”达天下的枢纽地位，必将刷新经济地理版图，推动城市能级进一步提升，不断增进民生福祉，打造高品质生活宜居地，为卫生健康事业高质量发展提供强大支撑。新一轮科技革命和产业变革迅速发展，新兴信息技术与生物技术、生命科学加速渗透融合，远程会诊、互联网医院、智慧医疗等数字医疗蓬勃发展，为卫生健康事业健康发展提供更加广阔空间。

同时，卫生与健康事业发展也面临新的挑战。新冠肺炎疫情等新发突发传染病威胁仍然存在，传统和新发传染病互相叠加，突发公共卫生事件发生概率增加，对重大疫情防控与应急管理体系建设提出了新要求。人口“老龄化”形势日趋严峻，康复、护理等服务需求日益升高；生育政策的优化，婴幼儿照护、优生优育服务供给亟待增加；慢性病发病率上升且呈年轻化趋势、常见精神障碍和心理行为问题人数逐年增多，多重疾病负担并存的复杂局面将长期存在。卫生健康服务供需两端不匹配，医防融合政策落实任重道远，优质医疗资源分布尚不均衡，使全方位保障全民健康任务愈加变得艰巨和紧迫。

“十四五”时期是通州开启高水平全面建设社会主义现代化新征程的开局阶段，是打造新高地、建设硬核区、跑赢新赛程的战略机遇期，也是更高水平建设健康通州、加快实现卫生健康现代化的关键期。要充分认识新时期卫生健康改革发展面临的新形势新要求，抢抓重大机遇、建高峰补短板、提升供给质量、强化治理能力，始终保持战略定力，坚持底线思维，坚持系统谋划，坚持集成攻坚，坚持整体推进。

二、总体要求

（一）指导思想

以习近平新时代中国特色社会主义思想为指导，全面贯彻党的十九大和十九届历次全会精神，认真落实习近平总书记关于卫生健康工作的重要论述和对江苏工作的重要指示精神，立足新发展阶段，完整、准确、全面贯彻新发展理念，服务构建新发展格局，全面落实健康中国战略部署，坚持人民至上、生命至上，始终把人民群众生命安全和身体健康放在第一位，坚持把基本医疗卫生制度作为公共产品向全民提供，统筹推进健康行动和深化医改各项任务，全方位全周期维护和保障人民健康，大幅提高健康水平，为建成更高质量的小康社会、建设富裕美丽幸福新通州、共绘改革发展新画卷提供坚实的健康基础。

（二）基本原则

1. 坚持以人为本，共建共享。以人人享有基本医疗卫生服务为根本出发点和落脚点，把健康放在优先发展的战略地位，提升医疗技术和健康管理服务水平，推动人人享有，倡导健康生活方式，注重人民群众享有服务的感受和实效。

2. 坚持统筹兼顾，协调发展。统筹推进城乡卫生健康事业发展，协调推进医疗、医保、医药三医联动，加快健全覆盖城乡居民基本医疗卫生制度，实现全民健康覆盖，促进社会公平。

3. 坚持问题导向，改革创新。突出资源配置优化和分级诊疗，强化医疗卫生服务体系建设，加强人才队伍与信息化建设，注重影响健康的重大因素，加强重大疾病防治和慢病防控，深入推进公立医院改革，加快中医药事业发展。

4. 坚持政府主导，社会参与。政府主导与市场机制相结合，大力发展健康服务业，加快多元化办医格局。强化政府在基本医疗卫生制度中的责任，促进公平公正。

（三）发展目标

到2025年，健康优先发展战略地位更加突出，优势更加显现，健康融入所有政策发展格局更加广泛，健康城市、健康城镇、健康乡村和健康细胞创建有序推进，人民群众自主健康的防治意识进一步增强，健康教育与促进工作全面开展，覆盖城乡居民的基本医疗卫生制度进一步完善，分级诊疗制度基本建成。卫生健康资源进一步优化，新型医疗卫生服务体系基本建立，法律制度更加健全。新时代卫生健康科技与信息化等技术充分利用，争取卫生健康发展方式与服务模式有较大转变。

居民健康水平进一步提高。大力推进健康村镇和“健康细胞”建设，实现省级卫生镇、国家卫生镇“双覆盖”，新建一批健康镇（街道）。继续深入开展健康科普大讲堂，助力新冠肺炎疫情防控，提升全民健康素养水平。

公共卫生管理能力进一步加强。建立健全公共卫生体系，完善公共卫生应急管理，壮大公共卫生人才队伍，改善公共卫生专业机构基本条件，积极有效应对新发传染病和日益严重的慢性病高发等健康问题。

医疗服务体系进一步完善。统筹城乡医疗资源配置，完善三级医疗卫生服务体系。加强区级公立医院基础设施建设，改善医疗服务条件；加强卫生院（社区卫生服务中心）建设，提高农村区域医疗服务能力；加强村卫生室管理，全面提升镇村卫生一体化管理水平。

卫生健康数字化进一步加快。充分发挥区域卫生健康信息平台枢纽作用，重构智慧医疗、智慧服务、智慧管理、智慧公卫和智慧行政信息化服务体系。进一步提升信息技术与业务融合、业务与业务融合、业务与管理融合水平，全面实现卫生健康领域信息共享与业务协同。支撑医联体、分级诊疗、家医签约、远程会诊等措施落地，为卫生健康事业高质量可持续发展提供有效途径和手段，促进传统管理模式向信息化集成管理模式转变。

健康产业发展进一步激活。鼓励和引导社会资本举办规模化、差异化的医疗机构，增加医疗卫生资源，扩大服务供给，满足人民群众多层次、多元化的医疗服务需求。推进医养融合发展，积极完善政策措施，加快推进设施建设，有效保障老年人的养老、医疗需求，激发社会资本参与的积极性，积极推动养老产业高质量发展。

通州区“十四五”卫生健康主要发展指标

表2

领　域	序号	主要指标	单位	2025年	性质
健康水平	#1	人均期望寿命	岁	83.5	预期性
	#2	健康预期寿命	岁	同比例提高	预期性
	#3	孕产妇死亡率	1/10万	≤ 6	预期性
	#4	婴儿死亡率	‰	≤ 4	预期性
	#5	5岁以下儿童死亡率	‰	≤ 5	预期性
	#6	重大慢性病过早死亡率	%	≤ 9.2	预期性
健康生活	#7	居民健康素养水平	%	≥ 36	预期性
	#8	15岁以上人群吸烟率	%	≤ 21	预期性
	#9	国家卫生乡镇数量占比	%	100	预期性
	10	每千人口医疗卫生机构床位数	张	6	预期性
健康服务	11	每千人口执业（助理）医师数	人	2.6	预期性
		其中：每千人口中医类别执业（助理）医师数	人	0.57	预期性
	12	每千人口注册护士数	人	3	预期性
	#13	每千人口药师（士）数	人	0.54	约束性
	#14	每万人口全科医生数	人	4.5	约束性
	#15	每千人口公共卫生人员数	人	在2020年基础上增长50%	预期性

续表2

领　域	序号	主要指标	单位	2025年	性质
健康服务	#16	基层医疗机构卫生技术人员占比	%	达到全省平均水平	预期性
	#17	每千人口拥有3岁以下婴幼儿托位数	个	≥ 4.5	预期性
	#18	儿童青少年总体近视率	%	≤ 55	约束性
	#19	65岁及以上老年人城乡社区规范健康管理服务率	%	≥ 75	预期性
	#20	基层医疗卫生机构诊疗量占总诊疗量比例	%	60左右	预期性
	#21	二级以上公立综合性医院设置老年医学科比例	%	≥ 85	约束性
	#22	乡镇卫生院、社区卫生服务中心达到国家服务能力推荐标准比例	%	30	预期性
健康保障	#23	个人卫生支出占总费用的比重	%	24左右	预期性
健康产业	#24	健康服务业总规模年均增速	%	8.5左右	预期性
智慧健康	25	居民电子健康档案规范化建档管理率	%	≥ 90	约束性
	26	县级以上医院面向基层远程医疗服务比例	%	100	预期性

注：标#者为省、市规划指标、未标的为区规划指标。

三、重点任务

（一）着力构建现代公共卫生服务体系

加快公共卫生服务体系建设。加强公共卫生机构建设，改善疾病预防控制中心条件。完善公共卫生管理体制，真正实行镇村一体化管理。

1. 加强公共卫生机构建设。不断加强疾病预防控制、卫生监督、妇幼健康、精神卫生、采供血和院前急救等专业公共卫生机构建设，建设区公共卫生中心，配齐配强人员，优化基础设施设备配置，提高公共卫生服务能力。优化区疾病预防控制体系建设，按照辖区常住人口万分之1.19的比例补齐人员，满足基本公共卫生服务需求，确保疾病预防控制中心功能发挥。

2. 提升基本公共卫生服务成效。逐步提高人均经费补助标准，不断丰富和拓展服务内容，完善公共卫生服务平台和绩效考核系统。在区疾控中心设立全区基本公共卫生服务指导中心，统筹负责全区基本公共卫生服务项目组织实施、技术指导、业务培训、绩效考核等工作。推进医防融合，提高服务成效，提升居民获得感和满意度。

3. 抓好传染病防制工作。继续加强艾滋病、血吸虫病、结核病、麻风病和地方病防治，积极应对新冠肺炎、流感、手足口病、麻疹等重点传染病疫情，有效控制突发急性传染病疫情，不断加强人畜共患病综合防治。实施国家免疫规划，提高预防接种规范化水平和服务能力，合理规划城区预防接种门诊布局，建成一家儿童预防接种示范化门诊，适龄儿童国家免疫规划疫苗接种率维持在较高水平，实现疫苗管理和预防接种全流程信息化监管，确保疫苗质量和接种安全。

4. 实施慢性病综合防控策略。强化慢性病筛查和早期发现，加强慢性病监测及高风险人群检出和管理，努力创建国家慢性病综合防控示范区。加强心理健康服务体系建设，做好省级社会心理服务体系建设试点工作，提升全民心理健康素养，开展心理问题干预。加强精神卫生人才队伍建设，增加精神科执业（助理）医师数。加强严重精神障碍患者报告管理，提高治疗率和管理率。

5. 强化职业健康监管。加强职业健康监督检测和诊治能力建设，推进职业病危害严重行业专项治理，消除危及劳动者健康隐患，有效控制和防范重大职业病事件。加大职业健康宣传教育力度，大力提高劳动者职业健康意识和个体防护能力，保障劳动者职业健康权益。

6. 加强卫生应急体系建设。做好卫生应急规范化建设长效管理，完善卫生应急组织网络和应急预案，加强应急队伍和装备储备建设，强化卫生应急培训和演练，完善卫生应急指挥平台功能，加强院前院内急救体系，强化紧急医学救援基地建设，开展突发事件公共卫生风险评估，提升突发公共卫生应急处置能力和紧急医学救援能力。

专栏一　现代公共卫生服务体系建设工程

实施区公共卫生中心异地新建工程：整合疾病预防控制、卫生应急、卫生监督、妇幼保健计划生育服务、采供血、120急救指挥等公共卫生资源，规划建设适应经济社会发展所需的现代化公共卫生中心。内设突发公共卫生事件应急指挥调度中心、卫生应急处置中心、公共卫生检测中心、急救中心、卫生信息中心、公共卫生应急物资储备中心、公共卫生人才培训中心等，补齐公共卫生机构短板。

公共卫生服务信息化建设：依托智慧卫生三期建设，推进公共卫生服务信息化和相关系统数据的互联互通，升级公共卫生服务绩效考核系统及公共卫生平台系统，配备慢病健康管理随访包，有效提升公共卫生服务质效。

（二）积极推进健康社会建设

将健康通州建设列入经济社会发展规划，主要健康指标纳入镇街党委和政府考核内容，健全组织领导体系、监测评价体系，完善党政主导、部门协同、全社会共建共享的大健康格局。

1. 实施健康促进行动。坚持全民参与，推进社会共建共享，推动从以治病为中心转变为以人民健康为中心。建立健全健康教育体系，实施健康知识普及、合理膳食、全民健身、控烟、心理健康促进、健康环境促进、中医药健康促进、妇幼健康促进、中小学健康促进、职业健康保护、老年健康促进、心脑血管疾病防治、癌症防治、慢性呼吸系统疾病防治、糖尿病防治、传染病及地方病防控等行动，健全全社会落实预防为主的制度体系。引导群众建立正确健康观，加强早期干预，形成有利于健康的生活方式、生态环境和社会环境，延长健康寿命。

2. 加强健康教育能力建设。建立全面覆盖、分工明确、功能完善、运转高效的健康促进与教育体系。全面推进健康教育专业机构建设，加强健康教育队伍服务能力，完善健康影响因素监测与评价体系。创新健康教育新方式，科学普及健康知识，做好健康信息发布，深入开展全民健康素养促进行动，提高健康教育的针对性、精准性和实效性，提升健康教育工作水平。

3. 广泛开展爱国卫生运动。积极开展卫生镇创建活动，在建制镇（涉农街道）全面建成省级卫生镇的基础上，实现国家卫生镇全覆盖。力争新增健康镇（街道）3个。

（三）切实完善医疗卫生服务体系

统筹城乡各类医疗资源配置，调整布局、优化结构、补齐短板、健全体系，提高医疗卫生服务的供给能力和服务质量。继续完善以区级医疗机构为龙头、乡镇卫生院（街道社区卫生服务中心）为枢纽、村级医疗机构为网底的三级医疗卫生服务体系，推动区镇卫生同质化发展。全面实施镇村卫生一体化管理，村卫生室服务能力明显提升，居民满意度显著提高。

1. 提高区级医疗机构服务能力。加强区级公立医院基础设施建设，尽快启动并完成区人民医院三期扩建工程、区二院二期扩建工程，加快区中医院整体迁建进度。加强医院内涵建设，推动医院等级评审工作，促进区人民医院向三级甲等综合医院发展，区中医院争取纳入三级中医医院管理，区二院巩固二级乙等精神病医院创建成果。以现有医学重点学科为基础，以补短板为目标，坚持需求导向、问题导向、效果导向，提高医疗服务能力，重点发展老年病科、儿科、康复科、肿瘤科、血液净化中心等。推进妇幼保健院规划建设。

2. 加强卫生院（社区卫生服务中心）建设。推进平潮中心卫生院、东社卫生院、西亭镇卫生院、城南社区卫生服务中心异地迁建工程，提高业务用房建设标准化率。推动石港中心卫生院建成二级甲等综合医院、刘桥中心卫生院建成二级乙等综合医院，二甲中心卫生院巩固二级乙等综合医院成果，提升整体医疗服务能力和水平，兴仁镇兴仁卫生院力争纳入二级医院管理。二甲、刘桥中心卫生院建成农村区域性医疗卫生中心，切实提高农村区域医疗服务能力和水平，为人民群众就近提供较高水平的医疗卫生服务。鼓励引导镇卫生院（社区卫生服务中心）与上级医院开展多种形式的合作，确保基层特色科室全覆盖。

3. 加强村卫生室管理。理顺村卫生室管理体制，将村卫生室由镇卫生所直接管理调整为由镇卫生院直接负责辖区村卫生室的机构、人员、业务、药械、财务和考核等统一管理。建立村卫生室巡查制度，进一步加大对村卫生室运行情况的监督检查和绩效考核，规范村卫生室服务行为，提高运行效率。规范乡村医生队伍管理，建立乡村医生聘用和退出机制，加大定向培养和公开招聘的力度，及时为村卫生室补充人员。加强乡村医生业务培训，提升村卫生室服务能力。力争80%的村卫生室达到省定基本标准、20%的村卫生室达到省定推荐标准。

4. 鼓励和引导社会办医。进一步优化政策环境，对社会办医在技术准入、等级评定、专业技术资格考评等方面，与公立医疗机构一视同仁，实行同等待遇。优先支持举办非营利性医疗机构及提供传统中医药服务的中医诊所、门诊部，依法依规支持社会资本举办康复、老年病、慢性病、老年护理院和临终关怀等紧缺性医疗机构，提升社会办医院床位数，实现每千常住人口社会办医院床位达到省定目标。

专栏二：医疗卫生服务体系建设工程

公立医疗资源增质扩容：尽快启动并完成区人民医院三期扩建工程、区二院二期扩建工程。促进区人民医院向三级甲等综合医院发展，推动石港中心卫生院建成二级甲等综合医院、刘桥中心卫生院建成二级乙等综合医院、兴仁镇兴仁卫生院纳入二级医院管理。

深入推进医联（共）体建设：继续推进以区人民医院、中医院为龙头的医联体建设。探索以区域医疗卫生中心为核心的医共体建设。

（四）加快中医药事业发展

坚持中西医并重方针，以积极、科学、合理、高效为原则，做好中医医疗服务资源配置。充分发挥中医医疗预防保健特色优势，不断完善中医医疗机构、基层中医药服务提供机构和其他中医药服务提供机构共同组成的中医医疗服务体系。

1. 加强中医药特色优势建设。加强区中医院中医特色专科建设，深化与各地名中医院、名中医协作。组织筛选、推广一批临床疗效肯定的中医药综合治疗技术。进一步强化中医院“治未病”科室建设；推广基层常见病多发病中医药适宜技术。抓好区中医医院区级适宜技术推广基地建设，继续开展基层常见病多发病中医药适宜技术筛选与培训、推广、应用工作；做好中医药专长绝技收集整理工作。收集整理、抢救保护全区濒临灭绝的“名中医”和民间中医药专长绝技，推动中医药继承创新。

2. 全力推进基层中医药服务能力提升工程。加快乡镇卫生院（社区卫生服务中心）中医科、中药房建设，在基层“中医馆”全覆盖的基础上提级升星，至少建成1家省五级中医馆。加强村卫生室中医药服务能力建设，鼓励村卫生室创建“中医阁”，实现70%以上的村卫生室具备与其功能相适应的中医药服务能力。

3. 积极推进中医药文化建设。继续开展中医药健康文化推进行动，推动中医药养生保健知识进城区、进农村、进家庭、进学校、进机关。广泛开展中医药文化科普巡讲，建立中医药文化科普长效机制。加强与大众传媒合作，面向社会广泛普及中医药知识，促进全社会形成“信中医药、爱中医药、用中医药”的浓厚文化氛围。

专栏三：中医药事业发展建设工程

推进中医医院改扩建工程。完成区中医院异地新建工程。区中医院争取纳入三级中医医院管理。

到"十四五"末，基层医疗机构推广实施30个以上病种的中医诊疗方案，力争100%的社区卫生服务中心（乡镇卫生院）能够提供6类以上中医药技术方案，100%的社区卫生服务站（村卫生室）能够提供4类以上中医药技术方法，100%的妇幼保健机构能够提供中医药服务。

（五）完善老年健康服务体系

发展以维护老年人健康权益为中心，以满足老年人健康服务需求为导向，构建包括健康教育、预防保健、疾病治疗、康复护理、长期照护、安宁疗护的综合连续、覆盖城乡的老龄健康服务体系，更好满足老年人健康服务需求，增强老年人健康获得感，推动健康老龄化水平明显提高。

1. 推进老年友好型社会建设。实施积极应对人口老龄化国家战略，构建养老、孝老、敬老政策体系和社会环境。完善老龄委成员单位联络员队伍，健全组织协调机制，强化统筹协调能力。加强老年协会建设，开展全国示范性老年友好型社区创建，落实老年人运用智能技术专项普及培训，完善老年意外伤害综合保障制度，实施老年精神关爱项目。积极开展"敬老月"活动，组织开展"敬老文明号"创建活动。

2. 完善老年医疗服务体系。为辖区65岁以上老年人提供家庭医生签约服务，支持设立家庭病床，开展家庭病床服务。加快医养结合机构建设，鼓励和支持基层医疗机构增设康复、护理床位，推动基层医疗机构向医养结合机构转型，支持社会力量兴办康复医院和护理院。积极推进安宁疗护服务，建立机构、社区和居家相结合的安宁疗护工作机制。到2025年，二级及以上综合性医院设置老年医学科比率达100%，所有卫生院、社区卫生服务中心均能为老年人提供中医药服务。所有综合性医院、护理院和基层医疗卫生机构建成老年友善医疗机构。基层医疗卫生机构康复、护理床位数占比达到30%以上，加强医疗护理员和养老护理员培训以基本满足老年人护理服务需求。

3. 提升老龄化健康管理水平。实施老年健康促进行动，广泛开展老年健康教育，普及老年健康知识和中医养生文化，促进老年人形成合理膳食、科学运动、戒烟限酒及心理平衡等健康生活方式，提高老年人健康素养。强化预防保健，实施65岁以上老年人健康管理项目，开展老年居民普惠性健康体检。组织开展老年人营养改善行动，深化老年人心理关爱服务，加强老年常见病、慢性病健康指导，完善老年人群重点慢性病、失能、神经退行性疾病等早期筛查和干预措施，构建老年健康危险因素干预、疾病早发现早诊断早治疗、失能预防三级预防体系。到2025年，65岁及以上老年人健康管理率达到70%以上。

（六）构建生育友好型服务体系

提升优生优育服务水平，提高出生人口素质。健全完善婴幼儿照护服务体系，推进普惠托育服务体系建设，降低生育养育成本。建立积极生育支持政策体系与服务管理制度，构建生育友好社会环境。

1. 构建生育友好社会环境。实施一对夫妻可以生育三个子女政策，增强生育政策包容性，落实完善配套支持措施，推动生育政策与经济社会政策配套衔接，构建生育友好的社会环境。推动落实产假、男方护理假、生育津贴等制度，切实保障群众合法权益。释放生育潜能，减缓人口老龄化进程，促进代际和谐，增强社会整体活力。建立健全人口监测工作机制，加强出生人口监测预警，落实完善人口监测预警调查制度，强化人口监测网络建设，促进人口长期均衡发展。保障计划生育家庭合法权益，对全面两孩政策实施前的独生子女家庭，继续全面落实计划生育奖励扶助政策，做好奖励扶助项目绩效管理和监督。落实计划生育特殊家庭扶助关怀工作，巩固计划生育特殊家庭联系人制度、家庭医生签约、就医绿色通道"三个全覆盖"，建立健全帮扶电子档案，提升帮扶工作水平。

2. 健全妇幼健康服务体系。进一步提升区妇幼保健计划生育服务中心、综合医疗机构、基层医疗卫生机构的妇幼健康服务能力和水平。加强孕产妇、3岁以下儿童系统管理，以高龄高危孕产妇和高危儿体弱儿为重点强化安全管理，提升孕产妇及新生儿危急重症救治能力。推进妇女全生命周期健康管理，完善宫颈癌及乳腺癌防治体系，推行HPV疫苗接种、宫颈癌筛查、诊治和救助相衔接的宫颈癌三级综合防治模式，规范预防艾滋病、梅毒、乙肝母婴传播综合干预措施，落实基本避孕服务，提高妇女生殖健康水平。加强儿童重点疾病防治，每千名14岁以下儿童儿科医师数达0.85人左右。落实出生缺陷三级预防措施，减少严重多发致残出生缺陷发生。推进儿童早期发展综合服务，改善儿童营养状况，综合防控儿童、青少年近视，全方位促进儿童健康发展。完善特困人群医疗救助政策。全面普及妇幼适宜技术，健全妇幼健康中医药服务网络。到2025年，产科与妇幼保健门诊规范化（数字化）建设率达到省及市定标准，进一步提升区孕产妇、新生儿危急重症急救中心服务能级。

3. 发展婴幼儿照护服务体系。推进0–3岁婴幼儿照护服务，构建与通州区人口结构和婴幼儿数量相适应的0–3岁婴幼儿照护服务机构规模和布局。落实普惠托育民生实事，综合运用规划、土地、住房、财政、投资、融资、人才等政策，支持社会力量建设托育服务机构。鼓励支持有条件的幼儿园实施托幼一体化服务，支持用人单位提供托育服务，健全多元化、多样化、普惠安全的托育服务体系，为社会提供价格适中、方便可及、质量可靠的普惠性服务。落实完善托育机构设置管理标准规范，加强托育机构监督管理。到2025年，建成1家省级以上示范性托育机构，推动一镇（街）一普惠建设，每千常住人口拥有3岁以下婴幼儿托位数达到4.5个以上。

专栏四：保障"一老一小"健康安全建设工程

老年健康保障工程：推进二级及以上综合性医院老年医学科规范化建设，所有综合性医院、护理院和基层医疗卫生机构全部创成老年友善医疗机构。基层医疗机构每年为65周岁及以上老年人免费提供一次健康体检、评估与指导服务。将老年人健康管理作为基本公共卫生服务项目绩效评估的重要内容，每年组织考核评价。

婴幼儿照护服务工程：发展婴幼儿照护体系，推进0–3岁婴幼儿照护服务。构建与全区人口结构和婴幼儿数量相适应的0–3岁婴幼儿照护服务机构规模和布局。培育优质托育机构，发挥行业引领作用。鼓励幼儿园延伸托育服务，推动一镇(街)一普惠。到2025年，建成1家以上示范性托育机构，每千常住人口拥有3岁以下婴幼儿托位数达到4.5个以上。

提高人口家庭服务水平：完善人口监测制度，健全监测体系。持续落实农村部分计划生育家庭奖励扶助、计划生育家庭特别扶助等各项利益导向制度，加强计划生育特殊家庭扶助关怀。

(七)推进卫生健康数字化发展

遵循统筹规划、分步实施、业务驱动、资源共享和安全可靠的原则，拟订智慧卫生三期建设方案并组织实施，区域健康信息平台力争通过国家互联互通成熟度五级乙等，确保通过四级甲等测评，电子病历系统通过国家四级水平分级评价，进一步加强网络信息安全建设。

1. 推动区域健康信息平台提档升级。以通过国家医疗健康信息区域卫生信息互联互通标准化成熟度测评五级乙等为目标，严格按照《国家医疗健康信息区域卫生信息互联互通标准化成熟度测评方案》和《江苏省基层医疗卫生综合业务信息系统基本功能规范》等标准规范要求，紧紧围绕智慧医疗、智慧服务、智慧管理、智慧公卫、智慧行政等方面推动区域健康信息平台提档升级。

2. 加快推进电子病历系统升级改造。根据南通市卫生健康委《关于加快推进电子病历系统应用水平分级评价工作的通知》要求，将电子病历提档升级列为当前医疗管理和信息化建设的重点任务，加快推进升级改造，达到国家四级以上电子病历系统功能应用水平分级评价水平。

3. 组织开展区域健康业务协同建设。以区域医联体建设为契机，在现有远程医疗服务(影像、心电和会诊)平台基础上，组织开展远程检验、病理、培训和双向转诊、绩效考核等信息系统建设，优化医疗服务资源配置、促进优质医疗资源下沉、缓解群众看病就医难问题。

4. 加强网络信息安全建设管理。严格按照国家网络安全法律法规和网络安全主管部门要求，积极组织开展网络信息安全等级保护定级备案、建设整改和等级测评等工作，从制度、管理和技术上尽量做好安全防护措施，保障网络信息安全。

专栏五：智慧健康服务能力提升工程

平台提升工程：充分发挥区域卫生信息平台互联互通作用，采用企业服务总线和微服务等技术，从单纯以健康档案为核心的区域卫生信息平台向以健康档案、电子病历、绩效管理等多核心的区域卫生信息平台转变；从仅仅满足区域卫生健康数据采集展示向信息互联互通枢纽建设转变，基于平台实现垂直业务系统、区域内异构系统等多业务信息交换和共享，消除信息烟囱和信息孤岛。

智慧医疗工程：根据“江苏省基层医疗卫生综合业务信息系统基本功能规范(2018版)”“全国医院信息化建设规范”，加快既有系统迭代升级，根据基层医疗工作实际需求持续改进，补齐业务系统建设短板，推动业务流程优化再造，进一步提升智能化水平。加快信息化建设成果的应用，积极推进上线业务系统务实应用，进一步挖掘上线系统功能，用好用活软件系统，探索利用区域检验、区域影像、区域心电和区域消毒供应等系统，建立医疗技术资源共享示范工程，实现“基层检查、上级诊断”，提高医疗机构诊疗水平，缓解基层医疗卫生人才匮乏难题。

智慧公卫工程：基于公共卫生服务工作底层逻辑和业务内涵，以具体业务需求为导向建立统一的公共卫生服务与疾病控制信息管理系统，按照“一数一源、一源多用、统一标准、整合共享”的原则，实现公共卫生业务在不同部门、不同用户以及居民间全闭环智能化管理。探索借助人脸识别、云计算、大数据、物联网等信息技术实现慢性病和重大传染病智能化健康管理，优化工作流程、降低运营成本、减轻工作强度、提高工作效率、增强工作规范、提升工作质量。

医防融合工程：发挥信息引领作用，促进跨业务融合，推进扁平化复合型应用信息系统建设，从满足职能条线业务管理向促进业务工作深度融合转变，促进多系统资源整合和业务协同，打通各类业务系统。搭建基于公共卫生服务、双向转诊、分级诊疗、家庭医生签约服务、疾病控制、妇幼保健、临床诊疗等建立多位一体的全科医生工作平台，对业务流程进行智能化再造，最大程度覆盖并有机整合各项业务，全面实现医防融合，化解基层人力资源瓶颈，支撑各项医改措施落地。

便民服务工程：进一步优化以居民健康自主管理为核心的区域健康云平台建设，拓展居民自助服务应用的广度和深度，通过微信公众号、微信小程序等提供及时、准确的健康医疗信息，构建覆盖诊前、诊中、诊后的线上线下一体化医疗服务模式。开展在线签约服务，为签约居民在线提供健康咨询、预约诊疗、慢性病自主监测和健康管理、延伸处方等服务，推进家庭医生服务模式，为居民提供更为便捷的医疗服务体验，提高居民的获得感和体验感。

(八)进一步加强人才队伍建设

加大卫生人才引进培养力度，建立卫生人才引进培养措施，人才成长和发挥作用的政策环境更加完善，基本满足卫生人才队伍健康可持续发展的需要。

1. 进一步完善人才引进机制。完善招聘机制，拓宽引才渠道，增加招聘频次，分批组织实施招聘工作。引进高层次人才或紧缺专业人才，采取进校园招聘或直接考察聘用等方式。每年引进、招聘各类卫生人才80名左右。建立农村订单定向医学生免费培养常态机制，每年定向培养本区户籍的农村医学人才40名左右。

2. 进一步完善梯队培养机制。强化卫生人才梯队建设，以构建金字塔型人才梯队结构为目标，围绕省市区重点学科建设目标，分层次分类别制定学科建设规划，卫生高层次人才引进培养计划，实行差别化人才培养措施，以打造高素质人才团队为核心，加快建立选拔评选、培养支持、跟踪考核等相关配套制度，努力形成一套符合卫生人才成长特点的梯队开发体系。

3. 进一步完善学习培训机制。健全完善卫生人才学习培训研修制度，全力支持卫生人才在职攻读学历教育，适当减轻在职攻读博士学位人才的工作任务。建立健全选派进修制度，积极探索与国内一流医疗卫生机构开展人才联合培养计划，分期分批选派优秀卫生人才到国内一流医疗卫生机构进行理论研修和专业实践。建立和完善基层医疗机构全科医师培训保障、激励机制，做到应培尽培。组织实施基层卫技人员“务实进修”项目，制订个性化培训计划，灵活确定进修周期，切实提高进修实效。

4. 进一步完善人才培养办法。实施人才激励政策，出台《通州区卫生健康人才引进培养奖励办法（试行）》，重点抓好高层次人才、紧缺专业岗位人才引进。高层次医学人才比例大幅度提升，全日制研究生达到200名，其中博士研究生5名以上，引进“双创”博士力争实现零突破。积极探索和落实“两个允许”，完善基层医疗单位、公共卫生机构绩效工资政策，加大基层卫生人才激励保障力度。

专栏六：科教人才能力提升工程

学科专科建设：到2025年，力争建成1—2个省级重点学科（省级重点实验室），建设1—2个市级临床医学中心、3—4个市级重点学科和5个市级创新团队。力争建成1—2个省级临床重点专科，新增10个市级重点专科。

人才引培：积极培育省“333工程”人才，市“226工程”人才等，引培5名博士和200名硕士。

科研课题申报：争取获得省级科研项目2项，市级科研项目30项，力争获得市级科技进步奖2-3项，市医学新技术引进奖20项。

规培基地建设：进一步加强国家级住院医师规范化培训基地协同单位的建设和管理，建立健全住院医师规范化培养制度，继续医学教育覆盖率达100%，继续医学教育对象学分达标率达90%以上，实现继续医学教育信息化管理。

（九）进一步推进科教兴医

坚持科教并举，深化医教协同，加快构建科技创新体系，强化学、专科建设，突出基层卫生健康人才培养，全面推动科研攻关和成果转化。

1. 加强医教协同深化医学人才培养。做好各类人才项目申报和人才引进培养，加强专业技术人员进修工作，强化住院医师规范化培养效果，全面加强全科医师队伍建设，加快中医药、农村订单定向医学生和急缺医学人才培养，有效落实继续医学教育管理。

2. 持续推进重点学（专）科建设。切实加强各学科、专科建设和发展，强化医学新技术推广应用，拓展学科、专科服务内涵，不断提高解决实际问题和科研创新能力。重点抓好二级及以上医院省级、市级重点学（专）科建设，镇卫生院、社区卫生服务中心省、市级特色科室建设。

3. 不断提升科技创新和转化能力。面向疾病防治需求，以临床应用为导向，进一步加快区域临床医学中心的建设，加快打造生命健康科技创新高地，至“十四五”末，新构建10个临床医学中心。健全人才引进培养和激励机制全面提升科技创新能力。以省市医学新技术引进和优秀中医药项目申报为抓手，加强医学新技术引进与应用，组织开展适宜技术推广，提高解决临床实际问题的能力。

（十）大力发展健康多元化服务

支持社会办医发展，推进医养融合，积极发展健康服务新业态，强化政策支持，为卫生健康事业发展注入新活力。

1. 鼓励社会资本办医。引导民营资本多元化、高端化、差异化投资医疗产业，向“专、精、优”方向发展，与公立医疗机构实现优势互补，错位发展。鼓励社会力量举办规模化、差异化的医疗机构，鼓励社会资本发展提供儿科、康复、老年护理等基本医疗服务，投资发展相对薄弱且需求潜力大的专科机构。推进社会资本发展多样医疗服务，不断满足群众多层次、多样化的健康服务需求。

2. 推进健康养老产业发展。推进医养融合发展，建立资源共享、优势互补的健康养老服务体系。支持社会力量参与医养结合，推进文化旅游+健康养老产业融合发展。

（十一）继续深化医疗体制改革

根据《中共中央国务院关于深化医药卫生体制改革的意见》等相关文件精神，在巩固现有成果的基础上，着力扩大改革成效，着力解决突出问题，扎实推进医改向纵深发展。

1. 进一步明确公立医院改革目标。深化医改目标，加快推动公立医院改革，公立医疗机构坚持政府主导，加大财政对公立医院基本建设、设备购置、学科发展、人才培养等投入力度。建立权责明晰、运行规范、管理科学、监督有效的现代医院管理制度。严格控制医疗费用不合理增长，健全考核评价机制，建立符合行业特点的薪酬制度，不断增强公立医院发展活力。

2. 进一步强化医联体间协作。推进区域内医疗联合体建设，最大程度发挥龙头医院作用。建立医联体内互联互通的远程会诊平台，推进以高血压病、糖尿病为试点的分级诊疗制度，并逐步扩大转诊病种及转诊范围，基本建立起基层首诊、双向转诊、急慢分治、上下联动的分级诊疗模式，形成科学合理的就医秩序，促进基本医疗卫生服务公平可及。继续深化川姜镇卫生院与通大附院、先锋街道社区卫生服务中心与市第一人民医院、兴仁镇兴仁卫生院与市第三人民医院医联体合作，鼓励区内医疗机构与知名三级甲等医院的紧密合作，共建服务平台，扩大双向转诊范围，提升区内整体医疗水平。

3. 完善药品供应保障机制。巩固基本药物制度，健全药品采购、配送、使用、结算政策，建立以基本药物为基础、运行规范的药品供应保障体系。健全药品和医用耗材采购机制，继续推进药品分类采购、带量采购和医用耗材网上阳光采购。强化医疗机构药事管理，加强医疗机构用药指导，开展用药监测、预警、干预，跟踪监控重点品种使用情况，开展临床用药指南和处方集培训，规范用药行为，促进基本药物优先使用和临床合理用药。

（十二）加强医德医风建设

纠正卫生行业不正之风。卫生行政部门和各医疗卫生单位要进一步加强医德医风建设，引导广大医务人员正确认识卫生事业发展的目的，牢固树立一切为了人民，一切为了患者的服务理念。要弘扬白求恩精神，树立救死扶伤、忠于职守，爱岗敬业、开拓进取、精益求精，乐于奉献、文明行医的行业风尚，自觉抵制拜金主义、个人主义及一切有损于群众利益的行为，严格执行“九不准”。落实党风廉政建设责任制主体责任，实行“一岗双责”，坚持“一案双查”。进一步落实纠风工作责任制，完善内部监察和社会监督制度，坚决纠正卫生行业不正之风，不断规范医疗服务从业行为，大力推行院务公开制度，继续完善住院费用清单制，医疗服务价格公示制、医疗服务费用查询等制度，采取多种方式严格控制不合理医药费用，完善药品集中招标采购工作，进一步降低药品价格，控制药品费用。加大查处力度，对被举报在医疗服务中滥检查、乱收费、不合理用药以及拿回扣、收“红包”的人员及时查处。

（十三）进一步深化卫生健康接轨上海

主动融入长三角区域一体化发展，以高质量发展为引领，秉承“融优质资源，促民众健康”的理念，利用接轨上海的地缘优势和人文优势，努力与上海优质资源对接，引才引智引技术，提升医疗服务能力。

1. 放大院际交流效应。在区人民医院与上海交通大学附属上海市第一人民医院、区中医院与上海中医药大学附属岳阳中西医结合医院技术协作的基础上，加深紧密程度，谋求同质化管理科室，建立临床诊治分中心，不断扩大沪通两地院际合作交流活动的实际成效。

2. 创新互惠协作机制。鼓励上海名医支援通州。支持重点学科、专科专病与上海合作医院相关学科和专科的深度对接，从人才、技术、科研等方面“比、学、赶”，尽快缩短差距、提高能级。引导上海合作医院为转诊病人开通就医绿色通道，为患者转上海治疗提供方便。邀请上海专家定期来通义诊、坐诊、手术、教学查房，建立稳定长效的业务合作和利益共享机制。充分运用信息化手段，通过远程会诊、远程教育等系统，促进两地合作联动，发挥好智慧卫生的功能。

3. 拓宽人才共育渠道。根据医疗机构学科建设和业务发展需要，定期选派优秀中青年业务骨干到上海进修深造。充分调动全区医务人员参加学术活动的主观能动性，每年派员赴沪参加学术活动和各类继续医学教育项目。开设《上海名医大讲堂》，定期邀请上海知名医学专家来通讲学。

（十四）推进卫生健康治理体系和治理能力现代化

统筹发展与安全，有效化解各类风险挑战。聚焦提升卫生健康行业现代化治理能力，深入实施《中华人民共和国基本医疗卫生与健康促进法》，强化卫生健康法治建设，强化行业综合监管。

1. 统筹发展与安全。贯彻落实国家安全战略，坚持底线思维，以医疗卫生质量安全为核心，加强各类传染病防控、疫苗接种管理、医院感染管理、生物安全及职业健康安全管理，改革完善公共卫生应急管理体系，深入开展安全生产专项整治，筑牢安全屏障。完善重点群体信访稳控、易肇事肇祸精神障碍患者管理、医疗卫生机构编外人员管理、意识形态管理等，统筹全民健康数据共享和隐私保护，加强个人医疗健康隐私数据管理，有效防范化解各类风险挑战。

2. 强化法治建设。健全依法决策机制，加强卫生健康重大行政决策程序控制。加强卫生健康法治宣传教育，落实“谁执法谁普法”工作责任制。深入贯彻《中华人民共和国基本医疗卫生与健康促进法》《中华人民共和国医师法》等法律法规，有效维护医务人员执业的法治环境，营造促进医患和谐的良好氛围。加强公立医院法治建设，全面提升卫生健康系统依法治理水平。深入推进卫生健康“放管服”改革，提高政务服务能力和水平。强化营商环境政务服务指标常态化监测和长效管理，扎实有序开展营商环境优化提升工程。

3. 推进综合监管。完善医疗卫生行业综合监管协调机制，健全机构自治、行业自律、政府监管、社会监督相结合的多元化综合监管体系，健全卫生健康监督执法网络。全面推行“信用+综合监管”，提升“双随机”抽查质效。做好“医疗机构依法执业自查系统”和“医疗卫生多元化综合监管平台”运用。积极推进公共卫生、职业卫生监督执法。加强卫生健康监督执法能力建设，加大人员配备力度，强化执法装备保障。严格落实行政执法责任制，依法严厉打击危害人民群众身体健康和生命安全的违法行为。

专栏七：卫生监督执法能力提升工程

卫生健康监督执法队伍建设：推进区卫生监督执法领域行政执法类公务员分类管理，逐步充实基层卫生健康执法队伍，十四五末达到每万名常住人口配备1.5名卫生健康执法人员。建立疫情防控及健康危害事件处置督查队伍各1支，每支队伍不少于5人。

卫生健康监督机构规范化现代化建设：到2025年，区卫生健康监督机构达到规范化建设标准。推进全过程记录、快速现场检测等执法装备保障提档升级。

卫生健康监督人才培养：每年培训卫生监督骨干50人，卫生监督协管人员150人。

卫生健康监督执法信息化建设：推进“医疗卫生多元化综合监管平台”运用，以“一网全覆盖、一图观全局”综合监管平台，将“信用+综合监管”贯穿医疗卫生全行业和事中、事后全过程。

五、保障措施

（一）加强组织领导

坚持党对卫生健康工作的集中统一领导，把党的领导贯穿到规划组织实施的各领域、全过程，推动党建与业务工作深度融合。将健康融入所有政策，将卫生健康规划重要发展指标纳入本地区国民经济和社会发展规划，认真组织落实。区各相关部门要切实履职，按照职责分工，细化工作目标，抓好工作落实，增强规划的执行力。

（二）完善要素保障

全面落实对公共卫生（含计划生育）、基本医疗保障、基层医疗卫生机构、公立医院等投入补助政策，健全分级负责制度，完善以基本医疗保险为主体，医疗救助为托底，补充医疗保险、商业健康保险、慈善捐赠、医疗互助等共同发展的医疗保障制度体系。鼓励社会组织和企业投资健康领域，形成多元化筹资格局。

（三）强化规划执行

建立规划执行项目化、清单化、责任化推进机制，细化分解目标任务，明确责任主体、细化工作举措、层层抓好落实。充分发挥重大改革、重大项目、重大平台、重大政策的牵引作用，有效带动规划整体实施。建立规划执行闭环管理机制，开展规划年度监测、中期评估和总结评估，完善规划反馈与调整机制，保障规划刚性执行。

（四）推动多元参与

完善卫生健康干部队伍培养使用、考核评价和奖惩机制，激发广大干部职工干事动力和创新活力，着力提升政治素养、理论水平、专业能力、实践本领。广泛宣传新时期党的卫生健康工作方针，普及卫生健康科学知识，大力弘扬伟大抗疫精神和崇高职业精神，推动社会大众和多元主体共建共享卫生健康改革发展成果，营造“十四五”卫生健康事业高质量发展良好氛围。

（通政办发〔2022〕56号）

重要文件目录

2022年中共南通市通州区委重要文件目录一览表

表65

文　号	文　件　标　题	发文日期
通发〔2022〕1号	中共南通市通州区委关于印发《中共南通市通州区委常委会2022年工作要点》的通知	5月24日
通发〔2022〕2号	中共南通市通州区委　南通市通州区人民政府关于印发《2022年全区重点工作目标任务分解表》的通知	3月16日
通发〔2022〕3号	中共南通市通州区委员会关于设立南通市通州区烟草专卖局党组的通知	1月12日
通发〔2022〕4号	中共南通市通州区委　南通市通州区人民政府关于公布2021年度全区经济发展贡献百强企业(集团)名单的通知	1月24日
通发〔2022〕5号	中共南通市通州区委员会关于转发政协南通市通州区委员会2022年工作要点的通知	3月25日
通发〔2022〕6号	中共南通市通州区委员会关于转发南通市通州区人大常委会2022年工作要点的通知	3月25日
通发〔2022〕9号	中共南通市通州区委印发关于《中共南通市通州区第十三届委员会巡察工作规划》的通知	5月31日
通发〔2022〕11号	中共南通市通州区委 南通市通州区人民政府关于做好2022年全面推进乡村振兴重点工作的实施意见	6月17日
通发〔2022〕12号	中共南通市通州区委　南通市通州区人民政府关于印发《通州区贯彻落实省第四生态环境保护督察组督察反馈意见整改方案》的通知	6月17日
通发〔2022〕13号	中共南通市通州区委关于推进“有事好商量”协商议事工作常态长效的意见	6月17日
通发〔2022〕15号	中共南通市通州区委 南通市通州区人民政府关于深入打好污染防治攻坚战的实施意见	7月8日
通发〔2022〕17号	中共南通市通州区委员会关于印发《通州区法治社会建设实施方案(2022—2025年)》的通知	8月1日
通发〔2022〕19号	中共南通市通州区委　南通市通州区人民政府关于印发通州区贯彻落实《法治政府建设实施纲要(2021—2025年)》实施方案的通知	8月15日
通发〔2022〕20号	中共南通市通州区委关于区委常委工作分工调整的通知	9月5日
通发〔2022〕23号	中共南通市通州区委　南通市通州区人民政府印发关于完整准确全面贯彻新发展理念推动高质量发展做好碳达峰碳中和工作实施意见的通知	9月22日
通发〔2022〕25号	中共南通市通州区委员会关于调整区委全面深化改革委员会和专项小组领导成员的通知	9月29日
通发〔2022〕27号	中共南通市通州区委印发《关于加强“三重一大”事项决策的议事规则(试行)》的通知	10月24日
通发〔2022〕29号	中共南通市通州区委员会关于大力锻造激情奋斗、创新争先、务实担当堪当现代化建设重任干部队伍的意见	11月2日
通发〔2022〕30号	中共南通市通州区委员会关于调整区委教育工作领导小组成员的通知	11月5日
通发〔2022〕31号	中共南通市通州区委　南通市通州区人民政府印发《关于推动通州教育高质量发展的实施意见》的通知	11月8日
通发〔2022〕34号	中共南通市通州区委员会印发《关于充分发挥人民代表大会制度优势 深入践行全过程人民民主的实施意见》的通知	12月20日

(钱　湘)

2022年南通市通州区人民政府重要文件目录一览表

表66

文　号	文　件　标　题	发文日期
通政发〔2022〕1号	区政府关于印发2022年通州区民生惠民实事项目任务分解表的通知	1月26日
通政发〔2022〕6号	区政府关于印发南通市通州区人民政府工作规则的通知	4月30日
通政发〔2022〕7号	区政府关于印发南通市通州区人民政府常务会议议事决策规则的通知	4月30日
通政发〔2022〕8号	区政府印发关于帮助市场主体着力稳定经济增长的若干政策措施的通知	5月11日

续表66

文　号	文　件　标　题	发文日期
通政发〔2022〕9号	区政府关于印发通州区“十四五”科技创新发展规划的通知	5月17日
通政发〔2022〕10号	区政府关于印发通州区全民健身实施计划(2021—2025年)的通知	6月30日
通政发〔2022〕11号	区政府关于印发通州区镇(街道)法定权力事项清单的通知	6月29日
通政发〔2022〕12号	区政府关于印发通州区全民科学素质行动规划(2021—2035年)的通知	7月28日
通政发〔2022〕14号	区政府关于建设省农业生产全程全面机械化示范区的实施意见	10月28日
通政发〔2022〕15号	区政府关于印发通州区国家知识产权强县建设示范县工作方案(2022—2025年)的通知	11月14日
通政发〔2022〕16号	区政府关于公布通州区第六批区级非物质文化遗产化表性项目名录的通知	11月22日

(顾　鹏)

2022年中共南通市通州区委办公室重要文件目录一览表

表67

文　号	文　件　标　题	发文日期
通办发〔2022〕1号	区委办公室印发《关于开展抓党建促乡村振兴“党建领航、镇村夺旗”专项行动实施方案》的通知	1月6日
通办发〔2022〕3号	中共南通市通州区委办公室关于印发《南通市通州区融媒体中心职能配置、内设机构和人员编制规定》的通知	1月26日
通办发〔2022〕4号	区委办公室　区政府办公室关于调整优化南通市通州区新冠肺炎疫情防控领导指挥体系的通知	1月30日
通办发〔2022〕6号	区委办公室　区政府办公室关于转发《区老区开发促进会　乡村振兴促进会2022年工作要点》的通知	2月22日
通办发〔2022〕7号	区委办公室　区政府办公室关于通州区2021年度综合考核结果的通报	3月9日
通办发〔2022〕8号	区委办公室　区政府办公室关于成立南通市通州区推进使用正版软件工作领导小组的通知	3月10日
通办发〔2022〕9号	区委办公室　区政府办公室关于印发通州区创建2021—2025年全国科普示范区活动实施方案的通知	3月16日
通办发〔2022〕10号	区委办公室　区政府办公室关于印发通州区2022“营商环境提升年”实施意见的通知	3月21日
通办发〔2022〕11号	区委办公室　区政府办公室关于印发《通州区产业倍增三年行动计划(2022—2024年)》的通知	3月22日
通办发〔2022〕13号	区委办公室　区政府办公室　区政协办公室关于印发《政协南通市通州区委员会2022年协商工作计划》的通知	3月24日
通办发〔2022〕14号	区委办公室　区委研究室关于徐振东等同志职务任免的通知	3月24日
通办发〔2022〕16号	区委办公室　区政府办公室关于印发《南通市通州区推进重点行业绿色发展实施方案》的通知	4月15日
通办发〔2022〕19号	区委办公室　区政府办公室关于印发《通州区“服务企业大走访”活动方案》的通知	4月25日
通办发〔2022〕21号	区委办公室　区政府办公室　区政协办公室关于印发《区领导领办督办2022年区政协重点提案工作方案》的通知	4月30日
通办发〔2022〕22号	区委办公室　区政府办公室关于印发《通州区科级干部挂钩服务企业工作方案》的通知	5月1日
通办发〔2022〕23号	区委办公室　区政府办公室印发关于在全区全面推进“制度化管理、实时化监控、自动化阻隔、现代化救援”四项举措提升本质安全水平的实施意见的通知	5月9日
通办发〔2022〕26号	中共南通市通州区委办公室印发《关于开展“攻坚有我、一线建功”专项行动　扎实推进“机关作风建设提升年”“招商引资突破年”“营商环境提升年”活动的实施方案》的通知	5月20日
通办发〔2022〕27号	区委办公室　区政府办公室印发《关于“十四五”开展农村人居环境整治提升行动 扎实推进“三美一高”乡村建设的实施方案》的通知	6月21日
通办发〔2022〕28号	区委办公室印发《关于进一步加强高素质专业化中层干部队伍建设的实施意见》的通知	5月27日

续表67

文　号	文　件　标　题	发文日期
通办发〔2022〕29号	中共南通市通州区委办公室关于转发区关心下一代工作委员会《2022年全区关心下一代工作要点》的通知	5月31日
通办发〔2022〕30号	区委办公室关于印发落实区委巡察反馈意见整改方案的通知	6月2日
通办发〔2022〕32号	中共南通市通州区委办公室关于2021年度"一创三争"推选结果的通报	6月28日
通办发〔2022〕34号	区委办公室　区政府办公室关于印发南通市通州区国民经济和社会发展第十四个五年规划和二〇三五年远景目标纲要实施和分工方案的通知	6月30日
通办发〔2022〕35号	区委办公室　区政府办公室关于印发《2022年全区产业项目建设综合考评办法》的通知	6月30日
通办发〔2022〕37号	区委办公室关于南通市通州区考核工作委员会更名的通知	7月1日
通办发〔2022〕38号	区委办公室　区政府办公室关于印发真抓实干促发展 奋勇争先建新功通州区2022年月度评估办法的通知	7月5日
通办发〔2022〕39号	中共南通市通州区委办公室关于蒋建伟同志职务任免的请示	7月12日
通办发〔2022〕42号	关于印发《中共南通市通州区委办公室公务员平时考核实施方案(试行)》的通知	7月22日
通办发〔2022〕44号	区委办公室　区政府办公室关于加强基层安全生产监督管理机构建设的通知	7月30日
通办发〔2022〕45号	区委办公室　区政府办公室关于印发通州区现代服务业繁荣发展三年行动计划(2022—2024年)的通知	8月2日
通办发〔2022〕46号	区委办公室　区政府办公室关于印发《通州区人才安居公寓建设三年行动计划》的通知	8月6日
通办发〔2022〕48号	区委办公室　区政府办公室关于印发《2022年度高新区、镇(街道)、投资服务中心双招双引考核办法》和《2022年度区级机关部门双招双引考核办法》的通知	8月13日
通办发〔2022〕49号	区委办公室　区政府办公室关于印发《2022年通州区"招商引资突破年"实施方案》的通知	8月17日
通办发〔2022〕50号	中共南通市通州区委办公室转发《区委宣传部、区委组织部关于做好〈习近平谈治国理政〉第四卷学习教育工作的通知》的通知	8月25日
通办发〔2022〕51号	区委办公室　区政府办公室印发《关于促进村级集体经济持续发展的实施意见》的通知	8月31日
通办发〔2022〕53号	区委办公室印发关于推动党史学习教育常态化长效化的实施方案的通知	9月2日
通办发〔2022〕54号	区委办公室　区政府办公室关于进一步加强和规范全区生产安全事故和自然灾害信息报送与发布工作的通知	9月17日
通办发〔2022〕55号	区委办公室　区政府办公室关于印发通州区深化应急管理综合行政执法改革实施方案的通知	9月18日
通办发〔2022〕57号	区委办公室　区政府办公室印发《贯彻落实〈关于深化"江海砥柱锻造工程"建设"三强三过硬"县级党政领导班子的意见〉若干措施》的通知	9月23日
通办发〔2022〕58号	区委办公室　区政府办公室关于成立区对口支援协作合作工作领导小组的通知	9月30日
通办发〔2022〕60号	区委办公室　区政府办公室印发城乡网格化社会治理相关文件的通知	10月12日
通办发〔2022〕61号	区委办公室　区政府办公室关于优化调整区城市建设指挥部机构设置和人员的通知(试行)	10月13日
通办发〔2022〕62号	区委办公室　区政府办公室关于印发《贯彻落实〈省委办公厅省政府办公厅关于加强新时代网上信访工作的实施意见〉的实施细则》的通知	10月15日
通办发〔2022〕64号	区委办公室　区政府办公室关于调整通州区深化医药卫生体制改革领导小组的通知	11月4日
通办发〔2022〕65号	区委办公室　区政府办公室印发《关于全面加强新时代司法所建设切实提升基层法治建设水平的意见》的通知	11月8日
通办发〔2022〕66号	区委办公室　区政府办公室关于印发通州区农村住房条件改善五年行动计划(2022—2026年)的通知	11月18日
通办发〔2022〕68号	区委办公室　区委研究室关于王小亮等同志职级晋升的通知	12月1日
通办发〔2022〕71号	区委办公室关于转发《南通市通州区第十七届人大五年工作规划》的通知	12月15日
通办发〔2022〕72号	中共南通市通州区委办公室印发关于加强和改进新时代政协工作实施意见的通知	12月31日

（钱　湘）

2022年南通市通州区人民政府办公室重要文件目录一览表

表68

文　号	文　件　标　题	发文日期
通政办发〔2022〕1号	区政府办公室关于印发通州区2022年水利建设与管理意见的通知	1月11日
通政办发〔2022〕2号	区政府办公室印发关于进一步完善通州区城乡居民基本养老保险制度的补充意见的通知	1月7日
通政办发〔2022〕3号	区政府办公室关于印发通州区“十四五”气象事业发展规划的通知	1月14日
通政办发〔2022〕4号	区政府办公室关于印发通州区入江排污口分类整治工作方案的通知	1月14日
通政办发〔2022〕5号	区政府办公室关于印发通州区“十四五”人力资源和社会保障发展规划的通知	1月17日
通政办发〔2022〕6号	区政府办公室关于印发2022年度区本级政府投资新建项目计划的通知	1月19日
通政办发〔2022〕7号	区政府办公室关于印发通州区建筑工程（含轨道交通工程）安全事故应急救援预案的通知	1月11日
通政办发〔2022〕9号	区政府办公室关于印发通州区城镇燃气安全排查整治工作实施方案的通知	2月21日
通政办发〔2022〕10号	区政府办公室关于印发通州区“十四五”制造业高质量发展规划的通知	2月24日
通政办发〔2022〕12号	区政府办公室关于印发通州区“十四五”水利发展规划的通知	3月8日
通政办发〔2022〕14号	区政府办公室关于印发通州区行政执法辅助人员管理办法的通知	3月17日
通政办发〔2022〕15号	区政府办公室关于印发通州区小微工业企业列规增收三年行动方案（2022-2024年）的通知	3月21日
通政办发〔2022〕16号	区政府办公室关于印发通州区被征地农民社会保障规程的通知	3月22日
通政办发〔2022〕17号	区政府办公室关于印发通州区区级政府投资非盈利性工程建设项目集中建设管理实施细则（试行）的通知	3月22日
通政办发〔2022〕18号	区政府办公室关于印发通州区制造业智能化改造和数字化转型三年行动计划（2022—2024年）的通知	3月30日
通政办发〔2022〕19号	区政府办公室关于通州区“十四五”全社会节能的实施意见	4月20日
通政办发〔2022〕21号	区政府办公室关于印发《通州区“十四五”应急管理体系和能力建设规划》《通州区“十四五”安全生产规划》《通州区“十四五”综合防灾减灾规划》的通知	5月4日
通政办发〔2022〕23号	区政府办公室关于印发通州区“十四五”生态环境保护规划的通知	5月7日
通政办发〔2022〕24号	区政府办公室印发关于帮助因疫情影响暂停营业的市场主体纾困解难的若干政策的通知	5月8日
通政办发〔2022〕25号	区政府办公室关于公布通州区人民政府2022年度重大行政决策事项目录的通知	5月13日
通政办发〔2022〕26号	区政府办公室关于印发通州区“十四五”农业农村现代化规划的通知	5月13日
通政办发〔2022〕27号	区政府办公室关于印发通州区妇女发展规划和儿童发展规划的通知	5月20日
通政办发〔2022〕29号	区政府办公室关于印发通州区公共安全重大隐患“三清”专项行动方案及其配套方案的通知	5月26日
通政办发〔2022〕31号	区政府办公室关于印发通州区“十四五”社会信用体系建设规划的通知	5月28日
通政办发〔2022〕33号	区政府办公室关于印发通州区高新技术企业培育三年行动方案（2022-2024年）的通知	5月31日
通政办发〔2022〕34号	区政府办公室关于印发通州区支持企业“智改数转”的若干政策意见的通知	6月6日
通政办发〔2022〕35号	区政府办公室关于印发通州区“十四五”现代服务业发展的通知	6月7日
通政办发〔2022〕36号	区政府办公室关于印发通州区2022年农村户厕改造提升工作实施方案（试行）的通知	6月10日
通政办发〔2022〕37号	区政府办公室关于印发通州区“十四五”信息化发展规划的通知	6月12日
通政办发〔2022〕38号	区政府办公室关于印发通州区“十四五”粮食流通和物资储备发展规划的通知	6月17日
通政办发〔2022〕39号	区政府办公室关于确定通州区防范和处置非法集资工作机制牵头部门的通知	6月21日
通政办发〔2022〕41号	区政府办公室关于印发通州区淮河流域入河排污口排查整治专项行动工作方案的通知	7月1日
通政办发〔2022〕42号	区政府办公室关于印发通州区自建房安全专项整治实施方案的通知	7月21日
通政办发〔2022〕44号	区政府办公室关于印发通州区产业项目质量综合评估办法（试行）的通知	8月19日
通政办发〔2022〕48号	区政府办公室关于印发通州区“十四五”文化和旅游发展规划的通知	9月23日
通政办发〔2022〕49号	区政府办公室关于印发通州区2022年城市环境综合整治行动方案的通知	10月1日
通政办发〔2022〕50号	区政府办公室关于印发通州区促进总部经济高质量发展的若干政策意见（试行）的通知	10月12日
通政办发〔2022〕51号	区政府办公室关于公布通州区行政许可事项清单的通知	10月27日

续表68

文　号	文　件　标　题	发文日期
通政办发〔2022〕52号	区政府办公室关于印发通州区优化完善经济高质量发展的若干政策意见的补充意见的通知	11月1日
通政办发〔2022〕53号	区政府办公室关于进一步加强卫生健康人才引进培养工作的实施意见	11月1日
通政办发〔2022〕54号	区政府办公室关于在全区建立社会保障费征缴争议处理中心的通知	11月7日
通政办发〔2022〕56号	区政府办公室关于印发通州区“十四五”卫生健康发展规划的通知	11月22日
通政办发〔2022〕58号	区政府办公室关于印发通州区加快推进农业农村重大项目建设工作意见的通知	12月2日
通政办发〔2022〕60号	区政府办公室关于印发通州区推进城乡生活垃圾分类高质量发展行动方案（2022—2025年）的通知	12月2日
通政办发〔2022〕61号	区政府办公室关于印发通州区2023年农村河道疏浚整治工程实施意见的通知	12月6日
通政办发〔2022〕63号	区政府办公室关于印发通州区支持直播电商产业高质量发展实施意见的通知	12月27日

（顾　鹏）

2022年南通市通州区人大常委会重要文件目录一览表

表69

文　号	文　件　标　题	发文日期
通人发〔2022〕1号	南通市通州区人民代表大会常务委员会关于贯彻落实中国共产党南通市通州区第十三次代表大会精神的决议	1月5日
通人发〔2022〕2号	关于通州区选举南通市第十六届人民代表大会代表选举结果的报告	1月19日
通人发〔2022〕9号	区人大常委会关于2022年基层人大工作的指导意见	3月7日
通人发〔2022〕13号	区人大常委会关于印发南通市通州区人大常委会2022年监督工作计划的通知	3月23日
通人发〔2022〕17号	区人大常委会印发关于环保年度报告的审议意见的通知	5月5日
通人发〔2022〕18号	关于印发《南通市通州区人大常委会2022年度评议工作实施方案》的通知	5月31日
通人发〔2022〕20号	关于印发《南通市通州区人大常委会关于检查〈环境保护法〉贯彻实施情况的方案》的通知	6月2日
通人发〔2022〕21号	区人大常委会印发关于区监察委员会整治群众反映强烈的突出问题工作情况报告的审议意见的通知	6月29日
通人发〔2022〕22号	区人大常委会印发关于加强对政府债务审查监督的意见的通知	7月1日
通人发〔2022〕25号	区人大常委会关于检查《中华人民共和国农业法》贯彻实施情况的通知	7月28日
通人发〔2022〕27号	关于印发区人大常委会检查《环境保护法》贯彻实施情况的报告的通知	8月8日
通人发〔2022〕30号	区人大常委会关于印发通州区2022年上半年财政预算执行情况（草案）报告的审议意见的通知	9月1日
通人发〔2022〕31号	区人大常委会关于印发区级政府债务管理情况报告的审议意见的通知	9月1日
通人发〔2022〕32号	区人大常委会关于印发2022年上半年国民经济和社会发展计划执行情况与下半年工作打算报告的审议意见的通知	9月1日
通人发〔2022〕39号	区人大常委会关于印发《南通市通州区人民代表大会常务委员会议事规则》的通知	9月29日
通人发〔2022〕40号	区人大常委会关于印发《南通市通州区人民代表大会常务委员会关于讨论、决定重大事项的规定》的通知	9月29日
通人发〔2022〕41号	区人大常委会关于印发《南通市通州区人民代表大会常务委员会规范性文件备案审查办法》的通知	9月29日
通人发〔2022〕42号	关于印发区人大常委会检查《农业法》贯彻实施情况的报告的通知	10月23日
通人发〔2022〕43号	区人大常委会关于印发《南通市通州区人大常委会主任会议听取专项工作报告及交办意见督办实施细则》的通知	10月31日
通人发〔2022〕44号	区人大常委会关于印发《南通市通州区人大常委会满意度测评暂行办法》的通知	10月31日
通人发〔2022〕45号	区人大常委会关于印发《中共南通市通州区人大常委会党组向区委请示报告制度》的通知	11月1日
通人发〔2022〕46号	区人大常委会关于印发镇村卫生机构一体化管理情况报告的审议意见的通知	11月1日
通人发〔2022〕47号	区人大常委会关于印发《南通市通州区人大常委会关于对提请任命人员进行任前法律知识考试的办法》的通知	11月1日
通人发〔2022〕48号	区人大常委会关于印发推动我区制造业高质量发展的议案办理情况报告的审议意见的通知	11月1日

续表69

文　号	文　件　标　题	发文日期
通人发〔2022〕49号	关于印发社会救助体系建设情况报告审议意见的通知	11月1日
通人发〔2022〕56号	区人大常委会关于印发《南通市通州区人民代表大会常务委员会关于区人大常委会任命的“一府一委两院”工作人员报告履职情况的暂行办法》的通知	11月29日
通人发〔2022〕57号	区人大常委会关于印发《南通市通州区人民代表大会常务委员会监督司法工作办法》的通知	11月30日
通人发〔2022〕58号	区人大常委会关于印发《南通市通州区人大常委会关于进一步提高常委会会议质量的意见》的通知	11月29日
通人发〔2022〕60号	区人大常委会关于印发《南通市通州区人大常委会国有资产管理监督办法》的通知	11月29日
通人发〔2022〕61号	南通市通州区人民代表大会常务委员会关于批准南通市通州区人民政府调整2022年财政收支预算的决议	11月29日
通人发〔2022〕62号	南通市通州区人民代表大会常务委员会关于推进制造业高质量发展的决议	11月29日
通人发〔2022〕63号	区人大常委会关于印发《南通市通州区人大常委会民生实事项目人大代表票决制实施办法》的通知	11月29日
通人发〔2022〕64号	南通市通州区人民代表大会常务委员会关于以党的二十大精神指引人大工作高质量发展的决议	11月29日
通人发〔2022〕65号	区人大常委会关于印发《关于“一府一委两院”执行人大及其常委会决议决定工作书面报告制度》的通知	11月29日
通人发〔2022〕68号	通州区人大常委会关于表彰区第十七届人大一次会议优秀建议的决定	12月28日
通人发〔2022〕69号	通州区人大常委会　通州区人民政府关于表彰2022年度代表建议办理工作先进单位和先进个人的决定	12月28日
通人发〔2022〕74号	区人大常委会印发《关于2021年区级预算执行和其他财政收支审计查出问题整改情况报告的审议意见》的通知	12月21日
通人发〔2022〕75号	区人大常委会印发《关于2021年度国有资产管理情况综合报告和行政事业性国有资产管理情况专项报告的审议意见》的通知	12月21日
通人发〔2022〕76号	区人大常委会印发《关于乡村振兴示范创建工作情况的报告的审议意见》的通知	12月21日

（蒋欣妤）

2022年政协南通市通州区委员会重要文件目录一览表

表70

文　号	文　件　标　题	发文时间
通政协〔2022〕1号	关于召开政协南通市通州区第十四届委员会第一次会议的通知	1月3日
通政协〔2022〕2号	关于表彰2021年度区政协工作先进集体和先进个人的决定	1月7日
通政协〔2022〕3号	关于南通市通州区十四届政协领导班子成员工作分工的通知	1月28日
通政协〔2022〕4号	关于明确区政协各委室对口联系服务部门和单位的通知	1月28日
通政协〔2022〕5号	关于印发关于开展“厚植为民情怀，提高执法水平”专题协商议事活动工作方案的通知	2月10日
通政协〔2022〕6号	关于刁玉芬等同志任职的通知	3月8日
通政协〔2022〕7号	关于印发《南通市通州区基层政协工作委员会工作职责》的通知	3月8日
通政协〔2022〕8号	关于印发《政协南通市通州区第十四届委员会全会闭会期间委员履职活动意见》的通知	3月8日
通政协〔2022〕9号	关于印发《政协南通市通州区委员会委员履职考核细则（修订）》的通知	5月10日
通政协〔2022〕10号	关于印发《政协南通市通州区委员会委员、常委提交年度履职报告工作办法》的通知	9月5日
通政协〔2022〕11号	关于“加快建设产业创新高地奋力打造高质量发展重要增长极”的建议案的报告	9月8日
通政协〔2022〕12号	关于印发《有事好商量协商议事工作质效评估暂行办法》的通知	11月24日
通政协〔2022〕13号	关于通州区政协对区司法局、区商务局、区审计局、区行政审批局工作的评议意见的报告	12月8日
通政协〔2022〕14号	关于印发《政协南通市通州区委员会协商工作规则》的通知	12月8日
通政协〔2022〕15号	关于表彰2022年度区政协先进集体先进个人和优秀社情民意信息的决定	12月22日
通政协〔2022〕16号	关于召开政协南通市通州区第十四届委员会第二次会议的通知	12月26日

（孙崇兰）

媒体聚焦通州

南通通州“一创三争”激励比学赶超 配强“好班子”赛出精气神

“这几年，我们憋了一股劲。”6月底，南通市通州区表彰新一轮“一创三争”先进典型，带领班子首次获评“好班子”的五接镇党委书记孙伟俊感慨万千。2021年，五接镇党委一班人全力服务恒力（南通）纺织新材料三期项目，推动解决用地报批、码头岸线等方面堵点问题，助力企业应税销售当年突破百亿元。

把领导班子这个“龙头”抓好，把领导干部这个“关键少数”抓强，从2019年开始，通州区在全区党员干部中开展“一创三争”活动，即争创讲政治、善团结、有活力、能攻坚、敢创新的“好班子”，争当靠得住、懂领导、会管理、有威信的“好班长”，争当勇担当、善创造、重落实、守规矩的“好助手”，争当在岗、在行、在状态的“好标兵”。通州区委组织部相关负责人介绍，3年多来，“一创三争”已成为提升干部队伍凝聚力、战斗力的重要抓手，持续激荡比学赶超、争先创优强劲动能。

今年初，平潮镇获评南通市勇当全省“争当表率、争做示范、走在前列”排头兵先进集体。“刚到镇上工作时，平潮考核排名处于全区下游，干部精气神严重不足。”手捧奖牌，平潮镇党委书记张卫忠回忆，“打破被动局面，办法只有一个，干！”他带领党员干部勇啃“硬骨头”，100%按时完成沪苏通铁路、西站综合枢纽、轨交1号线等10余项国家和省市重点工程搬迁任务，更利用交通优势巧做产业文章，推动平潮考核排名重返通州第一方阵，一般公共预算收入跃居全区第一。去年“一创三争”评比表彰，张卫忠获评“好班长”。今年，平潮镇副镇长李太也获评“好助手”。

配强“领头雁”，带出“好班子”。去年镇领导班子换届后，通州区委组织部制定“专题讲座+主题研讨+现场研学”培训套餐，举办“乡村振兴·书记说”专题研讨会，14个镇（街道）党（工）委书记与浙江大学专家、苏南强镇党委书记座谈研讨，取他山之石攻高质量发展之“玉”。同时深入开展“我是班长我带头”活动，推动班长带头解放思想、带头担当作为、带头攻坚克难，带出单位、部门团结奋进好气象。

投资最大、施工难度最高、工艺最复杂，创下通州区交通建设史3项纪录的江海大道东延高架不仅打通融入南通主城的“动脉”，未来还将承担南通新机场集疏运功能。区交通运输局原副局长张明带领团队迎难而上，克服新冠肺炎疫情、恶劣天气等种种干扰，紧盯工程质量，广泛论证和引进新设备、新工艺和新材料，仅用一年时间，就实现10.6公里高架主线贯通。张明在首届“好助手”评选中即获得入围，今年年初被提拔为区级机关正职。

助手强不强、标兵行不行，不是哪个人、哪个部门说了算。通州区按领导干部实绩认定、区领导测评、群众评鉴、组织测评的6∶2∶1∶1比例进行专项评定、量化赋分，得出候选人“担当指数”，既作为“一创三争”评选参考指标，也作为“选育管激”干部的关键依据。活动开展以来，评选的143名“好助手”“好标兵”超过80%得到提拔重用、职级晋升或记功表彰。

刀在石上磨，人在事上练。通州梳理亟需先试先行的攻坚难题65个、具有引领作用的发展课题48个、处于吃劲阶段的关键问题22个，以新提拔的106名科级干部为主力军，既单独认领任务，也组团攻坚突破，挺进一线承压磨砺。

树立“干”字当头鲜明导向，通州形成普通干部向“好标兵”看齐、“好标兵”向“好助手”看齐、“好助手”向“好班长”看齐浓厚氛围。疫情之下，锚定夺取“双胜利”，一个个“班子”闻令而动、尽锐出击：区发改委成立稳定重点产业链供应链工作专班、重点产业链本地协作配套工作专班，协调解决问题300余个；区金融监管局组织“网上路演”“交易所云调研”等11场，助推企业高效融资；区交运局在高速卡口开辟货车绿色通道；税务部门精准施策，为企业送去27.62亿元“真金白银”……

“紧扣南通打造全省高质量发展重要增长极奋斗目标，通州区努力在全市大发展、大跨越中贡献更多份额。”南通市委常委、通州区委书记张建华说，将进一步强化实绩导向、优化考评体系，激励干部实干争先，引导各板块、部门抬高标杆，用自身的竞相发展支撑全区争先进位。

（《新华日报》2022年7月17日第1版　徐　超）

锚定"高"质量 放大"新"优势 精绘产业创新高地"通州图景"

2022年11月7日,全球锂电装备头部企业广东利元亨总投资16.6亿元的华东总部基地项目,签约落户南通高新技术产业开发区。进入全年冲刺收官阶段,南通市通州区以项目建设的实际成效,贯彻落实党的二十大精神。

"现场聆听二十大报告,深感豪情满怀,倍感责任重大,更感时不我待。"党的二十大代表,南通市委常委、通州区委书记、南通高新技术产业开发区党工委书记张建华表示,把学习贯彻党的二十大精神焕发出的巨大热情,转化为"挑重担、扛重责"的实际行动。锚定"高"质量、放大"新"优势,精绘产业创新高地"通州图景",为南通打造全省高质量发展重要增长极提供硬核支撑,让习近平新时代中国特色社会主义思想的真理力量和实践伟力在通州大地充分彰显。

锚定"高"质量,锻强"产业筋骨"

11月25日,记者走进恒力(南通)纺织新材料产业园,最大的感受就是"快"——工人动作快,生产节奏快,发展脚步更快。园区负责人陆佳颖介绍,今年销售有望突破150亿元,进击国内聚酯纤维新材料产业"第一板块"。

高质量发展"通州图景"中,最引人注目的是项目。全区累计列入省市级重大项目近150个,累计新开工亿元以上产业项目超300个,上市企业数达20家,富加宜电子、深南电路、展华电子等世界500强、央企及行业领军企业相继落户。

"项目'峰峦如聚',产业才能'强筋健骨'。"通州区委常委、南通高新区党工委常务副书记高洪军举例说,高新区已集聚15家铝压铸企业,形成完整产业链。顺着这条"链"再向上下游延伸,又引来汽车电子、汽车储能、汽车内饰企业,锻造出百亿级汽车及零部件产业板块。

党的二十大报告提出"建设现代化产业体系",为通州推动高质量发展指明路径。通州区委明确,锚定汽车及零部件、新一代信息技术、智能装备三大产业主攻方向,力争到2025年10亿级以上企业达到50家,其中50亿级企业10家、百亿级企业2家,进一步锻强"产业筋骨"。

放大"新"优势,澎湃"第一动力"

南通高新区电子元器件创新型产业集群,近日入选省科技厅首批省创新型产业集群建设名单,南通唯一。目前,通州拥有国家、省市专精特新"小巨人"企业55家,高新技术企业324家,规模以上高新技术产业产值占比达42%。

"建设产业创新高地,是南通赋予通州的重任。"张建华说,坐拥全市唯一的国家级高新区,通州正按照党的二十大提出的"必须坚持科技是第一生产力、人才是第一资源、创新是第一动力"要求,加速产创融合,推动创新链与产业链、资金链、人才链"四链共舞"。

从三人团队成长为国家级专精特新"小巨人",沃太能源董事长袁宏亮坦言,创新生态起到关键作用。创业之初,现金流不足,通州区不仅提供免费的办公、生产用房,还为企业争取省"双创计划"团队、南通"江海英才"计划等政策支持;从产品出关到银企对接,从项目申报到辅导上市,通州区总在关键时刻给予关键支持。

打造产业创新高地,核心是建设人才高地。通州创新构建"产业+人才+金融"体系,运用"江海英才天使投资"基金、"通州创业投资"基金、各类社会资本等对人才项目给予股权投资支持。目前全区62家人才企业获产业资本投资,营造"如鱼得水、如鸟归林"的创新创业环境。

实施产业人才精准导航工程,出台科技创新产品先行先试政策,为企业提供免费"智改数转"诊断服务……政府的创新劲头助推企业的创新势头。前三季度,通州高新技术产业产值同比增长14%,较去年同期提高3个百分点。南通高新区被省政府表彰为"实施创新驱动发展战略、推进自主创新和发展高新技术产业成效明显的地方"。

营造"好"环境,升级"万事好通"

最近,每逢周末,市民游客涌向通州区五接镇,"打卡"即将竣工的沿江景观带。江心岛上,总投资15亿元的洲际梦幻岛文旅项目正在做开园准备。五接镇党委书记孙伟俊感叹,"好生态引来好项目,绿水青山化作金山银山!"

近年来,通州主动淘汰近400家落后产能企业,投入超百亿元实施生态项目近400个,创成南通首个国家生态文明建设示范区,叫响"生态立区"品牌。

通州区委深知,踏上创新发展新赛道,拼的是服务,比的是环境。生态环境改善同时,新发展理念落地生根。营商环境持续优化,又赋予高质量发展新的优势。

"多亏你们及时伸出援手,1亿多欧元的订单稳了!"11月18日,南通创斯达科技集团有限责任公司负责人将一面锦旗送到通州区公安局相关负责人的手上。半个月前,公司接到海外订单,急需办理出国手续。公安部门推出"上门办"服务,不到一周就为96名公司员工办好护照。截至目前,通州区公安局累计为70余家企业上门办证4922份。

"用'周到有解'好服务升级'万事好通'好生态。"通州区区长王少勇介绍,通州在全市率先出台《"万事好通、周到有解"营商环境优化提升举措66条》,既有"推行重大项目全链代办服务模式"等创新之举,也有"'一件事一次办'"等贴心之策,把营商"软环境"变成发展"硬支撑"。

好的营商环境就是生产力、竞争力。恒力的"通州故事"最具说服力——从2009年一期项目落地,到如今四期项目加快推进,恒力在通州的总投资已超过600亿元。

(《新华日报》2022年12月30日第1版 王世停 贲腾 陈建华 吴欣欣)

统计资料

2022年南通市通州区国民经济和社会发展基本情况一览表

表71

指　　标	计量单位	2022年	2021年
一、行政区划			
行政区划			
镇人民政府	个	12	12
街道	个	4	4
国家级高新技术产业开发区	个	1	1
村民委员会	个	208	208
社区居民委员会	个	68	68
二、人口			
1. 年末户籍总户数	户	523015	522679
2. 年末户籍总人口	人	1237678	1245227
#男性	人	601165	605442
女性	人	636513	639785
年平均户籍人口	人	1241452	1247615
出生人口	人	5330	6041
#男性	人	2752	3027
女性	人	2578	3014
人口出生率	‰	4.29	4.84
死亡人口	人	13193	12423
#男性	人	7129	6724
女性	人	6064	5699
人口死亡率	‰	10.63	9.96
人口自然增长率	‰	−6.33	−5.12
性别比(女=100)	%	94.45	94.63
3. 年末常住人口	万人	126.20	125.98
年平均常住人口	万人	126.09	125.94
4. 人口城镇化率	%	65.73	65.16
三、地区生产总值			
地区生产总值	亿元	1639.18	1594.17
1. 第一产业	亿元	70.43	67.11
2. 第二产业	亿元	848.67	815.29
其中：工业	亿元	716.05	677.09
3. 第三产业	亿元	720.09	711.77
四、农业			
1. 农林牧渔业总产值	亿元	125.27	117.59
2. 主要农副产品产量			

续表71

指　　标	计量单位	2022年	2021年
粮食产量	吨	504988	504136
棉花产量	吨	26	43
油料产量	吨	42751	48476
蚕茧	吨	142	143
肉类	吨	21874	27617
生猪出栏数	万头	16.77	18.64
生猪年末存栏数	万头	12.73	10.10
五、工业			
1. 规模以上工业主要经济指标			
工业总产值	万元	—	—
企业数	个	879	819
#亏损企业数	个	182	141
亏损企业亏损额	万元	99226	83013
营业收入	万元	11732372	11529898
成本费用总额	万元	11226844	11007547
流动资产合计	万元	7723251	6998788
年末资产总计	万元	14601750	12769354
所有者权益	万元	6604034	5914405
利息支出	万元	75023	56696
利税总额	万元	758397	823643
#利润	万元	499109	588460
应收帐款净额	万元	2720515	2413996
产成品存货	万元	844635	595974
工业产品销售率	%	92.5	99.6
工业成本费用利润率	%	4.5	5.4
全部流动资产周转次数	次	1.52	1.65
全部流动资产周转天数	天	240	221
资产负债率	%	54.7	53.7
2. 规模工业主要产品产量			
精制食用植物油	吨	2649	3394
纱	吨	95637	252350
布	万米	21223	25299
印染布	万米	12691	15796
服装	万件	4576	4262
家具	件	3211513	3666977
纸制品	吨	63244	68773
塑料制品	吨	147516	200158
商品混凝土	立方米	4261807	5848670
日用玻璃制品	吨	14654	17269
钢丝绳	吨	63772	57232

续表71

指　标	计量单位	2022年	2021年
民用钢质船舶	载重吨	287600	253600
高压开关板	面	2551	6632
低压开关板	面	1281	932
电力电缆	千米	652	3471
电工仪器仪表	台		158
六、用电			
全社会用电总计	万千瓦时	723968	702338
一、全行业用电合计	万千瓦时	589871	583980
第一产业	万千瓦时	2442	2094
第二产业	万千瓦时	507421	501428
第三产业	万千瓦时	80008	80458
二、城乡居民生活用电合计	万千瓦时	134097	118358
城镇居民	万千瓦时	30977	26987
农村居民	万千瓦时	103120	91371
七、建筑业			
1. 企业数	个	195	198
#总承包和专业承包	个	195	198
2. 建筑业总产值	万元	22985326	21630295
#建筑工程产值	万元	22086773	20692227
安装工程产值	万元	881238	918783
3. 竣工产值	万元	17651303	15055561
4. 房屋施工面积	万平方米	21095.33	18979.70
5. 全年平均人数	人	504484	461013
6. 全员劳动生产率	万元/人	45.56	46.92
7. 固定资产原价	万元	513979	493411
8. 营业收入	万元	20761539	19486229
9. 利润总额	万元	1039658	1023674
八、固定资产投资(为上年%)			
1. 固定资产投资项目个数(不含房地产开发投资)	%	92.2	107.4
#工业	%	83.7	110.1
投资完成额	%	87.1	119.1
#工业	%	74.8	113.0
#设备	%	77.1	67.5
2. 固定资产投资分组			
按产业分			
第一产业	%	—	—
第二产业	%	74.8	113.0
#工业	%	74.8	113.0
第三产业	%	119.2	84.7

续表71

指　　标	计量单位	2022年	2021年
注：因统计方法制度改革，2018起固定资产投资统计数据不公布总量。			
九、交通、邮电			
（一）交通设施基本情况			
1. 公路总里程	公里	2849	2840
按技术等级分			
高速	公里	139	139
一级	公里	330	321
二级	公里	305	313
三级	公里	186	186
四级	公里	1888	1880
按干线、县乡道分			
国道	公里	162	157
省道	公里	176	176
县道	公里	438	443
乡道	公里	701	710
村道	公里	1371	1354
按路面标准分			
高级	公里	2849	2840
2. 公路桥梁	座	1172	1495
公路桥梁长度	米	44264	44262
3. 内河航道总里程	公里	563	570
（二）运输设备及运量			
1. 私人汽车拥有量	辆	362000	336000
2. 营业性机动车年末实有数			
（1）载客汽车年末实有数	辆	24	26
客位	座	1156	1295
（2）载货汽车年末实有数	辆	4490	4445
吨位	吨	58096	56673
（三）邮电业务收量	万元		
邮电业务收入	万元	151766	141564
移动电话年末用户	万户	132.43	124.58
固定宽带接入用户	万户	51.34	47.95
十、国内外贸易			
（一）社会消费品零售总额	万元	4477964	4536841
1. 按地区分组			
城镇	万元	3873234	3926636
农村	万元	604730	610205
2. 按行业分组			

续表71

指　　标	计量单位	2022年	2021年
批发业	万元	1019111	1042036
零售业	万元	3098994	3127775
住宿业	万元	18440	18608
餐饮业	万元	341419	348422
（二）对外贸易			
自营进出口总额	万美元	462633	490751
自营出口总额	万美元	404914	418461
自营进口总额	万美元	57719	72290
（三）利用外资			
新办“三资”企业数	个	21	37
注册外资实际到帐	万美元	16291	26317
（四）外经合作			
对外承包劳务合同额	万美元	16338	20589
对外承包劳务营业额	万美元	18583	16313
当年新派劳务人数	人	1862	457
年末累计在外人数	人	2147	641
十一、财政、金融			
一般公共预算收入合计	万元	675151	767243
1. 增值税(50%)	万元	153157	258116
#免抵调增	万元	63650	32369
2. 企业所得税(40%)	万元	96314	94179
3. 个人所得税(40%)	万元	27542	23953
4. 城市维护建设税	万元	27268	34809
5. 房产税	万元	31955	29602
7. 印花税	万元	8897	10703
8. 城镇土地使用税	万元	11527	11869
9. 土地增值税	万元	1164	71711
10. 车船使用和牌照税	万元	7452	7017
11. 耕地占用税	万元	9733	2926
12. 契税	万元	76781	91293
13. 行政性收费收入	万元	23714	29382
14. 罚没收入	万元	13056	15713
15. 专项收入	万元	94323	31367
16. 国有资产经营收入及国有资产有偿使用收入	万元	87073	50458
基金预算收入	万元	1618099	1895203
上划中央收入	万元	338941	439801
消费税	万元		4487
增值税(50%)	万元	153157	258116

续表71

指　　标	计量单位	2022年	2021年
企业所得税(60%)	万元	144471	141269
个人所得税(60%)	万元	41313	35930
一般公共预算支出	万元	1335877	1270363
1. 一般公共服务	万元	146507	139083
2. 国防	万元	683	873
3. 公共安全	万元	89725	84161
4. 教育	万元	288693	280068
5. 科学技术	万元	40590	47455
6. 文化旅游体育与传媒	万元	24255	25351
7. 社会保障和就业	万元	249244	238769
8. 卫生健康	万元	183891	134673
9. 节能环保	万元	12602	12230
10. 城乡社区	万元	60104	69186
11. 农林水	万元	135081	129101
12. 交通运输	万元	26938	26740
13. 资源勘探信息等	万元	13337	17572
14. 商业服务业等	万元	9242	7984
15. 金融	万元	732	757
16. 自然资源海洋气象等	万元	13216	9926
17. 住房保障	万元	2750	6847
18. 粮油物资储备	万元	824	1380
19. 灾害防治及应急管理	万元	7882	8502
20. 债务付息、发行费用及其他	万元	29581	29705
基金预算收入支出	万元	1518228	1758596
金融机构存贷款余额			
金融机构存款余额(本外币)	亿元	2171.68	2031.57
#住户存款	亿元	1589.74	1346.93
金融机构贷款余额(本外币)	亿元	1545.99	1390.83
#住户贷款	亿元	484.51	466.88
金融机构存款余额(人民币)	亿元	2152.88	2012.90
#住户存款	亿元	1587.45	1344.81
金融机构贷款余额(人民币)	亿元	1545.71	1389.44
#住户贷款	亿元	484.50	466.87
十二、科教文卫			
(一)科技事业			
普通专业技术人员	人	236886	218725
#高级	人	9068	8514
中级	人	34892	34057

续表71

指　标	计量单位	2022年	2021年
初级	人	143751	127975
大中专毕业生	人	49175	48179
（二）科技成果			
专利授权量	件	4931	5930
#发明专利	件	719	1276
（三）教育事业			
1. 学校数	所	74	73
普通中学	所	29	28
高中	所	5	5
初中	所	24	23
小学	所	42	42
特殊教育学校	所	1	1
普通中等专业学校	所	1	1
技工学校	所	1	1
2. 在校学生数	人	95133	92671
普通中学	人	34917	33658
高中	人	11490	11417
初中	人	23427	22241
小学	人	56012	55077
特殊教育学校	人	252	239
普通中等专业学校	人	3893	3602
技工学校		59	95
3. 招生数	人	23147	22816
普通中学	人	12569	12109
高中	人	3922	3837
初中	人	8647	8272
小学	人	9194	9328
特殊教育学校	人	62	45
普通中等专业学校	人	1349	1334
技工学校			
4. 毕业生数	人	20880	19725
普通中学	人	11140	10414
高中	人	3786	3404
初中	人	7354	7010
小学	人	8714	8335
特殊教育学校	人	49	50
普通中等专业学校	人	947	881
技工学校		30	45

续表71

指　　标	计量单位	2022年	2021年
5. 教职工人数	人	8119	7891
普通中学	人	4142	4072
小学	人	3449	3273
特殊教育学校	人	48	48
普通中等专业学校	人	426	441
技工学校	人	54	57
6. 专任教师	人	7182	7030
普通中学	人	3471	3459
高中	人	1276	1271
初中	人	2195	2188
小学	人	3286	3131
特殊教育学校	人	44	44
普通中等专业学校	人	347	362
技工学校	人	34	34
7. 幼儿园数	所	75	75
在园幼儿数	人	23248	24714
教职工人数	人	3096	3012
#专任教师	人	1576	1574
幼儿园入园率	%	99.5	99.4
8. 小学适龄儿童入学率	%	100.0	100.0
小学毕业生升学率	%	100.0	99.2
初中毕业生升学率	%	99.7	99.8
小学、初中学生毕业率	%	100.0	100.0
九年义务教育普及率	%	100.0	100.0
(四)广播事业			
数字电视用户	万户	19.4	20.6
数字电视转换率	%	92.4	92.5
(五)公共图书			
机构数	个	1	1
职工人数	人	16	16
图书总藏量	册	881755	790076
#古书	册	3656	3656
图书	册	731755	715152
报刊	册	65457	65457
发放借书证数	个	123356	119246
总流通人次	千人次	485	473
书刊外借册次	千册次	486	475
公用房屋建筑面积	平方米	12107	12107

续表71

指　　标	计量单位	2022年	2021年
#书库	平方米	851	851
阅览室	平方米	2995	2995
阅览室座席数	个	482	482
#少儿阅览室座席数	个	80	80
（六）卫生事业			
医疗卫生机构数	个	513	485
1. 医院	个	15	13
2. 社区卫生服务中心(站)	个	15	15
3. 卫生院(镇、中心)	个	25	26
4. 村卫生室	个	244	244
5. 门诊部	个	17	15
6. 诊所、卫生室、医务室、护理站	个	187	161
7. 疾病预防控制中心	个	1	1
8. 卫生监督所	个	1	1
9. 妇幼保健站	个	1	1
10. 血站	个	1	1
11. 卫生学校	个	1	1
12. 其它	个	5	6
医疗床位数	张	6897	7039
医院	张	4492	4580
社区卫生服务中心(站)	张	227	227
卫生院(镇、中心)	张	2178	2232
卫生工作人员	人	9064	8769
卫生技术人员	人	7513	6994
计划生育			
1. 育龄妇女人数	人	259813	294268
已婚育龄妇女人数	人	205976	237548
现家庭仅一孩数	人	130688	135677
2. 有效领证人数	人	75842	77805
有效领证率	%	36.82	32.75
3. 当年出生人数	人	2889	3800
#女性	人	1379	1897
计划内	人	2888	3797
计划外	人	1	3
计划生育率	%	99.97	99.92
#一孩人数	人	1960	2378
#二孩人数	人	838	1311
4. 女性初婚人数	人	2239	2737

续表71

指　　标	计量单位	2022年	2021年
#19周岁及以下	人	27	24
23周岁以上	人	1933	2327
5. 应落实措施人数	人	171638	203455
采取各种节育措施的人数	人	169513	200864
节育率	%	82.30	84.56
落实率	%	98.76	98.73
十三、城建、环保			
城区设施水平			
1. 人均日生活用水量	升	117.8	117.5
2. 城区人口用水普及率	%	100.0	100.0
3. 燃气普及率	%	100.0	100.0
4. 人均拥有道路面积	平方米	20.90	20.89
5. 排水管道密度	km/k㎡	12.03	12.02
城区市政工程			
1. 道路长度	公里	266.33	265.50
2. 道路面积	万平方米	639.95	638.36
3. 桥梁数	座	157	156
4. 路灯盏数	盏	38004	37752
5. 排水管道长度	公里	577.50	574.50
6. 污水排放量	万吨	1586	1614
7. 污水处理厂	个	1	1
#污水日处理能力	万吨	5.0	4.8
污水年处理量	万吨	1697	1721
公共交通			
1. 公交运营车辆	辆	297	297
2. 运营线路条数	条	53	54
3. 运营线路网长度	公里	912	912
4. 运营线路总长度	公里	1158	1215
5. 客运总量	万人次	748	1185
6. 出租汽车	辆	191	191
7. 客运总量	万人次	195	263
城区供水情况			
1. 年末供水管道长度	公里	1918.0	1891.0
2. 全年供水总量	万吨	3500	3480
3. 售水量	万吨	2872	2834
#生产用水	万吨	840	702
公共服务用水	万吨	28	21
城区供气情况			
1. 储气能力			

续表71

指　　标	计量单位	2022年	2021年
天然气	万立方米	28.3	28.3
2. 供气管道长度	公里	1300.0	1163.6
3. 供气总量			
天然气	万立方米	15900	14547
城区环境卫生			
1. 实际清扫保洁面积	万平方米	954	935
#机械清扫	万平方米	919.00	899.81
2. 生活垃圾处理量	万吨	38.50	37.73
3. 公共厕所	座	83	82
环境质量与污染排放			
空气质量优良天数比例	%	80.8	87.9
化学需氧量排放量	万吨	0.04	0.05
二氧化硫排放量	万吨	0.01	0.01
十四、其他社会事业			
（一）社会治安			
1. 火灾事故			
火灾事故发生数	起	482	485
火灾事故受损失折金额	万元	805	810
2. 交通事故			
交通事故发生数	起	783	823
交通事故死亡人数	人	130	141
交通事故受伤人数	人	810	840
交通事故损失金额	万元	156	167
3. 立案的刑事案件数	起	3989	4010
#杀人	起	1	2
抢劫	起	2	6
强奸	起	9	14
盗窃	起	1804	1758
诈骗	起	1602	1672
4. 受理的治安案件数	起	12430	11770
（二）社会保险			
1. 养老保险			
参加养老保险人数	人	378807	401841
城乡	人	173907	182041
2. 医疗保险			
参加医疗保险的单位数	个	10972	9383
参加医疗保险的人数	人	955565	964464
年末城镇登记失业人员数	人	3092	3731
城镇登记失业率	%	≤4	1.74

续表 71

指　　标	计量单位	2022年	2021年
(三)社会福利			
1. 社会福利院	个	1	1
年末职工人数	人	6	5
2. 敬老院	个	17	18
年末职工人数	人	214	224
3. 民政登记农村养老服务机构	个	13	12
年末职工人数	人	333	267
4. 军队离退休干部休养所	个	1	1
年末职工人数	人	6	7
年末休养(含分散休养)人数	人	34	33
(四)社会优抚安置			
抚恤、补助优抚对象	人	9869	9737
1. 定期抚恤人数	人	137	150
烈属	人	61	70
因公牺牲军人家属	人	24	26
病故军人家属	人	52	54
2. 定期补助人数	人	9158	9126
在乡复员军人	人	265	315
#抗日	人	9	9
带病回乡退伍军人	人	644	649
参战退役人员	人	602	612
3. 伤残人员	人	601	648
革命伤残军人	人	562	610
伤残国家机关人员	人	19	19
伤残人民警察	人	17	16
伤残民兵民工	人	3	3
(五)社会低保与救济			
城市居民最低生活保障人数	人	472	543
#女性	人	161	195
登记失业人员	人	6	5
无就业条件人员	人	221	273
农村居民最低生活保障人数	人	7476	8273
#女性	人	2077	2380
老年人	人	4312	4564
未成年人	人	358	438
残疾人	人	2137	2183
农村居民最低生活保障家庭数	户	5611	6084
农村五保供养	人	3413	3580
#女性	人	286	304

续表71

指　　标	计量单位	2022年	2021年
老年人	人	3205	3362
未成年人	人		1
残疾人	人	599	614
十五、住户调查			
全体居民家庭基本情况及人均收支情况			
（一）家庭基本情况			
调查户数	户	200.0	200
户均家庭常住人口数	人	3.06	3.0
户均常住就业人口数	人	2.0	2.09
人均住房建筑面积	平方米	64	63.2
（二）人均全年总收入	元	64714	61498
#人均全年可支配收入	元	49594	47361
1. 工资性收入	元	29701	28162
2. 经营净收入	元	8430	8229
3. 财产净收入	元	3542	3400
4. 转移净收入	元	7921	7570
#养老金或离退休金	元	6703	6385
（三）人均全年总支出	元	50541	48909
#生活消费支出	元	30191	28965
1. 食品烟酒消费支出	元	8800	8291
#饮食服务消费支出	元	1215	1132
2. 衣着消费支出	元	1667	1674
3. 居住消费支出	元	5416	5018
4. 生活用品及服务消费支出	元	1930	1839
5. 交通通信消费支出	元	4978	4771
#交通消费支出	元	3693	3559
#通信消费支出	元	1285	1212
6. 教育文化娱乐消费支出	元	4329	4517
#教育消费支出	元	2859	3085
#文化娱乐消费支出	元	1470	1432
7. 医疗保健消费支出	元	1960	1864
8. 其他用品和服务消费支出	元	1111	991
城镇居民人均收入及支出情况			
（一）人均全年总收入	元	74776	71585
#人均全年可支配收入	元	61671	59299
1. 工资性收入	元	37080	35447
2. 经营净收入	元	8543	8339
3. 财产净收入	元	5182	5029
4. 转移净收入	元	10875	10484

续表71

指　　标	计量单位	2022年	2021年
#养老金或离退休金	元	9794	9418
(二)人均全年总支出	元	59857	57794
#生活消费支出	元	34677	33635
1. 食品烟酒消费支出	元	9968	9530
#饮食服务消费支出	元	1501	1400
2. 衣着消费支出	元	1911	1953
3. 居住消费支出	元	6427	5974
4. 生活用品及服务消费支出	元	2221	2105
5. 交通通信消费支出	元	5597	5464
#交通消费支出	元	4022	4002
#通信消费支出	元	1575	1462
6. 教育文化娱乐消费支出	元	4839	5119
#教育消费支出	元	2990	3332
#文化娱乐消费支出	元	1849	1787
7. 医疗保健消费支出	元	2455	2356
8. 其他用品和服务消费支出	(%)	1259	1134
平均每百户城镇居民家庭主要消费品拥有量			
摩托车	辆	12	12
助力车	辆	184	184
家用汽车	辆	77	75
洗衣机	台	119	119
电冰箱	台	141	141
彩色电视机	台	218	218
家用电脑	台	87	84
空气净化器	台	12	11
吸尘器	台	22	23
照相机	架	9	9
中高档乐器	架	13	11
微波炉	台	102	103
空调器	台	264	258
淋浴热水器	台	126	122
排油烟机	台	83	82
健身器材	套	11	10
固定电话	部	0	8
移动电话	部	308	306
城镇居民人均年末住房面积	平方米	58.5	58.0
城镇居民恩格尔系数	%	28.7	28.3
农村居民人均收入及支出情况			
(一)人均全年总收入	元	50577	47609

续表71

指　　标	计量单位	2022年	2021年
#人均全年可支配收入	元	32624	30924
1. 工资性收入	元	19332	18131
2. 经营净收入	元	8285	8078
3. 财产净收入	元	1237	1156
4. 转移净收入	元	3770	3559
#养老金或离退休金	元	2359	2209
(二) 人均全年总支出	元	37453	36676
#生活消费支出	元	23888	22536
1. 食品烟酒消费支出	元	7159	6584
#饮食服务消费支出	元	813	764
2. 衣着消费支出	元	1325	1289
3. 居住消费支出	元	3995	3701
4. 生活用品及服务消费支出	元	1521	1472
5. 交通通信消费支出	元	4108	3817
#交通消费支出	元	3231	2948
#通信消费支出	元	877	869
6. 教育文化娱乐消费支出	元	3613	3689
#教育消费支出	元	2675	2744
#文化娱乐消费支出	元	938	945
7. 医疗保健消费支出	元	1264	1186
8. 其他用品和服务消费支出	元	903	798
平均每百户农村居民家庭主要消费品拥有量			
洗衣机	台	116	115
电冰箱	台	129	128
空调机	台	239	238
抽油烟机	台	78	73
微波炉	台	95	94
热水器	台	113	110
助力车	辆	208	201
摩托车	辆	3	3
家用汽车	部	73	64
固定电话	部	1	16
移动电话	台	294	294
彩色电视机	台	196	198
照相机	架	8	8
家用电脑	台	69	66
吸尘器	台	19	19
农村居民人均年末住房面积	平方米	71.0	70.3
农村居民恩格尔系数	%	30.0	29.2

2022年通州区各镇(街道)主要经济指标

表72

地区	社区居民委员会(个)	村民委员会(个)	年末户籍人口户数(户)	年末户籍总人口(人)		农业机械化情况				农作物产量(吨)			农林牧渔业总产值(万元)
				合计	#女	农业机械总动力(千瓦)	机耕面积(亩)	机播面积(亩)	机收面积(亩)	粮食	棉花	油料	
金沙街道	14	9	51552	125583	65491	21548	44289	36266	33940	17892	—	2694	59571
兴东街道	1	9	12456	31976	16647	10611	17412	15607	15264	7492	—	895	24227
先锋街道		8	17093	37126	19035	3637	3186	2175	2078	3548	—	650	16834
金新街道	10	21	70449	168062	86796	16506	49593	32618	31594	15513	—	5200	48935
西亭镇	2	9	19416	47986	24529	27611	68996	61653	60409	32711	0.18	1852	67718
二甲镇	4	8	33541	70487	35951	19345	34401	22761	19494	9285	1.40	4060	82463
东社镇	5	16	35061	85643	42929	47844	86958	68731	66236	33278	2.35	5379	153225
十总镇	5	15	33327	75566	38787	88666	138791	134518	133871	72184	0.40	1846	168977
石港镇	5	10	28162	62481	32272	83190	79483	136517	136003	68266	—	2119	128001
刘桥镇	2	10	27901	72191	37270	84378	133179	130216	120655	67451	—	1760	121128
平潮镇	6	20	44368	120884	62508	56741	96581	92063	91858	43306	—	2225	91992
五接镇	2	8	15598	37950	19347	21971	39165	37563	37292	18256	—	490	25929
兴仁镇	3	16	31093	74481	38804	33885	58155	53669	53923	27838	—	2839	60337
川姜镇	2	14	27437	56581	29136	1533	7067	4071	3202	6749	—	1131	31623

地区	地区生产总值(万元)				规模以上工业(万元)			固定资产投资完成额(万元)			注册外资实际到账(万美元)	一般公共预算收入与支出(万元)	
		一产	二产	三产	企业数(个)	营业收入	利税总额	合计	#工业	#服务业		一般公共预算收入	一般公共预算支出
金沙街道	1566448	35786	403870	1126792	13	55787	3326	278029	27816	250213	594	44806	27638
兴东街道	476657	13654	229747	233256	26	137290	6889	143934	49020	94914	1223	4462	13510
先锋街道	570727	9902	371817	189008	55	346497	14480	115359	36435	78924	90	13197	12551
金新街道	3181311	27427	1886604	1267280	176	4692914	321778	878503	592275	308465	13147	188138	99177
西亭镇	378644	36819	198879	142946	52	309054	11080	172537	106166	65771	160	8943	11212
二甲镇	515056	44808	232501	237747	32	209717	13907	81542	57700	23842	34	5238	13672
东社镇	507814	83945	226153	197716	41	284309	22187	128028	105025	23003	130	9016	22330
十总镇	612494	88595	263642	260257	34	248401	7245	132312	108086	23516	—	7106	21670
石港镇	792487	68889	384118	339480	60	416837	26167	227793	204201	23592	1246	14772	14845
刘桥镇	670369	64119	334810	271440	54	309938	25775	211214	145602	63122	30	8846	16641
平潮镇	2116816	51393	1221741	843682	81	997790	126108	473574	69440	404134	922	42585	22485
五接镇	718528	12832	506675	199021	48	2105529	77405	711876	495560	216316	203	7970	18869
兴仁镇	1258063	31773	856064	370226	87	911501	68537	188058	84908	100475	—	25708	24402
川姜镇	1592104	18184	698263	875657	119	700786	33918	563414	348305	215109	1906	22240	10326

索　　引

编　辑　顾新国

说　　明

一、本索引采用主题分析法编制，按汉语拼音顺序排列，同音字按声调排列，音调相同按笔画排列，音调形相同则按下一字的音序排列。

二、栏目、分目（副分目）标题用黑体字标示，特载、大事记、附录3个栏目及综述类分目、概况类条目、表格、图片等未编入索引。

三、标引词后的数字表示内容所在页码，数字后的字母a、b、c分别表示该页码的左、中、右栏。

A

癌症及卒中高风险人群筛查　187c
安波福连接器系统（南通）有限公司　104c
安全保卫　83b
安全管理　154b
安全监管　115c
安全生产　204c
安全生产宣传教育　53a
安全生产隐患排查　52b
安全生产责任体系　52a
安全稳定　210c
安置房建设　200b
安置房建设保障　222c

B

白蚁防治　116a
办公用房管理　57a
保安服务　126c
保持执行高压态势　87c
保险证券业　134b
保障性租赁住房　200b
北沿江高铁通州段开工建设　45b
编印服务台胞口袋书　32a
编制五年规划　34a
标准化建设　140a
殡葬事业　198c
兵员征集　90c

C

财源建设　136a
财政　135c
财政改革　136b
财政和金融　19a
财政收支　136a
财政预算执行审计　142c
参保和基金运行　199a
参政议政　60c　65c　66b　66c　67c　68c　69a　70b　76c
餐消服务单位卫生监督　192b
餐饮　121a
残疾人就业　77b
残疾人联合会第七次代表大会　77c
残疾人权益维护　77b
残疾人文体　77b
蚕桑生产　96a
曹冲冲　232b
产改工作　71a
产权市场建设　150c
产学研合作　163c
产业倍增三年行动计划　103b
产业创新　21b
产业项目　222a
产业园开发建设　144c
常规督导　174a
常规巡察　26c
陈玲　231c　232b
陈艳梅　229b
成本监审　141c
成人高考　173b
城建档案管理　116a
城区供水　151a
城区绿化　147c

城区水环境建设 148a
城市管理 148a
城市管理执法 149a
城市环境提升 148b
城市基础设施养护 148b
城市建设 147b
城市建设空间结构优化 147b
“城乡低保”提标 197c
城乡发展和生态环境 20a
城乡规划 147a
城乡建设 147
城乡居民基本养老保险 197a
城乡居民消费 195b
城乡品质提升 21b
城乡适龄妇女两癌检查项目 193c
城镇建设 208b
崇学之乡 16c
出入境管理 84b
川姜镇 227a
创斯达集团有限公司 105c
创斯达科技集团(中国)有限责任公司收购境外项目 128b
创新创业大赛 25c
创新民生实事项目监督机制 34a
创新平台建设 163b
创业创新 163a
从严治团 73a
村级集体经济发展 150b
村医麻风病防治竞赛 189a
村庄规划编制 147b

D

打击刑事犯罪 85c
打造法治化营商环境 51c
大气污染防治 158a
大气污染减排 159a
大事记 6
大众创业 196c
大走访 61c
大走访行动 70a
代表工作 39a
代表建议督办 39c
代表主题月活动 39b
带头协商 59c
党风廉政建设 63c
党风廉政意见回复 63a
党建赋能 216c
“党建领航、镇村夺旗”专项行动 28a
党建引领 77c
党内规范性文件制定 26b
党派团体监督 60b
党史工作 33b
党史宣讲 33c
党外代表人士和党外干部 30a
党校工作 33a
党员发展与教育 27b
档案保管 185a
档案工作 184b
档案开放利用 185b
档案信息化建设 185b
档案宣传 185c
档案业务指导 184c
档案依法行政 184c
道德楷模 231b
“低补保”民生实事 197c
地方党史理论研究 33c
地方党史征编 33b
地方志工作 185c
地理位置 12a
地震宣传培训 165c
地震易发区房屋设施加固工程 165b
地震灾害风险普查 165a
地质地貌 12a
第六届哲学社会科学优秀成果评奖 76a
第十三届社会科学普及宣传周 76a
第十一次文代会 75a
第四届“通州好大米”品鉴活动 44c
电力服务 152
电网建设 151b
电信 123b
电业管理 151c
电子商务 121a
电子商务主体培育 121a
调查测绘 138a
调查研究 26a 80b
调研工作 45c
东社镇 213a
动物卫生监督 95c
督查工作 46a
督查考核 26a
督促“环境美” 61a
督导案例 174a
督导队伍管理 173c
锻造铁军 64a
队伍建设 51c 173b
对接上海 135b
对口协作 45b
对台事务 32a
对外及港澳台贸易 127c
对外经济 18c
对外投资 146b

E

二甲镇 211a
“二品一标一基地”认证 95a
2022年高级职称人员名录 47a

F

发展扶持 124c
发展规划编制 104a
发展规划管理 135a
发展用地保障 137c
法院 87a
法律援助 72b 89a
“法润通州” 89b
法学研究 80c
法制服务 116b
法治 81
法治服务 82a
法治实践 80c
法治文化示范点建设 82c
法治乡村建设 82c
法治宣传 80c
法治宣传教育 88b
法治政府建设 82a
方言 16b
“方舟”好教师团队入选省级重点培育团队 173c
防范化解金融风险 85c
防汛防旱抗台 156a
防震减灾 165a
房产开发管理 149b
房产中介 126c
房地产行业管理 149c
房地产开发 145a

房地产市场　149c
房屋安全鉴定　116a
纺织之乡　17a
飞行学员输送　173b
非凡十年·通州答卷　1a
非物质文化遗产保护　180c
非物质文化遗产推广　180b
风俗　16a
风险防范和处置　132a
服务保障发展　81a
服务保障体系　54a
服务经济　76c
服务经济发展　53c
服务民生　145b
“服务企业大走访”活动　103c
服务青年　73a
服务区域治理　85c
服务社会　76b
服务实体　131a
服务台资企业　32a
服务提升　123c
服务提优　124a
服务体系建设　51b
服务外包　128c
服务外资企业　128a
服务乡村振兴提能　123a
服务项目建设　51a
服务效能提升　51b
服务业　18b
服务业集聚区建设　117c
服务业企业培育　117a
服务招才引智　56c
服务职工　72a
服务中心　73a
福利彩票　198c
抚恤优待　54b
妇儿权益保障　74a
妇幼保健　193b
附录　238
富加宜电子（南通）有限公司　104c

G

干部队伍建设　27c
港口管理　154b
高标准落实《监督意见》　142a
高标准农田建设　96b
高等职业教育　172b
高端纺织产业　105c
高端智能装备制造实现突破　105b
高淑芬　232b
高压态势惩治腐败　63b
高质量发展评价　104a
高质量发展争先月月讲　28a
高质量高赋能发展高峰论坛　25c
革命历史纪念馆开馆　45a
葛锦坤　229c
个人荣誉　235
给排水　151a
耕地质量保护　96c
工程建设管理　153c
工程质量监督管理　115c
工伤认定　197b
“工商联+”服务　69c
工业　103
工业和建筑业　18a
工业经济　214a　215c　218a
工业经济发展　220a　221c　224a　225b
工作评议　34b
公安　83a
公办学校食堂违规违纪问题专项
　监督　64a
公共安全　20b
公共法律服务　88c
公共服务　206b
公共机构节能管理　57a　159c
公共设施及保障房建设　145b
公共体育设施建设　174a
公共卫生　188a
公共文化　179a
公共文化设施　179c
公共资源交易　146b
公共资源交易市场环境优化　51c
公积金贷款　200c
公积金提取　200b
公路管理　153c
公民道德建设　201c
公务接待保障　56b
公务用车管理　57a
公益诉讼检察　86c
公证服务　126c
公租房保障　200a
供电　151b
供气　152b
供销合作贸易　121b
巩固政法队伍教育整顿成果　81c
共青团南通市通州区委员会　72c
鼓劲造势　183c
“固本强基”行动　87a
固定资产投资　18b
关爱职工　72a
关心下一代工作委员会　78c
关于推动通州教育高质量发展的实施
　意见　263
管网建设　152b
光伏电站建设　80a
广东鸿图南通压铸有限公司　104c
广告管理　140b
国家城市癌症早诊早治第九期项目　189a
国家医师资格考试　193a
国民经济和社会发展　17c
国内贸易　18c
国企改革“三年行动”收官　143c
国企市场化转型　143c
国土空间规划修编　147a
国有资产管理　143c
国资国企监管　144a

H

海安县人民医院门急诊病房综合楼
　项目　115a
海外安全　56b
海外统战　30b
行业发展　112c
行业妇联工作　73b
行政复议　82b
行政区划　13a
行政审批与政务服务　50a
行政执法监督　82v
航道管理　154a
呵护未成年人成长　86a
禾源木业项目开工　130c
河长制工作　155a
弘扬老区精神　80a
红十字服务　77c
宏德股份在创业板上市、帕科医疗在新
　三板上市　45a

宏德特种部件主板上市 226c
宏观经济管理 135a
户口管理 84b
护航平安通州建设 87a
华璇 230c
华泰证券南通通州新世纪大道营业部 134c
化解信访积案 56a
淮盐品牌宣传 122b
环保宣传教育 158c
环保执法 158c
环境监管 158b
环境信访 158b
环境质量 157c
环评总量平衡 158b
会议报告 251
会议活动保障 56c
会员风采 67a
婚姻登记 198c
“活力融通·最美瞬间”摄影大赛 75c
货币政策 132b

J

机构编制管理 30c
机构编制监管 31c
机构改革 184a
机关安全管理 57b
机关后勤服务 57c
机关经费管理 57b
机关事务管理 56c
机关事业单位养老保险 197a
机关作风建设提升年 28a
基层社会治理 88a
基层体制机制改革 31a
基层卫生 188b
基层医疗机构规范化门诊建设 194b
基层组织建设 77a
基础设施建设 189c 203a 207a
基地服务建设 97a
基地建设 29c
稽查执法 140c
疾病预防控制 188c
集体荣誉 232
集智“社会文明程度高” 61a
计划生育扶助 196a
计划执行 135a
计量管理 140b
纪检·监察 62
纪律监督检查 62b
技能人才培养 46b
季栋强 231c
继续医学教育 193a
家庭医生签约 187b
嘉兴凯宜医院(一期)项目安装工程 115b
甲级村卫生室创建 188b
价格调控 141a
价格改革 141c
价格管理 141a
价格监测 141a
价格认定 142a
检察 85b
检察改革 86c
建设工程消防审验 116a
建筑产业现代化 116c
建筑管理 115b
建筑行业疫情防控 190c
建筑科技 116b
建筑业 112
建筑之乡 17a
荐才推优 193b
健康帮扶 187c
健康通州 186a
健全医保体系 199a
健身设施信息化管理 174b
江苏好人 231b
江苏恒科新材料有限公司 105c
江苏金太阳纺织科技有限公司 106a
江苏南通农村商业银行股份有限公司 134a
江苏银行股份有限公司南通通州支行 133c
交通 153a
交通产业 146a
交通基础设施建设 153a
交通口岸疫情防控 191a
交通民生工程建设 153b
交通运输、邮政电信和电力业 18c
交通执法 154b
交易体系建设 146c
教练及运动员管理 175a
教研咨一体化 33a
教育·体育 166
教育督导 173c
教育发展大会 45a
教育培训 33a
教育生态建设 167c
教育事业保障 31c
教育提质 167a
教育研究 166a
接待工作 56b
街道·镇 203
节能减排 159a
节能降耗 159b
节约集约用地 138a
巾帼科技创新行动 74a
巾帼阵地 73c
金融 131
金融服务 132c 133a 133b 133c 134a
金融监督管理 131a
金融监管 132a
金融稳定 132b
金融宣传 132c
金融业务运营 144c
金沙街道 203a
金沙小学省品格提升工程结项 171c
金新街道 205a
禁毒工作 84a
经办服务提优 199b
经济案件侦查 83c
经济工作监督 37b
经济管理 135
经济建设 209c
经济统战 30a
经济运行 21a 203c 207a 208b 211c
经济运行管理 135b
经营发展提质 122c
经营提质升效 122b
精神文明建设 201c
竞技成绩 175a
竞技体育 174c
九三学社南通市通州区基层委员会 69a
酒驾醉驾专项整治 64b
救护培训 78b
救助认定 197c
就业创业 196a

就业扶持　196b
就业招聘　196b
居民收入　195a
居民收支　195a
举荐典型　74c
卷烟营销　122a
决策部署　22a
军地共建　91b
军事　90
军事训练　91a

K

开放型经济　127
开沙村　126a
开沙岛　125a
开沙岛旅游产业　224a
科创项目　163a
科技创新　129b　204a　211c　222a　224a　225c　227a
科技创业大赛　163c
科技赋能　52a
科技竞赛　75a
科技下乡　98a
科普服务　75a
科普活动　193a
科学技术　160
科学技术和教育　19b
科学健身指导服务　174c
科学巡察　27a
课题调研　68c　69a
空气质量　157c
跨区域倾倒废物污染环境案　85a
困境儿童保障　197c

L

垃圾分类　149b
劳动监察执法　197a
劳动人事仲裁　89c
劳务协作　45c
劳务中介　126c
老裁缝家居创意园　126a
老干部党建　32b
老干部服务　32c
老干部工作　32b
老旧小区改造　148c
理论研究　29c
利用外资及港澳台资　128a
联创区攻坚支部　56a
联动协商　60a
联合网络通信　124a
联络联谊　76c
廉政教育　63b
粮食储备　121c
粮食购销储备　121c
粮油加工销售　121c
“两岸一家亲、服务零距离”活动　32a
烈士褒扬　54b
临床供血　188a
领导干部经济责任审计　143a
刘桥镇　219a
刘桥镇台商服务工作站建设　32a
流调溯源队伍建设　191b
流动党员管理　27c
流浪乞讨人员救助　198a
龙头企业发展　98b
旅游品牌创建　124c
旅游项目建设　124b
旅游宣传推介　125a
旅游业　124b
履行社会责任　122a　144b
陆美兰　231b
“律动江海”公益服务中心通州分中心成立　45b
绿色建材与绿色建筑　116b

M

慢性病管理医防融合试点　188a
慢性病患者随访管理　189b
慢阻肺综合防控项目　189a
锚定“高”质量 放大“新”优势　精绘产业创新高地“通州图景”　292
媒体聚焦通州　291
“美丽南通行”文艺创作走进通州　75b
美丽宜居乡村建设　150a
秘书工作　45c
免费产前筛查项目　193c
免费婚孕检一站式服务　193c
“免申即享”激励政策　104a
灭火救援　53b
民办教育　172c
民兵整组　90c
民革南通市通州支部　65c
民生保障　204b　207c　210c　212c　214c　216c　218c　220c　224c　226b　228b
民生服务　144b　208c
民生福祉建设　21c
民生事业监督　37c
民生投入　136a
民生资金审计　143a
民事行政检察　86c
民营经济　106b
民政社会事务　198b
民主促进会南通市通州区基层委员会　67b
民主党派・工商联　65
民主党派参政议政　65a
民主党派社会服务　65b
民主监督　60a
民主建国会南通市通州区支部　66c
民主评议监督　60b
民主同盟南通市通州区基层委员会　66a
民族团结进步　200c
民族宗教事务　200c
民族宗教事务信息化建设　201b
名点名菜　16c
名优工程　114a
谋招“百姓富”　60c

N

纳税服务　137b
南山湖・水街　125c
南通报业通州融媒中心　184a
南通承悦装饰集团有限公司　112b
南通高新技术产业开发区　129a
南通海星电子股份有限公司　105b
南通好人　231b
南通家纺城　126a
南通江海电容器股份有限公司　105a
南通金通市政工程有限公司　112c
南通融通控股集团有限公司　145c
南通深南电路有限公司　105b
南通市通州区人民代表大会　34
南通市通州区人民政府　40
南通市鑫汇控股集团有限公司　144b

南通通博设备安装集团有限公司 112a
南通通州“一创三争”激励比学赶超配强“好班子”赛出精气神 291
南通圆宏控股集团有限公司 145a
南通洲际绿博园 125b
农本调查 142a
农产品品牌培育 93c
农产品质量安全管理 102b
农村河道疏浚 155b
农村集体“三资”管理 150a
农村人居环境整治 150c
农村生态河道建设 155b
农村水利建设 155b
农村土地承包管理 150b
农村土地承包仲裁 89c
农村医学毕业生上岗 188b
农村疫情防控 189c
农村宅基地改革 150a
农村住房改善 149c
农工民主党南通市通州支部 68b
农机监管 97b
农机执法品牌建设 97b
农机装备水平 97a
农田建设 96b
农业 17c 93
农业安全 102a
农业病虫害防治 102a
农业补贴 94c
农业机械化 96c
农业科技 97c
农业农村 203a
农业农村审计 143a
农业生产 213c 215b 218a 219c 221c 223c 225b
农业市场与信息化建设 98c
农业项目建设 93b
“暖心家园”项目建设 196a

P

排水养护与防汛排涝 151a
排污许可证核发 158b
棚户区改造 200a
片区开发 146a
品牌打造 70b
平安农机建设 102c
平安通州建设 81a
平潮镇 221a
平台建设 183a
普遍服务提效 123a
普法宣传 83a
普通高考 173b
普通高中教育 172a

Q

其他教育 172b
企业上市挂牌 131c
企业退休人员服务 197c
企业疫情防控 190b
气候 12b
气象 164c
气象监管 164c
气象科普 165a
气象预警 164c
汽车及零部件产业 104b
汽车流通市场 120b
“千人联千企、百日三带回”行动 39a
迁建项目 33b
强化“四种形态” 63b
强化民生司法保护 88a
强化源头治理 56a
侨务工作 30b
青年人才培养 129c
青少年体育 175a
清单管理监督 31a
清费减负 141b
清洁生产 159a
区残疾人联合会 77a
区第十七届人大常委会第一次至第九次会议 34c
区第十七届人大常委会第一次至第十五次主任会议 36b
区第十七届人大第一次会议 34b
区法学会 80c
区妇女联合会 73b
区工商业联合会 69c
区管干部荣誉退休仪式 33a
区归侨侨眷联合会 76b
区红十字会 77c
区级机关疫情防控 190a
区纪委十三届二次全体(扩大)会议 62a
区科学技术协会 74b
区老区开发促进会 80a
区融媒体中心 182c
区委办公室工作 26a
区委常委会(扩大)会议 22a
区委全委会会议 22a
区文学艺术界联合会 75a
区邮政业发展中心成立 155a
区域治理 54c
区哲学社会科学界联合会 75c
区政府办公室工作 45c
区政府常务会议 42a
区政协常委会会议 58b
区政协党组会议主席会议 59a
区政协十四届一次会议 58b
区植保站获省级先进 94c
区总工会 71a
曲艺之乡 17b
全国标准化生产基地创建 44c
全国中学中职组模拟政协优秀提案 172a
全力推进项目建设 25a
全面从严治党 24c
全面深化改革 25a
全面推进乡村振兴 25b
全民健身工程建设 174a
全民健身系列赛事活动 174b
全员核酸检测 189c
群众体育 174b
群众团体 71
群众性精神文明建设 202b
群众性文化活动 179b

R

燃气安全 152c
燃气管理 152c
燃气执法 152c
人才公寓保障 200b
人才管理培养 187a
人才交流 45b
人才载体建设 46a
人才招聘及补贴 46c
人大监督 37b
人道筹资 78c
人道救助 78a
人防防护体系建设 91c

人防工程安全管理　91c
人防组织指挥体系建设　91b
人口　16a
人口监测与家庭发展　195c
人力资源管理　46a
人民调解　89a
人民防空　91b
人民生活和社会保障　20b
人民武装　90a
人事管理　46c
人事任免　38a
人文风物　16a
人物 · 荣誉　229
人员任免　38a
荣誉　232
融合党建　167c
融媒体传播　182c

S

三孩生育政策实施　195c
三好标兵评选　79b
“三会”制度建设　121b
“三线一单”减污降碳协同管控试点　157b
“三献”服务　78c
“三重一大”事项　62c
商会建设　70a
商会抗疫行动　192a
商贸服务业　117
商品批发零售　120a
少儿健康成长　186b
少年科普　75a
邵伟　231b　232b
社保卡发放应用　197b
社会帮扶　45c
社会保障　197a
社会服务　68a　69a　69b
社会公益　70c
社会救助　197c
社会生活　195
社会事业　207c　212b　216c　218c　220c　222c　226b　227c
社会治理　81c　204b　205a　207b　209a　212c　214c　216b　218c　220c　222b　224c　226b　227c
社会主义核心价值观培育　28c
社会组织建设　198c
社科专家话张謇　76a
社情民意　67a　69b
社区矫正　88c
社区教育　173a
社区治理　198b
涉企服务　51a
涉外转运疫情防控　191a
涉疫案件查处　191c
涉疫数据核查　191b
申万宏源证券南通朝霞路营业部　134c
深化“放管服”改革　182b
审计　142c
生活物资保障　191c
生态环境　157
生态环境工作监督　37c
生态建设　204a　207b　210a　212b　214b　216b　218b　220b　222b　224b　226a　227c
生态文明　205c
生物多样性观测　157c
声环境质量　157c
省高中物理青年教师教学基本功大赛一等奖　172a
省级示范园建设　44c
省级水稻绿色防控A级示范区建设　94b
省深化长期护理保险制度试点工作现场推进会举行　45a
省示范性虚拟仿真实训基地　172c
省文联专题调研　75a
省知识产权保护示范区建设　44c
省专利（成果）拍卖季高端装备制造产业专场成功举办　45a
圣果葡萄酒庄园　126b
师资建设　173b
施工图审查　116a
十总镇　215a
石港科技产业园　130b
石港镇　217a
石油经营　121a
石油市场整治　121a
实事协商　59c
实验小学模型代表队省赛获佳绩　172a
食品安全监管　139a
市场化经营机制　144a
市场监督管理　138c
市场拓展　112c
市场主体监管　140b
市文化科技卫生“三下乡”集中服务活动　210c
市政建设　145a
市政设施建设　147c
事业单位改革　31b
收费监管　141a
守护民生民利　86b
书香通州建设　29a
“书香政协”建设　58a
数据应用　55c
双岗建功　66b
双盟村　125c
“双随机、一公开”抽查　192c
双拥共建　92a
水环境质量　157c
水利　155a
水上警务　84a
水土保持工作　155c
水污染防治　158a
水污染减排　159a
水系河流　12b
水资源管理　156b
税务　136c
司法工作监督　37c
司法行政　88b
思想理论武装　28b
思想引领　72c
思想政治引领　29c
四方科技集团股份有限公司　105c
“四风”和作风纪律整治　63c
“四风”问题专项整治　64b
隋唯帅　230b
孙康　230a
孙磊　231c　232b
孙洪箭　231c　232b
索引　309

T

台企服务　66a
特色农机化水平　97a
特色田园乡村建设　150a
特殊困难群体救助帮扶专项排查整治　197c

特载　1
特种设备安全监察　139c
提升营商环境　138b
体育彩票营销及管理　175c
体育产业　175b
体育产业扶持　175b
体育社团　174c
体育市场规范　175c
体育之乡　17b
体制机制改革　63c
通达矽钢获国家级制造业单项冠军示范企业　226c
通州概览　12
通州高洽会　28a
通州跨境电商产业园　127a
通州名片　16c
通州区“十四五”卫生健康事业发展规划　276
通州区大米行业质量合作社成立　44b
通州区获批“国家知识产权强县建设试点示范县”　4a
通州区全民科学素质行动规划　270
通州区新时代文明典型　232a
“通州艺苑”展示周　75b
《通州年鉴(2022)》出版发行　185c
《通州年鉴(2022))》补遗　237
《通州社科论坛》改版　76a
“童”声精品打造　29b
《童心唱给党来听》唱响央视　75b
统计　142a
统计服务能力提升　142b
统计改革　142b
统计资料　293
统战工作　29b
投资审计　143a
投资项目服务　135b
投资项目建设　145b
凸显界别特色优势　61c
突发公共卫生事件处置　188a
途居开沙岛房车露营地　125b
土壤污染防治　158a
推进农药零差率统一配供、废弃农药包装物和农膜统一回收处理　121b
退役军人就业创业　54a
退役军人事务　54a
脱贫攻坚　150b

W

外汇管理　133a
外经合作　128b
外贸新业态培育　128a
外事服务　56a
外事工作　56a
完善工作机制　64a
“万步有约”健走赛　186c
“万事好通·周周有到”品牌　103c
王灵　232c
王剑华　232c
网络建设　123b　123c　124a
网信工作　28c
网站管理　54c
为民办实事项目　41c
为农服务　80b
为侨服务　76c
维护社会稳定　85b
委员工作　61a
委员职能履行　61b
卫生监督　192a
卫生健康　186
未成年人思想道德建设　202c
未成年人系列盗窃车内财物案　85a
文化　176
文化、卫生和体育　19c
文化产业　182a
文化产业研发　182a
文化场馆提档升级　179a
文化存遗　16b
文化市场管理　182a
文化市场监管　182a
文化事业产业　29a
文化宣扬　76b
文化遗产传承与保护　180a
文化艺术　176a
文件选编　263
文旅消费　125a
文明城市建设　201c
文史编修　58a
文艺创作　176a
文艺活动　176b
文艺家协会换届　75c
稳字当头　敢字发力全面推进中国式现代化通州新实践　251
污染防治　158a
污染防治攻坚　149a
污水管网建设　149c
五接镇　223a
五育并举　166b
武国胜　232a
武警通州中队　91a
务实协商　60a
物业管理　149c
“510英才一卡通”服务升级　28b

X

XDG-2006-77号地块三期住宅及公建配套用房项目　115a
西亭镇　209a
先锋街道　208a
鲜花小镇　125c
现代农业　98a
现代物流　126b
现行区划　14c
献策“经济强”　60c
乡村医生岗位聘用　187a
乡村医生公开招聘　188b
乡村医生技能培训　188c
乡村振兴　205a　210b　211b
乡村振兴示范建设　93b
“向党代会报告·通州篇”主题宣传　184b
项目建设　55c　129c　145c　207b　216a　227b
项目审批改革　103a
项目支撑　126b
消防管理　53a
消防宣传培训　53c
消防执法监督　53c
消费协作　45c
消费者权益保护　140c
校企融合　172c
校外辅导站　79a
校外教育机构管理　173a
协商议事　68c
协商议事监督　60b
协同反腐倡廉　86a
协同巡察　27a
血吸虫、地方病、寄生虫预防　188c

心理健康教育　79b
新冠病毒疫苗接种　191b
新冠肺炎疫情防控　189c
新任区领导简历　229a
新三能电容器项目开工　130c
新生儿疾病免费筛查项目　193c
新生儿先天性心脏病筛查项目　194a
“新时代通州干部精神特质”大讨论　28a
新时代文明实践建设　202c
新特产业集群建设　129c
新闻人物　230c
新闻宣传　28c
新型农业经营主体　98c
新型职业农民培育　97c
新一代信息技术产业　105a
信访工作　55c
信息报送　26a
信息化监管　138c
信息宣传　30c　68c
兴东街道　207a
兴仁镇　225a
“星火助推”行动　66b
刑事案件侦查　83c
刑事检察　86b
邢蕾　232a
雄邦压铸(南通)有限公司　104b
休闲观光农业　98b
畜牧生产　95a
畜禽标准化生态健康养殖专项行动　95a
宣传工作　28b　69a
学前教育　171a
学生军训　91a
学校红会　78b
学校卫生　188b
学校疫情防控　190c
巡察工作　26c
巡察整改　27a
巡视巡察上下联动　27a

Y

压力阀项目开工　130c
压实“两个责任”　63c
烟草专卖　121c
烟草专卖管理　122a
严少标　230c
盐业经营　122b
养老服务　198a
养老服务扶持　198a
养老机构服务体系建设　198b
养殖场安全生产专项行动　102b
养殖业　95a
药品医疗器械监管　139b
业务转型升级　121b
“一户一策”　73c
“一老一小”服务体系建设　195c
医保基金监管　200a
医教科研　193a
医疗保障　198c
医疗服务保障　199c
医疗服务能力提升　187c
医疗乱象专项整治　192c
医疗卫生体系建设保障　31b
医疗物资保障　191c
医学教育　193b
医学科研工作　193b
医药卫生体制改革　187a
医政管理　187b
依法行政　82a
依法治会　77c
依法治教　166b
依法治区　81b
依法治水管水　156c
移动通信　123c
移交安置　54a
以鉴定古董为名团伙诈骗案　85a
义务教育　171b
艺培机构承接和审批　182b
议题建议监督　60c
疫苗免费接种　188c
疫情防控督查　191b
意识形态管理　28b
“银发生辉 · 银龄行动”　32c
银行信贷　131a
银行业　132a
“银龄生辉 · 守网相助”活动　33a
应急管理　51c
应急救援　53a　78a
英雄大桥重建工程完工通车　45b
营商环境监督　63a
营商环境优化　146c
拥军优属　92a
拥政爱民　92a
用电保障　152a
优化办学　167b
优化法治营商环境　87b
优化营商环境　85b
邮政　122c
友好交往　56b
“有事好商量”　69b
幼儿园违规减免、报支问题专项整治　64c
“幼小衔接”专题培训　171a
渔湾水道　125c
渔业生产　96a
预算审查监督　37b
园区建设　129
院前急救　188a
运输管理　154a
“110”接处警　84a

Z

栽培技术　95a
载体建设　128c
在线服务　55a
债务管理　136b
战备训练　90b
张继秋　231a
张建华　229a
张连清　230a
张峥峰　231a
招工引劳　196c
招商交流　69c
招商评比　127b
招商引资　127a　212a　216a　218a　224a　226a　227b
招生考试　173a
阵地建设　78b
震情监视跟踪　165b
镇村环境治理　149a
镇村建设　149c　210a　212a　216a　218b　220a　222a　224b　226a　227b
镇村志编纂工作启动　185c
征管改革　137a
政策保障　160a
政策扶持　115c
政策解读　55a

政策宣讲　29c
政策指引　127b
政法委与综治　81a
政府工作报告　257
政民互动　55b
政区沿革　13a
政务热线　55b
政协南通市通州区委员会　58
政治工作　90a
政治协商　59c
支付方式改革　199c
支援外地疫情防控　191b
知识产权保护与应用　164a
知识产权管理　164a
知识产权快速维权中心　130a
知识产权培育　164a
执法规范化建设　84b
执法检查　34b
执纪执法　63a
执勤和处置突发事件　91a
职称评审　46b
职工技能竞赛　71b
职工劳保　71c
职工思政　71a
职业病防治　189b
职业健康监管　192b
制规监管　82b
质量监督管理　140a
治安管理　83b
智慧警务建设　84c
智慧医疗　186b
智力引进　163c
智能化改革　146b
智能装备产业　105b
中等职业教育　172b
中共南通市通州区委员会　21
中国工商银行股份有限公司南通通州支行　133a
中国建设银行股份有限公司南通通州支行　133c
中国南通家纺城　130a
中国农业发展银行南通市通州支行　133b
中国农业银行股份有限公司南通通州支行　133a
中国平安财产保险股份有限公司通州支公司　134c
中国人民财产保险股份有限公司通州支公司　134b
中国人民银行通州支行　132a
中国人寿保险股份有限公司通州支公司　134b
中国银行股份有限公司南通通州支行　133b
中国邮政储蓄银行股份有限公司南通市通州区支行　134a
中介服务　126c
中考工作　173a
“中山博爱”品牌建设　65c
中药泡脚粉冒充治疗牙科疾病中药案　85a
忠孝博物馆　125b
种植业　93c
种子供应　94c
仲裁　89c
重大成果转化　163c
重大动物疫病防控　95b
重大会议　62a
重大活动　44b
重大节点安全防范　52c
重大事项决定　34a
重大项目推进　103a
重大政策跟踪审计　142c
重点调研　66c
重点工程　222c
重点行业专项整治　52b
重点康复项目　77b
重点领域机构编制保障　31b
重点人群心理健康服务　189b
重点水利工程　155c
重点业态监测　117b
重要会议　34b　42a　58b
重要天气和主要灾情　12c
重要文件目录　285
周尔飞　231b
朱达　230c
主题教育　66a　79a
主体培育　126b
主要农作物机械化水平　97a
助老服务　123c
助力巾帼企业　74b
助力社会治理　79c
助力乡村振兴　74c
助推家风家教　74a
助学帮扶　80b
住房保障　200a
住房公积金管理　200b
住宿　120c
住宿餐饮　120c
专题报道　182c
专委会基础作用发挥　61c
专项督导　174a
专项巡察　26c
专项整治　64a
转型升级　114a
卓果吉　230b
资产管理　56c　144c
资源保护　137c
资源共享　55c
资质建筑企业　112a
自然地理　12a
自然资源管理　137b
自然资源领域安全生产　138b
自然资源领域批后监管　138b
自学考试　173b
宗教领域安全生产　201a
宗教团体建设　201a
综合行政执法改革　30c
综合资源利用　135c
组织保障　53b
组织工作　27b
组织机构及负责人名录　238a
组织建设　67a　67c　72b
作品创优　183b